THE MAGUS:

KUNDALINI AND THE GOLDEN DAWN

UN SYSTÈME COMPLET DE MAGIE QUI FAIT LE LIEN ENTRE LA SPIRITUALITÉ ORIENTALE ET LES MYSTÈRES OCCIDENTAUX

NEVEN PAAR

TRADUIT PAR AEWIA HUILLET

The Magus : Kundalini and the Golden Dawn

Couverture par Emily Paar
Illustrations par Neven Paar
Traduit en Français par Aewia Huillet

Imprimé au Canada
Première impression : Avril 2023
Par Winged Shoes Publishing

ISBN—978-1-7388170-8-5

Je dédie cet ouvrage au chercheur de la Connaissance cachée, avec l'espoir qu'il apportera la Lumière sur les nombreux sujets des Mystères Occidentaux, et qu'il vous fournira les outils nécessaires pour entreprendre vous-même le processus d'Alchimie Spirituelle - le Grand Œuvre.

–Neven Paar

Autres livres de Neven Paar

Serpent Rising : The Kundalini Compendium

www.nevenpaar.com

Winged Shoes Publishing
Toronto, Ontario

Liste des Figures:

Liste des Tableaux:

THE MAGUS : KUNDALINI AND THE GOLDEN DAWN
Par Neven Paar

Contenu

INTRODUCTION DE L'AUTEUR

ÉVEILLER L'ARBRE DE VIE

Le Caducée d'Hermès est un symbole des Mystères Occidentaux utilisé en médecine dans la société actuelle. Vous l'avez vu de nombreuses fois lorsque vous êtes allé consulter un médecin, mais la plupart d'entre vous ignorent probablement que le Caducée a plusieurs significations cachées. Il symbolise la guérison mais indique également un mécanisme ou un processus d'éveil Spirituel, que les Orientaux appellent la Kundalini.

Après avoir vécu un éveil de la Kundalini et avoir cherché des réponses, il m'a fallu un certain temps pour déterminer comment cela correspondait au Caducée d'Hermès. Cependant, une fois que j'ai compris, j'ai pu obtenir plus de réponses sur la Kundalini, mais à travers une optique Occidentale - ce qui m'a été utile puisque je vis en Amérique du Nord et non dans la partie Orientale du monde.

De l'école de Mystère Occidentale dont j'ai fait partie pendant de nombreuses années, la Golden Dawn (l'Aube Dorée), j'ai appris que le Caducée d'Hermès est l'Arbre de Vie de la Qabalah. Avec cette information, j'ai réalisé que je n'avais pas besoin d'étudier la Kundalini à travers des livres et des pratiques Hindoues (comme c'est la norme à notre époque), mais que j'avais toutes les réponses dont j'avais besoin dans la Qabalah et les traditions Occidentales. De plus, une fois que j'ai fait d'autres parallèles entre la Kundalini et l'Arbre de Vie, j'ai conclu qu'un éveil de la Kundalini est un éveil complet de l'Arbre de Vie à l'intérieur de l'individu.

Les dix Séphiroth, ou Sphères, de l'Arbre de Vie sont des états de conscience, le plus bas étant appelé Malkuth (la Terre) et le plus haut étant appelé Kether - la *Lumière Blanche.* (Notez que les termes en italique sont définis plus précisément dans le glossaire à la fin du livre.) Le monde intérieur d'un être humain est constitué des états de conscience situés entre Malkuth et Kether, Kether étant la manifestation la plus élevée de l'énergie Divine.

L'éveil complet de la Kundalini entraîne une activation de l'ensemble de l'Arbre de Vie à l'intérieur de l'individu. Grace à cette expérience, la conscience accède instantanément à toutes les Sphères. Cependant, comme les Lois intérieures sont mentales, l'individu doit voyager mentalement vers les sphères supérieures de l'Arbre de Vie pour aligner sa conscience avec son *Soi Supérieur* et se transformer complètement. Il s'agit donc d'un processus, et non d'un effort qui se fait du jour au lendemain. Mais l'éveil de la Kundalini lance ce processus.

Le Kybalion: Philosophie Hermétique est un livre occulte écrit au début du vingtième siècle qui élucide les Principes de la Création. Il énonce la vérité de notre existence : "Tout est Mental, l'Univers est Mental". Ces dernières années, la science a appris que la nature de l'Univers physique est virtuellement un espace vide et que ce que nous voyons et classons comme *Matière* pourrait être un Hologramme. De nombreux scientifiques et philosophes affirment même que nous vivons peut-être dans une simulation numérique.

Si la nature du monde qui nous entoure est un Hologramme à l'intérieur d'une simulation, alors ma théorie selon laquelle nous vivons à l'intérieur du "Rêve de Dieu" est peut-être correcte. Cette réalité nous est rappelée chaque nuit lorsque nous rêvons, tout comme Dieu nous rêve - à travers l'esprit. Seulement, notre esprit est fini, alors que l'esprit de Dieu est infini. Lorsque nous rêvons, notre Créateur nous rêve. La différence est une question de fréquence de vibration, mais la substance est la même. Les Anciens appelaient cette substance "Esprit". L'Esprit est la réalité substantielle qui sous-tend toutes les choses de l'existence.

Il est intéressant de noter qu'un éveil complet de la Kundalini (lorsque l'énergie est localisée de façon permanente dans le cerveau) donne lieu à un état d'existence dans lequel la personne éveillée peut percevoir le monde qui l'entoure comme un monde numériquement amélioré. Visuellement, une lueur argentée et une netteté accrue des objets sont perçues de la même manière que l'on percevrait une simulation de réalité virtuelle immaculée - cela se produit en raison de l'éveil de la Lumière intérieure qui imprègne toutes les choses que les yeux physiques voient.

Après le très intense éveil de la Kundalini que j'ai eu plus tôt dans ma vie, je vois le monde de cette façon. Je peux personnellement attester que le monde qui nous entoure a une nature Holographique, qui peut très bien être une simulation améliorée numériquement. Quelle que soit sa véritable nature, une chose est sûre : c'est *une* illusion.

Même si notre monde est illusoire, c'est par l'Esprit (qui relie tous les aspects du monde à un niveau profond) que nous faisons l'expérience de l'amour inconditionnel. L'amour inconditionnel unit tous les êtres vivants et n'a pas de limites, tout comme l'énergie de l'Esprit. Il s'agit d'une énergie d'amour de type Spirituel, sans conditions, limitations ou attentes. Cet amour inconditionnel est ce que nous recherchons tous au fond de nous, que nous en soyons conscients ou non.

L'éveil de la Kundalini est un éveil à la Quatrième Dimension, la *Dimension de la Vibration.* Ici, l'esprit devient le lien entre la réalité Spirituelle et la réalité matérielle, tandis que le corps physique est le véhicule de la conscience. L'esprit est le récepteur qui peut s'accorder avec les différents niveaux de vibration qui composent les Plans Cosmiques. Ces Plans Cosmiques comprennent, entre autres, le Plan Astral Inférieur (Éthérique), le Plan Astral Supérieur (Émotionnel), le Plan Mental Inférieur, le Plan Mental Supérieur et le Plan Spirituel. Ces cinq Plans sont généralement regroupés dans les trois Plans Cosmiques de l'Astral, du Mental et du Spirituel. Et les Sephiroth de l'Arbre de Vie sont des incarnations de ces Plans et des Plans Intermédiaires. Après tout, chaque Plan possède des Sous-Plans liés à sa nature.

"Tout dans l'Univers, à travers tous ses règnes, est conscient : c'est-à-dire doté d'une conscience qui lui est propre et sur son propre Plan de perception." - H. P. Blavatsky ; extrait de "La Doctrine Secrète : La Synthèse de la Science, de la Religion et de la Philosophie".

En revenant sur le chemin de ma vie après l'éveil de la Kundalini et l'apprentissage de l'Arbre de Vie, j'ai tiré certaines conclusions sur ma propre vie et sur la façon dont j'ai accédé aux différentes Sphères de l'Arbre de Vie dans le passé, souvent inconsciemment. L'expérience de la polarisation de ma conscience dans la Sphère de Hod (le domaine de Mercure ou d'Hermès) a conduit à mon éveil de la Kundalini en premier lieu. Je vais partager brièvement d'autres expériences de vie qui ont coïncidé avec les Sphères de l'Arbre de Vie, et qui ont toutes conduit à ce grand événement.

VAINCRE LE DÉSIR

J'ai fait l'expérience de la Sphère de Netzach et de la Planète Vénus lorsque j'étais avec mon premier amour au lycée - c'est à ce moment-là que mon voyage Spirituel a commencé. L'avoir dans ma vie m'a permis de m'élever dans ma conscience. J'étais amoureux, et le sentiment d'amour m'a relié à mon *Saint Ange Gardien* (Génie Supérieur), qui me guidait à l'époque. À cette époque, j'ai réalisé intuitivement que les pensées régissaient la façon dont je ressentais la vie, et j'ai donc voulu les contrôler à un niveau plus profond.

J'ai vu le processus de la destinée, qui m'a permis de suivre le cours de la vie sans m'attacher émotionnellement à quoi que ce soit. J'ai compris que l'attachement entraînerait la peur de perdre l'objet ou les objets de mon désir - c'était une approche très Bouddhiste pour éliminer le désir et calmer l'Égo. Je devais éliminer la peur de ma vie si je voulais atteindre le *Nirvana*. C'est devenu mon objectif ultime après m'être connecté à l'Esprit pour la première fois.

Je prenais chaque moment de vie comme un test de ma foi en Dieu - le Créateur et la réalité supérieure, que je semblais comprendre à un niveau profond. Plus je passais de tests, plus je m'élevais dans les niveaux de conscience, jusqu'à ce que mon monde entier soit complètement transformé. La réussite de ces tests a eu un effet cumulatif, augmentant l'énergie positive et l'élan nécessaires pour atteindre mon objectif. Je me souviens m'être dit : "Si seulement le reste des gens dans le monde pouvait voir ce que j'ai vu et croire ce que je crois, le monde serait meilleur et le pouvoir du Divin ne serait pas mis en doute."

Je vivais dans un état de félicité perpétuelle. Rien ne pouvait perturber ma nouvelle vision du monde. Grace à cet acte de lâcher prise sur toutes les attentes, j'ai ressenti un amour inconditionnel pour tout et pour tous. J'ai commencé à recadrer les événements quotidiens banals pour les voir sous un angle positif - c'était la clé pour construire et maintenir mon élan - en recadrant toute chose négative en une chose positive.

Tout au long de la journée, il se produit de nombreuses choses que l'Égo n'aime pas et qui, à leur tour, veulent nous convaincre de nous énerver d'une manière ou d'une autre. Apprendre à réguler l'Égo et à utiliser le moi intellectuel et rationnel pour traiter les événements de la vie est la clé pour surmonter les émotions négatives. Selon *Le Kybalion*, nous pouvons ainsi neutraliser les émotions, qui passent naturellement du positif au négatif et vice-versa, de manière rythmée, tout au long de la journée. Ce balancement rythmique des émotions est dû à la perception de l'Égo. Comme un enfant qui n'obtient pas ce qu'il veut, il s'énerve. En réalité, nous réagissons comme des enfants toute notre vie ; la seule différence est que nous apprenons à réfréner nos émotions et à agir de façon logique et rationnelle à l'âge adulte. Pourtant, nous ressentons une baisse des émotions lorsque nous n'obtenons pas ce que nous voulons.

La Sphère de l'esprit logique et rationnel est appelée Hod sur l'Arbre de Vie. Son opposé est Netzach, qui est la sphère de l'émotion. Hod contient à la fois des points de vue positifs et négatifs sur la vie ; il est de notre devoir, en tant qu'êtres humains Spirituels, de concilier les deux en appliquant l'énergie de l'amour inconditionnel. Nous pouvons choisir un point de vue optimiste à tout moment si nous concentrons notre esprit dans la bonne direction et appliquons correctement notre volonté. De cette manière, nous surmontons l'attraction négative vers laquelle l'Égo tente de nous orienter pour exploiter nos peurs. L'Égo se nourrit de la peur de la même manière que le Soi Supérieur se nourrit de l'amour inconditionnel. Les deux sont opposés l'un à l'autre.

LE KYBALION

Après avoir accédé à la Sphère de Netzach en étant amoureuse, je suis devenue curieuse des autres possibilités. Lorsque ma relation avec mon premier amour a pris fin, j'ai rencontré de nouvelles personnes et repris contact avec certains amis qui avaient tous des caractéristiques communes leur permettant d'exercer un pouvoir sur les autres et sur leur propre réalité. J'ai cherché à apprendre ce qu'ils savaient et au-delà. Qu'il s'agisse de mon Égo en quête de pouvoir ou de ma curiosité à l'égard de ce qui est possible et réalisable dans le monde, j'ai décidé d'explorer cette idée de pouvoir personnel, d'en tirer des leçons et de grandir. De cette façon, je me suis entièrement polarisé dans la Sphère Hod, en m'éloignant de mes émotions.

En 2004, le *Kybalion* est entré en ma possession. Comme mentionné, ce livre expose les principes régissant la *Création* et leur fonctionnement sur tous les Plans d'existence. Après l'avoir lu d'innombrables fois et avoir mis en pratique ses principes dans le monde réel, j'ai commencé à comprendre ses idées et ses concepts à un niveau profond. Et c'est là que réside la clé : la compréhension. J'ai perçu la sagesse des principes aux niveaux les plus profonds de ma capacité intuitive. J'ai été particulièrement attirée par le Principe de Vibration *du Kybalion* et par la façon dont il s'intègre à la Polarité, au Rythme et au Genre - les autres Principes du livre.

Au fur et à mesure que je lisais ce livre, j'ai été entièrement absorbé par la Sphère de Hod et ma mentalité. Mon existence a disparu de mon cœur et de mes émotions, et j'ai commencé à vivre exclusivement de ma tête et de mon intellect. À ce stade, je ne pouvais qu'intellectualiser mes émotions, car j'avais perdu la capacité de les ressentir. Cela peut sembler une dégradation au premier abord, mais j'ai eu l'impression d'une amélioration pendant que cela se produisait, car j'ai atteint un degré de contrôle sur ma réalité qui était impossible auparavant. Après tout, la perception détermine votre réalité. Par conséquent, en contrôlant la façon dont vous percevez le monde extérieur et les événements qui s'y déroulent, vous pouvez contrôler votre propre expérience de ce qu'est la réalité pour vous.

Et ainsi, je suis devenu un sorcier de l'esprit. En appliquant ma volonté, mes capacités d'imagination étaient accrues et je pouvais contrôler ma perception de la réalité à un degré insondable pour la plupart des gens. Ainsi, j'exerçais une domination sur le Plan Mental, transformant chaque événement négatif en un événement positif. Comme le dit le vieil axiome Hermétique, "Comme en Haut, Comme en Bas" - en contrôlant mon esprit, je dirigeais mes émotions et manifestais la réalité que je souhaitais.

Grace à cette nouvelle capacité à contrôler ma réalité, j'ai géré chaque situation de la vie et chaque interaction avec d'autres personnes de manière à ce que ma réalité soit la meilleure. J'ai appris que dans tout groupe de personnes sur la même longueur d'onde, il n'y a qu'une seule réalité, et que cette réalité appartient à la personne qui fait vibrer sa volonté plus haut que les autres. En d'autres termes, elle croit en elle plus que les autres. Au fur et à mesure que j'apprenais ces Principes, ma confiance a atteint un niveau extraordinaire. J'utilisais toujours mon esprit rationnel rapide pour dire la bonne chose au bon moment. Je me sentais au sommet du monde et je voyais que tout était possible avec ce nouvel état d'esprit.

J'ai réalisé que je ne pouvais me sentir vaincu que si je croyais l'être, car ma perception des événements de la vie n'était qu'une question de polarité, rien de plus. Si je croyais que je pouvais faire quelque chose, j'avais raison. Et si je pensais que je ne pouvais pas, j'avais également raison. Mon esprit pouvait me donner toutes les raisons pour lesquelles j'avais raison ou pourquoi j'avais tort ; tout dépendait de ce que je lui demandais. Ainsi, je n'ai jamais perdu mon calme dans aucune situation, en me concentrant toujours sur le résultat positif. Cette façon de contrôler votre esprit peut faire des merveilles, et cela a été le cas pour moi.

"La pensée est une force - une manifestation d'énergie - ayant un pouvoir d'attraction semblable à un aimant." - William Walker Atkinson ; extrait de "Mind-Power : The Secret of Mental Magic" (Le Pouvoir de l'Esprit : le Secret de la Magie Mentale)

J'ai développé une forte affinité pour Hermès Trismégiste puisque les Principes du *Kybalion* sont ses enseignements. Il est appelé Trismégiste parce qu'il est "Trois Fois Grand", ce qui signifie qu'il contrôle les trois Plans Intérieurs de l'existence. Pour gouverner votre réalité, vous devez contrôler vos pensées, car la pensée précède toute chose. Et comme les émotions sont un sous-produit des pensées, en gérant vos pensées, vous avez également l'autorité sur ce que vous voulez ressentir. De plus, en ayant la charge de vos pensées, vous créez un lien avec l'énergie de l'Esprit et le champ du potentiel infini. Ainsi, la vie devient très excitante et agréable puisque vous apprenez invariablement à vivre dans le moment présent, le *Maintenant*. Et quel plus beau cadeau du Divin que cette connaissance ?

L'été 2004 s'est déroulé comme un film, avec moi comme personnage principal. Les choses qui se passaient dans ma vie étaient tellement irréelles que j'ai commencé à croire que j'étais vraiment spéciale. Je veux dire, c'était difficile de ne pas y croire. Je venais de développer des capacités de super-héros en maîtrisant les Principes *du Kybalion* et en les mettant en pratique. J'ai appris que la connaissance est la plus excellente source de pouvoir. Tout est possible dans la vie, et vous pouvez manifester vos rêves les plus profonds lorsque vous maximisez votre pouvoir personnel par l'application de la connaissance.

Si vous souhaitez en savoir plus sur les détails des événements extraordinaires qui se sont déroulés et ont dévoilé mon destin, je vous encourage à lire mon autobiographie, *Man of Light,* à laquelle j'ai travaillé en même temps que ce livre. C'est la seule façon pour vous de comprendre le niveau d'élan que j'ai généré en apprenant et en appliquant les Principes du *Kybalion*, puisque cet élan allait atteindre son apogée la même année avec un événement qui allait changer ma vie.

MON ÉVEIL KUNDALINI

Après l'été grandiose de 2004, j'ai régulièrement relu Le Kybalion, en retirant à chaque fois quelque chose de nouveau. Une nuit, en octobre 2004, j'ai eu quelques prises de conscience profondes sur les Principes qui ont conduit à un éveil très intense de la Kundalini le soir même. Cet événement a été une activation spontanée car je ne connaissais rien de ce sujet à l'époque. Mais rétrospectivement, tout dans mon parcours de vie a conduit à cet événement, ce n'était donc pas une coïncidence.

L'énergie de la Kundalini s'est élevée jusqu'à la Couronne (Sahasrara), activant les Sept Chakras en cours de route. Le processus d'éveil s'est achevé lorsque la Kundalini a revigoré les *Soixante-Douze Mille Nadis*, ou canaux énergétiques, dont parle la tradition Hindoue, activant ainsi pleinement mon *Corps de Lumière* (ou corps de Lumière) et éveillant tout son potentiel latent. J'ai été élevé au niveau de la *Conscience Cosmique* en l'*espace* de quelques minutes. En ce qui concerne l'Arbre de Vie, j'avais éveillé ses dix Sphères en même temps. Par la suite, j'ai pu faire l'expérience des Sephiroth en utilisant mon Corps de Lumière comme véhicule (pour voyager dans ces Plans Intérieurs). De plus, en éveillant l'ensemble de l'Arbre de Vie, j'ai éveillé les Sphères d'énergie Spirituelles Supérieures. Ainsi, le processus de transformation visant à intégrer toutes les parties du Soi à l'Esprit a commencé.

Cependant, mon conditionnement passé jusqu'à ce moment-là devait être effacé. Le temps était venu d'apprendre une nouvelle façon de vivre. Une transformation complète de l'esprit, du corps et de l'Âme était nécessaire pour que je puisse m'intégrer à la nouvelle Conscience Cosmique qui faisait partie de ma vie quotidienne. Et bien que cela n'ait pas été une tâche facile, c'était une tâche nécessaire.

L'éveil de la Kundalini a activé tout le potentiel latent qui se trouvait en moi. Comme il a éveillé les Sept Chakras simultanément, le Karma négatif stocké dans chaque Chakra est apparu au premier Plan de ma conscience. Notez que, outre les Sept Chakras, appelés aussi Chakras Majeurs ou communs, il existe également divers Chakras Mineurs le long des points énergétiques du corps, qui ont également été activés lors de l'éveil de la Kundalini. Les Chakras Mineurs sont des centres énergétiques auxiliaires qui travaillent avec les Chakras Majeurs en tant que conducteurs et régulateurs du flux énergétique. Ils aident les Chakras Majeurs à remplir leurs fonctions et sont donc interconnectés avec eux. Cependant, pour des raisons de simplicité, étant donné que ce livre ne traite que des Sept Chakras Majeurs, je m'y référerai uniquement en tant que Chakras, sauf si je précise qu'il s'agit de Chakras Mineurs.

Parce que l'Arbre de Vie tout entier était maintenant éveillé en moi, cela a fait ressortir beaucoup de peur et d'anxiété. Tout dans la vie a commencé à m'inquiéter. L'éveil de la Kundalini avant que vous ne soyez prêt à recevoir un tel influx d'énergie peut être, et sera, très difficile parce que, pour vous accorder aux Sphères Supérieures de l'Arbre de Vie, vous devrez surmonter le Karma négatif des Sphères inférieures. Il n'y a pas d'autre moyen. Le processus d'évolution Spirituelle est Universel.

"L'inquiétude est l'enfant de la peur - si vous tuez la peur, l'inquiétude mourra faute de nourriture." - William Walker Atkinson ; extrait de "Thought Vibration ou la Loi de l'Attraction dans le Monde de la Pensée".

Bien que je me sois sentie privilégiée d'avoir vécu une expérience aussi profonde, avec de nombreuses transformations de l'esprit, du corps et de l'Âme dès le début, la peur et l'anxiété étaient toujours présentes en moi. Je pouvais le ressentir dans chaque action que je faisais, et il est devenu crucial que je trouve un moyen de m'aider. Personne ne pouvait comprendre ce qui m'était arrivé lorsque je leur racontais mon expérience. Certains m'ont même suggéré de suivre une thérapie et de prendre des médicaments sur ordonnance, car mes pensées et mes émotions étaient en plein désarroi. J'ai choisi de ne pas suivre leurs conseils et j'ai cherché à trouver un autre moyen de m'aider.

Mon cerveau semblait brisé, et la peur et l'anxiété constantes rendaient la vie difficile. L'ancien modèle de fonctionnement n'existait plus, et je semblais perdu. Je n'avais plus aucun contrôle sur mes pensées ou mes émotions. La dépression s'est vite installée car j'étais à la merci d'une énergie que je ne comprenais pas - la Kundalini. Je me suis endormi en pleurant de nombreuses nuits et je me sentais seul.

Néanmoins, en raison des profonds changements dans ma façon de percevoir le monde, je suis devenu déterminé à m'aider à tout prix. J'ai donc commencé à chercher et à chercher des pratiques Spirituelles pour aider mon Moi mental et émotionnel à retrouver son équilibre. J'allais surmonter ma peur et mon anxiété et apprendre à apprécier mon nouveau Moi, et rien ne m'arrêterait.

LE SYSTÈME DE L'AUBE DORÉE

Après m'être consacré à en apprendre davantage sur la Kundalini et l'*Hermétisme* à travers des livres, j'ai été attiré par une école de Mystère Occidentale appelée l'*Ordre Ésotérique de l'Aube Dorée.* L'Aube Dorée est une école de sciences occultes qui enseigne à ses étudiants la Qabalah*, l'*Hermétisme*, le* Tarot, l'Astrologie*, la Géomancie*, les Mystères Égyptiens et Chrétiens et, surtout, la Magic Cérémonielle. Je dis surtout parce que l'*Adepte* en Chef (du Temple de Toronto) m'a dit que le but de la Magie Cérémonielle au sein de l'école est de suivre un processus d'Alchimie Spirituelle pour nettoyer et purifier les Chakras, éliminant ainsi le Karma négatif stocké dans chacun d'eux. Comme j'avais exactement besoin de ce que l'Aube Dorée avait à offrir, j'ai décidé de rejoindre l'Ordre.

Comme chaque nouveau membre de l'Ordre reçoit un nom Magique, j'ai été nommé Frater Prudentia de Animus Lux, ou Frater P.A.L. en abrégé. Ce nom est latin et sa traduction française est "Wisdom of Spiritual Light". L'Adepte en Chef m'a dit qu'il avait canalisé ce nom depuis les Royaumes Divins, ce qui m'a inspiré. À partir de ce moment, j'ai décidé qu'il était de mon devoir solennel d'être à la hauteur de mon nom Magique à tout prix.

Il était temps que je change qui j'étais et qui j'étais devenu jusqu'à présent. Utiliser les autres pour mon profit personnel et chercher à avoir du pouvoir sur eux est devenu quelque chose que je devais neutraliser en moi pour accorder mes Chakras. J'ai appris que toute action qui ne vient pas d'un lieu d'amour inconditionnel est une action égotique qui entraîne des conséquences Karmiques. À cette époque, je faisais l'expérience de mon Karma en temps réel, d'instant en instant, parce que l'éveil de la Kundalini faisait apparaître toutes mes pensées et émotions négatives plus réelles que jamais.

L'énergie de la Kundalini jette un pont entre le conscient et le subconscient afin que vous ne puissiez plus vous cacher de vos pensées. Tout doit être traité et surmonté. Je ne pouvais plus m'amuser avec une énergie qui n'était pas pure et de la Lumière, car elle stimulait la peur en moi. Le processus d'éveil de la Kundalini m'a obligé à changer, à clarifier mes pensées et à calmer mon esprit comme jamais auparavant.

Comme j'étais encore polarisé dans Hod et que je vivais une existence quelque peu mentale jusqu'à ce moment-là, j'ai commencé à revenir vers Netzach pour reprendre contact avec mes émotions et avec le pouvoir de l'amour. Comme la Sphère de Hod filtre les énergies des Sphères précédentes avant qu'elles ne se manifestent, cet aspect de ma personnalité a dû être modifié. Les exercices rituels quotidiens qui m'ont été présentés par de l'Aube Dorée ont tout de suite eu un impact positif sur moi. Après avoir cherché pendant un an, j'ai enfin trouvé mon outil d'auto-guérison.

Au premier grade de l'Aube Dorée, Néophyte, j'ai été initié au Lesser Banishing Ritual of the Pentagram (LBRP). Son but était de nettoyer mon Aura (champ énergétique personnel en forme d'œuf) des influences énergétiques positives et négatives et de me mettre en contact avec mon Âme par le silence et la paix de l'esprit. On m'a également donné l'exercice du Middle Pillar (MP) qui apporte la Lumière dans l'Aura en invoquant les Sphères du Milieu de l'Arbre de Vie. J'ai travaillé directement avec l'Arbre de Vie à travers le Middle Pillar tout en ayant cette énergie Kundalini active en moi. L'exercice du Middle Pillar est un processus graduel, mais puissant, pour faire entrer la Lumière. J'ai fait ces deux exercices rituels pendant environ un mois, et pour la première fois depuis l'éveil de la Kundalini, je me suis sentie de mieux en mieux chaque jour. J'ai constaté que l'utilisation de ces deux exercices n'avait aucune conséquence négative. J'ai eu des alignements d'énergie dans mon Corps de Lumière presque toutes les nuits alors que l'énergie de la Kundalini travaillait à travers moi.

Le mois suivant, j'ai commencé à travailler sur mon Karma et sur les Chakras eux-mêmes après avoir été initié au grade de Zelator, le grade de l'Élément Terre. Cet Élément correspond au Chakra de base, le Muladhara. On m'a donné le Lesser Invoking Ritual of the Pentagram (LIRP), par lequel j'ai invoqué l'Élément Terre directement dans mon Aura. Le LIRP est utilisé pour invoquer les quatre énergies Élémentaires. Le but du LIRP est d'activer l'énergie Karmique et d'accorder le Chakra correspondant à l'énergie Élémentaire invoquée.

A Zelator, on m'a également donné le Banishing Ritual of the Hexagram (BRH) qui a éliminé les influences Planétaires Karmiques de mon Aura et m'a mis davantage en contact avec mon Âme. Le Lesser Banishing Ritual of the Pentagram travaille pour nettoyer le Microcosme, tandis que le Banishing Ritual of the Hexagram nettoie les influences négatives du Macrocosme. Le Microcosme est le monde intérieur de l'homme, tandis que le Macrocosme est le monde extérieur. L'un reflète et affecte l'autre - Comme en Haut, Comme en Bas.

"Tout ce que l'on peut trouver dans l'Univers à grande échelle se reflète dans un être humain à petite échelle." - Franz Bardon; extrait de "Initiation à l'Hermétisme".

Dans le grade de Zelator, j'ai eu de nombreux alignements d'énergie dans mon Corps de Lumière, principalement par la mise à la terre de mes pensées et des lignes d'énergie se connectant aux Chakras Mineurs dans la plante des pieds. Les lignes d'énergie dans la Plante des Pieds doivent être reliées à la Terre sur laquelle nous marchons, ce qui signifie qu'il doit y avoir un alignement dans le Chakra Muladhara.

La Kundalini a continué à me transformer, et les exercices rituels avec lesquels je travaillais m'ont considérablement aidé dans cette transformation.

Dans le grade suivant de Theoricus, j'ai commencé à travailler avec l'Élément Air. L'Air m'a permis de me connecter davantage à mes pensées ; cela s'est avéré être une expérience extrêmement transformatrice et a éliminé une grande partie de la peur et de l'anxiété que j'avais auparavant. L'Élément Air est directement lié à l'Égo et aux pensées et désirs inférieurs. Invoquer l'Air m'a permis de me connecter à mon Chakra du Cœur, l'Anahata, de l'accorder et de le purifier.

Je suis devenu très attentif à mes rêves et je faisais des Rêves Lucides presque toutes les nuits. Les *Rêves Lucides* ont été mon premier aperçu des expériences Extracorporelles (OBE) depuis que ma conscience a incarné mon Corps de Lumière pour voyager dans ces Royaumes Cosmiques intérieurs énigmatiques. Mes pensées sont devenues beaucoup plus calmes et paisibles après avoir passé trois mois à travailler avec l'Élément Air et à surmonter les défis Karmiques qu'il contient.

Dans Theoricus, je me suis davantage connecté à l'énergie de l'Esprit. J'ai fait l'expérience d'alignements énergétiques dans mon Corps de Lumière nouvellement formé, alors qu'un refroidissement, l'énergie de l'Esprit imprégnait les Chakras Mineurs de la plante de mes pieds et de la paume de mes mains. Cette expérience m'a permis d'éveiller de nouveaux pouvoirs psychiques et de devenir Un avec tout ce que je regardais dans le monde physique. La purification de l'Élément Air à l'intérieur du Soi est cruciale lors du processus d'éveil de la Kundalini. En fait, le caducée d'Hermès est l'emblème représentatif de l'Élément air. L'Air est lié à la guérison ainsi qu'à la Lumière - le guérisseur ultime.

Le grade suivant, Practicus, a été le moment où j'ai commencé à me mettre en phase avec l'amour inconditionnel à travers l'Élément Eau, qui correspond à Swadhisthana - le Chakra Sacré. J'ai senti l'énergie apaisante et aimante de l'eau imprégner mon Corps de Lumière, ce qui a plongé mon esprit dans un état de calme profond. La peur et l'anxiété ont disparu en présence de cette belle et aimante énergie de l'Eau. J'ai passé de nombreuses nuits à pleurer dans l'étreinte chaleureuse de ce processus de transformation Spirituelle que je subissais. Tout ce que j'ai vécu avec ces exercices rituels a fait des merveilles pour élever mon expérience de la Kundalini et faire progresser mon évolution Spirituelle.

Après avoir été dans Practicus pendant deux mois, j'étais prêt à embrasser l'Élément Feu et à accorder mon Chakra du Plexus Solaire - Manipura ; ainsi, je suis entré dans le grade suivant de Philosophus. Manipura était le dernier des quatre Chakras inférieurs. La maîtrise de l'Élément Feu et de ma volonté signifiait que j'étais prêt pour les invocations de l'Esprit. Cette énergie du Feu semblait (en un sens) similaire à l'énergie de la Kundalini lorsque je l'ai éveillée pour la première fois, mais plus équilibrée. Jusqu'à ce point, parce que j'avais fait beaucoup de travail pour accorder les Chakras inférieurs et éliminer la peur et l'anxiété de mon système énergétique, travailler avec le Feu était amusant et relativement facile. Mon plus grand défi dans le grade du Feu a été de surmonter les problèmes de colère.

Comme je travaillais à accorder ma volonté, je devais l'aligner sur mon Soi Supérieur et non sur mon Égo. Le défi de distinguer les impulsions des deux faisait partie du travail que j'entreprenais. La dichotomie entre l'Égo et l'Esprit est présente à tout moment. Nous devons utiliser l'Élément Eau et l'amour inconditionnel comme point d'ancrage et fondement de nos actions.

À ce stade de mon voyage Magique, j'ai quitté l'Ordre de l'Aube Dorée car la politique au sein de l'organisation commençait à éclipser le travail personnel crucial que j'effectuais. À partir de ce moment, j'ai décidé d'être un Mage solitaire.

Après avoir passé sept mois à travailler avec l'Élément Feu, j'étais prête à entreprendre des invocations de l'Esprit. J'ai utilisé le Supreme Invoking Ritual of the Pentagram (SIRP) pour invoquer les Quatre Éléments sous la présidence et la direction de l'énergie de l'Esprit. L'Esprit n'est pas un Élément en soi, car il travaille à travers les Quatre autres Éléments. Les Chakras de l'Élément Esprit sont les trois plus élevés - Vishuddhi, Ajna et Sahasrara.

En réalité, vous apprenez à fonctionner à travers les trois Chakras les plus élevés en éveillant la Kundalini. Au fur et à mesure que vous vous mettez au diapason de votre Soi Supérieur (grace au Sahasrara), vous apprenez à fonctionner par l'intuition et l'expérience directe de l'énergie - également connue sous le nom de Gnose. Vous devez lâcher prise et devenir un canal permettant à la Lumière de parler à travers vous. Apprendre à accorder les quatre Chakras inférieurs et à éliminer le Karma négatif de chacun d'eux est primordial pour poursuivre votre évolution Spirituelle après l'éveil de la Kundalini.

J'ai travaillé avec le Supreme Ritual of the Pentagram pendant neuf mois avant de faire passer mon voyage magique au niveau supérieur en commençant à travailler avec la Magick(Magie) Énochienne. Le système de la Magie Énochienne m'a permis d'approfondir mon évolution Spirituelle et mon processus d'alchimie Spirituelle. J'ai trouvé l'expérience de ce système inestimable, en particulier le travail avec les Trente Aethyrs. Ces cercles concentriques à l'intérieur de l'Aura stimulaient et travaillaient directement avec les *Nadis* Ida et Pingala - *les* courants masculins et féminins qui régulent l'énergie Kundalini.

J'ai eu de nombreuses expériences mystiques et transcendantales profondes en travaillant avec la Magie Énochienne. J'ai trouvé que les Trente Aethyrs étaient la clé pour faire traverser l'Abîme à ma conscience, un processus dont je parlerai en détail dans ce livre en raison de son importance. Cependant, je ne présente dans ce livre que des pratiques de Magie Énochienne pour les aspirants avancés. Je vous expliquerai pourquoi plus tard.

J'ai également inclus la Magie Planétaire dans le programme présenté dans *The Magus.* Selon mon expérience, la Magie Planétaire a été très utile pour isoler les différentes parties de ma psyché relatives aux forces Archétypales qui composent mon caractère et ma personnalité. Celles-ci peuvent être considérées comme les pouvoirs supérieurs des Chakras, bien qu'elles soient davantage liées aux pouvoirs des Séphiroth de l'Arbre de Vie. Grace à l'utilisation de la Magie Planétaire, j'ai construit mon éthique et ma morale, ce qui a contribué à façonner mes nouvelles croyances sur moi-même et sur le monde dans lequel je vis. Ce travail était essentiel à mon processus d'Alchimie Spirituelle avec la Magie Cérémonielle.

PARTAGE DES CONNAISSANCES ET DE LA SAGESSE

J'ai travaillé avec des rituels Magiques pendant plus de cinq ans, puis j'ai passé deux ans à diriger mon propre groupe de l'Aube Dorée à Toronto, au Canada. Par la suite, j'ai rompu avec le système organisé mais j'ai continué à enseigner la Magie Cérémonielle à de nombreuses personnes qui avaient suivi mon chemin en quête d'évolution Spirituelle. Je suis tombé amoureux des sujets abordés dans ce livre au cours de mon voyage à travers les Mystères Occidentaux. En raison de ma passion, j'ai consacré toute mon énergie à les maîtriser tous. Maintenant, je présente cet ouvrage très attendu ici pour vous, le lecteur. Je veux que d'autres chercheurs (comme moi) puissent bénéficier pleinement de la Magie Cérémonielle. C'est pourquoi je présente les exercices rituels mentionnés, ainsi que leurs connaissances théoriques complémentaires.

En tant qu'annonciateur de bonnes nouvelles, messager des Dieux, je suis enthousiaste à l'idée de partager mes découvertes avec d'autres, en particulier avec les personnes éveillées à la Kundalini. J'espère bénir leurs vies de la même manière que j'ai été béni lorsque je suis entré dans ce temple de l'Aube Dorée à Toronto il y a seize ans, en quête de guérison intérieure après avoir éveillé l'énergie Kundalini. Au fil des années, j'ai accepté que le nom Magique qui m'a été donné au sein de l'Ordre de l'Aube Dorée (Frater P.A.L.) est également symbolique de mon rôle de "pote" ou d'"ami" pour toutes les personnes qui recherchent des conseils et des enseignements Spirituels. En tant qu'incarnation de la "Sagesse de la Lumière Spirituelle", il est de mon devoir de partager cette Lumière avec les autres dans leur quête de connaissance sacrée et de transcendance Spirituelle.

Mon parcours de dix-sept ans de vie avec une Kundalini éveillée est un témoignage de la puissance des enseignements Hermétiques, du *Kybalion* à la Qabalah et à la Magie Cérémonielle. Ces trois outils puissants sont inestimables pour tout aspirant qui désire évoluer Spirituellement et réaliser son véritable potentiel. Je suis ravi de partager cela avec vous, le lecteur, sachant que si vous consacrez le temps recommandé à l'apprentissage de ces sujets et à la pratique des exercices rituels vous-même, vous évoluerez Spirituellement.

Que vous soyez un individu éveillé à la Kundalini à la recherche d'une pratique pour vous aider à gérer la peur et l'anxiété qui surviennent lors de l'éveil (comme je l'ai été), ou que vous vouliez vous aider à grandir Spirituellement et à élargir votre conscience, ces exercices rituels et ces enseignements sont pour vous. C'est donc un honneur pour moi de vous présenter ces informations et, en même temps, un plaisir de participer à votre évolution Spirituelle.

Lorsqu'il s'agit de pratiquer la Magie Cérémonielle, le meilleur conseil que j'ai jamais reçu est d'être déterminé, persistant et cohérent dans le travail quotidien des exercices rituels, car l'effet cumulatif d'une pratique quotidienne donne les résultats les plus positifs. Si vous vous contentez de jeter un coup d'œil sur les exercices sans les essayer, ou si vous les essayez quelques fois et les jugez trop fastidieux pour être cohérent avec les exercices quotidiens, vous n'en tirerez rien. En revanche, si vous vous y tenez et suivez le programme prescrit, vous en tirerez de nombreux avantages.

J'ai tout présenté de manière claire et concise afin que vous puissiez suivre les étapes facilement et obtenir les résultats souhaités. Soyez persévérant dans votre étude et dans votre travail quotidien avec les exercices rituels, et donnez-vous quelques semaines à un mois pour commencer à voir des résultats. Je vous garantis que vous ne serez pas déçu à long terme. Vous développerez très probablement un amour profond et une admiration pour ces exercices en raison de l'effet positif qu'ils auront sur votre vie et votre capacité à atteindre votre véritable potentiel.

UN HOMME EN MISSION

J'ai essayé ici de condenser mon voyage Spirituel en aussi peu de mots que possibles, afin que vous ayez une idée de qui je suis et de comment j'en suis arrivé là. Je voulais que vous sachiez le contexte de mon éveil de la Kundalini et de mon voyage dans la Magie, et comment cela m'a aidé quand j'en avais le plus besoin. Après l'éveil de la Kundalini, j'ai été forcé par le Divin à me transformer à tous les niveaux du Soi afin de pouvoir devenir un conduit et un vaisseau pour cette nouvelle énergie de la Kundalini. Le silence de l'esprit est devenu mon objectif premier. Je n'étais plus préoccupé par le contrôle de ma réalité, comme c'était le cas avant l'éveil. J'ai appris à surmonter mon Égo afin de pouvoir m'aligner avec mon Soi Supérieur, car c'est devenu ma destinée après l'éveil.

J'ai écrit ce livre pendant une période d'écriture de trois ans qui a commencé en octobre 2016, précisément douze ans après l'éveil de la Kundalini. Au cours de ces trois années, j'ai également travaillé sur trois autres corpus d'ouvrages. Cette période d'écriture se poursuit à ce jour et peut s'avérer être un travail de toute une vie. Néanmoins, au cours de ces trois années, mes idées se sont solidifiées et l'essentiel du texte de chacun des quatre ouvrages a été écrit.

Man of Light est mon autobiographie - le voyage de ma vie. C'est un regard approfondi sur ma vie jusqu'à l'éveil et tout ce qui a suivi. Il s'agit d'une séquence chronologique des événements de ma vie qui ont tous fait de moi ce que je suis aujourd'hui. Dans ces pages, je ne vous ai donné qu'une petite version diluée de l'histoire complète de ma vie. Il y a beaucoup plus dans mon parcours que ce que vous avez lu jusqu'ici, mais au moins vous comprenez maintenant comment j'en suis venu à écrire *The Magus.*

Man of Light est présenté dans une série de romans où je raconte toutes les histoires de ma vie, certaines divertissantes et instructives, d'autres difficiles à croire. Bien que le contenu des livres *Man of Light* puisse être perçu comme de la fiction, il n'en est rien. Chaque histoire et chaque événement de la série m'est arrivé à un moment donné. Ma transformation est en cours, même après dix-sept ans de vie avec une Kundalini éveillée, et *Man of Light* traite de la façon dont j'ai intégré ces changements monumentaux dans ma vie personnelle.

Mon deuxième ouvrage, *Serpent Rising : The Kundalini Compendium*, présente tout ce que vous devez savoir sur le sujet de la Kundalini, y compris la science de la bioénergie croisée avec l'anatomie humaine, la philosophie et la pratique du Yoga (avec l'Ayurveda), les Cristaux, les Diapasons, l'Aromathérapie, les Tattvas, les Mystères Merkaba, et bien plus encore. Je discute également en détail du processus d'éveil et de transformation de la Kundalini, y compris les éveils permanents et partiels de la Kundalini, les Rêves Lucides, le rôle de la nourriture, de l'eau, des nutriments et de l'énergie sexuelle pendant l'intégration, et les événements de pointe dans le processus global de transfiguration.

Ce livre contient toutes mes connaissances et mon expérience acquises au cours des dix-sept dernières années, y compris les méditations très importantes sur différents points d'énergie à l'intérieur et autour de la tête, que j'ai découvertes en rencontrant des stagnations et des blocages d'énergie. Savoir comment Ida, Pingala et Sushumna fonctionnent dans le système de la Kundalini vous permettra d'être votre propre mécanicien et de "réparer le moteur" lorsqu'il fonctionne mal. Vous pouvez utiliser ces méditations spéciales Kundalini pour dépanner le système en cas de court-circuit, ce qui peut se produire après un événement traumatique ou avec des drogues, de l'alcool ou d'autres substances.

Enfin, ayant aidé au fil des ans de nombreuses personnes éveillées à la Kundalini qui cherchaient des réponses à tâtons dans l'obscurité, j'ai inclus leurs questions et préoccupations les plus courantes dans le livre. *Serpent Rising : The Kundalini Compendium* est un exposé complet et avancé sur la Kundalini, à lire absolument par toute personne intéressée par le sujet et sa croissance Spirituelle. En avant-première de ce livre et pour vous donner une idée du type de dons psychiques que vous pouvez recevoir en éveillant la Kundalini, j'ai inclus quelques articles que j'ai écrits pour un blog à la fin de *The Magus*.

Serpent Rising II : Kundalini in the Ancient World poursuit mon voyage d'exploration de la Kundalini ; il comprend des recherches historiques qui prouvent que nos Ancêtres avaient une connaissance totale de la Kundalini telle qu'elle est représentée symboliquement dans leur art, leur sculpture et leurs écritures. De plus, en examinant les Anciennes traditions et religions, j'ai découvert que la Kundalini est un fil conducteur qui unit leurs systèmes Spirituels, leurs pratiques et leurs croyances. Je suis ravi de partager ce travail avec la première partie, qui restera à l'épreuve du temps comme l'ouvrage le plus complet au monde sur le potentiel énergétique humain.

Mon troisième ensemble d'œuvres, *Cosmic Star-Child*, aborde peut-être la question la plus cruciale au sujet de la Kundalini - pourquoi l'avons-nous en premier lieu ? Pourquoi ne naissons-nous pas avec une Kundalini éveillée, mais devons-nous l'activer nous-mêmes dans cette vie ? Pour répondre à ces questions difficiles, j'ai voyagé dans le monde entier, sur des sites anciens, afin d'obtenir de nos ancêtres un aperçu de la Kundalini. En découvrant d'où nous venons, nous pouvons comprendre où nous allons. Mes découvertes au fil des ans m'ont amené à m'interroger sur notre histoire et les origines de l'humanité. Une grande partie de ce que j'ai vu et expérimenté de première main ne correspond pas à ce que l'on nous fait croire comme étant la vérité sur qui nous sommes.

Dans *Cosmic Star-Child*, je remets en question les anciennes croyances imposées par la théorie Darwinienne de l'évolution et j'offre un aperçu d'une version plus ésotérique des racines de l'humanité avec des Ancêtres qui ne sont pas de ce monde. Cet ouvrage contient une exploration et une recherche rigoureuses, soutenues par les dernières découvertes scientifiques et archéologiques. Toutes les conclusions de cet ouvrage ont été vérifiées - elles correspondent à ce que de nombreux érudits des temps modernes acceptent comme la vérité concernant l'histoire et les origines de l'humanité. Je crois que ce n'est qu'en allant au fond des choses sur qui nous sommes et comment nous sommes arrivés ici que nous pourrons répondre honnêtement aux questions les plus critiques concernant l'existence et le but de l'énergie Kundalini.

Dans ces quatre ouvrages, je me suis appuyé sur mes propres expériences de vie et sur les sujets qui me passionnent le plus pour partager mes idées avec vous, le lecteur. Tous mes livres vont de pair, même si chacun d'eux aborde des sujets différents en détail.

Je vous remercie d'avoir décidé de me faire participer à votre voyage Spirituel. Je suis convaincu que vous bénéficierez grandement de mes connaissances et de mon expérience et que si vous vous consacrez au travail présenté dans ce livre, vous poursuivrez votre évolution Spirituelle. Pour accéder aux i*mage*s en couleur de *The*

Magus : Kundalini and the Golden Dawn, visitez www.nevenpaar.com et suivez le lien du livre dans la navigation principale. Le mot de passe pour accéder à la page est : Youarethemagus

Fiat Lux,
Neven Paar

"O peuple de la Terre, hommes nés et faits des Éléments, mais ayant en vous l'Esprit de l'Homme Divin, sortez de votre sommeil d'ignorance ! Soyez sobres et réfléchis. Réalisez que votre demeure n'est pas dans la Terre mais dans la Lumière. Pourquoi vous êtes-vous livrés à la mort, alors que vous aviez le pouvoir de participer à l'immortalité ? Repentez-vous, et changez d'avis. Quittez la Lumière Noire et abandonnez la corruption pour toujours. Préparez-vous à franchir les Sept Anneaux (Chakras) et à mêler vos Âmes à la Lumière Éternelle."

–Hermès Trismégiste

de "*Poimandres*", la "*Vision d'Hermès*"

PARTIE I:
LA QABALAH

SYSTÈMES SPIRITUELS ORIENTAUX ET OCCIDENTAUX

KUNDALINI ET MAGICK (MAGIE CÉRÉMONIELLE)

Kundalini est un mot Sanskrit qui signifie "enroulé" - il fait référence à une forme d'énergie primitive appelée *Shakti*, dont les Hindous disent qu'elle est située à la base de la colonne vertébrale, et enroulée trois fois et demie dans un état de potentiel. Ce centre d'énergie correspond au Muladhara, le Chakra de la Terre. Lorsque la Kundalini est élevée, Shakti rencontre *Shiva* au sommet de la tête, et leur Mariage Divin représente l'union de la conscience individuelle avec la Conscience Cosmique. L'énergie de la Kundalini est l'énergie de la Vie, et son objectif global est d'élargir la conscience humaine. Elle est dormante chez la plupart des gens et peut être éveillée par des techniques de méditation, ou même spontanément, sans aucun effort conscient de l'individu.

"Lorsque vous réussissez à éveiller la Kundalini, afin qu'elle commence à sortir de sa simple potentialité, vous démarrez nécessairement un Monde totalement différent du nôtre. C'est le Monde de l'Éternité." - Carl Gustav Jung ; extrait de "La Psychologie du Yoga de la Kundalini : Notes du Séminaire donné en 1932 par C. G. Jung ".

La Kundalini est interchangeable avec le terme occidental "Puissance du Serpent" et a été comparée à un serpent pour diverses raisons. Premièrement, lorsque l'énergie s'élève, la personne qui fait l'expérience de l'éveil perçoit le son intérieur qu'elle émet comme le sifflement d'un serpent. Deuxièmement, son mouvement et son expansion se produisent dans la colonne vertébrale, qui a la forme d'un serpent ou d'un serpent droit. Troisièmement, le serpent perd sa peau tous les mois, se renouvelant ainsi continuellement. La Kundalini, une fois activée, permet à chacun de se transformer et de "muer" continuellement jusqu'à ce qu'il soit parfait Spirituellement.

Lorsque l'énergie de la Kundalini atteint le sommet de la tête (Figure 1), elle brise l'*Oeuf Cosmique*. Elle active le Corps de Lumière et les 72 000 Nadis qui s'écoulent comme des toiles d'araignée de Chaque Chakra vers notre Corps de Lumière - c'est ce qu'on appelle un éveil "complet" ou "permanent" de la Kundalini. Un éveil "partiel" de la Kundalini se produit lorsque la Kundalini s'élève dans un Chakra particulier, puis redescend à la base de la colonne vertébrale, pour s'élever à nouveau dans le futur. Bien qu'il existe des pratiques capables de provoquer un éveil de la Kundalini, en fin de compte, c'est quelque chose qui est choisi pour vous dans cette vie par le Divin.

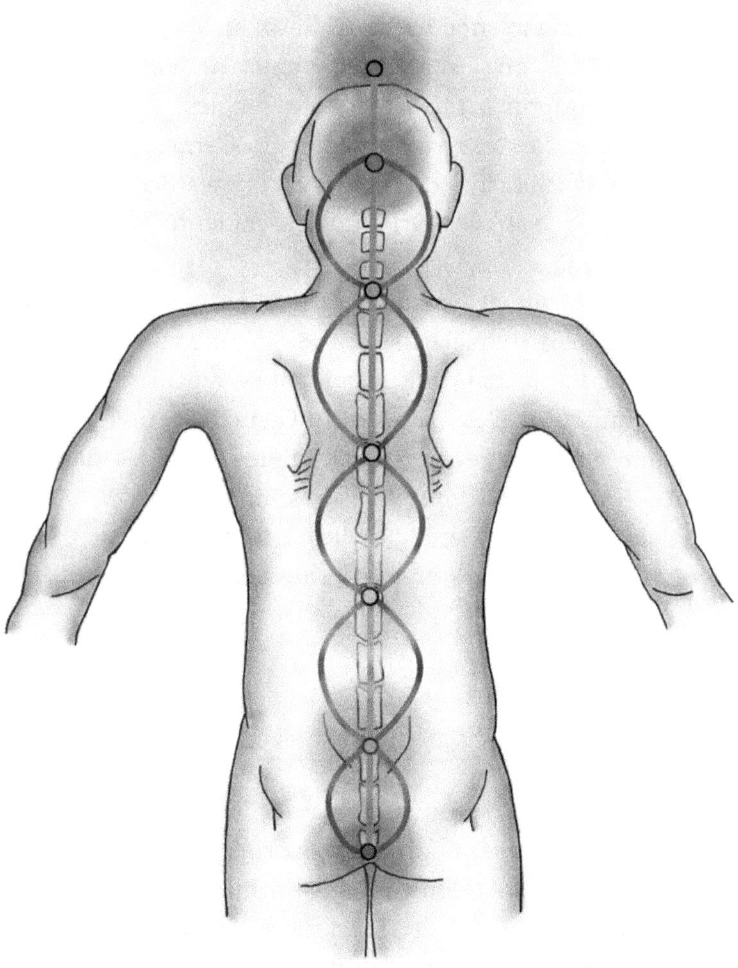

Figure 1: L'Énergie Kundalini Élevée à la Couronne

Comme je l'ai mentionné dans l'"Introduction de l'Auteur", une méthode puissante de nettoyage et de purification des Chakras consiste à utiliser les exercices rituels de la Magie Cérémonielle. Tout comme la Qabalah et le cadre de l'Arbre de Vie, ces exercices sont d'origine Occidentale. Dans ce livre, je vous expliquerai ce que sont la Qabalah et la Magie Cérémonielle et comment elles peuvent vous aider. Je vous donnerai également ces exercices rituels afin que vous puissiez vous familiariser avec eux et les utiliser dans votre voyage d'éveil. La Magie Cérémonielle est la clé pour évoluer au-delà du Karma négatif des quatre premiers Chakras Élémentaires et pour apprendre à s'accorder et à opérer à partir des trois Chakras Spirituels supérieurs ou Éthériques.

La Magie Cérémonielle est un art sacré d'invocation et d'évocation d'énergie. Les invocations rituelles qu'elle emploie invoquent (appellent) différentes énergies du Macrocosme (Système Solaire) dans le Microcosme (Aura humaine) dans le but d'une évolution Spirituelle. Les évocations rituelles permettent au praticien de la Magie d'accéder à des états de conscience intérieurs auxquels il ne peut accéder autrement. Ces techniques rituelles, ou exercices, consistent en des formules magiques (incantations) qui impliquent l'utilisation de symboles, de nombres et la vibration (chant) de Noms Divins. Les exercices de Magie Cérémonielle se concentrent sur l'évolution Karmique des Chakras, qui sont synonymes des énergies des Éléments et Sous-Éléments. Ainsi, les systèmes Oriental et Occidental décrivent les mêmes idées, mais en termes différents.

Les philosophies Orientale et Occidentale peuvent sembler totalement étrangères l'une à l'autre en apparence, mais il existe en réalité une grande corrélation entre elles. Elles servent toutes deux à atteindre un objectif commun : l'expansion et l'évolution de la conscience humaine et l'union avec le Divin. Discuter des énergies des Sept Chakras du système Oriental revient à parler des énergies des Cinq Éléments du système Occidental. Dans *The Magus,* nous examinerons les Mystères Occidentaux (y compris la Qabalah, la Magie Cérémonielle et la philosophie Hermétique) tout en faisant correspondre le tout au système Oriental des Sept Chakras et de la Kundalini.

LES CHAKRAS

Chakra est un mot Sanskrit signifiant "roue qui tourne" ou "vortex" et est un terme Oriental. Ce mot est utilisé pour décrire les centres d'énergie invisibles le long de la colonne vertébrale, composés d'une énergie multicolore qui circule. Ce sont ces centres qui équilibrent, stockent et distribuent les énergies de la vie dans nos différents Corps Subtils. Les Corps Subtils sont l'expression des différents Plans Cosmiques intérieurs, car à chaque Corps Subtil correspond un Plan Cosmique. Les

Chakras sont des conducteurs d'énergie provenant des Plans Cosmiques, et chacun d'eux est chargé de superviser des aspects particuliers de la vie d'un être humain. Lorsqu'ils sont nettoyés et équilibrés, les Chakras offrent des capacités extrasensorielles exceptionnelles.

"Les Chakras ou Centres de Force sont des points de connexion où l'énergie circule d'un corps de l'homme à un autre... toutes ces roues sont en perpétuelle rotation, et dans le moyeu ou la bouche ouverte de chacune d'elles circule toujours une force provenant d'un Monde supérieur." - Charles W. Leadbeater; extrait de "The Chakras" (Les Chakras)

Les Chakras ne sont pas physiques. Ils sont situés dans le Corps de Lumière. Ils se manifestent par un modèle de circulation dans sept zones principales du corps de lumière. On peut les imaginer comme des fleurs en pleine floraison. Chaque Chakra possède un certain nombre de pétales, des tourbillons d'énergie en forme de roue qui rayonnent vers l'extérieur et forment des angles droits horizontaux. Les Chakras tournent dans le sens des aiguilles d'une montre, et la vitesse de leur rotation détermine leur degré d'accord ou de désaccord. Plus ils tournent vite, plus ils canalisent de Lumière et mieux ils fonctionnent.

Les Chakras régulent la conscience. Que vous ayez éveillé la Kundalini ou non, vos Chakras sont actifs dans une certaine mesure, mais si vous n'utilisez pas certains Chakras quotidiennement, ils peuvent être si stagnants qu'ils semblent pratiquement au repos. Une fois que vous avez éveillé la Kundalini et l'avez fait monter dans le cerveau, vos Chakras sont revigorés par la Lumière de l'énergie de la Kundalini. Ils deviennent comme des ampoules électriques fonctionnant au maximum de leur capacité. Si un Chakra est rempli d'énergie négative, il émet une Lumière faible plutôt qu'une Lumière vive. Le Karma personnel fait obstacle à l'éclat de la Lumière intérieure, c'est pourquoi les Chakras doivent être nettoyés et purifiés. Une fois ce processus terminé, la Lumière peut briller à nouveau.

ÉNERGIE KARMIQUE

Dans le contexte de ce livre, l'énergie Karmique fait référence à l'énergie négative stockée quelque part dans l'Aura et qui se manifeste à travers l'un des Sept Chakras. Cette énergie Karmique affaiblit la Lumière du Chakra auquel elle se rapporte. Par conséquent, pour nettoyer le Chakra et l'accorder, nous devons éliminer le Karma négatif qui y est stocké. Une fois cela fait, le flux d'énergie dans l'Aura sera robuste et vibrant, et les Chakras fonctionneront à leur niveau le plus optimal.

Le Karma est un terme Oriental défini dans l'Hindouisme et le Bouddhisme comme "la somme des actions d'une personne dans cette vie et dans les vies précédentes, considérée comme déterminant son destin dans les existences futures". "Le mot lui-même est devenu internationalement reconnu au fil du temps, et aujourd'hui nous comprenons tous ce qu'il signifie dans une certaine mesure. Si vous avez déjà entendu le dicton "On récolte ce que l'on sème" ou "On récolte ce que l'on sème", vous comprenez comment la loi du Karma opère à un niveau humain : nous recevons en retour ce que nous investissons essentiellement.

Le Karma est également défini comme la destinée ou le destin, suivant comme un effet d'une cause. Selon la loi du Karma, chaque action est l'effet d'une ou plusieurs actions précédentes et sera la cause d'une ou plusieurs actions futures. Ainsi, si vous avez une énergie négative dans un Chakra, cela signifie que vous avez agi négativement envers quelqu'un à un moment donné dans votre passé et que vous avez accumulé un mauvais Karma. Par conséquent, notre comportement et nos actions déterminent notre destin. Grace au travail présenté dans ce livre, vous apprenez à développer et à renforcer votre boussole morale et votre éthique. En surmontant votre fardeau Karmique, vous devenez une meilleure personne, ce qui nettoie vos Chakras et améliore leur efficacité.

La notion de Karma s'accompagne généralement de l'idée de réincarnation - à savoir que chaque vie est l'effet des vies précédentes et sera la cause des vies futures. Vous êtes peut-être une bonne personne dans cette vie, mais vous ne l'étiez pas dans une de vos vies antérieures. Vous auriez encore de l'énergie Karmique à surmonter, stockée quelque part dans vos Chakras.

"La vie vous donnera l'expérience la plus utile pour l'évolution de votre conscience. Comment savez-vous que c'est l'expérience dont vous avez besoin ? Parce que c'est l'expérience que vous vivez en ce moment." - Eckhart Tolle; extrait de "Une Nouvelle Terre : L'Éveil au But de Votre Vie".

Notre incarnation actuelle sur Terre consiste à acquérir des expériences et à apprendre les leçons de la nature qui nous permettent de poursuivre notre évolution Spirituelle. Et nous exprimons ces leçons (ou leur absence) à partir de nos vies passées. En ce sens, le Karma est cyclique - il implique des événements de vie de qualité similaire, dont vous êtes censé apprendre quelque chose et évoluer. Il est intéressant de noter que ces événements se répètent jusqu'à ce que vous appreniez la leçon Karmique voulue.

Comme chaque Chakra est une partie de la façon dont vous exprimez votre personnalité et votre caractère dans le monde, le Karma de chaque Chakra est une énergie négative liée à la façon dont vous vous exprimez dans le monde. Par conséquent, le Chakra doit être nettoyé et accordé de sorte que vos actions proviennent d'un lieu d'amour inconditionnel. Si elles viennent d'un lieu d'amour, vous éclairez le Chakra de cette expression du Soi.

Ainsi, si vous agissez de manière égoïste, colérique, lascive, craintive, avide, arrogante, etc., vous devez travailler sur ces parties de vous-même et transformer ces actions en leurs équivalents positifs et aimants. En d'autres termes, vous devez faire évoluer le Karma propre à ces Chakras qui expriment ces comportements spécifiques. Ce livre a pour but de vous apprendre à transformer l'énergie Karmique négative (ou mauvaise) en énergie positive et à évoluer Spirituellement.

PRATIQUES DE PURIFICATION ET D'HARMONISATION DES CHAKRAS

Les exercices rituels de Magie Cérémonielle du Système Occidental sont l'une des pratiques pour nettoyer et accorder les Chakras, mais il existe d'autres pratiques de guérison Spirituelle qui méritent d'être mentionnées. Toutes ces pratiques traitent de la stagnation de l'énergie dans l'Aura. Elles aident également à optimiser le flux énergétique des Chakras. Je n'en aborderai ici que quelques-unes que j'ai trouvées les plus utiles sur mon chemin Spirituel, bien qu'il en existe beaucoup d'autres. Les pratiques Spirituelles que j'ai trouvées les plus utiles consistent à invoquer ou à évoquer l'énergie dans l'Aura, de manière similaire aux exercices de Magie Cérémonielle.

Un outil puissant pour nettoyer et accorder les Chakras est l'utilisation de Pierres Précieuses, également appelées Pierres Naturelles ou Cristaux. Une Gemme est une pierre précieuse ou semi-précieuse produite par la nature, trouvée dans des formations rocheuses. La plupart des Pierres Précieuses sont des cristaux minéraux, mais pas toutes. Les Pierres Précieuses sont utilisées depuis des milliers d'années par les anciens peuples d'Orient et d'Occident pour la guérison Spirituelle. Chaque Pierre Précieuse émet un type d'énergie différent qui possède diverses propriétés de guérison lorsqu'il est appliqué à l'Aura humaine. Cependant, comme la science des Pierres Précieuses n'est pas exacte en ce qui concerne le type et la quantité d'énergie que chaque pierre émet, il est beaucoup plus difficile d'isoler les Chakras individuels pour travailler sur eux. En outre, de nombreuses Pierres Précieuses peuvent être utilisées pour plus d'un Chakra, ce qui en fait un processus aléatoire par rapport aux exercices rituels de la Magie Cérémonielle.

Une autre pratique Spirituelle, ou outil, pour travailler avec les Chakras est le Diapason utilisé dans la guérison par le son, qui est une pratique à la fois Orientale et Occidentale. Comme chaque Chakra vibre à une fréquence particulière, un Diapason qui résonne à cette même fréquence peut être utilisé pour accorder le Chakra et guérir les énergies de l'Aura. Le Diapason correspond à la fréquence d'un Chakra et l'"entraîne", le ramenant ainsi à sa vibration optimale et saine. Les limites de cette pratique sont qu'elle est relativement nouvelle (moins de quarante ans) et que les fréquences des Diapasons peuvent ou non être exactes en termes d'application à la guérison Spirituelle. Jusqu'à présent, cependant, il a été prouvé qu'elle fonctionne assez efficacement.

L'utilisation des Tattvas est une pratique Orientale qui existe depuis plus de deux mille ans. Le mot "Tattva" est un mot Sanskrit qui signifie "essence", "principe" ou "Élément". Les Tattvas représentent les Quatre Éléments que sont la Terre, l'Eau, l'Air et le Feu, ainsi que le cinquième Élément, l'Esprit. Ils sont faciles à utiliser tout en étant très efficaces. Il y a cinq Tattvas principaux, chacun d'eux ayant cinq Sous-Tattvas, ce qui fait un total de trente. Les Tattvas sont considérés comme des "fenêtres" sur les Plans Cosmiques, qui correspondent aux énergies des Chakras.

Les Tattvas sont utiles pour travailler avec les Chakras et l'énergie Karmique qu'ils contiennent. Ils ne génèrent pas d'énergie en soi, comme le font les Pierres Précieuses et les Diapasons, mais ils sont utiles pour se concentrer sur les Plans Cosmiques intérieurs et travailler sur les Chakras correspondants. D'après mon expérience, le travail avec les Tattvas va de pair avec l'utilisation de rituels de Magie Cérémonielle relatifs aux Éléments.

Ce ne sont là que quelques-unes des pratiques dignes de mention qui s'appliquent à la guérison Spirituelle. Les autres pratiques de guérison comprennent, sans s'y limiter, le Yoga, le *Reiki*, l'Acupuncture, le Qigong, le Tai-Chi, l'Aromathérapie, la Réflexologie, le Biofeedback, la guérison par le Ruach, la Régression dans les Vies Antérieures, l'Hypnose, la Méditation Transcendantale et la Programmation Neurolinguistique. C'est à vous de choisir ce que vous voulez. Comme je l'ai dit, cependant, dans mon expérience personnelle, après avoir essayé à peu près toutes les méthodes existantes, j'ai trouvé que la Magie Cérémonielle était la manière la plus précise et la plus efficace de travailler avec les Chakras et de guérir et évoluer Spirituellement.

LA CRISE DE LA KUNDALINI

Que vous ayez éveillé l'énergie de la Kundalini ou non, vous aurez de l'énergie Karmique à gérer dans votre vie. Tout le monde a besoin de nettoyer ses Chakras de l'énergie négative pour progresser Spirituellement. Pour les personnes non éveillées, leur conscience fonctionne à partir d'un seul Chakra à la fois dans la plupart des cas. Selon la faculté intérieure que vous utilisez, vous sauterez de Chakra en Chakra pour exprimer ces facultés. Vos émotions appartiennent à un Chakra différent de celui de votre imagination, par exemple, ou de votre volonté. Mais dans tous les cas, vous pouvez affiner ces facultés intérieures afin d'accroître votre pouvoir personnel.

Les personnes qui ont eu un éveil complet et permanent de la Kundalini sont confrontées à une situation beaucoup plus difficile. Tous leurs Chakras sont en train d'entrer en conscience en même temps. Pour l'avoir vécu moi-même il y a des années, je peux affirmer que cet état d'être est une forme de crise. Pour ces personnes, il est crucial de commencer à travailler sur le nettoyage de l'énergie Karmique de chaque Chakra immédiatement pour surmonter cet état inconfortable.

Après un éveil complet et permanent de la Kundalini, toutes les peurs sont amplifiées puisque chaque pensée dans l'esprit de ces individus semble aussi réelle que vous et moi. Cela se produit parce que, lorsque la Lumière est projetée de l'intérieur, elle amplifie toutes les pensées, les anime et leur donne vie. Lorsque la Kundalini s'élève dans le cerveau, un pont est créé entre le conscient et le subconscient, les reliant et leur donnant une unité. Cependant, chez les personnes non éveillées, leur conscience oscille entre le conscient et le subconscient, avec une division nette. Pour évacuer l'énergie Karmique, il faut donc travailler en priorité sur l'évacuation du contenu nocif du subconscient, car c'est là que la plupart des énergies négatives sont stockées.

Nous avons tous nos Démons (émetteurs de pensées négatives) dont nous nous cachons. Nous les avons logés quelque part au fond de notre subconscient et avons essayé de les oublier à un moment donné dans le passé. Ils refont surface occasionnellement, mais ces Démons sont laissés tranquilles la plupart du temps. "Loin des yeux, loin du cœur", comme on dit. Mais ils font toujours partie de nous et doivent être affrontés. Tant que nous ne les aurons pas vaincus, nous ne pourrons pas exploiter notre potentiel le plus élevé en tant qu'êtres humains Spirituels.

Le travail présenté dans ce livre a pour but de vous aider à affronter vos Démons et vos peurs et à les surmonter. Nous essayons de donner des ailes à nos Démons, métaphoriquement parlant, et de les transformer en leurs opposés affectueux, les Anges (émetteurs de pensées positives). Nous pouvons faire de nos Démons des alliés dans la vie et les utiliser pour augmenter considérablement notre pouvoir personnel.

De plus, en vainquant vos Démons, vous éliminez la peur de votre système puisque les Démons se nourrissent de l'énergie de la peur alors que les Anges se nourrissent de l'énergie de l'amour. Les Démons non maîtrisés et l'énergie Karmique vont de pair ; vous devez donc apprendre à affronter vos Démons et à les maîtriser si vous voulez surmonter votre énergie karmique et évoluer Spirituellement.

"F.E.A.R. est une Fausse Preuve qui Semble Vraie." - Anonyme

Pour les individus éveillés par la Kundalini, bien que ceux qui ont eu un éveil complet et permanent, aucun choix n'est donné en la matière. Comme ce pont entre le subconscient et le conscient est créé, tous leurs Démons ont pleinement accès à leur conscience quotidiennement. Ils ne peuvent plus les fuir ni s'en cacher. Et comme tout ce contenu négatif du subconscient est libéré pour être traité, cela peut rendre l'expérience de vie très inconfortable. Je m'en souviens parce que je suis passé par là il y a dix-sept ans. Il était devenu crucial pour moi de trouver un moyen, une pratique ou un outil pour traiter mes Démons si je voulais à nouveau profiter de ma vie. Et, comme le veut le destin, je suis tombé sur la Magie Cérémonielle, et mes prières ont été exaucées.

Chez les personnes en éveil complet et permanent de la Kundalini, on entend également un son vibratoire constant à l'intérieur de la tête qui ressemble à un moteur de jet ou à un essaim d'abeilles. Cette vibration continue, qui est présente 24 heures sur 24 et 7 jours sur 7 après un éveil de la Kundalini, est très alarmante au début et nécessite un ajustement. De plus, la peur de l'Inconnu s'ajoute à la peur et à l'anxiété générales une fois que ces autres transformations intérieures ont eu lieu.

Malheureusement, aucun médecin ne peut aider en la matière, car le phénomène de la Kundalini est encore relativement nouveau, ce qui signifie que l'on n'en sait pas grand-chose dans notre société. Nous n'avons pas affaire à quelque chose de physique mais à de l'énergie - une substance intangible. La plupart des psychologues ou des psychiatres ne peuvent pas non plus aider car, à moins d'avoir vécu un éveil de la Kundalini, ils ne peuvent pas comprendre ce que ces personnes vivent. Le travail consistant à surmonter l'énergie Karmique dans chaque Chakra est primordial pour aider ces personnes à avancer et à progresser dans leur évolution Spirituelle.

LES CINQ ÉLÉMENTS

Les cinq Éléments correspondent aux Sept Chakras (Figure 2). Les quatre premiers correspondent respectivement à la Terre, l'Eau, le Feu et l'Air. Les trois Chakras supérieurs correspondent à l'Esprit ou à l'*Aethyr* (les deux termes sont interchangeables). En invoquant l'énergie des Cinq Éléments, les exercices rituels de la Magie Cérémonielle permettent d'accorder et de purifier les Chakras qui leur sont associés. Le processus d'accordage se produit lorsque les énergies Élémentaires sont amenées dans l'Aura par ces exercices et travaillées en conscience. Ce processus influence votre psyché, activant des événements de niveau Karmique destinés à être surmontés afin que vous puissiez purifier et exalter le ou les Chakras correspondant à l'énergie Élémentaire. Ainsi, les exercices de Magie Cérémonielle présentés dans ce livre accélèrent votre Karma dans son processus de déploiement, accélérant votre processus d'évolution Spirituelle.

Le travail avec les Éléments vous apportera beaucoup d'énergie Karmique, mais c'est une bonne chose lorsque vous essayez de vous développer Spirituellement. Cela peut être inconfortable au début, mais vous accueillerez rapidement le processus lorsque vous commencerez à surmonter votre énergie Karmique. En outre, lorsque vous ouvrirez les portes de votre psyché intérieure, vous découvrirez que d'autres portes s'ouvriront, dont vous ne soupçonniez même pas l'existence. De cette façon, vous deviendrez un guerrier Spirituel.

Le chemin de l'illumination n'est que pour les forts. Le travail avec les exercices de Magie Cérémonielle vous rendra résilient et résistant à l'énergie négative. Vous apprendrez à vivre avec l'énergie négative et à l'utiliser de manière productive au lieu d'être utilisé par elle. En apprenant à ne pas craindre l'énergie négative, l'anxiété qui surgit face aux confrontations de la vie diminuera, ce qui aura pour effet d'accroître votre pouvoir personnel.

En évoluant Spirituellement grace à ce travail, vous découvrirez une toute nouvelle façon de vivre. Vous apprenez à vivre en harmonie avec le Cosmos et les Lois Universelles en maîtrisant les Éléments de votre Être. Et lorsque vous vivez de cette manière, l'Univers vous bénit en réalisant tous vos rêves. Cela semble trop beau pour être vrai ? Ce n'est pas le cas. Mais vous avez beaucoup de travail devant vous pour y arriver.

"L'homme est un Microcosme, ou un petit Monde, parce qu'il est un extrait de toutes les Étoiles et Planètes de tout le firmament, de la Terre et des Éléments, et qu'il est ainsi leur Quintessence." - Paracelse; extrait de "Astronomie Hermétique".

L'Univers en dehors de nous, y compris la composition énergétique de chaque être humain, est constitué des Quatre Éléments (cinq y compris l'Esprit). La Qabalah Hermétique affirme que le Microcosme reflète directement le Macrocosme, et vice versa - Comme en Haut, Comme en Bas. Le Microcosme est l'Aura et la composition énergétique d'un être humain, qui trouve son reflet dans l'Univers et, plus particulièrement, dans le Système Solaire dont nous faisons partie (situé dans un bras spiralé extérieur de la Galaxie de la Voie Lactée).

Grace à cet axiome Hermétique, "Comme en Haut, Comme en Bas", nous travaillons notre Magie, sachant que si nous affectons quelque chose à l'extérieur de nous, nous affectons quelque chose à l'intérieur de nous, et vice versa. Les Éléments se trouvent dans l'univers physique auquel nous participons et à l'intérieur de nous. À l'intérieur de nous, ils sont exprimés par les Chakras. À l'extérieur de nous, ils sont exprimés par la terre, la mer, l'air et le Soleil.

L'Esprit n'est pas techniquement un Élément en soi, mais il est la composition de la somme des Quatre Éléments - il est le bloc de construction, le milieu, la colle qui les maintient ensemble. C'est la Prima Materia, la Première Substance, et la Source de tout ce qui existe. Tout ce qui se manifeste vient de l'Esprit, et tout est destiné à retourner et à être réabsorbé dans l'Esprit. L'Esprit vibre à la fréquence la plus élevée ; il est donc invisible pour les sens. Lorsque la vibration ralentit, l'Esprit se manifeste sous la forme des Quatre Éléments primaires que sont le Feu, l'Eau, l'Air et la Terre, de manière séquentielle. Lorsque l'Esprit se manifeste sous la forme des Éléments inférieurs, il conserve son énergie originelle à l'état de potentiel. C'est à nous de Spiritualiser nos Éléments et d'élever notre conscience jusqu'à la Source - Dieu - le Créateur.

Les Quatre Éléments primaires peuvent être considérés comme des royaumes, des règnes ou des divisions de la nature. Ils sont les modes d'existence et d'action de base - les Éléments constitutifs de tout ce qui existe dans l'Univers. Cependant, même les Quatre Éléments ne sont pas techniquement quatre mais trois, puisque le quatrième Élément, la Terre, est la composition des trois Éléments de base dans leur forme la plus dense. La Terre et l'Esprit sont donc comme les opposés l'un de l'autre - ils sont aux extrémités opposées de l'échelle vibratoire. Les trois Éléments fondateurs sont le Feu, l'Eau et l'Air.

Le **Feu** est purificateur. Il détruit l'ancien pour faire place au nouveau. Toutes les choses nouvelles sortent du Feu, et toutes les choses anciennes sont transformées par lui. L'Élément Feu est le principe masculin, l'énergie du Père, la force motrice de l'Univers. Le Feu représente la force et la volonté, et c'est le plus proche des trois Éléments fondateurs de l'Esprit. La partie active du Soi s'appuie sur l'Élément Feu. C'est l'esprit conscient, la volonté et la vitalité d'un être humain. Le Feu est la combustion dans le monde physique, manifestant à la fois la chaleur et la Lumière. En brûlant, le Feu provoque la transmutation, la régénération et la croissance. La direction du Feu dans l'Espace est le Sud.

L'Eau est le Principe féminin, l'énergie Mère, en partenariat avec l'énergie Père, le Feu. Elle contient le Plan Astral de tous les corps solides de l'Univers. L'Élément Eau est la Forme ; la Force du Feu ne peut exister sans elle. Les deux sont opposés l'un à l'autre et existent en tant que dualité. L'Élément Eau est la partie passive et réceptive du Soi - le subconscient. C'est ce qui comprend les sentiments et les émotions. L'Eau représente l'amour, la conscience et les possibilités infinies qui existent avant la Forme et la Création. Dans le monde physique, l'Eau est composée de molécules d'hydrogène et d'oxygène. Sa direction dans l'Espace est l'Ouest.

L'Air est partout autour de nous et est toujours en mouvement. Toute la vie dépend de l'Air, le rejeton des Éléments Feu et Eau. En tant que progéniture, il est l'énergie du Fils. Dans la réalité physique, le Feu et l'Eau s'unissent pour créer l'air sous forme de vapeur. Par conséquent, l'Élément Air est le point d'équilibre entre les autres Éléments primaires, le Feu et l'Eau. L'Air est l'action, et il est étroitement lié au Feu. Comme le Feu, l'Élément air est également masculin, il représente l'activité et l'énergie. À la différence du Feu, l'Air est associé à l'intellect et à l'esprit logique. La pensée et les pensées, tout comme l'Élément Air, sont rapides, promptes à changer et sans forme. L'Air est également associé à l'odorat. Comme l'Élément Feu agit, l'Air communique. Avec l'utilisation du langage vocalisé, l'Air est le souffle de la vie. L'Air constitue l'atmosphère de la Terre dans le Monde Physique sous la forme d'un mélange de gaz. Sa direction dans l'Espace est l'Est.

La Terre est le Monde Tridimensionnel dans lequel nous existons tous. C'est le sol sur lequel nous marchons, l'expression matérielle de l'énergie Universelle. L'Élément Terre s'est manifesté lorsque l'énergie de l'Esprit a atteint le point le plus bas de densité et de fréquence de vibration. Il représente la croissance, la fertilité et la régénération de *Gaia, la* Planète Terre. La Terre est la synthèse des Éléments Feu, Eau et Air dans leur forme la plus dense, et le contenant de ces Éléments sur le Plan Physique. D'une manière générale, l'Élément Terre représente l'ancrage et la stabilité. Il est passif et féminin, tout comme l'Élément Eau. Dans le monde physique, la Terre représente les composés organiques et inorganiques de notre Planète. La direction de la Terre dans l'Espace est le Nord.

LES SEPT CHAKRAS

Muladhara, le premier Chakra, est attribué à l'Élément Terre. Il se situe entre le périnée et le coccyx (os de la queue). Muladhara est directement lié à la base de la colonne vertébrale, où réside la Kundalini, enroulée trois fois et demie dans un état de potentiel chez les individus non éveillés. Le Muladhara est également appelé Chakra Racine ou Chakra de Base. Il est lié au corps physique et à son expression dans le monde matériel. L'énergie de ce Chakra est la plus dense car il vibre à la fréquence la plus basse de tous les Chakras. Muladhara a quatre pétales, ou vortex, et est de couleur rouge. Le Corps Subtil de Muladhara est le Corps Astral inférieur, car il fonctionne sur le Plan Astral inférieur, juste au-dessus du Plan Physique, mais en le touchant. Notez que le Corps Astral inférieur est invariablement lié au Corps Physique et n'en est pas complètement séparé. De nombreuses personnes disent que Muladhara est le Chakra qui exprime uniquement le Corps Physique, bien qu'il ait également une composante Astrale ou invisible. Le Corps Astral inférieur est souvent appelé le Corps Éthérique.

Swadhisthana, le deuxième Chakra, est attribué à l'Élément de l'Eau. Sa fonction est de traiter nos émotions inférieures projetées par notre subconscient. Swadhisthana est situé dans la partie inférieure de l'abdomen. On l'appelle souvent le Chakra du Sacrum, de la Rate ou même du Nombril, et il traite de l'interaction sociale, de la sexualité et de l'empathie envers les autres. Ce Chakra contient les parties inférieures du Soi, car il est le siège de l'Égo. Son principal mode de fonctionnement est de ressentir puisqu'il est la source de l'émotivité. Swadhisthana est l'endroit où se trouvent notre stabilité et notre fondement. C'est un endroit où il n'y a pas de pensée, mais seulement de l'action, une action qui va dans le sens de notre expression dans le monde extérieur. Une réponse émotionnelle déclenche toutefois cette action. Swadhisthana a six pétales et est de couleur orange. Le Corps Subtil de Swadhisthana est le Corps Astral supérieur, et il fonctionne dans le Plan Astral Supérieur, qui est au-dessus des Plans Physique et Astral Inférieur. Il n'y a pas de division claire entre l'Astral Inférieur et l'Astral Supérieur, mais l'un mène à l'autre et lui correspond, de la même manière que les émotions affectent les actions corporelles et vice versa. Le Corps Astral Supérieur est souvent appelé le Corps Émotionnel.

Manipura, le troisième Chakra, est attribué à l'Élément du Feu. Sa fonction est de nous conduire et de nous motiver tout en alimentant notre créativité puisque Manipura est le lieu de naissance de notre imagination. Manipura est la source de notre volonté, et il est situé au niveau du Plexus Solaire ; c'est pourquoi on l'appelle le Chakra du Plexus Solaire. Il traite de l'intelligence, de la clarté mentale et de l'harmonisation de la volonté et des émotions. Manipura travaille avec le Chakra situé au-dessus de lui, Anahata (qui est lié à la pensée), pour activer l'imagination, ce qui nécessite à la fois de la volonté et de la pensée. Manipura est le "siège de l'Âme" - il utilise l'Élément Air (au-dessus de lui), ainsi que les Éléments Eau et Terre (au-dessous de lui). Manipura agit sur les émotions de l'Eau et sur la stabilité et les actions de la Terre. Le Feu agissant sur la Terre est la façon dont nous animons le Corps Physique dans le monde matériel. Manipura a dix pétales et est de couleur jaune. Le Corps Subtil de Manipura est le Corps Mental Supérieur, et il fonctionne sur le Plan Mental Supérieur. Le mental est au-dessus des émotions involontaires du Plan Astral.

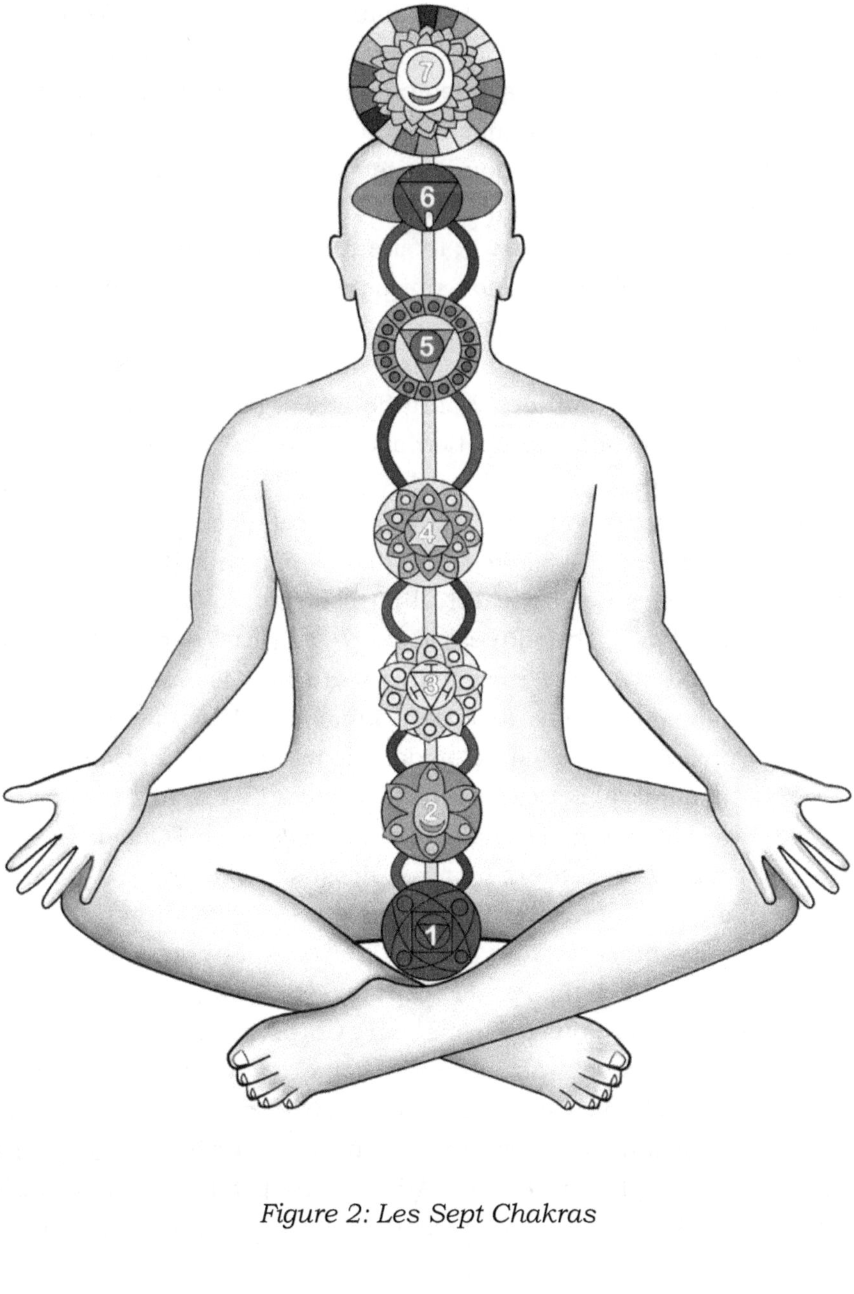

Figure 2: Les Sept Chakras

Anahata, le quatrième Chakra, est attribué à l'Élément Air. Également connu sous le nom de Chakra du Cœur, Anahata est situé entre les deux seins. Sa fonction est de traiter les émotions de notre imagination et de nos fantasmes tout en alimentant nos pensées. À travers lui, nous ressentons l'amour, mais nous faisons également l'expérience du Karma des trois Chakras les plus bas. Dans Anahata, nous comprenons également le travail et le but de notre vie. L'Élément Air étant la pensée, Anahata est lié à la volonté et à l'émotion (en dessous), car il exalte les Éléments Feu et Eau. L'Air déplace et soutient à la fois l'Eau et le Feu, en relation avec les Éléments et leurs manifestations physiques. L'Air maintient également l'équilibre entre les Éléments Feu et Eau. Comme ce Chakra est l'endroit où nous ressentons l'amour, c'est l'endroit où nous ressentons la compassion envers les autres une fois activé correctement. Si ce Chakra est inactif, nous nous tournons vers l'égoïsme et la "nourriture" de l'Égo. Anahata a douze pétales, et sa couleur est le vert. Le Corps Subtil d'Anahata est le Corps Mental Inférieur, qui fonctionne sur le Plan Mental Inférieur. Notez que les Plans Mentaux Inférieur et Supérieur sont, en réalité, un seul Plan d'existence, bien qu'une division puisse être faite dans leur expression. L'Égo s'exprime davantage par l'Élément Air, tandis que l'Âme s'exprime par l'Élément Feu.

Vishuddhi, le cinquième Chakra, est attribué à l'Élément Esprit (Aethyr). Autrement connu sous le nom de Chakra de la Gorge, Vishuddhi est situé dans la gorge. Vishuddhi travaille en conjonction avec les deux Chakras qui le surmontent, Ajna et Sahasrara. Les trois Chakras les plus élevés sont de l'Élément Esprit. Vishuddhi est lié à l'expression du Soi et aux compétences écrites et orales. Il génère la vibration de la parole, car il est le centre de la communication. Vishuddhi contrôle également le discernement et l'intellect. Il possède seize pétales, et sa couleur est le bleu. Le Corps Subtil de Vishuddhi est le Corps Spirituel dans le Plan Spirituel. Les trois Chakras les plus élevés travaillent à l'unisson les uns avec les autres en canalisant la lumière vers le bas depuis le Sahasrara (Kether sur l'Arbre de Vie). Je discuterai de ce processus plus en détail dans le prochain chapitre sur la Qabalah.

Ajna, le sixième Chakra, est également attribué à l'Élément de l'esprit, ou Aethyr. Également connu sous le nom de Chakra des sourcils ou de l'Oeil de l'Esprit, Ajna est situé à un point de la tête entre et juste au-dessus des sourcils. Ajna est le premier Chakra concernant les Mondes ou Plans Intérieurs. Par ce Chakra, nous atteignons la Couronne/Sahasrara et sortons de notre Corps Physique pour voyager dans différentes dimensions du temps et de l'espace. Ces voyages ont lieu dans les Plans Cosmiques Supérieurs, où nous utilisons notre Corps de Lumière comme véhicule. Le Rêve Lucide et la Projection Astrale sont deux types de voyages Spirituels qui dépendent de l'Ajna. L'Ajna est également le centre de l'intuition car il reçoit des informations des Royaumes Supérieurs qui lui sont supérieurs et qui passent par Sahasrara, le Chakra de la Couronne. L'Ajna a deux pétales et est de couleur indigo. Le Corps Subtil de l'Ajna est le corps Spirituel au sein de l'Élément Esprit.

Sahasrara, le septième Chakra, est également attribué à l'Élément de l'Esprit, ou Aethyr. Autrement connu sous le nom de Chakra de la Couronne, Sahasrara est situé au sommet de la tête, au centre. C'est le dernier des Chakras personnels relatifs à la conscience concernant le Corps Physique. Sahasrara est le Chakra le plus élevé de l'Élément Esprit. Comme il est le plus élevé dans la conscience humaine, il est la source de la compréhension et de la connaissance ultimes. Tout comme le Chakra racine nous relie à la Terre, le Chakra Couronne est notre connexion à l'Univers au-dessus de nous. Sahasrara est la Lumière Blanche et sa source. La Lumière entre par le Sahasrara, et elle devient plus faible en fonction de la quantité de Karma dans les Chakras inférieurs. Plus les Chakras inférieurs sont faibles, plus l'Égo est présent, et moins le Soi Supérieur est présent. La source du Soi Supérieur est le Sahasrara. Traditionnellement, ce centre ressemble à une roue avec mille (innombrables) pétales ou vortex. En tant que source de tout, il est également la source et la totalité de tous les pouvoirs et des Chakras. Dans certaines écoles de pensée, la couleur du Sahasrara Chakra est blanche, alors que, dans d'autres, elle est violette. Sahasrara est la porte d'entrée vers les Mondes Divins qui dépassent l'entendement. Le Corps Subtil du Sahasrara est le Corps Spirituel.

Maintenant que vous avez reçu les couleurs de chaque Chakra, vous allez trouver quelque chose de particulier dans leur motif spécifique. Toutes les couleurs suivent le modèle de l'arc-en-ciel, en commençant par le rouge et en terminant par le violet. L'arc-en-ciel se forme lorsque des gouttelettes d'eau dans l'air réfractent la Lumière Blanche du Soleil. Le résultat est le spectre de la Lumière avec sept couleurs distinctes. La totalité des Chakras est donc la Lumière Blanche du Soleil, qui vient d'en haut (par le Chakra Sahasrara) et filtre vers le bas dans chaque Chakra, les alimentant ainsi. Les Bouddhistes appellent le Corps de Lumière le *Corps Arc-En-Ciel.*

Selon de nombreuses écoles de pensée Spirituelles, outre les Chakras Majeurs et Mineurs, il existe également des Chakras Transpersonnels. Il s'agit de Chakras situés en dehors du Corps de Lumière et auxquels l'être humain est relié énergétiquement. Si nous étendons la colonne énergétique des Sept Chakras vers le haut et vers le bas, cela signifie qu'il y a plusieurs Chakras Transpersonnels au-dessus de Sahasrara et un en dessous de Muladhara, à différents degrés de conscience. Transpersonnel signifie qu'ils transcendent les domaines de la personnalité incarnée. Pour des informations relatives aux Chakras Transpersonnels, reportez-vous à mon deuxième livre, *Serpent Rising : The Kundalini Compendium.*

Au-dessus du Plan Spirituel, il existe également les Plans Divins, auxquels appartiennent les Chakras situés au-dessus de Sahasrara. Une fois que vous êtes allé suffisamment loin dans votre évolution Spirituelle, vous pouvez être autorisé à entrer dans ces Plans Divins. Néanmoins, bien qu'il existe des caractéristiques communes d'une expérience à l'autre, il n'y a pas deux expériences des Plans Divins identiques. Ainsi, ce que vous verrez, ressentirez et entendrez ne sera personnel qu'à vous.

TABLEAU 1: Les Sept Chakras et Leurs Correspondances

Chakra #	Nom du Chakra (Sanskrit & Français)	Localisation sur le Corps	Couleur et Nombre de Pétales	Élément & Tattva, Plan Cosmique	Corps/État	Diapason Hz- Cosmique & Musical	Pierres Précieuses
1	Muladhara, Racine ou Base	Entre le Périnée et le Coccyx	Rouge, 4	Terre (Prithivi), Astral Inférieur/ Éthérique	Survie, Ancrage, Sécurité, Kundalini (origine)	194.18, 256.0 & 512.0	Hématite, Tourmaline Noire, Jaspe Rouge, Obsidienne Flocon de Neige
2	Swadhisthana, Sacré ou Rate.	Abdomen Inférieur	Orange, 6	Eau (Apas), Astral Supérieur/ Émotionnel	Émotions, Subconscient, Sexualité	210.42, 288.0	Cornaline, Calcite Orange, Oeil de Tigre, Septaire
3	Manipura, Plexus Solaire	Plexus Solaire	Jaune, 10	Feu (Tejas), Mental Supérieur	Volonté, Créativité, Vitalité, Esprit Conscient	126.22, 320.0	Citrine, Topaze Dorée, Jaspe Jaune, Opale Jaune
4	Anahata, Cœur	Entre les Seins	Vert, 12	Air (Vayu), Mental Inférieur	Pensées, Imagination, Amour, Compassion, Guérison	136.10, 341.3	Aventurine Verte, Jade Vert, Malachite, Quartz Rose,
5	Vishuddhi, Gorge	Gorge	Bleu, 16	Esprit (Akasha), Spirituel	Communication, Intelligence	141.27, 384.0	Amazonite, Aigue-Marine, Agate Dentelle Bleue, Topaze Bleue, Turquoise
6	Ajna, Sourcil/ Œil de l'Esprit/ Troisième Oeil	Entre les Sourcils (légèrement au-dessus)	Indigo, 2	Esprit (Akasha), Spirituel	Clairvoyance, Intuition, Sens Psychiques	221.23, 426.7	Lapis Lazuli, Saphir, Sodalite
7	Sahasrara, Couronne	Sommet de la Tête (centre)	Blanc/ Violet, 1000	Esprit (Akasha), Spirituel	Unicité, Soi-Dieu, Compréhension, Conscience Cosmique	172.06, 480.0	Améthyste, Diamant, Quartz Clair, Quartz Rutile, Sélénite.

LA QABALAH ET L'ARBRE DE VIE

"En bref, l'Arbre de Vie est un condensé de science, de psychologie, de philosophie et de théologie." - Dion Fortune ; extrait de "La Qabalah Mystique".

Le mot Qabalah vient de l'Hébreu "QBL", qui signifie "tradition orale". "La Qabalah est la composante ésotérique du Judaïsme, désignée par Dion Fortune comme le "Yoga de l'Occident". La Qabalah englobe un ensemble de principes mystiques Hébraïques qui constituent la pierre angulaire et le fondement de la tradition ésotérique Occidentale. La plupart des écoles du Mystère Occidentales utilisent la Qabalah comme cadre principal, de la même manière que les écoles Orientales pratiquent le Yoga et la Méditation. L'objectif des deux écoles de pensée est l'Illumination.

Il existe un total de vingt-quatre orthographes différentes du terme "Qabalah", les trois suivantes étant les plus courantes. Qabalah (avec un K) est la Qabalah Juive, en référence à la façon dont cette pratique Ancienne est étudiée au sein de la tradition Juive. Cabala (avec un C) est un terme utilisé pour signifier l'utilisation des enseignements de la Qabalah au sein du Christianisme. Qabalah (avec un Q) est la Qabalah Hermétique, qui fait partie de la tradition Ésotérique Occidentale impliquant le Mysticisme et l'Occulte. Les nombreux sujets abordés dans cet ouvrage relèvent tous de la Qabale Hermétique. C'est donc cette forme d'orthographe qui sera utilisée.

Comme c'est le cas pour la plupart des connaissances occultes, les origines exactes de la Qabalah sont inconnues. Cependant, son étude montre clairement qu'elle contient l'influence des traditions Égyptienne, Grecque et Chaldéenne. La Qabalah propose une représentation symbolique des origines de l'Univers et du lien de l'humanité avec Dieu, le Créateur. Elle est basée sur la notion que toutes les choses de la Création sont dérivées de cette Source (Dieu).

L'Arbre de Vie (Figure 3), qui constitue la base sur laquelle reposent pratiquement tous les systèmes Spirituels Occidentaux, est l'Élément clé de la Qabalah. Les Qabalistes le considèrent comme le plan de toute existence. Ain Soph Aur, la "Lumière blanche Infinie" (selon la Qabalah), est la plus haute source imaginable de tout ce qui est. Elle se manifeste dans un ordre séquentiel à travers dix Séphiroth distinctes sur l'Arbre de Vie. Les Sephiroth sont également appelées Sphères ou émanations. Le mot "Sephiroth" fait référence à plusieurs Sphères, tandis que le mot "Séphirah" fait référence à une seule Sphère. En substance, les Sephiroth sont des états de conscience.

Israël Regardie, l'auteur *de l'Aube Dorée*, a qualifié l'Arbre de Vie de "classeur Spirituel", contenant en lui-même la méthode parfaite pour classer tous les phénomènes de l'Univers et enregistrer leurs relations. Les Qabalistes affirment que tout ce qui existe dans la nature peut être classé sur l'Arbre de Vie, car tout ce qui existe dans la nature présente un état particulier ou une fréquence de vibration. En tant que tel, tout a un niveau de conscience qui peut être cartographié quelque part sur l'Arbre de Vie.

La Qabalah se transmet de bouche à oreille depuis des milliers d'années. Ses origines sont entourées de mystère. La légende veut que la *Divinité ait* enseigné la Qabalah à un groupe d'Anges sélectionnés. Ces Anges ont ensuite créé une école théosophique dans le jardin d'Eden afin de préserver et de transmettre ce savoir. Après la chute de l'humanité, les Anges ont pris la responsabilité de nous enseigner la Qabalah afin que nous puissions nous transformer Spirituellement et retourner à l'Eden (le paradis). Cette histoire révèle l'intention et le potentiel de la Qabalah.

Adam aurait été le premier Qabaliste, suivi d'Abraham, qui aurait apporté la doctrine en Égypte. Les influences de la Qabalah sont présentes dans le mysticisme Égyptien. Les Égyptiens étaient une société ésotérique en pleine évolution, en expansion et en croissance constante sur tous les fronts. C'est là que Moïse a été initié à la Qabalah par les Anges eux-mêmes. David et Salomon comptent également parmi les plus anciens Qabalistes. Grace à une communication directe avec le Divin (Gnose), la tradition Qabalistique a d'abord été transmise aux peuples de la Terre. Puis, elle a été transmise à chaque génération suivante par le bouche à oreille (et, dans certains cas, directement du Divin).

La doctrine de la Qabalah se compose de quatre parties uniques :

I. Qabalah Pratique - Magiealistique et Cérémonielle
II. La Qabalah Littérale - L'étude de la Gématrie, du Notarikon et du Témoura.
III. Qabalah non Écrite - la Qabalah qui n'est transmise qu'oralement.

IV. Qabalah Dogmatique - La partie Doctrinale de la Qabalah ; les trois livres essentiels de la Mystique Juive : *Le Sepher Yetzirah, le Zohar* et *l'Aesch Mezareph.*

Le système Qabalistique s'appuie sur l'énergie des chiffres et des lettres. *Le Sepher Yetzirah,* connu sous le nom de "Livre de la formation", est attribué au patriarche Abraham. Il présente les dix chiffres et les vingt-deux lettres de l'alphabet Hébreu. Ces trente-deux symboles sont connus comme les Trente-deux Chemins de la Sagesse.

Le Zohar, ou "Splendeur", est le plus cité des livres de la Qabalah, car il contient une mine de renseignements. Il s'agit essentiellement d'un groupe de publications, comprenant des discours sur les aspects mystiques de *la Torah* et les interprétations scripturaires, le mysticisme, la Cosmologie et la psychologie mystique.

L'Aesch Mezareph, ou "Feu Purificateur", est le Feu Hermétique et Alchimique. Il contient également des connaissances mystiques concernant les différents aspects de l'Arbre de Vie appliqués à l'Alchimie Spirituelle.

Le but ultime de la Qabalah est de répondre aux questions primaires, fondamentales, existentielles que nous nous posons en tant qu'êtres humains concernant la Création. Ces questions concernent Dieu - la Source, sa nature et ses attributs, notre Système Solaire, la Création et la destinée des Anges et des humains, la nature de l'Âme humaine, les Cinq Éléments, les Lois Universelles, le symbolisme transcendantal de la numérologie, ainsi que les vérités cachées contenues dans les vingt-deux lettres Hébraïques.

Selon la Qabalah, tous les aspects de la Création trouvent leur origine dans l'Ain Soph Aur. Les dix émanations de Dieu-Source (dix Sephiroth) révèlent les nombreux aspects de la nature du Divin. Toutefois, le système est monothéiste, avec un Dieu unique androgyne, dont émane toute la Création. Les dix Sphères sont présentées en trois colonnes (ou Piliers), reliées par vingt-deux chemins attribués aux vingt-deux Arcanes Majeurs du Tarot. Comme vous pouvez le constater, vingt-deux est le nombre des lettres Hébraïques et des Arcanes Majeurs du Tarot, ce qui signifie qu'il existe une correspondance entre eux.

Il vous apparaîtra immédiatement que l'Arbre de Vie est un magnifique système de mathématiques, de symétrie et d'équilibre. Les Sephiroth expriment les attributs Divins, qui sont présentés dans un modèle Archétypal, servant de modèle à tout ce qui se trouve dans la Création. Il y a dix Sephiroth car dix est un nombre parfait, contenant chaque chiffre sans répétition tout en incluant l'essence totale de chaque chiffre.

LA QABALAH ET LA MAGIE CÉRÉMONIELLE

Le but de la Magie Cérémonielle est l'évolution Spirituelle. L'Arbre de Vie de la Qabalah offre la "feuille de route" vers cet objectif, tandis que la Magie en fournit les moyens. À ce titre, la Magie Cérémonielle et la Qabalah sont inextricablement liées. Au fur et à mesure que les individus évoluent Spirituellement, leur volonté s'accroît au fil du temps, car la capacité à changer les choses dans le monde réel fait partie intégrante de l'évolution Spirituelle. La Magie Cérémonielle et la Qabalah enseignent toutes deux à l'individu comment conformer la réalité à sa volonté et manifester ses désirs.

"La Magick (Magie Cérémonielle) est l'art et la science de provoquer le changement en conformité avec la volonté." - Aleister Crowley ; extrait de "Magick in Theory and Practice" (La Magie en Théorie et en Pratique)

La Qabalah a un lien Spirituel avec le Gnosticisme puisque la Gnose est la communication directe avec le Divin par l'invocation ou l'évocation de l'énergie et la communion avec elle. Il est entendu que près des trois quarts de la Qabalah doivent être appris en soi-même, par l'expérience, plutôt que par l'étude de la littérature. Ce fait souligne la valeur de la Magie Cérémonielle et de l'invocation (et l'évocation) des énergies Universelles comme la meilleure façon de recevoir la Gnose. L'utilisation de la Magie Cérémonielle et la mémorisation des correspondances de l'Arbre de Vie fourniront la meilleure méthode d'étude de la Qabalah. Cela permettra également au praticien de comprendre la relation entre les Chakras et les Éléments, ce qui est l'un des objectifs de *The Magus*.

Chaque homme et chaque femme possède également son propre Arbre de Vie puisque le Divin nous a créés à son image. Par conséquent, votre niveau d'évolution Spirituelle peut être cartographié quelque part sur votre Arbre. Les différentes énergies des Sephiroth entrent en résonance avec les forces actives de votre psyché. Vous pouvez travailler avec votre Arbre de Vie en utilisant des exercices rituels de Magie Cérémonielle pour vous aider à évoluer Spirituellement.

En travaillant avec les différentes énergies de l'Arbre de Vie, vous pouvez restructurer votre esprit de manière organisée afin d'accéder facilement aux forces de chaque Séphire. Ainsi, vous pouvez atteindre un degré incroyablement élevé de maîtrise de soi en étudiant et en pratiquant la Qabalah.

La Qabalah est une forme de psychologie active, surtout lorsqu'elle est explorée à l'aide de la Magie Cérémonielle. En invoquant les énergies de l'Arbre de Vie, vous serez en mesure de cartographier tous les aspects de votre Moi intérieur et d'acquérir de nouveaux degrés de contrôle sur les différents composants qui le constituent. Sont inclus votre volonté, votre imagination, votre raison, vos émotions, vos désirs, vos souvenirs, vos pensées, votre intuition et votre pouvoir intérieur global.

En mémorisant l'Arbre de Vie et ses correspondances, vous aurez un accès facile aux Archétypes fondamentaux, qui sont les Éléments structurels primordiaux de la psyché humaine. Les Archétypes sont universels, ce qui signifie que tous les humains en font partie. Ils nous donnent la base mentale sur laquelle nous pouvons construire nos réalités. En travaillant avec les énergies invoquées par les exercices de Magie Cérémonielle, vous serez capable de vous connecter à ces Archétypes, d'apprendre d'eux et de les utiliser de manière proactive dans votre propre vie.

Grace à l'étude pratique de l'Arbre de Vie, le progrès Spirituel et le chemin Spirituel lui-même deviennent beaucoup plus fluides et compréhensibles. Sans cette connaissance et cette expérience, la route peut être peu claire. Le système Qabalistique offre la base mentale tandis que la Magie Cérémonielle fournit l'énergie pour travailler activement avec elle. Ensemble, vous disposez des outils nécessaires pour débloquer le potentiel caché en vous, afin que vous puissiez être un co-créateur dans cette réalité et manifester vos désirs les plus profonds. L'objectif est de devenir une cause plutôt qu'un effet en appliquant consciemment les Lois Universelles.

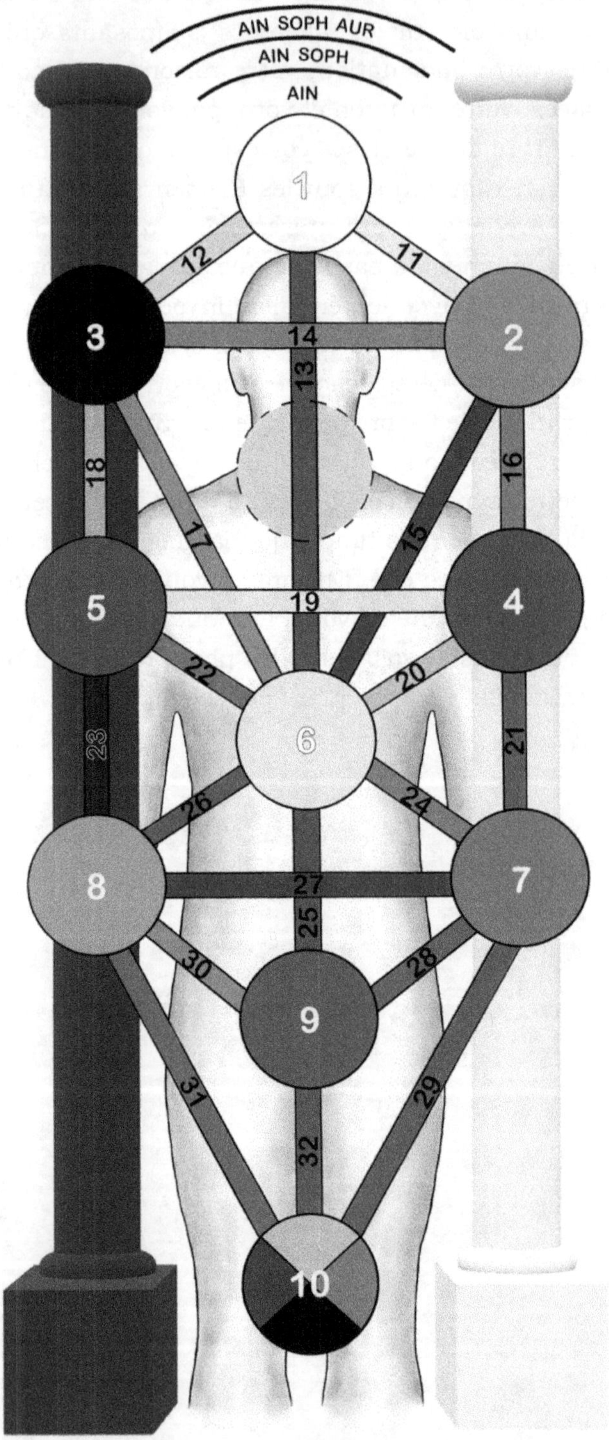

Figure 3: L'Arbre de Vie Qabalistique

TABLEAU 2: Les Dix Séphiroth et Leurs Correspondances

Séphirah #	Noms Hébreux et Français	L'Intelligence (Sepher Yetzirah)	Expérience Spirituelle	Symboles	Couleur (Briah)	Corps/Être	Qualité des Planètes et des Éléments
1	Kether, Couronne	Admirable/ Caché	Union avec Dieu	Couronne, Point, Croix de Fylfot	Blanc	Soi réel, Unicité, Spiritualité, Vérité	Pas de Planète, Esprit
2	Chokmah, Sagesse	Illuminant	Vision de Dieu Face à Face	Ligne Droite, Yod, Phallus	Gris	La Volonté Spirituelle, But, Intelligence	Pas de Planète, Esprit
3	Binah, Compréhension	Sanctifier	Vision de la Tristesse	Coupe-Chalice, Utérus, Triangle, Heh	Noir	Intuition, Conscience, Clairvoyance, Faith	Saturne, Esprit
4	Chesed, Mercy	Cohésion/ Réceptacle	Vision de l'Amour	Crochet, Sceptre, Pyramide, Carré, Orbe, Eq. -Arme Croix	Bleu	Amour Inconditionnel, Conscience, Mémoire	Jupiter, Eau
5	Geburah, Gravité	Radical	Vision du Pouvoir	Épée, Lance, Fléau, Pentagone	Ecarlate (rouge)	Volonté, Force d'Âme, Conduite	Mars, le Feu
6	Tiphareth, Beauté	Médiation	Vision de la Beauté/ Harmony	Croix de Rose et Croix de Calvaire, Pyramide Tronquée, Cube, Vav	Jaune d'Or	Soi Personnel, I-Centre, Vitalité, Guérison	Soleil, Air
7	Netzach, Victoire	Occulte	Vision du Triomphe de la Beauté	Rose, Gaine, Lampe	Vert Émeraude	Emotions, Désir, Amour Romantique	Vénus, Feu
8	Hod, Splendeur	Absolument/ Parfait	Vision de la Splendeur	Noms du Pouvoir, Tablier Maçonnique	Orange	Logique et Raison, Intellect	Mercure, Eau
9	Yesod, Fondation	Pure/Clear	Vision de la Machinerie de l'Univers	Parfum, Sandales	Violet	Pensées, Subconscient, Illusions, Sexualité, Kundalini	Lune, Air
10	Malkuth, Royaume	Resplendissant	Vision du Saint-Ange Gardien	Autel, Mys. Cercle, Triangle de l'Art, Heh-Final	Citrine, Olive, Roussâtre, Noir	Corps Physique, Instinct de Survie, Mise à la Terre	Terre - Planète et Élément
Caché	Daath, Connaissance	-	La Domination des Ténèbres	Prism, Empty Room	Lavande	Communication, Transformation	Pas de Planète, Esprit

TABLEAU 3: Les Vingt-Deux Voies du Tarot et Leurs Correspondances

Chemin #	Carte de Tarot	Titre du Tarot	Lettre Hébraïque et Nom Français	Règle et Couleur (Atziluth)	L'Intelligence (Sepher Yetzirah)	Corps/Organes
11	Le Mat	Esprit de l'Aethyr	Aleph, Ox	Air, Jaune Pâle Brillant	Scintillant	Système Respiratoire
12	Le Bateleur	Mage du Pouvoir	Beth, Maison	Mercure, Jaune	Transparent	Système Nerveux Cérébral
13	La Grande Prêtresse	Prêtresse de l'Étoile d'Argent	Gimel, Camel	Lune, Bleu	Unir	Système Lymphatique, Tous les Fluides de l'Organisme
14	L'Impératrice	Fille des Puissants	Daleth, Porte	Vénus, Vert Émeraude	Illuminant	Organes Tactiles, Organes Sexuels Int.
15	L'Empereur	Fils du Matin	Heh, Fenêtre	Bélier, Écarlate (rouge)	Constituant	Tête-Face, Cerveau, Yeux
16	Le Hiérophante	Mage des Dieux Éternels	Vau, Crochet/Clou	Taureau, Rouge-Orange	Triomphe	Gorge, Cou, Thyroïde, Voix
17	Les Amoureux	Enfants de la Voix Divine	Zayin, Épée	Gémeaux, Orange	Mise au Rebut	Bras, Poumons, Epaules, Mains
18	Le Chariot	Enfant des Puissances des Eaux	Cheth, Clôture	Cancer, Amber	Influencer	Poitrine, Seins, Estomac
19	La Force	Fille de l'Épée Flamboyante	Teth, Serpent	Lion, Jaune Verdâtre	Activités Spirituelles	Coeur, Poitrine, Colonne Vertébrale, Haut du Dos
20	L'Hermite	Mage de la Voix de la Lumière	Yod, Main	Vierge, Vert Jaunâtre	Volonté de	Système Digestif, Rate, Intestins
21	La Roue de la Fortune	Seigneur des Forces de la Vie	Kaph, Paume/Poing	Jupiter, Violet	Conciliation	Foie, Surrénales, Nerfs Sciatiques, Pieds
22	Justice	Fille des Seigneurs de la Vérité	Lamed, Ox Goad	Balance, Émeraude	Fidèle	Reins, Peau, Fesses, Lombaires
23	Le Pendu	Esprit des Eaux Puissantes	Mem, Eau	Eau, Bleu Profond	Stable	Organes de la Nutrition
24	La Mort	Enfant du Grand Transformateur	Nonne, Poisson	Scorpion, Vert Bleu	Imaginative	Organes Sexuels Externes, Système Reproductif.
25	Temperance	Fille des Réconciliateurs	Samekh, Prop	Sagittaire, Bleu	Tentative de	Hanches, Cuisses, Foie
26	Le Diable	Seigneur des Portes de la Matière	Ayin, Eye	Capricorne, Indigo	Renouveler	Genoux, Articulations, Système Squelettique
27	La Tour	Seigneur des Armées des Puissants	Peh, Mouth	Mars, Écarlate (rouge)	Actif ou Passionnant	Système Musculaire, Nez, Testicules, Tendons.
28	L'Étoile	Fille du Firmament	Tzaddi, Poisson	Verseau, Violet	Naturel	Chevilles, Système Circulatoire
29	La Lune	Enfant des Fils du Puissant	Qoph, Arrière de la Tête	Poissons, Cramoisi	Corporel	Pieds, Orteils, Tissus Adipeux, Système Lymphatique
30	Le Soleil	Seigneur du Feu du Monde	Resh, Chef	Soleil, Orange	Collectif	Cœur, Yeux, Vitalité, Système Circulatoire
31	Le Jugement	Esprit du Feu Primitif	Tibia, Dent	Feu, Orange-Ecarlate	Perpétuel	Les Organes de l'Intelligence
32	Le Monde	Le Grand de la Nuit du Temps	Tav, Tav-Cross	Saturne, Indigo	Administrative	Peau, Cheveux, Dents, Os, Articulations, Rate

LA QABALAH ET LES ÉLÉMENTS

Les Quatre Éléments font partie intégrante de la Qabalah, et leurs énergies sont contenues dans l'Arbre de Vie. Je vais décomposer les différents niveaux de manifestation des Éléments en fonction de leurs fonctions dans l'Arbre de Vie. Cela aidera à comprendre le système global de la Qabalah et le processus de manifestation de l'énergie Divine. Bien que vous entendiez la plupart de ces concepts de la Qabalah pour la première fois, je n'entrerai pas dans leur description maintenant, mais plus tard, lorsque je les discuterai individuellement. Utilisez ces informations comme une référence et une introduction aux Éléments de la Qabalah.

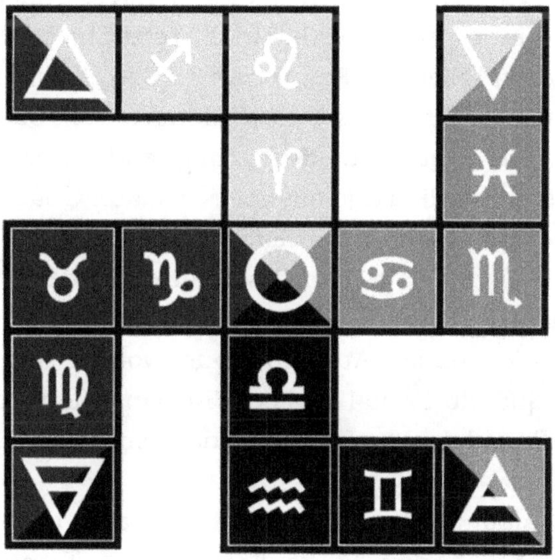

Figure 4: La Croix de Fylfot

Les Éléments Primordiaux se trouvent dans le Kether. Si l'on considère que le Kether est le potentiel de toutes les choses qui existent, les Éléments à ce niveau sont indifférenciés et dans un état de pur potentiel. La Croix de Fylfot (Figure 4) représente l'énergie de Kether et explique le fonctionnement des Éléments à ce niveau. Elle a quatre bras de longueur égale, chacun attribué à l'un des Éléments de la Terre, de l'Air, de l'Eau et du Feu. À l'intérieur des Quatre Éléments se trouvent les Douze Zodiaques en triplicité, car chaque signe Zodiacal appartient à l'un des Quatre Éléments.

Chaque bras de la Croix de Fylfot se poursuit à angle droit, symbole du mouvement autour d'un centre. Au centre se trouve l'Étoile de notre Système Solaire, le Soleil. Les quatre bras tournent autour du centre du Soleil si rapidement qu'ils semblent pratiquement au repos. De cette façon, l'énergie de l'Esprit est invisible pour les sens car sa vibration est d'une fréquence très élevée.

La Croix de Fylfot est également appelée le "Marteau de Thor" ou le Svastika. Le Svastika était utilisé comme symbole de la Divinité et de la Spiritualité dans les religions Indiennes bien avant que les Allemands nazis ne l'adoptent dans le cadre de leur mouvement.

Les Éléments Primordiaux sont le Tetragrammaton - les lettres Hébraïques YHVH (Dieu Jéhovah en Hébreu) appliquées aux Quatre Mondes de la Qabalah. Primal, par essence, signifie Primaire. Au sein des Éléments Primaires, la lettre Yod est attribuée au Feu, Heh à l'Eau, Vav à l'Air et Heh-final à la Terre. Chacun des quatre mondes possède un Arbre de Vie, appelé Atziluth, Briah, Yetzirah et Assiah.

Atziluth est attribué à l'Élément Feu, Briah à l'Eau, Yetzirah à l'Air et Assiah à la Terre. Je discuterai plus en détail des Quatre Mondes de la Qabalah dans un chapitre ultérieur de ce livre. Tout ce que vous devez comprendre à ce stade, c'est que lorsque je parle des Éléments Primordiaux, je fais référence aux Quatre Mondes.

Les Éléments spécifiques sont le Tetragrammaton ou YHVH appliqué à Chokmah, Binah, Tiphareth et Malkuth dans l'un des Quatre Mondes. Par exemple, Chokmah est attribué à l'Élément Feu, Binah à l'Eau, Tiphareth à l'Air et Malkuth à la Terre. Par conséquent, dans le monde d'Atsiluth, nous avons le Feu (spécifique) du Primal de Feu, l'Eau (spécifique) du Primal de Feu, l'Air (spécifique) du Primal de Feu et la Terre (spécifique) du Primal de Feu. Et il en va de même pour les trois autres Éléments Primordiaux.

Les Éléments Transitionnels sont le Yod, le Heh et le Vav, ou le Feu, l'Eau et l'Air, appliqués aux chemins de l'Arbre de Vie. Les Éléments Transitionnels sont toujours en transit entre les Sephiroth. Ils aident à comprendre différemment les cartes du Tarot, puisque les vingt-deux Arcanes Majeurs du Tarot sont attribués aux vingt-deux chemins de l'Arbre de Vie.

Les Éléments Astraux sont le Tétragramme de YHVH appliqué aux quatre Séphiroth inférieures de Netzach, Hod, Yesod et Malkuth, qui constituent le Plan Astral.

Les Éléments de base se trouvent dans Malkuth - c'est la manifestation finale des Éléments dans leur forme la plus dense, qui comprend le Monde de la Matière.

Les Éléments Séphirothiques se rapportent à la qualité Élémentaire générale de chacune des dix Séphiroth de l'Arbre de Vie. Lorsque je parlerai de chacune des Sephiroth, je ferai référence à leur qualité Élémentaire générale et à toute autre attribution Élémentaire qu'elles ont.

Notez que le cinquième Élément, l'Esprit, ne fait pas partie de la Qabalah d'une manière telle qu'il puisse être décomposé et séparé de l'ensemble. L'Esprit est (en un sens) la colle qui maintient l'ensemble du système. Il est également l'essence primordiale, la Première Substance et la source de toute manifestation. Au sein de l'Esprit se trouvent les Quatre Éléments dans leur état de potentiel. Inversement, au sein des Éléments Primordiaux se trouve l'Esprit en tant que substance dont ils émanent. Lorsqu'une chose émane d'une autre, elle porte le potentiel de la chose même dont elle est issue - ce qui signifie que l'Esprit fait partie de tout ce qui existe. Le but de l'Alchimiste est de faire ressortir l'Esprit de tous les aspects de sa manifestation par la Transmutation. La Transmutation est l'action de changer ou l'état d'être changé d'une forme à une autre.

LES TROIS PILIERS DE L'ARBRE DE VIE

Les dix Séphiroth de l'Arbre de Vie sont divisées en trois Piliers. À droite, le Pilier de la Miséricorde et à gauche, le Pilier de la Sévérité. Au centre se trouve le Pilier de l'Équilibre (ou de la Douceur). Ensemble, ces trois Piliers symbolisent le jeu de la dualité dans toute la Création et la force équilibrante qui les unit.

Le Pilier de la Miséricorde, à droite, est décrit comme masculin, actif et positif. Il s'agit du Pilier de la Force, et de la couleur blanche, représentant la Lumière. Il contient les Séphiroth de Chokmah, Chesed et Netzach. Le Pilier de la Sévérité, à gauche, est décrit comme féminin, passif et négatif. Il s'agit du Pilier de la Forme et de la couleur noire, représentant l'obscurité. Il contient les Séphiroth de Binah, Geburah et Hod. Ensemble, le Pilier de la Miséricorde et le Pilier de la Sévérité représentent la dualité sous tous ses aspects, le Yin et le *Yang.*

Le Pilier de l'Équilibre, également appelé Middle Pillar, représente l'équilibre tout en apportant l'équilibre aux deux autres colonnes. Il apporte l'unité aux nombreuses forces dualistes et contradictoires de la vie. De couleur grise, il est lié à l'exercice du Middle Pillar, dont le but est d'apporter la Lumière de Kether pour équilibrer l'esprit, le corps et l'Âme. Le Pilier de l'équilibre (Middle Pillar) contient les Séphiroth de Kether, Tiphareth, Yesod et Malkuth.

Les Sephiroth portent également les qualités des trois Éléments que sont le Feu, l'Eau et l'Air. Le Pilier de la Force est de la qualité de l'Élément Feu, l'essence de la Sagesse et de la Connaissance. À l'inverse, le Pilier de la Forme est de l'Élément Eau, essence de l'amour. Enfin, le Middle Pillar est de la qualité de l'Élément Air, car il sert à équilibrer les Éléments Feu et Eau. La nature énergétique de l'Élément Air est la Vérité.

Dans la tradition de l'Aube Dorée, le Pilier de la Forme est appelé Boaz, tandis que le Pilier de la Force est appelé Jachin. Le Pilier de la Forme représente la Matière et l'obscurité, tandis que le Pilier de la Force représente l'Esprit et la Lumière. Le Middle Pillar représente la conscience mystique qui équilibre les deux.

Dans le système Kundalini, le Pilier de la Miséricorde représente le Pingala Nadi masculin de l'Élément Feu. En revanche, le Pilier de la Sévérité représente le Nadi Ida féminin de l'Élément Eau. La colonne centrale, Sushumna, est le Middle Pillar qui les réconcilie, correspondant à l'Élément Air. Lorsque la Kundalini s'élève à travers la colonne vertébrale humaine, sa nature de tube creux transporte l'énergie vers le haut, pour se terminer à l'intérieur du cerveau. La Sushumna est le canal qui élargit et régule la conscience.

Les Sephiroth sont toutes parfaitement équilibrées sur les trois Piliers. Les Séphiroth opposées sur le Pilier de la Sévérité et le Pilier de la Miséricorde sont censées s'équilibrer mutuellement, tandis que le Middle Pillar s'auto-équilibre. Si les trois Piliers représentent les qualités des Éléments du Feu, de l'Eau et de l'Air, les Éléments s'échangent au fur et à mesure que l'on descend dans l'Arbre de Vie. Chaque Séphirah contient en elle-même toutes les Séphiroth situées au-dessus d'elle lorsque l'on regarde l'Arbre de Vie vers le haut. Une fois reflété par le Middle Pillar, un Élément trouvé dans une Séphirah sera inclus dans la Séphirah suivante, bien que sous une forme inférieure de ce même Élément. Ainsi, le Pilier de la Sévérité et celui de la Miséricorde verront les Éléments du Feu et de l'Eau interchanger en leur sein.

Le Middle Pillar fonctionne un peu différemment, car il reste fidèle à l'Élément Air pour l'essentiel. Les deux Sephiroth manifestées, Tiphareth et Yesod, sont toutes deux de qualité Élémentaire Air, chacune recevant une influence de l'Élément Feu ou Eau. Tiphareth reçoit l'énergie de l'Élément Feu et est lié à l'Âme, tandis que Yesod reçoit l'énergie de l'Élément Eau et est lié à l'Égo.

Le Middle Pillar est une représentation parfaite du *Ciel* et de la Terre. À son point le plus bas se trouve Malkuth, la Terre, tandis qu'à son point le plus haut se trouve Kether, l'énergie pure et indifférenciée de l'Esprit. En son sein se trouve l'Élément Air, avec l'influence des Éléments Feu et Eau. De la même manière, nous avons notre propre Terre et l'atmosphère qui l'enveloppe, contenant l'air nécessaire pour que nous puissions respirer et vivre, puis les Cieux (le ciel) au-dessus. Je vais explorer certaines de ces idées plus en détail au fur et à mesure que je décrirai chaque Séphirah. Les dix Séphiroth descendent de la Divinité (Ain Soph Aur) jusqu'au monde manifesté.

AIN SOPH AUR (LUMIÈRE ILLIMITÉE)

L'Univers est la somme totale de toutes les choses qui existent et des êtres vivants qu'il contient. Il est conçu comme ayant son origine primitive dans l'Espace infini. Cet espace illimité est l'Ain, qui se traduit par "Rien". "

"Avant d'avoir créé une forme quelconque dans le monde, avant d'avoir produit une forme quelconque, Il était seul, sans forme, ne ressemblant à rien. Qui pourrait Le comprendre tel qu'Il était alors, avant la Création, puisqu'Il n'avait pas de Forme ?" - "Le Zohar"

L'Ain n'est pas un Être, c'est simplement une "Non-chose". "Nous ne pouvons pas le comprendre, et nous ne pouvons pas le connaître. En ce qui concerne notre conscience humaine limitée, il n'existe pas. L'idée ici est que l'esprit humain est limité dans sa capacité à comprendre l'Ain. Par conséquent, nous ne devrions même pas tenter un tel effort. Il est innommable, inconnaissable et impensable. Le chiffre zéro est attribué à l'Ain. Il s'agit du *Voile* le plus élevé dans le processus de Création.

Pour devenir conscient de lui-même et se rendre compréhensible à lui-même, l'Ain devient Ain Soph, qui signifie "aucune limite" ou "Infini". "Comme il n'y a rien, il n'y a pas de frontières ni de limites. C'est le fondement sans limite, l'Éternel dans sa plus pure essence. L'Ain Soph est le deuxième Voile après l'Ain.

Plus loin encore, l'Ain Soph se manifeste sous la forme d'Ain Soph Aur, qui signifie "Lumière illimitée ou éternelle". "L'Ain Soph Aur procède de l'Ain Soph comme une nécessité. Il s'agit du plus bas des trois voiles, situé le plus près de l'Arbre de Vie. La Lumière joue un rôle essentiel dans la Qabalah, et Ain Soph Aur en est la Source.

Selon la Théorie de la Relativité d'Albert Einstein, si vous deviez voyager à la vitesse de la Lumière, des phénomènes fascinants se produiraient dans l'Espace-Temps : vous seriez en tous lieux et en tout temps à la fois. En d'autres termes, vous deviendriez Éternel et feriez l'expérience de ce que la Lumière vit de son point de vue. Vous seriez capable de parcourir de grandes distances en une fraction de seconde et même d'avancer et de reculer dans le temps.

Pour manifester la Création, l'Ain Soph Aur se contracte en un point central sans dimension par un processus que *le Zohar* appelle Tzim Tzum. C'est ainsi qu'est formée la première Séphirah de l'Arbre de Vie, Kether, la couronne. Après Kether, les neuf autres Séphiroth sont formées en séquence, à mesure que la Lumière filtre vers le bas, jusqu'à la création de l'Univers physique.

Ain Soph Aur est également connu dans la Qabalah comme les trois voiles de l'existence négative. Cela s'explique par le fait que tout ce qui dépasse Kether (la plus haute Séphirah de l'Arbre de Vie) se trouve dans les limites extérieures de l'existence, en tant qu'impulsion initiale de la Création, et n'a pas encore été créé.

KETHER (LA COURONNE)

Kether correspond à Sahasrara, le Chakra de la Couronne. Situé au sommet du Pilier d'Équilibre, Kether est la tête des Sephiroth de l'Arbre de Vie. Son Élément est l'Esprit/Athyr, et c'est le premier point de *Non-Dualité*. En tant que tel, Kether est également la porte d'entrée de l'au-delà et des Chakras Transpersonnels situés au-dessus de la Couronne. Notez que les Chakras situés au-dessus de la Couronne, dans les Plans Divins, font toujours partie de Kether et non des trois voiles de l'existence négative, car rien ne peut exister dans Ain Soph Aur. Les Éléments Primordiaux se trouvent dans Kether sous la forme des Quatre Éléments dans leur état de potentiel non-manifesté. Le nom Divin Hébreu de Kether est Eheieh, tandis que l'*Archange* est Metatron. Dans le système de Magie de l'Aube Dorée, Kether fait partie du grade Ipsissimus (10=1) du Troisième Ordre.

"Le Premier Chemin est appelé l'Admirable ou l'Intelligence Cachée (la Couronne la plus Élevée), car c'est la Lumière qui donne le pouvoir de compréhension de ce premier Principe qui n'a pas de commencement; et c'est la Gloire Primordiale, car aucun Être créé ne peut atteindre son essence. " - "Le Sepher Yetzirah" (sur Kether)

Le terme "Intelligence Cachée" implique que le Kether est non-manifesté, qu'il n'a pas de point de départ et que personne ne peut atteindre son essence en vivant dans le corps physique. Le Kether ne peut être expérimenté qu'à travers les deux prochaines Séphires de Chokmah et Binah (Sagesse et Compréhension), par l'intuition. La conscience d'une personne doit être pure pour avoir un aperçu de la "Gloire Primordiale" de Kether, puisque la dualité des pensées doit être transcendée. Le Kether est la cause première derrière toutes les causes, désignée dans *le Zohar* comme le *Macroprosopus*, le "Vaste Visage" ou Arik Anpin. C'est Dieu au Ciel, au-dessus de la dualité, en tant que Grand Architecte de l'Univers.

Kether est la Source indivise et la Vérité absolue de tout ce qui est. Il est l'essence de toute la Création. Tout émane de Kether, et tout y retourne. Essentiellement, Kether est le canal de la Grande Lumière Blanche, et en tant que tel, la couleur de Kether est une brillance blanche. Le nombre de Kether est un, car il contient en lui-même les neuf chiffres de l'échelle décimale qui restent.

L'émanation initiale de l'Arbre de Vie est le Kether, qui est l'état de conscience dans lequel la Création s'unit aux Trois Voiles de l'Existence Négative. Kether est la *Monade,* la singularité et la plus haute conception de la Divinité. Lorsque l'essence de vie Divine descend l'Arbre de Vie, elle subit simplement un processus de transformation d'une forme d'énergie, ou d'un état de conscience, à un autre.

Dans les traditions mystiques, l'androgynie (mâle et femelle unis en une seule forme) symbolise le Kether, qui représente un état de transcendance et d'union avec le Divin. Le Kether est comparable aux notions Orientales de *Satori* et de Nirvana. La sagesse (Chokmah) est masculine, tandis que la compréhension (Binah) est féminine. Ensemble, ils se situent immédiatement en dessous de Kether sur l'Arbre de Vie. Cependant, le Kether transcende la dualité des deux en tant qu'étincelle initiale du Divin.

Un éveil complet de la Kundalini qui élève l'énergie et perce le Chakra de la Couronne, Sahasrara, est essentiellement un éveil à la Séphirah Kether. Cela signifie que toutes les Séphiroth inférieures à Kether s'ouvrent comme des états de conscience accessibles. Un éveil complet et permanent de la Kundalini est essentiellement une activation et une revigoration de l'ensemble de l'Arbre de Vie à l'intérieur de l'individu - un concept auquel je ferai souvent référence.

Kether n'a pas de correspondance Planétaire, comme la plupart des autres Sephiroth. Ses symboles sont une Couronne, un point et la Croix Fylfot. Les correspondances de Déité de Kether dans les panthéons Spirituels et religieux incluent Nudjer, Ptah, Aither, Aether, Dagda, Ymir, Brahman, Damballah, Ayida Wedo et Olodumare.

CHOKMAH (SAGESSE)

Chokmah est la deuxième Séphire de l'Arbre de Vie, située au sommet du Pilier de la Miséricorde. Elle fonctionne à travers le Chakra de l'Oeil de l'Esprit et son Élément est l'Esprit/Éthyre. La "Sagesse" est nécessaire pour atteindre Sahasrara, le Chakra de la Couronne, ainsi que son opposé, la compréhension. Le nom Divin Hébreu de Chokmah est Yah, tandis que l'Archange est Raziel. Dans le système de Magie de l'Aube Dorée, Chokmah correspond au grade de Magus (9=2) du Troisième Ordre.

"Le Deuxième Chemin est celui de l'Intelligence Illuminatrice; il est la Couronne de la Création, la Splendeur de l'Unité, l'égalant, et il est exalté au-dessus de toute tête, et nommé par les Qabalistes la Deuxième Gloire. " - "Le Sepher Yetzirah" (sur Chokmah)

Comme Chokmah (Sagesse) ne peut être connue en l'absence de son opposé, Binah (Compréhension), elle appartient au domaine dualiste. Chokmah est la composante masculine du Soi. C'est l'énergie du Père, la Force, la Vraie Volonté, le Saint Ange Gardien, et le premier aspect compréhensible du Soi au-delà de Kether.

Chokmah n'est pas la même chose que la Lumière Blanche de Kether. C'est plutôt la "Sagesse" qui peut la percevoir - "l'Intelligence Illuminatrice". La Chokmah est la source de l'intelligence chez l'être humain car elle est la Fontaine de la Connaissance. C'est la composante du Soi qui nous amène au passage de la Lumière du Sahasrara, le portail vers d'autres royaumes plus élevés.

La couleur de Chokmah est le gris. La brillance blanche de Kether est mélangée à son opposé, le noir, pour créer la Sphère grise de Chokmah. Chokmah est la Sphère la plus élevée qui peut comprendre la beauté de Sahasrara car elle en est la plus proche. C'est un outil que vous utilisez (ainsi que son opposé, Binah) pour vous propulser dans le monde de la Non-Dualité de Kether (Sahasrara). Dans Chokmah se trouve le Saint-Ange Gardien, l'expression de votre Soi-Dieu. On ne peut accéder à votre Saint-Ange Gardien que par le silence complet de l'esprit et l'arrêt des sens.

L'aspect masculin initial de la Création est l'Élément Feu (spécifique), qui s'exprime dans Chokmah, par opposition à l'androgynie de Kether. C'est le Père Surnaturel et le pôle positif Archétypal de l'existence. L'énergie de Chokmah est dynamique et généreuse, car elle est la grande cause de stimulation dans l'Univers. C'est l'action et le mouvement - l'élément vital énergisant de toute la Création.

Le nombre de Chokmah est deux, et ce nombre a été formé par Kether, le nombre un, qui se reflète lui-même. De l'un sont nés le deux et le trois - Chokmah, et Binah, les Éléments Feu (spécifique) et Eau (spécifique) manifestés par l'Esprit.

Le Zodiaque est la représentation physique de Chokmah puisque les Étoiles sont une manifestation de la Lumière Blanche non-manifestée de Kether, qui sous-tend toutes les choses dans l'Univers. Les Étoiles canalisent le Feu (Spécifique) de l'Élément Feu Primal qui, en essence, sont les Âmes de tous les êtres vivants dans l'Univers. Les symboles de Chokmah sont le phallus, la ligne et la lettre Hébraïque Yod (en tant que partie de YHVH). Les Divinités qui correspondent à Chokmah sont Thot, Uranus, Caelus, Lugh, Odin, Vishnu, Nan Nan Bouclou et Olofi.

BINAH (COMPRÉHENSION)

Binah est la troisième Séphire de l'Arbre de Vie, située au sommet du Pilier de la Sévérité. Comme son homologue, Chokmah, Binah fonctionne par le biais du Chakra de l'Oeil de l'Esprit, et son Élément est l'Esprit/Éthyr. On a besoin de "compréhension" pour traverser le chemin du Sahasrara et entrer dans le royaume de la Non-Dualité.

Le nom Divin Hébreu de Binah est YHVH Elohim, tandis que l'Archange est Tzaphqiel. Dans le système de Magie de l'Aube Dorée, Binah fait partie du grade de Magister Templi (8=3) du Troisième Ordre.

"Le Troisième Chemin est l'Intelligence Sanctifiante: c'est le fondement de la Sagesse Primordiale, qui est appelée le Créateur de la Foi, et ses racines sont AMN (Amen); et c'est le parent de la Foi, d'où émane la Foi. " - "Le Sepher Yetzirah" (sur Binah)

La déclaration ci-dessus illustre le lien entre Binah et le concept de la Foi, qui repose sur la compréhension - nous comprenons qu'une réalité Spirituelle existe même si nous n'en avons aucune preuve tangible. Comme il s'agit de l'"Intelligence Sanctifiante", cela implique qu'elle est sainte et exempte de méchanceté. Elle est pure puisque son fondement est la Lumière de la Sagesse (Chokmah).

Binah est la Grande Mère et l'aspect féminin du Soi - l'Élément Eau (spécifique) de la conscience. Alors que Chokmah est active, Binah est passive. C'est le pôle négatif de l'existence et la matrice de toute la création qui donne naissance à la vie. Après la Sagesse, la Compréhension est le deuxième aspect compréhensible du Soi. En partenariat avec Chokmah, Binah sert à cultiver la compréhension de notre véritable essence et nous propulse dans le Kether (Sahasrara).

En termes de personnalité sur l'Arbre de Vie, Binah donne naissance à nos facultés intuitives. Elle reçoit son impulsion de Chokmah, le Saint Ange Gardien, qui nous communique lorsque notre esprit est silencieux. L'Élément de Binah est l'Esprit/Athyr, et sa couleur est le noir. Comme il est noir, tout comme Malkuth (la Terre), il existe une corrélation entre les deux. Binah est à l'origine du plan Holographique et Astral de toutes les formes d'existence. C'est la "Mer de la Conscience" qui contient toute la matière de l'Univers.

La Force et la Forme sont deux qualités masculines et féminines respectives qui apparaissent de manière répétée sur l'Arbre de Vie, en commençant par Chokmah et Binah. Ensemble, elles sont les deux blocs de construction initiaux de la Création - le proton et l'électron. Elles représentent également les Sephiroth les plus élevées sur les deux Piliers opposés, le Pilier de la Force et le Pilier de la Forme, composantes masculine et féminine de la Création. Binah, étant la Compréhension, met en avant la notion de saisie des idées qui sont intrinsèques à Chokmah (Sagesse) qui est la connaissance complète et infinie. C'est seulement dans le Sahasrara, avec la Sagesse et la Compréhension, que nous pouvons faire l'expérience de la Non-dualité et être immergés dans les Plans ou les Royaumes Divins intérieurs. Cependant, nous avons besoin d'un moyen pour comprendre de telles expériences, et Chokmah et Binah servent de moyen.

Les trois premières Séphiroth de l'Arbre de Vie font partie de ce que l'on appelle le Triangle Surnaturel, également appelé les "Supernaux". "Les Supernaux sont l'aspect de nous qui est au-delà de la naissance et de la mort - la partie de nous qui est Éternelle - la partie Spirituelle du Soi.

Le nombre de Binah est trois, comme le *Saint-Esprit* de la Trinité Chrétienne. Le Père est Kether, l'Inconnaissable, tandis que le Fils est Chokmah, Son reflet. Le Saint-Esprit est la Mer de Conscience de Binah et la substance sur laquelle le Fils reflète son énergie de Feu (spécifique). Binah devient la "Mer de l'Amour" lorsqu'elle reçoit et intègre la Lumière de la Sagesse de Chokmah.

Chokmah anime toutes les choses qui existent, créant ainsi le concept du Temps, tandis que Binah est l'espace dans lequel toutes les choses existent. Binah est donc négatif et sombre, comme l'espace extérieur de l'Univers lui-même. La Trinité a produit tous les êtres vivants et est leur Source. En Alchimie, la Trinité est le Principe du Mercure, du Soufre et du Sel.

Comme Binah est la Grande Mère, elle doit nous élever et nous apprendre à vivre avec d'autres êtres humains. À ce titre, la correspondance Planétaire de Binah est Saturne, la Planète de la Restriction, de la discipline, de la limitation et du Temps. Les symboles de Binah sont l'utérus, le triangle, la coupe et la lettre Hébraïque Heh (qui fait partie de YHVH). Les correspondances de Binah avec des Divinités d'autres panthéons incluent Isis, Hera, Rhea, Juno, Danu, Frigga, Mahashakti, Guede et Oya.

Bien que Saturne ait une affinité avec l'Élément Terre, l'Élément correspondant de Binah est l'Esprit/Athyr, mais avec l'influence de Saturne, en relation avec la Terre. Il existe également une corrélation entre Binah et la sphère de Yesod. Binah est le début de toute forme, tandis que Yesod est le Plan Astral final qui comprend toutes les Séphiroth au-dessus de lui.

DAATH (CONNAISSANCE)

En tant que début de l'Élément Esprit/Athyr, Daath sert de point de séparation entre l'Esprit/Athyr et les Quatre Éléments inférieurs. Daath est la onzième Séphire cachée de l'Arbre de Vie. Elle est connue comme le "Grand Gouffre" ou l'Abîme. Elle sépare les Supernaux de toute la Création manifestée. Les Supernaux sont la composante du Soi qui est éternelle et au-delà du Temps et de l'Espace, car ils sont sa Source même. En tant que telle, Daath est la Sphère de la "connaissance", car nous pouvons transcender nos enveloppes corporelles et élever notre conscience à des hauteurs Divines grace à la connaissance. La source de toute connaissance et sagesse est Chokmah.

Les Supernaux existent au sein de l'Élément Esprit, et ils fonctionnent à travers les Quatre Éléments, qui sont plus bas dans l'échelle de manifestation du Divin. L'Égo fonctionne également à travers ces Quatre Eléments inférieurs, sans le cinquième Elément de l'Esprit. Par conséquent, le Daath sépare l'Égo du Soi Supérieur - le corps physique de l'Âme et de l'Esprit. Daath est donc Vishuddhi, le Chakra de la gorge, puisque ce Chakra sépare l'Élément de l'Esprit au-dessus des Quatre Eléments inférieurs.

Tout ce qui se trouve en dessous de la Sphère de Daath appartient au domaine de l'existence physique, étant soumis au cycle de la naissance et de la mort. Les Supernaux au-dessus de Daath sont au-dessus du cycle de la naissance et de la mort puisqu'ils n'appartiennent pas au domaine de la dualité. Mais comme ils sont eux-mêmes duels, Chokmah et Binah sont l'aspect de l'être humain qui est capable de comprendre la Non-Dualité.

Daath est responsable de la protection de la pureté du Triangle Céleste contre les parties inférieures de l'Arbre de Vie. Il s'agit d'une Séphire invisible, ce qui signifie qu'elle n'est pas un composant officiel de l'Arbre de Vie. Cependant, elle est incluse dans la philosophie Qabalistique et joue un rôle important.

Daath est également la Sphère par laquelle on accède au côté négatif de l'Arbre de Vie, appelé l'Arbre de la Mort. Dans *The Nightside of Eden* de Kenneth Grant, il décrit l'Abîme comme une porte qui mène aux *Enfers*, le royaume maléfique et déformé qui est la demeure des Qlippoth. Le Qlippoth est un terme Qabalistique qui équivaut aux Démons. Les Qlippoth existent en nous mais aussi en dehors de nous. Il faut que nous les ayons contractés depuis l'Univers extérieur pour qu'ils puissent nous affecter. Lorsque vous entrez dans Daath et que vous traversez l'Abîme, vous devez d'abord traverser l'Arbre de la Mort, en commençant par Malkuth et en grimpant vers le haut avant d'atteindre le Triangle Supernal.

Cela signifie que lorsque vous mourrez métaphoriquement, vous devez passer un certain temps en *Enfer* (les Enfers) et devenir un Roi ou une Reine de ce domaine infernal avant d'être Ressuscité et de devenir un Roi ou une Reine du Ciel. Vous devez vaincre vos Démons et la peur qui est en vous pour être ressuscité en Esprit. En surmontant vos peurs intérieures, vous apprenez à commander et à contrôler vos Démons afin de pouvoir les approcher sans crainte. Ce faisant, vous augmenterez votre pouvoir personnel de manière significative puisque vous serez en mesure d'utiliser leur énergie négative de manière constructive dans la vie au lieu d'être utilisé et abusé par eux. Vaincre vos Démons signifie surmonter vos vices et les transformer en vertus.

Dans la tradition Chrétienne, Jésus-Christ est descendu en enfer juste après la crucifixion (alors que son corps physique était dans l'obscurité du tombeau pendant trois jours) avant de ressusciter Spirituellement. Il devait d'abord établir sa domination sur le Royaume Démoniaque (l'Enfer) avant d'être couronné roi au ciel. Dans la tradition Égyptienne, *Osiris Onnofris* est mort à l'intérieur d'un cercueil dans le cadre d'un stratagème de son frère maléfique Seth. Osiris a ressuscité d'entre les morts avec l'aide de sa femme, Isis. Il est devenu connu des Égyptiens comme le Seigneur du monde souterrain et de l'au-delà. Dans les deux histoires, il existe un lien entre la mort, les Enfers et la résurrection qui s'ensuit.

Il est intéressant de noter que l'un des symboles d'Osiris est le Pilier Djed, qui représente sa colonne vertébrale. C'est le Pilier Djed qu'Isis a utilisé pour ressusciter Osiris d'entre les morts. Le Pilier Djed représente la stabilité et la force dans la tradition Égyptienne, bien que sa véritable signification soit voilée pour les non-initiés. Il existe une autre signification symbolique derrière le Pilier Djed, connue des initiés des mystères Égyptiens : c'est un ancien symbole de l'énergie Kundalini. L'énergie Kundalini agit comme une force qui active le processus de résurrection Spirituelle. Dans le mysticisme Égyptien, l'élévation du Pilier Djed est une cérémonie par laquelle l'initié élève son énergie Kundalini et obtient une transformation Spirituelle.

"L'Abîme est franchi en vertu de la masse de l'Adepte et de son Karma." -Aleister Crowley; extrait de "Magick in Theory and Practice".

Les initiés de la Kundalini savent que le chemin de la renaissance Spirituelle est émotionnellement et mentalement douloureux et qu'ils doivent d'abord surmonter leurs peurs et leurs angoisses avant que l'énergie de la Kundalini ne les rende en paix avec eux-mêmes. Ces individus doivent évoluer au-delà de leur Karma pour éclairer la conscience et l'élever au-delà de la densité de la Matière. Ce n'est qu'alors qu'ils pourront traverser l'Abîme avec succès.

Les premières années pour quiconque traverse un processus d'éveil complet de la Kundalini sont douloureuses. Le processus Spirituel de renaissance exige que vous travailliez sur votre peur avant de devenir fort et d'être capable d'atteindre la beauté et la transcendance qu'apporte l'éveil de la Kundalini. Ce processus se déroule dans la Sphère de Daath, qui est la porte d'entrée du monde souterrain ou de l'Enfer. C'est là que la Kundalini perce le Chakra de la Gorge et remonte à travers la Sushumna, vous faisant immédiatement traverser l'abîme et vous plaçant sur votre Arbre de Vie négatif, métaphoriquement parlant. Rappelez-vous toujours, cependant, que l'enfer n'est réel que dans la mesure où l'esprit est concerné, puisque c'est l'esprit qui fait l'expérience de la dualité du Ciel et de l'Enfer. En dehors de l'esprit et du cerveau, l'Enfer n'existe pas.

Comme Daath correspond au Chakra de la Gorge, la notion de langage et de parole est ici significative car c'est par la parole que nous pouvons communiquer avec le Divin. La couleur de Daath est la lavande. Daath est également liée à la mort, plus précisément à la mort de l'Égo, qui fait place à la renaissance ultérieure du Soi Supérieur. Les mots "Daath" et "mort" ont une prononciation similaire, ce qui indique une correspondance entre les deux. Les symboles de Daath sont le prisme et la pièce vide. Les divinités correspondant à Daath sont Nephtys, Hypnos, Janus, Arianrhod, Heimdall, Aditi, Pushan et les Barons.

CHESED (MISÉRICORDE)

Chesed est la quatrième Séphire de l'Arbre de Vie, située sous Chokmah sur le Pilier de la Miséricorde. C'est la première Sphère de notre Univers physique, car tout ce qui se trouve au-dessus de l'abîme est non-manifesté. La qualité Élémentaire de Chesed est l'eau. Il fonctionne à travers Swadhisthana, le Chakra Sacré, et représente l'aspect supérieur de l'Élément Eau. Chesed est le Chakra Sacré Spiritualisé en raison de sa connexion avec les Supernaux par le biais de la voie du Tarot du Hiérophante. La couleur de Chesed est le bleu, la couleur de l'Élément Eau.

Chesed est la manifestation de l'Élément Eau (spécifique) de Binah, projeté à travers Daath, se manifestant comme l'émotion tangible de l'amour inconditionnel. En tant que tel, le Chakra Sacré, Swadhisthana, est exalté par le Chakra du Cœur, Anahata. L'une des fonctions d'Anahata est d'expérimenter les états exaltés des Chakras du Feu et de l'Eau (Manipura et Swadhisthana), étant donné que l'Air déplace le Feu et l'Eau. C'est pourquoi l'émotion de l'amour inconditionnel est ressentie dans le cœur. Le nom Divin Hébreu de Chesed est El, tandis que l'Archange est Tzadqiel. Dans le système de Magie de l'Aube Dorée, Chesed correspond au grade Adeptus Exemptus (7=4) du Second Ordre.

"Le Quatrième Chemin est nommé l'Intelligence Cohésive ou Réceptrice, et il est ainsi appelé parce qu'il contient tous les pouvoirs Saints, et de lui émanent toutes les vertus Spirituelles avec les essences les plus exaltées : elles émanent les unes des autres par le pouvoir de l'Émanation Primordiale, la Couronne la plus élevée, Kether." - "Le Sepher Yetzirah" (sur le Chesed)

Chesed est du même type d'énergie que Chokmah mais à un niveau plus manifeste. Alors que Chokmah est le Père tout-puissant et connaissant, Chesed est l'énergie protectrice, indulgente et aimante du Père qui a été baigné dans la mer d'amour de Binah. Pour cette raison, Chesed est la Séphirah de la "Miséricorde". "La structure de soutien de tout ce qui se trouve dans la Création se trouve dans Chesed, ainsi que toutes les Sphères qui le précèdent. C'est pourquoi on l'appelle "l'intelligence Cohésive ou Réceptrice", qui sert de réceptacle aux énergies précédentes.

Chesed est la première Séphirah qui peut être saisie par l'esprit humain, car c'est là que l'on fait l'expérience de la clarification des idées abstraites présentées par les Supernaux. De plus, cette clarification s'exprime à travers l'émotion humaine la plus élevée qui soit, à savoir l'amour inconditionnel, l'un des principaux Éléments constitutifs de toutes les choses qui existent.

Chesed est comparé à l'enfant de Chokmah et Binah, car il est leur sous-produit le plus densément manifesté. Ayant une affinité avec l'Élément Eau, Chesed est l'amour inconditionnel, la compassion et la culture de la sagesse. Il s'agit de la conception la plus élevée de l'amour pour nous en tant qu'êtres humains (puisqu'il existe de nombreuses formes d'amour) et comporte sa contrepartie, la Séphirah Geburah (sévérité). Pour comprendre le fonctionnement de ces deux Sphères, il faut savoir que lorsqu'on aime quelque chose ou quelqu'un, on se bat pour lui et en son nom. C'est un instinct de le faire quand l'amour est concerné. L'émotion aqueuse de l'amour ne peut exister sans le Feu qui vous pousse à vous battre pour ce que vous aimez.

Chesed et Geburah représentent le triangle de l'Élément Feu (droit) et le triangle de l'Élément Eau (inversé) superposés l'un sur l'autre. Ce symbole est l'Hexagramme, également appelé Étoile de David par les Hébreux, qui représente l'homme parfait et la plus haute aspiration Spirituelle.

Il est important de noter que leurs Sphères opposées doivent équilibrer toutes les Séphiroth de l'Arbre de Vie. Seules les Séphiroth du Middle Pillar sont auto-équilibrées. Chokmah et Binah travaillent ensemble pour produire la sagesse et la compréhension, reçues par intuition. Chesed et Geburah produisent l'énergie de la Miséricorde et de la Sévérité. L'intuition est une expérience involontaire qui est reçue par l'Oeil de l'Esprit. Il faut une application consciente des Éléments Eau et Feu dans le cas de la Miséricorde et de la Sévérité pour atteindre un équilibre sain entre les deux.

En termes de psyché humaine, Chesed est la mémoire. Elle se trouve juste en dessous de l'abîme, car tout ce qui se trouve au-dessus de l'abîme n'a pas de mémoire en soi, mais est entièrement expérimenté par l'intuition. La mémoire est ce qui nous lie à l'Égo et à la dualité du passé et du présent. L'Égo n'est pas présent au-dessus de l'Abîme puisque les Supernaux sont intemporels et éternels. L'Égo est lié au corps physique manifesté ; il sera donc finalement annihilé lorsque le corps physique périra.

Le développement de l'Égo et de la mémoire produit l'énergie de l'amour inconditionnel, la plus haute aspiration de l'être humain. L'amour inconditionnel nous donne une raison de nous efforcer et de nous battre car, ce faisant, nous nous absorbons dans l'unité de toute vie dans l'Univers. En faisant l'expérience de l'amour inconditionnel, nous transcendons la mémoire et l'Égo et pouvons goûter aux fruits des Supernaux.

La Planète attribuée à Chesed est Jupiter, la Planète de l'expansion, de la moralité et de l'éthique. Ses symboles sont la crosse, le sceptre, la pyramide, le carré, l'orbe et la Croix à Bras Égaux. Les correspondances des Divinités de Chesed incluent Amoun, Zeus, Jupiter, Llyr, Frey, Indra, Agwe et Obatala.

GEBURAH (GRAVITÉ)

Geburah est la cinquième Séphire de l'Arbre de Vie, située sous Binah sur le Pilier de la Sévérité. C'est la deuxième Sphère de l'Univers connu. Elle fonctionne à travers Manipura, le Chakra du Plexus Solaire, comme la volonté du Soi individuel. La qualité Élémentaire de Geburah est le Feu. Ce feu n'est pas le même que l'Élément Feu (spécifique) que l'on trouve dans Chokmah, mais une manifestation de celui-ci à un niveau inférieur. Parce qu'il se trouve juste en dessous de l'Abîme et des Supernaux, il contient l'énergie de l'Esprit (tout comme le Chesed), dans ce cas, reçue à travers le chemin de la carte du Tarot Chariot. La couleur de Geburah est écarlate (rouge), la couleur de l'Élément Feu.

L'Élément Feu (spécifique) de Chokmah se projette à travers Daath et se manifeste comme la volonté dans Geburah. À son niveau le plus Élémentaire, il s'agit de la motivation et de la volonté de survivre en tant qu'organisme vivant dans l'Univers. La survie dépend du pouvoir personnel, qui est un attribut de la Séphirah de Geburah. La volonté étant une expression de l'Élément Feu, elle est alimentée par le Chakra du Feu, Manipura. Lorsqu'il est utilisé au nom du Soi Supérieur, ce feu est exalté dans Anahata, le Chakra du Cœur. Le nom Divin Hébreu de Geburah est Elohim Gibor, tandis que l'Archange est Kamael. Dans le système de Magie de l'Aube Dorée, Geburah fait partie du grade Adeptus Major (6=5) du Second Ordre.

"La Cinquième Voie est appelée l'Intelligence Radicale, car elle ressemble à l'Unité, s'unissant à Binah ou Intelligence qui émane des profondeurs primordiales de la Sagesse, ou Chokmah." - "Le Sepher Yetzirah" (sur Geburah)

Le nom de Geburah est "l'Intelligence Radicale" car son action est extrême, puisqu'elle cherche à créer le changement. Le rôle de Geburah est de soutenir l'évolution, et pour cette raison, elle exige la justice à tout moment tout en tempérant l'énergie d'amour miséricordieux de Chesed. De toutes les Séphiroth de l'Arbre de Vie, Geburah est la plus crainte et la plus mal interprétée. Son rôle est d'équilibrer les attributs de bienveillance, de miséricorde et de création de formes de Chesed par l'application d'actions brutales et destructrices.

Geburah est l'énergie féminine restrictive de Binah, mais à un niveau plus manifeste. Tout comme une mère protège son enfant, Geburah est l'aspect de nous qui protège et se bat pour le respect et l'honneur dans le monde. Geburah impose la "Sévérité" et la "Justice" (son autre titre). Souvent, elle peut entraîner la destruction si elle n'est pas équilibrée par sa contrepartie, Chesed (Miséricorde). Geburah apporte la discipline par le biais d'un Feu purificateur en remettant en question tout ce qui est présenté par son opposé, Chesed. Elle impose le respect puisque son but est de nettoyer le système énergétique (Aura) de ses impuretés - car elle joue le rôle de la "Main Droite de Dieu", ce qui signifie qu'elle cherche à faire la volonté de Dieu.

Une leçon importante de l'Initiation des Néophytes de l'Aube Dorée affirme qu'une Miséricorde déséquilibrée est la stérilité de la volonté, tandis qu'une Sévérité déséquilibrée est la tyrannie et l'oppression. Donc, en réalité, vous devez avoir un équilibre entre la Miséricorde et la Sévérité en vous, car si vous ne le faites pas, vous serez incapable d'exercer votre pouvoir intérieur. Vous serez un "paillasson" que les gens pourront piétiner à leur guise, ou vous serez de mauvais tempérament, sautant sur toutes les occasions de vous battre avec les autres, verbalement et même physiquement.

Geburah est le pouvoir de la volonté individuelle. C'est vous qui décidez d'utiliser votre volonté dans la vie. Puisque Geburah est la volonté, c'est le domaine auquel les *Anges Déchus* (Démons) ont accès car la Sévérité implique l'utilisation de ce qui est souvent considéré comme une énergie négative. Geburah a un lien avec Daath et le Royaume Démoniaque des Qlippoth puisque l'Élément Feu est le plus proche de l'Esprit. La maîtrise de Geburah implique la maîtrise de vos Démons intérieurs. Ce faisant, vous obtiendrez le plus grand pouvoir personnel.

Une autre leçon importante de l'Initiation des Néophytes de l'Aube Dorée dit que si vous ne punissez pas le mal lorsque vous y êtes exposé, vous devenez le complice du mal. Par conséquent, c'est le rôle de chacun dans la vie de vivre de manière juste, en respectant les autres personnes. Lorsque nous sommes lésés ou que nous sommes témoins de méfaits commis à l'égard d'autres personnes, nous devons faire de notre mieux pour corriger ce comportement ; sinon, nous devenons complices. Voltaire l'a bien dit : "Un grand pouvoir implique une grande responsabilité." Nous devons assumer la responsabilité de nos propres vies et faire preuve de Sévérité lorsque cela est nécessaire, afin de continuer à avancer dans la vie et à nous battre. Nous devons aider l'évolution humaine en étant des Co-Créateurs actifs avec le Créateur.

La colère provient de la Sphère de Geburah. C'est une mauvaise utilisation de l'énergie de Geburah, car il lui manque la bonne dose d'amour et de Miséricorde de

Chesed. Que vous choisissiez d'être un tyran, qui ne recherche que le pouvoir pour glorifier son Égo, ou un individu équilibré qui utilise cette Sphère pour rendre justice, punir et corriger le mal, cela ne dépend que de vous. Cependant, une bonne dose de Miséricorde doit toujours être appliquée avec Sévérité, car utiliser les Anges Déchus de Geburah sans savoir comment les tempérer avec de l'amour fait la différence entre la justice de Dieu et la justice de Soi.

Geburah est la Sphère d'honneur et de gloire lorsqu'elle est correctement appliquée. Nous devons apprendre la vraie nature des Anges Déchus et obtenir l'autorité sur eux au lieu de leur permettre de nous contrôler. Les Anges Déchus doivent toujours être utilisés au nom de Dieu si l'on veut éviter un Karma négatif. Apprendre à contrôler son Élément Feu est l'un des défis les plus importants de la vie. Affronter et surmonter ce défi affectera directement votre niveau de réussite et d'accomplissement dans la vie.

La Planète attribuée à Geburah est Mars, la Planète du dynamisme et de l'action. En ce qui concerne le concept de "survie du plus apte", Mars est la Planète de la guerre et de la compétition. Les symboles de Geburah sont l'épée, la lance, le fléau et le pentagone. Les correspondances des Divinités de Geburah sont Horus, Ares, Mars, Morrigan, Thor, Tyr, Shiva, Ogoun et Oggun.

TIPHARETH (HARMONIE/BÉAUTÉ)

Tiphareth est la sixième Séphire de l'Arbre de Vie, située sur la colonne centrale, le Pilier de l'Équilibre. Tiphareth se trouve au centre exact de l'Arbre entier. Comme elle est située au centre, elle reçoit les pouvoirs de toutes les autres Séphiroth. Il représente l'Élément Air (spécifique) et fonctionne principalement à travers Anahata, le Chakra du Cœur.

Il serait erroné de ne pas attribuer à Tiphareth des qualités de Feu puisque sa Planète est le Soleil, qui donne le Feu et la Lumière à notre Système Solaire. Par conséquent, Tiphareth peut être décrit comme l'Élément Air (spécifique), influencé par l'Élément Feu. Anahata, le Chakra du Cœur comme expression primaire, affecté par le Chakra situé en dessous, Manipura, le Chakra du Plexus Solaire. L'emplacement réel du Tiphareth Séphirah se situerait quelque part entre ces deux Chakras.

Comme Tiphareth est relié à Kether par le chemin de la carte de Tarot de la Grande Prêtresse, l'Élément Esprit est le facteur de motivation de Tiphareth, comme vous pourrez le constater lors de son examen. La couleur de Tiphareth est un jaune doré, la couleur correspondant à l'Élément Air (jaune).

Le Middle Pillar est attribué à l'Élément Air, mais il est aussi la source de l'Esprit à la Couronne (Kether). Il existe donc un lien entre l'Esprit et l'Élément Air, que je vais explorer en détail plus loin. Lorsque la Miséricorde de Chesed et la Sévérité et la Justice de Geburah sont équilibrées, l'"Harmonie" et la "Beauté" sont atteintes. Le nom Divin Hébreu de Tiphareth est YHVH Eloah ve-Daath, tandis que l'Archange est Raphaël. Dans le système de Magie de l'Aube Dorée, Tiphareth fait partie du grade d'Adeptus Minor (5=6) du Second Ordre.

"Le Sixième Sentier est appelé l'Intelligence Médiatrice, parce qu'en elle sont multipliés les influx des émanations, car elle fait affluer l'influence dans tous les réservoirs des Bénédictions, auxquels ceux-ci sont eux-mêmes unis." - "Le Sepher Yetzirah" (sur Tiphareth)

Tiphareth est le médiateur entre les Sephiroth en raison de sa position sur l'Arbre de Vie. D'où son nom, "l'Intelligence Médiatrice". L'Élément Air (spécifique) lui est attribué car l'Air est la pensée, et la pensée est à la base de tous les processus internes de l'homme. Comme Chokmah et Binah sont le Père et la Mère, les Éléments Feu (spécifique) et Eau (spécifique), Tiphareth est le Fils manifesté au-delà de l'Abîme. Le Fils manifesté est le Soleil, le donneur de Lumière et de Vie dans notre Système Solaire. Ce n'est pas un hasard si le mot "Fils" a une prononciation similaire à celle du mot "Soleil".

Tiphareth est la Sphère de la renaissance Spirituelle. C'est la demeure des Divinités de la Vie, de la Mort et de la Résurrection, telles qu'Osiris et Jésus-Christ. Le Réconciliateur (Rédempteur) apporte l'unité entre ce qui est en haut et ce qui est en bas. Comme Tiphareth est situé au centre de l'Arbre de Vie, il sert de médiateur des énergies, car il reçoit les énergies directement de toutes les Sphères (sauf Malkuth, la Terre). En tant que tel, Tiphareth est le lien entre le Soi inférieur et le Soi Supérieur. Le nom donné à Tiphareth dans le *Zohar* est le *Microprosopus* ou le "Petit visage". "

Tiphareth est une Sphère d'Illumination et de guérison. Étant donné que l'Élément air déplace à la fois le Feu et l'Eau, Tiphareth est le lieu où l'individu entre en contact avec son Saint Ange Gardien de la Triade Céleste, au-dessus de l'Abîme. C'est la Sphère de la *Conscience Christique*, où la Matière et l'Esprit sont en parfait équilibre. En termes de personnalité humaine, Tiphareth est l'imagination.

Les trois Séphiroth de Chesed, Geburah et Tiphareth forment ce qu'on appelle le Triangle Éthique. Le Triangle Éthique est la partie du Soi qui façonne le caractère de la personne. Il est responsable de notre moralité et de notre éthique, les Éléments constitutifs de notre caractère.

Le développement des vertus au sein du Soi est la plus haute manifestation du Divin dans l'humanité - c'est pourquoi Chesed, Geburah et Tiphareth sont appelés le Triangle "Éthique". En raison de leur emplacement sur l'Arbre de Vie, ces trois sphères sont directement reliées aux Supernaux. L'énergie Spirituelle est celle qui nous inspire à agir de manière éthique et morale. La personnalité et l'Égo se trouvent dans le Triangle Astral, sous le Triangle Ethique.

De même qu'il existe un Voile séparant les Supernaux du reste de l'Arbre de Vie (Voile de l'Abîme), il existe également un Voile séparant le Triangle Ethique des Sphères inférieures (Voile de Paroketh). Le Triangle Astral est composé de Netzach, Hod et Yesod. Il est impératif de comprendre la différence entre le Triangle Ethique et le Triangle Astral. Une personne ayant une éthique et une morale croit généralement en ce qui est bon dans ce monde. Par conséquent, elle tempère sa Geburah par du Chesed - sa volonté et sa sévérité par de l'amour inconditionnel et de la Miséricorde. Si vous n'utilisez pas l'amour inconditionnel comme facteur de motivation dans votre vie, alors par procuration, vous utilisez l'amour de Soi, puisque les contraires existent en toute chose, y compris dans les expressions de l'amour.

La Planète attribuée à Tiphareth est le Soleil, la Planète de la vitalité et de la créativité. Comme le Soleil est le centre de notre Système Solaire, Tiphareth est le centre de l'Arbre de Vie. Les Anciens appelaient notre Soleil "Sol", ce qui ressemble au mot "Âme". Le mot "Solaire" est également dérivé de "Sol". Notre Soleil a donné naissance à toutes les Âmes de notre Système Solaire, et il continue à nous nourrir par sa Lumière en nous donnant de la chaleur et en maintenant notre énergie vitale. Si le Soleil devait cesser de fonctionner un jour, toutes les Âmes de notre Système Solaire seraient anéanties.

Tiphareth a également une relation plus étroite avec Chokmah puisqu'il s'agit du Saint Ange Gardien (votre Moi-Dieu de Chokmah), projeté dans Tiphareth à travers le chemin de la carte de Tarot Empereur. Puisque Tiphareth est connectée à toutes les Sphères autres que Malkuth, elle contient les idées que l'on trouve dans toutes ces Sphères. Les symboles de Tiphareth sont la Rose-Croix, la Croix du Calvaire, la pyramide tronquée, le cube et la lettre Hébraïque Vav (qui fait partie de YHVH). Les correspondances des Divinités de Tiphareth incluent Osiris, Râ, le Bouddha, Dionysos, Apollon, Sol, Angus Og, Balder, Krishna, Surya, Legba et Eleggua.

NETZACH (VICTOIRE)

Netzach est la septième Séphirah de l'Arbre de Vie, située au bas du Pilier de la Miséricorde. Netzach fonctionne par le biais du Chakra Manipura et correspond à l'Élément Feu (Astral), qui canalise les instincts et les désirs humains. Netzach est également lié aux sentiments, qui sont une qualité de l'Élément Eau. En tant que tel, il utilise l'énergie du Chakra inférieur, Swadhisthana, et du Chakra supérieur,

Anahata. Par conséquent, il ne fonctionne pas par le biais d'un seul Chakra en particulier, comme c'est le cas pour la plupart des Séphiroth situées sous l'Abîme.

Netzach est le Feu qui se trouve dans Geburah projeté à travers la Sphère de Tiphareth et la personnalité du Triangle Astral, créant ainsi le désir. La "victoire" est atteinte lorsque la sévérité de Geburah est tempérée par la beauté de Tiphareth. En raison de sa position sur l'Arbre de Vie, Netzach ne reçoit pas d'énergie Spirituelle directement des Supernaux. Il ne reçoit que celle des Sephiroth manifestées sous l'Abîme. Le nom Divin hébreu de Netzach est YHVH Tzabaoth, tandis que l'Archange est Haniel. Dans le système de Magie de l'Aube Dorée, Netzach fait partie du Grade Philosophus (4=7) du Premier Ordre.

"Le Septième Sentier est l'Intelligence Occulte, parce qu'il est la Splendeur Révélatrice de toutes les vertus intellectuelles qui sont perçues par les yeux de l'intellect, et par la contemplation de la Foi. " - "Le Sepher Yetzirah" (sur Netzach)

La référence ci-dessus à l'"Intelligence Occulte" renvoie à l'"Intelligence Cachée" (Kether), quelque chose de caché en nous que nous devons redécouvrir - notre nature Divine, masquée par nos émotions et nos processus de pensée ordinaires. Ainsi, Netzach représente également le désir intérieur d'atteindre l'Illumination Spirituelle et de s'unir à notre Moi supérieur. Le désir devient la composante manifestée de notre Âme à ce niveau de conscience, car nous avons perdu notre droit de naissance inhérent, le royaume Spirituel - le jardin d'Eden. Par le désir, nous cherchons à être plus que ce que nous sommes.

Netzach a un lien avec le Nephesh, le Moi animal et l'Égo. C'est la force dynamique qui nous inspire et nous conduit. C'est la partie du Moi qui est subjective et qui n'est pas liée à l'amour inconditionnel comme le Chesed, mais à l'amour personnel ou romantique. L'amour romantique implique souvent l'Égo, et ainsi, nos insécurités sont amenées à la surface pour être traitées. Puisque Netzach est le désir et les émotions, il peut servir à gratifier l'Égo ou à exalter le Soi Supérieur en inspirant un comportement éthique et moral. Pour prendre cette décision, il faut de la logique et de la raison, ce que signifie la contrepartie de Netzach, la Sphère de Hod.

Il est difficile d'attribuer l'Élément Feu à Netzach sans y penser en relation avec l'Élément Eau car Netzach est une émotion, et sa couleur est le vert émeraude, qui est une combinaison du bleu de Chesed et du jaune de Tiphareth. Par conséquent, Netzach est lié à Chesed, à l'amour inconditionnel et à la Miséricorde. Netzach est lié au désir, et il utilise l'Élément Air et les pensées d'Anahata, le Chakra du Cœur, pour se projeter. Il est également relié à Yesod, qui est la source de notre énergie sexuelle. Ainsi, le désir peut être l'amour sexuel et la luxure, liés à la façon dont l'Égo aime, avec attachement. Heureusement, il peut être exalté jusqu'à l'amour inconditionnel, comme c'est la nature du Chesed au-dessus.

Netzach est la demeure de l'Esprit de Groupe, qui est la collection de symboles et d'images en chacun de nous. C'est la source d'inspiration de l'artiste, du danseur, du musicien et du poète. La Planète attribuée à Netzach est Vénus, la Planète du désir, de l'amour romantique et de la beauté. Les symboles de Netzach sont la rose, la gaine et la lampe. Les correspondances des Divinités de Netzach sont Hathor, Aphrodite, Vénus, Brigit, Freyr, Lakshmi, Parvati, Erzulie et Oshun.

HOD (SPLENDEUR)

Hod est la huitième Séphire de l'Arbre de Vie, située au bas du Pilier de la Sévérité. Elle fonctionne par l'intermédiaire de Swadhisthana Chakra et correspond à l'Élément Eau (Astral), en ce qui concerne la logique et la raison, qui sont les attributs principaux de Hod. Mais, comme Netzach a une affinité avec les Éléments Feu et Eau, il en va de même pour Hod, puisque la logique et la raison sont une forme d'activité mentale volontaire qui utilise l'Élément Feu comme force motrice. Par conséquent, Hod fonctionne à travers Swadhisthana mais aussi à travers Manipura, tempéré par l'Élément Air et la pensée dans Anahata.

Hod est l'Élément Eau de Chesed, projeté à travers la Sphère de Tiphareth et la personnalité du Triangle Astral. En d'autres termes, la Miséricorde de Chesed reflétée par la beauté de Tiphareth produit la "Splendeur". "En raison de sa position sur l'Arbre de Vie, Hod ne reçoit pas d'énergie Spirituelle directement des Supernaux. De la même manière que Netzach, Hod ne reçoit de l'énergie que des Sephiroth manifestées sous l'Abîme. Le nom Divin Hébreu de Hod est Elohim Tzabaoth, tandis que l'Archange est Michael. Dans le système de Magie de l'Aube Dorée, Hod fait partie du Grade Practicus (3=8) du Premier Ordre.

"Le Huitième Sentier est appelé l'Absolu ou l'Intelligence Parfaite, parce qu'il est le moyen du primordial, qui n'a aucune racine par laquelle il puisse s'attacher, ni se reposer, sauf dans les lieux cachés de Gedulah, la Magnificence, d'où émane sa propre essence." - "Le Sepher Yetzirah" (sur Hod)

Dans l'extrait ci-dessus, une position entre la Force et la Forme est impliquée, ce qui crée l'intellect. C'est pourquoi on l'appelle "l'Intelligence Absolue ou Parfaite", car la source du pouvoir de l'intellect est la Lumière Blanche, parfaite à tous égards. Le

Chesed est souvent appelé "Gedulah" par les Qabalistes en raison de l'Élément Eau qu'il contient. L'intellect utilise l'Élément Eau pour faire une impression au niveau de Hod. La formation de l'intelligence par la logique et la raison est un attribut à ce niveau de manifestation puisque nous n'avons plus la composante Spirituelle et devons rationaliser pour l'atteindre. Se réunir à nouveau avec l'Esprit est un choix que nous devons faire consciemment et volontairement tout en opérant depuis Hod.

C'est à travers Hod que naissent toute écriture, tout langage ou toute communication, car il s'agit de l'aspect rationnel, organisateur et catégorisant de l'esprit. Il représente l'hémisphère gauche du cerveau, la composante intellectuelle. Son homologue, la région droite, est la partie émotionnelle - Netzach. La logique et la raison forment la base de l'intellect, qui est différent de l'intuition dans la réception de la connaissance. L'intuition est une connaissance directe de la vérité, lorsque le Feu Archétypal du monde extérieur fait une impression sur l'Âme.

D'autre part, l'intellect est basé sur des connaissances acquises au fil du temps. L'Égo peut utiliser l'intellect pour déduire la réalité et prendre des décisions pour la vie future. Il est basé sur la mémoire, qui est l'Élément Eau de Chesed, tandis que l'intuition est une impulsion, une Force qui est de l'Élément Feu Primal de Chokmah. L'intellect peut être utilisé pour décider si la personne veut travailler ou se battre pour elle-même ou pour les autres. Elle recherche une récompense dans ses actions. En tant que tel, il ne vient pas d'un lieu d'amour inconditionnel. D'où la nature très égoïste de la Sphère de Hod, car à moins de recevoir les informations appropriées des Sphères supérieures, elle peut choisir l'Égo et rationaliser pour accomplir une action qui n'est pas au nom du bien, mais qui cherche plutôt à se satisfaire et à satisfaire ses désirs.

Comme Netzach est la demeure de l'Esprit de Groupe, Hod est la demeure de l'esprit individuel. C'est la forme inférieure de l'énergie de Chesed, transmise par Tiphareth. L'énergie de Hod est fluide et aqueuse, tout comme l'intellect. Elle a besoin de Netzach pour donner vie à l'intellect. L'intelligence dépend de son homologue, l'émotion. La relation entre Netzach et Hod est une relation symbiotique. Ensemble, leur équilibre favorise une personnalité saine. Contrairement aux autres Sphères situées au-dessus d'elles, Netzach et Hod sont les plus couramment utilisées et les plus facilement accessibles pour le commun des mortels au quotidien.

Hod utilise l'Air, la pensée et l'imagination de Tiphareth et les désirs personnels et les émotions de Netzach pour l'aider à faire ses choix dans la vie. Hod est orange, une combinaison du rouge de Geburah et du jaune de Tiphareth. D'où le lien avec Geburah et l'Élément Feu - avec un lien avec Yesod, les impulsions primaires et l'énergie sexuelle.

Pour de nombreuses personnes, Hod et Netzach sont les sphères les plus utilisées au cours de leur vie. La croyance prédominante dans la société est que l'on doit utiliser la logique et la raison pour se guider dans la vie tout en tempérant cela avec ses émotions et son désir inné de sexe et de trouver un partenaire. Le niveau collectif d'évolution Spirituelle de la société se situe quelque part entre ces deux Sphères.

La Planète attribuée à Hod est Mercure, la Planète de la communication, de la logique et de la raison. Mercure est également appelé Hermès par les Grecs. L'association de Hod à la Planète Mercure (Hermès) est appropriée puisque c'est Hermès qui est considéré comme l'inventeur des nombreuses expressions intellectuelles telles que les mathématiques, l'astronomie, le langage, etc. Il est également le dieu de la sagesse et de la connaissance, qui est lié à la Séphirah Chokmah. Comme Chokmah est la sagesse, l'expression de la connaissance qu'elle contient a un impact sur Hod à travers l'intellect.

Les symboles de Hod sont les *Noms Divins du Pouvoir* (utilisés en Magick) et le tablier Maçonnique. Les correspondances des Divinités de Hod sont Anubis, Khnum, Hermès, Mercure, Ogma, Loki, Bragi, Hanuman, Simbi et Shango.

YESOD (LA FONDATION)

Yesod est la neuvième Séphirah de l'Arbre de Vie, située sous Tiphareth sur le Pilier de l'Équilibre. Yesod est le résultat de l'unité entre Netzach et Hod, en tant que Séphire du Plan Astral, contenant la Lumière Astrale. C'est le récepteur des énergies de chaque Séphirah précédente, qui, lorsqu'elles sont combinées, créent un Plan Astral subtil composé de Lumière Astrale. C'est pourquoi on l'appelle la "Fondation", car elle est le fondement de toutes choses. Le nom Divin Hébreu de Tiphareth est Shaddai El Chai, tandis que l'Archange est Gabriel. Dans le système de Magie de l'Aube Dorée, Yesod fait partie du grade Theoricus (2=9) du Premier Ordre.

"Le Neuvième Chemin est l'Intelligence Pure, ainsi appelée parce qu'elle purifie les Numérations, prouve et corrige la conception de leur représentation, et dispose de leur unité avec laquelle elles sont combinées sans diminution ni division." - "Le Sepher Yetzirah (sur Yesod)

Le rôle de Yesod est d'apporter correction et purification aux émanations précédentes avant qu'elles ne se manifestent dans le Royaume Matériel, d'où son nom de "Pure Intelligence". Il est de nature réfléchissante et omniprésent, comme l'est la Lumière Astrale, sa substance. C'est un milieu de Matière extrêmement subtile, hautement magnétique et électrique, qui reçoit les impulsions des Sphères situées au-dessus de lui pour créer le monde physique. C'est le flux et le reflux immuable et sans fin de toutes les forces invisibles du monde, car il constitue le fondement même de leur existence.

Les facultés intuitives filtrent dans Yesod - puisque Yesod est relié à Binah (la compréhension). Le Plan Terrestre est construit sur Yesod, qui est le double du corps Éthérique de tout ce qui existe - la fondation. Chaque événement mondial se déroule dans le Plan Astral avant de se manifester dans le Plan Physique. C'est pourquoi The Magus se sert de Yesod et de la Lumière Astrale pour influencer l'activité du monde avant sa manifestation physique. Comme le dit l'axiome Hermétique, "Comme en Haut, Comme en Bas" - ce que nous changeons dans un plan se manifeste dans un autre. Ce processus est l'essence de la Magie, qui se déploie au sein de Yesod, comme tout travail de La Magie.

En termes d'Aura humaine, Yesod est l'Élément Air (Astral). Il fonctionne à travers Anahata, le Chakra du Cœur, mais à un niveau beaucoup plus bas que Tiphareth, car il utilise la sexualité et les émotions que l'on trouve dans les Chakras Swadhisthana et Muladhara. Puisque la position de Yesod est dans la région de l'aine, son emplacement se situerait quelque part entre le Chakra de la Terre, Muladhara, et le Chakra de l'Eau, Swadhisthana.

Certaines écoles Spirituelles attribuent la sexualité au Chakra de la Terre, Muladhara, car la source de la Kundalini se trouve dans le Chakra de la Terre, au coccyx, à la base de la colonne vertébrale. Le coccyx est le point le plus bas du système énergétique humain, qui est relié aux Chakras Mineurs de la plante des pieds, qui, à leur tour, sont reliés à la Terre. La Sphère de Malkuth se trouverait précisément au niveau des pieds, là où ils touchent la terre sur laquelle nous marchons. En tant que tels, les Chakras de la plante des pieds activent le centre des Chakras de la Terre à la base de la colonne vertébrale. Comme Yesod est la demeure de l'Égo et du subconscient, il est également lié au Chakra de l'Eau, Swadhisthana. Une fois encore, il est difficile d'attribuer des Chakras aux Séphiroth de l'Arbre de Vie, car les Séphiroth ont des fonctions plus complexes.

En raison de son emplacement sur l'Arbre de Vie, Yesod ne reçoit pas directement l'énergie de l'Esprit ; il est donc utilisé le plus souvent par l'Égo. L'Égo est présent dans le Triangle Astral, séparé du Triangle Ethique par le Voile de Paroketh. Il est également connu sous le nom de "Voile du Temple" ou "Voile de l'Illusion". Le Temple dont il est question ici est le Temple intérieur de l'individu qui abrite son Soi-Dieu intérieur. Notre Soi-Dieu est du domaine des Supernaux. L'énergie de l'Esprit est amenée dans le Triangle Ethique par la voie de la Grande Prêtresse. Le Voile de Paroketh sépare donc l'Esprit de la Matière. Sous le Voile, nous vivons dans l'illusion que le Monde de la Matière est substantiel et réel.

La carte du Tarot de la Tempérance représente le chemin reliant Yesod à Tiphareth, la Lune et le Soleil, qui déchire le voile de Paroketh à l'aide de l'Arc de Quesheth, qui représente symboliquement un Arc-En-Ciel. L'Arc-En-Ciel sert de pont entre le Ciel et la Terre, la Divinité et l'humanité. Ce pont fait référence aux Chakras de l'Aura humaine qui, lorsqu'ils sont revigorés par l'énergie de la Kundalini dans son ascension, activent le corps Arc-En-Ciel, le Corps de Lumière.

Le mot "Paroketh" est composé de quatre lettres Hébraïques, dont chacune représente l'un des Quatre Éléments : Peh (Eau), Resh (Air), Kaph (Feu), et Tav (Terre). Le voile de Paroketh est levé lorsque nous activons tout le potentiel latent du Corps de Lumière en éveillant la Kundalini et en l'élevant jusqu'au Chakra de la Couronne. Ce n'est qu'alors que nous pouvons percevoir le monde qui nous entoure comme ce qu'il est Maya, une illusion.

La sexualité est une fonction du corps physique, qui est Malkuth, la Sphère la plus basse et la plus basse de Yesod. Yesod participe à la canalisation de la logique, de la raison et des émotions des deux Sphères supérieures, Netzach et Hod. Le Triangle Astral de Netzach, Hod et Yesod est l'énergie la plus facilement disponible pour l'humanité et celle que nous utilisons quotidiennement. L'utilisation de ces énergies forme notre Égo et notre personnalité.

Yesod est le point de départ du Plan Astral, le monde des pensées, des émotions, de l'imagination, de la volonté, de la mémoire, de l'intuition et de la volonté supérieure. C'est tout ce que nous contenons en nous et qui n'est pas le simple corps physique que nous voyons dans le miroir. La carte du Tarot de l'Univers est la représentation parfaite de Yesod - c'est le plan de l'Univers Extérieur et de l'Univers Intérieur - y compris tous les différents aspects contenus dans les Sephiroth au-dessus de Yesod. En tant que tel, Yesod est notre porte d'entrée vers le Soi intérieur à travers le Monde Astral.

La sexualité est le moteur de l'Égo mais aussi notre source de créativité. C'est le mécanisme qui, lorsqu'il est sublimé (transformé), peut nous donner l'Illumination Spirituelle. L'énergie sexuelle est alimentée par le Prana (Hindou), le chi ou qi (Chinois), le mana (Hawaïen). Elle est à la base même de notre existence. Les trois termes mentionnés ci-dessus signifient essentiellement énergie Vitale ou force Vitale. Par conséquent, nous recevons cette énergie vitale par le biais de la nourriture et de l'eau, car les nutriments qu'elles contiennent se transforment en énergie Luminère, qui est l'essence du Prana. Cette énergie est ensuite distribuée par les Nadis, les voies ou canaux énergétiques du corps. L'énergie Luminère soutient nos mondes intérieur et extérieur. Sa source est l'énergie de l'Esprit.

Dans son état de potentiel, la Kundalini réside à la base de la colonne vertébrale, et elle est déclenchée par l'énergie sexuelle et Pranique sublimée de Yesod. La Kundalini est reliée à Malkuth, la Terre, mais est stimulée par les pensées et les émotions de Hod et Netzach.

Toutes les parties de l'Arbre de Vie doivent être impliquées dans le processus si l'on veut vivre un éveil complet. L'utilisation de l'imagination (Tiphareth) doit être présente par l'application de la volonté (Geburah) et de la mémoire (Chesed). Mais surtout, la sagesse (Chokmah) et la compréhension (Binah) doivent être impliquées dans le processus puisque l'énergie de la Kundalini doit atteindre le cerveau lors de son ascension - ce qui signifie que le Chakra Ajna doit être engagé d'une manière ou d'une autre pendant le processus d'éveil de la Kundalini.

Si les Supernaux ne sont pas engagés dans le processus, l'énergie Kundalini n'atteindra jamais le cerveau mais redescendra à la base de la colonne vertébrale - et le processus se répétera dans le futur. Toutes ces fonctions intérieures sont accessibles par Yesod, le Monde Astral, ce qui explique pourquoi il est le fondement de tout ce qui concerne le Soi intérieur.

La Planète attribuée à Yesod est la Lune, et sa couleur est le violet. La Lune est la Planète des sentiments, des humeurs et des instincts. La Lune est parfaitement logique pour décrire Yesod car la Lune ne fait que refléter la Lumière du Soleil, comme Yesod ne fait que refléter la Lumière contenue dans Tiphareth. Yesod n'a aucun contact direct avec le Triangle Ethique autre que sa réflexion à travers Tiphareth. Il n'a pas de contact direct avec Geburah et Chesed, mais le fait que leurs couleurs soient contenues en lui (le rouge et le bleu forment le violet) montre qu'il reflète ces sphères, bien qu'indirectement.

La Lune crée une illusion dans l'esprit d'une personne car elle ne peut pas percevoir directement la vérité. La Lune est appelée "Luna" par les Anciens, et le mot "lunatique" (décrivant un comportement chaotique et erratique) est lié à la fonction de la Lune. Vous comprenez maintenant pourquoi les illusions dans l'esprit d'une personne déclenchent ce type de réaction.

Les Sphères de Yesod, Hod et Netzach forment le Triangle Astral. Le Triangle Astral est le reflet du Triangle Ethique de la même manière que la personnalité reflète le caractère d'une personne. Le caractère est construit sur des vertus, et il exalte le Soi Supérieur. Les vertus appartiennent à la partie éternelle de nous-mêmes qui n'est jamais née et ne mourra jamais. À l'inverse, la personnalité appartient à l'Égo et au domaine de la dualité, y compris le cycle de la mort et de la renaissance. Chaque fois qu'une personne meurt, son Égo meurt aussi, pour renaître dans un autre corps physique et être reconstruit à partir de zéro.

Les symboles associés à Yesod sont le parfum et les sandales. Les Divinités correspondant à Yesod sont Shu, Khonsu, Artemis, Diana, Cerridwen, Nanna, Chandra, Soma, Masa et Yemaya.

MALKUTH (LE ROYAUME)

Malkuth est la dixième Séphirah de l'Arbre de Vie, située juste en dessous de Yesod sur le Middle Pillar de l'Équilibre. La position de Malkuth se situe au niveau des pieds, qui marchent sur la Terre. Par conséquent, Malkuth est notre lien avec la Terre Mère. Les Chakras Mineurs de la plante des pieds sont reliés à la base de la colonne vertébrale par les canaux énergétiques des jambes. Ainsi, Malkuth est directement relié au Chakra Racine, Muladhara, et à l'énergie Kundalini. En termes d'Aura humaine, Malkuth est l'Élément Terre (spécifique).

Dans toutes ses désignations, Malkuth est toujours de l'Élément Terre. C'est la réalité physique, l'Univers, que nous pouvons toucher, entendre, voir, sentir et goûter. Tout ce qui dépasse le point de Malkuth utilise notre énergie sexuelle interne à travers l'Arbre de Vie et ses Sephiroth, qui sont les pouvoirs qui travaillent ensemble pour manifester notre réalité. Malkuth est le "Royaume" dans lequel nous vivons, nous nous déplaçons et nous avons notre Être. Le nom Divin Hébreu de Malkuth est Adonai ha-Aretz, tandis que l'Archange est Sandalphon. Dans le système de Magie de l'Aube Dorée, Malkuth fait partie du grade Zelator (10=1) du Premier Ordre.

"Le Dixième Sentier est l'Intelligence Resplendissante, ainsi appelée parce qu'elle est exaltée au-dessus de toute tête, et qu'elle siège sur le trône de Binah. Elle illumine la splendeur de toutes les Lumières, et fait émaner une influence du Prince des Visages, l'Ange de Kether." - "Le Sepher Yetzirah" (sur Malkuth)

Le terme "Intelligence Resplendissante" implique un lien étroit avec Kether, comme le chiffre un se retrouve dans le chiffre dix. Kether, l'Esprit, existe dans tout ce qui nous entoure, du plus petit insecte au sol sur lequel nous marchons. Dans le cadre du concept des Quatre Mondes (que nous aborderons plus tard), Malkuth devient Kether dans un autre Arbre de Vie, à un autre niveau de réalité.

Il existe également un lien entre Binah, la Grande Mère, et Malkuth, la Mère inférieure. Une fois Spiritualisé, Malkuth, le Royaume, devient Binah, la Compréhension. Cette association se retrouve dans les couleurs de Malkuth, qui sont la citrine, l'olive, le roux et le noir. Souvent, Malkuth est décrit comme purement noir, ce qui lui donne l'association avec Binah puisqu'il est également noir. Binah est le Grand Principe Féminin et le Saint-Esprit en termes Chrétiens, tandis que Malkuth est la manifestation de ce Saint-Esprit dans la Matière.

Malkuth est synonyme de Gaia, la Terre Mère, bien que Malkuth représente toute la matière de l'Univers. Remarquez également la similitude de son entre le mot "Matière" et "Mère". Cela vous indique qu'il y a une corrélation entre ces deux idées.

Comme Binah est le plan Spirituel de Malkuth, notre objectif global en tant qu'initiés de la Lumière est de Spiritualiser notre propre Terre (métaphoriquement parlant) et de restaurer le jardin d'Eden. Nous devons élever notre propre Malkuth jusqu'à la Binah. (La symbologie du jardin d'Eden sera abordée plus tard.) Mais pour ce faire, nous devons Spiritualiser toutes les Séphiroth entre Malkuth et Binah. L'objectif global de notre vie ici sur Terre est l'Évolution Spirituelle.

Malkuth, le Royaume, est le Monde de la Matière mais aussi la porte d'entrée du *Royaume de Dieu.* Comme l'a proclamé Jésus-Christ, "Voici, le Royaume de Dieu est en vous" (Luc 17, 21). Le concept selon lequel le Royaume de Dieu n'est pas quelque chose "là-bas" mais quelque chose à l'intérieur de chacun de nous est l'un des messages les plus importants de Jésus à l'humanité. Le Royaume de Dieu est déjà présent dans Malkuth en raison de son association avec Binah et le Saint-Esprit. Mais c'est à chaque individu d'élever sa conscience à son niveau. Et cela se produit par la Sagesse et la Compréhension, la compréhension que nous sommes Esprit et Matière en un.

Malkuth est le point de départ des mondes intérieurs (Plans Cosmiques) et du fonctionnement interne de l'homme. Alors que Malkuth reste stable, les autres Sephiroth situées au-dessus de lui sont cinétiques et mobilisées. La stabilité de Malkuth est le résultat de son faible taux de vibration. Toutes les Sphères situées au-dessus de Malkuth vibrent à des fréquences plus élevées, la vibration augmentant de Sphère en Sphère à mesure que l'on s'élève. Malkuth est le récepteur du cadre Éthérique de manifestation de Yesod. C'est le conteneur des neuf autres Sephiroth, car il enracine ces énergies dans le Royaume Matériel. En tant que telle, elle est l'ultime Séphire de la Forme. Malkuth est le réceptacle final de tous les différents courants d'énergie qui composent l'Arbre de Vie.

Malkuth est également plus que le Monde Physique et la Terre. C'est aussi la Séphire où chacun des trois autres Éléments est basé, mais à une forme inférieure de manifestation. Dans la Qabalah, on les appelle les Éléments de Base. Ils sont représentés dans les couleurs de Malkuth car ils reflètent les pouvoirs des trois Sephiroth de Yesod, Hod et Netzach. Malkuth n'est relié à ces trois Sephiroth que sur l'Arbre de Vie. Malkuth se voit également attribuer l'Élément Terre (Astral), ce qui signifie que, bien qu'il soit lié au Monde Physique, il a également un lien avec le Monde Astral. Malkuth se manifeste à travers le Chakra Muladhara, qui possède également un Corps Subtil appelé le Corps Astral inférieur (Corps Éthérique).

Pour les Quatre Éléments, il existe trois états différents de la Matière : solide (Terre), liquide (Eau) et gazeux (Air). L'Élément Feu se voit attribuer le principe de l'électricité. Tous les phénomènes physiques relèvent des Quatre Éléments, ce qui nous donne les moyens de comprendre leur caractère et leurs qualités. Chacun des Quatre Éléments est utilisé pour décrire l'essence physique et matérielle de Malkuth.

Les symboles de Malkuth sont le Double Autel Cubique, le Cercle Mystique, le Triangle de l'Art (Évocation) et la lettre Hébraïque Heh-final (qui fait partie de YHVH). Les correspondances de Divinité de Malkuth incluent Geb, Demeter, Ceres, Cernunnos, Nerthus, Ganesha, Azaka, et Ochosi.

LA VOIE DE L'ÉPÉE FLAMBOYANTE

La Voie de l'Épée Flamboyante (Figure 5) représente la séquence de manifestation des Sephiroth. L'Épée Flamboyante est souvent appelée "l'Éclair" par les Qabalistes. Essentiellement, le chemin de l'Épée Flamboyante représente le processus de la création. Sa séquence commence par Kether, suivi de Chokmah, puis de Binah, Daath, Chesed, Geburah, Tiphareth, Netzach, Hod, Yesod, et se termine par Malkuth.

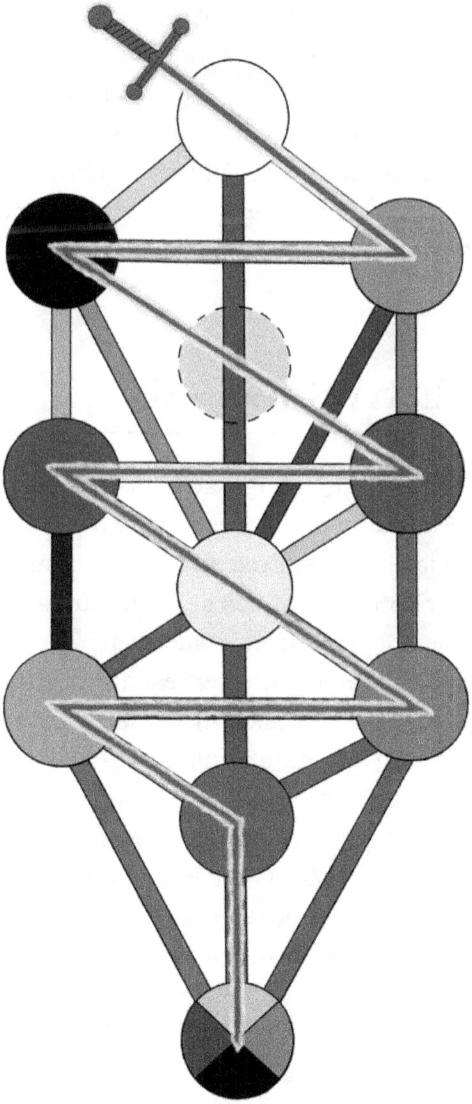

Figure 5: Le Chemin de l'Épée Flamboyante

Selon les traditions Qabalistes, lorsque Michel a banni Lucifer du Ciel, l'Épée Flamboyante a été mise en place pour l'empêcher de revenir. Lucifer est connu comme la "Lumière de l'Étoile du Matin" - l'étincelle de conscience supérieure qui se trouve à l'intérieur des êtres humains et qui nous inspire à rechercher plus qu'une simple existence physique. La chute de Lucifer est synonyme de notre chute du jardin d'Eden. Nous sommes Lucifer dans cette histoire.

Si nous voulons réintégrer le jardin d'Eden, nous devons monter sur l'Arbre de Vie en empruntant le chemin de l'Épée Flamboyante en sens inverse. Nous commençons à Malkuth et progressons à travers les quatre Chakras inférieurs avant de traverser l'Abîme à Daath, dans le Royaume des Esprits. Avec un éveil complet de la Kundalini, l'ensemble de l'Arbre de Vie est activé, y compris les Supernaux. Cependant, la conscience ne peut fonctionner à la capacité totale de la Lumière que lorsque les Sphères inférieures (correspondant aux Chakras inférieurs) ont toutes été nettoyées énergétiquement. Il faut remonter l'Arbre de Vie en suivant la séquence inversée du chemin de l'Épée Flamboyante.

LE SERPENT DE LA SAGESSE

Dans la Qabalah, le Serpent de la Sagesse (Figure 6) fait référence à la direction ou au parcours des lettres Hébraïques placées sur les vingt-deux chemins du Tarot des Trente-deux Chemins de la Sagesse. Ensemble, ces chemins forment un symbole - le Serpent de la Sagesse. Par conséquent, les sentiers du Tarot équivalent au Serpent de la Sagesse, tandis que les Sephiroth équivalent au Sentier de l'Épée Flamboyante. Comme le sentier de l'Épée Flamboyante représente la Création qui descend du plus haut vers le plus bas (de Kether à Malkuth), le Serpent de la Sagesse grimpe l'Arbre de Vie du chemin le plus bas (Tav) au chemin le plus haut (Aleph).

Vous pouvez maintenant voir comment la symbologie du Serpent est présente dans la Qabalah et l'Arbre de Vie. C'est l'énergie de la Kundalini qui illumine l'ensemble de l'Arbre de Vie lorsqu'elle est éveillée. C'est le serpent qui a tenté Eve de manger de l'arbre de la connaissance du bien et du mal dans le jardin d'Eden, alors que Dieu l'avait strictement interdit. Par leur désobéissance à Dieu, Adam et Eve ont été bannis du jardin.

Or, c'est à nouveau ce Serpent par lequel nous devons retourner au jardin d'Eden. Nous le faisons en éveillant la Kundalini, dont le processus est synonyme d'activation et de revigoration de l'ensemble de l'Arbre de Vie et de voyage vers le haut de la conscience. Nous gravissons successivement l'Arbre de Vie vers le haut, en commençant par la Séphire la plus basse, Malkuth, et en terminant par la Séphire la plus haute, Kether.

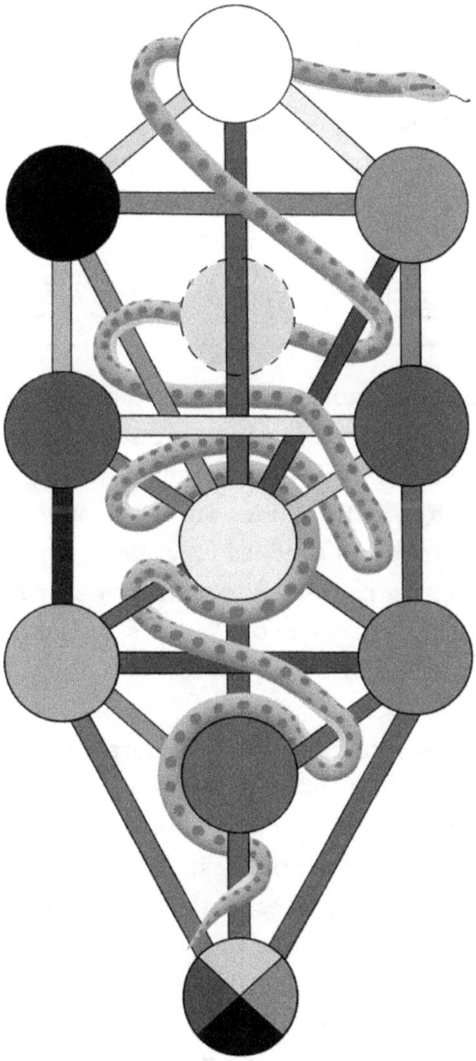

Figure 6: Le Serpent de la Sagesse

"Le Grand Œuvre, c'est avant toute chose, la création de l'homme par lui-même, c'est-à-dire la conquête pleine et entière de ses facultés et de son avenir; c'est surtout l'émancipation parfaite de sa volonté." - Eliphas Levi; extrait de " La Magie Transcendantale".

L'ensemble de ce processus est appelé le Grand Œuvre, ou Alchimie Spirituelle, et constitue la base de ce livre. Le but du Grand Œuvre est l'Illumination ou l'Évolution et l'Ascension Spirituelles. En accomplissant le Grand Œuvre, vous libérerez votre pouvoir personnel et maximiserez votre potentiel dans cette vie. Et pour ceux qui font l'expérience de l'éveil de la Kundalini, il leur donnera les outils qui leur permettront d'avoir une pratique quotidienne pour combattre l'anxiété et la peur qui se déchaînent lors d'un éveil, en particulier un éveil complet et soutenu.

LES TRENTE-DEUX VOIES DE LA SAGESSE

Pour vraiment apprécier la Qabalah, vous devez comprendre à quel point le système est approfondi. Jusqu'à présent, je me suis étendu sur l'Arbre de Vie et les dix Sphères. Cependant, il existe vingt-deux voies de connexion entre elles. Ces vingt-deux voies, ainsi que les dix Séphiroth, constituent les Trente-Deux Voies de la Sagesse. Les vingt-deux chemins sont en corrélation avec les vingt-deux Arcanes Majeurs du Tarot, qui, à leur tour, correspondent aux trois Éléments principaux que sont l'Air, le Feu et l'Eau, aux Douze Zodiaques et aux Sept Planètes Anciennes. Les Éléments, dans ce cas, sont appelés Éléments "Transitionnels" car ils représentent les énergies en transit entre les Sephiroth.

Les vingt-deux chemins sont également en corrélation avec les vingt-deux lettres de l'alphabet Hébraïque, qui sont considérées comme très Magiques dans leur utilisation, que ce soit par l'écriture ou la prononciation des Noms Divins Hébraïques. Tout ce que je viens de mentionner est considéré comme une connaissance Hermétique puisque l'Hermétisme est essentiellement l'étude de notre Système Solaire et de ses énergies.

Comme nous l'avons mentionné, la Qabalah est le plan de l'Univers (notre Système Solaire en particulier), y compris les Plans Cosmiques d'existence. Les dix Sephiroth sont des états de conscience. Les chemins de connexion sont les énergies qui entrent et sortent de ces états. La compréhension de ces voies vous permettra de mieux connaître votre psyché et votre personnalité et vous donnera une feuille de route pour passer d'un état de conscience à l'autre de manière sûre et efficace.

Comme chaque homme et chaque femme possède son propre Arbre de Vie, cela signifie que nous pouvons placer notre conscience quelque part sur notre arbre. Par exemple, si vous utilisez la logique et la raison, votre conscience se trouve à Hod, tandis que si vous ressentez l'émotion du désir, vous êtes à Netzach. Si vous ressentez l'émotion de la peur, vous êtes dans votre subconscient, situé dans Yesod - c'est donc l'endroit où votre énergie sexuelle est activée. Si vous utilisez votre imagination, vous êtes dans Tiphareth, tandis que si vous utilisez votre volonté, vous opérez depuis Geburah. Le processus de remémoration du passé se déroule dans Chesed, tout comme l'application consciente de l'énergie de l'amour inconditionnel. Au sein des

Supernaux, l'intuition est une connaissance directe de la vérité. Ce sont là quelques-unes des correspondances de la Qabalah avec notre constitution psychologique, mais il y en a beaucoup d'autres.

La Qabalah concerne les correspondances entre les choses que nous trouvons dans la nature, et par conséquent, la mémorisation de ces correspondances est la première étape pour atteindre la Gnose. Au cours du processus de Gnose, votre propre Soi Supérieur devient votre professeur. Votre propre Génie Supérieur (Saint-Ange Gardien) vous enseigne la véritable Qabalah - c'est la partie de vous qui est de Dieu, la partie de vous qui est Éternelle - le Soi Supérieur. Le travail conscient de votre part consiste à mémoriser les correspondances. Ces souvenirs deviendront comme des classeurs que le Génie supérieur utilisera pour vous enseigner.

L'ALPHABET HÉBREU

Le Sepher Yetzirah sépare les vingt-deux lettres de l'alphabet Hébreu en trois classes différentes : les Mères, les Doubles et les Simples. Les trois lettres Mères sont Aleph, Mem et Shin. Elles forment une trinité d'où découle tout ce qui se trouve dans la Création. Les trois lettres Mères correspondent aux Éléments de l'Air, de l'Eau et du Feu. Mem (Eau) et Shin (Feu) sont des opposés, tandis qu'Aleph (Air) est l'Élément d'équilibre entre les deux.

L'Esprit, bien que considéré comme un Élément pour des raisons de compréhension, est essentiellement la colle de tout ce qui existe, mais il ne se trouve pas dans l'Arbre de Vie dans l'un des vingt-deux chemins. La meilleure façon de comprendre l'Esprit est de le considérer comme la partie Surnaturelle de l'Arbre. Malkuth n'est pas non plus une composante distincte puisqu'il s'agit du Monde de la Matière. L'Esprit et la Matière représentent tous deux l'Alpha et l'Oméga - le début et la fin de l'Univers.

Les sept lettres Doubles sont Beth, Gimel, Daleth, Kaph, Peh, Resh et Tav. On les appelle les Doubles car chaque lettre contient un son dur et un son doux dans sa prononciation. En outre, elles possèdent chacune un double ensemble de qualités. Les Doubles représentent les Sept Planètes Anciennes, les sept jours de la Création, les sept orifices de l'être humain (utilisés dans la perception) et les sept directions de l'Espace (nord, est, sud, ouest, haut, bas, centre).

Les douze lettres Simples sont Heh, Vav, Zayin, Cheth, Teth, Yod, Lamed, Nun, Samekh, Ayin, Tzaddi et Qoph. Les douze Simples représentent les douze différents signes du Zodiaque, les douze mois de l'année et les douze différents organes du corps humain.

Comme nous l'avons mentionné, les vingt-deux chemins de l'Arbre de Vie sont en corrélation avec les vingt-deux lettres de l'alphabet Hébreu. Leurs traductions littérales ont également une signification très ésotérique, ce qui vous permet de développer une compréhension encore plus approfondie de la Qabalah. Je reviendrai sur ces traductions dans la section consacrée aux Arcanes Majeurs du Tarot.

L'ARBRE DE VIE ET LE SYSTÈME SOLAIRE

"Car le Soleil est situé au centre du Cosmos, il le porte comme une Couronne". - Hermès Trismégiste; extrait de "Hermetica: Le Corpus Hermeticum Grec et l'Asclepius Latin".

Les personnes qui s'informent sur l'Arbre de Vie demandent la description la plus pratique possible de ce qu'il est. La réponse à leur demande est simple : l'Arbre de Vie est le plan de notre Système Solaire. Si nous prenons l'Arbre de Vie, que nous le posons horizontalement à plat et que nous percevons chaque Sphère comme la Planète à laquelle elle correspond, nous obtenons une disposition tridimensionnelle presque identique à la position des Planètes dans notre Système Solaire.

Gardez à l'esprit que les Anciens ne connaissaient pas les nouvelles Planètes Uranus, Neptune et Pluton, et qu'elles n'étaient donc pas incluses dans le cadre de la Qabalah. Certains Qabalistes modernes les ajoutent en faisant correspondre Chokmah à Uranus et Kether à Neptune. En raison de sa taille et de son orbite irrégulière, Pluton avait été rétrogradé au rang de Planète. Cependant, ces dernières années, il a été réintégré dans cette catégorie.

Bien que la Terre se trouve entre Vénus et Mars dans notre Système Solaire, si nous plaçons la Terre à la place du Soleil comme centre d'où émergent toutes les autres énergies Planétaires, nous obtiendrions la même séquence numérique que le positionnement des Planètes sur l'Arbre de Vie. Si la Terre est le centre de notre Système Solaire, nous aurions ensuite la Lune (la plus proche de la Terre), suivie de Mercure, Vénus, le Soleil (à la place de la Terre), Mars, Jupiter et Saturne.

Cette application prend tout son sens si l'on applique la correspondance entre les mots "Âme" et "Sol", qui est le nom latin utilisé par les Anciens pour désigner le Soleil. La Lumière de l'Âme est en corrélation avec la Lumière du Soleil. Pas la Lumière physique que nous voyons avec nos yeux, mais une Lumière à une fréquence vibratoire plus élevée. Il n'est pas étonnant que les Anciens aient appelé l'Âme "l'étincelle Éternelle du Soleil". "Ainsi, puisque nous avons notre existence physique sur Terre et que notre Âme est issue du Soleil dans notre Système Solaire, la Lumière à l'intérieur de nos Âmes est notre lien de connexion avec notre Créateur. C'est la Source la plus élevée en nous et ce que nous sommes, par essence. Cela correspond aux enseignements de Jésus-Christ et du premier monothéiste de l'histoire, le Pharaon Égyptien Akhenaton.

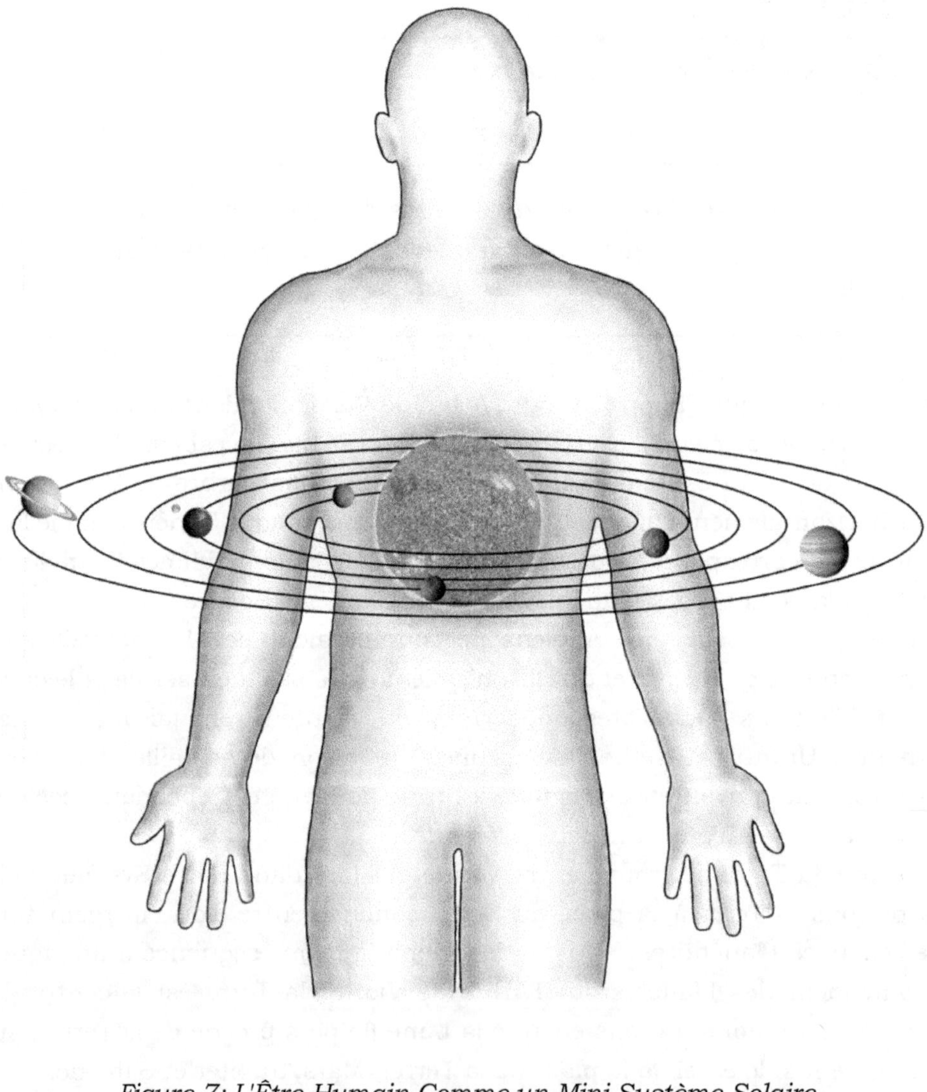

Figure 7: L'Être Humain Comme un Mini Système Solaire

Les Planètes sont maintenues en orbite autour du Soleil par une force sphérique qui se manifeste par une sphère concentrique invisible. Visuellement, cela ressemble à la façon dont les couches d'un oignon se superposent les unes aux autres. Si nous imaginons que la Terre est le centre de l'oignon, les énergies Planétaires sont ses couches, qui suivent la séquence numérique donnée par l'Arbre de Vie. Ces énergies forment l'Aura de la Terre, qui correspond à l'Aura humaine. Les énergies Planétaires sont contenues dans les deux Éléments, le Microcosme et le Macrocosme.

De même que l'Arbre de Vie est un reflet de notre Système Solaire, notre Arbre de Vie individuel est un reflet de notre Système Solaire dans son ensemble - étant donné que nous avons été créés à l'image de notre Créateur. Si vous pouvez vous imaginer comme un être de taille immense (Figure 7), alors le Soleil (notre Étoile centrale) se trouve dans la région de votre Plexus Solaire, le siège de l'Âme, la source de Lumière et l'Élément Feu. Du point de vue de la Qabalah, la correspondance serait la Séphirah Tiphareth, l'Élément Air (spécifique) sur lequel agit l'Élément Feu Solaire.

Tiphareth est la Séphirah centrale qui reçoit les influences de toutes les autres Sephiroth, à l'exception de Malkuth. En tant que telle, elle est le Chakra d'Anahata sur lequel agit le Chakra de Manipura. Le centre Solaire exact (Tiphareth) se trouverait quelque part entre ces deux Chakras - c'est la source de notre être par laquelle nous sommes connectés au Soleil lui-même. Cette connexion est obtenue par l'amour inconditionnel - l'énergie qui lie toutes les choses dans notre Système Solaire.

Autour de notre propre Soleil central (dans notre Plexus Solaire) se trouvent les énergies Planétaires, qui se manifestent comme nos pouvoirs supérieurs. Ce sont les différentes composantes de notre Moi intérieur, la source de notre morale et de notre éthique. Les énergies Planétaires sont contenues dans l'Aura humaine. Leur impact sur nos Âmes est directement affecté par le mouvement des corps Planétaires en orbite autour de notre Soleil. Nous sommes connectés aux pouvoirs des Planètes et, de cette façon, nous sommes un parfait Microcosme du Macrocosme - un mini Système Solaire qui reflète le grand Système Solaire dans lequel nous avons notre existence physique.

La compréhension des Planètes et de leurs pouvoirs est d'une importance capitale pour ce travail. La connaissance des Cinq Éléments (qui s'expriment à travers les Sept Chakras), des Sept Planètes Anciennes et des Douze Zodiaques constitue le noyau, la base des Enseignements Hermétiques et de l'Arbre de Vie Qabalistique.

LES TROIS PARTIES DU MOI

Les Qabalistes considèrent les dix Sephiroth et les chemins qui les relient comme une unité sans division, formant ce qu'ils appellent Adam Kadmon - "l'Homme Céleste". "Dans *le Zohar*, Adam Kadmon est également appelé le "Grand Vieil Homme". Il est un grand corps organique et Spirituel dans lequel chaque être humain est considéré comme une seule cellule, peut-être même moins. En Adam Kadmon se trouve le potentiel de tout ce qui se trouve dans notre Système Solaire, et il est une manifestation du tout et de l'unité de toutes choses.

Adam Kadmon est également le prototype de l'être humain. Les Séphiroth sont les principes cosmiques qui agissent dans le Macrocosme (notre Système Solaire). Ils se reflètent également dans l'humanité – Comme en Haut, Comme en Bas.

Le Soi est le "Je" qui habite le corps physique et l'utilise comme véhicule de manifestation. Sans le Soi, le corps humain est comme une ampoule sans électricité ou un ordinateur sans le logiciel qui le fait fonctionner.

Le Soi humain a trois composantes ou parties distinctes, qui fonctionnent presque indépendamment les unes des autres mais occupent le même Temps et le même Espace. Chacune de ces parties du Soi fonctionne simultanément comme toutes les autres parties, mais nous ne pouvons en expérimenter qu'une seule à la fois, et c'est celle qui retient notre attention. Notre conscience de l'une des trois parties du Soi détermine notre état de conscience. Nous faisons l'expérience de ces différentes parties du Soi à travers nos pensées, car la pensée est la base de toute réalité. Et nous faisons l'expérience de nos pensées à travers l'esprit - le lien entre l'Esprit et la Matière.

Puisque les trois parties du Soi sont liées aux différentes Séphiroth de l'Arbre de Vie, nous devons superposer l'Arbre de Vie au corps physique pour comprendre les correspondances. Selon la Qabalah, la première et la plus haute division, ou partie du Soi, est connue sous le nom de Grand Neschama, qui peut être subdivisé en Yechidah, Chiah et Petit Neschama. Le Grand Neschama réside dans le cerveau. C'est notre véritable moi, la partie de nous qui est Divine.

La Yechidah se trouve dans le Kether, au Sahasrara Chakra, au sommet de la tête. Elle est Éternelle, au-delà du Temps et de l'Espace, et fait référence au Surmoi

Freudien, le Soi Supérieur. La Yechidah est notre connexion à la Conscience Cosmique. Elle alimente notre volonté d'évoluer au-delà de notre humanité physique et d'unir notre conscience à la Conscience Cosmique. Elle est inconnaissable, car c'est la Lumière Blanche dont nous faisons tous partie, mais elle peut être connue grace au Chiah et au Lesser Neschamah, qui se trouvent immédiatement en dessous d'elle.

La Yechidah est également notre lien avec les archives Akashiques, une sorte de banque de mémoire contenue dans la Conscience Cosmique. Elle contient tous les événements humains, les pensées, les émotions et les intentions qui se sont produits dans le passé, qui se produisent maintenant ou qui se produiront dans le futur. L'avenir s'est déjà produit du point de vue de Dieu, le Créateur, mais comme nous sommes des êtres physiques liés à l'Espace et au Temps, nous n'en avons pas encore fait l'expérience. Le mot "Akasha" en Sanskrit est un terme qui signifie "Espace" ou "Aethyr". "Il fait allusion à l'Élément Esprit, le principe d'animation de toute la Création. La Yechidah peut accéder aux archives Akashiques par le biais du Maintenant, le moment présent.

"Un homme qui fait sa Vraie Volonté a l'inertie de l'Univers pour l'assister." - Aleister Crowley; extrait de "Magick in Theory and Practice" ("La Magie en Théorie et en Pratique")

Le Chiah (que l'on trouve dans la Sphère de Chokmah) est notre volonté véritable. C'est la partie masculine et projective du Soi, appartenant à l'Élément Feu. C'est notre Saint-Ange Gardien et la partie de nous qui nous pousse continuellement à nous rapprocher de la Divinité. Le Chiah influence les fonctions de l'hémisphère gauche du cerveau, telles que la pensée analytique, la logique, la raison, les sciences et les mathématiques, le raisonnement et l'écriture. Cependant, comme ces fonctions passent par l'esprit, la partie du Soi appelée le Ruach est impliquée. La Yechidah et le Chiah sont fondamentalement Archétypaux, ce qui signifie qu'ils sont dans une certaine mesure hors de notre capacité à les comprendre pleinement. Nous pouvons utiliser le côté gauche de notre cerveau, mais nous ne pouvons pas comprendre pourquoi nous savons ce que nous savons ni la source de cette connaissance.

La petite Neschamah se trouve dans la Sphère de Binah. Elle est féminine et réceptive, et appartient à l'Élément Eau. Le Petit Neschama est notre intuition psychique. C'est l'aspiration la plus élevée du Soi et notre désir le plus profond ou notre état de conscience le plus élevé. Après tout, notre pouvoir intuitif nous relie directement au Divin. Chez la personne moyenne, cet aspect du Soi est relativement endormi et découvert. Ce n'est qu'après avoir commencé à nous éveiller Spirituellement que nous commençons à découvrir les pouvoirs de la compréhension mystique et de la transcendance. Mais pour que cette découverte ait lieu, un dialogue entre le Soi Supérieur et le *Soi inférieur* doit d'abord avoir lieu. Le Petit Neschamah influence les fonctions de l'hémisphère droit du cerveau, telles que la créativité, l'imagination, la perspicacité, la pensée holistique et la conscience de la musique et des formes d'art en général.

L'intuition est la partie la plus élevée du Soi tangible. Cette partie de nous peut canaliser des informations provenant des plans cosmiques intérieurs. Plus vous êtes évolué Spirituellement, plus vous fonctionnez par intuition. L'intuition est reçue par Ajna, le Chakra de l'Oeil de l'Esprit. Ceux qui sont très sensibles à l'intuition deviennent des télépathes et des empathes. La télépathie est la connaissance directe des pensées des autres, tandis que l'empathie est la connaissance directe des émotions des autres. Toutes deux se produisent par le biais de l'intuition, puisque sa fonction est de voir et de traiter l'énergie. Un éveil Kundalini est l'éveil à un processus de transformation du Soi de sorte que l'individu fonctionne principalement par l'intuition. La dualité qui se trouve dans les parties inférieures du Soi est unifiée par l'énergie du Saint-Esprit libérée par la Kundalini.

La composante suivante du Soi (après la Neschamah) est le Ruach, qui est l'aspect conscient de notre Être. C'est par le Ruach que les pouvoirs de raisonnement sont donnés. Le Ruach est le mental, tandis que la Neschamah est l'Esprit. Entre les deux se trouve l'Abîme (Daath), qui sépare l'Esprit et la Matière. Cette séparation se produit dans Vishuddhi, le Chakra de la Gorge, qui sépare les trois Chakras supérieurs de l'Esprit des quatre Chakras inférieurs des Quatre Éléments que sont l'Air, le Feu, l'Eau et la Terre.

Le Ruach contient à la fois l'Âme et l'Égo, qui agit au nom du Moi inférieur. Grace à la Ruach, ces deux parties du Soi s'affrontent pour la suprématie. Le but de l'Âme est d'élever la conscience de l'individu au niveau du Soi Supérieur (l'Esprit), tandis que le but de l'Égo est d'abaisser la conscience au niveau de la Matière.

Nechamah vit dans l'unité, car elle est l'Esprit indifférencié, tandis que la dualité est présente au niveau du Ruach et de l'esprit. Cette dualité donne naissance à la logique et à la raison, l'outil que le Ruach utilise pour déduire la réalité. C'est ainsi que se forme l'intellect, qui est une manifestation inférieure de la connaissance par rapport à la vérité que seule l'intuition peut recevoir.

Ruach est le siège de ce que l'on appelle la "Conscience Extérieure". "C'est ici que nous pouvons prendre conscience des images pensées avant de pouvoir les transformer en actions. Ruach est lié à la plupart de nos pensées quotidiennes. Il est composé de cinq Séphiroth : Chésed, Geburah, Tiphareth, Netzach et Hod.

Le Chesed concerne la mémoire et se trouve sur l'épaule gauche. C'est la partie du Ruach qui peut mémoriser et retenir des informations. La mémoire est liée au Karma. Ainsi, son but ultime est de nous apprendre comment nous comporter en vertu des Lois Universelles.

Geburah concerne la volonté et la force d'Âme, et se situe le long de l'épaule droite. La force d'esprit est nécessaire pour que nous apprenions à utiliser notre volonté au nom de notre Âme et non de notre Égo. Tiphareth est l'imagination, et c'est le facteur d'équilibre entre la volonté et la mémoire, car les deux sont nécessaires à son bon fonctionnement. Il est placé dans la zone du Plexus Solaire.

Netzach se situe le long de la hanche gauche, et concerne nos désirs. Notre désir ultime est l'unité avec le Divin, bien que le désir puisse prendre de nombreuses formes. Enfin, Hod se trouve le long de la hanche droite et concerne la logique et la raison. Le but ultime du Ruach est d'élever la conscience individuelle au niveau de la Conscience Cosmique.

Le Ruach représente le niveau intermédiaire entre les composantes les plus élevées et les plus basses du Soi. C'est ici que la capacité éthique de faire la distinction entre le bien et le mal est engagée. Dans le Ruach, la personne peut se concentrer sur les désirs personnels temporaires de l'Égo ou sur les objectifs et idéaux Spirituels supérieurs de l'Âme. L'attention concentrée de la Ruach nous relie à notre Moi inférieur ou supérieur, car elle est l'intermédiaire entre les deux.

Le Ruach est relié à la Grande Nechama comme l'Élément Air est relié à l'Esprit. L'Air Primal est, en fait, une manifestation inférieure de l'énergie de l'Esprit, car l'Esprit s'est manifesté dans un Elément inférieur pour servir de réconciliateur des deux autres Eléments Primaux - l'Eau et le Feu. Le Feu et l'Eau ont besoin de l'Air pour survivre, car il les alimente tous deux. L'Air est donc la pensée, active et passive, volontaire et involontaire, qui est la source de la volonté et de l'émotion - les Éléments Feu et Eau.

La composante suivante du Soi est le Nephesh - le côté obscur et l'esprit subconscient, connu sous le nom de Soi inférieur. Le Nephesh, que l'on appelle aussi le "Moi de l'Ombre", répond aux instincts primitifs et animaliers qui sont en nous. Le Nephesh est un composant essentiel du Soi. Il relie l'humanité au Royaume Physique des Éléments, ainsi qu'à nos Ancêtres animaux. Cette partie de nous-mêmes nous pousse à partager les mêmes activités que tous les autres animaux, y compris dormir, manger et avoir des rapports sexuels. Le Nephesh a donné naissance à l'Égo, qui est l'adversaire de l'Âme car l'une de ses fonctions principales est de continuer à accomplir les tâches du Nephesh en négligeant l'Esprit.

Le Nephesh est le premier aspect du Soi, activé à la naissance. Il se trouve dans la Sphère de Yesod, dans la région de l'aine, symbolisée par la Lune. Pour cette raison, il est quelque peu trompeur car il ne fait que refléter la Lumière du Soleil dans Tiphareth. L'information qu'elle projette est donc trompeuse, car seule la Lumière du Soleil est la vraie vérité. Ici, l'énergie Lunaire est très importante car c'est cette énergie et cette force sexuelles qui servent à activer la Kundalini. C'est dans la zone de Nephesh que le Prana, le chi, le mana (énergie Vitale) est produit. Dans la Qabalah, cette énergie Vitale est également appelée Ruach, à ne pas confondre avec le Ruach, l'une des trois parties du Soi.

Le Nephesh est le symbole de nos impulsions fondamentales à nous opposer à l'ensemble de la société, y compris à ses conceptions du comportement idéal. Le Nephesh est le côté sombre de la conscience au sein du Ruach, l'esprit. Il peut être comparé à l'identité Freudienne.

Le Ruach doit toujours garder le contrôle du Nephesh - le subconscient doit toujours être sous le contrôle de l'esprit conscient. Le Nephesh se nourrit de la peur et en est la source. Le Soi inférieur (le Nephesh) peut évoquer le Soi intermédiaire (le Ruach), qui à son tour peut activer le Grand Neschama (le Soi divin ou Dieu). Ce processus permet à la Grande Neschama de descendre dans les parties inférieures du Soi pour amener l'individu à une reconnaissance consciente du Soi Divin. Cette opération est appelée "Spiritualisation de l'Égo".

Enfin, la dernière composante du Soi est connue sous le nom de G'uph. Situé dans la Sphère de Malkuth, au niveau des pieds, le G'uph est relié au corps physique et à tout le spectre du fonctionnement psychophysique. Chaque fois qu'une menace physique pèse sur le corps, le G'uph communique au cerveau ce qui pourrait ne pas fonctionner. Le G'uph est un niveau inférieur du subconscient dont le rôle est d'informer le cerveau de l'état du corps. Il s'agit essentiellement de notre impulsion de "lutte ou de fuite". Le G'uph et l'Égo sont des alliés, tout comme l'Âme et l'Esprit. L'origine du mot "goof" peut être liée au G'uph, car se comporter comme un "goof" signifie opérer à un niveau inférieur de conscience humaine.

Comprendre les trois parties du Soi vous permet de comprendre votre constitution psychologique, votre caractère et votre personnalité. Si vous voulez maîtriser le Soi, il est primordial de savoir comment fonctionnent les différents composants et énergies en vous. Ainsi, comprendre le fonctionnement de la psychologie est primordial pour l'évolution Spirituelle et l'accomplissement du Grand Œuvre.

TÉTRAGRAMMATON ET PENTAGRAMMATON

Les concepts de Tétragrammaton et Pentagrammaton contiennent beaucoup de symbolisme lié au processus d'éveil de la Kundalini et à son objectif global. Pour les Qabalistes, le nom de Dieu est YHVH, qui est appelé le Tétragrammaton dans la Qabalah (Figure 8). Jéhovah, le Dieu Hébreu de *la Torah* (Ancien Testament), a été nommé d'après le Tétragramme. Tétragrammaton signifie "quatre lettres" en hébreu, qui représentent Yod (Feu), Heh (Eau), Vav (Air), et Heh-final (Terre). Il est entendu que personne ne connaît la prononciation correcte du nom de Dieu (YHVH) et qu'en tant qu'êtres humains, nous devons nous unir à notre Saint Ange Gardien ou Génie Supérieur, Soi Supérieur, pour l'apprendre.

Il existe toute une liste de significations et de correspondances qui s'alignent sur les quatre lettres du Tétragramme. Yod (Feu) représente l'Archétype de la masculinité. Yod est la tête, l'esprit illuminé, et notre connexion avec les Cieux (les Étoiles). Heh (Eau) représente l'Archétype de la féminité. Heh est les épaules et les bras, notre véhicule pour manifester les idées de notre esprit. Vav (Air) représente la masculinité physique. Vav est le torse portant la colonne vertébrale, qui sert de canal au Feu de la Kundalini. Celui-ci, lorsqu'il est éveillé, active les Chakras et relie les Cieux en haut et la Terre en bas. Et enfin, Heh-final (Terre) représente la féminité physique. Heh-final est les jambes qui marchent sur la Planète Terre elle-même.

Remarquez une correspondance entre Heh (Eau) et Heh-final (Terre). Les jambes et les bras du corps physique sont tous deux nécessaires pour se manifester dans ce Monde de la Matière. De plus, chaque expression de la lettre Heh implique une dualité puisque les bras et les jambes ont chacun deux membres. Leur mode d'expression est orienté vers le monde physique puisque ce Monde de la Matière est un monde de dualité. Les bras expriment l'Élément Air (l'Esprit) puisqu'ils sont littéralement suspendus dans l'air qui nous entoure, faisant office de médiateur entre la tête (Ciel) et les jambes (Terre). Les jambes servent tous les Éléments puisqu'elles reposent sur la Planète Terre et portent le torse, les bras et la tête.

Figure 8: Le Tétragrammaton-YHVH

Gardez toujours à l'esprit que la Qabalah est destinée à être interprétée par le biais de symboles, d'allégories, de nombres et de métaphores. Si vous constatez une similitude entre deux idées au sein de la Qabalah, une correspondance existe également dans la réalité Spirituelle - Comme en Haut, Comme en Bas.

Comme mentionné dans les leçons précédentes, les Quatre Éléments se trouvent dans les quatre Chakras les plus bas. Les trois Chakras les plus élevés sont ceux de l'Aethyr. Qu'est-ce que l'Aethyr ? Très simplement, l'Aethyr est l'Élément Esprit. L'éveil de la Kundalini est un éveil à l'Élément Esprit et à sa pleine intégration dans tous les Chakras.

Le but ultime du processus d'éveil de la Kundalini est que l'énergie de la Kundalini atteigne le Chakra de la Couronne, que la Shakti atteigne Shiva. La Couronne est non duelle ; elle ne contient donc pas de Karma. Lorsque la Kundalini atteint la Couronne, l'activation Spirituelle est complète. Une fois percée par l'énergie de la Kundalini, la Couronne s'ouvre comme une fleur de lotus, permettant à l'Esprit Divin d'en haut de descendre dans les Chakras d'en bas, les infusant ainsi de façon permanente. L'individu obtient ainsi une connexion avec son Soi Supérieur, Dieu, depuis les Supernaux.

Le gouffre entre l'Égo et le Soi Supérieur est appelé l'Abîme. L'Égo disparaît une fois que vous avez traversé l'Abîme et atteint les Supernaux. L'Égo ne peut jamais être annihilé lorsqu'on vit dans le corps physique, mais son impact sur la conscience individuelle diminue considérablement une fois que l'Abîme a été traversé. Toutes les Séphiroth situées en dessous de l'Abîme contiennent l'Égo.

Le gardien de l'Abîme est l'infâme Diable, qui représente la dualité et le monde matériel en général. Le Diable est le grand tentateur de l'Égo individuel, car l'Égo est né à travers le corps terrestre et est l'intelligence qui y tend. Il est donc exact de dire que l'Égo est le sous-produit du Diable.

Puisque la dualité est présente dans toutes les choses de notre Univers, nous pouvons également la retrouver dans notre compréhension du bien et du mal. S'il y a un Dieu, qui est un pur esprit et qui est entièrement bon, cela signifie aussi que l'ennemi juré de Dieu existe en tant que personnification du "D(le)-mal" dans le Monde de la Matière. D'où l'apparition du Diable comme l'opposé de Dieu. Le Diable nous tente à travers les qualités séduisantes du Monde Matériel. J'expliquerai l'énergie du Diable plus en détail dans la carte du Tarot du Diable.

Puisque le bien et le mal sont des concepts expérimentés par l'esprit, le Diable n'existe également que dans l'esprit. Après tout, l'esprit est le lien de l'humanité entre l'Esprit (le bien) et la Matière (le mal) et notre moyen d'expérience du Monde de la Matière. Et puisque le corps ne peut vivre sans l'esprit, cela signifie que nous aurons un esprit aussi longtemps que nous serons en vie sur cette Planète.

"Fondamentalement, cependant, il n'y a ni bien ni mal ; tout cela est basé sur des concepts humains. Dans l'Univers, il n'y a ni bien ni mal, car tout a été créé conformément à des Lois immuables. Les principes Divins se reflètent dans ces Lois, et ce n'est qu'en connaissant ces Lois que nous pourrons nous rapprocher du Divin." - Franz Bardon; extrait de "Initiation à l'Hermétisme".

Une fois que vous avez traversé la dualité de l'esprit et que vous avez atteint les Supernaux, le Diable et ses sbires Démoniaques (Anges Déchus) disparaissent. Ils n'ont jamais été réels, mais seulement dans votre tête, dans votre esprit. L'Égo s'est développé à cause de l'illusion de l'esprit qui percevait ce Monde de la Matière comme réel. L'Égo, à son tour, a donné naissance à la dichotomie du bien et du mal, de Dieu et du Diable.

Alors que l'Égo se nourrit de la peur, le Soi Supérieur se nourrit de l'amour. La peur est donc subjective et n'est vécue que dans le corps physique, à travers le mental. L'avenir de l'évolution humaine consiste à nous transformer Spirituellement afin que nous puissions éteindre toute peur et ne fonctionner que par l'amour. Toutefois, pour y parvenir, nous devons apprendre à exercer notre Libre Arbitre dans la vie et choisir consciemment le bien plutôt que le mal.

La façon dont vous exercez votre principe de Libre Arbitre détermine la quantité d'énergie Karmique négative que vous avez dans vos Chakras. Ceux qui ne savent pas comment appliquer leur Libre Arbitre sont soumis à leur Karma qui est principalement un sous-produit de leur conditionnement passé. Sans utiliser le Libre Arbitre, vous êtes comme un automate, répétant les mêmes actions de façon répétitive, aveugle et sans tenir compte de votre évolution personnelle.

Les personnes qui laissent le conditionnement du passé déterminer leur destin se fient à leur mémoire pour les guider dans la vie. Elles sont coincées dans l'ancien et n'ont pas de place pour permettre aux nouvelles choses d'entrer dans leur vie. La façon dont ils ont traité les événements passés détermine la façon dont ils traitent les événements actuels et futurs. Tous les événements sont le sous-produit du Temps et de l'Espace dans ce Monde Tridimensionnel auquel participe notre corps physique. Au sein de tous les événements, nous avons le néant (Ain) et son opposé - le potentiel illimité pur, la Lumière Blanche illimitée (Ain Soph Aur).

L'état vibratoire de notre conscience détermine notre niveau d'expérience de l'existence illimitée puisque nous sommes reliés à la Lumière Blanche de manière inextricable. Les perceptions de notre moi sont influencées par notre conditionnement passé, qui crée nos limitations dans la vie. Notre Libre Arbitre, cependant, peut briser toutes les limitations en un instant et nous connecter à l'existence illimitée de la Lumière Blanche. Le Libre Arbitre supplante notre conditionnement et les facteurs environnementaux et brise complètement l'Égo en nous plaçant dans l'instant présent. Lorsque vous êtes dans le moment présent, votre Soi Supérieur peut entrer dans votre conscience et communiquer avec vous.

L'un des objectifs du Grand Œuvre est de vous faire prendre conscience de votre Libre Arbitre et de vous apprendre à l'utiliser. Votre Libre Arbitre est votre plus grande arme Magique dans ce monde, car c'est la partie de vous qui appartient à la Divinité. Par essence, votre Libre Arbitre est la Parole, qu'elle soit prononcée à haute voix ou en silence pour vous-même.

"Au commencement était le Verbe, et le Verbe était avec Dieu, et le Verbe était Dieu." - "La Sainte Bible" (Jean 1:1)

De nombreux Chrétiens croient que Jean le Baptiste a fait référence à Jésus-Christ comme étant la Parole, ce qui donne alors à cette ligne un double sens. Mais qui était Jésus-Christ ? Comment sommes-nous reliés à lui ? Les réponses à ces questions sont sous nos yeux si nous savons où regarder.

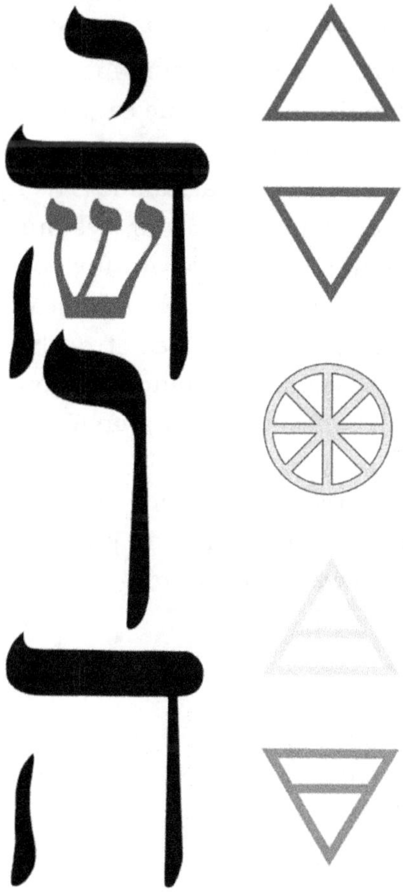

Figure 9: Le Pentagrammaton-YHShinVH (Yahshuah)

Le nom de Jésus est très particulier et symbolique. Son nom Hébreu est Yahshuah (généralement traduit par Josué), orthographié YHShinVH, autrement appelé le Pentagrammaton dans la Qabalah (Figure 9). En termes symboliques, YHShinVH représente le Feu (Yod), l'Eau (Heh), la lettre Hébraïque Shin, l'Air (Vav) et la Terre (Heh-final). Le Pentagrammaton est similaire au Tétragramme, la seule différence étant que la lettre Hébraïque Shin est ajoutée en tant que réconciliateur entre les Quatre Éléments.

La lettre Hébraïque Shin symbolise l'Élément du Feu Sacré dans la Qabalah. Elle se compose de trois traits, représentant trois flammes. La Qabalah désigne les trois flammes de Shin comme la "Triple Flamme de l'Âme". Shin correspond donc au Saint-Esprit et à l'énergie Kundalini - Ida d'un côté, Pingala de l'autre et Sushumna au milieu. Shin signifie également "dent" en Hébreu. La fonction de la dent est de broyer les aliments afin qu'ils puissent être ingérés et digérés dans le système. Ensuite, la nourriture se transforme en énergie vitale - Prana, chi, mana, Ruach.

Shin représente un chemin particulier sur l'Arbre de Vie, correspondant à la carte du Tarot du Jugement, dont le nom Magique est les "Esprits de Dieu" ou l'"Esprit du Feu Primal". L'Élément Feu (transitionnel) représente le chemin de Shin. Lorsque la lettre Shin est placée au centre du Tétragramme (YHVH), elle devient un mot de cinq lettres qui signifie l'union de tous les opposés, des dualités masculines et féminines, par le biais de l'Esprit Saint/la Kundalini. Au fur et à mesure que l'Esprit s'intègre dans le Soi, les Plans Cosmiques s'activent en tant qu'états de conscience accessibles.

Ce mystère Qabalistique renferme le secret de la véritable nature de Jésus et explique pourquoi son mythe est si important pour nous à notre époque. Nous devons tous assumer le rôle de Jésus, comme il l'a prophétisé lorsqu'il a dit qu'il reviendrait sur la Terre dans le futur, après sa mort sur la croix. Jésus disait essentiellement qu'il se manifesterait à travers l'initié qui subit une transformation d'éveil de la Kundalini. Nous devons être notre propre Sauveur, notre propre Messie, si vous voulez. Et pour élever la Kundalini, nous devons apprendre à utiliser notre propre Libre Arbitre et choisir le bien plutôt que le mal.

"En vérité, en vérité, je vous le dis, celui qui croit en moi fera aussi les œuvres que je ferai, et il en fera de plus grandes, car je vais vers mon Père." - "La Sainte Bible" (Jean 14:12)

La parole de Jésus ci-dessus a été précédée par l'affirmation qu'il est dans le Père et que le Père est en lui. Jésus voulait faire comprendre que les gens dans un futur lointain seraient capables d'accomplir les mêmes œuvres que lui et même plus remarquables puisqu'ils seront connectés à leur Créateur (Père), comme il l'était. Jésus était conscient que son pouvoir provenait de l'éveil de l'énergie Kundalini et que la Kundalini était le destin de l'humanité. Ce n'est qu'une question de temps avant que tous les humains ne soient transformés Spirituellement, comme l'a été Jésus.

LES QUATRE MONDES DE LA QABALAH

Le modèle des Quatre Mondes de la Qabalah (Figure 10) existe pour nous fournir une clé qui permet de mieux comprendre le processus de Création et de manifestation de l'énergie Divine. En outre, la philosophie qu'il expose permet de décrire les états de conscience qui sont atteints lorsqu'un individu a subi un éveil complet et permanent de la Kundalini.

Selon la Qabalah, l'Univers est divisé en quatre mondes différents. Le chemin de l'Épée Flamboyante a donné lieu à la création des Sephiroth, qui ont ensuite donné naissance aux Quatre Mondes. Chacun des Quatre Mondes a évolué à partir de celui qui l'a précédé, se solidifiant au fur et à mesure qu'il se manifestait dans la réalité physique.

Les Quatre Mondes sont synonymes des Plans Cosmiques. Comme nous l'avons déjà mentionné, il existe trois Plans Cosmiques principaux : le Plan Spirituel, le Plan Mental et le Plan Astral. A ceux-ci s'ajoute le Plan Physique pour constituer les Quatre Mondes. Ces Quatre Mondes sont superposés les uns sur les autres, comme les couches d'un oignon. En outre, chaque monde est désigné par l'une des lettres Hébraïques du Tétragramme (YHVH), ce qui renforce encore le concept du modèle quadruple de l'Univers.

"Toutes les choses qui se manifestent dans les Mondes Inférieurs existent d'abord dans les anneaux intangibles des Sphères supérieures, de sorte que la Création est, en vérité, le processus qui consiste à rendre tangible l'intangible en étendant l'intangible à divers taux vibratoires." - Manly P. Hall; extrait de "La Qabbale, la Doctrine Secrète d'Israël".

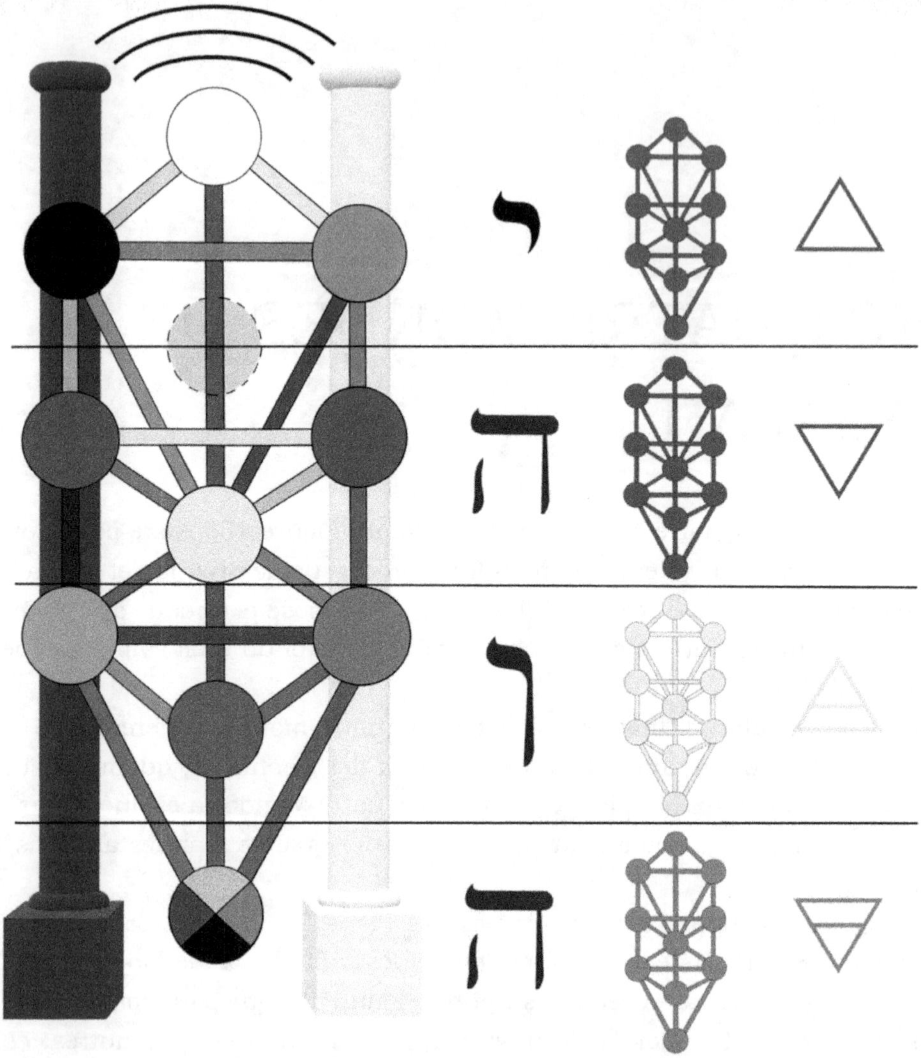

Figure 10: Les Quatre Mondes : Atziluth, Briah, Yetzirah, et Assiah

Le premier monde est connu sous le nom d'Atsiluth. Selon les Qabalistes, Atziluth est le monde de l'Esprit Pur. C'est le Monde Archétypal qui initie les trois autres Mondes. En d'autres termes, les trois autres Mondes ont évolué à partir d'Atsiluth. La lettre Yod dans le Tétragramme (YHVH) est attribuée à Atsiluth en tant que Monde du Feu Primitif. En définitive, Atziluth est au-delà de toute description, étant donné son essence Spirituelle, qui est au-delà de l'Espace, du Temps et de la manifestation. Certains Qabalistes appellent Atziluth le Plan Divin ou le monde où se trouvent les pensées de Dieu. Atziluth est le monde de l'énergie Divine pure. Quelle que soit sa désignation, Atziluth a donné naissance aux trois autres Mondes qui lui succèdent dans une échelle de Lumière descendante.

En termes de Plans Cosmiques, Atziluth serait le Plan Spirituel. Notez que ce monde appartient au Plan Spirituel, mais que les Qabalistes le considèrent comme le Monde du Feu Primordial. L'Élément Esprit est omis du modèle des Quatre Mondes dans le cadre de la Qabalah, car nous avons perdu notre connexion avec lui après la chute du jardin d'Eden.

Le modèle des Quatre Mondes décrit la position de l'humanité à l'heure actuelle, et l'Élément Esprit est quelque chose qui doit encore être obtenu de notre point de vue. Les deux prochaines leçons sur le jardin d'Éden aideront à décrire l'état Spirituel actuel de l'humanité. Cependant, par souci de clarté, je vais inclure l'Élément Spirituel dans le cadre afin que vous puissiez comprendre comment le modèle des Quatre Mondes est lié aux Plans Cosmiques. Après tout, l'un des objectifs de *The Magus* est de faire le lien entre la Qabalah et le système Chakrique.

Certaines écoles de pensée Qabalistiques attribuent l'Atsiluth aux trois Sephiroth de Kether, Chokmah et Binah, tandis que d'autres l'attribuent uniquement à Kether. La chose essentielle à retenir de ce monde est la notion et l'Archétype qu'il est une "Pensée de Dieu", qui donne à l'humanité un modèle à partir duquel nous pouvons travailler. L'Aziluth est au-delà du Temps et de l'Espace, car c'est la première chose qui filtre à travers nous lorsque nous sommes en relation avec le monde qui nous entoure et que nous regardons vers l'extérieur. Une pomme est une pomme, pas une orange, de même qu'une tasse est une tasse, pas une cuillère.

Le fait de disposer d'Archétypes sur lesquels nous sommes tous d'accord nous permet de construire nos réalités. La façon dont nous voyons la pomme et l'orange dépend des mondes inférieurs à travers lesquels les Archétypes filtrent, puisque ces mondes sont concernés par la perception. En termes d'Arbre de Vie, le monde d'Atziluth a son Arbre de Vie, et le Malkuth d'Atziluth est le Kether du monde inférieur suivant, appelé Briah.

Le deuxième monde est Briah, également connu sous le nom de monde créatif. Les Qabalistes font référence à Briah comme étant le monde de l'intellect pur, l'esprit fluidique et le Monde de l'Eau Primordiale. La lettre Heh du Tetragrammaton (YHVH) lui est attribuée. En ce qui concerne les Plans Cosmiques, Briah correspond au Plan Mental.

Dans le cadre Qabalistique, l'Eau Primordiale, en termes de Briah, est utilisée pour décrire uniquement la phase suivante de la manifestation de l'énergie Divine. Comme le Feu représente la Force, l'Eau représente la Forme. Cette désignation ne concerne cependant pas l'expression de l'Élément Eau concernant les Plans Cosmiques. Si l'on imagine que l'Élément Esprit a été intégré comme partie du tout, alors le monde de Briah appartient aux Éléments Feu et Air (les Plans Mentaux Supérieurs et Inférieurs).

Certaines écoles de pensée Qabalistiques attribuent le Triangle Éthique de Chesed, Geburah et Tiphareth au monde de Briah, et certaines n'attribuent même que Chokmah et Binah. Il faut toujours garder à l'esprit que la science Qabalistique traite de forces invisibles qui ne peuvent être mesurées ni étudiées à l'aide d'instruments physiques, mais uniquement par la pensée abstraite. Il s'agit donc davantage d'une philosophie utilisée pour décrire au mieux les différentes énergies du Système Solaire et de notre Aura, y compris le processus de manifestation du Divin.

Briah est la demeure des Archanges car ce sont ces énergies qui nous poussent à agir de manière morale et éthique. L'Eau est mieux comprise lorsqu'elle est mise en relation avec son opposé, le Feu. Ainsi, la Force Divine envoie une impulsion de pensée dans la Forme Divine, manifestant ainsi une idée Archétypale. Cette idée Archétypale n'est pas une image visuelle (qui se rapporte au monde suivant), mais nous pouvons en faire l'expérience par intuition. Il s'agit toujours d'une pensée, mais plutôt d'une impulsion, d'un pressentiment, quelque chose que nous pouvons ressentir et expérimenter à un niveau profond de notre Âme. Nous ressentons cette pensée à travers l'énergie d'amour inconditionnel de notre Chakra du Cœur. Ainsi, Briah s'explique mieux comme les états de conscience expérimentés par le Chakra du Cœur, Anahata.

Plus vous portez d'amour inconditionnel dans votre Chakra du Cœur, plus vous vous élevez et plus vous êtes intuitif et empathique. Vous devenez une personne qui ressent plutôt qu'une personne qui pense, ce qui signifie que votre conscience réside dans le Monde de Briah. Briah est la conception la plus élevée de Dieu que nous puissions expérimenter, puisque le monde au-dessus de lui, Atziluth, n'a pas de Forme.

Les facultés humaines peuvent voir les premiers aperçus de la Forme dans le Monde de Briah à travers le Chakra de l'Oeil de l'Esprit. Ce Chakra est la partie réceptive du Soi qui reçoit du monde qui le surplombe. Le Chakra de l'Oeil de l'Esprit, Ajna, est relié à Sahasrara, le Chakra de la Couronne. Ce qui est vu et expérimenté par le Chakra de l'Oeil de l'Esprit filtre vers le bas et est ressenti dans le Chakra du Cœur. Le Monde de Briah possède également son Arbre de Vie. Le Malkuth de son Monde est le Kether du Monde qui lui est inférieur.

En ce qui concerne la façon dont nous percevons la réalité qui nous entoure, il n'y a toujours pas d'illusion au niveau de Briah. Nous sommes intuitivement d'accord sur ce que l'Oeil de l'Esprit voit, mais lorsque nous commençons à le décomposer intellectuellement avec notre Égo, nous filtrons dans les mondes inférieurs à Briah. La Lumière qui brille d'en haut commence à être tempérée par l'illusion - le reflet de la vérité. Notre conditionnement passé entre en jeu maintenant, et la chose que nous voyons ou ressentons intuitivement commence à prendre une forme visuelle, ce qui nous permet de la voir dans notre esprit sous forme d'images.

Les images visuelles se manifestent dans le troisième Monde, appelé Yetzirah, le Monde de la Formation. Yetzirah est l'endroit où se trouvent les motifs subtils et clignotants qui se cachent derrière la Matière physique. Les Qabalistes l'appellent le Monde de l'Air Primitif et lui attribuent la lettre Vav dans le Tétragramme (YHVH). Yetzirah est la demeure des différents Ordres d'Anges. Ce monde est attribué au Plan Astral, car c'est là que se trouve le cadre Éthérique de l'Univers physique. De nombreuses écoles de pensée Qabalistiques attribuent ce monde au Triangle Astral de Netzach, Hod et Yesod.

Dans ce Monde, l'Égo commence à s'impliquer dans l'interprétation de la réalité qui nous entoure. Bien que les Qabalistes attribuent ce Monde à l'Air Primal, le Plan Astral appartient aux Éléments Eau et Terre dans le modèle des Plans Cosmiques. Cependant, en termes de fonctionnement et d'expression de l'Égo, cette désignation est parfaitement logique puisque l'Égo appartient au Plan Mental inférieur de l'Élément Air et au Plan Astral supérieur de l'Élément Eau dans le modèle des Plans Cosmiques.

Comme les Éléments Esprit et Feu sont des expressions de l'Âme, l'Égo s'exprime principalement à travers l'Élément Air puisque l'Air est considéré comme une manifestation inférieure de l'Esprit. L'Air est essentiel car il donne vie aux Éléments Eau et Feu, qui ne peuvent exister sans lui comme moyen d'expression. Pour s'exprimer, le Feu (Âme) et l'Eau (conscience) ont besoin de l'Air (pensée). L'Air est le firmament qui maintient l'équilibre entre les deux autres Éléments. Sans l'air, il n'y a pas de vie. Cette dernière affirmation est vraie symboliquement et physiquement, car tout être vivant a besoin d'Air pour survivre - la respiration soutient toute la vie.

Grace à l'Élément Air, nous voyons et ressentons le Monde Astral. Les Plans Invisibles sont expérimentés par le Chakra de l'Oeil de l'Esprit grace à nos pensées, qui servent de conduits d'information. Elles transmettent ce qui est en haut à ce qui est en bas, et vice versa.

Lorsqu'elle est alimentée par le Feu de l'Âme, la pensée devient imagination. Un être humain sans imagination n'est pas un être humain pleinement fonctionnel. Il réside entièrement dans le corps, sans motivation, sans élan, sans inspiration. Il vit comme un légume, répondant aux besoins et aux désirs du corps physique par l'intermédiaire de l'Égo, mais sans participer pleinement à cette belle chose que nous appelons la vie humaine. Pour vivre une vie heureuse et équilibrée, vous avez besoin d'imagination. L'imagination est au cœur de toute la Création.

"L'imagination est la première étape de la création, qu'il s'agisse de mots ou de bagatelles. Le modèle mental doit toujours précéder la forme matérielle." - William Walker Atkinson; extrait de "Le Secret du Succès".

Malheureusement, de nombreuses personnes manquent d'imagination et résident entièrement dans leur Égo, fonctionnant par le biais de conditionnements passés. Ils ne vivent pas dans le présent et ne planifient pas un avenir radieux. Pour ce faire, vous avez besoin d'imagination. Vous devez utiliser activement vos pensées avec vitalité et vigueur.

Au point du Monde Astral, ce que nous voyons commence à être tempéré par l'illusion et notre conditionnement passé. L'illusion de la Lune agit sur la Création, et ainsi, le Monde Astral contient beaucoup de mensonges. La vérité ne se trouve que dans la Lumière du Soleil, tandis que la Lune ne fait que refléter cette Lumière; on ne peut donc pas lui faire confiance. Le monde de Briah peut percevoir la vérité en raison de sa position sur l'Arbre de Vie, alors que Yetzirah ne le peut pas. Par conséquent, la vérité est voilée par l'illusion de la Lune dans le monde de Yetzirah. C'est pour cette raison que l'Égo est appelé le "faux moi". "Le monde de Yetzirah a aussi son Arbre de Vie. Son Malkuth est le Kether du monde inférieur, appelé Assiah.

Le quatrième et dernier Monde est Assiah, le Monde actif et physique des sens et des énergies visibles et invisibles du Royaume Matériel. Les Douze Zodiaques et les Sept Planètes Anciennes sont assignés à Assiah car c'est le Monde physiquement manifesté dans lequel nous nous engageons tous avec nos corps physiques et nos cinq sens.

La dernière lettre Heh du Tétragrammaton (YHVH) est attribuée à Assiah, le Monde de la Terre Primitive. Le Chakra de la Terre correspond à ce Monde, mais il appartient également au Plan Astral Inférieur (Éthérique). En Assiah, les Quatre Eléments qui composent l'Univers physique existent à la fois dans la sensation et dans les propriétés cachées de la Matière.

Je ne parlerai pas beaucoup de cet Assiah car nous y avons vécu depuis notre naissance. Grace à nos cinq sens, nous sommes tous d'accord sur l'existence et l'expression de ce Monde. L'Égo a évolué et s'est attaché à la conscience grace à l'expérience de nos cinq sens. La fonction de l'Égo est de s'occuper du corps physique, de ses besoins et de ses désirs. Il cherche à se donner à lui-même et à se défendre contre toute menace du monde extérieur. Son principal mode de vie est la survie. De cette manière, l'Égo et le G'uph sont liés.

Chacun des Quatre Mondes ayant son propre Arbre de Vie est un concept Ancien qui nous aide à mieux comprendre le processus de manifestation. En ce qui concerne l'éveil de la Kundalini, une fois qu'il est soutenu et permanent, les Quatre Mondes (Plans Cosmiques) s'ouvrent comme des états de conscience accessibles à l'individu. Rappelez-vous toujours qu'un éveil de la Kundalini est un éveil complet de la totalité du Soi Spirituel. Par conséquent, tous ces concepts Qabalistiques et Sephiroth deviennent actifs dans l'individu éveillé. L'individu commence à fonctionner au niveau de la sensation intuitive de l'énergie qui l'entoure, ce qui signifie qu'il opère à partir des Supernaux (au-delà de l'Abîme), et reçoit des informations des trois Sephiroth les plus élevées.

La meilleure façon de décrire les Supernaux est de dire qu'ils existent dans Atsiluth ou le monde du Feu Primitif. Cependant, le Feu n'est qu'une simple Force qui n'a pas d'opposé lui permettant d'enregistrer l'idée qu'il projette dans l'esprit - il est préférable de penser qu'il est capable de recevoir directement d'Atsiluth et de se projeter dans Briah en même temps. Après tout, la Sagesse a besoin de la Compréhension pour se comprendre - la Force a besoin de la Forme. Une personne éveillée par la Kundalini vit dans la Dimension de la Vibration, et sa conscience s'étend jusqu'au plus haut Monde d'Atziluth.

En vivant dans la Quatrième Dimension, la Dimension de la Vibration, la conscience n'est pas affectée par la dualité et opère dans l'acte constant de créer. Le système de la Kundalini est en mouvement continu, élargissant perpétuellement la conscience et étant dans l'acte continuel du *Devenir. L'*acte de devenir est l'expression de l'Élément Eau de la conscience, car il change, se transforme et évolue continuellement lorsque l'Élément Feu agit perpétuellement sur lui.

Le Kether est entièrement déverrouillé et ouvert, et à travers le Kether d'un Monde, vous pouvez atteindre les Autres Mondes. Ainsi, l'ensemble du système de la Qabalah et les différents états de conscience sont accessibles. Mais cette expansion du Soi et l'expérience des dimensions de l'autre Monde dépendent entièrement de l'influence de l'Égo sur la conscience individuelle.

LE CADUCÉE D'HERMÈS

Le Caducée d'Hermès est le symbole médical utilisé dans la société moderne pour représenter la guérison. Cette désignation du Caducée est cependant voilée d'allégorie. Pour l'initié de la Lumière, le Caducée d'Hermès a de nombreuses significations Spirituelles importantes. L'origine du mot "Caducée" est grecque et signifie "Baguette du Héraut" ou "Bâton du Héraut".

Hermès est le Dieu de la Sagesse et le Héraut Divin - le Messager des Dieux pour les Grecs. Il est le deuxième plus jeune des douze Dieux Olympiens, représenté portant un bâton entrelacé de deux serpents dont les têtes se terminent par un disque ailé. Hermès était connu comme le Divin Trickster, le Dieu des frontières et de la violation des frontières. Il se joue des autres dieux, souvent pour sa satisfaction ou celle de l'humanité.

L'origine d'Hermès est issue de la tradition Égyptienne. Dans le panthéon des Dieux Égyptiens, Hermès était appelé Thot. Il était représenté comme un homme à la tête d'Ibis. Le devoir de Thot était d'agir comme un Scribe des Dieux. En Égypte, il était considéré comme l'auteur de toutes les œuvres scientifiques, religieuses, philosophiques et Magiques. Dans l'adaptation romaine du panthéon des Dieux Grecs, Hermès est identifié à Mercure. Cependant, la désignation de ses attributs et pouvoirs est restée la même que chez les Grecs.

Hermès est le plus souvent représenté comme un jeune homme portant un casque ailé sur la tête et des sandales ailées aux pieds (Figure 11). La légende raconte qu'Hermès portait une simple baguette jusqu'au jour où il rencontra deux serpents en train de se battre. Il les sépara avec sa baguette, après quoi ils s'enroulèrent harmonieusement autour d'elle. C'est ainsi qu'est né le Caducée d'Hermès. L'idée de réconcilier les opposés et de les équilibrer se retrouve dans le Caducée.

Hermès est l'intermédiaire entre les Dieux et les humains. Il peut se déplacer rapidement entre le monde des hommes et celui des Dieux. Les ailes de son casque et de ses sandales lui confèrent une grande vitesse et la capacité de voler. En se déplaçant librement entre les mondes, il guide également les Âmes des morts vers les Enfers et l'au-delà dans les traditions Grecque et Romaine.

Figure 11: Hermès et Le Caducée

Hermès est assimilé à l'Archange Raphaël de la *Sainte Bible*, l'Archétype de l'Élément Air. Raphaël est également représenté portant le bâton du Caducée, qui représente la guérison et la Lumière Astrale. Ce n'est pas une coïncidence si Hermès correspond à l'Élément Air puisque la vitesse de la pensée représente son pouvoir.

La pensée est la seule chose qui puisse voyager entre les Mondes Intérieurs, et elle est aussi rapide qu'Hermès. On peut même dire qu'Hermès peut voyager à la vitesse de la Lumière, ce qui explique pourquoi les pensées peuvent souvent voir dans le passé et le futur par un processus que nous appelons la clairvoyance. Dans la Qabalah, Hermès/Mercure est attribué à Hod, la Séphire liée à l'esprit, à la logique et à la raison.

Alors que les deux serpents s'entrelacent dans un bâton, ils se croisent en cinq points et, à la fin, leurs têtes se font face et regardent le disque couronné au sommet du bâton. Le caducée d'Hermès représente l'énergie Kundalini dans l'homme et le processus d'éveil, lorsque cette énergie monte le long de la colonne vertébrale et se concentre au centre du cerveau. Les deux serpents du Caducée sont Ida, le courant féminin, et Pingala, le courant masculin. Ida et Pingala représentent la dualité et les opposés que l'on trouve dans la nature.

Ida et Pingala régulent également la température du corps. Ida est le courant froid, tandis que Pingala est le courant chaud. Ils montent le long de la colonne centrale ou bâton, Sushumna, et se croisent en cinq points (les cinq Chakras inférieurs) avant de se terminer dans le cerveau (où se trouvent les deux Chakras les plus élevés). Ils partent du Chakra le plus bas, Muladhara, le siège de l'énergie de la Kundalini. Lorsque l'énergie Kundalini est activée à la base de la colonne vertébrale, elle s'éveille de son état de potentiel. Elle s'élève dans le tube creux de la colonne vertébrale, perçant chacun des cinq Chakras inférieurs en cours de route.

Ida et Pingala s'élèvent simultanément avec Sushumna, se croisant aux points Chakriques jusqu'à ce que tous trois atteignent le cerveau et le Chakra de l'Oeil de l'Esprit. Là, Ida et Pingala s'unissent et s'élèvent ensemble jusqu'au sommet de la tête, le Chakra de la Couronne, Sahasrara. Le disque ailé représente cette action car, lorsqu'ils se terminent à la Couronne, la personne qui subit un éveil de la Kundalini connaît une expansion de conscience. Ainsi, le disque avec des ailes représente la conscience supérieure, transcendantale, maintenant exaltée.

Le disque ailé est un symbole parfait pour Sahasrara, car ce Chakra est non duel et au-delà des oppositions. Dans les traditions Anciennes, les ailes ont toujours représenté une qualité Céleste, Aérienne, appartenant aux Anges et aux Dieux. Les ailes sur le casque et les sandales d'Hermès représentent également les Éléments Spiritualisés. On peut donc dire qu'Hermès a la tête au Ciel et les pieds fermement ancrés sur la Terre.

Le Caducée d'Hermès est également un symbole de l'Arbre de Vie complet dans la Qabalah (Figure 12). La lettre Hébraïque Aleph est représentée sur le Caducée par les têtes et les moitiés supérieures des serpents. Elle est le symbole de l'Élément Air. Ensemble, les queues des deux serpents forment la lettre Mem, qui symbolise l'Élément Eau. Les ailes et le haut de la baguette forment la lettre Hébraïque Shin, qui représente l'Élément Feu, la triple Flamme de l'Âme et les trois principaux Nadis de la Kundalini-Ida, Pingala et Sushumna.

Comme vous pouvez le constater, les trois Éléments du Feu, de l'Air et de l'Eau sont contenus dans le Caducée. Ce sont les trois Éléments primaires de la vie, tandis que l'Esprit est leur combinaison sous forme Céleste - l'endroit où réside le Soi

Supérieur, ou Soi-Dieu. Dans leur forme plus dense, les trois Éléments forment l'Élément Terre, l'aspect du Soi qui se rapporte à l'Égo et au corps physique.

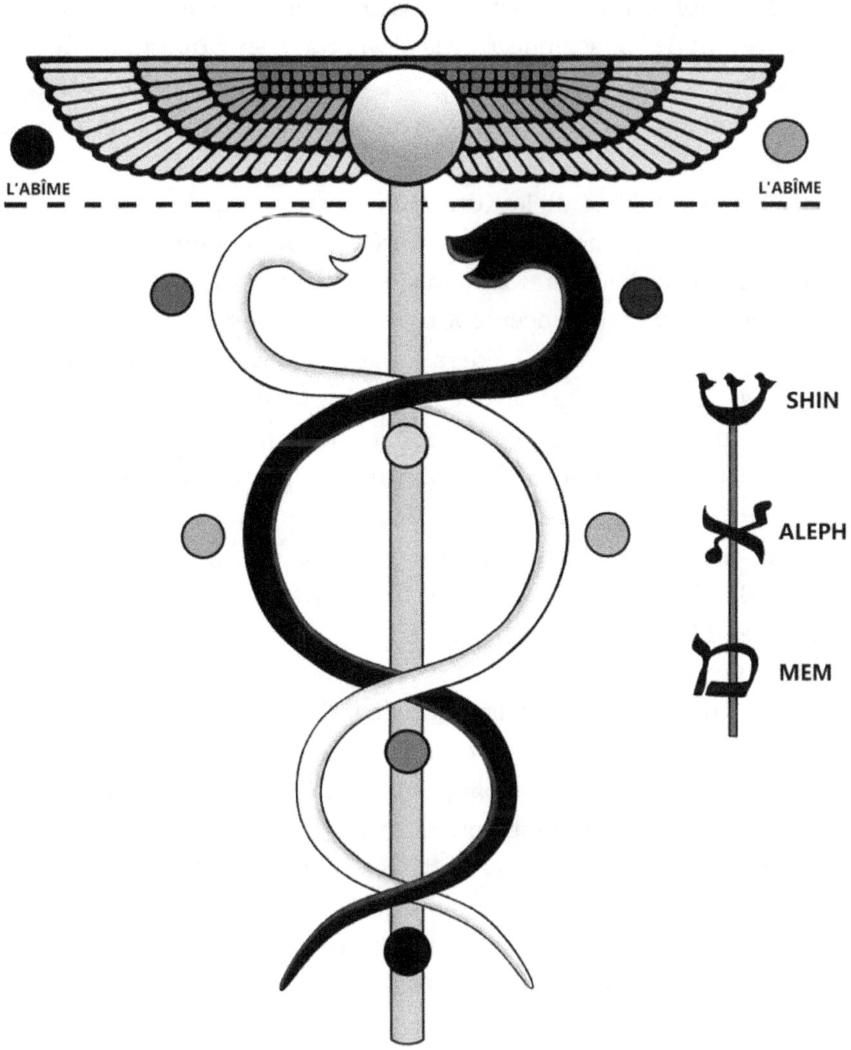

Figure 12: Correspondances Qabalistiques du Caducée d'Hermès

Les trois Éléments du bâton produisent le Feu de la Vie en Haut et l'Eau de la Création en Bas. L'Air est en vibration entre les deux - servant de réconciliateur. Il y a deux forces qui s'affrontent en toutes choses dans la Création, avec une troisième force qui sert à les équilibrer. Vous voyez donc que le mystère de la Création est caché dans le Caducée.

Le point le plus élevé du bâton se trouve sur la Couronne (Kether), tandis que les ailes du disque s'étendent vers la Sagesse (Chokmah) et la Compréhension (Binah). Ensemble, elles représentent le Triangle Céleste et l'aspect Éternel et Divin de l'être humain - notre état de conscience le plus élevé. Sous les Supernaux, les deux serpents embrassent les sept autres Sephiroth de l'Arbre de Vie. Considérés comme des courants de Lumière Astrale, ils sont également connus sous le nom de "Serpents Jumeaux d'Égypte".

En ce qui concerne l'éveil de la Kundalini, la superposition du caducée d'Hermès à l'Arbre de Vie est parfaitement logique. Après un éveil complet et soutenu, l'individu est propulsé dans un nouvel état de conscience, ayant éveillé l'ensemble de l'Arbre de Vie en lui. Cependant, pour effacer le Karma de chaque Séphire, il doit subir une sorte de processus de purification qui l'aidera à passer de la Séphire la plus basse à la plus haute, car des parties de sa psyché sont tirées dans toutes les directions. Leur conscience fonctionne à hyper-vitesse et est en conflit à de nombreuses reprises. Ils ne sont pas localisés dans une Séphirah en particulier. Au contraire, ils ont l'impression de vivre l'expérience de toutes les Sephiroth à la fois.

La Lumière est infusée dans chaque Séphire lors de la montée des trois courants énergétiques Ida, Pingala et Sushumna. Il devient impératif que l'initié à la Lumière nouvellement éveillé trouve un moyen d'effacer le Karma négatif de chaque Élément, ce qui, à son tour, purifiera les Séphiroth et élèvera la conscience au-delà de l'Abîme, pour opérer uniquement à partir du Triangle Céleste.

Ce processus permettra à l'initié de ne faire qu'Un avec son Saint-Ange Gardien - son Soi-Dieu. Cependant, pour y parvenir, le Karma négatif de chaque Séphire doit d'abord être éliminé. L'initié doit donc trouver un moyen de se concentrer sur ses Chakras individuels, de les isoler et de les travailler. Il doit passer des Chakras inférieurs aux Chakras supérieurs en équilibrant sa psyché et en purifiant ses différents Corps Subtils - Astral, Mental et Spirituel.

Les exercices rituels contenus dans *The Magus* servent à atteindre cet objectif. Les programmes d'Alchimie Spirituelle qu'il contient nettoient et accordent les Chakras, permettant aux individus éveillés par la Kundalini de s'accorder avec la conscience supérieure et transcendantale qui leur est accessible.

LE JARDIN D'EDEN

L'histoire du jardin d'Éden est tirée du *livre de la Genèse* dans la *Torah* et la *Sainte Bible.* Elle est connue dans le monde entier et est familière à la plupart des gens en Amérique du Nord, quelle que soit la religion ou la tradition à laquelle ils se rattachent. Elle est largement mentionnée, tout comme l'histoire de la Nativité de Jésus-Christ, et au fil du temps, elle est devenue un Élément de la société moderne. Selon l'histoire, telle que tout le monde la comprend, nous vivons actuellement dans un état "Déchu" sur le plan Spirituel. Avant le monde tel que nous le connaissons, le jardin d'Eden existait, où résidaient le premier homme, Adam, et la première femme, Eve.

Selon le récit de la création tiré du *livre de la Genèse,* Dieu a créé le premier homme et la première femme et les a placés dans le jardin d'Eden pour qu'ils gardent l'Arbre de la Connaissance du Bien et du Mal. Adam et Eve étaient tous deux dévêtus pour représenter leur innocence primordiale. Dieu leur a dit qu'ils pouvaient manger de tous les arbres du jardin, sauf de l'Arbre de la Connaissance du Bien et du Mal.

Ce qui suit est une perspective Qabalistique de l'histoire du Jardin d'Eden, telle qu'elle est enseignée dans la tradition de l'Aube Dorée. Les deux diagrammes présentés dans cette leçon vous offriront de nombreuses nouvelles perspectives sur cette histoire et les clés de votre évolution Spirituelle. De plus, ils vous donneront de nombreuses réponses sur la nature de l'humanité et sur la raison pour laquelle nous vivons actuellement dans cet état de chute.

LE JARDIN D'EDEN AVANT LA CHUTE

Le premier diagramme que nous devons examiner est le Jardin d'Eden avant la Chute (Figure 13), lorsque l'humanité vivait dans un état de perfection Spirituelle. Au sommet du diagramme se trouvait l'Eden Céleste qui contenait les trois Sephiroth Célestes de Kether, Chokmah et Binah. En outre, Aima Elohim, la Mère Céleste, résidait en Eden.

Dans le "Livre de l'Apocalypse" du Nouveau Testament de la *Sainte Bible*, Aima Elohim est la femme de l'Apocalypse. Elle porte sur sa tête une couronne de Douze Étoiles, faisant allusion aux Douze Zodiaques. Elle a le Soleil dans la poitrine et la Lune à ses pieds, représentant l'équilibre parfait entre les énergies masculine et féminine. La puissance du Père, le Tetragrammaton (YHVH), est également contenue dans ce diagramme. Ce sont les Quatre Éléments du Feu, de l'Eau, de l'Air et de la Terre.

L'Arbre de la Connaissance du Bien et du Mal jaillit de Malkuth - la Terre, représentée par les branches d'où sortent des feuilles, symboliques des Sept Planètes Anciennes sous leur forme binaire. Sept branches s'élèvent vers l'Arbre de Vie et les sept Sephiroth inférieures, tandis que sept autres s'élèvent vers le bas.

Sous Malkuth se trouve le Royaume des Coquillages, également connu sous le nom de Royaume Démoniaque. Il est représenté par le Grand Dragon Rouge, qui a sept têtes (sept palais infernaux), et dix cornes (dix Sephiroth averses). Il était enroulé sous Malkuth, la Terre, et n'avait pas de place dans l'Arbre de Vie mais était en dessous de lui.

Dans le diagramme, il y a un sens de l'équilibre car le Père est joint à la Mère. La Mère est présente dans les Supernaux - Kether, Chokmah et Binah. La couronne de Douze Étoiles est le Zodiaque, et le Soleil dans sa poitrine et la Lune à ses pieds représentent l'équilibre et la fonction parfaite. Avant la chute du jardin d'Eden, nous vivions une réalité Spirituelle et recevions de l'énergie directement des Supernaux. Tout l'Arbre de Vie nous était ouvert, et notre conscience était alignée avec le Soi Supérieur de l'énergie de l'Esprit.

Les sept têtes du Dragon Rouge représentent les Sept Planètes Anciennes et leurs pouvoirs sous une forme défavorable, puisque les Planètes ont des pouvoirs doubles. Les dix cornes sont les dix Sephiroth de l'Arbre de Vie, également sous leur forme négative. Comme elles se trouvaient sous Malkuth, elles n'ont pas participé à la Création. Ainsi, à un moment donné dans le passé, nous n'avons pas été influencés par le Royaume Démoniaque - c'est la clé.

Figure 13: Le Jardin d'Eden Avant la Chute

L'Arbre de Vie lui-même se trouvait au-dessus de Malkuth, et il est représenté par Eve tenant les deux Piliers de polarité, le positif et le négatif. Adam était au milieu, avec la Sphère de Yesod à ses pieds et Tiphareth à sa tête. Ses bras étaient tendus vers Chesed et Geburah tandis que Netzach et Hod étaient à ses côtés. Eve soutenait l'ensemble de l'Arbre de Vie et tenait Adam dans ses bras. Au-dessus de la tête d'Adam se trouvait l'emplacement de la onzième Séphirah invisible, Daath, qui servait de conciliateur des forces de Chesed et de Geburah.

Le fleuve Naher sortait des Supernaux et d'Aima Elohim, qui se divisait en quatre têtes au point de Daath. La première tête était Pison, qui se jetait dans Geburah, et c'était le fleuve du Feu. La deuxième tête était Gihon, qui se jetait dans Chesed, et c'était le fleuve de l'Eau. Le troisième était Hiddekel, le fleuve de l'Air, qui se déversait dans Tiphareth. Le quatrième fleuve était Phrath, l'Euphrate, qui recevait les vertus des trois autres fleuves et se déversait dans Malkuth, la Terre.

L'Euphrate était le fleuve de l'Apocalypse. Ses Eaux de Vie étaient claires comme du cristal et sortaient du Trône de Dieu, avec l'Agneau de l'autre côté, qui était l'Arbre de Vie. Le Trône de Dieu était le centre régnant de Dieu qui donnait la vie Éternelle. C'était un lieu de souveraineté et de Sainteté.

L'Arbre de Vie, dans sa perfection, a donné douze fruits, qui sont les Douze Zodiaques. Dans le diagramme, cette idée est représentée par les feuilles qui sortent du Sephiroth central. Les rivières de l'Eden formaient une croix. Sur la croix se trouvait le grand Adam, le Fils. Il devait gouverner les nations avec une "verge de fer". "Dans Malkuth se trouve Eve, la Mère de tous, l'achèvement de tout. Au-dessus de l'Univers, elle soutenait de ses mains les Piliers éternels des Sephiroth. Ainsi, le Grand Œuvre fut achevé, et tout était en parfait équilibre et harmonie.

Il est important de noter que la onzième Séphire de Daath était l'endroit où la rivière Naher se divisait en quatre têtes, et qu'elle faisait partie de l'Arbre de Vie. Dans l'Arbre de Vie qui suit la Chute, la Sphère de Daath est l'Abîme. Dans l'Abîme, la dualité est séparée de la non-dualité et de la perfection des Supernaux, qui sont éternels et infinis. L'Abîme protège donc l'Élément Esprit, et chaque être humain doit le réintégrer dans les Quatre Éléments. Mais avant la Chute, l'Élément Esprit faisait partie de la Création et nous étions tous parfaits à tous points de vue.

Par conséquent, l'Abîme, ou Daath, est le point de séparation entre l'Esprit et les Quatre autres Éléments. Nous devons comprendre le point suivant, car il est de la plus haute importance: Malkuth était dans le Daath avant la Chute. Daath faisait partie de l'Arbre de Vie, et il n'y avait pas de division entre l'Esprit et la Matière - ils étaient Un. La vie physique pure était la vie Spirituelle pure, et vice versa.

LE JARDIN D'EDEN APRÈS LA CHUTE

Maintenant que nous avons vu à quoi ressemblait notre état originel dans le jardin d'Eden, nous pouvons passer à la deuxième partie de l'histoire. En examinant Le Jardin d'Eden après la Chute (Figure 14) d'un point de vue Qabalistique, nous obtiendrons la clé qui nous permettra d'appliquer cette histoire à notre propre vie afin de favoriser notre évolution Spirituelle.

Le Serpent tenta la Grande Déesse Eve de goûter aux fruits de l'Arbre de la Connaissance du Bien et du Mal. Les branches de l'Arbre de la Connaissance du Bien et du Mal s'élevaient vers le haut, vers les sept Sephiroth inférieures, mais aussi vers le bas, vers le Royaume Démoniaque. Alors qu'Eve se tendait vers eux, les deux Piliers qu'elle tenait dans ses mains n'étaient plus soutenus. Sans le soutien d'Eve, les Piliers se sont brisés et l'Arbre de Vie tout entier s'est effondré. Cette action a marqué la chute d'Adam et Eve.

Le Grand Dragon Rouge s'éleva, portant maintenant des couronnes sur ses têtes, symbole de sa domination. L'Eden était désolé. Le Dragon enferma Malkuth et le relia au Royaume Démoniaque, le Royaume des Coquillages. Par cet acte, Malkuth, la Terre, devint double, contenant la nature du bien et du mal. Les Qlippoth, dont la traduction littérale signifie "Coquillages" ou "Enveloppes", sont les forces Spirituelles impures et maléfiques qui opèrent depuis le Royaume Démoniaque. Ce sont les Anges déchus, ou Démons, qui ont maintenant infiltré Malkuth, la Terre, pour prendre part à la Création.

Les têtes du Grand Dragon Rouge s'élevèrent dans les sept Sephiroth inférieures, donnant ainsi aux Qlippoth le pouvoir d'opérer à partir d'elles également. Le Dragon alla jusqu'à Daath et aux pieds d'Aima Elohim elle-même. Les quatre rivières d'Eden furent souillées. Le Dragon déversa de sa bouche les Eaux Infernales de Daath. Ces Eaux Infernales sont appelées "Léviathan", le Serpent perçant et tortueux qui a maintenant pris pied dans l'Arbre de Vie. De cette façon, la pureté de l'Arbre de Vie originel fut détruite.

Mais tout n'était pas perdu. Le Tetragrammaton Elohim plaça les quatre lettres sacrées YHVH et l'Épée Flamboyante des dix Sephiroth entre le jardin dévasté et l'Eden Céleste. Grace à cet acte, l'humanité a pu retourner dans le jardin d'Eden. C'est devenu notre destin de goûter à nouveau à sa pureté et à sa beauté.

Pour restaurer le système, un Second Adam doit naître. Comme le Premier Adam a été répandu sur la Croix des Quatre Fleuves Célestes, un Second Adam doit être crucifié sur les Fleuves Infernaux de la Croix de la Mort à quatre bras. Il doit descendre dans la Séphire la plus basse, Malkuth, puis remonter en suivant le chemin inversé de l'Épée Flamboyante. Ensuite, lorsque le Second Adam sera purifié et consacré par les Quatre Éléments (YHVH), il renaîtra. Le Second Adam peut retrouver son chemin vers le Jardin d'Eden grace à ce processus.

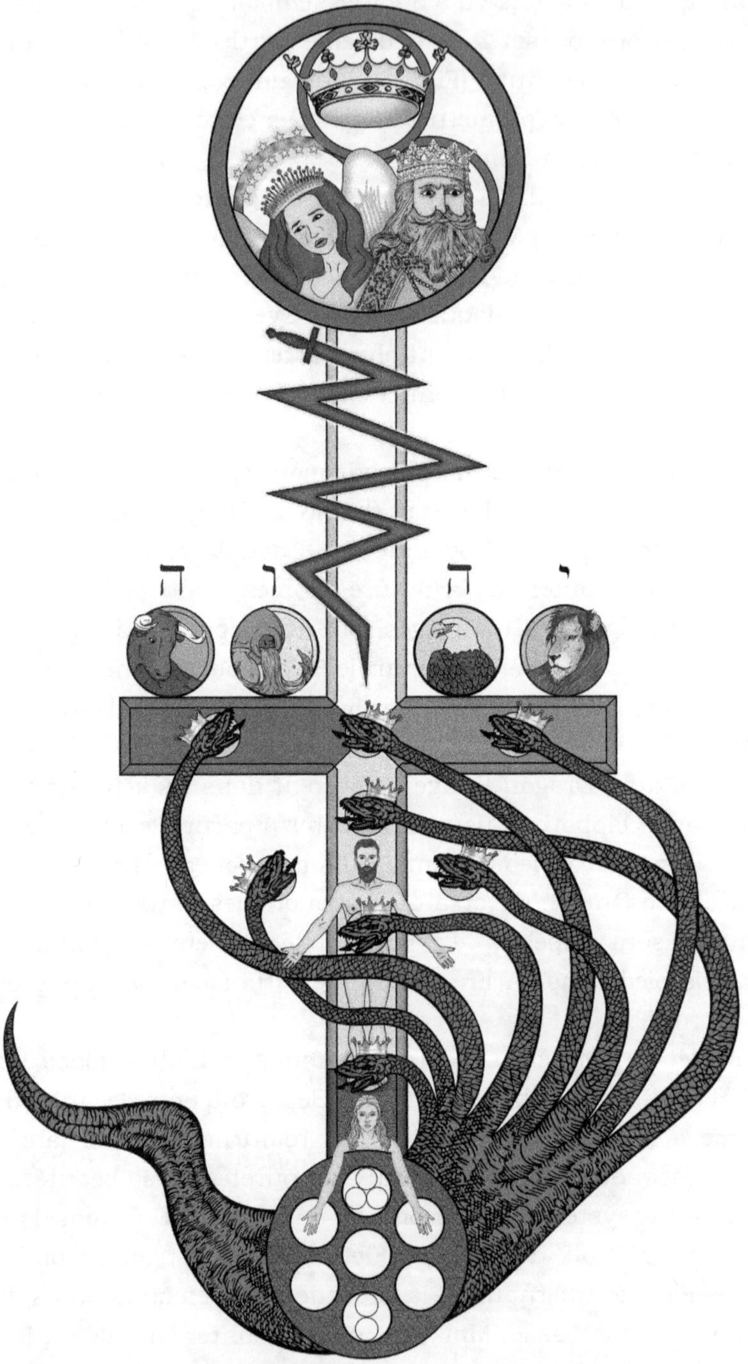

Figure 14: Le Jardin d'Eden Après la Chute

***

Pour mieux comprendre ce qui se passe dans cette histoire d'un point de vue Spirituel, nous devons analyser son symbolisme. Le Serpent a tenté Eve de manger de l'Arbre de la Connaissance du Bien et du Mal. Symboliquement, l'Arbre de Vie qu'elle soutenait s'est effondré lorsqu'elle a voulu cueillir la pomme de l'Arbre de la Connaissance. Remarquez ici que le Serpent est celui qui tente Ève et qui est la cause initiale de la chute. En raison d'une curiosité ou d'un désir inné, Ève écoute le Serpent et fait la seule chose que Dieu a dit à Adam et Ève de ne pas faire.

Tout d'abord, l'idée du Serpent peut être liée à l'énergie Kundalini dans l'être humain - le déclencheur qui provoque l'évolution de la conscience et la pleine activation du Corps de Lumière. Ce n'est pas une coïncidence si le Serpent est présent dans cette histoire énigmatique en tant que l'un des acteurs clés, avec Adam, Eve et, bien sûr, Dieu le Créateur. Comme le Serpent est la cause de la Chute, on doit le retrouver dans l'effet - dans la restauration du jardin d'Eden. Par conséquent, nous pouvons dire que l'éveil de la Kundalini, qui réveille le pouvoir du Serpent, est notre moyen de retourner dans le jardin d'Eden.

Avant la Chute, tout était en parfait équilibre. Il n'y avait pas de division entre l'Esprit et la Matière, et tout était Un et Céleste. Le Dragon infernal n'était pas impliqué dans l'Arbre de Vie mais était maintenu sous Malkuth, la Terre. Il ne participait pas à la Création, mais se tenait à l'extérieur de celle-ci. Lorsque Eve s'est penchée pour manger la pomme, les Piliers n'ont plus été soutenus et l'Arbre de Vie s'est brisé.

À ce stade du récit de la création, Dieu a banni Adam et Ève du jardin d'Éden pour lui avoir désobéi. Nous voyons que le grand Dragon Rouge s'élève au-dessus de Malkuth et atteint Daath, où le fleuve unique se divise en quatre. Cette rivière, qui représente l'Élément Esprit, n'est pas impliquée dans la chute et reste intacte. Les quatre autres rivières, les Quatre Éléments du Feu, de l'Eau, de l'Air et de la Terre, sont incluses dans la chute et sont profanées.

Le Tétragramme Elohim place les quatre lettres, YHVH, et l'Épée Flamboyante des dix Séphiroth entre le jardin dévasté et l'Eden Céleste. Daath devient maintenant le Gouffre, ou l'Abîme, qui sépare la pureté de l'Éden Céleste (l'Esprit Pur) de l'Arbre de Vie, qui devient maintenant double, contenant le bien et le mal en lui-même.

À une certaine époque, Daath était symboliquement Malkuth, et l'Esprit était la Matière. Mais après la Chute, Daath devient le point de séparation entre l'Esprit (le Ciel) et le monde de la dualité du bien et du mal (la Terre). Ce Gouffre se trouve dans l'esprit, car l'esprit est le lien entre l'Esprit et la Matière.

Il n'est pas étonnant que Jésus-Christ, qui est venu après le *Livre de la Genèse* pour assumer le rôle du Messie, ait été crucifié sur la Croix des Quatre Éléments, la Croix Infernale. Son acte symbolise le triomphe de l'Esprit sur la Matière et la renaissance et le retour au Jardin d'Eden. Il est devenu le second Adam et le prototype que nous devons suivre pour retourner au jardin d'Eden, notre véritable maison. Maintenant, chaque personne doit être son propre Messie et prendre l'entière responsabilité de son évolution Spirituelle.

Nous devons tous commencer à Malkuth, la Terre, et remonter le long de notre Arbre de Vie, en suivant le chemin de l'Épée Flamboyante en sens inverse. Ce faisant, nous nous renouvelons à travers les Quatre Éléments. L'histoire du jardin d'Eden, du point de vue de la Qabalah, nous donne la clé du processus d'évolution Spirituelle, par lequel nous devons d'abord nous baigner dans les Éléments avant d'être réabsorbés par l'Esprit, restaurant ainsi le jardin d'Eden en nous.

Dans l'Aube Dorée et d'autres écoles de Mystères Ésotériques Occidentales, ceci est accompli systématiquement par la Magie Cérémonielle et l'invocation des Éléments par des exercices rituels. L'individu s'élève de Malkuth (Terre), à Yesod (Air), puis à Hod (Eau), et enfin à Netzach (Feu). À ce stade, dans le système de l'Aube Dorée, ils sont aux portes de l'Esprit. Ils doivent alors apprendre à intégrer les leçons de chaque Élément dans l'Esprit et à s'y réabsorber.

Une fois que l'ensemble de l'Arbre de Vie a été pleinement activé et vivifié par la Lumière pendant l'éveil de la Kundalini, le processus de transformation a officiellement commencé. L'étape suivante consiste à nettoyer les quatre Chakras inférieurs de la Terre, de l'Air, de l'Eau et du Feu, afin que la conscience puisse opérer à partir des trois Chakras supérieurs de l'Esprit - Vishuddhi, Ajna et Sahasrara (la Couronne).

L'histoire du Jardin d'Eden affirme encore plus l'importance de travailler avec les Quatre Eléments, qui sont synonymes des Chakras, à savoir les quatre Chakras les plus bas, pour s'élever et monter en conscience. C'est à chacun d'entre nous de restaurer le jardin d'Eden en nous-mêmes. Personne ne peut le faire à notre place.

L'ARBRE DE VIE ET LA KUNDALINI

Deux versets clés de l'histoire de la Création, tirés du *Livre de la Genèse*, offrent des indices supplémentaires sur le tableau d'ensemble de notre Évolution Spirituelle. Je vais me référer à la version très lue de la *Sainte Bible (*King James Version) pour obtenir des informations supplémentaires sur l'histoire du jardin d'Eden.

Tout d'abord, analysons le serpent qui demande à Eve si elle et Adam vont manger de l'Arbre de la Connaissance du Bien et du Mal. Eve répond au Serpent que le Seigneur Dieu a dit qu'ils mourraient s'ils mangeaient de l'Arbre de la Connaissance. La réponse du Serpent à cette question est intrigante.

"Vous ne mourrez pas. Car Dieu sait que le jour où vous en mangerez, vos yeux s'ouvriront, et que vous serez comme des dieux, connaissant le bien et le mal." - "La Sainte Bible" (Genèse 3:4-5)

Il est intéressant de noter que la première étape de l'évolution de l'humanité a eu lieu juste après notre Création en tant qu'espèce. Nous étions parfaits, vivant dans un état d'existence immaculé dans le jardin d'Eden, où l'Esprit était Matière et la Matière était Esprit. Cependant, en raison de notre désir inné de connaissance et de notre curiosité pour l'inconnu, nous étions destinés à tomber du jardin d'Eden. Notre chute a été l'effet, tandis que la tentation du Serpent en a été la cause. Il a piqué la curiosité d'Ève et l'a incitée à faire la seule chose que Dieu lui avait interdit de faire : manger de l'Arbre de la Connaissance du Bien et du Mal. Par conséquent, selon les paroles du Serpent, c'était la chose même qui les rendrait, elle et Adam, "comme" des Dieux et leur donnerait la connaissance du bien et du mal.

Le Seigneur Dieu a dit à Eve et Adam qu'ils mourraient s'ils mangeaient de l'Arbre de la Connaissance. La mort dont Dieu parlait est une mort Spirituelle, une transformation de la conscience. Connaissant la nature profonde de sa Création, Dieu savait qu'Adam et Eve lui désobéiraient et mangeraient de l'Arbre de la Connaissance. Néanmoins, comme il leur a donné le Libre Arbitre, il voulait que ce soit leur décision. Il savait que leur désobéissance entraînerait leur exclusion du jardin d'Eden, les engageant dans un périlleux voyage Spirituel qui aboutirait à leur mort symbolique, suivie d'une renaissance et d'un retour au jardin.

À une époque lointaine, le Gouffre, ou l'Abîme (le lieu où existe la dualité, le mental), n'était pas présent comme mode de fonctionnement. Toute la vie était intuitive et instinctive. Il n'y avait pas besoin de penser, mais seulement de faire. En entrant dans le domaine de l'esprit (où la dualité prend place en tant que forme de perception), Adam et Eve sont tombés du Jardin. Pour retrouver leur chemin, ils ont dû renaître à travers les Éléments, dont l'Élément Esprit.

Connaître le bien et le mal signifie grandir dans la connaissance. Cela signifie activer votre logique et votre raison innées - la partie qui constitue l'intellect, qui développe la sagesse avec le temps. Connaître le bien et le mal signifie être des participants actifs (co-créateurs) et faire des choix dans la vie. En étant Co-Créateurs dans la vie, les humains sont "comme" des Dieux, c'est-à-dire qu'ils deviennent l'image de leur Créateur.

La chute du jardin d'Eden était un moyen de tester la capacité de l'humanité à faire ce qui est juste. Pour être exact, c'était le début de ce test - pour voir ce que l'humanité ferait avec le Libre Arbitre. Après tout, nous avons été conçus pour être des Co-

Créateurs dans cette réalité. Ainsi, notre capacité à prendre des décisions conscientes sur notre avenir devait être testée.

Lorsqu'Adam et Eve ont tous deux mangé le fruit de l'Arbre de la Connaissance du Bien et du Mal, le Seigneur Dieu a découvert ce qu'ils avaient fait. Il les a donc maudits tous les deux et leur a dit qu'ils étaient bannis du jardin d'Eden. Cependant, après les avoir bannis, le Seigneur Dieu fait une déclaration particulière concernant l'Arbre de Vie.

"Voici que l'homme est devenu comme l'un de nous, pour connaître le bien et le mal ; et maintenant, de peur qu'il n'avance la main, qu'il ne prenne aussi de l'Arbre de Vie, qu'il ne mange et ne vive éternellement." - "La Sainte Bible" (Genèse 3:22)

Le Seigneur Dieu dit que l'humanité sera "comme" Dieu en connaissant le bien et le mal, mais pour vivre éternellement et être Eternel, nous devons manger de l'Arbre de Vie. Ce qu'il veut dire, c'est que les êtres humains doivent activer toutes les Sphères de l'Arbre de Vie, ce qui ne peut être accompli que par un éveil complet et permanent de la Kundalini.

L'éveil de la Kundalini, qui se traduit par l'activation complète du Corps de Lumière en élevant l'énergie jusqu'au Chakra de la Couronne, Sahasrara, est un éveil de l'ensemble de l'Arbre de Vie à l'intérieur de l'individu. Après l'éveil, les différents états de conscience représentés par les dix Séphiroth deviennent disponibles comme modes de fonctionnement.

Ainsi, l'évolution humaine est un processus en trois étapes. La première étape a eu lieu avant la chute, lorsque tout était parfait; l'Esprit était Matière et la Matière était Esprit. Les humains ne fonctionnaient que par intuition et instinct. À cette étape, cependant, il n'y avait aucune connaissance de la dualité. La logique et la raison n'existaient pas car elles sont des sous-produits de la réflexion sur le passé et le futur - une dualité. Puisque le développement de notre intellect est inhérent, puisqu'il s'agit d'une partie cruciale de nous-mêmes, l'étape suivante devait être franchie.

La Chute était l'étape suivante que nous devions franchir si nous voulions apprendre la dualité, le bien et le mal. Cette étape implique l'évolution de l'esprit et l'application de notre Libre Arbitre. Il s'agit du pouvoir de choisir et de ce que nous allons en faire. Pour évoluer au maximum de notre potentiel, nous avons été laissés seuls pour apprendre à prendre soin de nous-mêmes.

L'humanité est dans cet état depuis des milliers d'années et y est toujours. Dans l'ensemble, nous n'avons pas encore évolué vers la troisième étape. Nous sommes encore en train d'apprendre sur nous-mêmes, sur notre nature profonde et sur la façon de conquérir le mal à une échelle de masse. Nous avons appris le pouvoir du bien et de l'amour inconditionnel. D'une certaine manière, notre test est devenu de surmonter l'amour de soi par l'amour inconditionnel, car c'est une étape nécessaire dans l'évolution de la conscience.

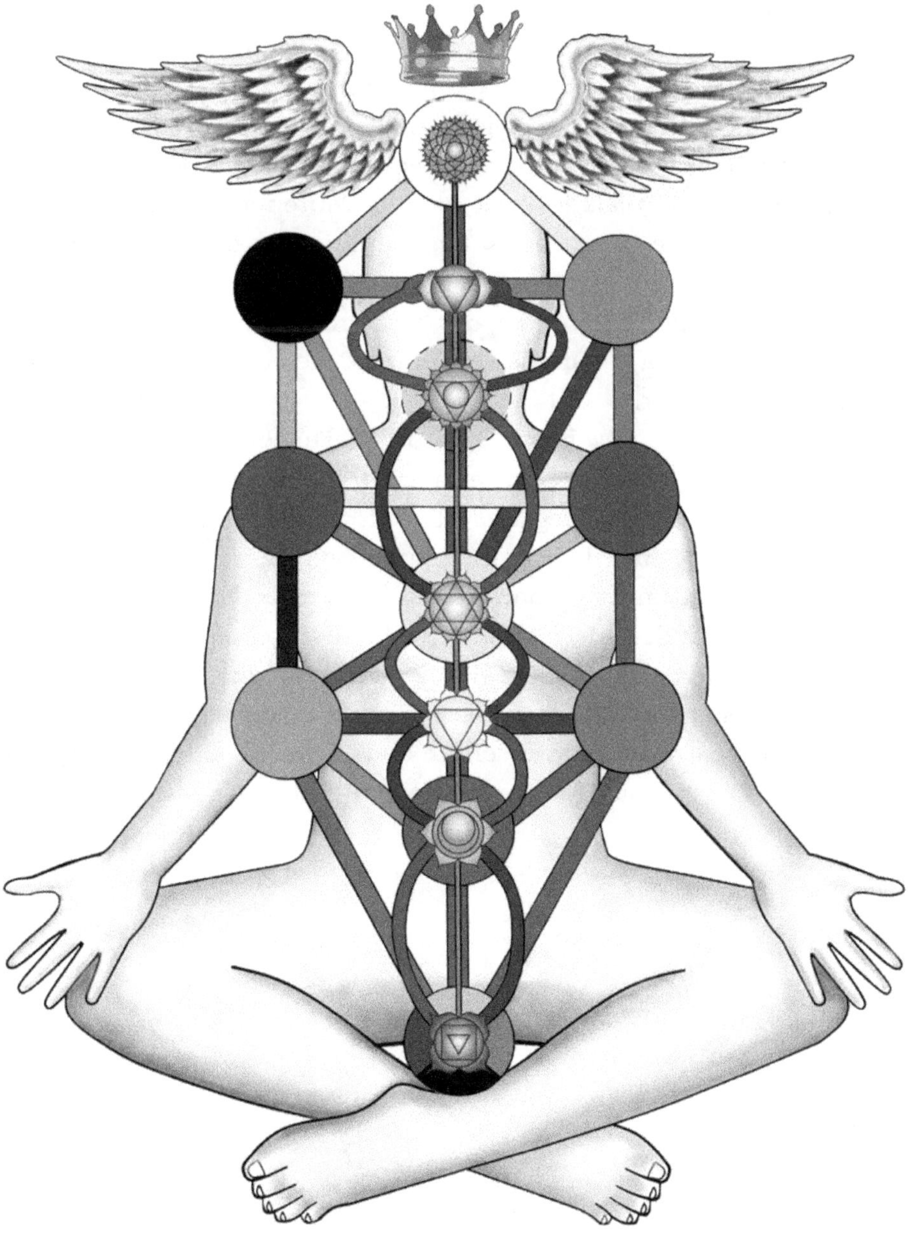

Figure 15: L'Arbre de Vie et la Kundalini

La troisième étape de notre évolution est l'éveil de la Kundalini. Il s'agit de l'activation de l'ensemble de l'Arbre de Vie et de l'élévation de la conscience individuelle vers les Supernaux (Figure 15). Une fois que nous aurons accompli cela, nous réintégrerons le jardin d'Eden. Nous vivrons pour toujours, comme Dieu l'a dit. Pas nos corps physiques, bien sûr, mais en Spiritualisant nos Égo, nous libérerons nos Âmes de la douleur et de la peur de vivre dans le monde matériel. Notre conscience s'élargira et s'unira à la Conscience Cosmique de la Divinité.

Très peu de personnes dans le monde ont entrepris cette troisième étape. Néanmoins, ce déclencheur de l'énergie Kundalini est présent en chacun. C'est une question de choix pour évoluer Spirituellement et s'élever au-dessus du mental et de la dualité. Lorsque la Kundalini s'élève vers la Couronne, le mental est à nouveau contourné. La conscience commence à fonctionner de la même manière qu'avant la chute, par l'intuition et l'instinct. La principale différence est que la logique, la raison et l'intellect sont toujours à notre disposition comme modes de fonctionnement. En d'autres termes, la leçon a été apprise et l'homme a consciemment choisi le bien sur le mal, l'amour sur la peur.

D'une certaine manière, l'évolution Spirituelle teste notre capacité, en tant qu'êtres humains, à nous aimer les uns les autres avant toute chose. C'est un moyen de tester nos choix dans la vie et de sauvegarder l'Esprit. Si nous choisissons de nous aimer les uns les autres et de faire le bien dans le but de faire le bien, nous vaincrons le mal, ce qui nous permettra de nous reconnecter avec l'énergie de l'Esprit Primordial.

Nous devons chacun devenir notre propre Messie et renaître Spirituellement. Nous devons activer et éclairer notre Arbre de Vie avec l'énergie de la Kundalini et élever notre conscience jusqu'aux Supernaux. Le devoir de chacun est de retrouver le chemin du jardin d'Eden à partir de l'état de chute dans lequel il se trouve - c'est le sens le plus profond et pourtant voilé que nous devons tirer de cette histoire énigmatique.

LES SÉPHIROTH ET LES CHAKRAS

Au fil des ans, de nombreux enseignants Spirituels ont tenté de réconcilier les dix Séphiroth de l'Arbre de Vie avec les Sept Chakras afin de trouver un terrain d'entente entre les deux systèmes. Leur méthode consistait à superposer les dix Séphiroth de l'Arbre de Vie au système des Chakras et à réconcilier les Séphiroth opposées. En unifiant le Pilier de la Miséricorde et le Pilier de la Sévérité dans le Middle Pillar, on obtient sept Séphiroth, ce qui correspond au nombre Sept des Chakras. Cette méthode fonctionne en théorie, oui. Cependant, après examen des résultats, les correspondances entre les Sephiroth unifiées et les Chakras ne correspondent tout simplement pas.

D'après mon expérience personnelle de travail avec les énergies de l'Arbre de Vie et des Chakras, je crois qu'il existe un moyen de concilier les deux systèmes. C'est cependant beaucoup plus compliqué que la méthode mentionnée ci-dessus. Je pense que les personnes qui enseignent cette première méthode sont limitées dans leur compréhension des deux systèmes puisqu'elles n'ont pas d'expérience directe mais tirent leurs conclusions en se basant uniquement sur leur intellect et les travaux d'autres personnes. La seule façon de vraiment comprendre les énergies de l'Arbre de Vie est de pratiquer une méthode viable d'invocation d'énergie qui traite de ces énergies particulières - comme la Magie Cérémonielle. Dans mon cas, j'ai eu le privilège de vivre avec une Kundalini éveillée tout en pratiquant la Magie Cérémonielle, ce qui m'a permis d'expérimenter les énergies de l'Arbre de Vie et des Chakras à un degré incroyablement élevé par la Gnose.

Après de nombreuses années de travail direct avec les énergies mentionnées ci-dessus, je crois avoir trouvé un terrain d'entente entre les systèmes Oriental et Occidental et un moyen de les unifier et de les réconcilier. Après tout, il n'y a qu'une seule Création, et il n'y a qu'un seul Créateur, quel que soit le nom qu'on lui donne. Chaque être humain est construit de la même manière, indépendamment de notre éducation culturelle ou religieuse. Nous sommes tous composés des Éléments constitutifs de la Création, que l'on retrouve dans les systèmes Orientaux et Occidentaux : les énergies des Cinq Éléments que sont l'Esprit, le Feu, l'Eau, l'Air et la Terre. Ces cinq types d'énergie se retrouvent à la fois dans l'Arbre de Vie et dans le système Chakrique (Figure 16) et constituent le facteur d'unification entre les deux écoles de pensée.

" ...certaines des Sephiroth et les Chakras sont similaires, mais pas exactes. Si l'on prend en considération l'ensemble des dix Sephiroth, cette similitude s'estompe. Les Sephiroth et les Chakras ont des fonctions différentes, des correspondances différentes, et une foule d'autres attributs qui sont spécifiques aux racines culturelles de chaque système." - Israël Regardie ; extrait de "The Middle Pillar : L'Équilibre entre l'Esprit et la Magie"

The Magus contient une science invisible unique, complète et exhaustive de l'énergie à laquelle nous participons tous en tant qu'êtres humains, ainsi que les méthodes (exercices rituels) que vous pouvez utiliser pour invoquer/évoquer ces énergies Élémentaires afin de faire progresser votre évolution Spirituelle. Pour mieux expliquer comment les systèmes Oriental et Occidental sont liés, j'examinerai chacune des dix Séphiroth de l'Arbre de Vie en remontant l'Arbre en suivant le chemin inversé de l'Épée lamboyante, tout en les comparant aux énergies des Chakras.

Nous commençons notre exercice dans la Séphire la plus basse, Malkuth - la Terre. Comme nous l'avons mentionné, Malkuth est le monde physique dans lequel nous vivons, le Monde de la Matière. En tant que tel, il correspond au Chakra de la Terre, Muladhara. Le Chakra de la Terre participe au Monde Physique de la Matière et à l'état de conscience du Plan Astral, à savoir le Plan Astral Inférieur. Le Chakra de la Terre est donc le lien entre le Plan Physique et le Plan Astral, et pas seulement le Monde Physique, comme l'ont conclu de nombreux enseignants Spirituels.

En remontant vers le haut, nous avons la Séphirah Yesod, le Plan Astral, auquel on accède par l'énergie sexuelle d'un homme ou d'une femme. Son emplacement sur l'Arbre de Vie se trouve dans la région de l'aine. Dans le système Chakrique, cependant, cette région est la position du Muladhara, le Chakra de la Terre. L'énergie sexuelle vient certainement de l'abdomen puisque lorsque nous ressentons une excitation sexuelle, nous pouvons d'abord la ressentir là comme une émotion. Nous avons donc une connexion avec le deuxième Chakra, Swadhisthana, puisque c'est là que les émotions inférieures sont ressenties. Dans ce cas, cela signifie qu'elles sont d'une certaine manière liées à l'expression de l'énergie sexuelle. Les organes génitaux alimentent cette énergie sexuelle et sont situés sous le coccyx. Le coccyx est le lieu de l'énergie Kundalini à la base de la colonne vertébrale, où elle est enroulée trois fois et demie dans son état dormant et provient du Chakra Muladhara de l'Élément Terre.

La confusion règne quant à savoir si Yesod est simplement le Chakra Swadhisthana et l'Élément Eau, ou peut-être Muladhara, l'Élément Terre - puisque c'est ce que nous obtenons si nous superposons directement le système Chakrique à l'Arbre de Vie. En outre, selon la Qabalah, Yesod est attribué à l'Élément Air. Cette attribution ajoute encore à la confusion puisque Anahata, le Chakra du Cœur, est également attribué à l'Élément Air, et que Yesod est bien en dessous d'Anahata. Nous n'avons fait que monter jusqu'à Yesod, et déjà il y a une grande confusion concernant quel Chakra correspond à quelle Sphère - les correspondances sont partout. Cette confusion persiste alors que nous continuons à monter sur l'Arbre de Vie et à examiner les énergies et les attributs.

En remontant au-delà de Swadhisthana Chakra, nous atteignons le Chakra du Feu - Manipura, dans le Plexus Solaire. C'est ici que de nombreux enseignants ont dit que les Sphères de Hod et de Netzach, dans leur opposition, représentent le Feu de Manipura. Je conteste la validité de cette affirmation, car le Feu, selon le concept des Quatre Mondes, est le plus élevé des Quatre Mondes Élémentaires (à l'exception de l'Esprit) et est Archétypal, ce qui signifie qu'il est sans Forme. Cependant, nous avons une Forme avec Hod et Netzach car ce sont les parties les plus accessibles du Soi tout au long de la journée - la logique et les émotions. Tous deux sont basés sur la pensée et s'expriment à travers les Plans Astral et Mental. L'Élément Feu se manifeste uniquement par le Plan Mental Supérieur, et ce plan est propre à l'Âme, pas à l'Égo. En revanche, l'Égo est lié aux émotions, qui appartiennent au Plan Astral et à l'Élément Eau, et non à l'Élément Feu.

En remontant vers le haut, nous avons Tiphareth, qui, selon de nombreux enseignants Spirituels, est le Chakra du Cœur, Anahata. Cette affirmation est peut-être la seule exacte puisque Tiphareth est attribué à l'Élément Air, tout comme Anahata. Mais même ici, dans le cadre Qabalistique, Tiphareth est placé dans le Plexus Solaire, le centre de l'Âme, qui correspond au Manipura Chakra. De plus, comme je l'ai déjà mentionné, Tiphareth possède des qualités de Feu puisqu'il est attribué par la Qabalah au Soleil, la source de Lumière et de chaleur de notre Système Solaire. Ainsi, il devrait être placé quelque part entre les deux Chakras de Manipura et d'Anahata, où il exprime principalement l'Élément Air et est étroitement associé au Feu de l'Âme.

Et qu'en est-il des deux Sphères suivantes situées au-dessus d'elle, Geburah et Chesed ? Les attributs de Chesed et de Geburah étant réconciliés avec le Chakra de la Gorge, Vishuddhi, n'ont pas de sens puisque Vishuddhi est attribué à l'Élément Esprit. En même temps, Chesed et Geburah appartiennent aux Éléments Eau et Feu. Selon la Qabalah, les attributs de Geburah sont la couleur écarlate (rouge), la Planète Mars, la sévérité, la force et la volonté. Ne s'agit-il pas des qualités de l'Élément Feu ?

Et Chesed n'est-il pas l'Élément Eau ? Selon la Qabalah, il est bleu, la Planète Jupiter, la miséricorde et l'amour inconditionnel, toutes des qualités de l'Élément Eau. De même, l'unification des attributs de Hod et Netzach pour représenter le Chakra du Feu de Manipura n'a aucun sens puisqu'il s'agit aussi clairement des Éléments Eau et Feu, mais à un niveau inférieur à celui de Chesed et Geburah.

Au lieu de dire que Chesed et Geburah sont intégrés comme un seul Chakra et que Netzach et Hod s'unissent pour représenter un autre Chakra, il est plus exact de dire que Chesed et Hod s'unissent pour alimenter l'Élément Eau, fonctionnant à partir de Swadhisthana (le Chakra de l'Élément Eau). En revanche, Geburah et Netzach, en combinaison, expriment l'Élément Feu, fonctionnant à partir de Manipura (le Chakra de l'Élément Feu). Et ces deux paires de Séphiroth réconciliées/unifiées sont filtrées par la Sphère de Tiphareth (le Chakra de l'Élément Air).

Et Tiphareth n'est pas seulement le Chakra Anahata, car Anahata se rapporte à l'amour inconditionnel, qui est une émotion et est de la nature de l'Élément Eau, d'où la connexion avec Swadhisthana Chakra. Mais Manipura, le Chakra de l'Élément Feu, alimente cette émotion lorsqu'il y a un influx de Lumière Blanche provenant des Chakras supérieurs.

N'oubliez pas que Manipura est le siège de l'Âme. La Lumière Blanche doit alimenter les quatre Chakras inférieurs en énergie si l'on veut que l'Âme domine la conscience au lieu de l'Égo. Une fois que la Couronne est ouverte et que la Lumière descend, les Chakras seront Spiritualisés, et l'individu pourra faire l'expérience d'émotions et de pensées supérieures, comme l'amour inconditionnel. Sans l'influx de la Lumière, l'individu sera enclin à l'amour de soi, ce qui signifie que l'Égo sera aux commandes.

Les trois Chakras de Manipura, Swadhisthana et Anahata semblent travailler à l'unisson, s'alimentant mutuellement et fournissant les énergies distinctes des cinq Séphiroth de Chesed, Geburah, Tiphareth, Netzach et Hod, qui constituent le Ruach - le principe d'animation de la personne. La respiration et l'absorption d'énergie Pranique par le biais de la nourriture et de l'eau activent ces principes et ces Séphiroth, ou Sphères.

Les Chakras Muladhara et Swadhisthana sont le plus souvent utilisés par le Nephesh, le Moi inférieur, qui est alimenté par l'énergie sexuelle de Yesod. Le Nephesh est neutralisé lorsque la Lumière Blanche est introduite dans les quatre Chakras inférieurs. Ils deviennent exaltés et commencent à fonctionner à leur capacité optimale, permettant à l'Âme de gouverner la conscience.

L'affirmation selon laquelle les Sphères de Chokmah et Binah se réconcilient dans Ajna Chakra est relativement exacte. Chokmah et Binah sont la Sagesse et la Compréhension travaillant à l'unisson et reçues par l'intuition. Ajna Chakra est le point d'entrée dans les mondes supérieurs au-delà des cinq sens (en utilisant le sixième sens et l'Oeil de l'Esprit, qui fonctionne par intuition). Ajna est également la porte d'entrée vers les Plans Cosmiques en général et contient des formes et des images que l'on trouve dans Yesod (le Monde Astral). Donc, même ici, l'attribution n'est pas tout à fait exacte. Encore une fois, les Sephiroth semblent travailler ensemble pour produire les résultats que l'on trouve dans les Chakras. Cependant, la seule façon de vraiment réconcilier les deux systèmes est d'utiliser les Cinq Éléments que sont la Terre, l'Air, l'Eau, le Feu et l'Esprit, puisque les Éléments participent aux deux systèmes.

Sahasrara Chakra étant la Sphère de Kether est une déclaration exacte puisque dans les systèmes Orientaux et Occidentaux, ce Chakra, ou Séphirah, est attribué à l'Esprit dans son sens le plus pur, qui est inconnaissable, éternel et ineffable. Par conséquent, en réalité, on ne sait pas grand-chose à son sujet et on ne peut pas le comprendre sans une expérience personnelle de la Lumière Blanche. Son expérience n'est donc pas appliquée à notre vie quotidienne et à notre fonction dans le monde qui nous entoure. Nous ne pouvons faire l'expérience de Kether que lorsque nous entrons dans des états de conscience mystiques, soit par la méditation, soit par une pensée inspirée et élevée. L'obtention d'une connexion étroite avec Kether est le but de tout être humain sur cette Planète, car elle peut entraîner la descente de l'énergie de l'Esprit et une transformation permanente de la conscience.

Nous savons avec certitude que les quatre premiers Chakras portent les Quatre Éléments de la Terre, de l'Eau, du Feu et de l'Air. Nous savons également que les trois Chakras suivants sont de l'Élément Aethyr/Esprit - ils commencent dans le Chakra de la Gorge et se terminent au sommet de la tête, la Couronne. La gorge et le cou séparent la tête du reste du corps. Il est donc logique de conclure qu'il s'agit de la zone où l'Esprit commence et où les Éléments inférieurs se terminent.

Le Chakra de la Gorge est Vishuddhi, dont le but premier est d'aider à la communication. Dans Vishuddhi, nous générons des vibrations dans notre voix pour communiquer avec le monde extérieur. La parole est notre lien avec le Divin. Et puisqu'elle est Divine, elle appartient à l'Élément Esprit. Ainsi, tout ce qui se trouve dans le Vishuddhi et au-dessus doit également être du Divin, tandis que tout ce qui est en dessous ne l'est pas. Sous Vishuddhi, selon le système Chakrique, nous avons les Quatre Éléments. Vous voyez donc que les dix Séphiroth ou Sphères de l'Arbre de Vie ne peuvent pas être décomposées en unissant simplement les Sphères opposées dans la colonne du milieu.

Je me propose de transmettre au lecteur un concept entièrement différent de la façon de regarder l'Arbre de Vie. Au lieu de le regarder depuis Malkuth, imaginez-vous debout dans Tiphareth, votre centre Solaire et le cœur de votre Âme, et regardez l'Arbre de Vie d'un point de vue tridimensionnel en le posant à plat horizontalement. Cela vous permettra de surmonter les limites de la conciliation des Sphères opposées en mettant systématiquement l'Arbre de Vie à l'échelle vers le haut.

De ce point de vue, Chesed peut être intégré à Hod, tandis que Geburah peut être uni à Netzach. L'un a une fonction plus élevée que l'autre, mais ces deux paires d'opposés opèrent à partir des Éléments Eau ou Feu. L'Élément Air relie l'Esprit en haut et les Éléments inférieurs en bas. Et cette connexion, ainsi que la séparation, se produisent dans Vishuddhi, le Chakra de la Gorge.

La partie éternelle du Soi existe au-delà de l'Abîme (Vishuddhi Chakra), séparant le Soi Surnaturel du Soi réincarné et manifesté. Comme nous l'avons mentionné, le Soi Surnaturel est l'Élément de l'Esprit. Il est séparé par la onzième Sphère invisible de Daath, qui est l'Abîme lui-même, signifiant la mort de l'Égo qui est nécessaire pour atteindre l'Esprit. Mourir à l'Égo est nécessaire pour s'aligner avec le Soi Spirituel. Les Éléments Eau et Feu existent en tant que doubles opposés, énergies masculine et féminine, les blocs de construction et les outils que le Soi Spirituel utilise pour éteindre l'Égo.

Une fois que nous descendons en dessous des Supernaux et du Daath, nous trouvons le Triangle Éthique, le Triangle Astral et le corps physique. L'Air est le moyen de connexion, le lien entre l'Esprit et la Matière, ce qui est logique car l'air donne la vie à toutes les créatures vivantes. Sans souffle, nous ne pouvons vivre plus de quelques minutes. L'Élément Air se trouve dans le Chakra Anahata, et il est également relié à l'aine et à l'endroit où nous recevons le Prana, notre énergie Vitale.

Le Middle Pillar de l'Arbre de Vie est le lien entre le Ciel et la Terre. L'Air est le lien entre le Divin et l'homme. Notre Prana est alimenté par la respiration, la nourriture et l'eau, et est activé et dirigé dans la région de l'aine par notre énergie sexuelle, source de toute créativité. Ainsi, une manifestation physique de l'énergie Pranique est l'expression sexuelle, tandis qu'une manifestation Spirituelle est l'activation de la Kundalini. Les deux sont alimentées par les énergies sexuelle et Pranique, qui sont distinctes l'une de l'autre mais intimement liées.

La Kundalini devient le véhicule par lequel nous connectons les Sephiroth de notre Middle Pillar et nous élevons à travers Daath dans les Supernales pour nous connecter à notre Sahasrara Chakra et nous ouvrir à l'influx de l'Esprit au-dessus. Daath représente la mort symbolique nécessaire pour renaître à l'Esprit. Le Chakra de l'Élément Feu qui opère à travers les Sphères de Geburah et Netzach est maintenant tempéré par le Chakra de l'Élément Eau et les Sphères de Chesed et Hod. Ces Éléments créent les fonctions intérieures qui constituent le Soi, que nous utilisons pour élever notre conscience afin d'atteindre le Soi Supérieur de la Divinité.

Rappelez-vous que la vie est un jeu, un jeu Divin, et que nous avons besoin d'une raison pour accomplir des actions dans le monde physique - les Éléments Feu et Eau nous donnent ces raisons. L'un est l'amour inconditionnel, et l'autre la volonté - l'amour sous la volonté. La volonté a besoin d'une raison pour agir, et cette raison est l'amour inconditionnel. L'amour inconditionnel a besoin d'une action par laquelle il peut se connaître lui-même et cette action est la volonté. Ces deux affirmations impliquent les dichotomies du Dieu et de la Déesse, du masculin et du féminin, du Feu et de l'Eau, de Manipura et de Swadhisthana - l'un travaillant pour et avec l'autre. C'est pourquoi Manipura et Swadhisthana sont l'un sur l'autre dans le système Chakrique. Le firmament, le lien de connexion, se trouve dans le cœur, représentant le Chakra de l'Élément Air, Anahata.

Yesod est également l'Air, nous voyons donc que le canal de l'Air ne s'arrête pas - il est produit immédiatement après la Terre. Notre énergie Vitale, notre Prana, est active en permanence. Il n'est pas nécessaire d'être sexuellement excité pour la ressentir, car elle est toujours présente. La nourriture ingérée se transforme en Prana, servant de carburant principal au corps physique et aux Corps Subtils des Plans Cosmiques.

L'énergie Pranique, couplée à l'énergie sexuelle, active notre imagination. L'imagination nous donne la capacité de créer de la même manière que nous avons été créés - par la pensée. Tel que l'homme pense, tel il est. Et selon le *livre de la Genèse*, nous avons été créés à l'image de notre Créateur.

La vie est l'imprégnation constante du subconscient par l'imagination, continuellement alimentée par l'énergie Pranique et sexuelle et tempérée par les Éléments Feu et Eau. En sublimant notre énergie Pranique et sexuelle, nous pouvons éveiller la Kundalini et briser le Daath en rencontrant la mort de l'Égo, nous ouvrant aux Supernaux et à la Divinité, notre Source.

La Kundalini est le "commutateur d'activation" de l'homme et notre objectif et notre mission dans cette vie. Son éveil est un accomplissement qui se produit lorsque le Triangle Éthique a été perfectionné, lorsque l'imagination a rempli le subconscient de pensées qui résonnent avec la sagesse et la compréhension, et lorsque l'on s'est élevé au-delà des désirs corporels et des points de vue égocentriques.

Bien que le système Chakrique ne se superpose pas parfaitement à l'Arbre de Vie, nous pouvons voir comment les Cinq Éléments de la vie sont présents dans les deux, mais présentés différemment. Le système Chakrique et l'Arbre de Vie représentent tous deux le même processus de Création.

Commençons par tout décomposer en trois Eléments primaires. Tout d'abord, le Feu et l'Eau, qui sont en parfaite conjonction, forment symboliquement un Hexagramme. Ensuite, l'Élément Air sert de firmament qui les soutient en leur insufflant la vie. Ensuite, la base de tout, la fondation, est le corps physique de l'Élément Terre dont l'essence est la combinaison plus dense de ces trois Éléments. Ce qui suit est le gouffre - l'Abîme, représenté par le Chakra de la Gorge. L'Abîme sépare la tête et le cerveau du reste du corps chez l'être humain.

Le Chakra de la Gorge, Vishuddhi, utilise l'Élément Air (pensée) pour se connecter à l'Élément situé au-dessus de lui, l'Élément Esprit. L'Esprit utilise le Chakra de la Gorge comme point de départ de la manifestation et de la sublimation de l'énergie. Ensuite, grace à l'avant-dernier Chakra, l'Oeil de Esprit (Ajna), il utilise la sagesse et la compréhension pour s'élever jusqu'à la Non-Dualité et la beauté de Sahasrara, la Sphère de Kether. Kether est le sommet de notre évolution Spirituelle. Il signifie le Nirvana, la couronne de l'accomplissement et le but du Yogi, du Sage et du Chercheur de Lumière.

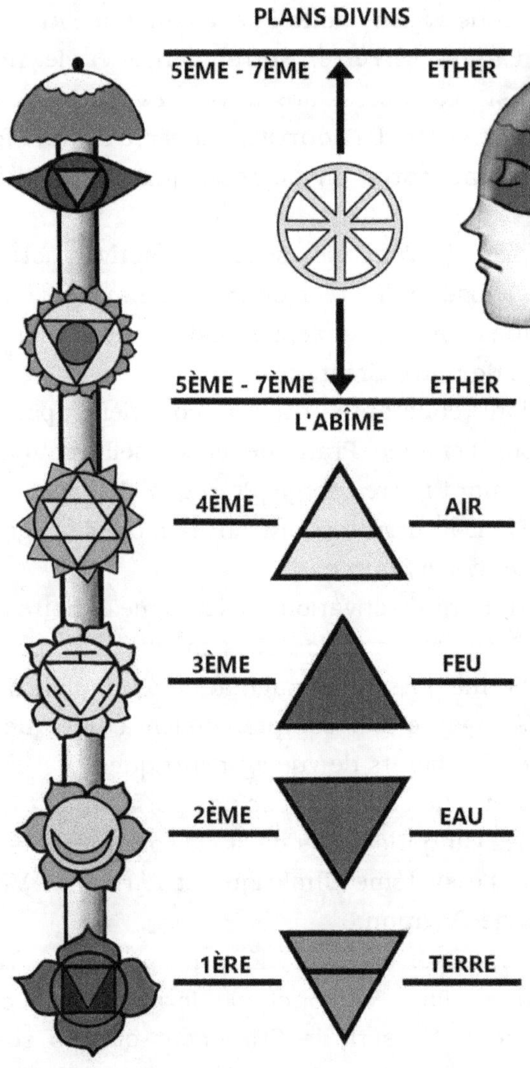

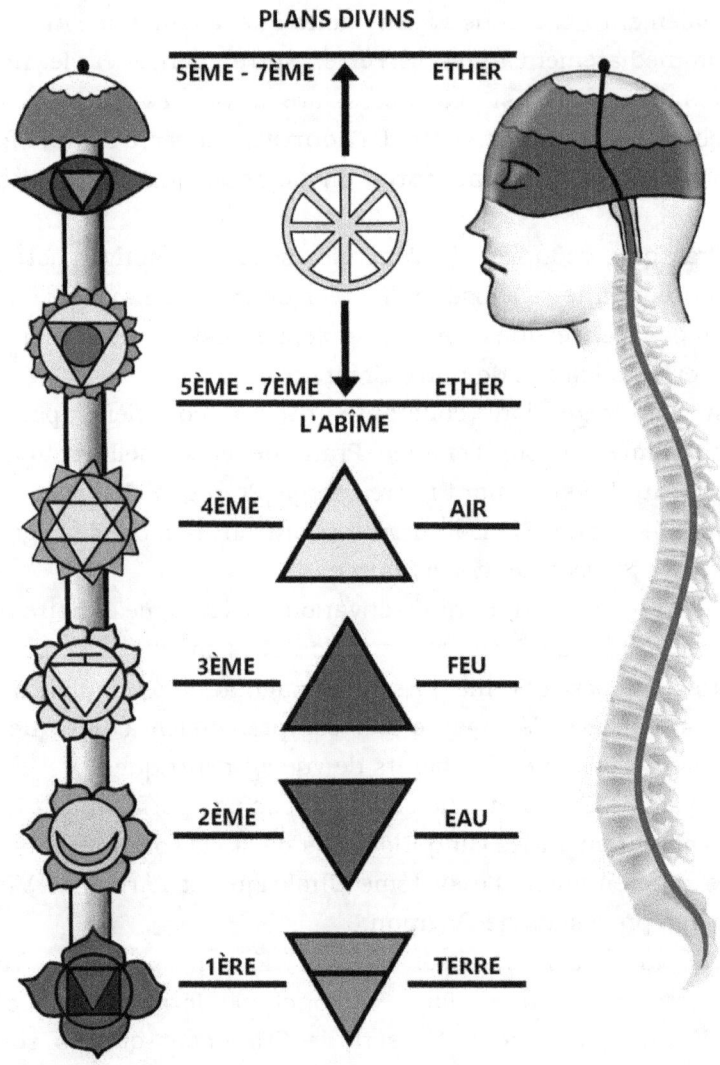

Figure 16: Les Chakras et les Éléments

Le but du mécanisme de la Kundalini est de sublimer l'énergie Pranique et sexuelle et de l'élever dans la tête pour éclairer les Supernaux et élargir la conscience individuelle. L'énergie Kundalini éveille l'ensemble de l'Arbre de Vie et tous les Chakras afin que la conscience puisse accéder à tous les Plans Cosmiques particuliers à chaque Chakra. Une fois que l'énergie a traversé Daath, une mort de l'Égo se produit, et l'individu éveillé commence à s'accorder de plus en plus avec les Supernaux. La sagesse et la compréhension deviennent les principales forces directrices de la vie de ces individus éveillés.

Je ne parlerai pas des Chakras Transpersonnels situés au-dessus de la Couronne, car ils sont incompréhensibles pour l'esprit humain. Néanmoins, imposez à votre esprit l'existence de Mondes Divins bien au-dessus du nôtre, qui sont atteignables dans cette vie. Essayer de décrire leur expérience est similaire à un humain qui tente d'expliquer son existence à une fourmi. La conscience humaine est si vaste et capable de s'étendre à de telles hauteurs qu'il est impossible de mettre des mots sur la beauté de ce qui se trouve au-delà de notre simple existence physique.

Dans *The Magus*, nous nous en tiendrons uniquement à la discussion des dix Sephiroth, des Sept Chakras, des Quatre Éléments et de l'Esprit. Le but de ce livre est de vous aider à atteindre la grandeur du Sahasrara. C'est à vous, et à vous seul, d'explorer ce que vous expérimentez à travers le Sahasrara.

PARTIE II: LE TAROT

LES ARCANES MAJEURS DU TAROT

"Le Tarot incarne des présentations symboliques d'idées Universelles, derrière lesquelles se cachent tous les implicites de l'esprit humain, et c'est en ce sens qu'ils contiennent une doctrine secrète, qui est la réalisation par le petit nombre de vérités inscrites dans la conscience de tous." - A. E. Waite ; extrait de "La Clé Picturale du Tarot".

Les cartes de Tarot font partie intégrante de la tradition du Mystère Occidental. Elles présentent une imagerie incroyable, contenant une sagesse ésotérique intemporelle concernant toute la Création. Il s'agit d'un système complet et complexe utilisé pour décrire les forces invisibles qui influencent l'Univers.

Les cartes de Tarot servent de clé à une meilleure compréhension des sciences occultes. Depuis des siècles, les mystiques, les Mages et les autres personnes impliquées dans les sciences occultes utilisent les cartes de Tarot pour faciliter leurs Divinations et leurs méditations. Puisqu'elles englobent le Macrocosme et le Microcosme, les cartes de Tarot nous offrent également une carte des différentes composantes de la psyché humaine. Dans la Divination, les cartes de Tarot nous permettent d'avoir une communication directe avec notre Soi Supérieur tout en glanant dans l'Inconnu.

Le Tarot a un lien inextricable avec la Qabalah et l'Arbre de Vie. En 1850, Eliphas Levi a reconnu la relation entre les vingt-deux Atouts, ou Arcanes Majeurs du Tarot, et les vingt-deux lettres de l'alphabet Hébreu. Cette reconnaissance a inspiré un renouveau des sciences occultes. Des occultistes du monde entier se sont engagés dans une étude approfondie du Tarot et de son lien avec la Qabalah.

Bien que le lien entre le Tarot et la Qabalah soit visible, les origines du Tarot sont encore inconnues. Certains prétendent que le Tarot trouve ses racines en Égypte, dans

"Le Livre de Thot". "D'autres insistent sur le fait qu'il a été créé par un groupe d'adeptes qui, dans le but d'assurer la préservation de leur philosophie ésotérique, l'ont caché dans un jeu de cartes à jouer. En définitive, l'histoire complète du Tarot reste un mystère.

Traditionnellement, le Tarot contient soixante-dix-huit cartes, divisées en quatre couleurs de quatorze cartes chacune, plus vingt-deux atouts (Arcanes Majeurs). Les Arcanes Majeurs servent à cartographier le voyage de l'Âme humaine. Dans *The Magus*, nous nous concentrerons uniquement sur les Arcanes Majeurs, car leur connaissance va de pair avec celle de la Qabalah et de l'Arbre de Vie.

Les Arcanes Mineurs contiennent quarante petites cartes numérotées et seize cartes de cour. Les petites cartes sont numérotées de l'as au dix et sont divisées en quatre couleurs différentes : les baguettes, les coupes, les épées et les pentacles. Ces quatre couleurs représentent les Quatre Éléments, le Tetragrammaton et les Quatre Mondes de la Qabalah. En outre, chacune des dix cartes mineures est associée à l'une des dix Sephiroth. Bien que je n'aborde pas les Arcanes Mineures dans la leçon suivante, il appartient au lecteur d'en apprendre davantage à leur sujet. Ses connaissances lui permettront d'avoir une vue d'ensemble plus complète du Tarot et de sa relation avec la Qabalah et l'Arbre de Vie.

L'ARBRE DE VIE ET LES ARCANES MAJEURS

Les vingt-deux Arcanes Majeurs du Tarot sont les principales cartes utilisées en Divination, et leur énergie représente les vingt-deux chemins qui unissent les dix Sephiroth de l'Arbre de Vie (Figure 17). Ces vingt-deux chemins, y compris les dix Sephiroth, représentent les Trente-deux Chemins de la Sagesse. Les vingt-deux chemins représentent l'énergie qui se connecte et se déverse d'une Sphère à l'autre et, comme nous l'avons mentionné, les Sphères représentent des états de conscience.

Les Arcanes Majeurs sont des forces en transition - des forces Karmiques qui ont influencé les incidents du passé et qui affecteront les événements du présent et du futur. Ils représentent des leçons ou des expériences Spirituelles au cours de votre vie. Il est donc essentiel d'apprendre à connaître les Arcanes Majeurs, car cette connaissance vous aidera dans votre voyage Spirituel. Le simple fait de les connaître peut déclencher et débloquer des forces latentes et subconscientes qui vous aideront à progresser dans votre évolution Spirituelle.

Le but suprême du Tarot est d'être un système d'Auto-Initiation et d'Illumination. Les vingt-deux Atouts sont considérés comme les clés de la Sagesse Universelle. Pour ceux qui pratiquent cet art sacré, le Tarot est un miroir sacré dans lequel ils peuvent se voir et voir les aspects les plus profonds du Soi. C'est une carte vers les royaumes de la félicité Spirituelle et un enregistrement de la relation de l'homme avec le Cosmos.

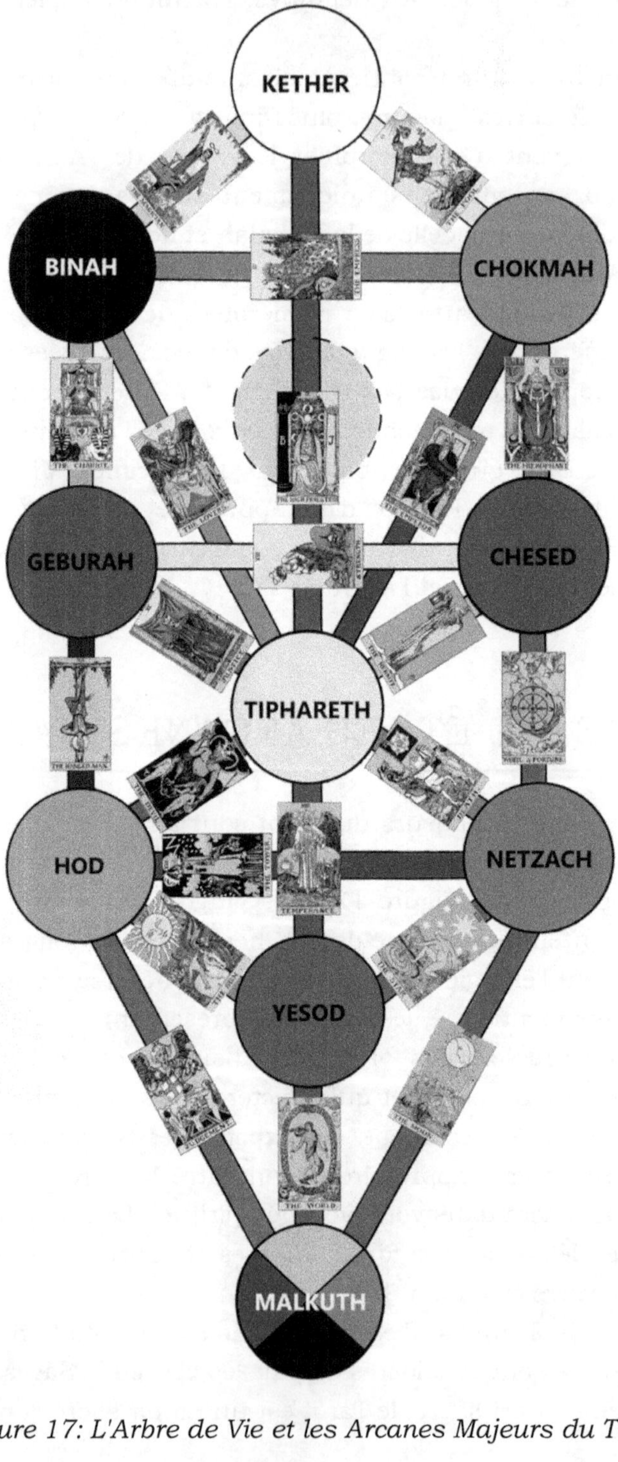

Figure 17: L'Arbre de Vie et les Arcanes Majeurs du Tarot

En raison des connaissances qu'il contient, le Tarot peut être considéré comme un manuel d'enseignements occultes. Les Arcanes Majeurs sont une carte symbolique de l'espace intérieur, décrivant divers états de conscience, depuis les hauts sommets Spirituels de la Divinité jusqu'au monde matériel des êtres humains et de la Matière. De cette façon, le Tarot englobe toute l'existence.

Les vingt-deux voies peuvent être réparties entre les trois Éléments transitoires que sont le Feu, l'Eau et l'Air, les Douze Zodiaques et les Sept Planètes Anciennes. On dit que les vingt-deux cartes des Arcanes Majeurs contiennent la totalité des énergies de notre Système Solaire. La connaissance de l'Arbre de Vie et des Arcanes Majeurs, associée à la connaissance des Principes de Création *du Kybalion*, est la base de l'Hermétisme.

Un autre point essentiel à mentionner est qu'une des vingt-deux lettres de l'alphabet Hébraïque est attribuée à chacune des cartes des Arcanes Majeurs. Les vingt-deux lettres Hébraïques constituent une philosophie Qabbalistique complète et un système à part entière. Chaque lettre est un symbole auquel sont associées de nombreuses idées. Ces idées font apparaître certains Archétypes qui sont en résonance avec l'énergie des cartes du Tarot. Les Archétypes ouvrent les portes de notre esprit subconscient pour communiquer avec notre Moi intérieur. Par conséquent, une communication constante se produit entre l'esprit conscient et l'esprit subconscient avec l'utilisation du Tarot, ce qui nous aide à évoluer Spirituellement.

Ce qui est également important, c'est la répartition des vingt-deux lettres Hébraïques entre les trois lettres Mères, les sept lettres Doubles et les douze lettres Simples. Cette répartition est synonyme de l'association du Tarot avec les trois Éléments, les Sept Planètes Anciennes et les Douze Zodiaques, soit un total de vingt-deux.

Dans cette section, je vous donnerai le détail de chaque carte du Tarot, avec une brève description de l'énergie qu'elle représente. Gardez à l'esprit qu'il s'agit simplement d'une introduction générale au monde du Tarot. Nous vous recommandons d'approfondir vos connaissances sur le Tarot par vous-même, et il existe de nombreux livres et ressources disponibles qui peuvent vous permettre de poursuivre vos études.

"Le symbolisme est le langage des Mystères. Par les symboles, les hommes ont toujours cherché à se communiquer les pensées qui transcendent les limites du langage." - Manly P. Hall ; extrait de "The Secret Teachings of All Ages" (Les Enseignements Secrets de Tous les Âges)

Les vingt-deux Atouts du Tarot communiquent par des images visuelles qui contiennent des symboles, des nombres et des métaphores. Comme les cartes du Tarot ont une imagerie Archétypale, elles nous parlent depuis le plus haut des Quatre Mondes, le Monde d'Atsiluth ou Feu Primal. Ainsi, en utilisant le Tarot, nous communiquons directement avec le Divin. En outre, les images du Tarot représentent les vérités Spirituelles de notre existence. Pour cette raison, le Tarot est considéré comme l'outil de Divination le plus utilisé par les initiés des Mystères Occidentaux.

Les couleurs utilisées dans les cartes de Tarot sont également essentielles. Elles correspondent, pour la plupart, aux couleurs des chemins de l'Arbre de Vie auxquels chaque carte de Tarot correspond. Elles comportent également les couleurs des Éléments présents dans chaque carte et les attributions Planétaires et Zodiacales. Bien que ce ne soit pas le cas pour toutes les cartes des Arcanes Majeurs dans la myriade de jeux disponibles, la plupart d'entre eux respectent cette règle.

CARTES DE TAROT ET DIVINATION

Le mot "Divination" est dérivé du latin "divinare", qui signifie "prévoir, être inspiré par Dieu". La Divination est la pratique qui consiste à extraire de l'Inconnu des informations sur le passé, le présent et l'avenir. Elle vous permet de transcender le Temps et l'Espace et d'obtenir des informations sur un événement, une situation, voire vous-même ou une autre personne, par des moyens surnaturels.

La Divination est présente dans toutes les civilisations et cultures, anciennes et nouvelles, et est pratiquée depuis des temps immémoriaux. Il peut s'agir d'un processus de clairvoyance qui utilise une Boule de Cristal ou un Miroir de Scrutation, ou bien d'outils différents qui nécessitent des interprétations intuitives de la part du Devin. Les outils de Divination comprennent le I Ching, les Runes, les Planches à Esprits, les tasses à thé, les pendules et, surtout, les cartes de Tarot.

La lecture des cartes de Tarot est la méthode de Divination la plus populaire dans le monde Occidental. Elle consiste à formuler une question, puis à tirer et interpréter les cartes. Les forces Spirituelles affectent le monde matériel et, par conséquent, une fois que vous avez une idée claire des forces Spirituelles en jeu, vous pouvez établir certaines vérités dans votre vie concernant votre réalité intérieure et extérieure - l'axiome "Tout ce qui est en Haut est Comme Tout ce qui est en Bas" est également en jeu ici. À travers les cartes de Tarot, nous essayons de comprendre le "Haut" - la réalité Spirituelle qui sous-tend toutes choses. Une fois que nous avons compris cela, nous pouvons savoir comment cela affecte le "dessous" - l'existence matérielle sur la Planète Terre. En tant que telles, les cartes de Tarot lisent l'énergie avant qu'elle ne se manifeste.

Le tirage du cercle fait partie de la leçon sur le Tarot. Son but est de déterminer les influences Spirituelles de toute situation dans votre vie. De plus, comme une grande partie de *The Magus* consiste à travailler avec différentes énergies et à les invoquer/évoquer dans votre Aura, il est utile d'avoir une méthode pour déterminer comment une opération magique vous influencera (ou une situation dans votre vie) une fois qu'elle sera terminée.

La Divination par l'Étalement du Cercle ne couvre que les vingt-deux Arcanes Majeurs, car il s'agit d'une Divination Spirituelle qui ne révèle que la nature Spirituelle d'une action particulière. D'autres Divinations du Tarot peuvent être plus spécifiques si leur but est d'avoir un aperçu d'un événement futur ou d'obtenir une réponse exacte à des questions ou des demandes plus banales. Ces Divinations à portée plus large incluent souvent les Arcanes Mineurs, ce qui donne au Divinateur une plus grande marge de manœuvre pour obtenir la réponse souhaitée à une question spécifique.

Après cette brève introduction au Tarot, je vais décrire chacune des vingt-deux cartes des Arcanes Majeures. Si vous travaillez avec le Tirage en Cercle, vous devez utiliser les significations des cartes dans la Divination qui sont données à la fin de la description de chaque carte de Tarot. Gardez à l'esprit que les significations associées à une carte de Tarot tirée à l'endroit sont différentes des significations liées à la même carte tirée à l'envers.

Comme il existe une multitude d'informations sur chaque carte des Arcanes Majeurs, la meilleure façon d'étudier ce sujet est de contempler et de méditer sur le nom de chaque carte, y compris ses correspondances Qabalistiques, ses symboles, ses nombres et ses couleurs. En procédant ainsi, vous imprégnerez votre subconscient de la vérité Spirituelle de chaque carte. Pour atteindre cet objectif, j'ai inclus une méthode de "scrutation" des Arcanes Majeurs. La scrutation des cartes est une méthode de Divination puissante qui permet d'obtenir la Gnose et d'approfondir votre compréhension des Arcanes Majeurs concernant les Mystères sacrés de l'Univers et de votre psyché.

RIDER-WAITE ET L'AUBE DORÉE

Les deux jeux de Tarot l'Aube Dorée auxquels je vais me référer dans les descriptions suivantes des cartes des Arcanes Majeurs sont l'Aube Dorée *Tarot* de Robert Wang et l'Aube Dorée *Magical Tarot* de Chic Cicero et Sandra Tabatha Cicero. Les étudiants de la tradition Occidentale du Mystère utilisent largement ces deux jeux de Tarot. Leurs correspondances et leurs images Qabalistiques témoignent de la sagesse ésotérique intemporelle contenue dans le monde du Tarot.

Outre l'utilisation de presque tous les mêmes symboles dans chaque jeu, la principale différence entre ces deux jeux de l'Aube Dorée est l'utilisation de la couleur. Le jeu de Tarot de Ciceros est plus riche et plus vivant, affichant souvent des couleurs Élémentaires opposées que l'on ne trouve pas dans le jeu de Wang. Le jeu de Tarot de Ciceros est également plus complexe dans son imagerie, contenant des symboles supplémentaires que le jeu de Wang ne possède pas. La puissance du jeu de Tarot de Wang réside dans sa simplicité, car les symboles, les images et les couleurs s'en tiennent aux principes de base de la signification de chaque carte.

Les symboles présents dans les deux jeux rappellent les enseignements de l'Aube Dorée et les enseignements Hermétiques transmis à travers les âges. En tant que tels, les deux jeux de Tarot se complètent pour la plupart. Par conséquent, je ne m'attarderai pas trop sur les différences entre les jeux de l'Aube Dorée, mais je les utiliserai comme cadre de référence par rapport au jeu de Tarot Hermétique le plus populaire et le plus connu au monde (dans tout le vingtième siècle), le jeu de Tarot *Rider-Waite.*

Initialement publié en 1909, l'illustratrice Pamela Colman Smith a dessiné les cartes du Tarot *Rider-Waite selon les* instructions de l'occultiste et mystique A.E. Waite. Il est intéressant de noter que Smith et Waite faisaient tous deux partie de l'Ordre Hermétique de l'Aube Dorée, qui était l'ordre original de l'Aube Dorée sur lequel tous les ordres ultérieurs de l'Aube Dorée étaient basés. (Nous reviendrons sur ce sujet dans un chapitre ultérieur).

J'ai inclus les images des Arcanes Majeurs de *Rider-Waite* tirées de la *Pictorial Key to the Tarot* (publiée en 1911) à titre de référence. Quant aux deux jeux de Tarot de l'Aube Dorée, leurs images peuvent être trouvées en ligne ou en achetant chaque jeu.

Une chose à noter qui différencie le jeu *Rider-Waite* et les deux jeux de l'Aube Dorée est l'utilisation de la couleur dans les cartes. Le jeu *Rider-Waite* n'est pas très axé sur les attributs de couleur relatifs à l'Arbre de Vie, mais plutôt sur l'imagerie et les symboles. De plus, il est plutôt basique en termes de style de présentation et d'utilisation des couleurs, puisqu'il n'utilise que des couleurs primaires et secondaires.

Les jeux de l'Aube Dorée utilisent des représentations plus élaborées d'images aux couleurs complexes. Mais ce qui fait la beauté et la puissance du jeu Rider-Waite, c'est sa simplicité. Je ne m'étendrai pas sur l'analyse des couleurs, mais je me contenterai de souligner les différences pour faciliter la compréhension de chaque carte de Tarot. J'invite le lecteur à faire ses propres recherches sur tout ce qui l'intéresse dans chaque jeu de Tarot.

Dans le cadre de chaque description d'une carte de Tarot, j'ai inclus un extrait de l'un des plus anciens documents de l'Aube Dorée, intitulé "Notes sur le Tarot". Ce document a été écrit par l'un des fondateurs de l'Ordre Hermétique de l'Aube Dorée, S.L. MacGrÉgor Mathers, sous le nom de G.H. Frater S.R.M.D. En raison de son importance, ce document a également été intégré à l'ouvrage fondamental d'Israël Regardie, *The de l'Aube Dorée.*

De plus, chacune des vingt-deux cartes du Tarot a un nom Magique dérivé du *livre T- The Tarot* de S. L. MacGrÉgor Mathers, qui est un manuscrit remis aux Adeptes de l'Ordre Hermétique de l'Aube Dorée dans le cadre du cursus de l'Adeptus Minor. Les noms magiques des chemins ont conservé leur usage dans le cadre d'autres Ordres de l'Aube Dorée qui ont suivi. Par conséquent, je les inclus ici pour vous aider à mieux comprendre l'énergie de chaque voie.

Figure 18: Clés du Tarot (de Zéro à Trois)

LE MAT

Le Mat est la Clé Zéro du Tarot et le Onzième chemin de l'Arbre de Vie, qui relie Kether et Chokmah. Cette carte représente le flux initial d'énergie provenant du Créateur non-manifesté. Le nom Magique du Mat est "l'Esprit des Aethyrs" car il représente l'intelligence ardente et le premier courant de vibration dans son état potentiel. Cette voie est formée à partir de la Lumière Illimitée de Ain Soph Aur et est l'étincelle de la pensée. L'Élément Air (transitionnel) régit cette voie. En tant que tel, Le Mat représente le baptême de l'Air. La carte du Mat représente la Spiritualité dans sa plus haute essence en raison de son lien étroit avec la Source (Dieu le Créateur).

"Le Mat est la Couronne de la Sagesse, le Primum Mobile, agissant par l'Air sur le Zodiaque." - S. L. MacGrÉgor Mathers; "Notes on the Tarot".

La citation ci-dessus décrit l'énergie du chemin du Mat sur l'Arbre de Vie. Le Primum Mobile fait référence aux "premiers tourbillons" de la manifestation qui émanent de Dieu - la Source. Ce processus peut être décrit comme la phase initiale de la création de l'Univers ; c'est l'action de l'énergie Cosmique au point de départ de la Création.

Le Primum Mobile est à l'origine de tout mouvement dans l'Univers manifesté. La carte du Mat représente le Primum Mobile tel qu'il agit à travers l'Élément Air (transitionnel) sur Chokmah, auquel le Zodiaque est associé. Lorsque la Lumière est canalisée dans les étoiles à partir de la Source-Kether, elle devient accessible à travers l'Élément Air et les pensées.

L'enfant-dieu Égyptien, Harpocrate, est un excellent exemple de l'énergie de cette voie, car il a son index sur ses lèvres, signifiant par ce geste le concept de "silence". Ce geste sera utilisé dans le cadre des exercices rituels de *The Magus* et est appelé le signe du silence. La carte du Mat représente le silence de l'esprit, du corps et de l'Âme, et montre le potentiel pur du Créateur non manifesté. Ce n'est qu'à travers le silence de l'esprit, du corps et de l'Âme que nous pouvons contempler les secrets et les Mystères les plus importants de l'Univers.

Dans les jeux de Tarot de l'Aube Dorée, un enfant est représenté nu, symbolisant son innocence. Un loup est également représenté dans la carte pour exprimer le danger potentiel de l'innocence. Il est tenu en laisse et se laisse guider par l'enfant. L'enfant semble ignorer que le loup peut lui faire du mal; c'est donc la croissance et l'expérience de la vie qui apprendront à l'enfant à éviter tous les dangers. La couleur prédominante de la carte est le jaune, qui symbolise le lien avec l'Élément Air. Le vert est également présent pour représenter l'Élément naturel, tout comme le blanc, symbole de l'Esprit.

Dans le Tarot *Rider-Waite*, un bouffon est représenté à la place de l'enfant. L'image fait allusion à un autre nom donné à la carte du Mat dans certaines anciennes versions du Tarot - "le Bouffon". "Le bouffon a un petit chien à côté de lui au lieu d'un loup et il est sur le point de tomber d'une falaise. Les cartes du Tarot *Rider-Waite* et celles du de l'Aube Dorée mettent toutes deux l'accent sur la bêtise et le bonheur de l'ignorance. Que le bouffon soit innocent ou simplement inconscient de ce qui l'entoure reste un mystère. Quoi qu'il en soit, son manque de conscience de Soi l'a mis dans une situation dangereuse. On retrouve le même schéma de couleurs dans les cartes du Tarot *Rider-Waite* que dans les cartes de l'Aube Dorée.

Cette carte offre un sentiment de renouveau mental, émotionnel et Spirituel. Le Mat signifie l'innocence d'un enfant ou l'ignorance du bouffon et la vulnérabilité lorsqu'on incarne ces états mentaux. De plus, Le Mat représente l'énergie d'un enfant avant la formation de l'Égo ou d'un bouffon avant qu'il ne devienne conscient de lui-même. Il y a donc un lien entre l'atteinte de la conscience de Soi et la naissance de l'Égo. Pour vivre dans ce monde, nous devons devenir conscients de nous-mêmes. Mais en faisant cela, nous perdons notre innocence Divine.

La lettre Hébraïque attribuée à la carte du Mat est Aleph, qui signifie "bœuf", un symbole digne du pouvoir procréateur de la nature. Aleph est également la première lettre de l'alphabet Hébreu, symbolisant ainsi les nouveaux départs. Le nombre du Mat est zéro, exprimé par le dévoreur de queue, l'Ouroboros - un serpent qui se mange la queue. Le Mat représente l'unité du monde manifesté et la Source de toute la Création.

Dans le contexte de la Kundalini, cette carte représente le renouvellement de la pensée. Elle est l'inspiration, ainsi que l'imagination. Elle représente l'énergie Vitale, le Prana, et l'expansion de la conscience à travers l'Élément Air. Dans cette carte, toute communication passe par la Gnose, c'est-à-dire la transmission directe d'informations du Divin à l'humain. D'où le silence, et la vérité, qui ne peut être communiquée que par elle.

Dans une Divination, Le Mat fait généralement référence à la Spiritualité qui tente de s'élever au-dessus du Plan Matériel, à moins qu'il ne s'agisse d'une Divination de nature matérielle, où la carte du Mat prend des significations inversées. Le Mat représente la pensée inspirée, les nouveaux départs, la spontanéité, l'émerveillement, la crainte, la curiosité et la liberté Spirituelle. S'il est inversé, Le Mat représente l'imprudence, la négligence, le besoin de prudence et la folie. La façon de lire Le Mat en Divination dépend de la nature de la question. S'il s'agit d'une question Spirituelle, Le Mat (à l'endroit) a une nature très aérienne et Spirituelle et est considéré comme une carte positive.

LE BATELEUR

Le Bateleur est la Première Clé du Tarot et le Douzième Sentier de l'Arbre de Vie, qui s'étend entre Kether et Binah. Le nom Magique de la carte est le "Mage du Pouvoir", qui est gouverné par Mercure, la Planète de l'intellect. Une fois que les leçons Spirituelles ont été apprises par l'expérience de la vie, Le Mat devient Le Bateleur; c'est pourquoi il se trouve directement en face de lui sur l'Arbre de Vie. Le Mat a appris à discerner le bien et le mal grace au développement et à l'évolution de son Âme. En conséquence, il a grandi en sagesse et en connaissance, devenant ainsi Le Bateleur. Le voyage Spirituel commence avec Le Mat et se termine avec Le Bateleur.

"Le Bateleur est la Couronne de l'entendement, le début de la production matérielle, le Primum Mobile agissant par l'intermédiaire du Mercure Philosophique sur Saturne." - S. L. MacGrÉgor Mathers; "Notes on the Tarot".

La citation ci-dessus décrit l'essence du chemin du Bateleur. Lorsque la Lumière Blanche de Kether agit sur l'esprit, elle est reçue par l'intuition, produisant ainsi la compréhension dans Binah. Puisque Mercure représente l'esprit et que Saturne représente le Monde Tridimensionnel, l'esprit devient le lien entre l'Esprit et la Matière. La voie du Bateleur représente le pouvoir de contrôler consciemment les événements dans le Temps et l'Espace en utilisant l'intellect. L'intelligence se construit en obtenant la sagesse et la connaissance par le biais de l'esprit.

Le Bateleur est la pensée qui se manifeste puisqu'il invoque l'énergie de la Lumière et la dirige. Nous cherchons tous à devenir Le Bateleur, car il est le maître des Éléments. Dans certaines versions anciennes du Tarot, il est appelé "le Mage". "Son autre nom est "le Jongleur", car il peut contrôler et équilibrer les Éléments. La lettre Hébraïque attribuée à la carte du Bateleur est Beth, qui signifie "maison". Le Bateleur est la maison dans laquelle réside l'Esprit Divin.

Le Caducée d'Hermès apparaît dans de nombreux exemples de la carte du Bateleur comme la Force principale. Après tout, Hermès est un autre nom pour Mercure. Le Caducée d'Hermès est synonyme d'énergie Kundalini. Le Bateleur est le maître des Quatre Éléments, y compris le cinquième Élément, l'esprit, introduit par la Kundalini. Le symbole du Bateuleur est également le Pentagramme vertical, représentant les Quatre Eléments (les quatre points inférieurs du Pentagramme) sous la présidence de l'Esprit (le point le plus élevé du Pentagramme).

Le Bateleur est donc l'individu éveillé par la Kundalini dont la conscience s'est élevée au fur et à mesure de sa progression dans les Chakras. L'individu opère maintenant à travers l'Élément Esprit dans les trois plus hauts Chakras. C'est pour cette raison qu'on l'appelle Le Bateleur - il peut accomplir des merveilles et faire de la Magie.

Dans les jeux de Tarot de l'Aube Dorée, Le Bateleur est présenté comme un homme debout devant un autel carré. L'autel carré représente les quatre coins de l'espace dans le Monde de la Matière et les Quatre Éléments de l'être. Sur l'autel se trouvent les quatre outils Élémentaires (souvent appelés Armes Élémentaires) : la coupe (Ouest), la baguette (Sud), la dague (Est) et le pentacle (Nord). Ils symbolisent les Éléments Eau, Feu, Air et Terre. Un symbole de l'infini est intégré à l'image pour représenter l'énergie éternelle et Divine. La couleur prédominante de la carte est le jaune pour représenter la connexion avec l'Élément Air et sa domination.

Le jeu de Tarot *Rider-Waite* présente également les mêmes symboles dans l'image de cette carte. La principale différence est qu'une main pointe vers le haut tandis que l'autre pointe vers le bas. Ce geste symbolise le Haut et le Bas, le Ciel et la Terre. L'expression "Comme en Haut, Comme en Bas" fait référence au processus de manifestation de l'énergie divine. Il fait également référence à la manipulation de cette énergie par la pratique de la Magie.

Le Bateleur se reflète dans l'intellect, qui rassemble et stocke les connaissances. Par conséquent, la logique et la raison sont des Éléments vitaux présents dans cette carte. Dans le Tarot *Rider-Waite*, le rouge est présent dans la cape du Bateleur pour symboliser la volonté énergique.

Alors que Le Mat demeure dans le silence et la contemplation de la vérité, Le Bateleur s'engage dans l'acte de manifestation - Le Bateleur est le représentant de la force créatrice. Il représente Thot, le dieu Égyptien, également connu sous le nom d'Hermès, le Dieu Grec de la communication, du langage, de la Magie et de la sagesse. Comme mentionné, Hermès est appelé Mercure par les Romains pour représenter la même énergie Divine.

Cette carte a un lien très direct avec la Kundalini dans la totalité de son expérience globale. Nous nous alignons tous sur la Pensée du Dieu-Thoth, le Dieu Égyptien de la sagesse. La prononciation de "Thoth" et de "pensée" est très similaire, ce qui indique une correspondance entre les deux idées.

Dans une section ultérieure sur le *Kybalion*, j'aborderai le pouvoir de la pensée et le concept de l'Univers comme étant une Pensée vivante de Dieu puisque la pensée est au cœur de toute existence. Mais, pour l'instant, imprégnez votre subconscient de la relation entre la carte du Bateleur, Hermès (ou Thot), et la force de la Kundalini - ils sont tous Un.

Dans une Divination, Le Bateleur représente le pouvoir de manifestation, l'adaptation, la sagesse, la débrouillardise, l'habileté et la réalisation du potentiel. C'est une carte très Mercurielle; elle est donc liée à l'acuité mentale. Si elle est inversée, elle représente l'égoïsme, des talents et des capacités non réalisés, une mauvaise planification, la vanité, la manipulation et même la manie.

LA GRANDE PRÊTRESSE (LA PAPESSE)

La Grande Prêtresse est la Deuxième clé du Tarot et le Treizième chemin de l'Arbre de Vie. C'est le chemin le plus long, au-delà du voile de l'Abîme, de Dieu la Couronne (Kether) à la manifestation de Dieu en tant que Fils ressuscité (Tiphareth). La Grande Prêtresse est un chemin très aqueux, gouverné par la Lune. Elle est l'essence racine de la conscience et la substance et l'expression ultime de l'Élément Eau. Le nom Magique de la Grande Prêtresse est la "Prêtresse de l'Étoile d'Argent".

"La Grande Prêtresse est la Couronne de la Beauté, le commencement de la Souveraineté et de la Beauté, le Primum Mobile, agissant par la Lune sur le Soleil." - S. L. MacGrÉgor Mathers; "Notes on the Tarot".

La citation ci-dessus décrit l'essence du chemin de la Grande Prêtresse sur l'Arbre de Vie. Le Créateur projette sa Lumière Blanche dans le Soleil à travers la Lune. Ainsi, la Lumière du Soleil n'est qu'un reflet de la Lumière de Kether. Cette affirmation implique que le Monde de la Matière n'est qu'une illusion, une fantasmagorie - étant donné que toutes les choses du monde physique sont constituées de particules de Lumière projetées par le Soleil.

Gimel, la lettre Hébraïque signifiant "chameau", est associée à la Grande Prêtresse en raison de la capacité du chameau à traverser le désert (l'Abîme) en longueur grace à son don de pouvoir retenir l'eau. L'Eau représente la conscience, tandis que le chameau représente la conscience se déplaçant à travers l'Abîme vers le Plan Spirituel.

Traverser la voie de la grande prêtresse est synonyme d'élévation de l'énergie de la Kundalini du Chakra du Cœur (Anahata) au Chakra de la Couronne (Sahasrara), ce qui marque l'achèvement de l'éveil complet de la Kundalini. Grace à l'éveil de la Kundalini, nous pouvons percevoir le monde qui nous entoure pour ce qu'il est vraiment : de l'énergie Spirituelle.

Pour élever la Kundalini du cœur vers le centre du cerveau, vous devez percer le Chakra de la Gorge, Vishuddhi. Le Chakra de la Gorge est l'endroit où les Éléments inférieurs se terminent et où l'Élément Aethyr/Esprit commence. En activant l'Élément Esprit en vous, vous traversez l'Abîme du mental. Le mental contient la dualité alors que l'Esprit existe dans l'unité, dans la singularité. Pour atteindre l'énergie Spirituelle, vous devez faire taire le mental et utiliser le chameau pour traverser l'Abîme, métaphoriquement parlant. Une fois que vous aurez fait cela, vous aurez élevé la Kundalini dans le centre du cerveau. Une fois qu'elle est montée dans le cerveau, elle ne redescend jamais, ce qui signifie un éveil complet et permanent de la Kundalini.

La Grande Prêtresse est la forme symbolique du Grand Féminin - Isis, Shekinah et Mère Marie. Par le sacrifice de Soi du Dieu mort et ressuscité à Tiphareth, l'union avec la Grande Prêtresse est la récompense. Vous devez d'abord sacrifier l'Égo et ses pulsions inférieures pour renaître. Sans sacrifice de Soi, vous ne pouvez pas élever votre conscience au niveau de l'Esprit.

Dans les jeux de Tarot de l'Aube Dorée, une femme est représentée dans une robe bleue, tenant un calice d'eau, représentant l'Élément Eau. Elle a un croissant de Lune sur la tête et est couverte d'un voile. Le voile représente le voile de l'Abîme, qui est la frontière de la conscience individuelle qui sépare les Supernaux de Kether, Chokmah et Binah, des sept Sephiroth inférieures. La couleur bleue prédomine sur l'ensemble de la carte afin d'affirmer davantage le lien avec l'Élément Eau et sa domination.

Le jeu de Tarot *Rider-Waite* présente une image similaire avec les mêmes symboles, notamment les deux Piliers noirs et blancs du temple de Salomon - Boaz et Jachin (Sévérité et Miséricorde). La Grande Prêtresse se trouve entre les Piliers pour symboliser l'équilibre et le placement de la carte sur l'Arbre de Vie, comme sur le Middle Pillar. Elle porte la couronne d'Isis sur la tête, ce qui signifie qu'elle est adepte de la Magie. La croix Solaire sur sa poitrine indique qu'elle est liée aux saisons de la Terre. Le croissant de Lune à ses pieds signifie qu'elle a le contrôle total de ses émotions. Les grenades sur le drapé derrière elle symbolisent la vie, la mort, la renaissance et la vie éternelle.

La Grande Prêtresse est une carte de mystère, de passivité et d'immobilité. Ce sont les Eaux de la Création, qui sont illimitées comme l'est la Conscience Cosmique elle-même. Les idées de réflexion et d'instinct intérieur sont présentes dans cette carte. Dans certaines versions anciennes du Tarot, la Grande Prêtresse est appelée "la Papesse". "

Le corps céleste de la Lune est attribué à cette carte en raison du pouvoir de la pensée visuelle que l'énergie de la Lune nous aide à former. Ce même pouvoir est utilisé pour faire monter l'énergie Kundalini du Muladhara. La force créatrice est canalisée par le véhicule de la Grande Prêtresse, qui initie ensuite sa manifestation dans la Forme.

La Forme est une pensée visuelle. Pour cette raison, la Grande Prêtresse est la force d'équilibre et le pendant du Bateleur. Le Bateleur utilise l'imagination, la volonté et la pensée pour travailler sa Magie. En imaginant une chose et en projetant de l'énergie dans cette pensée, elle se manifestera inévitablement - Comme en Haut, Comme en Bas.

Dans une Divination, la Grande Prêtresse représente le Féminin Divin, l'intuition, la connaissance sacrée, le subconscient, les instincts, la fluctuation et le changement. Cette carte est Lunaire, et vous devez donc être conscient des cycles Lunaires et savoir si la Lune est croissante (en augmentation) ou décroissante (en diminution) au moment de la lecture. Si la Grande Prêtresse est inversée, elle représente une déconnexion de l'intuition, des sentiments refoulés, l'ignorance, une connaissance superficielle des événements en question et des secrets.

L'IMPÉRATRICE

L'Impératrice est la Troisième clé du Tarot et le Quatorzième chemin de l'Arbre de Vie. L'Impératrice relie Chokmah et Binah, agissant comme médiateur entre ces deux Sphères. Le titre Magique de cette carte est la "Fille des Puissants". La lettre Hébraïque attribuée à la carte de l'Impératrice est Daleth, qui signifie "porte". L'Impératrice est la porte de l'amour. Elle représente le chemin de l'unité de la Force et de la Forme, les Piliers opposés de la Miséricorde et de la Sévérité. Cette carte représente l'amour entre le Père et la Mère, Chokmah et Binah. L'Impératrice est la force qui rassemble tous les concepts opposés, car l'amour est l'énergie fondatrice de toute la Création.

"L'Impératrice est la Sagesse de l'entendement, l'Union des pouvoirs d'Origine et de Production; la Sphère du Zodiaque agissant par Vénus sur Saturne." - S. L. MacGrÉgor Mathers; "Notes on the Tarot".

La citation ci-dessus décrit l'énergie du chemin de l'Impératrice sur l'Arbre de Vie. Le pouvoir projectif du Père (Chokmah) s'unit à la capacité réceptive de la Mère (Binah), manifestant ainsi la Lumière et la conscience, les Éléments Feu et Eau. Comme la Planète Vénus représente l'énergie Universelle de l'amour, elle devient un liant entre la Force et la Forme. L'Impératrice est donc le bâtisseur de la Forme et la Matrice dans laquelle la manifestation est conçue.

L'Impératrice est sous la domination de Vénus, la Planète de l'amour. L'Impératrice représente l'essence de l'émotion dans sa forme la plus raffinée et la plus pure. L'amour est une énergie qui génère des émotions, que l'Âme utilise pour diriger son cours dans la vie. L'amour est également l'énergie que l'on trouve dans toute la Création, puisque toutes les choses ont été manifestées par l'amour.

Dans les jeux de Tarot de l'Aube Dorée, une femme avec une couronne sur la tête est représentée assise sur un trône. Sa robe est rouge avec des Éléments verts, tandis que l'arrière-plan est à dominante verte. Elle tient un sceptre dans une main et un *Ankh*, représentant la vie éternelle, dans l'autre. En outre, on aperçoit une colombe à l'arrière-plan, qui représente le Saint-Esprit. La femme fait allusion à la Déesse Égyptienne Isis, le côté positif de la nature. Du point de vue de la Qabalah, elle est Shekinah, la présence Divine de Dieu le Créateur, qui représente notre désir intérieur et notre aspiration à l'unification avec la Source de la Création.

Dans le jeu de Tarot *Rider-Waite*, une image similaire est représentée par cette carte. La principale différence est que la carte *Rider-Waite a un* fond jaune prédominant. On y trouve des grains et des récoltes, car l'impératrice domine la nature. Elle porte une couronne étoilée de douze étoiles (le Zodiaque), soulignant sa domination sur l'année Solaire. Sa robe est ornée de motifs de grenade, représentant la fertilité. Elle représente la croissance dans le monde naturel et le pouvoir du cœur et des émotions.

Dans le contexte de l'éveil de la Kundalini, la carte de l'Impératrice représente l'amour sous diverses formes. L'amour est la force motrice et motivante de nos vertus, de notre éthique et de notre morale. Sans amour, notre cœur se tourne vers la méchanceté. L'énergie de l'Impératrice est l'énergie de la renaissance. L'amour est la force qui entraîne notre renaissance dans l'Esprit. D'où son lien avec la colombe et l'Ankh. La Planète de l'impératrice, Vénus, englobe chacune des Séphiroth. Vénus est l'énergie primaire dans la formation et l'unification des nombreux aspects de l'Univers.

Dans une Divination, l'Impératrice représente la féminité, la nature, l'éducation, la sensualité, la beauté, le plaisir, la fertilité, l'abondance et l'expression créative. Si elle est inversée, elle implique le manque de volonté individuelle, la négligence de ses besoins, la dépendance vis-à-vis des autres et les blocages créatifs.

Figure 19: Clés du Tarot (Quatre à Sept)

L'EMPEREUR

L'Empereur est la Quatrième clé du Tarot, et le Quinzième chemin de l'Arbre de Vie, reliant Tiphareth et Chokmah. L'Empereur est appelé le "Fils du Matin ; Chef des Puissants". L'Empereur reçoit l'énergie de l'Impératrice et la canalise vers le Soi Supérieur. Ainsi, les énergies masculines et féminines sont équilibrées dans cette carte. L'Empereur était un roi guerrier qui a échangé son épée contre une baguette dans le passé. Il a mûri et gagné en sagesse avec le temps. Avec cette carte vient un sentiment de contrôle et de guidance sur le Soi. L'Empereur initie l'énergie et sa force créatrice, car il est le stimulateur du courant dynamique.

"L'Empereur est la Sagesse de la Souveraineté et de la Beauté, et l'initiateur de celles-ci; la Sphère du Zodiaque agissant par le Bélier sur le Soleil, et initiant le printemps." - S. L. MacGrÉgor Mathers; "Notes on the Tarot".

La citation ci-dessus décrit l'énergie de la voie de l'Empereur. Elle se rapporte au cycle vie/mort/renaissance contenu dans la nature. Ce cycle est initié par le sous-Élément Feu du Bélier, le premier signe du Zodiaque et le premier signe de la première saison de l'année Solaire. Comme le Soleil donne l'Âme et la vie à tous les êtres vivants de notre Système Solaire, sa Lumière régule les cycles du temps auxquels nous sommes tous soumis.

La lettre Hébraïque attribuée à l'Empereur est Heh, qui signifie "fenêtre". L'Empereur est la fenêtre du pouvoir personnel. Cette voie est très ardente car elle est gouvernée par le signe Zodiacal du Bélier. Bien que cette carte puisse sembler légèrement masculine, son association avec le Bélier et le début du printemps révèle sa composante féminine, car le cycle de renaissance est un processus féminin. Cependant, comme le Bélier est sous la domination de Mars, cette carte symbolise une énergie créatrice puissante et la domination.

Dans les jeux de Tarot de l'Aube Dorée, un homme est représenté assis sur un trône. Il porte une couronne sur la tête, comme dans la carte de l'Impératrice. Dans la version de la carte de Ciceros, il est représenté avec une barbe, alors que dans celle de Wang, il n'en a pas. Il est vêtu de rouge et tient un sceptre à tête de bélier, représentant la souveraineté. Ses pieds sont également placés sur une tête de bélier. Dans l'autre main, il tient un globe terrestre surmonté d'un Ankh. Les couleurs prédominantes du fond sont le vert et le rouge. Les différentes nuances de rouge représentent les forces énergisantes de cette carte. Comme l'Impératrice est la force féminine positive, l'Empereur est la force masculine positive.

Dans le *jeu de Tarot Rider-Waite*, aucun bélier n'est présent, bien que le symbole du bélier soit représenté sur le trône sur lequel il est assis. Il porte une longue barbe, symbole de sa sagesse. Il tient un sceptre Ankh dans une main et un globe, symbole de domination, dans l'autre. Il est assis au sommet d'une montagne aride, symbole de domination et de pouvoir inflexible. Dans cette carte, il n'y a pas de vert mais du gris pour symboliser la sagesse et la souveraineté de l'Empereur.

Dans le contexte de l'éveil de la Kundalini, l'Empereur représente l'Égo sous la direction du Soi Supérieur. Nous nous efforçons tous d'être l'Empereur dans notre propre vie et d'avoir le contrôle sur notre Moi intérieur, ce qui nous donnera le contrôle sur notre réalité extérieure. Cette carte représente le fait d'être en accord avec le Soi Supérieur et de dominer l'Égo et le monde matériel. Elle représente le fait de contrôler les forces inférieures au lieu d'être contrôlé par elles.

Dans une Divination, l'Empereur représente la masculinité, la connaissance Divine, le pouvoir brut, l'énergie créatrice, le contrôle, la structure, la domination, l'autorité, la discipline, la stabilité, l'ambition et la conquête dans une matière. S'il est inversé, il représente l'abus de pouvoir, la tyrannie, la colère, la cruauté, la rigidité, le manque de discipline, le contrôle excessif, l'ambition aveugle et le pharisaïsme.

LE HIÉROPHANTE (LE PAPE)

Le Hiérophante est la Cinquième clé du Tarot et le Seizième chemin de l'Arbre de Vie, qui relie Chesed et Chokmah. Le titre Magique de cette carte est le "Mage des Dieux Éternels". Le Hiérophante symbolise le Soi Supérieur, la connexion entre le Haut et le Bas. La lettre Hébraïque associée à cette carte est Vav, qui signifie "crochet" ou "clou". "Le Hiérophante représente la force de liaison entre le Haut et le Bas. Pour aller plus loin dans cette idée, l'énergie qui lie l'Esprit et la Matière est la "pensée".

"Le Hiérophante est la Sagesse et la Fontaine de la Miséricorde; la Sphère du Zodiaque agissant par le Taureau sur Jupiter." - S. L. MacGrÉgor Mathers; "Notes on the Tarot".

La citation ci-dessus décrit l'énergie de la voie du Hiérophante. En atteignant la connaissance et la sagesse, nous pouvons faire l'expérience de la miséricorde et de la compassion du Créateur. La figure du Hiérophante n'est autre que notre Soi Supérieur, un reflet du Créateur, qui nous enseigne les Mystères de la Création. Le

Soi Supérieur utilise le signe stable et ancré du Taureau (Air de la Terre) pour canaliser l'information vers nous, ce qui a un impact sur nos émotions.

Le Hiérophante symbolise la miséricorde, et il est représenté dans les jeux de Tarot de l'Aube Dorée comme étant assis sur un taureau, ce qui signifie le contrôle de l'Égo. Il tient un parchemin contenant le *Logos* (le Verbe) et est éclairé par la Lumière Céleste du ciel. Le Hiérophante est vêtu de rouge, comme l'Impératrice et l'Empereur. Le rouge symbolise son pouvoir et sa domination. Il tient dans son autre main une crosse, qui représente la royauté.

Le Hiérophante est représenté avec une barbe, symbole de la sagesse. Son habit ressemble à celui d'un grand prêtre et, en tant que tel, il est le complément de la grande prêtresse. Les couleurs de l'arrière-plan de la carte varient considérablement, avec la présence de différents bruns et de marrons. Ces couleurs offrent un sentiment plus réfléchi, comme la pensée profonde et la contemplation.

Dans le *jeu de Tarot Rider-Waite*, la couleur grise est prédominante. Le personnage Hiérophante de la carte ressemble à un Pape, comme son nom l'indique dans certaines anciennes versions des jeux de Tarot Hermétique. Il est assis sur un trône entre deux Piliers, symbolisant la loi et la liberté, ou l'obéissance et la désobéissance. Il tient une triple croix avec trois barres horizontales, représentant le Père, le Fils et le Saint-Esprit (ou l'Esprit). Assis devant lui, deux acolytes illustrent la transmission du savoir sacré au sein des institutions religieuses. Le Hiérophante représente tout ce qui est juste et saint dans le monde. Il est le chef de la race humaine et le chef de toute hiérarchie reconnue.

Le signe astrologique du Taureau régit le Hiérophante. Il s'agit de la voie la plus élevée du Pilier de la Miséricorde, une voie très masculine. Le Hiérophante utilise la stabilité de l'énergie du Taureau pour communiquer en tant que Grand Enseignant, car le Taureau est l'Air de la Terre. Il révèle les Mystères, et ses révélations sont destinées à être perçues par le sentiment et l'intuition, plutôt que par l'intellect, car il est la Lumière intérieure - le Soi Supérieur. Le Hiérophante est l'aspect réfléchi ou mystique de l'énergie masculine - il est le penseur, tandis que l'Empereur est un homme d'action.

La notion d'enseignement intérieur est étroitement liée à cette carte. Dans le contexte de l'éveil de la Kundalini, le Hiérophante est la Lumière intérieure qui est maintenant dévoilée à l'initié. Par conséquent, toute communication de la sagesse et de la connaissance intérieures est l'œuvre du Soi Supérieur - le Hiérophante.

Dans une Divination, le Hiérophante représente la sagesse Spirituelle, la moralité et l'éthique, la miséricorde, l'enseignement et la conformité aux croyances religieuses traditionnelles. S'il est inversé, il représente la rébellion, la remise en cause du statu quo, la liberté personnelle et de nouvelles approches des anciennes croyances et des idéaux.

LES AMOUREUX

Les Amoureux est la Sixième Clé du Tarot, et le Dix-Septième Sentier de l'Arbre de Vie, reliant Tiphareth et Binah. Le titre Magique de cette carte est "Enfants de la Voix Divine; Oracles des Dieux Puissants". Les Amoureux représentent la personnalité en unité avec le Soi Supérieur. Cette unité est atteinte lorsque les deux forces opposées au sein du Corps de Lumière sont sublimées et deviennent Une. Une fois que cela se produit, l'énergie de l'Esprit peut descendre dans les parties inférieures de l'Être.

"Les Amoureux sont la compréhension de la beauté ainsi que la Production de la Beauté et de la Souveraineté; Saturne agissant par les Gémeaux sur Sol." - S. L. MacGrÉgor Mathers; "Notes on the Tarot".

La citation ci-dessus décrit l'énergie de la voie des Amoureux. L'unification des opposés se produit au niveau de l'esprit, là où se produit la dualité. La carte des Amoureux représente la sublimation des pensées et des émotions puisque les Gémeaux sont du Sous-Élément Eau de l'Air, représentant l'union des esprits conscients et subconscients, les aspects masculins et féminins de l'Être. En unifiant tous les opposés au sein du Soi, l'Âme atteint la compréhension ultime de sa véritable nature, obtenant ainsi une connexion avec le Soi Supérieur.

Les jeux de Tarot de l'Aube Dorée sont radicalement différents des *jeux de Tarot Rider-Waite.* Les jeux de l'Aube Dorée représentent le héros grec Persée, en combat avec un monstre marin, qui représente le concept de la peur. Son but est de libérer la belle Andromède, enchaînée à un rocher. Ici, Persée est le symbole du Moi supérieur, tandis qu'Andromède est le Moi inférieur. La pierre représente le Royaume Matériel et la mortalité. Grace à la Planète Vénus et à l'amour, la sublimation des énergies se produit, donnant raison au thème de cette carte, qui est l'Union Divine. Les couleurs prédominantes sont le bleu et le jaune, représentant les Éléments Eau et Air présents dans le signe Zodiacal des Gémeaux.

Dans le *jeu de Tarot Rider-Waite,* deux personnages sont représentés nus, montrant qu'ils n'ont rien à cacher l'un à l'autre. L'union Divine est représentée par l'Archange Raphaël derrière eux dans les nuages, qui les protège et les bénit. Raphaël représente l'Élément Air, qui est associé à l'activité mentale et à la communication, car c'est le fondement de toute relation saine. Derrière la femme se trouve un Arbre de la Connaissance du Bien et du Mal, et derrière l'homme, un Arbre avec douze flammes trilobées, représentant le Zodiaque. Ils semblent se trouver dans le jardin d'Eden, ce qui fait référence à Adam et Eve, le premier couple Divin.

La lettre Hébraïque associée à cette carte est Zayin, qui signifie "épée" ou "armure". L'épée et l'armure sont les outils symboliques utilisés pour vaincre la peur. Le double signe Zodiacal des Gémeaux régit cette voie. L'amour Divin entre les jumeaux Gémeaux n'est en aucun cas sexuel. Les Amoureux représentent l'union des énergies masculine (Soleil) et féminine (Lune) au sein de l'initié, agissant par l'intermédiaire des Gémeaux sur Sol (l'Âme). L'impact de l'inspiration et de l'intuition entraîne la libération et l'illumination, éliminant les liens du matérialisme et créant l'Union Divine.

Cette carte représente le reflet de l'esprit conscient et de l'esprit subconscient lorsqu'ils s'unissent et retournent dans le miroir comme un seul homme. La Mer de la Conscience de Binah représente ce miroir. À une extrémité du spectre des vibrations se trouve la forme matérielle, tandis qu'à l'autre extrémité se trouve la pure conscience non manifestée. L'éveil de la Kundalini est un éveil à ces deux forces. L'unification des opposés se produit au fil du temps, lorsque les esprits conscient et subconscient apprennent à travailler à l'unisson.

Dans une Divination, la carte des Amoureux représente l'amour, l'harmonie, l'attraction, l'union, la dualité et les partenariats. Si elle est inversée, elle signifie l'amour de Soi, la perte d'amour, l'unilatéralité, la disharmonie et le déséquilibre.

LE CHARIOT

Le Chariot est la Septième Clé du Tarot, et le Dix-huitième Sentier de l'Arbre de Vie, reliant Geburah et Binah. Le titre Magique de cette carte est "l'enfant des puissances des eaux, le seigneur du triomphe de la Lumière". Le signe Zodiacal tenace du Cancer régit le Chariot. C'est le premier chemin qui traverse l'Abîme depuis les Sephiroth inférieures. Comme le Chariot peut se déplacer entre tous les Plans Cosmiques de l'existence avec une totale facilité, il en représente la conquête. Cependant, il doit y avoir une descente et une intégration complètes de l'énergie de l'Esprit avant que cela ne puisse être réalisé. Cette intégration est ce que représente ce chemin.

"Le Chariot est la Compréhension agissant sur la Sévérité; Saturne agissant par le Cancer sur Mars." - S. L. MacGrÉgor Mathers; "Notes on the Tarot".

La citation ci-dessus décrit l'énergie du chemin du Chariot sur l'Arbre de Vie. Comme Binah agit sur Geburah à travers le signe Zodiacal réfléchi du Cancer (sous-

Élément Feu de l'Eau), le Soi Supérieur est en contrôle. Cette voie illustre l'utilisation consciente de la volonté en discernant la dualité de l'esprit. Ce n'est qu'en voyant simultanément les "deux côtés de la médaille" que le Soi Supérieur peut agir avec compréhension. Et pour y parvenir, une bonne dose d'amour inconditionnel doit être appliquée.

Dans les jeux de Tarot de l'Aube Dorée, un char se déplace dans l'espace, guidé par deux chevaux. L'un des chevaux est noir et l'autre est blanc, ce qui signifie les forces positives et négatives de l'existence. Le char est propulsé par l'union de ces deux forces opposées. Le cavalier dans l'image symbolise le Soi Supérieur. Il a sublimé les énergies négatives et positives et est désormais guidé par le seul Esprit. Il a pénétré dans les Sephiroth supérieures en s'élevant au-dessus des nuages de l'illusion. Les couleurs prédominantes sont le bleu et le jaune, ainsi qu'un bleu-violet profond, représentant la sublimation de la psyché.

Dans le *jeu de Tarot Rider-Waite*, l'accent est mis sur les chevaux, qui apparaissent comme deux sphinx, toujours avec le même motif noir et blanc qui symbolise les opposés de la nature. Le personnage du Chariot est en armure pour représenter l'Élément guerrier de l'Esprit. La couronne sur sa tête signifie qu'il est éclairé et d'une volonté pure. Sur sa poitrine se trouve un carré, représentant le Tattva de l'Élément Terre et le Monde Matériel, qui sert de base à toutes ses actions. La voûte d'étoiles au-dessus de la tête du conducteur de char représente les influences des sphères célestes et les forces Divines dans les Cieux, qui le guident. La palette de couleurs est la même que celle des jeux de l'Aube Dorée.

Le Chariot symbolise le Soi Supérieur qui se déplace dans les Plans Cosmiques de l'existence. C'est un chemin aqueux sur le Pilier de la sévérité. L'homologue du Chariot est le Hiérophante, qui se trouve sur le Pilier de la Miséricorde. Son corps céleste est la Lune, la Planète qui gouverne le Cancer et qui guide le Chariot à travers les Plans Cosmiques. La lettre Hébraïque associée à cette carte est Cheth, qui signifie "clôture" ou "enclos". La clôture sépare Binah et Geburah, les Supernaux, de l'enceinte corporelle.

Le Chariot représente le contrôle de la dualité dans toute l'existence, en particulier dans la réalité mentale. Pour y parvenir, cependant, vous devez être capable de neutraliser tous les points de vue opposés en appliquant l'énergie de l'amour inconditionnel. En outre, vous devez contrôler la façon dont vous percevez la réalité en voyant tout objectivement et non subjectivement, car les perspectives subjectives ne voient qu'un seul côté de la médaille. "Le Chariot étant le chemin reliant la Volonté (Geburah) à la Compréhension (Binah), il représente le fait d'utiliser votre volonté avec compréhension et de ne pas être entaché mentalement et émotionnellement par la douleur de la dualité.

Dans une Divination, le Chariot est une carte très positive qui représente la volonté et la force d'esprit, le contrôle mental, la victoire, le triomphe, le sens de la direction et le besoin de détermination. Sa signification, cependant, sera déterminée par l'endroit où elle se trouve dans l'Étalement du Cercle. S'il tombe sur la Terre, il est généralement durable, tandis que s'il tombe sur l'Air, il peut être transitoire. Si le Chariot est inversé, il représente un manque de direction, un manque de contrôle et une opposition. Il indique que les obstacles que vous rencontrez ne seront probablement pas surmontés.

Figure 20: Clés du Tarot (Huit à Onze)

LA FORCE

La Force est la Huitième clé du Tarot et le Dix-Neuvième chemin de l'Arbre de Vie, reliant Geburah et Chesed. Le titre Magique de cette carte est "Fille de l'Épée Flamboyante, Chef du Lion". La Force est un chemin significatif sous l'Abîme qui relie les deux forces opposées du Soi Supérieur: la Miséricorde et la Sévérité. Ce chemin représente les passions sous le contrôle de la volonté et la maîtrise du Soi inférieur par le Soi Supérieur. Cette carte est attribuée au Lion, le seul signe du Zodiaque gouverné par le Soleil. En tant que tel, il représente la vitalité et l'autorité.

"La Force est la Miséricorde tempérant la sévérité; la Gloire de la Force; Jupiter agissant à travers le Lion sur Mars." - S. L. MacGrÉgor Mathers; "Notes on the Tarot".

La citation ci-dessus décrit l'énergie du chemin de la carte de la Force sur l'Arbre de Vie. Lorsque la Miséricorde tempère la Sévérité, on obtient la Force, qui génère le sentiment de Gloire chez l'individu. Jésus-Christ y a fait référence comme à la *Gloire de Dieu.* C'est l'honneur que l'on ressent et que l'on expérimente lorsqu'un individu atteint un équilibre adéquat entre la Miséricorde et la Sévérité. Lorsque Jupiter agit sur Mars, à travers le signe actif et masculin du Lion (sous-Élément Air de Feu), une unité entre les Éléments Eau et Feu se produit. La volonté tombe sous la gouvernance de l'amour inconditionnel, qui est nécessaire pour atteindre le bon équilibre dans l'esprit, le corps et l'Âme.

Dans les jeux de Tarot de l'Aube Dorée, un lion est représenté avec une femme qui le guide de la main. Dans le jeu de Ciceros, la queue du lion a la forme d'un serpent. Elle fait allusion à la lettre Hébraïque Teth, qui est associée à cette voie et qui signifie "serpent". Plus particulièrement, elle fait allusion à l'énergie changeante de la voie elle-même, puisque le serpent et le lion ne font qu'un. Alors que le lion est un symbole de force brute, utilisable pour le bien ou le mal, le serpent représente l'énergie de la Kundalini. Et la Kundalini est, bien sûr, utilisée pour activer pleinement le corps de lumière et ses centres énergétiques correspondants.

L'activation de la Kundalini est censée être guidée par la volonté du Soi Supérieur, symbolisé par la femme de la carte. Cette femme est Aima Elohim, la Grande Mère. Elle est le principe féminin de la Création, que l'on retrouve sous de nombreuses formes dans les Arcanes Majeurs. Dans cette carte, elle tient des fleurs, symbolisant l'innocence nécessaire pour apprivoiser le lion. Comme ce chemin se trouve juste en dessous de l'Abîme, il se déroule dans le désert. Dans le jeu de Ciceros, elle est représentée nue, avec un lion vert, ce qui fait allusion à l'énergie sauvage et brute, qui doit être maîtrisée par le Soi Supérieur.

La carte de la Force représente la maîtrise du Moi inférieur par le Moi supérieur. L'Âme tient l'Égo en échec, représenté par la couleur brune prédominante de la terre désertique, sur laquelle se tiennent la femme et le lion. L'endurance est nécessaire pour maîtriser le Soi, représentée par les couleurs pâles présentes dans la carte. Nous devons surmonter tous les défis de la vie pour réussir notre croissance Spirituelle.

Dans le jeu de *Tarot Thoth*, cette carte est appelée "Luxure". "La Luxure est la force psychologique qui produit un désir intense pour quelque chose qui peut prendre de nombreuses formes. Nous devons concentrer notre énergie de désir sur quelque chose qui peut produire un résultat positif dans nos vies.

Le *jeu de Tarot Rider-Waite* comporte les mêmes Éléments symboliques que les jeux de l'Aube Dorée. La principale différence est le symbole de l'infini sur la tête de la femme, qui indique qu'elle est guidée par l'énergie éternelle et Divine. Elle tient les mâchoires du lion ouvertes avec ses mains dans une Démonstration de grace, d'amour, de courage et de compassion. Elle est calme et posée tout en faisant preuve de domination. Son geste montre le besoin de discipline et de contrôle face à une grande adversité. Il y a une abondance de couleur jaune dans cette carte, qui représente l'Élément Air et les pensées, qui doivent être affinées pour obtenir le contrôle du Soi inférieur.

Lorsque l'Arbre de Vie est superposé au corps humain, le chemin de la force relie les bras gauche et droit. Cette connexion est le symbole de la force qui est exploitée lorsque les deux bras travaillent ensemble en harmonie. La véritable force est obtenue lorsque les opposés s'unissent. Telle est la loi.

Nous avons besoin de la force de l'esprit, du corps et de l'Âme pour maintenir notre cap sur le voyage Spirituel. Cette carte représente le courage qui se construit au fil du temps après avoir été testé par les défis de la vie et avoir prévalu. Par conséquent, "Fortitude" est un autre nom pour cette carte dans certaines anciennes versions du Tarot. La véritable force n'est pas déterminée par la rapidité avec laquelle vous tombez ou échouez dans une tentative, mais par la rapidité avec laquelle vous vous relevez et réessayez. C'est ainsi que se construit la force morale, la force de l'esprit. Le Grand Œuvre n'est pas pour les âmes sensibles, mais pour ceux qui sont prêts à être déterminés, persistants et cohérents dans leurs efforts quotidiens pour évoluer dans leur esprit, leur corps et leur Âme.

Dans une Divination, la carte Force représente la force intérieure, le pouvoir, la bravoure, la détermination, la force d'âme, l'endurance, le courage et la compassion. Il est essentiel d'examiner les autres cartes de l'Étalement du Cercle, car le pouvoir sous la volonté d'un mauvais jugement peut être une chose négative. Lorsqu'elle est inversée, la carte de la force représente le doute de Soi, l'insécurité, la faiblesse et le manque d'énergie.

L'HERMITE

L'Hermite est la Neuvième clé du Tarot, et le Vingtième chemin de l'Arbre de Vie, reliant Tiphareth et Chesed. Le nom Magique de l'Hermite est le "Mage de la Voix de la Lumière, le Prophète des Dieux". L'Hermite représente la Sagesse Divine. Il est le Sage et le Mystique, le messager de la Lumière Divine. Cette carte très significative représente la communication entre le Soi Supérieur du Triangle Ethique et le Soi Spirituel du Triangle Supernal. Pour cette raison, l'Hermite est le *Porteur de Lumière* et celui qui apporte le message du Soi Supérieur.

"L'Hermite est la Miséricorde de la Beauté, la Magnificence de la Souveraineté, Jupiter agissant par la Vierge sur Sol." - S. L. MacGrÉgor Mathers; "Notes on the Tarot".

La citation ci-dessus décrit l'essence du chemin de l'Hermite. Le Verbe de Dieu se trouve dans la fréquence vibratoire de la Lumière et est la source de la sagesse Universelle. Comme la Lumière du Soleil qui répand son énergie à travers notre Système Solaire, il en va de même pour la Parole de Dieu. Dans la carte de l'Hermite, la connaissance est transmise par les émotions grace à l'énergie passive et féminine de la Vierge (sous-Élément Eau de la Terre).

Dans les jeux de Tarot de l'Aube Dorée, un homme âgé avec une longue barbe grise est représenté, tenant une lanterne dans une main et un bâton dans l'autre. La Lumière de la lampe éclaire son chemin lorsqu'il marche pendant la nuit. Il porte une capuche et un manteau et se tient debout sur la Terre déserte. La couleur brune de la Terre prédomine dans la partie inférieure de la carte. Sa garde-robe est jaune-vert avec du brun dans le jeu de Tarot de Wang et rouge et bleu dans le jeu de Ciceros. Son bâton représente l'autorité et le pouvoir. Le même serpent que l'on trouve sur la queue du lion dans la carte de la Force se retrouve dans cette carte aux pieds de l'Hermite, représentant l'énergie Kundalini et le Verbe reçu à travers elle.

Dans le *jeu de Tarot Rider-Waite*, une imagerie similaire est représentée, la principale différence étant les couleurs qui prédominent, à savoir le bleu foncé et le gris. En outre, l'Hermite se tient au sommet d'une montagne au lieu du désert, ce qui dénote l'accomplissement et le succès. Il est prêt à partager avec le monde le haut niveau de connaissances Spirituelles qu'il a atteint. La lanterne qu'il tient contient une étoile à six branches, connue sous le nom de "sceau de Salomon", qui représente la sagesse. Salomon était le sage roi d'Israël et également un puissant Mage.

L'Hermite est associé à la lettre Hébraïque Yod, qui représente le Principe Père et le Feu Primal dans le Tetragrammaton. En Hébreu, Yod signifie "main". Il y a également une référence phallique à Yod, qui, lorsqu'elle est associée au Zodiaque de la Vierge selon l'attribution de la carte, fournit le symbole de l'amour sexuel dans sa forme virginale, non manifestée. Sa source est l'amour inconditionnel de l'Univers. En outre, Yod représente le Logos, ou le Verbe de Puissance, qui relie le Soi inférieur et le Soi Supérieur par la fréquence vibratoire de la Lumière. La vibration de la parole a le pouvoir de résonner jusqu'aux confins de l'Univers.

L'Hermite est symbolisé par Anubis, le Dieu Égyptien, une forme inférieure d'Hermès/Thoth, le messager des Dieux. Dans l'initiation des Néophytes de l'Aube Dorée, il est le Kerux, le porteur de Lumière, celui qui tient la lampe de la connaissance cachée et qui guide le candidat.

L'Hermite possède les qualités du Feu (Yod) et de la Terre (Vierge). Il représente donc le début et la fin des Éléments et du Tétragramme. La lampe de l'Hermite représente la Lumière qui rayonne dans tous les Plans et Dimensions Cosmiques de l'Espace/Temps. Dans le contexte de l'éveil de la Kundalini, on dit que le Verbe (maintenant atteint intuitivement), qui parle par la sagesse, est une manifestation de la carte de l'Hermite.

Dans une Divination, l'Hermite représente la recherche de la vérité, la guidance intérieure et l'introspection. Lorsqu'il est inversé, il implique la solitude, l'isolement et la perte de contact avec la lumière intérieure qui guide le chemin de la vie.

LA ROUE DE LA FORTUNE

La Roue de Fortune est la Dixième Clé du Tarot, et le Vingt-et-unième Chemin de l'Arbre de Vie, reliant les Sphères de Netzach et de Chesed. Le titre Magique de la Roue de Fortune est le "Seigneur des Forces de la Vie". La Roue de Fortune symbolise les Quatre Éléments, couronnés et unifiés par l'Esprit. Ce chemin représente le flux d'énergie entre la personnalité (le Soi inférieur) et le Soi Supérieur sur le Pilier de la Douceur. La Roue de Fortune est également un symbole du Karma et du temps, car elle est en constante fluctuation, ramenant les actions passées dans le présent et plus loin dans le futur. C'est le cycle de l'incarnation et de la destinée humaine.

"La Roue de la Fortune est la Miséricorde et la Magnificence de la Souveraineté; Jupiter agissant par Jupiter directement sur Vénus." - S. L. MacGrÉgor Mathers; "Notes sur le Tarot".

La citation ci-dessus décrit l'énergie du chemin de la Roue de la Fortune sur l'Arbre de Vie. Comme Jupiter représente la miséricorde et la compassion, c'est l'application de cette énergie ou son absence qui produit le Karma. Comme Vénus représente les désirs, c'est l'expression de ces désirs qui produit un bon ou un mauvais Karma pour l'individu. En raison de la nature cyclique de l'Univers, qui est continuellement en mouvement, l'énergie Karmique négative se lie à notre Aura afin que nous puissions travailler à travers elle avant d'être élevés Spirituellement.

Dans les jeux de Tarot de l'Aube Dorée, le Cynocéphale, le singe à la face de chien, est représenté sous la Roue de la Fortune, représentant le Moi inférieur, animal. Il est le compagnon d'Hermès, qui symbolise le temps et l'éternité. Le Sphinx est représenté au-dessus de la Roue de la Fortune et représente le Moi supérieur, le gardien des mystères occultes. La roue tourne continuellement, faisant circuler l'énergie entre le Sphinx et le Singe, le Moi supérieur et le Moi inférieur. Les douze rayons de la Roue de la Fortune représentent les Douze Zodiaques. La couleur qui prédomine sur la carte est le bleu, correspondant à l'Élément de l'Eau. Le violet et le pourpre profond se retrouvent également dans la carte, symbolisant ses Éléments mystiques.

La même Roue se trouve dans le *jeu de Tarot Rider-Waite*, mais avec huit rayons au lieu de douze. Les quatre lettres du Tétragramme (YHVH) y sont inscrites. Quatre créatures ailées se trouvent dans chaque coin de la carte. Le Sphinx est assis au sommet de la Roue, tandis qu'en dessous se trouve une figure qui pourrait être Anubis ou le Diable. Le Sphinx représente la sagesse des Dieux et des Rois, tandis qu'Anubis (ou le Diable) représente le Monde Souterrain ou l'Enfer. Le bleu clair est la couleur prédominante de la carte, représentant le ciel, accompagné de nuages blancs symbolisant les Cieux. Chaque créature ailée tient un livre, qui sert d'Écriture sainte, source de sagesse et de compréhension pour l'humanité. À gauche de la Roue, un serpent se déplace vers le bas, ce qui indique la descente dans le Monde de la Matière.

La dualité que l'on retrouve dans la nature et l'interaction entre les pôles extrêmes (positif et négatif) est ce qui fait bouger la Roue. La Roue de Fortune sert de médiateur entre deux opposés. On l'appelle "l'Intelligence de la Conciliation". Dans l'action de la Roue de Fortune se trouve le principe Hermétique de la cause et de l'effet, qui sera abordé dans un chapitre ultérieur sur le *Kybalion*. La cause et l'effet et le Karma sont inextricablement liés.

La lettre Hébraïque assignée à cette voie est Caph, qui signifie "paume" ou "poing". "Elle fait référence à la richesse et à la pauvreté, toutes deux influencées par la Planète Jupiter qui est la Planète de l'abondance. Comme Jupiter est la Planète de l'Élément Eau, cette carte montre les correspondances entre l'Élément Eau, le Karma et la conscience.

La Roue de la Fortune est aussi la Roue de la vie, de la mort et de la renaissance, car toutes les choses dans la Création doivent passer par ce cycle. La notion de renaissance fait ici allusion à la Spiritualisation de toutes les choses dans l'Univers. Notre droit de naissance inhérent est le royaume Spirituel, car c'est notre objectif final. Ce n'est qu'une question de temps avant que toutes les choses manifestées ne soient réunies avec leur Source-Esprit.

Dans une Divination, la Roue de la Fortune est une carte Karmique positive qui indique la bonne fortune et le bonheur. Mais, selon la question, elle représente aussi le changement, les cycles de vie, le sort, le destin et le karma en général. Lorsqu'elle est inversée, la Roue de Fortune représente la malchance, le mauvais Karma, le manque de contrôle, la résistance au changement et la rupture des cycles.

LA JUSTICE

La Justice est la Onzième Clé du Tarot, et le Vingt-deuxième Sentier de l'Arbre de Vie, reliant Tiphareth et Geburah. Le titre Magique de cette carte est la "Fille des Seigneurs de la Vérité, la Détentrice des Balances". Ce chemin est chargé de balancer l'ensemble de l'Arbre de Vie en équilibrant les fonctions de chacune de ses Sphères et la Sphère de son action la plus dure, la plus sévère - Geburah.

"La Justice est la Sévérité de la Beauté et de la Souveraineté; Mars agissant par la Balance sur Sol." - S. L. MacGrÉgor Mathers; "Notes sur le Tarot".

La citation ci-dessus décrit l'énergie de la carte de la justice sur l'Arbre de Vie. Mars est l'énergie dure, exigeante et souvent destructrice de l'Élément Feu. En agissant sur le Soleil, il vérifie et réaligne tous les déséquilibres reçus des autres Sephiroth. L'énergie de la Balance (Feu du sous-Élément Air) représente la pesée consciente des opposés qui tempère l'énergie de feu de Mars lorsqu'elle est transmise au Soleil, le distributeur de Lumière. Au sein de la Lumière se trouvent ces qualités qui font partie de sa fréquence vibratoire. Ainsi, le concept de recherche de la justice au nom de quelque chose de plus élevé fait partie de notre existence humaine.

Dans les jeux de Tarot de l'Aube Dorée, on voit une figure féminine, vêtue de vert. Dans une main, elle tient "l'Épée de la Justice". "Dans l'autre, elle tient la balance qui pèse toutes les actions. Elle se tient entre les deux Piliers d'Hermès et de Salomon, qui représentent la Forme et la Force, le noir et le blanc, le Yin et le Yang. Par essence, les Piliers représentent la dualité. À ses pieds se trouve un chacal, qui représente Anubis, le Dieu des Enfers. Dans le *Livre des Morts* Égyptien, il est chargé d'emporter les Âmes des individus impurs dans la salle de la Vérité. Leurs Âmes sont pesées par la plume de la Déesse Égyptienne Maat, qui vérifie l'impureté. Dans cette carte, Anubis symbolise l'élimination de toute action impure qui n'est pas de la Lumière et qui cause un déséquilibre sur l'Arbre de Vie. Dans le jeu de Wang, le sol est en damier, en référence au sol noir et blanc du temple de l'Aube Dorée.

Dans le *jeu de Tarot Rider-Waite*, l'imagerie similaire de la carte de la Justice véhicule les mêmes idées. Cependant, la figure féminine est vêtue de rouge au lieu de vert, et il n'y a pas de chacal. Elle porte également une couronne, pour représenter son autorité. Les trois jeux présentent des couleurs différentes en arrière-plan, allant du vert au gris, en passant par le bleu et même le violet-violet. Le violet-violet du *jeu de Tarot Rider-Waite* représente l'intuition nécessaire pour percevoir la vérité dans la réalité. Il doit y avoir un équilibre entre l'intuition et la logique pour que l'individu soit capable de rendre la vraie justice.

La lettre Hébraïque attribuée à cette voie est Lamed, qui signifie "aiguillon à bœuf" ; le bâton utilisé pour encourager la Bête à continuer d'avancer. Dans ce cas, la Bête est notre Égo et le corps physique. La Justice est liée à la carte du Mat puisque le bœuf, l'Égo, est encouragé par l'aiguillon à bœuf. L'Égo se trouve dans l'Élément Air de la carte du Mat. L'aiguillon à bœuf nous incite à continuer d'avancer sur le chemin de manière équilibrée, en avançant dans une direction positive. Il nous contrôle lorsque nous nous éloignons du chemin souhaité.

Le signe Zodiacal de la Balance est associé à cette voie, pesant et jugeant continuellement, tout comme son symbole, la balance. Il est très actif, faisant partie des Lois Universelles. La vertu de Justice accompagne deux des autres vertus cardinales que l'on retrouve dans les cartes de l'Arcane Majeur, celles de la Tempérance et de la Force du Tarot.

La signification de ce chemin est qu'il apporte la puissance de Mars et son jugement dur, direct et féroce sur Tiphareth, le siège de l'Âme. Ainsi, il garantit que l'ensemble de l'Arbre de Vie est en équilibre. Ce chemin corrige constamment un déséquilibre. Par exemple, si vous êtes déséquilibré dans vos actions et que vous êtes trop miséricordieux, l'Épée de Geburah basculera du côté de la sévérité. Si vous êtes excessivement sévère et tyrannique même, l'Épée de Geburah se tournera du côté de la Miséricorde.

L'Épée métaphorique coupe tout signe de déséquilibre de manière martiale et nécessaire. Son action est similaire à celle d'un pendule - elle oscille d'avant en arrière en compensation des côtés opposés. Elle continue à le faire jusqu'à ce qu'un équilibre soit atteint. À tout moment, l'Épée de Geburah perpétue l'harmonie, l'équilibre et le mouvement vers l'avant. On l'appelle souvent l'Épée de la Justice, car son but est de maintenir ce qui est juste aux yeux de Dieu, le Créateur.

Dans une Divination, la Justice est une carte Karmique représentant l'équité, la vérité, la loi, l'équilibre, la clarté, la cause et l'effet. Lorsqu'elle est inversée, elle implique le déséquilibre, le manque d'équilibre, l'injustice, l'irresponsabilité et la malhonnêteté.

Figure 21: Clés du Tarot (Douze à Quinze)

LE PENDU

Le Pendu est la Douzième Clef du Tarot, et le Vingt-troisième Sentier de l'Arbre de Vie, reliant Hod et Geburah. Son titre Magique est "l'Esprit des Eaux Puissantes", ce qui signifie que l'Élément Eau (transitionnel) lui est attribué. Le chemin du Pendu est un chemin de sacrifice de soi et la notion de la mort Divine. Il est lié aux récits du Dieu mourant, notamment le mythe d'Osiris et la crucifixion de Jésus-Christ. Dans ces deux récits, la figure Divine passe par un processus de mort et de renaissance, devenant quelque chose de plus grand que son Moi passé. En ce sens, la mort métaphorique est une étape obligatoire pour permettre à quelque chose de nouveau et de meilleur de renaître.

"Le Pendu est la Sévérité de la Splendeur, et l'exécution du jugement; Mars agissant par l'Eau sur Mercure." - S. L. MacGrÉgor Mathers; "Notes on the Tarot".

La citation ci-dessus décrit l'essence de la voie du Pendu. La puissance exigeante de l'Élément Feu de Mars utilise l'énergie d'amour inconditionnel de l'Élément Eau pour affecter la Sphère de Hod, l'intellect. L'abnégation devient un acte de compassion, appliqué soit à Soi-même, soit à d'autres êtres humains. Cette action au nom du Soi Supérieur entraîne l'aspect émotionnel de la souffrance, que l'intellect interprète comme un geste honorable. De cette façon, l'esprit apprend la valeur d'un tel acte et l'accomplir devient une obligation Divine, sachant qu'à travers la souffrance, on se renouvelle.

Dans les jeux de Tarot de l'Aube Dorée, le thème central est la figure d'un homme suspendu à l'envers à un arbre, en forme de la lettre Hébraïque Tav, la dernière lettre de l'alphabet Hébraïque. Dans ce cas, l'arbre symbolise à la fois le début et la fin de l'Univers. Les jambes de l'homme sont croisées, suggérant la Croix Fylfot, une allusion à Kether et aux premiers tourbillons. Ses bras sont croisés, représentant le symbole inversé du Soufre et l'énergie ardente de Geburah qui filtre vers le bas sur ce chemin. La couleur prédominante est le bleu, qui représente l'Élément Eau. Son body est orange, faisant allusion à Hod, la Séphirah de l'intellect.

Le jeu de Tarot Rider-Waite reprend les mêmes Éléments de la carte, à la seule différence que les mains de l'homme sont attachées derrière son dos et non au-dessus de sa tête. De plus, un halo est représenté autour de sa tête, symbolisant la descente de l'Esprit dans la Matière par le sacrifice de soi. Ce lien avec l'Esprit est également illustré par la couleur prédominante de la carte, le violet clair, qui représente Sahasrara, le Chakra de la Couronne. Cette carte évoque la transformation et l'incarnation de Dieu en un homme - le Soi Supérieur descendant dans le Soi Inférieur. L'homme porte un pantalon rouge, représentant le corps physique et les passions humaines, tandis que sa chemise est bleue, représentant le calme dans ses émotions. Le jaune autour de son auréole et de ses chaussures représente une intelligence vive.

"Ésotériquement, le Pendu est l'Esprit humain qui est suspendu au Ciel par un seul fil. La sagesse, et non la mort, est la récompense de ce sacrifice volontaire au cours duquel l'Âme humaine, suspendue au-dessus du monde de l'illusion, et méditant sur son irréalité, est récompensée par l'accomplissement de la réalisation de Soi." - Manly P. Hall ; extrait de "The Secret Teachings of All Ages" (Les Enseignements Secrets de Tous les Âges)

Bien qu'il soit suspendu la tête en bas, le visage du pendu est calme et paisible, suggérant une transcendance sans souffrance. Ce geste suggère la joie que procure le sacrifice de Soi, qui n'est pas censé être un fardeau comme on pourrait le croire au premier abord. Ce sacrifice a lieu au-dessus des " Eaux de Mem ", exaltant le Pendu par un amour inconditionnel. Mem, l'une des trois lettres Mères, est la lettre Hébraïque associée à cette carte, qui signifie "eau".

Le pendu représente le Baptême de l'Eau, l'Élément de l'amour inconditionnel. Ce chemin est celui de l'auto-crucifixion, une entreprise intellectuelle nécessaire pour passer de l'esprit en Hod au Feu de Geburah. Vous ne pouvez pas atteindre les royaumes supérieurs du Soi et vous aligner sur votre Vraie Volonté sans franchir cette étape de crucifixion et de sacrifice de vous-même - l'Égo et son élan d'action. Par le sacrifice de Soi, vous atteignez la réalisation de Soi.

Le Pendu est une carte pertinente qui est constamment à l'œuvre dans la vie des personnes qui subissent un processus de transformation Kundalini. L'éveil de la Kundalini étant une transformation du Soi à de nombreux niveaux, le sacrifice de Soi devient un Élément clé de la construction de l'énergie d'amour inconditionnel au sein du Soi. C'est également un ingrédient essentiel à la construction de l'éthique et de la morale en perpétuant continuellement la transformation recherchée par l'énergie Kundalini.

Au fur et à mesure que vous vous abaissez au nom de l'amour inconditionnel, votre Esprit s'élève, vous permettant de sortir de votre Égo et de vous transformer. En revanche, si vous ne pratiquez pas l'abnégation à cet égard, vous demeurerez et vous vous accrocherez à l'Égo, ce qui vous causera beaucoup de souffrance Spirituelle, mentale et émotionnelle.

Dans une Divination, le pendu représente le sacrifice, le martyre, la reddition et la libération. C'est une carte de souffrance dont la personne sort plus sage. Lorsqu'il est inversé, le pendu représente l'égoïsme, la peur du sacrifice, les sacrifices inutiles, l'immobilisme, la résistance et l'indécision.

LA MORT

La Mort est la Treizième clé du Tarot, et le Vingt-Quatrième chemin de l'Arbre de Vie, reliant Netzach et Tiphareth. Le titre Magique de cette carte est "l'Enfant du Grand Transformateur". La Mort est un chemin significatif lors de l'ascension de l'Arbre de Vie par le chemin inversé de l'Épée flamboyante. C'est une initiation au cours de laquelle la personnalité (l'Égo) meurt volontairement pour se transformer en Soi Supérieur et atteindre la connaissance. L'idée clé ici est la notion de transformation, les points de vue Égocentriques étant transformés en pensées purifiées. L'Égo est soumis au fil du temps tandis que le Soi Supérieur prend le contrôle de l'esprit, du corps et de l'Âme.

"La Mort est la Souveraineté et le résultat de la Victoire ; Sol agissant par le Scorpion sur Vénus, ou Osiris sous le pouvoir destructeur de Typhon affligeant Isis." - S. L. MacGrÉgor Mathers; "Notes on the Tarot".

La citation ci-dessus décrit l'énergie de la carte de la Mort sur l'Arbre de Vie. Le Scorpion est souvent associé à la mort en raison du pouvoir du scorpion de tuer par sa piqûre. Cette mort est un type de régénération car les pensées et les émotions sont transformées, considérant que le Scorpion est le Sous-Élément Air de l'Eau. La victoire est atteinte lorsque les désirs du Moi sont concentrés sur la transformation du Moi. L'Égo barre la route au Soi Supérieur; ainsi, une transformation doit se produire avant que l'Esprit puisse descendre dans le Soi.

Typhon et Apophis (en Grec) sont d'autres noms associés à Seth, le frère maléfique d'Osiris qui l'a tué pour prendre son trône de Pharaon d'Égypte. C'est Isis qui a "remembré" Osiris après que Seth l'ait découpé en morceaux et les ait dispersés dans toute l'Égypte. Une fois le corps d'Osiris restauré, leur fils Horus a été conçu à titre posthume. Horus a ensuite combattu et vaincu Seth, reprenant ainsi le trône.

Seth représente l'Égo, l'adversaire, dans l'histoire ci-dessus, faisant également allusion à Satan (le Diable). Le mot "coucher de soleil" correspond à Seth car il symbolise la disparition de la Lumière et l'arrivée des ténèbres. Osiris représente l'Âme et le Moi supérieur. L'Égo étant l'adversaire de l'Âme dans la vie, Seth (l'Égo) déchire Osiris (l'Âme) en morceaux et prend son trône dans le Royaume. Le Royaume est le corps physique, tandis que le trône est le siège de la conscience. Seth régnant sur le Royaume symbolise le dépassement de la conscience par l'Égo, qui prend ainsi le contrôle du corps physique.

Comme Isis représente la polarité féminine du Soi Supérieur, c'est son amour, sa foi et sa sagesse qui restaurent Osiris, le réincarnant en son fils Horus. L'une des leçons de la vie est que nous devons traverser l'obscurité pour voir la Lumière. À mesure que notre Moi se développe et finit par usurper le Soi, nous acquérons des connaissances et une sagesse tout au long du voyage de notre vie, ce qui nous pousse à rechercher une transformation Spirituelle.

Horus est le symbole du Soleil et a le même anniversaire que Jésus-Christ: le 25 décembre. Cette date se situe juste après le Solstice d'hiver, qui représente la période de l'année où les jours commencent à rallonger car la Lumière du Soleil est en augmentation. Horus symbolise la Lumière présente à l'intérieur, l'Âme, qui provient du Soleil. L'Âme montre le chemin de la vie en tant que source de la sagesse et de la compréhension ultimes. Horus symbolise également la Conscience Cosmique, à laquelle nous sommes reliés de manière inextricable. En prenant la responsabilité de notre évolution Spirituelle, nous réalisons que nous devons devenir notre propre Messie. Nous devons transformer l'Égo et nos vieilles pensées et émotions afin de pouvoir nous reconnecter avec notre Âme et notre Soi Supérieur et évoluer en conscience.

Comme le chemin de la carte de la Mort mène de Tiphareth à Netzach, la Planète Vénus joue également un rôle dans son mystère. Vénus, la Lumière de l'Étoile du Matin, a été associée à Jésus-Christ mais aussi à Lucifer, le porteur de Lumière. Il existe un malentendu dans la société concernant la nature de Lucifer, qui a reçu une réputation négative au fil des âges. Par essence, Lucifer est l'initié des Mystères du Cosmos, au début de son chemin vers l'Illumination. Il est la "Lumière dans les Ténèbres" et le désir d'être quelque chose de plus significatif - un être Spirituellement exalté.

Dans les jeux de Tarot de l'Aube Dorée, l'Égo est représenté démembré, avec une figure squelettique brandissant la *Faux de Saturne*, coupant ses membres et les laissant sur le sol. Le squelette est ce qui, seul, survit au pouvoir destructeur du temps. C'est la base sur laquelle notre structure biologique est construite. Le corps physique peut alors abriter notre Âme et notre conscience. Le squelette survit aux changements du Temps et de l'Espace, car la nature travaille de bas en haut. D'autre part, le pendu représente le pouvoir de transmutation de l'Esprit qui travaille du haut vers le bas.

La Mort représente le démembrement de l'ancien Moi et la transformation en un nouveau Moi - le thème central de cette carte. Il s'agit d'une étape vitale qui doit être entreprise de votre propre gré avant d'atteindre les Sephiroth supérieures de l'Arbre de Vie. Avant de pouvoir faire l'expérience de la résurrection et de la renaissance au sein de Tiphareth, vous devez obtenir la victoire sur Netzach et les désirs inférieurs. Pour tout dans l'Univers, la mort de l'ancien est la renaissance du nouveau. L'énergie ne peut être détruite, elle peut seulement être transformée en différentes formes. La couleur prédominante dans les jeux de Tarot de l'Aube Dorée est le bleu-vert, les deux teintes dominantes du Monde visible de la Matière.

Dans le *jeu de Tarot Rider-Waite,* une représentation différente est proposée pour transmettre la même idée. Un squelette en armure chevauche un cheval blanc. La figure du squelette, dans ce cas, représente la *Faucheuse,* un symbole de la mort. Son armure indique l'invincibilité, ce qui signifie que personne ne peut éviter ou détruire la mort. Le cheval blanc est un symbole de pureté puisque le but de la mort est de purifier l'ancien. Autour de lui, il y a des morts et des mourants de toutes classes, y compris des rois, des évêques et des roturiers. Il porte un drapeau noir avec une fleur blanche au milieu. La fleur et le Soleil couchant à l'arrière-plan symbolisent le fait que l'acte de mort est une transformation en quelque chose de plus élevé et de lumineux.

Dans la représentation de la carte de la Mort par Ciceros, la moelle épinière du squelette se termine comme un serpent sur le sol, symbolisant ainsi l'énergie Kundalini dans son état de potentiel à la base de la colonne vertébrale dans la région du coccyx. L'ensemble du processus d'éveil de la Kundalini est directement lié à la carte de la Mort. Son but est de transformer l'Égo pour atteindre la vibration du Soi Supérieur. Les scories et la négativité disparaissent lentement grace au feu intense qui se développe avec l'énergie de la Kundalini. C'est le même concept que lorsque vous portez de l'eau à ébullition par l'application du feu (chaleur); vous changez son état et la purifiez par l'évaporation des impuretés. La purification du Soi est un processus de transformation perpétuelle. La Mort est une étape nécessaire à franchir pour que quelque chose de nouveau soit créé, quelque chose de pur.

La lettre Hébraïque Nun, qui signifie "poisson", est associée à cette carte. Elle fait allusion à la nature fluide et aqueuse du chemin, car ce sont les émotions de l'Égo que vous devez surmonter avant de pouvoir vous élever en conscience. L'eau présente dans cette carte est l'eau de la putréfaction. Dans la version Ciceros de la carte du Tarot, une image du scorpion est affichée (faisant allusion au signe Zodiacal du Scorpion), tandis que dans la version Wang, on trouve un aigle à la place. L'aigle représente l'Élément Eau dans son état purifié.

Dans une Divination, la Mort représente la fin d'un cycle, un nouveau départ, le changement, la métamorphose, la transformation et la transition. La mort entraîne généralement des fluctuations et des douleurs, qu'elles soient de nature mentale, émotionnelle ou même physique. Lorsqu'elle est inversée, la carte de la Mort représente la résistance au changement, l'immobilisme et la stagnation.

TEMPÉRANCE

La Tempérance est la Quatorzième Clé du Tarot, et le Vingt-cinquième Sentier de l'Arbre de Vie, reliant Yesod et Tiphareth. Le titre Magique de cette carte est "Fille des Réconciliateurs, Porteuse de Vie". La Tempérance représente un équilibre entre les Quatre Éléments et un jeu sur la dualité. La lettre Hébraïque Samekh, qui signifie "accessoire", est attribuée à cette carte. L'accessoire est la figure féminine de l'image, Aima Elohim elle-même, dans l'une de ses nombreuses formes. Elle représente la Triade Céleste, la partie éternelle du Soi, qui agit comme un étai-support.

"La Tempérance est la Beauté de sa Base ferme ; la Souveraineté du Pouvoir Fondamental; Sol agissant par le Sagittaire sur Luna." - S. L. MacGrÉgor Mathers; "Notes sur le Tarot".

La citation ci-dessus décrit l'énergie de la carte Tempérance. Le Sagittaire est l'énergie du Sous-Élément Eau du Feu et représente donc l'équilibre - la volonté équilibrée par l'amour inconditionnel. C'est aussi la logique et la raison contrebalancées par les émotions. En utilisant les parties opposées du Soi de manière constructive, nous pouvons couper à travers l'illusion de la Lune pour atteindre la vérité du Soleil. La Tempérance est essentiellement le processus permettant d'atteindre cet objectif, qui ne peut être réalisé que par l'application consciente des Éléments Feu et Eau.

Dans les jeux de Tarot de l'Aube Dorée, il y a une figure géante d'une femme vêtue d'un vêtement bleu, tenant en équilibre deux vases de Feu et d'Eau, avec un symbole Tattvic de Terre sur sa poitrine. Elle se tient debout, un pied dans l'eau et un pied sur la Terre. Dans cette carte, nous trouvons un équilibre entre les Éléments Eau et Feu tout en opérant à partir du fondement de l'Élément Terre. Les Éléments, dans ce cas, représentent l'esprit créatif et la matière physique. Un volcan en arrière-plan et le Soleil au-dessus de sa tête symbolisent les différents aspects de l'Élément Feu présents - terrestre et Solaire. En outre, elle a des ailes d'Archange pour représenter l'Élément Air et la transcendance de la pensée.

L'arc de Quesheth est représenté dans la version de la carte de Ciceros - formé des trois parties les plus basses de l'Arbre de Vie. Il représente l'ascension de l'Égo, ou du Soi inférieur qui se trouve dans Yesod, qui cherche à atteindre l'Union Spirituelle avec le Soi Supérieur dans Tiphareth. En tant que telle, cette carte est attribuée au Sagittaire, l'Archer. Le mouvement de traction de l'arc de Quesheth requiert les forces opposées des Éléments Feu et Eau qui se trouvent dans les chemins opposés Shin et Qoph - le Jugement et la Lune. Elles sont maintenues ensemble par le pouvoir restrictif de Saturne, situé dans le chemin de Tav (la carte de l'Univers) sous Tempérance. Le chemin qui traverse la Tempérance est la Tour. Il contient les énergies de Mars, qui concentrent les forces conscientes et subconscientes que l'on trouve dans les chemins du Jugement et de la Lune. La carte Tempérance comporte des couleurs représentant les Quatre Éléments, comme le bleu, le rouge, le jaune et le vert.

Dans le *jeu de Tarot Rider-Waite*, une image similaire est affichée dans la carte, la principale différence étant qu'un carré remplace le symbole Tattwic de la Terre sur sa poitrine avec un triangle jaune à l'intérieur. Les vases ne sont pas non plus rouges et bleus comme dans les jeux de l'Aube Dorée, mais dorés. Ici est représentée la dilution du vin avec de l'eau, symbole de la Tempérance - l'une des vertus cardinales. La palette de couleurs est également un peu différente, avec l'ajout d'un ciel violet, représentant la connexion au Chakra le plus élevé - Sahasrara, la Couronne. Il représente la Triade Céleste ainsi que le Soi Supérieur.

Il existe une similitude entre le chemin de la Tempérance et le chemin des Amoureux. Ils impliquent tous deux la Tempérance consciente des énergies positives et négatives au sein du Soi, vous permettant de transcender une conscience plus élevée. Cette unité des énergies en conflit crée un équilibre dans le Soi, qui donne lieu à une "Vision de Beauté" expérimentée dans Tiphareth. Dans le cas de la carte de la Tempérance, cela peut aboutir à une conversation avec le Saint Ange Gardien - le Soi Supérieur. Avant que cela ne se produise, cependant, vous devez atteindre un haut degré de contrôle sur votre nature sexuelle et animale, que l'on retrouve dans Yesod. Comme ce chemin mène directement du Soi inférieur au Soi Supérieur, il est connu sous le nom de *Nuit Noire de l'Âme.*

Dans une Divination, la carte Tempérance représente la patience, l'équilibre et la modération. Elle signifie une combinaison d'énergies et de choses qui se rejoignent. Lorsqu'elle est inversée, la carte de la tempérance représente le déséquilibre, l'impatience, l'excès, un comportement extrême et un conflit général d'énergies ou d'intérêts.

LE DIABLE

Le Diable est la Quinzième Clé du Tarot, et le Vingt-sixième Sentier de l'Arbre de Vie, reliant Hod et Tiphareth. Le titre Magique de la carte est le "Seigneur des Portes de la Matière, l'Enfant des Forces du Temps". Il y a un fort sentiment sexuel dans ce chemin. Il fait allusion à la luxure et à la perversion représentées dans l'histoire de Sodome et Gomorrhe de l'Ancien Testament. Le sexe pour le simple plaisir du corps est une force qui lie les Portes de la Matière à travers le vice de la luxure. Le but de la carte du Diable est de lier nos Âmes au Monde de la Matière en faisant appel à nos sens corporels. Le Diable est donc la Matière elle-même et ses qualités séduisantes. Plus, nous nous alignons sur le Monde de la Matière et le considérons comme la seule chose réelle, plus nous nous éloignons de l'Esprit.

"Le Diable est la Souveraineté et la Beauté de la Splendeur Matérielle (et donc Fausse) ; Sol agissant par le Capricorne sur Mercure." - S. L. MacGrÉgor Mathers; "Notes sur lc Tarot".

La citation ci-dessus décrit l'essence du chemin du Diable sur l'Arbre de Vie. La splendeur est obtenue par la compréhension consciente de la réalité Spirituelle en appliquant la logique et la raison. En utilisant la logique et la raison pour accepter le Monde de la Matière comme réel, on obtient une fausse splendeur. La beauté atteinte est transitoire et ne comble pas l'Âme. Dans la carte du Diable, nous devons toujours nous interroger sur ce qui est réel et irréel, sans accepter l'Univers matériel comme la vérité ultime, mais simplement une manifestation de quelque chose de beaucoup plus élevé.

Le Capricorne, le signe du Sous-Élément Feu de la Terre, est attribué à cette voie. Comme le Capricorne est gouverné par la Planète Saturne, il est relié à Binah. Par conséquent, la dualité est présente dans cette carte, la manifestation supérieure et inférieure - le Haut et le Bas.

Dans les jeux de Tarot de l'Aube Dorée, une immense figure représentant le Diable se tient sur l'autel cubique noir de l'Univers, avec deux humains nus, homme et femme, enchaînés à lui. Ils ont chacun des cornes sur la tête, représentant l'influence de l'énergie Démoniaque ou négative. Pourtant, ils semblent heureux et satisfaits d'être là où ils sont. Le corps du Diable représente les Éléments du Royaume Physique. Les ailes font allusion à l'Élément Air, les jambes velues à la Terre, les serres d'aigle à l'Eau et la torche dans sa main au Feu. La torche est dirigée vers la Terre, symbolisant le Feu et la manifestation terrestres.

Un Feu brûle dans la région de l'aine du Diable, faisant allusion à la puissance sexuelle brute de cette voie. La tête du Diable a la forme du Pentagramme inversé, suggérant la domination de la Matière sur l'Esprit - l'Égo exalté sur le Soi Supérieur. Le Diable tient une corne de bélier du Bélier, symbolisant l'énergie martiale et féroce qu'il possède. Les couleurs prédominantes de la carte sont le brun doré, le brun, le noir, le gris et l'indigo. Toutes ces couleurs se rapportent aux aspects les plus sombres de la Terre dans son état statique. Dans le jeu de Tarot de Ciceros, l'or et les richesses sont affichés en arrière-plan, ce qui représente les objectifs illusoires de notre existence physique et mondaine.

Une imagerie presque identique et des couleurs similaires sont utilisées dans le *jeu de Tarot Rider-Waite*. Dans ce cas, cependant, le personnage du Diable a des cornes de bélier sur la tête au lieu de tenir la corne de bélier. Il lève une main, montrant aux humains qu'il vient d'en haut, ce qui est un mensonge et une tromperie de sa part. L'homme de la carte a une flamme sur la queue, tandis que la femme a des raisins sur la sienne. Ce sont les symboles des passions brutes et de l'intoxication par la qualité séduisante du monde matériel. La couleur noire pure de l'arrière-plan représente Malkuth, la Terre.

L'inspiration derrière la carte du Diable provient en partie de la célèbre illustration de Baphomet par Eliphas Levi dans *Transcendental Magic: Its Doctrine and Ritual.* Baphomet est une idole d'une Divinité que les Templiers auraient vénérée et qui a ensuite trouvé sa place dans diverses traditions Occultes et Mystiques. Il s'agit d'un symbole de l'équilibre des opposés que l'on trouve dans la nature.

Le Diable travaille avec la carte de la Mort; comme la Mort représente la transformation et la transmutation du Bas vers le Haut, la carte du Diable représente la force de liaison du Soi inférieur au Monde de la Matière. L'un est centrifuge, il recherche le changement, tandis que l'autre est centripète, car il veut que les choses restent telles qu'elles sont. Le Soi inférieur craint et déteste le processus de changement, et c'est pourquoi il cherche continuellement à nous maintenir liés au Monde de la Matière. Mais notre évolution Spirituelle dépend de la désintégration et du renouvellement de la force Vitale. Ainsi, alors que la carte du Diable nous attire, la carte de la Mort renouvelle et régénère notre Être global.

À première vue, il s'agit d'une carte très déroutante, généralement prise pour quelque chose de Maléfique ou de négatif, étant donné que dans le Christianisme, le Diable est reconnu comme l'antithèse de Dieu. Cependant, ce que cette carte représente vraiment est simplement le matérialisme. Le Diable est le représentant et le maître de la forme manifestée. Il n'est cependant qu'une illusion de l'esprit, et rien de plus puisque notre cerveau est également constitué de matière, ce qui nous permet d'accepter la réalité qui nous entoure (dans le Monde de la Matière) comme étant réelle.

En tant qu'humains, nous avons une perception erronée du monde et de notre concept de la réalité. Sur le chemin de la carte du Diable, nous devons dépasser l'illusion de ce que nous percevons comme la réalité. Nous devons surmonter la lentille de l'Égo si nous voulons nous élever à Tiphareth, la Sphère de la résurrection. Dans *le Sepher Yetzirah*, cette voie est décrite comme le chemin du "Renouvellement de l'Intelligence". La compréhension de la carte du Diable nous permet d'acquérir de nouvelles connaissances et une nouvelle compréhension de la beauté contenue dans Tiphareth.

La lettre Hébraïque Ayin est associée à cette voie et signifie "œil". Elle fait allusion à l'Oeil de l'Esprit intérieur qui a une vision plus claire que celle des deux yeux physiques. Dans le jeu de Tarot de Ciceros, le personnage du Diable a un grand Troisième Oeil sur le front pour faire référence à ce mystère.

Dans le cadre de l'éveil de la Kundalini, nous visons à vaincre l'énergie du Diable, la liaison du Soi inférieur au Monde de la Matière par le sexe et les plaisirs corporels. Les yeux sont ceux qui perçoivent le monde matériel, qui est l'antithèse du monde Spirituel. Par conséquent, nous devons utiliser l'Oeil de l'Esprit, la singularité, pour surmonter la dualité des yeux physiques.

Comme la carte du diable signifie le matérialisme, elle représente l'illusion du Monde manifesté de la Matière. Ce monde contient en lui-même la dualité du bien et du mal. Si nous nous tournons vers le monde manifesté, il devient mauvais puisqu'il s'agit d'une fausse réalité - une matrice. Si nous nous tournons vers l'aspect Spirituel qui incarne toutes choses, il devient bon car il nourrit l'Âme.

Tout au long de l'éveil de la Kundalini, nous apprenons à dépasser la Matière et à nous accorder à l'Esprit. Le Diable devient alors le grand tentateur car il fait appel à l'Égo et à ses besoins et désirs. Ainsi, nous devons toujours chercher à vaincre le Diable et l'Égo, et cette leçon est une épreuve à laquelle nous sommes confrontés quotidiennement. En la surmontant, nous poursuivons notre évolution Spirituelle.

Dans une Divination, la carte du Diable représente le matérialisme, les comportements sexuels excessifs, la dépendance, l'obsession et le Moi inférieur - l'Égo. Lorsqu'elle est inversée, la carte du Diable représente la liberté, la restauration du contrôle, le détachement et la libération des croyances limitantes. Il est intéressant de noter que le Diable est l'une des rares cartes positives lorsqu'elle est inversée, car elle signifie qu'il faut surmonter le Royaume Matériel d'une certaine manière.

Figure 22: Clés du Tarot (Seize à Dix-Neuf)

LA TOUR (MAISON-DIEU)

La Tour est la Seizième Clé du Tarot, et le Vingt-Septième Sentier de l'Arbre de Vie, reliant Hod et Netzach. Le titre Magique de cette carte est le "Seigneur de l'Armée des Puissants". L'image principale de la carte est une Tour, symbolisant les croyances programmées que nous avons sur nous-mêmes et sur le monde qui nous entoure. Ces croyances ont façonné notre perception tout au long de l'enfance et à l'âge adulte, sous l'influence de nos parents, de nos enseignants, de nos amis et des institutions sociales. De la même manière, la Tour a été construite brique par brique. À l'âge adulte, notre Égo défend la Tour à tout prix, protégeant son identité et sa structure de croyances. Ainsi, la destruction de la Tour représente la destruction de nos anciennes croyances et conceptions de la réalité. Ce n'est qu'en détruisant l'ancien que nous créons de la place pour que quelque chose de nouveau se développe à sa place.

"La Tour est la Victoire sur la Splendeur; Vénus agissant par Mars sur Mercure; Force Vengeresse." - S. L. MacGrÉgor Mathers; "Notes on the Tarot".

La citation ci-dessus décrit l'essence du chemin de la Tour sur l'Arbre de Vie. La victoire représente le désir d'atteindre une réalité supérieure. Elle dépasse l'intellect (représenté par Mercure) puisque le mental utilise la logique et la raison pour rationaliser pourquoi les choses devraient rester les mêmes. L'Égo utilise l'intelligence pour se glorifier. Il recherche la continuité dans le fait que les choses restent telles qu'elles sont, craignant ainsi le changement. Vénus (les émotions) utilise le pouvoir de Mars (l'énergie destructive du Feu) pour se venger et se renouveler. Si l'intellect est prédominant, les sentiments souffrent car ils restent les mêmes. L'application de l'Élément Feu est nécessaire pour qu'il y ait purge et purification des pensées et des émotions, ce qui entraînera le renouvellement et le changement des systèmes de croyance. La pensée précède l'émotion, qui au fil du temps forme des habitudes, qui finissent par créer un système de croyances.

Dans les jeux de Tarot de l'Aube Dorée, un éclair rouge est représenté, frappant la Tour, indiquant une réalisation ou une illumination soudaine. En un instant, les anciennes réalités et structures de croyance sont changées à jamais. L'éclair représente les pouvoirs de Mars et de Geburah en action, car il détruit les croyances et les réalités dépassées. Le rouge est la couleur prédominante de la carte, qui représente Mars, Geburah et l'Élément Feu. Le marron est présent pour dépeindre la composante terrestre puisque nos croyances font partie de notre vie dans Malkuth, le monde physique. Le jaune est présent pour représenter la composante Spirituelle ainsi que l'Élément Air, qui sont les pensées qui ont besoin d'être renouvelées. Et enfin, le gris de la carte nous relie au pouvoir de Chokmah - le Soi Supérieur et notre volonté véritable.

La Couronne au sommet de la Tour est Kether, qui est coupée par l'éclair. Elle symbolise l'ouverture de notre esprit à de nouvelles influences venues d'en haut qui remplaceront les anciennes influences d'en bas. La carte représente des personnes tombant de la Tour pour exprimer la chute des anciennes croyances. De nombreux spécialistes du Tarot affirment que ces personnes représentent les Rois d'Edom qui régnaient sur le pays d'Edom avant qu'un roi ne gouverne le peuple d'Israël. La désolation et la terreur ont marqué leur règne, d'où leur autre nom, les "Seigneurs du Chaos". Notre rôle est de les extirper de la Tour, symboliquement, et d'éliminer ainsi toutes les influences négatives et indésirables de nos systèmes de croyance. Sur le côté droit se trouve l'Arbre de Vie avec dix Séphiroth, représentant la Lumière, tandis que sur le côté gauche se trouve un Arbre de Vie avec onze Séphiroth, faisant allusion à Daath, et au Royaume des Qlippoth - le Royaume Démoniaque et sombre.

Le jeu de Tarot Rider-Waite présente la même imagerie, mais au lieu des différentes versions de l'Arbre de Vie, c'est la lettre Hébraïque Yod qui est utilisée, avec onze Yods à gauche et dix à droite. Le Yod représente le Feu Primordial en tant que première lettre du Tétragramme, YHVH-Jehovah des Hébreux. Les couleurs sont également différentes ici, avec une prédominance du noir et du gris, représentant l'influence de Chokmah et Binah - la sagesse et la compréhension. Mais aussi, le noir est représentatif de Malkuth - la Terre.

Le chemin de la Tour est le chemin de la destruction des croyances limitantes et des anciennes réalités. Suite à cette destruction, de nouvelles créations, de nouvelles idées, de nouvelles croyances et une nouvelle réalité globale voient le jour. De plus en plus d'aspects du Soi Supérieur sont révélés dans cette nouvelle réalité. Cette voie équilibre le conflit entre Hod et Netzach, le mental et les émotions. Vous devez avoir les deux en harmonie pour aspirer et atteindre le Soi Supérieur. Le processus de croissance intérieure peut parfois être assez douloureux, car il nous oblige à nous défaire de ce que nous croyions autrefois sur le monde qui nous entoure et sur nous-mêmes.

Dans le contexte de l'éveil de la Kundalini, la carte Tour est essentielle - elle représente la purge constante des anciennes réalités et croyances une fois que le Feu intérieur de la Kundalini est libéré. Chaque jour, ce Feu brûle les impuretés, tant mentales qu'émotionnelles, et nous place dans un état constant de renouvellement - un état de devenir. Grace à ce renouvellement, nous nous élevons en conscience et nous nous alignons avec le Soi Supérieur.

La lettre Hébraïque Peh est associée au chemin de la Tour, qui signifie "bouche". La bouche est le réceptacle du langage et des vibrations. Elle représente le Verbe parlé, l'outil le plus puissant et l'atout du Mage, permettant la communication avec le Divin.

Grace à la parole, les réalités sont créées et détruites. Peh fait référence à l'histoire de la *Tour de Babel*, qui a pour thème central les limites du langage et la confusion qu'il peut apporter aux gens.

Dans une Divination, la carte Tour représente le changement soudain, la révélation et l'éveil à de nouvelles idées ou pensées. Elle implique la destruction de l'ancien, pour que quelque chose de nouveau prenne sa place. Lorsqu'elle est inversée, la carte Tour représente la peur du changement et le fait de s'accrocher aux anciennes réalités et aux anciens modes de vie.

L'ÉTOILE

L'Étoile est la Dix-Septième clé du Tarot et le Vingt-Huitième chemin de l'Arbre de Vie, qui va de Yesod à Netzach. Le titre Magique de l'Étoile est "Fille du Firmament, Habitante entre les Eaux". La notion critique sur ce chemin est celle de la méditation, qui est l'acte conscient de rechercher la Lumière Divine. Pour l'entreprendre, il faut faire appel à l'imagination et à la connaissance. La personnalité Astrale du Soi utilise les trois Séphiroth inférieures de Yesod, Hod et Netzach pour s'engager dans la méditation. La méditation révèle l'intuition, comme l'"hameçon" de la lettre Hébraïque Tzaddi est jeté dans les eaux de la création et de la conscience pure pour attraper une lueur de la connaissance Divine. L'activité de méditation consiste à rendre l'esprit immobile. Elle cherche à attirer la Lumière Divine de la Conscience Cosmique dans le Soi.

"L'Étoile est la Victoire de la Force Fondamentale; Vénus agissant à travers le Verseau sur Luna; l'espoir." - S. L. MacGrÉgor Mathers, "Notes on the Tarot".

La citation ci-dessus décrit l'énergie du chemin de l'Étoile sur l'Arbre de Vie. Le pouvoir régénérateur de Vénus, à travers le Verseau (le Sous-Élément Air de l'Air), agit sur la nature illusoire de la Lune. Vénus applique l'énergie intuitive et Spirituelle du Verseau sur la Lune pour couper l'illusion et atteindre la vérité. Une transformation se produit, et la Lumière Divine se déverse puisque la vérité est de la fréquence vibratoire du Soi Supérieur. La connexion au Saint-Ange Gardien entraîne le téléchargement d'informations Divines, autrement appelé Gnose.

Dans les jeux de Tarot de l'Aube Dorée, une figure féminine est représentée dans cette carte, représentant le Grand Féminin-Isis, Shekinah, et Mère Marie. Il s'agit de la même figure que dans les cartes Impératrice et Grande Prêtresse. Cependant, dans la carte de l'Étoile, elle est entièrement dévoilée, car elle se trouve dans un état inférieur de manifestation. La carte de l'Êtoile implique que le Grand Féminin est plus facilement accessible par l'acte conscient de la méditation. On la voit tenant deux vases opposés, versant les Eaux de la Vie (conscience pure et fluide), formant une rivière à ses pieds. Ces vases sont attribués aux Éléments Eau primordiale et Feu Primordial - Binah et Chokmah. Ces Eaux se déversent sans fin car elles reçoivent un apport constant d'énergie de l'Étoile de Vénus au-dessus de sa tête.

Dans la version de Wang de la carte de Tarot, un pied est dans l'eau et un autre sur la terre. Sept autres étoiles entourent l'Étoile centrale, faisant ainsi allusion à Vénus, puisque le chiffre sept est la Séphirah Netzach, correspondant à Vénus. Comme Vénus est une Planète transformatrice et régénératrice, elle représente ici la transformation de l'esprit de l'initié par l'acte de méditation.

L'Arbre de Vie et l'Arbre de la Connaissance du Bien et du Mal sont représentés derrière la figure féminine. Il est sous-entendu que le cadre de la carte Étoile est le jardin d'Éden, source des eaux de la Vie et de la Création. Dans les deux versions de l'Aube Dorée de la carte, un oiseau Ibis est assis au sommet de l'un des arbres. L'oiseau Ibis fait allusion à Thot des Égyptiens, qui est aussi Hermès/Mercure, le représentant de la sagesse et de la pensée Divines. Comme mentionné, le Verseau est attribué au chemin de l'Étoile. Le Verseau est le Zodiaque de "l'homme", et son attribution à l'Étoile fait allusion au nouvel Adam Kadmon, ressuscité après la chute du jardin d'Éden.

Les couleurs prédominantes de cette carte sont le violet-violet, le vert et le bleu. Le violet-violet fait référence à l'énergie transcendante et mystique présente lorsqu'on médite, car cette couleur est liée au Chakra de l'Oeil de l'Esprit, Ajna. Le vert fait référence au pouvoir régénérateur de la nature et de Vénus. Le bleu fait référence à la mer de la conscience, tandis que le jaune se trouve dans l'Étoile de Vénus. Comme Vénus représente l'amour, cela implique que l'acte de méditation est essentiellement un acte d'amour.

Dans le *jeu de Tarot Rider-Waite*, une imagerie similaire est utilisée, avec l'absence de la couleur dominante violet-violet, remplacée par un bleu ciel. Un vase verse de l'eau sur la terre, tandis qu'un autre dans l'eau. Il est sous-entendu ici que les eaux de la Création peuvent être trouvées à la fois dans les Éléments Eau et Terre. De même, un seul arbre est présent, avec une montagne en arrière-plan, représentant les hauts sommets de la conscience qui peuvent être atteints.

Comme l'Étoile fait partie de la triade de la personnalité Astrale, elle détient des Formes illusoires reçues de Yesod, la Lune. Pour aligner le Soi inférieur du triangle Astral sur les vibrations du Soi Supérieur, vous devez utiliser à la fois l'intuition et la méditation, en permettant à la Lumière Divine de se déverser dans votre esprit et d'élever votre conscience.

Dans une Divination, la carte Étoile représente le rajeunissement, l'espoir, la foi, le renouveau et la Spiritualité. Lorsqu'elle est inversée, elle signifie le manque de foi, le désespoir et une déconnexion avec l'Esprit.

LA LUNE

La Lune est la Dix-Huitième clé du Tarot, et le Vingt-Neuvième chemin de l'Arbre de Vie, reliant Malkuth et Netzach. Le titre Magique de la Lune est le "Souverain du Flux et du Reflux, l'Enfant des Fils du Puissant". Cette voie est connue comme l'"Intelligence Corporelle", responsable de la formation de tous les corps puisqu'elle relie le corps physique aux émotions. C'est un chemin hautement sexuel, avec de la luxure, des fantasmes et des illusions, car il utilise la Lumière de la Lune pour refléter vos désirs sur vous. La carte de la Lune est mieux décrite comme le subconscient, la zone du Soi qui projette la peur et les activités basées sur la peur. La lettre Hébraïque Qoph est attribuée à cette voie, signifiant littéralement "l'arrière de la tête".

"La Lune est la Victoire du matériel; Vénus agissant par les Poissons sur les Éléments Cosmiques; l'effet trompeur de la puissance apparente des Forces Matérielles." - S. L. MacGrÉgor Mathers; "Notes on the Tarot".

La citation ci-dessus décrit l'essence du chemin de la Lune sur l'Arbre de Vie. Lorsque les désirs de Vénus agissent à travers le signe Zodiacal des Poissons (Sous-Élément Eau) sur le corps physique, ils forment des émotions instinctives. Le pouvoir apparent du Monde de la Matière a une qualité séduisante, par laquelle la conscience est trompée par ses formes, les percevant comme réelles. Ce mensonge, cette illusion de réalité, affecte les émotions inférieures du Monde Astral, créant la peur au plus profond du subconscient. La peur devient alors ce qui lie la conscience au Monde de la Matière. Vaincre la peur est la première étape du voyage vers l'Illumination.

Dans les jeux de Tarot de l'Aube Dorée, deux chiens sont représentés debout sur la terre, de part et d'autre d'un chemin. Ils servent à intimider et à effrayer les écrevisses qui sortent de l'eau et s'engagent sur le chemin. Ce chemin traverse les deux tours de Chesed et Geburah (Miséricorde et Sévérité), situées sur des côtés opposés. L'écrevisse commence son chemin d'évolution, sortant des eaux primitives de la Création, symbolisant la progression de toutes les formes physiques de vie. Comme sa conscience est à un niveau bas, elle vise à évoluer. Elle désire sortir de l'obscurité et entrer dans la Lumière.

La Lune est au-dessus, elle croît du côté de Chesed. Quatre symboles de la lettre Hébraïque Yod tombent de la Lune vers la Terre. Il s'agit là d'une référence aux Quatre Mondes de la Cabale et au Feu Primal comme force directrice de l'écrevisse. La Volonté Véritable cherche à évoluer en conscience afin de pouvoir percevoir l'illimité de la Lumière et de la Conscience Cosmique. La Lune possède seize rayons primaires et seize rayons secondaires, représentant les permutations des Quatre Éléments et la dualité de chacun. Les Éléments doivent être purifiés à l'intérieur du Soi pour éliminer la peur du système énergétique.

Il est important de noter que toute la scène de la carte de la Lune se déroule la nuit car la nuit est le moment où la Lune agit sur la Terre et crée de nombreuses illusions. La nuit est aussi l'absence de la Lumière du Soleil et de la vérité. La carte Lune est un chemin de "sang et de larmes" dans lequel il faut surmonter la peur et l'illusion et la faiblesse de l'esprit, du corps et de l'Âme. Elle représente la vie de l'imagination, qui est séparée de l'Esprit, créant ainsi l'illusion. Les couleurs prédominantes de la carte sont le cramoisi, la prune et les nuances de bleu foncé, représentant l'eau et le ciel. Le vert pâle de la Terre est également présent dans la carte.

Dans le *jeu de Tarot Rider-Waite*, une imagerie similaire est représentée. La seule différence est que la Lune croissante possède quinze lettres Yods au lieu de quatre, affirmant davantage le pouvoir de guidage de l'Élément Feu Primordial. Les couleurs sont également moins pâles que celles des jeux de l'Aube Dorée. Le ciel est bleu clair, bien que la scène soit censée se dérouler la nuit. Il y a un loup et un chien, qui représentent notre nature animale. L'un est civilisé, tandis que l'autre est sauvage et féroce.

L'illusion de la réalité se produit une fois que l'Âme et la conscience individuelle sont intégrées dans la Matière. Lorsqu'une Âme naît dans ce monde, sa conscience accepte la réalité comme ce que les sens physiques peuvent percevoir. Avec le temps, l'Égo se développe pour abriter et protéger l'illusion du Soi comme étant le corps. L'Égo affirme que nous sommes un Élément distinct du monde extérieur. Il devient alors nécessaire de faire évoluer la conscience vers la Source d'où elle vient, pour libérer l'Âme. La carte du Tarot de la Lune représente le point de départ de ce voyage.

La carte Lune est le pendant de la carte Soleil, dont la lettre Hébraïque est Resh, qui signifie "tête". Par conséquent, nous avons l'esprit subconscient de la Lune et l'esprit conscient du Soleil. Le subconscient est le domaine de l'illusion, puisque la Lune ne fait que refléter la Lumière du Soleil. Le Soleil, quant à lui, projette la vraie Lumière. Par conséquent, il n'y a pas d'illusions présentes dans le Soleil, seulement la Vérité.

Comme les Poissons gouvernent la carte de la Lune, ils représentent le plus profond des profondeurs de l'Élément Eau et les émotions involontaires et instinctives. Sur le chemin de cette carte, vous êtes confronté au contenu subconscient de votre esprit, aux fantômes, aux formes illusoires et aux "squelettes dans le placard", dont l'emplacement est littéralement à l'arrière de votre tête. Ce contenu est constitué de souvenirs refoulés et d'expériences négatives qui ont été repoussés au plus profond de votre subconscient. L'obscurité est le maître de la nuit sur ce chemin, tandis que le Soleil règne le jour. En voyageant sur le chemin de la Lune, vous devez apprendre à surmonter votre peur de la nuit et de l'obscurité et à l'affronter directement, en attendant le lever du Soleil.

Dans le contexte de l'éveil de la Kundalini, la carte Lune est le premier chemin que vous rencontrez une fois que vous avez eu un éveil complet et permanent. L'obscurité vous envahit alors qu'un pont se forme entre le conscient et le subconscient grace à l'afflux d'énergie Kundalini. Toutes les peurs et les angoisses sortent en "temps réel" pour être maîtrisées lorsque cela se produit. La Lumière Astrale, qui est de qualité Lunaire, enflamme votre être intérieur, exposant vos peurs et vos Démons et les faisant remonter à la surface. Il devient alors impératif de surmonter votre négativité pour évoluer Spirituellement. Cette Lumière Astrale, le courant Lunaire, est amenée en vous par l'Ida Nadi.

Dans une Divination, la carte Lune représente les illusions, le subconscient, la peur, l'anxiété et la tromperie. Lorsqu'elle est inversée, elle signifie la libération de la peur, la confusion, l'intuition et le dépassement de la tromperie et de l'illusion.

LE SOLEIL

Le Soleil est la Dix-Neuvième clé du Tarot, et le Trentième chemin de l'Arbre de Vie, reliant Hod et Yesod. Le titre Magique de la carte est le "Seigneur du Feu du Monde". C'est le chemin du Soleil qui réconcilie l'aspect Divin du Soi avec l'aspect animal. La Planète Soleil est attribuée à cette voie. Bien qu'elle soit considérée comme l'une des Sept Planètes Anciennes dans le cadre Qabalistique, le Soleil est, en fait, l'Étoile centrale de notre Système Solaire autour de laquelle tournent toutes les autres Planètes de ce système.

"Le Soleil est la Splendeur d'une Base Ferme; Mercure agissant par le Soleil sur la Lune." - S. L. MacGrÉgor Mathers; "Notes sur le Tarot".

La citation ci-dessus décrit l'essence du chemin du Soleil sur l'Arbre de Vie. Mercure transmet l'intelligence par la Lumière du Soleil, sur la fondation du monde - la composante Astrale de la réalité, représentée par la Lune. La splendeur est atteinte lorsque toutes les formes Astrales vivantes sont animées par la Lumière, qui devient accessible par l'esprit.

Dans les jeux de Tarot de l'Aube Dorée, la carte montre un garçon et une fille, nus, se tenant la main, l'un d'eux sur la terre et l'autre dans l'eau. Le Soleil brille au-dessus d'eux, avec douze rayons qui en émanent. La moitié des rayons sont projetés sous forme de lignes ondulées pour représenter la vibration, tandis que l'autre moitié est constituée de lignes droites, qui représentent le rayonnement. Ensemble, les rayons symbolisent les énergies masculine et féminine, tout comme le garçon et la fille. Derrière le garçon et la fille se trouve un mur construit à partir de nombreuses pierres individuelles, représentant le cercle du Zodiaque qui contient les enfants, les maintenant liés sous son influence. Lorsque les enfants auront accru leurs connaissances et leurs capacités intellectuelles, ils seront en mesure de franchir le mur. En d'autres termes, ils seront capables de surmonter les influences de l'énergie Zodiacale sur eux.

Il y a sept Yods Hébraïques de chaque côté du Soleil, représentant l'influence du Feu Primal du Père, Chokmah, descendant sur la Terre à travers le Soleil, sa progéniture (Fils). Le chiffre sept représente les sept Planètes et leurs pouvoirs. Il y a dix fleurs sur le sol, représentant les dix Sephiroth de l'Arbre de Vie. Dans le jeu de Wang, elles sont toutes sur la Terre, tandis que dans le jeu de Ciceros, cinq sont sur la Terre tandis que les cinq autres sont dans l'eau.

Les enfants représentent les Éléments passifs de l'Eau et de la Terre, tandis que le Soleil et les Yods descendants représentent les Éléments actifs de l'Air et du Feu. Ainsi, les Quatre Éléments sont présents dans cette voie. Les couleurs prédominantes sont le bleu ciel, représentant l'Élément Air, le jaune/orange du Soleil, représentant l'Élément Feu, le vert de la Terre, représentant l'Élément Terre, et le bleu de l'eau, représentant l'Élément Eau. Le mur est gris, symbolisant Chokmah et le cercle du Zodiaque.

Dans le *jeu de Tarot Rider-Waite, l'*imagerie est légèrement différente. Seul un enfant mâle est présent, nu, chevauchant un cheval blanc. Des tournesols sont à l'arrière-plan, et l'enfant tient un drapeau rouge, représentant le sang du renouveau. Le Soleil est anthropomorphisé car il est souriant, ce qui laisse supposer une réussite. L'imagerie de la carte affirme que l'esprit conscient et l'intellect ont pris le dessus sur les peurs et les illusions de l'esprit subconscient. Comme l'enfant découvre un nouveau mode de fonctionnement, son innocence est renouvelée, ce qui lui donne de l'espoir pour l'avenir. Les couleurs prédominantes sont le jaune, le rouge, le blanc et le gris.

Le Zodiaque a une grande influence sur une personne en termes de caractère et de personnalité tout au long de sa vie. En créant le thème de naissance d'une personne, les astrologues utilisent les énergies Zodiacales du Soleil pour le produire. Ainsi, cette voie est connue sous le nom de "Collecte de l'Intelligence". Il est mieux décrit comme l'énergie intellectuelle ou le processus de pensée, et c'est le premier chemin du Triangle Astral de la personnalité de l'initié. Ce chemin crée une connexion entre Yesod - le fondement Astral de toute Matière - et Hod - le mental et l'intellect.

La lettre Hébraïque Resh, qui signifie "tête", est attribuée au chemin de la carte Soleil, qui représente l'esprit conscient qui assimile les informations et les connaissances de l'environnement. La personnalité utilise ensuite ces informations pour rechercher une réalité plus élevée que celle du Royaume matériel. Comme Resh est une lettre double, elle a une double signification, liée à ce qui se passe quand on a trop de Soleil - il brûle et roussit la Terre. En tant que telle, cette voie implique un équilibre nécessaire entre l'intellect (le mental) et les émotions.

Le mythe d'Icare, qui s'est brûlé les ailes en volant trop près du Soleil, illustre ce qui se passe si nous ne faisons pas attention à l'énergie du Soleil. Il faut l'approcher avec révérence et humilité si nous voulons bénéficier de sa puissance.

En ce qui concerne l'éveil de la Kundalini, cette voie est l'intelligence qui est améliorée et évolue au fur et à mesure que l'individu éveillé reçoit l'influx de la Lumière de la Kundalini, la Lumière même du Soleil, à travers le Pingala Nadi. Ce n'est pas seulement l'intelligence qui évolue grace à l'éveil de la Kundalini, mais aussi le caractère concernant le fait de dire la vérité, car cela devient un mode de vie naturel avec le temps.

"Il n'y a pas de religion plus élevée que la vérité". - H. P. Blavatsky ; extrait de "La Clé de la Théosophie".

Jésus-Christ se désignait lui-même comme la Lumière du monde, et il était appelé le Fils (Soleil) de Dieu. Ses douze disciples étaient une représentation symbolique d'une vérité supérieure contenue dans l'ensemble des enseignements de Jésus. Jésus était le Soleil central, l'Étoile de notre Système Solaire, et les douze disciples correspondaient aux douze Zodiaques - les autres Étoiles de notre Galaxie la Voie Lactée. Il était une Divinité Solaire, et son message était que le Soleil est la plus haute représentation du Dieu-créateur, et qu'en tant que tel, nous n'avons pas besoin d'autres Dieux que lui. Ainsi, son enseignement était monothéiste. Nous sommes tous des Fils du Soleil (ou des filles), comme il l'était puisque nous sommes tous de la Lumière.

Les enseignements de Jésus sont un mode de vie, et leur base est l'amour inconditionnel et la compassion, qui sont des qualités de la Lumière. Pour atteindre le Royaume de Dieu, qui est la Conscience (Cosmique) du Christ, nous devons être ressuscités (transformés) par le Saint-Esprit. Ce n'est qu'alors que nous pourrons marcher dans la vérité et embrasser notre véritable nature.

"Je suis la Lumière du Monde ; celui qui me suit ne marchera pas dans les ténèbres, mais il aura la Lumière de la Vie." - "La Sainte Bible" (Jean 8:12)

Le Soleil est la source de nos Âmes puisque nos Âmes sont des étincelles de Lumière provenant du Soleil. Comme mentionné précédemment, les Anciens appelaient le Soleil "Sol", ce qui pourrait être l'origine du mot "Âme". Ce ne peut être une coïncidence si la prononciation est la même, car les coïncidences n'existent pas si vous êtes un étudiant des mystères du Cosmos. Chaque cause a un effet, et chaque effet a une cause, qui fonctionne comme une chaîne, dont chaque maillon est un événement passé qui a influencé un événement futur.

Il existe une correspondance entre "Âme", "Sol", et un autre mot ayant la même prononciation, "sole", qui fait référence à la plante des pieds. La plante des pieds relie l'être humain à la Terre par la force de gravité. Nous sommes tous inextricablement liés à la conscience de la Terre, et la Terre elle-même possède un éon, une Force Vitale, un corps (champ) Aurique, auquel nous sommes reliés.

Notre Âme est attachée au Soleil par l'intermédiaire de notre noyau central, notre Plexus Solaire - la Séphire Tiphareth. Les Chakras mineurs de la plante des pieds relient également notre Âme à l'éon terrestre. Par conséquent, l'être humain est le lien entre le Soleil et la Terre, le Père et la Mère, par l'intermédiaire de sa conscience. Toute cette opération est, par essence, l'expression d'une seule chose, et cette chose est Dieu, le Créateur, qui est responsable de toute la Création. Dans l'Hermétisme, cette opération est exprimée par l'axiome "Comme en Haut, comme en Bas".

Dans une Divination, la carte Soleil représente la joie, le bonheur, le succès, la vitalité, la chaleur, l'optimisme et le plaisir. Lorsqu'elle est inversée, elle représente la tristesse, la négativité, l'excès d'optimisme et la dépression en général.

Figure 23: Clés du Tarot (Vingt et Vingt-et-Un)

JUGEMENT

Le Jugement est la Vingtième Clef du Tarot, et le Trente-et-Unième Sentier de l'Arbre de Vie, reliant Hod et Malkuth. Le nom Magique de cette carte est "l'Esprit du Feu Primitif", ce qui signifie que l'Élément Feu (transitionnel) lui est attribué. Le jugement est décrit comme un baptême de l'Élément Feu. Cette carte est liée à la plus haute expression cosmique de l'Élément Feu et de l'énergie de l'Esprit. Shin est la lettre Hébraïque associée à cette voie, qui signifie "dent", faisant allusion à la décomposition de la nourriture et à sa transformation en énergie utilisable. La lettre Shin est également appelée "la Flamme Triple de l'Âme". Les trois flammes auxquelles elle fait allusion sont les trois styles de feu - Solaire, Astral et Volcanique (Terrestre).

"Le Jugement est la Splendeur du Monde Matériel ; Mercure agissant par le Feu sur les Éléments Cosmiques." - S. L. MacGrÉgor Mathers; "Notes sur le Tarot".

La citation ci-dessus décrit l'énergie du chemin du Jugement sur l'Arbre de Vie. L'Esprit Divin descend de Binah et du Pilier noir de la forme, à travers Hod, dans Malkuth - la Terre. Ainsi, toutes les choses du Monde de la Matière contiennent une contrepartie Spirituelle, et l'esprit devient le lien entre l'Esprit et la Matière.

Dans les jeux de Tarot de l'Aube Dorée, la carte du Jugement présente quatre personnages nus dans l'eau, recevant le Feu Sacré d'en haut, où l'on voit l'Archange Michel soufflant dans une trompette avec un drapeau blanc et une croix rouge. La trompette irradie un influx d'énergie Spirituelle dans les formes physiques des quatre personnages. Cette image signifie que la carte du Tarot du Jugement est un acte d'initiation au Feu sacré, l'Archange Michel servant d'initiateur. Le Triangle du Feu est également présent dans la carte pour accentuer cette idée. Chacun des personnages de la carte est chargé par l'énergie de l'Esprit provenant de la trompette de Michel.

La terre, la mer, l'air et le Soleil sont présents dans la carte du Jugement, représentant les Quatre Éléments. Deux des figures sont côte à côte, symbolisant la double nature de la Lumière Astrale. Une figure représente le Feu Volcanique, tandis que les deux autres représentent le Feu Astral. L'Archange Michel représente le Feu Solaire. Le personnage central a le dos tourné et donne le signe de la Théoricus, le grade de la Séphirah Yesod au sein de l'ordre de l'Aube Dorée. Il se tient dans un cercueil ouvert, représentant Lazare, ressuscitant d'entre les morts. Il est l'initié une fois qu'il s'est élevé jusqu'au niveau de Hod sur l'Arbre de Vie, car il reçoit l'énergie des trois autres figures de la carte. Les couleurs des Quatre Éléments se retrouvent dans la carte, à savoir le rouge, le bleu, le jaune et le brun.

Dans le *jeu de Tarot Rider-Waite*, des images similaires sont représentées, à la différence près qu'il n'y a pas seulement quatre personnages nus, mais six. Ils sont d'un teint grisâtre et se tiennent debout, les bras écartés, regardant l'ange au-dessus d'eux avec crainte. L'Ange pourrait être Michael, mais il pourrait aussi être Metatron puisque Metatron est lié à l'Élément Esprit. Certains personnages émergent de tombes avec d'énormes montagnes ou des raz-de-marée en arrière-plan. Il peut s'agir d'une référence à la mer qui rendra ses morts le jour du jugement dernier, comme le décrit le *livre de l'Apocalypse* dans le Nouveau Testament de la *Sainte Bible*. On dit que la scène entière est modelée sur la résurrection Chrétienne avant le Jugement dernier.

Le chemin de cette carte du Jugement apporte l'expérience de l'énergie Spirituelle qui descend dans la Matière. C'est un éveil à l'Esprit et à la présence du Divin. Le feu de Shin est un Feu de consécration qui brûle sans cesse les impuretés du corps, de l'esprit et de l'Âme, ne laissant subsister que l'énergie équilibrée et purifiée.

Lors de l'ascension de l'Arbre de Vie depuis Malkuth (par la Magie Cérémonielle), cette carte représente le premier chemin hors du Pilier d'Equilibre puisque le Middle Pillar est auto-équilibré. Tous les chemins qui ne sont pas sur le Pilier de l'Équilibre (Middle Pillar) sont censés être équilibrés par leurs opposés.

En ce qui concerne la Kundalini, la lettre Shin est la représentation directe de son énergie. Les trois traits de la lettre représentent les trois principaux Nadis ou canaux de l'éveil de la Kundalini. Pingala, le Nadi masculin, est lié au Feu Solaire en tant que Lumière et énergie paternelle. En revanche, Ida, le Nadi féminin, est lié au Feu Astral comme la mer de la conscience et l'énergie de la mère. Enfin, Sushumna, le Nadi (ou canal) central qui longe la colonne vertébrale, est le Feu Volcanique ou Terrestre. C'est la Terre en tant que progéniture du Père et de la Mère. Sushumna est la Matière et l'Univers physique qui régule l'énergie de la Lumière et la conscience.

Les trois traits de la lettre Shin représentent également les Éléments du Feu et de l'Eau, l'Air étant leur réconciliateur. Elle est donc liée à l'Hexagramme, ou Étoile de David, et à l'influx du Saint-Esprit dans le Christianisme. Par conséquent, le Shin est considéré comme une énergie initiatique puisque le Saint-Esprit/le Feu Kundalini initie l'aspirant à quelque chose de plus grand que lui. Le Feu de la Kundalini élargit la conscience et aligne l'individu avec son Soi Supérieur - la partie de lui qui fait partie de la Divinité.

Dans une Divination, le Jugement représente un éveil Spirituel, une initiation, une renaissance, un appel intérieur, ou une conclusion ou une décision qui doit être prise. Lorsqu'il est inversé, il signifie ignorer "l'appel", le doute intérieur, éviter de prendre des décisions et être trop dur envers Soi-même en général.

LE MONDE

Le Monde est la Vingt-et-Unième clé du Tarot, et le Trente-Deuxième chemin de l'Arbre de Vie, reliant Yesod et Malkuth. Le titre Magique de la carte est le "Grand de la Nuit du Temps". Ce chemin est le point de départ du monde intérieur, le Plan Astral, et il est appelé Le Monde parce qu'il est le reflet direct de Le Monde extérieur et de tous les Éléments qui le composent - Comme en Haut, Comme en Bas.

"Le Monde est le Fondement des Éléments Cosmiques et du Monde Matériel; Luna agissant par Saturne sur les Éléments. "S. L. MacGrÉgor Mathers; "Notes sur le Tarot".

La citation ci-dessus décrit l'essence du chemin de Le Monde sur l'Arbre de Vie. Le pouvoir réfléchissant de Luna (la Lune) agit par l'intermédiaire de Saturne (la Planète du Karma et du temps) sur l'Élément Terre et le Monde de la Matière. Ainsi, une réflexion de Le Monde matériel sous forme Astrale est créée. Le Plan Astral est le point de départ pour aller vers l'intérieur et escalader l'Arbre de Vie et ses différents états de conscience progressifs. Comme le reflet de la Lumière du Soleil, vos pensées sont le moyen de faire l'expérience du Plan Astral et de tous les plans qui le surmontent. L'énergie Karmique négative que vous avez accumulée au fil du temps se retrouve sur le Plan Astral, incarnée par des Démons personnels.

Dans les jeux de Tarot de l'Aube Dorée, la femme représentée sur la carte est la Grande Mère de Binah, avec un croissant de Lune sur la tête. Elle est une forme symbolique du Grand Féminin - Isis, Aima Elohim, et Mère Marie. Elle tient dans ses mains les deux baguettes bicéphales du pouvoir, représentant les courants positifs et négatifs. Elle est principalement nue, avec un foulard couvrant un côté de son corps. Ses jambes forment une croix, symbole de la lettre Hébraïque Tav, à laquelle ce chemin est attribué. Elle est la porte de la vie et de la mort, de l'éternité et de la mortalité, de l'Esprit et de la Matière. Elle représente également le ventre de toute la Création, la grande mer de Binah, la conscience pure et indifférenciée.

Les douze Zodiaques sont représentés sur la carte ainsi que les quatre *Chérubins* qui représentent les Quatre Éléments - l'homme, l'aigle, le taureau et le lion. Soixante-Douze étoiles ornent le Zodiaque, représentant les soixante-douze plis du nom de Dieu, le *Shemhamphorash*. Un Heptagramme ou une étoile à Sept Pointes est présent dans l'image, faisant allusion aux Sept Palais d'Assiah - les Sept Planètes Anciennes. La Planète attribuée à la carte de l'Univers est Saturne. Pour les Anciens, Saturne représentait les limites de notre Système Solaire, car ils n'avaient aucun moyen de mesurer ce qui se trouvait au-delà. En tant que telle, la carte Univers représente tout ce qui se trouve entre la Planète Saturne et nous. La couleur de fond de la carte est l'indigo, la couleur de Saturne.

Dans le *jeu de Tarot Rider-Waite*, la carte du Monde s'appelle "Le Monde". C'est un nom approprié puisque la carte Monde représente le double Astral du Monde de la Matière auquel nous participons tous. Cette carte est également liée au monde physique dans lequel nous vivons, où nous commençons notre voyage vers l'intérieur et vers le haut de l'Arbre de Vie.

Une imagerie similaire est représentée dans le *jeu de Tarot Rider-Waite*, où une femme nue tient deux baguettes et est couverte d'un foulard. Les quatre Chérubins se trouvent dans chacun des quatre coins de la carte. Au lieu des Douze Zodiaques, une couronne verte est représentée, symbolisant l'Éternité et le cercle sans fin de la vie. Le fond est bleu ciel et non indigo, comme dans les versions de l'Aube Dorée de cette carte.

La lettre Hébraïque Tav est attribuée à ce chemin, et comme il s'agit de la vingt-deuxième lettre de l'alphabet Hébraïque, c'est la dernière lettre. Elle signifie "croix", en référence au carrefour qui permet de quitter le Monde extérieur de la Matière pour entrer dans les Plans Cosmiques intérieurs.

Le Plan Astral est le premier des Plans Cosmiques que l'on rencontre en allant vers l'intérieur. Comme il s'agit de la première voie de l'Arbre de Vie qui va vers le haut, c'est comme si l'on entrait dans les Enfers, où l'on fait l'expérience de toutes les formes les plus basses du Soi. Et puisque Tav, la dernière lettre Hébraïque, est liée à la première lettre Hébraïque Aleph, elle implique une association avec la carte du Mat et le manque d'expérience et de connaissance pour discerner ce qui est réel et ce qui ne l'est pas lorsque l'on entre dans le Plan Astral.

Au début, on vous donne toutes les clés de l'Univers - les Douze Zodiaques, les Sept Planètes Anciennes et les Quatre Éléments. Cependant, comme l'enfant innocent de la carte du Mat, tu ne sais pas encore quoi faire avec ces clés. Par conséquent, vous devez monter sur l'Arbre de Vie et apprendre ses leçons pour utiliser les clés avec sagesse et compréhension.

Dans le cadre du processus d'éveil de la Kundalini, vous êtes projeté à travers la carte de l'Univers dans le Monde Astral grace à l'influx de la Lumière Astrale, qui jette un pont entre le conscient et le subconscient. La Lumière Astrale est apportée par l'énergie de la Kundalini. Par conséquent, tout initié à la Kundalini doit commencer par ce chemin; c'est l'entrée dans le Monde Astral et le début du voyage intérieur dans l'exploration de l'Arbre de Vie.

Puisque ce chemin représente le Plan Astral, il contient beaucoup d'ombres, de fantômes et de souvenirs refoulés que nous devons affronter avant de poursuivre l'ascension de l'Arbre de Vie. Il offre une précieuse leçon d'équilibre et de discrimination, car nous avons besoin de ces deux qualités pour progresser dans nos voyages Spirituels.

Dans une Divination, la carte Univers représente l'achèvement, l'intégration, l'accomplissement, l'harmonie et le voyage. Elle peut également signifier le succès et la fin d'une affaire. Lorsqu'elle est inversée, l'Univers représente la recherche de la fermeture, l'inachèvement, la dysharmonie, les retards et les raccourcis.

***

La connaissance du Tarot offre des leçons Spirituelles Universelles qui sont bénéfiques pour tout individu soucieux de sa progression Spirituelle. De plus, ces leçons concernent toute l'humanité puisque chaque humain possède son Arbre de Vie qui régit l'expression de ses différentes énergies et de sa conscience. Ainsi, les cartes de Tarot sont les clés de la sagesse Universelle et du fonctionnement de votre psyché intérieure.

Utilisez les descriptions de chaque carte de Tarot comme un outil de méditation auquel vous pouvez vous référer souvent pour acquérir la meilleure compréhension de ce sujet. Ces leçons nécessiteront de nombreuses révisions pour assimiler correctement les connaissances et gagner en sagesse.

À première vue, ces cartes de Tarot et leurs significations cryptiques peuvent sembler écrasantes et difficiles à comprendre. Rappelez-vous que l'esprit fonctionne comme un classeur; essayez donc de mémoriser le plus possible de ces connaissances. Une fois que vous aurez classé les correspondances, les nombres et les symboles de chaque carte de Tarot, vous commencerez à comprendre en profondeur les significations associées à chacune d'entre elles. Votre mémoire appartient à la plus haute Sphère manifestée du Chesed, qui est à la limite de l'Abîme de l'esprit. Votre Soi Supérieur, issu des Surnaturels, peut pénétrer dans votre conscience et vous enseigner par la Gnose une fois que vous avez mémorisé suffisamment d'informations sur les Arcanes Majeurs.

Le but du Tarot est de vous rapprocher de l'Illumination. Si vous vous consacrez à l'apprentissage des mystères du Tarot, vous apporterez de profonds changements à votre esprit, votre corps et votre Âme, faisant ainsi progresser votre Grand Œuvre. Par essence, l'unité avec le Soi Supérieur, appelé le Saint-Ange Gardien dans la tradition Qabalistique, est l'objectif global du Grand Œuvre. Cette unité apportera l'Illumination - être dans la Lumière.

SCRUTATION DU TAROT

Une méthode puissante pour obtenir la Gnose à partir des Arcanes Majeurs du Tarot est la "scrutation". Le terme "scrying" vient du mot anglais "descry", qui signifie "distinguer faiblement" ou "révéler". La Scrutation est une forme de Divination. Il s'agit d'un processus permettant d'obtenir un aperçu Spirituel d'un sujet particulier par des moyens surnaturels. Cette pratique existe depuis des milliers d'années et toutes les traditions Anciennes la pratiquaient sous une forme ou une autre.

La Scrutation nécessite l'utilisation d'un outil ou d'un support de Scrutation, qui comprend des Cristaux, des miroirs, des pierres, de l'eau, du feu et même de la fumée. Le but de ces objets est d'attirer votre conscience, d'activer et de concentrer votre Chakra de l'Oeil de l'Esprit afin que vous puissiez canaliser les informations des Royaumes Supérieurs, généralement sous forme de visions.

Dans le cas du Tarot, nous utiliserons les cartes des Arcanes Majeurs comme outils de scrutation. Pour effectuer correctement la méthode de scrutation du Tarot, vous devez acheter un jeu de Tarot si vous n'en avez pas déjà un. Je recommande vivement l'un des trois jeux de Tarot Hermétique mentionnés jusqu'à présent, mais n'importe quel jeu de Tarot suffira pour cette tâche particulière.

Isolez les cartes des Arcanes Majeures du jeu de Tarot et choisissez l'une des vingt-deux cartes que vous souhaitez scruter. Tenez la carte à une distance de 12 à 14 pouces de vous et commencez à fixer son image. Déconcentrez légèrement vos yeux pendant que vous fixez la carte avec intensité. Cela vous permettra d'utiliser votre Oeil de l'Esprit pendant ce processus et de faire en sorte que votre conscience soit complètement absorbée et immergée dans l'image de la carte de Tarot. Examinez chaque détail de la carte, y compris les motifs des nombres, les symboles et les couleurs uniques. Essayez de ne pas rationaliser ce que vous regardez, mais laissez plutôt les images vous parler tout en gardant l'esprit vide. Faites cet exercice pendant 3 à 5 minutes et efforcez-vous de ne laisser aucune pensée entrer et briser votre concentration.

Très souvent, vous recevrez des visions pendant votre séance de scrying. Il n'est pas rare que les images que vous regardez s'animent sous vos yeux. Même si elles peuvent sembler aléatoires, ces visions correspondent d'une manière ou d'une autre au thème et à la signification de la carte de Tarot que vous regardez. Dans la plupart des cas, cependant, il faut un peu de temps pour que les symboles de chaque carte s'intègrent dans votre subconscient, ce qui signifie qu'ils vous communiqueront probablement à travers vos rêves. Cette communication se fait généralement sous la forme de rêves révélateurs avec des thèmes et des images qui racontent une histoire influencée par l'énergie de la carte de Tarot que vous avez lue ce jour-là.

Le but de ces visions à travers vos rêves est de vous transmettre la Gnose et de faire progresser votre évolution Spirituelle. Elles sont destinées à vous apprendre quelque chose sur vous-même et sur l'Univers dont vous faites partie. Elles sont également destinées à vous informer sur les significations Spirituelles associées aux cartes de Tarot des Arcanes Majeures. En fin de compte, la Gnose qui vous est transmise par la scrutation du Tarot dépend de votre niveau de progression de l'Âme et de ce que vous avez besoin de savoir pour continuer à évoluer Spirituellement.

LE CERCLE DE DIFFUSION DE LA DIVINATION

La Divination du Cercle de Diffusion est une lecture efficace du Tarot qui détermine les influences Spirituelles sur vous ou sur la personne pour laquelle vous faites la lecture. Vous pouvez l'utiliser pour mieux comprendre les aspects les plus profonds de votre psyché ou de toute situation, événement ou action. La Divination du Cercle de Diffusion vous aidera à comprendre qui vous êtes, quelles sont vos intentions et vos motivations, et quelles sont les influences énergétiques qui vous entourent.

Cette Divination puissante permet d'aller au-delà des connaissances superficielles sur un sujet, une situation particulière ou une action potentielle, en révélant la vérité sur le sujet. En tant que telle, elle peut éclairer de nombreux domaines de votre vie. Elle peut également vous en apprendre plus sur vous-même que tout autre outil Spirituel à votre disposition. J'ai intégré cette Divination à mon voyage Spirituel il y a de nombreuses années et je la pratique encore aujourd'hui en raison de son efficacité.

La Table d'Émeraude affirme que "Comme en Haut, Comme en Bas", ce qui signifie que tout ce qui se manifeste dans les Plans Supérieurs finira par s'infiltrer dans le monde physique et apportera soit la récompense, soit le désastre. La Divination du Cercle de Diffusion isole la source d'une influence sur vous et vous permet de savoir si des êtres Angéliques ou Démoniaques guident cette énergie dans un Plan Supérieur.

Supposons que des cartes négatives (énergie Démoniaque) affectent une situation dans les Plans Supérieurs. Dans ce cas, vous pouvez utiliser des exercices rituels spécifiques de Magie Cérémonielle pour modifier ces énergies négatives et influencer les choses avant qu'elles ne se produisent. Ainsi, alors que le la Divination du Cercle de Diffusion peut déterminer quel type d'énergie vous affecte (ou affecte une situation) et dans quel plan elle existe, les exercices de Magie Cérémonielle peuvent être utilisés pour cibler ce plan particulier et modifier l'énergie avant qu'elle ne se manifeste. Utiliser les deux méthodes pour agir sur la réalité est la véritable voie pour devenir un Mage et acquérir une maîtrise complète de votre vie.

La Divination du Cercle de Diffusion adhère au modèle Qabalistique des Quatre Mondes concernant le processus de manifestation de l'énergie Divine. Étant donné que l'énergie Divine doit traverser les trois Plans principaux (Spirituel, Mental et Astral) avant de se manifester dans le Plan Physique, les Quatre Éléments (Feu, Eau, Air et Terre) sont impliqués dans cette Divination. Dans ce cas, comme dans celui du modèle des Quatre Mondes, l'Élément Esprit ne fait pas partie du cadre, et les quatre Plans principaux sont attribués à l'un des Quatre Éléments pour plus de simplicité.

L'Élément Feu est attribué au Plan Spirituel (volonté), tandis que l'Élément Air est affecté au Plan Mental (pensées). L'Élément Eau est attribué au Plan Astral (émotions). Enfin, l'Élément Terre est affecté au Plan Physique, le plan terrestre, en tant que stade final de la manifestation dans le Monde de la Matière. La désignation des Éléments dans le Cercle de Diffusion de la Divination est ajustée à partir du modèle des Plans Cosmiques pour donner la lecture la plus optimale en utilisant les vingt-deux Arcanes Majeurs.

Pour commencer, vous devez vous procurer un jeu de cartes de Tarot Hermétique. Je précise qu'il s'agit d'un jeu Hermétique car les vingt-deux Arcanes Majeurs doivent avoir les mêmes attributs et titres que ceux présentés dans la leçon précédente "Les Arcanes Majeurs du Tarot". Il y a une myriade de jeux disponibles sur le marché aujourd'hui, et certains des jeux les plus New Age sont un système à part entière, qui ne respecte pas les enseignements Arcaniques du Tarot. Par conséquent, si vous voulez expérimenter avec l'un de ces jeux par vous-même, c'est très bien, mais pour effectuer la Divination du Cercle de Diffusion avec précision, vous devez obtenir un jeu de cartes du Tarot Hermétique. Encore une fois, je vous recommande l'un des trois jeux que j'ai décrits dans la leçon précédente sur le Tarot. Chacun d'entre eux est optimal pour la Scrutation ou la Divination par Tirages Circulaires.

Une fois que vous avez obtenu un jeu de Tarot Hermétique, isolez les vingt-deux Arcanes Majeurs du reste des cartes. La Divination du Cercle de Diffusion n'utilise que les vingt-deux Arcanes Majeurs, et vous pouvez utiliser les descriptions du Tarot de la leçon précédente pour vous aider dans votre Divination.

Même si je vous ai donné la signification de chaque carte dans la Divination, pour vraiment devenir un bon Devin, vous devez comprendre et mémoriser la signification ésotérique, Alchimique et littérale de chacun des vingt-deux Arcanes Majeurs. Vous constaterez qu'en pratiquant la Divination plus souvent, vous deviendrez de plus en plus doué, et le processus d'obtention de l'intuition deviendra plus facile. Comme pour toute chose, c'est en forgeant qu'on devient forgeron.

PRÉPARATIONS À LA DIVINATION

Avant de s'engager dans une lecture du Tarot, il est essentiel d'être dans le bon état d'esprit et de ne pas être influencé par des énergies déséquilibrées. L'esprit doit être neutre, où vous êtes prêt à recevoir des informations des Royaumes Supérieurs. Si vous êtes en colère avant de toucher le jeu de Tarot ou même trop joyeux ou excité, vous transmettrez cette énergie sur le je, ce qui influencera la lecture.

Rappelez-vous que les cartes de Tarot sont destinées à lire les énergies du Cosmos, et qu'elles peuvent atteindre l'Inconnu pour vous donner un aperçu d'un événement futur ou d'une force qui vous influence depuis les Royaumes Supérieurs. Cependant, si vous abordez une Divination avec un excès d'énergie affectant votre psyché, les cartes de Tarot liront cette énergie à la place. En effet, l'énergie que les cartes lisent est toujours l'énergie dominante de votre Aura. Si vous faites la lecture pour quelqu'un d'autre, les cartes liront l'énergie dominante de son Aura, étant donné que c'est lui qui doit mélanger les cartes.

Avant de commencer votre Divination par le Cercle de Diffusion, vous devez vous adresser à l'espace dans lequel vous vous trouvez et le nettoyer de toute énergie stagnante ou négative. Brûler de l'encens est utile pour cette tâche, et son utilisation vous permettra de maintenir un état de solennité pendant la Divination.

Ensuite, vous devez vous mettre dans un état d'esprit équilibré, ce qui signifie que vous devez nettoyer votre Aura de toute énergie déséquilibrée. C'est pourquoi, avant de commencer tout travail de Divination, il est conseillé d'effectuer le Petit Rituel de Bannissement du Pentagramme ainsi que le Rituel de Bannissement de l'Hexagramme. Ces deux exercices rituels vous permettront de devenir une "ardoise blanche" afin que vous puissiez interpréter correctement les énergies à travers les cartes de Tarot. Vous trouverez ces deux pratiques dans la section suivante sur la "Magie Cérémonielle". "En outre, ces deux exercices rituels font partie de la Divination par le Cercle de Diffusion en termes de modèle d'étalement des cartes.

Pour interpréter correctement les cartes de Tarot, vous devez devenir un canal d'informations provenant des Royaumes Supérieurs ; votre conscience doit donc être élevée pour pouvoir le faire correctement. Votre conscience inférieure ne peut pas interpréter les cartes de Tarot, même si vous avez mémorisé la signification de chaque carte. Rappelez-vous que l'intellect n'est que la Sphère Hod sur l'Arbre de Vie.

Par conséquent, pour interpréter les cartes de Tarot, vous devez élever votre esprit vers les Supérieurs et recevoir directement de Binah (Compréhension) et Chokmah (Sagesse). C'est pourquoi il est utile d'effectuer l'exercice du Middle Pillar avant une lecture du Tarot. Cet exercice a pour but d'infuser votre Aura d'énergie Lumière, ce qui vous équilibrera et élèvera la vibration de votre conscience. Cet exercice rituel se trouve également dans la section "Magie Cérémonielle" et il est préférable de l'effectuer dans l'ordre après le LBRP et le BRH.

Votre esprit subconscient est le lien de connexion avec les Plans Supérieurs d'existence, il est donc impératif d'être dans un état où vous êtes prêt à recevoir de ces Royaumes Supérieurs. Le Chakra de l'Oeil de l'Esprit étant une porte d'accès aux Royaumes Supérieurs, il serait utile de prendre un moment pour s'y connecter. Aligner votre conscience avec votre Œil de l'Esprit vous permettra d'utiliser votre intuition pour interpréter les cartes de Tarot, ce qui est l'état d'esprit optimal dans lequel vous devriez être avant une Divination.

Par conséquent, une fois que vous vous êtes centré et ancré avec le LBRP et le BRH et que vous avez infusé de la Lumière dans votre Aura avec le MP, l'étape suivante consiste à consacrer quelques minutes à la médiation de l'Oeil de l'Esprit tout en effectuant la Respiration Carrée. Encore une fois, vous pouvez trouver ces pratiques dans la section suivante sur la "Magie Cérémonielle". "

La méditation de l'Oeil de l'Esprit vise à vous connecter au Chakra de l'Oeil de l'Esprit ; quelques minutes de cet exercice devraient donc suffire. Cependant, si vous souhaitez vous lancer dans une méditation prolongée avec cette méthode, c'est votre choix. Plus votre connexion avec votre Chakra de l'Oeil de l'Esprit est forte, plus votre Divination sera précise, car votre intuition sera renforcée.

La clé du succès d'un tirage du Tarot réside dans la réalisation de tous les préparatifs nécessaires. Comme dernière pièce du puzzle avant de commencer une lecture du Tarot, il est utile de faire une petite invocation pour invoquer les énergies Spirituelles correctes qui vous aideront à interpréter avec précision votre lecture du Tarot. Comme le Grand Ange Hru est responsable des opérations de la sagesse secrète de l'Ordre de l'Aube Dorée, il est souvent appelé par de nombreux praticiens du Tarot (dans et hors de l'Ordre) pour ses conseils en matière de Divination. Son nom est identique à celui de la Divinité Égyptienne Horus (ancien égyptien "Hru"), et de nombreux Mages pensent qu'il s'agit du même être. Il a même été suggéré que Hru est le gardien Angélique de la tradition de l'Aube Dorée; ainsi, son énergie peut avoir un impact très important dans l'exécution d'une lecture du Tarot.

Ce qui suit est une invocation du Grand Ange Hru, légèrement modifiée par rapport à la version originale de l'Aube Dorée pour mieux correspondre à l'objectif visé. Lorsque vous effectuez cette invocation, vous devez vous tenir debout, face à l'Est, et tenir le jeu de Tarot dans vos mains.

---

*"Sous l'autorité Divine de **Yooohd-Heyyy-Vaaav-Heyyy** (YHVH), le Seul Sage et le Seul Éternel, J'invoque **Heh-ru** (HRU), le Grand Ange de la Sagesse Secrète et cachée. Toi qui domines les Mystères du Tarot, comme le Sphynx domine le pays d'Égypte. Toi dont la main puissante est représentée dans les nuages du Livre*

T, le livre sacré et mystique de la Sagesse Cachée. Je t'invoque, sois là maintenant ! Transformez ces cartes de Tarot, qui ne sont plus de simples images d'art, en véritables portes d'accès aux Mondes Supérieurs. Fais de chaque carte un portail vers le véritable pouvoir qu'elle représente. Consacre et purifie ce jeu Hru. Fais de moi un canal de ta Sagesse Divine et donne-moi un aperçu de l'Inconnu afin que je puisse obtenir la Connaissance nécessaire qui m'aidera à exalter ma nature Spirituelle ou celle d'un autre. Amen"

Une fois que vous avez terminé l'invocation de Hru, visualisez un faisceau de Lumière Blanche Divine descendant du ciel sur votre jeu de Tarot. La Lumière doit s'infuser complètement dans le jeu. Imaginez que les cartes sont baignées dans cette Lumière comme une forme finale de purification et de consécration. Maintenez cette vision pendant environ dix à quinze secondes en inclinant la tête et en vous sentant reconnaissant pour cette bénédiction du Divin. Une fois que le faisceau de Lumière s'est dispersé, dessinez une croix en l'air au-dessus des cartes avec votre main dominante, tout en tenant les cartes avec votre autre main.

LA MÉTHODE DE DIVINATION

Les préparatifs nécessaires sont maintenant terminés, et vous vous êtes transformé en un canal approprié pour recevoir des informations des Royaumes Supérieurs. Tout ce qui reste à faire, c'est la Divination proprement dite. Pour commencer la Divination du cercle de Diffusion, vous devez réfléchir à la question à laquelle vous souhaitez obtenir une réponse concernant vous-même, une situation, un événement ou une action que vous souhaitez accomplir. Si vous cherchez uniquement à mieux vous connaître et à connaître les énergies qui vous entourent, précisez votre intention.

Une fois que vous êtes au clair sur l'objectif de votre Divination, gardez cette pensée à l'esprit et commencez à mélanger les cartes. Continuez à vous répéter ce but dans votre esprit encore et encore pendant que vous mélangez les cartes. Cette partie est essentielle. Ne laissez pas de pensées extérieures entrer dans votre esprit pendant le processus de mélange des cartes, car ce à quoi vous pensez déterminera la réponse que les cartes vous donneront.

Si vous effectuez la lecture pour quelqu'un d'autre, cette personne doit mélanger les cartes elle-même tout en pensant à ce pour quoi elle a besoin d'une réponse. La règle est que la personne pour laquelle la Divination est faite est celle qui doit mélanger les cartes. Prenez le temps de consacrer quelques minutes à cette partie du processus. N'importe quelle méthode de mélange fonctionne, à condition qu'il s'agisse de mélanger les cartes bout à bout. Une méthode populaire consiste à poser toutes les cartes sur la surface sur laquelle vous effectuez la Divination, à les mélanger soigneusement, puis à les ramasser.

Gardez à l'esprit que la de l'Aube Dorée n'utilisait traditionnellement pas de cartes inversées. Les cartes étaient toujours placées à l'endroit. Mais c'est à vous de choisir si vous voulez utiliser des cartes inversées ou non. Je vous recommande, au cours de votre apprentissage, de ne les disposer qu'à l'endroit et, au fur et à mesure que vous maîtrisez la Divination du Cercle de Diffusion, d'expérimenter également avec les cartes inversées.

Une fois les cartes mélangées, vous devez les couper en quatre piles (Figure 24). Ces quatre piles représentent le Tétragramme et les Quatre Éléments - Yod (Feu), Heh (Eau), Vav (Air) et Heh-final (Terre). Vous devez couper les cartes de droite à gauche, ce qui correspond à la façon de lire l'Hébreu.

Après avoir coupé les cartes en quatre piles, prenez la pile de droite et placez-la au-dessus de la pile suivante, puis prenez cette pile et placez-la au-dessus de la pile suivante. Enfin, prenez la plus grosse pile et placez-la sur la dernière pile à sa gauche. En plaçant les piles l'une sur l'autre, vous épellez le nom Tetragrammaton (YHVH), avec Yod comme carte du dessus. Vous êtes maintenant prêt à disposer les cartes.

Figure 24: Le Tétragrammaton dans La Divination du Cercle de Diffusion

Les descriptions suivantes des placements et des significations des cartes du Tarot dans la Divination du Cercle de Diffusion s'appliquent à la question ou à l'enquête sur quelque chose qui vous concerne. Toutefois, si la lecture est destinée à quelqu'un d'autre, elle s'applique à cette personne.

Retournez la première carte du dessus, qui est la carte Yod. Voici la carte la plus importante de votre Divination, la carte du Significateur. Cette carte vous représente à ce moment précis dans le temps par rapport à la situation spécifique sur laquelle vous vous renseignez. Elle représente vos énergies au moment de la lecture.

La carte suivante que vous retournez est le début de la formation de la partie Microcosmique du Cercle de Divination (Figure 25). Selon l'axiome Hermétique "Comme en Haut, Comme en Bas", le Microcosme est le dessous (le Monde Intérieur), tandis que le Macrocosme est le dessus (le Monde Extérieur). Le Petit Rituel de Bannissement du Pentagramme représente le Microcosme, tandis que le Rituel de Bannissement de l'Hexagramme représente le Macrocosme. Les quatre cartes du Microcosme sont les influences Spirituelles qui vous entourent dans votre Sphère d'influence, votre Aura. Ce sont les influences Spirituelles qui vous affectent intérieurement au moment présent.

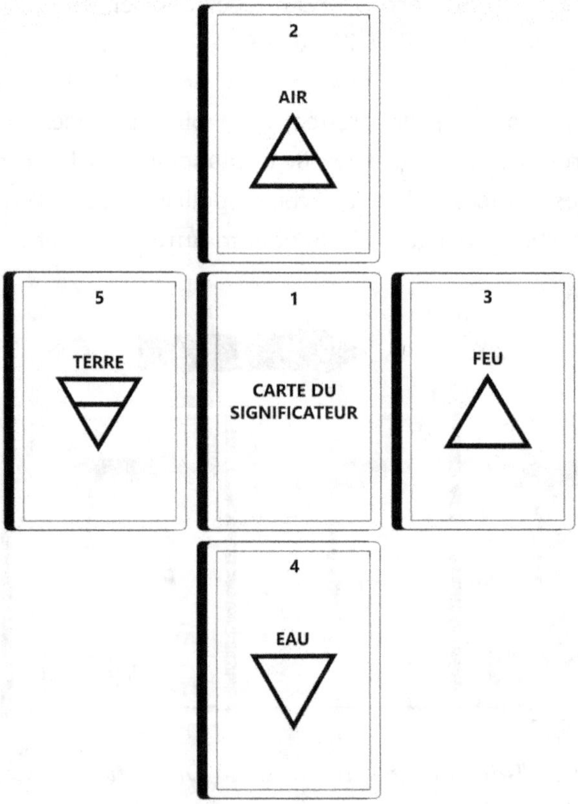

Figure 25: L'Opération Microcosmique – La Divination du Cercle de Diffusion

Retournez la carte suivante et placez-la directement au-dessus de la carte du Significateur. Cette carte représente les influences Spirituelles qui vous affectent à travers l'Élément Air. Puisque l'Élément Air exprime votre intellect et d'autres opérations mentales liées à vos processus de pensée, cette carte suggère les influences Spirituelles sur vos pensées dans le Microcosme.

Retournez la carte suivante et placez-la à droite de la carte du Significateur. Cette carte représente les influences Spirituelles qui vous affectent à travers l'Élément Feu. Comme l'Élément Feu régit votre dynamisme, votre vitalité et votre énergie brute, cette carte exprime les influences Spirituelles sur votre volonté au moment présent.

La carte suivante que vous retournez doit être placée directement sous la carte du Significateur. Cette carte représente les influences Spirituelles sur vous, filtrées par l'Élément Eau. L'Élément Eau régit les émotions, qui expriment ce que vous ressentez. Les émotions peuvent être de qualité inférieure, motivées par l'Égo et l'amour de Soi, ou de qualité supérieure, motivées par le Soi Supérieur et l'amour inconditionnel. Cette carte particulière exprime donc les influences Spirituelles sur vos émotions et la façon dont vous exprimez l'amour dans votre vie.

La dernière carte doit être placée à gauche de la carte du Significateur. Cette carte représente les influences Spirituelles qui vous affectent, filtrées par l'Élément Terre. Comme l'Élément Terre est lié à votre vie quotidienne, cette carte particulière exprime les influences Spirituelles sur votre existence physique, y compris votre corps physique. Et comme l'Élément Terre est la combinaison des Éléments Feu, Eau et Air sous une forme plus dense, cette carte est représentative des influences Spirituelles de ces énergies sur votre vie quotidienne.

Maintenant que vous avez disposé les cinq cartes devant vous, vous constaterez que leur disposition forme une Croix à Bras Égaux. La Croix à Bras Égaux est un symbole de Chesed, la première Séphirah sous l'Abîme, en tant que bâtisseur de la Forme, représentant notre Univers physique manifesté. Elle représente le Soleil au milieu de notre Système Solaire, chaque bras de la croix correspondant à l'un des Quatre Éléments. La lettre Yod du Tétragramme est placée au centre de la croix en tant que carte de signification, car elle représente la Lumière du Soleil - votre véritable nature intérieure.

La Croix à Bras Égaux est également un symbole du chemin de Tav, qui est la carte de l'Univers du Tarot. Grace à la carte de l'Univers, nous entrons dans le Royaume Astral, où nous pouvons accéder aux Plans Cosmiques intérieurs. Ainsi, la Croix à Bras Égaux est une porte vers l'inconnu et les Plans Supérieurs de la Spiritualité.

La deuxième partie de l'opération vous montrera les influences Spirituelles qui vous entourent à un niveau Macrocosmique (Figure 26). Ces énergies sont projetées depuis l'Univers extérieur, et elles vous influencent ou influencent une situation sur laquelle vous vous renseignez. Les énergies Macrocosmiques proviennent de l'esprit de Dieu et du Plan Spirituel, utilisant les Sphères Planétaires comme moyen d'expression. Il s'agit donc d'influences Spirituelles provenant des Plans d'existence Supérieurs.

Le Rituel de bannissement de l'Hexagramme étant Macrocosmique, il se base sur les positions Zodiacales dans les Cieux. Les Éléments, dans ce cas, sont disposés différemment que dans le Petit Rituel de Bannissement de l'Hexagramme. J'expliquerai comment cela fonctionne dans des chapitres ultérieurs, lorsque nous discuterons des Rituels de l'Hexagramme.

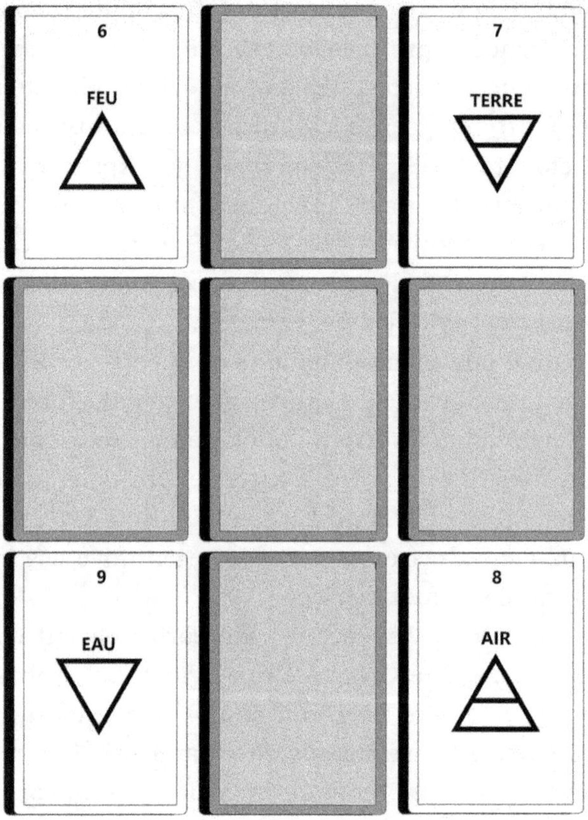

Figure 26: L'Opération Macrocosmique – La Divination du Cercle de Diffusion

La carte suivante doit être placée dans le coin supérieur gauche, entre les Éléments Terre et Air du Microcosme. Cette carte est attribuée à l'Élément Feu dans le Macrocosme et représente les influences Spirituelles des Plans Supérieurs sur votre volonté. Comme les énergies des Plans Supérieurs mettent un certain temps à se manifester dans le monde terrestre, cette carte montre comment votre volonté est affectée et la direction dans laquelle elle évoluera avec le temps.

La carte suivante se place dans le coin supérieur droit, entre les Éléments Air et Feu du Microcosme. C'est l'angle de l'Élément Terre dans le Macrocosme, qui représente les influences Spirituelles des Plans Supérieurs sur votre vie terrestre dans le Plan Physique de l'existence. D'une certaine manière, cette carte résume les trois autres cartes Macrocosmiques en termes de la façon dont ces énergies Élémentaires se manifesteront dans votre vie à l'avenir.

Vous devez placer la carte suivante dans le coin inférieur droit, entre les Éléments Feu et Eau du Microcosme. Cette carte est attribuée à l'Élément Air dans le Macrocosme et aux influences Spirituelles des Plans Supérieurs sur vos pensées. Les paires de cartes Élémentaires (Microcosme et Macrocosme) représentent la dichotomie entre le présent et le futur. Elles sont liées à l'expression d'un Élément particulier en vous ou dans la situation sur laquelle vous vous interrogez.

La dernière carte est placée dans le coin inférieur gauche entre les Éléments Eau et Terre du Microcosme. Il s'agit de l'angle de l'Élément Eau dans le Macrocosme, qui représente les influences Spirituelles des Plans Supérieurs sur vos émotions. Alors que la carte Eau Microcosmique représente l'état de vos sentiments au moment présent, la carte Eau Macrocosmique représente la direction dans laquelle vos émotions vont évoluer au fil du temps.

Après avoir placé la dernière carte, nous avons maintenant ce qui semble être un carré ou un cube. Le cube de l'Espace est un concept essentiel du *Sepher Yetzirah* puisque, selon les Qabalistes, il décrit l'Univers physique. Les trois axes du cube, le point central, les six côtés et les douze arêtes sont associés aux vingt-deux lettres de l'alphabet Hébraïque. Ces lettres comprennent le Macrocosme et le Microcosme, le Haut et le Bas.

Ainsi, pour obtenir un conseil Spirituel sur une situation particulière ou pour mieux comprendre les influences à l'intérieur et à l'extérieur de nous, nous disposons de toutes les cartes dont nous avons besoin pour mener une enquête appropriée. C'est pourquoi, à ce stade de la Divination, vous devez prendre le temps de méditer et de contempler les cartes qui vous ont été données.

Si la question visait uniquement à obtenir des informations sur vous-même ou sur un sujet particulier, il n'est pas nécessaire de disposer d'autres cartes, et la Divination du Cercle de Diffusion est terminée à ce stade. Si, par contre, vous vous êtes renseigné sur une action, une décision ou une opération Magique particulière et sur la nécessité de la réaliser, vous aurez besoin de deux cartes supplémentaires, l'une à gauche et l'autre à droite de l'étalement (Figure 27).

Procédez maintenant à l'étalage de la première carte à gauche de l'étalement des cartes. Cette carte indique le résultat probable si aucune action n'est entreprise et si vous laissez les choses suivre leur cours actuel sans intervenir. Pour cette raison, cette carte est appelée la Carte du Présent. Prenez un moment pour contempler la Carte Présente concernant le sujet de votre demande.

Après cela, posez la dernière carte à droite de l'étalement. Cette carte indique le résultat probable si vous entreprenez l'action visée par votre question ou votre demande initiale. Elle vous indique les effets Karmiques de cette action particulière et l'impact qu'elle aura sur votre vie quotidienne. En tant que telle, cette carte est appelée la carte du futur. Prenez un moment pour contempler la carte du futur, car c'est peut-être la carte la plus importante pour vous dans le tirage.

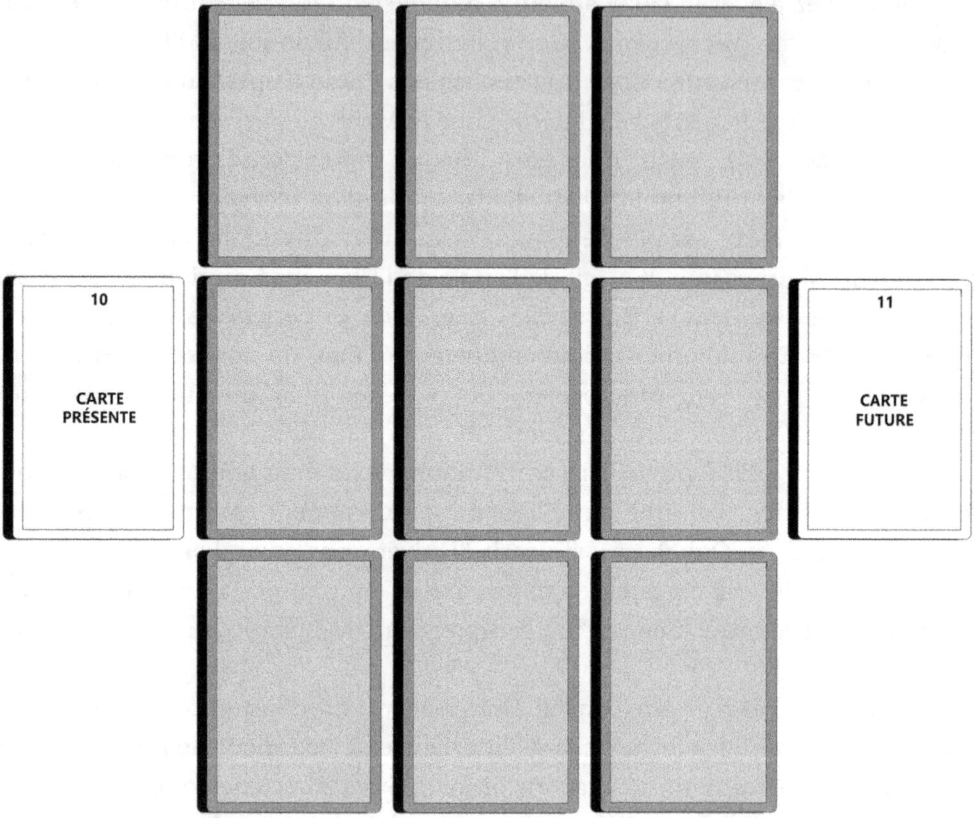

Figure 27: Les Cartes du Présent et du Futur – La Divination

Contemplez les Cartes du Présent et du Futur les unes par rapport aux autres et laissez votre intuition et votre Soi Supérieur vous guider. Soyez honnête avec vous-même, et ne laissez pas votre Égo interpréter les cartes. Par exemple, si la carte du futur est négative, il est peut-être temps de laisser la situation telle qu'elle est. Mais si la carte du futur est positive, vous pouvez agir. Et si les deux cartes sont positives, vous avez le choix entre laisser les choses telles qu'elles sont ou intervenir, car les deux options donneront des résultats positifs.

Si les deux cartes sont négatives, vous devez passer encore plus de temps à examiner les influences Spirituelles qui vous entourent ou la situation sur laquelle vous vous êtes renseigné. Peut-être y a-t-il quelque chose que vous avez manqué dans votre interprétation et qui peut éclairer l'ensemble de la Divination pour vous. Ou peut-être devez-vous changer vos propres croyances et attitudes internes si la Divination vous concerne d'une manière ou d'une autre.

Puisque nous sommes les maîtres de notre destin, nous pouvons utiliser de nombreuses méthodes pour modifier notre énergie et les influences Spirituelles qui nous entourent. Ces méthodes comprennent la méditation, la prière, la contemplation profonde et, surtout, la Magie Rituelle.

INFLUENCES SPIRITUELLES ET MAGIE

Une excellente méthode pour agir sur les influences Spirituelles qui entourent vos cartes consiste à utiliser les exercices rituels de la Magie Cérémonnielle. Puisque le rituel du Pentagramme est lié à votre Microcosme et que le rituel de l'Hexagramme se rapporte à votre Macrocosme, vous pouvez utiliser leurs exercices rituels d'invocation ou de bannissement pour modifier et changer les influences Spirituelles entourant les Éléments de votre Être.

Parfois, invoquer un type d'énergie spécifique est tout ce qui est nécessaire pour garantir que les influences énergétiques Microcosmiques ou Macrocosmiques soient positives et produisent le résultat souhaité. Maintenant, si les influences Spirituelles font partie d'une longue chaîne de causes et d'événements, alors l'énergie des cartes ne pourra pas être modifiée aussi facilement. Tout dépend de la question ou de l'interrogation initiale de la Divination. Cependant, s'il s'agit de glaner des informations sur vous-même et sur les influences Spirituelles générales qui vous entourent, alors cette méthode de modification de l'énergie est très efficace.

Après avoir effectué un exercice rituel, il faut parfois quelques heures, voire une journée entière, pour que l'énergie invoquée pénètre dans le Chakra correspondant de votre Aura et modifie votre énergie. Pour certaines personnes, ce changement se produit immédiatement. Si vous faites une lecture de suivi avec la même question ou demande après avoir effectué un exercice rituel, vous constaterez que vos cartes sont adaptées à la nouvelle énergie de votre Aura.

Gardez à l'esprit que vous ne pouvez utiliser que les exercices rituels avec lesquels vous avez déjà terminé le programme d'Alchimie Spirituelle (ou si vous êtes en train de le faire). Vous ne devez pas travailler avec des exercices rituels dont vous n'avez pas encore fait l'expérience car, ce faisant, vous affecterez négativement votre processus d'Alchimie Spirituelle et vous vous mettrez en retard.

Par exemple, si vous travaillez avec le LIRP de l'Eau dans votre programme d'Alchimie Spirituelle, mais que vous souhaitez changer les influences Spirituelles sur votre Élément Feu dans le Microcosme, vous ne devez pas effectuer le LIRP du Feu pour le faire, car vous n'avez pas encore atteint son niveau. Ainsi, vous ne devriez travailler qu'avec les Invoking or Banishing Rituals of the Pentagram des Éléments Terre, Air et Eau. Bien que cela vous limite dans une certaine mesure, cela vous motivera également à terminer tout le programme prescrit afin d'avoir tous les Éléments Microcosmiques disponibles pour être utilisés quand vous le souhaitez.

Pour affecter votre Macrocosme, vous pouvez travailler avec les Invoking or Banishing Rituals of the Hexagram comme présenté dans le chapitre "Magie Planétaire Avancée" de *The Magus*. Ce sont les énergies des Sept Anciennes Planètes qui affectent votre Macrocosme à travers l'énergie de l'Esprit.

Chacune des Sept Planètes Anciennes est liée à l'un des Quatre Éléments. Vous pouvez utiliser son Invoking or Banishing Ritual of the Hexagram pour ajuster l'énergie Élémentaire désirée dans votre Macrocosme. Notez que deux des Sept Planètes Anciennes ont une affinité avec un Élément (à l'exception de l'Élément Terre, qui a une correspondance avec Saturne).

N'hésitez pas à expérimenter avec les paires de Planètes complémentaires (en travaillant avec une par jour) pour modifier vos influences énergétiques Macrocosmiques. Cependant, comme pour le Ritual of the Pentagram, vous ne devez travailler qu'avec les Planètes dont vous avez terminé le programme d'Alchimie Spirituelle et rien au-dessus de votre niveau. Puisque, pour vous lancer dans des invocations rituelles Planétaires, vous devez terminer le programme d'Alchimie Spirituelle prescrit avec les Cinq Éléments (y compris l'Esprit), la modification des énergies de votre Macrocosme est réservée aux Mages en formation les plus avancés.

Il est intéressant de noter que, selon l'énergie avec laquelle vous travaillez (si vous suivez l'un des programmes d'Alchimie Spirituelle du *Magus*), cette qualité et ce type d'énergie seront présents dans l'ensemble de votre tirage de cartes. Par exemple, si vous travaillez avec l'Élément Air, vous constaterez que votre tirage de cartes sera influencé de manière significative par cet Élément et qu'il sera déséquilibré dans les autres Éléments. Il en va de même si vous travaillez avec les Éléments Terre, Eau ou Feu. La Divination de Cercle de Diffusion permet de lire l'énergie dominante de votre Aura; cette énergie sera fortement influencée par les exercices rituels que vous pratiquez quotidiennement.

NETTOYER ET RANGER VOS CARTES DE TAROT

Nettoyer vos cartes de Tarot est essentiel pour maintenir une énergie positive dans vos lectures de Tarot et rester bien connecté avec votre jeu de Tarot. Lorsqu'il s'agit de nettoyer vos cartes, les deux facteurs les plus importants sont la façon dont vous les stockez et la méthode que vous utilisez pour les nettoyer (dégager) lorsque cela est nécessaire. Le nettoyage des cartes doit être effectué souvent, car leur énergie doit toujours être neutre pour que la Divination soit réussie.

Le nettoyage initial des cartes doit être effectué une fois que vous avez acheté votre jeu de Tarot, surtout si vous l'avez acheté d'occasion. Cependant, même si vous avez acheté un jeu tout neuf, je vous suggère de nettoyer les cartes car vous ne savez jamais qui a manipulé votre jeu avant que vous ne l'obteniez et quel type d'énergie cette personne (ou ces personnes) lui a insufflé. Rappelez-vous, chaque fois que nous regardons quelque chose, nous l'affectons avec notre énergie, et si nous entrons en contact physique avec un objet, nous infusons directement cet objet avec notre énergie.

En règle générale, vous êtes le seul à manipuler votre jeu de Tarot, sauf si vous effectuez une lecture pour quelqu'un d'autre, car cette personne devra mélanger le jeu elle-même. Dans ce cas, ou si quelqu'un a touché accidentellement votre jeu, vous devez le nettoyer par la suite. Même si personne n'a touché votre jeu, mais que vous vous sentez déconnecté des cartes pour une raison quelconque, il est utile de les nettoyer et de remettre leur énergie au neutre.

Il existe de nombreuses méthodes pour nettoyer vos cartes, et je vais vous en présenter quelques-unes qui fonctionnent le mieux. La méthode que j'aime utiliser souvent est appelée "Nettoyage par Enfouissement au Sel". Le sel fonctionne très bien pour retirer l'énergie négative des cartes de Tarot. Enveloppez vos cartes de Tarot dans un sac en plastique et placez-les au milieu d'un récipient Hermétique, en les recouvrant entièrement de sel. Veillez à ce que le sac ne soit pas troué, car le sel ne doit pas toucher directement les cartes. Fermez le récipient et laissez-y les cartes pendant quelques jours avant de les sortir et de jeter le sel. Veillez à ce que le récipient soit Hermétique, car le sel non seulement recueille les énergies d'un jeu de Tarot, mais aussi toute l'humidité de l'air, ce qui pourrait endommager vos cartes.

Une autre méthode qui fonctionne bien est le "Nettoyage de la Pleine Lune". Comme ce nettoyage doit être effectué lors d'une pleine Lune, il ne peut être réalisé avec succès que pendant un ou deux jours au cours du mois. J'utilise généralement la pleine Lune pour nettoyer mes cartes, quel que soit leur état énergétique. Pour effectuer le nettoyage de la pleine Lune, placez les cartes près d'une fenêtre ou à l'extérieur car les rayons de la pleine Lune doivent pénétrer les cartes. Laissez les cartes là toute la nuit et récupérez-les le matin, ou laissez-les là une nuit supplémentaire et laissez-les baigner dans les rayons de la Lune. Notez que la purification par enterrement au sel, ainsi que la purification par la pleine Lune, sont toutes deux très efficaces pour nettoyer l'énergie des pierres précieuses.

Il existe d'autres méthodes pour nettoyer les cartes de Tarot, comme la prière, la méditation, le nettoyage à l'encens, et même le fait de les laisser dehors à l'air frais après une pluie. Cependant, je trouve que ces méthodes ne sont pas aussi efficaces que celles que j'ai mentionnées, mais vous êtes invités à les expérimenter et à voir ce qui fonctionne le mieux pour vous.

Une fois qu'une lecture du Tarot est terminée, vous devez stocker vos cartes en toute sécurité, afin qu'elles soient protégées des énergies extérieures et prêtes à être réutilisées en cas de besoin. Il existe de nombreuses façons de stocker vos cartes de Tarot en toute sécurité, et je vais en mentionner quelques-unes qui me semblent les plus optimales.

La méthode que j'aime utiliser consiste à ranger les cartes dans un drap de lin blanc. Le blanc étant la couleur de la pureté et de la Lumière, il servira de bouclier pour se protéger de toute énergie extérieure. Les énergies étrangères rebondiront sur vos cartes enveloppées et retourneront d'où elles viennent. Le drap de lin blanc peut également servir de surface sur laquelle vous effectuez la Divination. Vous déballez les cartes de Tarot et utilisez le même drap blanc sur une table (ou toute autre surface sur laquelle vous souhaitez effectuer la Divination) et posez les cartes dessus. Le drap de lin blanc doit donc être suffisamment grand pour accomplir cette double tâche (2'x2' minimum).

Certaines personnes aiment ranger leurs cartes de Tarot dans une boîte spéciale. Si vous optez pour cette méthode de rangement, je vous recommande de vous procurer une boîte suffisamment grande pour que vous puissiez y placer un Cristal de Quartz avec le jeu de Tarot. Un Cristal de Quartz est un excellent absorbeur d'énergies, et vous pouvez l'utiliser pour nettoyer les énergies des cartes et les garder toujours neutres. Si vous utilisez un Cristal de Quartz suffisamment grand pour cette tâche, vous n'aurez peut-être jamais besoin de nettoyer les cartes puisque le Cristal fera tout le travail pour vous. N'oubliez jamais de traiter les cartes avec révérence et respect à tout moment et vos Divinations seront couronnées de succès.

***

Le discours sur la Divination du Cercle de Diffusion est maintenant terminé. Je vous implore d'approfondir vos recherches sur le Tarot par vous-même et d'en faire le sujet d'étude de toute une vie. Avoir la capacité de lire votre énergie ou celle d'une autre personne est l'un des plus grands dons du Divin et requiert votre plus grande attention. Il existe un grand nombre de documents disponibles sur le marché qui peuvent améliorer vos compétences et vos capacités en tant que Devin.

N'oubliez pas de pratiquer souvent cette méthode de Divination, surtout si vous travaillez sur l'un des programmes d'Alchimie Spirituelle du *Magus*. Avoir cet outil à votre disposition vous permet d'être conscient de votre énergie à tout moment et d'être responsable de ce que vous envoyez dans l'Univers. Il vous permet de connaître les choses avant qu'elles ne se produisent et d'être une cause plutôt qu'un effet. Plus important encore, il vous permet d'atteindre une compréhension plus profonde de votre véritable volonté et de votre Soi Supérieur, et de vous rapprocher de l'achèvement du Grand Œuvre.

PARTIE III: MAGIE CÉRÉMONIELLE

LES CINQ ÉLÉMENTS

L'ÂME ET L'ÉGO

Que vous ayez eu un éveil Kundalini ou que vous souhaitiez passer à l'étape suivante de votre évolution Spirituelle, cette section vous donnera les clés pour travailler activement avec les Cinq Éléments de votre être en vue d'une transformation de soi et d'une exaltation de la conscience. Les exercices rituels de Magie Cérémonielle présentés ici sont des techniques que vous pouvez utiliser quotidiennement pour éliminer les influences Karmiques négatives sur vos Chakras, qui vous empêchent de progresser davantage dans votre esprit, votre corps et votre Âme. Mais avant de présenter les techniques, il est essentiel de vous donner un aperçu de chaque Élément afin que vous puissiez avoir une meilleure idée de sa nature et de la façon dont il se manifeste dans votre vie.

Tout au long de leur vie, tous les humains ont construit leur Égo grace à un conditionnement passé, qui se produit naturellement à travers notre expérience des événements de la vie. Par conséquent, notre Égo est un sous-produit de notre environnement et de nos réactions aux événements de la vie. Avec le développement de l'Égo est venu le fardeau Karmique de permettre à la peur d'entrer dans nos vies. Cette énergie négative de la peur se manifeste par des blocages Karmiques dans nos Chakras. La peur étant l'antithèse de l'amour, cela signifie que tout événement de la vie auquel on réagit par la peur plutôt que par l'amour entraîne des conséquences Karmiques. L'effet global est que les Chakras ont été obstrués par une énergie sombre et négative (qui entrave leur fonctionnement), et la Lumière de l'Âme s'est affaiblie avec le temps.

Le but des exercices de Magie Cérémonielle est de se concentrer sur les différents Chakras pour les purifier et éliminer toute énergie négative et stagnante afin qu'ils puissent fonctionner au maximum de leurs capacités. En tant que tel, le but de ce travail est de se reconnecter avec l'Âme. La Lumière intérieure doit croître et s'étendre à l'intérieur de l'Aura. Enlever les griffes de la peur nous laissera avec l'amour inconditionnel comme fondement. C'est là le sens de l'évolution Spirituelle.

En grandissant et en mûrissant, nous l'avons fait avec l'inclination Divine à développer notre caractère, par lequel nous nous exprimons au monde extérieur. Gardez à l'esprit la différence entre le caractère et la personnalité. La personnalité est utilisée par l'Égo pour se montrer au monde extérieur. Astrologiquement, elle est liée au signe ascendant à la naissance. Le caractère d'une personne est quelque chose de différent, cependant. Il englobe nos aspirations et nos croyances les plus profondes et constitue davantage le fondement de ce que nous sommes, et non de ce que nous pensons être, ce qui serait la personnalité. Astrologiquement, le caractère est notre signe Solaire personnel. Le caractère exprime l'Âme, tandis que la personnalité exprime l'Égo.

Le caractère d'une personne est construit sur des vertus, qui forment ses croyances éthiques et morales. Je vais vous donner la décomposition de base de ces vertus pour que l'image soit plus claire de la relation entre les Éléments et les Chakras.

Traditionnellement, il existe sept vertus. Ce sont la chasteté, la tempérance, la charité, la diligence, la patience, la bonté et l'humilité. Les vertus sont exprimées par la partie Angélique de notre être. Chacune de ces sept vertus a une contrepartie négative, appelée les sept vices. Ce sont la luxure, la gourmandise, l'avarice, la paresse, la colère, l'envie et l'orgueil. Les vices s'expriment à travers la partie Démoniaque de notre être. Les Anges canalisent la Lumière et l'énergie d'amour, tandis que les Démons canalisent l'énergie de la peur.

Maintenant que vous connaissez la version Qabalistique de l'histoire du jardin d'Eden, vous savez pourquoi nous avons des contreparties Angéliques et Démoniaques. Ces Anges et Démons, connus sous le nom de forces positives et négatives (ou émetteurs de pensées), s'expriment à travers l'esprit. L'esprit est le lien entre l'Esprit et la Matière (le Haut et le Bas). C'est aussi un récepteur qui peut se brancher sur tous les Plans Cosmiques entre les deux.

La façon dont une personne choisit d'exprimer son humanité, que ce soit par des vertus ou des vices, lui est personnelle et résulte généralement de son conditionnement passé et de son Karma. Le Libre Arbitre joue également un rôle, mais la plupart des gens ne sont même pas conscients qu'ils ont un Libre Arbitre, et encore moins qu'ils savent comment l'utiliser de manière productive.

Au fond, nous sommes tous des êtres de Lumière. Que nous soyons en phase avec notre Âme ou notre Égo dépend du stade où nous nous trouvons dans notre processus d'évolution Spirituelle. Les personnes qui sont davantage en phase avec leur Âme expriment leur principe de Libre Arbitre, tandis que celles qui sont en phase avec leur Égo sont comme des automates aveugles, prenant des décisions dans leur vie sur la base d'une pensée fondée sur la peur. La plus grande escroquerie de l'Égo est de vous faire croire que vous êtes lui. Rappelez-vous toujours ceci .

"La peur n'est rien d'autre que l'oisiveté de la volonté". - Eliphas Levi, extrait de "La Clé des Mystères".

Parce que la doctrine du Karma est vitale pour le travail présenté dans ce livre, il est utile de dire quelques mots de plus sur le sujet. Le Karma fait référence au Principe Spirituel de cause à effet, selon lequel les intentions et les actions d'un individu (cause) influencent l'avenir de cet individu (effet). Les Lois Universelles impliquent que toutes les activités qui ne sont pas exprimées par l'amour inconditionnel et l'une des sept vertus auront des conséquences négatives pour l'individu. L'énergie de l'action négative s'attache à la roue du Karma de l'individu. Elle se loge également dans le Chakra individuel qui traite de l'expression de cette action particulière. Elle se répétera ensuite à l'avenir pour que l'individu fasse ce qu'il faut, c'est-à-dire réagir en conséquence en appliquant l'énergie de l'amour inconditionnel.

J'ai déjà parlé de la façon dont les actions négatives, basées sur la peur, réduisent l'éclat du Chakra (ou des Chakras) particulier à l'expression de cette action. Au fur et à mesure que la négativité s'accumule à l'intérieur des Chakras, l'intensité de leur rotation diminue, et la Lumière de l'Âme s'affaiblit. N'oubliez pas que chaque Chakra est essentiellement une roue qui tourne et qui rayonne un type d'énergie correspondant à la couleur de ce Chakra. La Lumière de l'Âme alimente tous les Chakras, car elle contient en elle toutes les couleurs. La Lumière se disperse dans l'une des sept couleurs du spectre chromatique, qui sont synonymes des couleurs des Chakras. Si la Lumière est forte et claire, alors, inversement, la rotation des roues Chakriques est plus puissante.

La Loi Universelle de l'énergie de l'amour inconditionnel stipule que si vous donnez de la Lumière et de l'amour aux autres et à l'Univers, vous recevrez cette Lumière et cet amour en triple. La Lumière est amour et sagesse - l'amour et la sagesse sont Lumière. Par conséquent, une personne ayant beaucoup de Karma négatif dans ses Chakras ne rayonnera pas autant de Lumière qu'une personne ayant moins de Karma négatif.

Il y a très peu d'Êtres qui n'ont pas de Karma négatif, mais si vous avez une bonne base construite sur des vertus et non sur des vices, vous serez quelqu'un qui a généralement un bon Karma, ce qui signifie que de bonnes choses vous arriveront. Le bon Karma signifie que nous sommes en résonance avec les Lois Universelles, car l'Univers veut nous donner tout ce que nous désirons dans ce monde. Par conséquent, l'énergie Universelle a naturellement tendance à agir dans le sens de la réalisation de nos souhaits. Cependant, lorsque nous accumulons un mauvais Karma en n'accomplissant pas les actions au nom de l'amour Universel, l'Univers nous punit en ne nous donnant pas ce que nous voulons et nous oblige à répéter l'action jusqu'à ce que nous l'obtenions.

N'oubliez pas que le Karma est cyclique au cours de plusieurs vies et incarnations. Par conséquent, si vous êtes une bonne personne avec un Karma positif dans cette vie mais que vous étiez une mauvaise personne dans des vies antérieures, l'Univers peut encore vous donner des obstacles à surmonter avant de vous couvrir de ses bénédictions une fois que vous aurez résolu votre Karma négatif.

Le Karma est l'"interrupteur de sécurité" que l'Univers utilise pour nous apprendre qui nous sommes et comment nous comporter. L'Univers veut que nous nous aimions tous inconditionnellement et que nous soyons guidés par la sagesse dans nos vies. Parce que si nous sommes punis pour avoir été égoïstes, en colère, paresseux, sournois, manipulateurs ou ignorants, nous réfléchirons à deux fois si la prochaine fois nous agissons de manière égoïste et au nom de l'Égo plutôt qu'au nom de la Lumière (Âme).

L'Univers est notre parent, et il veut que nous nous comportions tous en conséquence - et lorsque nous ne le faisons pas, nous recevons un mauvais Karma ou un Karma négatif. Parce que la psyché humaine est une synthèse du fonctionnement des Quatre Éléments et de l'infusion du cinquième Élément de l'Esprit, nous fonctionnons par l'intermédiaire de ces Chakras individuels qui, comme nous l'avons vu précédemment, sont l'expression des Éléments individuels. Par conséquent, un Chakra qui fonctionne bien signifie que la personne se trouve à un niveau de conscience plus élevé que celle dont le Chakra est rempli de Karma négatif.

Dans cette section, je donnerai la répartition des Cinq Éléments, leurs correspondances et la façon dont ils s'expriment dans la psyché humaine. Puis, dans la section suivante, je vous fournirai les techniques exactes pour invoquer l'énergie synonyme de chaque Élément afin que vous puissiez accorder correctement ce Chakra, en retirer le Karma négatif et élever la vibration de votre conscience.

LE PENTAGRAMME

Le Pentagramme est une étoile à cinq branches, dont toutes les lignes ont la même longueur et dont les angles sont également identiques. Il s'agit de l'un des symboles les plus anciens et les plus puissants de l'histoire de l'humanité. Le Pentagramme a joué un rôle dans presque toutes les cultures et traditions Anciennes, notamment chez les Babyloniens, les Égyptiens, les Hébreux, les Grecs, les Hindous, les Chinois et même les Mayas en Méso-Amérique. En outre, il avait diverses significations pour les peuples Anciens, généralement Astronomiques et religieuses.

À Babylone, le Pentagramme était utilisé comme un symbole de protection contre les forces du mal. Le Christianisme primitif l'utilisait pour représenter les cinq plaies de Jésus-Christ. Aujourd'hui, de nombreuses religions Néopaïennes, dont la Wicca, utilisent le Pentagramme comme symbole de foi. On le retrouve également au sein de la Franc-Maçonnerie comme l'un de ses symboles proéminents.

Selon le philosophe et mathématicien grec Pythagore, cinq était le nombre de l'être humain. Par conséquent, si nous devons superposer le Pentagramme sur le corps humain, les deux points les plus bas représentent les jambes, les deux points du milieu représentent les bras et le point du haut représente la tête.

Le concept ci-dessus est parfaitement exprimé par le célèbre dessin de Léonard de Vinci, "l'Homme de Vitruve". Son dessin est basé sur les proportions du corps humain, représentant la forme humaine parfaitement inscrite dans un cercle et un carré. À l'inverse, le Pentagramme est dérivé d'un cercle divisé en cinq points ou parties parfaits et égaux. Le symbole du Pentagramme dans un cercle est communément appelé Pentacle.

Comme les Grecs utilisaient le Pentagramme pour représenter le Microcosme, les mêmes significations et associations ont trouvé leur chemin dans la Magie Cérémonielle. Le Pentagramme droit (Figure 28) est appelé l'Étoile de Signalisation du Microcosme. Chacun de ses cinq points représente l'un des Cinq Éléments que sont la Terre, l'Air, l'Eau, le Feu et l'Esprit. Les Cinq Éléments, à leur tour, sont liés au Pentagrammaton. Et la totalité de la puissance du Pentagrammaton est contenue dans le symbolisme du Caducée d'Hermès. Le Caducée est l'expression du plein éveil de l'énergie Kundalini dans l'être humain.

L'orientation du Pentagramme dans la Magie Cérémonielle est de la plus haute importance. Lorsqu'il est à l'endroit, il représente l'Esprit sur la Matière en tant que symbole de la Lumière qui invoque les Êtres angéliques et protège des forces Maléfiques. À l'inverse, lorsque le Pentagramme est inversé, il représente la Matière sur l'Esprit et est considéré comme un symbole Maléfique puisqu'il invoque des êtres Démoniaques. Pour cette raison, vous verrez un Pentagramme inversé utilisé par des groupes Sataniques ou par toute personne impliquée dans la Magie noire.

Lorsqu'il est debout, le symbole du Pentagramme invoque des pouvoirs bienveillants qui favorisent notre évolution Spirituelle. C'est pourquoi, dans le cadre des exercices rituels de la Magie Cérémonielle, nous utiliserons le symbole du Pentagramme debout dans les Invocations et les Bannissements des Cinq Éléments.

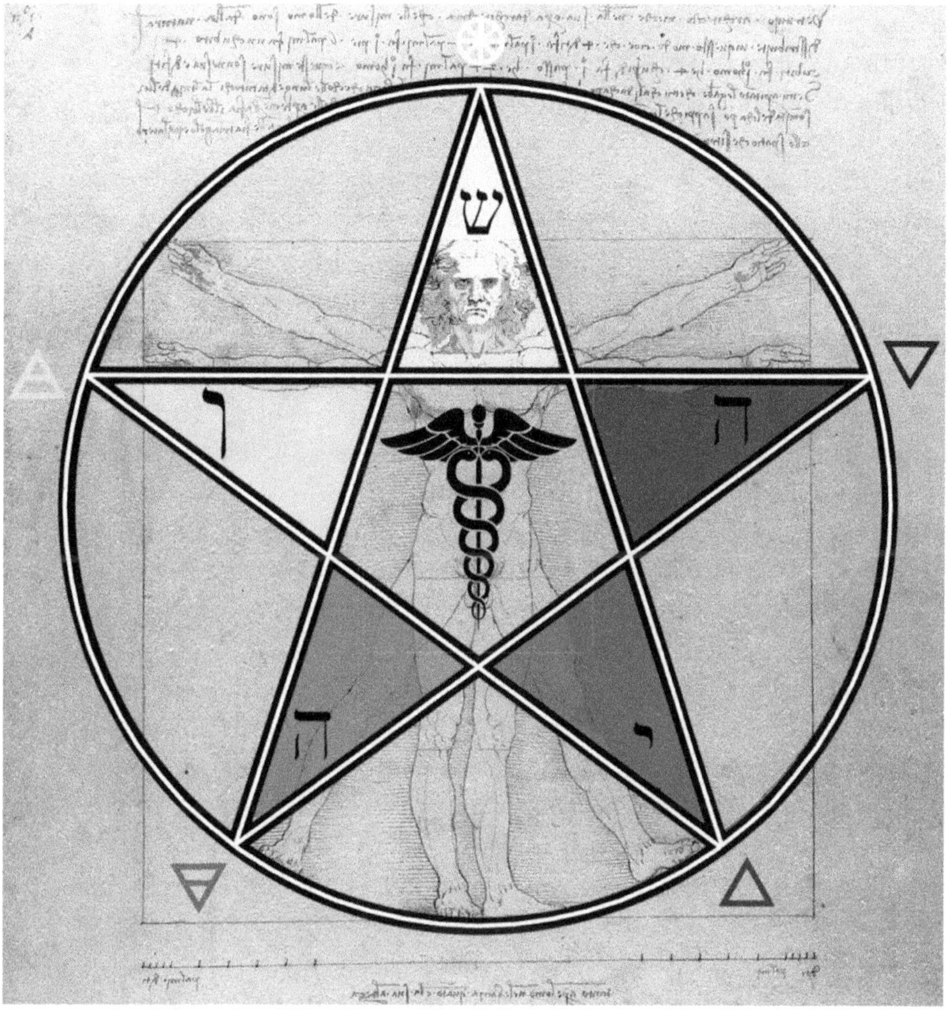

Figure 28: Le Pentagramme et ses Correspondances

L'ÉLÉMENT TERRE

L'Élément Terre est Muladhara, le Chakra Racine, qui correspond, du point de vue de la Qabalah, à la Sphère de Malkuth. Dans le symbole du Pentagramme droit, l'Élément Terre est de couleur verte et forme la partie inférieure gauche du Pentagramme. Si l'on superpose l'être humain au symbole du Pentagramme, l'Élément Terre représente la jambe droite.

Muladhara est le premier Chakra, le plus proche de la Terre physique. L'Élément de la Terre est le corps physique, le monde matériel. Son expression dans la psyché est toujours liée à notre connexion avec le monde matériel. Parmi les aspects les plus terre à terre de l'Élément Terre, on peut citer le fait d'avoir un travail, une maison et une voiture. Tout ce qui est lié à l'argent et à la possession de biens matériels est une expression de l'Élément Terre.

La Terre est l'opposé de l'Esprit - car l'Esprit utilise l'énergie du Feu, de l'Eau et de l'Air à un niveau plus élevé, la Terre utilise ces trois Éléments à un niveau plus bas et plus dense. L'énergie de la Terre cherche à nous fournir les choses dont nous avons besoin pour que notre existence matérielle et physique soit heureuse.

Comme le dit l'axiome Hermétique, " Comme en Haut, Comme en Bas " - Kether est dans Malkuth, et Malkuth est dans Kether. Dieu est dans tout ce que nous voyons devant nous, y compris le moustique et la terre sur laquelle nous marchons. Par conséquent, la Terre est directement liée à l'Esprit puisque l'Esprit incarne la Terre. Sur le Plan inférieur de la Terre, l'Esprit travaille en canalisant l'énergie pour qu'elle aille dans le sens de la survie et du matérialisme.

L'Élément Terre est directement lié à l'Égo puisque l'Égo a son domaine dans le corps physique. Le but premier de l'Égo, son "modus operandi", est de protéger le corps physique et la personnalité. À ce titre, l'Égo utilise l'Élément Terre pour assurer la survie du corps physique à tout prix.

À moins que vous n'envisagiez de quitter votre vie mondaine et de partir au Tibet ou en Inde pour méditer dans un temple, vous devez vous intégrer à la société et respecter ses rouages. Le fait d'être un paria mettra votre survie en péril ; ainsi, la première leçon de l'Élément Terre est d'apprendre à fonctionner de manière efficace, efficiente et en coopération avec d'autres personnes au sein de la société. Vous devez apprendre à vous intégrer dans la société et à vous "fondre dans la masse" avant de vous distinguer et de vous "démarquer".

"Travailler est le lot de l'homme", comme le disait Homère. Le travail est donc fondamental dans nos vies, étant donné que la plupart des gens dans le monde travaillent cinq fois par semaine, pendant huit heures par jour en moyenne. Toutes les personnes vivant dans une société civilisée doivent gagner de l'argent pour survivre et s'offrir les luxes de la vie qui peuvent rendre leur vie sur la planète Terre autrement plus agréable.

L'Élément Terre comprend alors la satisfaction de nos besoins physiologiques de base, essentiels à notre survie, tels que le besoin d'air, d'eau, de nourriture et de sommeil. L'exercice physique est également essentiel, tout comme la qualité de la nourriture et de l'eau que nous apportons à notre corps. L'apport de toxines dans le corps ou le surpoids, par exemple, peut entraîner des problèmes de santé et compromettre l'espérance de vie du corps.

Une fois que vous avez satisfait vos besoins fondamentaux de survie, l'étape suivante consiste à "sortir du lot" et à vivre la vie dont vous avez toujours rêvé. Nous sommes tous nés avec des rêves et des espoirs pour l'avenir et pour être extraordinaires d'une manière ou d'une autre. Personne ne rêve d'être dans la moyenne. Nous voulons tous réussir et avoir de l'abondance dans nos vies. Et le succès ne se définit pas par l'argent que nous gagnons ou que nous avons à la banque, mais par le fait de passer les vingt-quatre heures de la journée à faire ce que nous aimons.

Être coincé dans un emploi ou une carrière qui vous rend malheureux peut payer les factures, mais ne vous apportera pas un bonheur durable. Vous méritez de profiter de chaque moment de chaque jour, ce qui signifie que vous devez vous efforcer de trouver un emploi ou une carrière qui remplit votre Âme de joie. Votre Égo peut se satisfaire de la situation dans laquelle vous vous trouvez, car il ne se préoccupe que de sa survie, alors que l'Âme se préoccupe du bonheur intérieur. Votre Âme veut que vous manifestiez une vie extraordinaire où vous êtes en charge de votre destin, en faisant ce que vous aimez.

L'Élément Terre étant lié au Monde Tridimensionnel de l'Espace et du Temps, la façon dont vous passez votre temps est de la plus haute importance dans votre voyage vers la manifestation d'une vie extraordinaire. Par conséquent, une fois que vous avez satisfait aux besoins essentiels pour vivre, votre prochaine étape consiste à vous fixer des objectifs et à organiser votre temps pour les atteindre.

Vos objectifs doivent être orientés vers un avenir plus fructueux, comme un emploi ou une carrière que vous aimez. La constance dans l'application quotidienne de vos objectifs vous permettra de les atteindre avec le temps. Dans la plupart des cas, il s'agit d'un processus graduel qui exige de la diligence et de la patience. Vous devrez peut-être sacrifier votre confort pour le moment et consacrer tout votre temps libre à l'apprentissage de nouvelles choses qui vous aideront à atteindre vos objectifs, car la connaissance est un pouvoir.

Vous devez apprendre à faire preuve de résilience face aux défis de la vie et à rester motivé et inspiré. Après tout, vous ne pouvez pas laisser les autres ou l'environnement déterminer votre destin si vous voulez réussir. Toutefois, en maintenant votre élan et en travaillant pour atteindre vos objectifs, vous finirez par obtenir le succès souhaité. Et lorsque vous aurez le travail ou la carrière de vos rêves et que vous passerez votre temps à faire ce que vous aimez, vous aurez fait un pas de plus vers la maîtrise de l'Élément Terre dans votre vie.

Puisque l'Élément Terre traite du pouvoir de manifestation, cela inclut également la manifestation des bonnes relations dans votre vie. Après tout, si vous voulez mener une vie extraordinaire, vous devez passer votre temps avec des personnes exceptionnelles. Votre temps est votre bien le plus précieux; par conséquent, faites attention à qui vous donnez votre temps.

Manifester les bonnes amitiés dans votre vie, avec des personnes partageant les mêmes objectifs, vous apportera le soutien nécessaire pour continuer à avancer sur votre chemin. Comme le dit le dicton, "Vous êtes qui sont vos amis". Alors entourez-vous de personnes positives dont vous pouvez apprendre quelque chose et évitez les personnes qui vous rabaissent.

En termes de relations amoureuses, manifester un partenaire de qualité dans votre vie terrestre peut décupler votre voyage Spirituel et vous apporter la joie et l'abondance que vous méritez. Tomber amoureux est un processus d'unification des énergies masculine et féminine en vous et d'accès direct à l'énergie de l'Esprit. Le partenaire idéal, avec lequel vous pouvez partager un amour inconditionnel, peut être la source d'inspiration la plus importante de votre vie. Il peut apporter la guérison à tous les niveaux, que ce soit physique, émotionnel, mental ou Spirituel.

D'un autre côté, s'engager dans une relation amoureuse avec la mauvaise personne peut avoir l'effet exactement inverse. Cela peut provoquer un chaos inimaginable dans votre vie et vous vider de votre énergie vitale comme vous ne l'avez jamais fait auparavant. Par conséquent, faites attention à qui vous laissez entrer dans votre vie et à qui vous vous engagez dans une relation amoureuse.

Gardez à l'esprit que lorsque je parle du pouvoir de manifestation, je ne parle pas strictement de l'Élément Terre puisque la manifestation dépend de l'application correcte des Éléments Feu, Eau et Air en relation avec la Terre. Par exemple, pour réussir dans la vie, vous avez besoin de dynamisme, qui provient de l'Élément Feu. Comme la réalisation de vos rêves nécessite de l'imagination et de l'acuité mentale, il faut également appliquer une dose correcte de l'Élément Air. Et comme les relations personnelles sont principalement des affaires de cœur, l'Élément Eau et les émotions sont impliqués.

L'Élément Terre apaise notre esprit et nous offre l'énergie nécessaire pour affronter nos activités physiques quotidiennes, dont le but est de nous faire avancer dans notre existence terrestre. L'invocation de l'Élément Terre produit un effet d'ancrage qui concentre l'esprit. Elle supprime le bavardage de l'Égo qui nous empêche d'accomplir nos tâches quotidiennes avec aisance. Lorsque vous invoquez l'Élément Terre, vos pensées sont ancrées et vous pouvez ressentir la densité de votre corps physique. Le fait d'être ancré permet aux autres Éléments de se manifester à travers vous plus efficacement.

Comme vous êtes sous l'influence de l'Élément Terre, vous aurez du mal à accomplir toutes les tâches quotidiennes qui impliquent un travail physique. Vous pourriez ressentir le besoin de vous inscrire dans une salle de sport ou de commencer à faire des exercices physiques à la maison. L'idée de marcher dans la nature vous séduira, tout comme celle de vous promener dans la ville ou le village où vous vivez. En faisant cela, vous ressentirez un lien plus fort avec le monde qui vous entoure.

Le silence dans votre esprit et la densité de votre corps physique vous permettront d'entendre les sons de la nature et de ressentir la vie végétale et animale comme jamais auparavant. N'hésitez pas à enlever vos chaussures et vos chaussettes et à marcher pieds nus sur la terre ou même à étreindre un arbre pour essayer de vous connecter davantage à notre Planète. Vous pouvez sentir la terre elle-même dégager un léger arôme et une chaleur constante pendant que vous incarnez l'énergie de l'Élément Terre. Comme votre capacité à percevoir le monde qui vous entoure s'intensifie considérablement, les bâtiments et les structures de la ville dans laquelle vous vivez vous paraîtront également plus magnifiques que jamais.

Vous remarquerez que dès votre première série d'invocations terrestres, vous manifesterez beaucoup de choses différentes dans votre vie à un rythme accéléré. Vous serez peut-être bavard au début, et les personnes de votre entourage réagiront bien à votre égard, mais vous pourrez parfois sembler têtu. Après quelques semaines d'invocations terrestres, vos pensées deviendront plus denses à mesure que votre Élément Air diminuera lentement. Votre capacité à vous connecter à vos pensées et à vos émotions, ainsi qu'à celles des autres, diminuera à mesure que vous continuerez à invoquer la Terre.

Comme la Terre est le premier Élément avec lequel vous allez travailler dans votre processus d'Alchimie Spirituelle, l'idée est d'ancrer vos pensées et de solidifier l'énergie de votre Aura. Vous serez officiellement en mode travail, et non en mode pensée ou contemplation. L'énergie de la Terre étant orientée vers l'action (et non vers la pensée ou l'émotion), vous serez incapable de penser trop profondément à quoi que ce soit après un certain temps. Par conséquent, l'Égo sera plus présent que jamais. Ne vous inquiétez pas, cependant; cette partie du processus est nécessaire puisque vous travaillerez sur votre Égo dans l'Élément Air qui suit.

La vertu du Chakra Racine, Muladhara, est la diligence, tandis que son vice est la paresse. La paresse dans l'accomplissement des tâches nécessaires dans votre vie quotidienne est un aspect du mauvais Karma du Chakra de la Terre. Chaque fois que vous n'effectuez pas une action physique que vous êtes censé faire, vous rendez plus difficile l'exécution de cette même action la fois suivante. Puisque la paresse emmagasine le Karma négatif dans le Chakra de la Terre, utilisez les invocations de l'Élément Terre pour ancrer vos pensées afin de pouvoir accomplir vos tâches quotidiennes avec diligence. En agissant ainsi, vous éliminerez progressivement le Karma négatif du Chakra Muladhara.

L'ÉLÉMENT AIR

L'Élément Air est le quatrième Chakra, Anahata, situé dans le centre du cœur - pas le centre du cœur physique, mais le centre de votre poitrine entre les deux seins. Dans le symbole du Pentagramme vertical, l'Élément Air est de couleur jaune et forme la partie supérieure gauche du Pentagramme. Si nous superposons l'être humain au symbole du Pentagramme, l'Élément Air représente le bras droit.

L'Élément Air correspond à la Sphère de Tiphareth (dont l'attribution Planétaire est le Soleil) et à la Sphère de Yesod (attribuée à la Lune). Tiphareth est le centre de l'Arbre de Vie, car elle reçoit les énergies des autres Sephiroth, à l'exception de Malkuth - la Terre. Malkuth est atteint par Yesod, la Lune. L'Élément Air a une nature double. Il peut être trompeur, comme la Lune, ou exprimer la vérité, comme le Soleil. La vérité est reçue et perçue par l'intuition.

Alors que le Chakra de l'Élément Terre (Muladhara) concernait la stabilité, le Chakra de l'Élément Air (Anahata) concerne son opposé: les pensées. Comme les pensées sont composées d'une substance éthérée, elles appartiennent à l'esprit. Elles sont invisibles, mais nous les partageons tous. Les pensées sont très importantes pour les êtres humains car elles donnent vie aux Éléments Feu et Eau dans la psyché. Le Feu représente la volonté, tandis que l'Eau représente l'émotion et l'amour. On ne peut avoir ni l'un ni l'autre sans Air, car la pensée les alimente tous les deux. Par conséquent, avant de pouvoir accomplir quoi que ce soit dans ce monde, vous devez d'abord avoir eu l'idée de le faire. Ainsi, la pensée est à l'origine de toute la Création.

L'Air est également en corrélation directe avec l'Élément de l'Esprit/de l'Éther et les Éléments Supérieurs. L'Élément Air est le Pilier de l'équilibre sur l'Arbre de Vie, car l'Air est l'équilibreur de tout ce qui est mental, émotionnel et Spirituel. En tant que tel, il est directement lié à Kether, la source de l'énergie de l'Esprit.

L'Air étant la pensée, il est aussi l'intelligence. La Sphère de Hod est directement liée à l'intellect. Cependant, dans Hod, l'Air est tempéré par l'Élément Eau. L'Air est également lié à l'Élément Feu et aux pensées ou impulsions émotionnelles. Ainsi, l'Air est en corrélation directe avec le Netzach - émotions et désirs. Un esprit qui fonctionne bien signifie que l'individu est bien équilibré dans l'Élément Air.

Le fonctionnement de l'Élément Air est fondamental et englobe de nombreuses choses. L'Air est aussi la Lumière Astrale, un aspect de l'Esprit, donc lorsque vous invoquez cet Élément, vous ferez très souvent des Rêves Lucides. Les Rêves Lucides se produisent lorsque l'Aura est imprégnée de l'Élément Air par des invocations rituelles. En invoquant l'Élément Air, vous remarquerez également que votre corps physique sera refroidi. Vous serez particulièrement sensible à l'Air qui vous entoure, qui sera ressenti comme une brise fraîche constante sur votre peau.

Puisque l'Égo est présent dans l'esprit et qu'il est conditionné par les choses qu'il interprète, lorsque vous invoquez l'Air, vous vous sentirez très proche de votre Égo, de ses besoins, de ses désirs et de la nature de ses pensées. Mais à l'autre bout du spectre, une fois qu'un certain nombre d'invocations d'Air auront été effectuées, vous commencerez à vous sentir en contact avec vos émotions et l'énergie d'amour inconditionnel projetée par votre Âme. Cependant, pour s'élever aussi haut que l'énergie d'amour inconditionnel, il faut d'abord surmonter l'Égo, car la pensée précède l'émotion, et l'Égo se trouve dans la pensée, dans le mental.

L'Égo est alimenté par l'énergie sexuelle, ce qui signifie que les invocations de l'Elément Air vous mettront au diapason de vos désirs sexuels. Étant donné qu'un Égo non purifié pense naturellement souvent au sexe, vous pouvez rencontrer une excitation sexuelle lorsque vous amplifiez vos pensées avec les invocations de l'Élément Air. En outre, l'Air affecte directement le subconscient, de sorte que vos pensées les plus profondes seront renforcées lorsque vous travaillerez avec l'Élément Air.

Vous pouvez passer de nombreux mois à invoquer l'Air, et vous ne stagnerez pas Spirituellement mais purifierez au contraire votre esprit à chaque invocation. Cela est dû au fait que l'Élément Air nous guérit mentalement. La pensée précède toute émotion et toute action et constitue le fondement de notre existence. Il existe donc un lien entre l'Élément Air et l'Élément Esprit - notre principe d'animation et la source de l'énergie de guérison.

Les Éléments Air et Esprit sont liés parce que le Chakra Anahata se trouve juste en dessous du Chakra Vishuddhi, le premier Chakra de l'Élément Esprit. L'Air sépare les trois Chakras inférieurs des Éléments Terre, Eau et Feu, des trois Chakras supérieurs de l'Élément Esprit. Parce qu'il est le médiateur et le précurseur de toutes les choses manifestes, apprendre la nature de vos pensées et entrer en contact avec elles est un précurseur du travail avec les autres Éléments.

Puisque l'Air se trouve dans le Chakra du Cœur, Anahata, et que les émotions supérieures du cœur expriment l'amour inconditionnel, l'Élément Air agit comme un moyen d'expression pour l'Élément Esprit ci-dessus, qui canalise ces énergies d'amour supérieures. Rappelez-vous toujours que l'Air alimente tout dans la psyché, car il anime les Éléments Feu et Eau. Par conséquent, lorsque vous libérez l'impulsion de l'Égo en invoquant l'Élément Air, le Soi Supérieur aura plus de facilité à communiquer avec vous, ce qui manifestera ces sentiments d'amour de vibration supérieure dans votre Chakra du Cœur.

Les sentiments d'exaltation, d'inspiration, de réflexion et d'intellectualisation du monde qui vous entoure sont tous des attributs de l'Élément Air. De plus, comme l'Air est directement lié à l'Esprit, vous vous sentirez très Spirituel avec les invocations de l'Air. Comme l'Élément Air est de qualité Étherique, invisible, vous pouvez vous retrouver à écrire des textes inspirés, à faire de l'art, à philosopher et à pratiquer d'autres activités liées à l'inspiration de l'esprit. L'Élément Air alimente la créativité et l'imagination ; ainsi, les activités qui exigent de la créativité sont les plus touchées par l'Air. La créativité peut être plus une qualité ou une expression de l'Élément Feu, mais n'oubliez pas que le Feu a besoin de l'Air pour fonctionner avec succès.

Les gens réagiront généralement très bien à votre égard lorsque vous invoquerez l'Élément Air. Votre sens de l'humour sera exacerbé, et vous pourrez paraître excentrique et amusant aux yeux des autres. L'Air est un Élément amusant à invoquer ; il apporte inspiration et créativité aux autres lorsque vous êtes en leur compagnie.

Cependant, comme vous serez très cérébral et orienté vers la réflexion, vous pourriez finir par trop parler, négligeant ainsi les émotions des personnes qui vous entourent. L'un des inconvénients du travail avec l'Élément Air est que vous risquez de vous couper de vos sentiments, ce qui vous fera paraître froid et distant aux yeux des autres.

Dans la tradition de l'Aube Dorée, lorsqu'on se lance dans des invocations d'Air, on dit qu'on suit directement le chemin de Tav, la carte du Tarot de l'Univers, qui relie Malkuth à Yesod. Tav représente l'esprit subconscient. Cela signifie que la première étape de l'Alchimie Spirituelle consiste à se connecter au subconscient, à l'esprit involontaire, et à voir ce qui s'y trouve. Cela vous permet de prendre une loupe sur votre subconscient et de vous concentrer sur les pensées et les émotions présentes dans cette zone. Et comme le subconscient est l'entrepôt des traumatismes psychologiques enfouis et réprimés, vous travaillerez avec vos peurs et vos Démons intérieurs. Comme ce chemin est très trompeur et illusoire, il est indispensable de surmonter vos peurs pour progresser dans votre évolution Spirituelle.

Divers vices et vertus sont de la qualité de l'Élément Air, puisque l'Air est lié aux pensées. Parmi eux, on trouve la patience et son vice opposé, la colère. Comme on est prompt à agir et à ressentir une émotion, ce qui peut parfois conduire à l'impulsivité (notamment dans le cas de la colère ou de la frustration), le travail avec l'Élément Air vous permet de renforcer la qualité de votre Chakra du Cœur et de supprimer les impulsions de l'Égo. Il vous permet d'apprendre à aimer plus fort en réalisant que c'est la chose éthique et juste à faire.

La tempérance, ainsi que la gourmandise, sont également des expressions de l'Élément. L'Air permet de maîtriser ses pensées avant de s'engager dans des actions frivoles par le biais de l'Égo. La tempérance requiert de la vigilance, tout comme la patience. Les invocations d'Air infuseront votre Aura avec l'énergie d'Anahata, le Chakra du Cœur. Cela vous permettra d'accorder ce Chakra et les comportements qui lui sont associés. L'Air stimule également l'énergie sexuelle, qui est ressentie dans Swadhisthana, le Chakra du Sacrum.

L'Élément Air vous permet de pratiquer la maîtrise de Soi. Il peut également être lié à la vertu de chasteté, car il faut savoir se maîtriser pour ne pas être la proie de la luxure. N'oubliez pas que l'Air est le grand tentateur puisqu'il est directement lié à l'énergie sexuelle. Il faut donc passer par la luxure avant de pouvoir pratiquer la maîtrise de Soi et la chasteté. Toutes les actions de l'Égo pour se satisfaire, de la luxure à la gourmandise, en passant par la colère et le courroux, exigent que vous travailliez avec l'Élément Air pour équilibrer votre psyché et éliminer le Karma négatif dans ce Chakra. Cela vous permettra d'utiliser votre Élément Air de manière plus constructive et de vivre une vie plus saine.

En ce qui concerne le programme d'Alchimie Spirituelle, l'Élément avec lequel vous travaillez donne naissance à l'Élément suivant en vous. D'abord, la Terre a donné naissance à l'Air, car l'énergie s'est solidifiée dans votre Aura, permettant à l'Égo de sortir. Ensuite, l'Air purge l'Égo jusqu'à ce que les émotions de l'Âme se révèlent, signalant l'émergence de l'Elément Eau dans votre psyché. Les sentiments donneront alors naissance à la volonté, à savoir la véritable volonté de l'Élément Feu. Et le Feu fera émerger l'Esprit Éternel et le Soi Supérieur.

Comme l'Élément avec lequel vous travaillez donne naissance à l'Élément suivant, il n'est pas rare de penser que vous avez terminé son programme d'Alchimie Spirituelle plus tôt que prévu. Cependant, il est crucial de s'en tenir au programme présenté dans *The Magus* concernant la durée d'invocation de chaque Élément. Une erreur fréquente est de s'exciter pour avancer plus vite dans les Éléments. L'excitation est une bonne chose, et vous en rencontrerez au cours de ce travail, mais utilisez-la de manière constructive pour continuer à avancer au lieu de la laisser vous dévier du programme prescrit.

Avancer dans les Éléments plus rapidement que ce qui est recommandé peut vous nuire Spirituellement à long terme en vous éloignant du processus d'Alchimie Spirituelle. N'oubliez pas qu'il s'agit d'une science invisible, éprouvée au fil des âges ; traitez-la donc avec révérence et respect.

L'ÉLÉMENT EAU

L'Élément Eau est le deuxième Chakra, Swadhisthana, situé entre le nombril et le bas-ventre. Dans le symbole du Pentagramme droit, l'Élément Eau est de couleur bleue et forme la partie supérieure droite du Pentagramme. Si l'on superpose l'être humain au symbole du Pentagramme, l'Élément Eau représente le bras gauche.

La fonction première de l'Élément Eau est de générer des émotions; sa correspondance Qabalistique est avec Chesed, dont l'attribution Planétaire est Jupiter. Chesed est l'expression de l'amour inconditionnel, de la miséricorde et de l'altruisme, qui sont les plus hautes expressions de l'Élément Eau.

Puisqu'il est lié aux émotions, l'Élément Eau englobe également d'autres Sephiroth, tout comme l'Élément Air (pensées). La Sphère de Netzach étant la forme des émotions inférieures, plus instinctives, telles que la luxure et l'amour romantique, l'Élément Eau s'exprime également à travers cette Sphère. Netzach correspond à la Planète Vénus et au désir, qui dans ce cas est ressenti comme une émotion tempérée par l'Élément Feu.

L'Élément Eau alimente également l'esprit logique, le raisonnement de Hod, car Hod et Netzach se complètent l'un l'autre. Hod correspond à Mercure; par conséquent, dans cet aspect de l'Élément Eau, il travaille en combinaison avec l'Élément Air et les pensées.

L'Élément Eau est également lié à l'énergie et aux instincts sexuels que l'on trouve dans la Lune, correspondant à la Sphère de Yesod. Comme vous pouvez le constater, l'Élément Eau englobe plusieurs Séphiroth intermédiaires et inférieures de l'Arbre de Vie, tout comme les Éléments Air et Feu.

Il est crucial de comprendre qu'une forme d'amour, l'amour de Soi, cherche à se gratifier et à trouver la romance tout en développant un attachement égoïque à ses objets de désir. En revanche, l'amour inconditionnel est éthique et relève du Soi Supérieur. Il est donc plus propice de pouvoir partager l'amour inconditionnel avec tout le monde, et bon nombre de vertus sont construites sur cette base.

Il est intéressant de noter qu'au niveau du Netzach, l'amour romantique devient le type d'amour qui peut créer une obsession mentale - le besoin de posséder ou de contrôler l'objet de son désir. Netzach est naturellement tempéré par Hod (logique et raison), ce qui donne lieu à un type d'amour qui a besoin d'une raison pour s'exprimer, ce qui signifie qu'il utilise l'Égo. Dans le cas de l'amour romantique, la sublimation des opposés se fait donc uniquement au niveau mental.

Au niveau du Chesed, l'amour inconditionnel est expérimenté puisque le Chesed est modéré par la Geburah, qui est la volonté individuelle. L'amour inconditionnel est un type d'amour qui est dépourvu d'attachement personnel; il contourne donc l'Égo. Il est d'une vibration et d'une qualité supérieures et est plus recherché que l'amour romantique, car il exalte l'Esprit au détriment de l'Égo. L'amour inconditionnel est vécu à travers l'Âme.

La forme d'amour de Netzach appartient à l'Égo, car elle est connectée à Yesod, à la Lune et au Moi animal. En revanche, la forme d'amour supérieure de Chesed est reliée aux Supérieurs par le chemin de la Roue de la Fortune, gouvernée par la généreuse Planète Jupiter.

La nature de la forme d'émotion de Netzach est illustrée par la belle femme, à moitié nue dans un coquillage, comme la représentation de la Déesse Grecque Aphrodite dans l'art classique. Vénus est son équivalent Romain, également représentée à moitié nue dans l'art classique. C'est sa forme physique et sa beauté qui deviennent l'objet du désir, mais comme nous l'avons vu jusqu'à présent, tout ce qui a un lien avec le Monde de la Matière appartient au domaine de l'Égo. D'où le besoin de l'Égo de posséder, d'avoir et de contrôler l'objet de son désir. Il n'aime pas pour le plaisir d'aimer, mais pour obtenir et posséder l'objet de son désir.

L'amour romantique fonctionne dans les deux sens pour les hommes et les femmes. Ce n'est qu'au niveau de Chesed que nous pouvons aimer inconditionnellement, où le Chakra de l'Eau, Swadhisthana, est exalté. D'autre part, exprimer l'amour au niveau de Netzach et Hod fait vibrer la Lumière du Chakra de l'Eau à une fréquence plus basse que celle de Chesed. Les deux sont des émotions, et la nature des émotions est d'aimer, mais on peut soit s'aimer intérieurement, soit tourner son amour vers l'extérieur pour aimer les autres.

Dans la deuxième forme d'amour, l'amour inconditionnel, la personne trouve son Vrai Soi car lorsque l'amour est absent de raison ou de cause, il est beaucoup plus fort et plus Spirituel. Par conséquent, la leçon générale de ce Chakra de l'Eau est d'apprendre à aimer sans attachement à travers l'Âme. Vous devez transformer vos émotions amoureuses inférieures en émotions supérieures. Vous devez choisir votre Âme plutôt que votre Égo.

Puisque nous explorons les émotions, il est nécessaire de noter que sur l'Arbre de Vie, les émotions se trouvent principalement sur le Pilier de la Miséricorde. Cependant, le Pilier de la Miséricorde est masculin. Par conséquent, lorsque vous vous trouvez sur le Pilier de gauche ou de droite, vous devez tenir compte de l'énergie équilibrante de la Sphère située sur le Pilier opposé. Ainsi, dans le cas des émotions, c'est la volonté, la logique et la raison qui les équilibrent.

Les invocations Élémentaires dans *The Magus* se connectent à un type particulier d'énergie de l'extérieur et l'appellent dans votre Aura. Les invocations d'Eau se concentrent sur le Chakra Swadhisthana en particulier. Le but d'invoquer l'Élément Eau est d'accorder et de purifier Swadhisthana Chakra. Lorsque votre Aura est imprégnée de l'énergie de l'Eau, l'énergie Karmique stockée dans ce Chakra est activée, ce qui affecte les expériences de vie futures. Votre esprit et votre cœur devront alors travailler à travers ces expériences et en tirer des leçons de vie. Une fois que vous aurez appris les leçons associées au Chakra Swadhisthana, vous dépasserez tous les blocages qui l'empêchent de fonctionner à son taux optimal de vibration. En tant que tel, l'Élément Eau guérira votre Moi émotionnel au fil du temps.

Dans la plupart des cas, c'est l'Égo qui vous tire vers lui et vous empêche de résonner et de vous accorder avec le Soi Supérieur. Les opérations Magiques avec les Éléments comprennent l'apprentissage de l'Égo et son évolution, puisque l'Égo réside dans les quatre Chakras inférieurs (les Quatre Éléments inférieurs) et ne participe pas à l'énergie Spirituelle. Pour avoir le plein pouvoir de manifestation dans votre vie, vous devez vivre à travers votre Âme et non votre Égo. Votre Âme peut se connecter à votre Soi Supérieur, alors que votre Égo ne le peut pas.

Lorsque vous invoquez l'Élément Eau, vous pouvez remarquer un sentiment d'apaisement immédiat dans vos émotions et un sentiment d'amour qui vous envahit. Votre Chakra du Cœur sera envahi par une énergie d'amour qui vous balaie comme une vague. Toutes les émotions intuitives sont ressenties dans le Chakra Anahata, même lorsque l'énergie invoquée infuse un autre Chakra. Le Chakra du Cœur ressent directement l'énergie, que vous pouvez ressentir immédiatement dès qu'une nouvelle énergie pénètre dans votre Aura. Votre capacité à ressentir les énergies est déterminée par votre niveau de sensibilité et votre capacité intuitive.

Après avoir invoqué l'Élément Eau pendant quelques jours, vous vous sentirez très à l'aise avec votre Égo et le fait de le montrer au monde extérieur. L'Égo est généralement la première partie du Soi à sortir lorsqu'on travaille avec les Eléments.

Puis, après avoir passé un certain temps à incarner votre Égo et à le montrer aux autres, vous infuserez les aspects plus profonds du Chakra de l'Eau et commencerez à vous accorder avec votre Âme et l'énergie d'amour inconditionnel.

Comme l'étape précédente est la partie égoïque des invocations, cette deuxième étape est la partie Chesed de l'opération. Lorsque cela se produit, vous pouvez ressentir de puissantes émotions d'amour envers les personnes de votre vie. Par conséquent, vous remarquerez que les gens réagissent avec amour à votre égard, et vous aurez de la facilité à créer des liens avec les autres. Le sexe opposé vous trouvera plus attirant, naturellement. Vous serez très tolérant et non conflictuel avec les gens. Vous pouvez vous sentir comme l'incarnation d'un Saint ou d'une autre figure Spirituelle qui incarne la miséricorde, l'amour et la vérité. Le concept de "tendre l'autre joue" vous sera très familier, car vous serez en mode passif et réceptif, totalement à l'écoute des expressions d'amour inconditionnel.

Il vous arrive souvent de pleurer et de vous sentir très ému sans raison logique. Ne craignez pas cet état car les pleurs sont une méthode de purge des émotions et font partie du processus d'évolution Spirituelle. C'est une forme de rajeunissement. Lorsque vous pleurez, vous ressentez la totalité de l'émotion qui vous fait pleurer, et dans cet acte, vous purifiez et libérez cette douleur émotionnelle par l'amour - puisque c'est l'amour dans nos cœurs qui nous fait pleurer en premier lieu. Pleurer implique l'utilisation de l'Élément Feu de l'Âme, qui agit sur l'Élément Eau et le purifie. Chaque larme représente l'acte de purification d'une ancienne émotion. Pleurer est un bon signe que vous progressez dans votre évolution Spirituelle.

Avec les invocations d'Eau, vous remarquerez que vos rêves prennent une qualité différente de celle des invocations d'Air. Dans vos rêves, vous vous trouverez dans différentes situations de vie où vous devrez choisir entre l'amour de Soi et l'amour des autres. Ainsi, en invoquant l'Élément Eau, il y a des leçons à tirer de vos rêves sur le développement de l'éthique et de la morale. Votre esprit vous joue des tours pour permettre au Karma négatif de se déverser même dans l'état de rêve. C'est un bon signe, car cela signifie que vous progressez davantage.

Vous vous trouverez tellement rempli du sentiment d'amour inconditionnel que si vous avez vécu un éveil de la Kundalini, un processus d'abandon complet se produira avec des invocations de l'Élément Eau. Les Chakras Sacrés et du Cœur seront envahis par l'énergie de l'amour, permettant à l'Égo de lâcher prise.

L'énergie de l'Eau entraîne également la stimulation de l'énergie sexuelle puisqu'elle est ressentie dans l'abdomen. Or cette expérience n'est pas la même qu'avec l'Élément Air. Dans l'Eau, l'énergie sexuelle est sublimée en énergie d'amour et est exaltée. Par conséquent, vous serez parfois excité sexuellement, mais plus par la notion d'amour que par la luxure. La luxure appartient à l'Élément Air, tandis que l'amour appartient à l'Élément Eau.

Il est impératif de noter l'association du Chakra de l'Eau avec la mémoire. La mémoire se trouve dans la Sphère de Chesed, mais son fonctionnement passe par l'Élément Eau. Même le mot "mémoire" correspond à la lettre Hébraïque Mem, qui se rapporte à l'Élément Eau. La mémoire est quelque chose que le Soi utilise pour se "re-souvenir". En tant que telle, elle appartient au domaine du passé. Vous ne pouvez pas avoir de mémoire des choses qui se passent dans le Maintenant puisque vous êtes dans l'acte d'expérience. Et le futur n'a pas encore eu lieu de notre point de vue humain ; nous ne pouvons donc pas non plus en avoir de souvenir. La mémoire fournit à la conscience une méthode pour s'identifier. Sans mémoire, la conscience se perdrait. Par conséquent, se perdre soi-même permet de trouver son véritable Moi - l'Esprit.

On peut dire que l'Égo utilise la mémoire pour s'identifier, ce qui n'est pas loin de la vérité. Le processus Spirituel est un processus d'oubli, et à mesure que vous vous absorbez dans l'amour inconditionnel, vous perdez de plus en plus la mémoire du passé, ce qui vous permet d'être dans le Maintenant. La plupart des personnes Spirituelles élevées ont peu de mémoire du passé et ne l'utilisent pas pour se relier au monde. Au contraire, elles vivent continuellement dans le Maintenant. Cependant, comme Chesed est la première Séphirah après l'Abîme et les Supernaux, elle apporte la mémoire et la Forme, un Élément constitutif du Soi qui lui permet de se connaître, d'apprendre du passé et d'évoluer.

Si vous avez subi un éveil de la Kundalini, vous trouverez l'Élément Eau très utile pour poursuivre votre transformation, car il vous permettra de "suivre le courant". Suivre le courant est un défi dans le processus d'éveil de la Kundalini, car il s'agit d'un coup terrible pour l'Égo, qui s'accroche alors à de petits fragments du Soi pour maintenir son identité.

Lors de l'éveil de la Kundalini, les peurs sont amplifiées au début et, dans la conscience nouvellement développée, l'Égo fera de nombreuses tentatives pour contrôler le processus. Comme il s'agit d'une nouvelle réalité dans laquelle vous vous trouvez, l'Égo a du mal à se trouver. Développer l'Élément Eau et l'infuser dans l'Aura est crucial pour passer ce stade et se libérer de l'énergie de la Kundalini.

Dans la tradition de l'Aube Dorée, invoquer l'Élément Eau après avoir travaillé avec l'Air signifie que vous avancez de la Séphire Yesod à la Séphire Hod. Les deux voies du Tarot qui relient Yesod et Hod sont la voie du Jugement et la voie du Soleil. Le Jugement est l'initiation à l'Élément Feu, comme vous en ferez l'expérience lorsque vous continuerez à travailler avec l'Élément Eau pendant un certain temps. L'Élément Feu de l'Âme se dévoilera, tout comme sa contrepartie, l'émotion de l'amour inconditionnel. La trajectoire du Soleil représente la sublimation des opposés qui se produit au niveau mental, ce qui est nécessaire pour s'élever aussi haut que l'Élément Feu et l'Âme. Essentiellement, le but de l'Élément Eau est de vous préparer à l'Élément Feu et de vous connecter à votre Âme.

Dans l'Élément Eau, vous êtes entièrement absorbé dans les eaux de la Création et la mer de la conscience. En tant que tel, l'Élément Eau est également relié à Binah, le Grand Principe Féminin de la Création. Par conséquent, les vertus associées à l'Élément Eau découlent de l'énergie de l'amour inconditionnel, l'émotion la plus élevée qui relie tous les êtres de l'Univers.

Dans la théologie Chrétienne, les trois principales vertus théologales sont la foi, l'espérance et la charité - qui nous sont transmises par la grace de Dieu - le Créateur - une fois que nous avons intégré l'Élément Eau dans notre cœur et notre esprit. Puisque la paix intérieure vient avec l'amour inconditionnel, la patience est une autre vertu développée par l'Élément Eau. De même, puisque l'amour inconditionnel fait ressortir l'honnêteté en soi, vous vous surprendrez à toujours dire la vérité, même si vous savez que cela peut vous attirer des ennuis. Ainsi, la vérité est une autre expression de l'incarnation de l'énergie de l'amour inconditionnel.

Le concept de foi implique une forte croyance en Dieu - le Créateur - qui s'intensifie lorsque nous sommes exposés à l'énergie de l'amour inconditionnel. La foi, c'est aussi la confiance en une personne, un concept ou une idée. Ainsi, vous vous retrouverez souvent à examiner vos croyances intérieures ainsi que vos relations avec les autres. Dans l'Élément Eau, vous vous appuierez davantage sur le fait de "ressentir les choses" plutôt que d'intellectualiser vos émotions (ce qui est plutôt une qualité de l'Élément Air).

L'espoir est un état d'esprit optimiste basé sur des attentes de résultats positifs. Dans l'Élément Eau, vous vous surprendrez à penser avec optimisme, même si une situation de vie n'est pas si favorable en apparence. Cet état d'esprit optimiste vient du fait que vous êtes connecté à l'Esprit et à l'énergie de l'amour inconditionnel, qui ne faiblit jamais face à l'adversité. Vos capacités à résoudre les problèmes seront améliorées lorsque vous travaillerez avec l'Élément Eau si vous pouvez adopter les vertus de l'espoir et de la foi.

La charité est une forme de générosité et est considérée comme la plus grande des trois vertus théologales. La charité implique le sacrifice de soi, un concept essentiel pour tout initié sur le chemin de la Lumière. Vous devez toujours être prêt à vous sacrifier pour une autre personne si vous voulez entrer en résonance avec un état de conscience supérieur. Dans le sacrifice, vous vous perdez vous-même et votre identité et vous vous élevez aussi haut que l'Esprit de Dieu. La charité est une pratique consistant à être bienveillant, ce qui implique l'altruisme et le désintéressement.

Le vice associé à l'espoir est le désespoir ; lorsque nous désespérons, nous avons l'impression qu'il n'existe aucun choix susceptible de produire des résultats positifs. Au lieu de chercher des solutions, nous abandonnons. Notre Égo prend le dessus et introduit la peur dans notre cœur et notre esprit. Le désespoir survient après que nous ayons perdu la foi. En perdant la foi, nous commençons à douter de nous-mêmes et de notre lien avec Dieu - le Créateur. Nous commençons à douter que nous sommes uniques et que nous méritons de bonnes choses dans la vie. Encore une fois, c'est l'Égo qui nous fait perdre la foi, car dès que nous introduisons la peur, nous perdons immédiatement le contact avec l'énergie d'amour inconditionnel. Vous ne pouvez pas tirer simultanément de l'énergie de l'amour inconditionnel et de la peur - l'un noie l'autre.

Le vice associé à la charité est l'avidité, qui relève également de l'Égo. L'avidité est une forme de thésaurisation, qui consiste à ne pas partager avec les autres et à ne rechercher l'épanouissement que pour soi-même. C'est l'antithèse de la charité et de l'amour, car l'avidité naît de la peur d'être une entité séparée du reste du monde. Cependant, puisque nous sommes tous Un, dès que nous permettons à l'amour inconditionnel de nous guider, nous pouvons faire l'expérience de cette connexion.

Le courroux ou la colère est l'antithèse de la patience. Lorsque vous ne ressentez pas l'amour dans votre cœur, la colère est susceptible de sortir dès que l'Égo n'obtient pas ce qu'il veut. Mais lorsque l'amour est présent, il est impossible de manifester de la colère ou de la fureur puisque la patience est aussi naturellement présente.

"L'Amour est patient, l'amour est gentil. Il n'est pas envieux, il ne se vante pas, il n'est pas orgueilleux. Il ne déshonore pas les autres, il n'est pas égoïste, il ne se met pas facilement en colère, il ne garde pas trace de ses fautes. L'amour ne se complaît pas dans le mal mais se réjouit de la vérité. Il protège toujours, il a toujours confiance, il espère toujours, il persévère toujours." - "La Sainte Bible" (Corinthiens 13, 4-7)

Lorsque vous avez de l'amour dans votre cœur, les vices sont naturellement éliminés du Soi, exaltant les vertus. L'amour est véritablement la pierre angulaire de toute vie Spirituelle et se trouve dans l'Élément Eau.

L'ÉLÉMENT FEU

L'Élément Feu est le troisième Chakra, Manipura, situé dans le Plexus Solaire. Dans le symbole du Pentagramme droit, l'Élément Feu est de couleur rouge et forme la partie inférieure droite du Pentagramme. Si l'on superpose l'être humain au symbole du Pentagramme, l'Élément Feu représente la jambe gauche.

La correspondance Qabalistique de l'Élément Feu est la Séphirah Geburah, dont l'attribution Planétaire est Mars. Le Feu de Geburah est celui de la volonté et du dynamisme. L'Élément Feu est la partie active et masculine du Soi, alors que l'Élément

Eau est la partie passive et féminine du Soi. L'Élément Feu est l'Âme, tandis que l'Élément Eau est la conscience.

L'Élément Feu est également exprimé par Netzach sous la forme du désir, qui est une émotion alimentée par le Feu. Le désir est souvent instinctif et involontaire, comme le désir sexuel ou sensuel. L'Élément Feu stimule et alimente également l'intelligence; c'est pourquoi il est également exprimé par la Séphirah Hod - en tant que force d'esprit (force morale) face à des émotions fluctuantes. L'intellect et la raison sont la force motrice de la volonté aux niveaux inférieurs, tandis que l'Âme est la force motrice aux niveaux supérieurs. La volonté est plus exaltée lorsqu'elle est motivée par un amour inconditionnel.

L'Élément Feu est le principe Père, comme l'Élément Eau est le principe Mère. Le Feu sans l'Eau est synonyme de tyrannie et d'oppression - il peut être incontrôlable et se manifeste souvent par la colère. Le Feu a besoin de l'Eau pour l'équilibrer ; sinon, il peut être préjudiciable à la psyché et aux autres personnes, car il peut rapidement se transformer en hostilité. Il faut donc comprendre la nature de sa colère et affronter la douleur intérieure qui la fait se manifester.

Le Feu est la motivation; c'est l'impulsion, le dynamisme, la pensée active et la volonté ciblée qui sous-tendent toute pensée et émotion consciente. Ainsi, le Feu est le plus élevé des Quatre Éléments. Le Feu est la cause derrière l'effet, et en tant que tel, il est davantage lié aux Supernaux que les trois autres Éléments. Le Feu sans l'Eau serait un effet sans cause. Le Feu et l'Eau existent en termes de dualité l'un avec l'autre. La Volonté se bat toujours au nom de l'amour, que ce soit l'amour de Soi ou l'amour inconditionnel pour tous les êtres vivants.

L'Élément Feu traite beaucoup des croyances intérieures. Avec les invocations de Feu, vous pouvez changer vos croyances, vos idées et votre attitude sur qui vous pensez être ainsi que sur le monde qui vous entoure. Grace au Feu, vous commencez à brûler les aspects de l'Égo qui sont préjudiciables à la formation de la nouvelle conscience élevée. Les mêmes problèmes avec l'Égo que vous avez rencontrés avec les invocations d'Air sont décuplés avec les invocations de Feu. Avec les invocations de Feu, vous êtes à l'écoute de l'Égo et de la façon dont il s'exprime, y compris ses croyances sur son identité et le monde qui l'entoure.

L'orgueil est le principal vice qui se manifeste dans les invocations de Feu, car l'orgueil est l'Élément constitutif des croyances de l'Égo. Par conséquent, vous devez passer beaucoup de temps à invoquer l'Eau avant de vous lancer dans le Feu. Et il faut avoir une base mentale appropriée dans l'Air avant de commencer avec l'Eau et la stabilité appropriée dans la Terre avant de se lancer dans l'Air.

Il est important de noter que vous devez travailler à travers les Éléments de manière systématique puisque vous êtes en train de suivre une procédure d'Alchimie Spirituelle formulée. Le processus commence par la Terre, puis l'Air, l'Eau et enfin le

Feu. Travailler d'abord avec le Feu sans avoir une base solide dans les autres Éléments serait désastreux et ne ferait que vous faire reculer dans votre évolution Spirituelle.

Le Feu ne peut exister sans Air, mais il s'éteint lorsqu'il y en a trop. Par conséquent, il est très important d'avoir une bonne base mentale avant de travailler avec le Feu, car le Feu stimule les pensées. Les croyances personnelles sont très précieuses lorsque l'on travaille avec l'Élément Feu, car les croyances déterminent votre réalité. Une fois que vous aurez changé vos croyances intérieures sur vous-même, vous changerez également le monde qui vous entoure.

Gandhi a dit : "Soyez le changement que vous souhaitez voir dans le monde". Cela signifie qu'une fois que vous aurez modifié votre conception de ce que vous pensez être, les personnes qui vous entourent réagiront en conséquence, et votre réalité se transformera positivement. Le changement de vos croyances intérieures vous permettra de puiser dans votre potentiel le plus profond, et de nouvelles opportunités dans la vie se présenteront à vous, vous permettant de tirer le meilleur parti de votre vie ici sur Terre.

Mars est attribué à l'Élément Feu, dont l'action est symboliquement décrite dans la carte de la Tour du Tarot. La carte de la Tour contient l'image d'un éclair frappant et détruisant une Tour, faisant allusion à l'histoire de la Tour de Babel dans le *Livre de la Genèse.* La Tour représente nos croyances, tandis que l'éclair est le Yod, le Feu Primal, l'énergie du Père. Il signifie la profondeur de l'Élément Feu puisqu'il se trouve dans notre Plexus Solaire, notre noyau, et a un lien direct avec la Divinité, le Créateur. Il est également essentiel de comprendre le lien entre l'Élément Feu et Mars et le Bélier, les Dieux de la Guerre. Le grand Roi Spartiate Léonidas est un autre personnage mythologique qui vient à l'esprit comme exemple de guerrier qui se bat pour l'amour et la justice.

Mercure est le Dieu de la Sagesse et la Planète correspondante dans Hod. Hod est la Sphère de la communication, de la logique et de la raison - le travail du Feu intérieur agissant sur l'Élément Eau et le mental. Dans le cas de Hod, c'est le Feu (la volonté) qui agit sur l'Air (les pensées), se projetant dans l'Eau (la conscience), qui forme l'intellect. Dans le cas de Netzach, c'est le Feu qui agit sur l'Eau (dans son expression en tant qu'émotions), ce qui crée le désir. Il n'est pas étonnant que la Planète Vénus soit attribuée à Netzach, car la stimulation sensuelle ou sexuelle est l'un des principaux facteurs de motivation de l'humanité.

Dans la tradition de l'Aube Dorée, les invocations de l'Élément Feu signifient que vous progressez de la Séphire Hod à la Séphire Netzach. Trois voies du Tarot relient Netzach aux trois Sephiroth inférieures: la Tour, l'Étoile et la Lune. La Tour, comme mentionné, représente les croyances sur le monde et l'application de l'énergie destructrice de Mars, puisque l'ancien doit être détruit pour que quelque chose de nouveau prenne sa place.

La carte de l'Étoile représente la méditation et la tranquillité d'esprit nécessaires pour aligner la conscience individuelle sur Netzach avec succès. Les émotions et les pensées doivent être apaisées pour que l'énergie de l'Élément Feu puisse infuser Manipura avec succès. Enfin, la carte Lune représente le subconscient, l'arrière de la tête, le plus profond de notre Élément Eau et ce qui doit être transformé. Comme vous pouvez le constater, l'idée de transformation est très présente dans le travail avec l'Élément Feu.

Vous constaterez que vous n'aurez pas besoin de beaucoup de sommeil en travaillant avec l'Élément Feu, et vous serez généralement déconnecté de vos rêves, contrairement aux deux Éléments précédents, l'Eau et l'Air. Le Feu appartient à l'Âme, qui se préoccupe de faire l'expérience directe de la vie par l'intuition. Vous ferez donc l'expérience du sommeil profond au lieu de faire l'expérience des images dans votre esprit pendant votre sommeil. Vous vous sentirez déconnecté des images visuelles intérieures mais plus en phase avec l'énergie Archétypale et le sentiment derrière les images.

L'humilité est la plus haute vertu qui découle de l'exaltation de l'Élément Feu. Son vice est l'orgueil, le fondement de tous les autres vices et de l'Égo. Vous pouvez voir comment l'Élément Feu est le cœur de votre Être, de votre Âme, puisqu'il représente les croyances sur le monde, profondément ancrées dans votre subconscient et difficiles à changer. En invoquant l'Élément Feu dans l'Aura, vous vous concentrez sur le Chakra du Plexus Solaire, ce qui vous permet d'atteindre les coins les plus profonds de votre Âme et d'apporter les changements nécessaires dans cette zone.

Les invocations du Feu vous feront vous sentir très inspiré, créatif, actif et engagé. Comme mentionné, vous n'aurez pas besoin de beaucoup de sommeil pour fonctionner à votre pleine capacité. Vous ressentirez une chaleur constante dans la zone du Plexus Solaire et, avec le temps, vous constaterez que vos croyances de vie se transforment, apparemment sans votre participation consciente.

La douleur qui se manifeste au départ quittera l'Aura par purge avec l'Élément Feu. La douleur interne est quelque chose qui est logé dans le subconscient. Elle fait partie de votre mémoire et appartient à l'Élément Eau. Avec une application appropriée, l'Élément Feu brûlera cette douleur afin que le Chakra du Plexus Solaire fonctionne mieux et rayonne davantage d'énergie Lumière. Ce processus alignera votre conscience avec votre Âme, vous éloignant ainsi de votre Égo.

L'Élément Eau correspond aux émotions, donc pour purifier l'Eau, vous devez y appliquer le Feu de la même manière que vous nettoyez de l'eau physique - vous y ajoutez de la chaleur jusqu'à ce qu'elle atteigne un point d'ébullition et que les impuretés s'évaporent dans l'air. Ce processus de purification de l'eau peut également être appliqué au niveau mental et émotionnel - comme en haut, comme en bas. Nous appliquons la chaleur à nos pensées et à nos émotions avec l'Élément Feu pour obtenir le résultat souhaité.

Travailler avec l'Élément Feu est un excellent moment pour pratiquer la méditation et le calme de l'esprit. En incarnant l'Élément Feu, vous serez en mesure de vous élever au-dessus du bavardage mental de l'Égo, car l'Élément Feu est plus élevé sur l'échelle, Spirituellement parlant. Dans le silence, la vérité est expérimentée par l'intuition, et l'Élément Feu vous connectera à votre intuition plus que tout autre Élément précédent.

Si vous avez éveillé le Feu intérieur de la Kundalini, vous constaterez que le travail avec l'Élément Feu est relativement facile, car cette énergie complète celle de la Kundalini. Vous aurez souvent l'impression que les deux sont la même chose, mais ne vous inquiétez pas; l'Élément Feu travaille toujours sur différents aspects du Soi, tandis que l'énergie Kundalini est active.

L'Élément Feu vous rendra très énergique, et vous ressentirez le besoin de vous engager dans différentes activités pour canaliser son énergie. Il peut s'agir d'activités physiques ou mentales, puisque l'Élément Feu englobe les trois autres Éléments que sont la Terre, l'Air et l'Eau.

Comme le Feu enflamme l'Élément Air qui est en vous, votre créativité et votre imagination seront accrues, tout comme votre niveau d'inspiration sur la vie en général. Vous aurez une force d'esprit inébranlable (fortitude), ce qui vous permettra d'appliquer cette énergie à des activités et de les mener jusqu'au bout. Votre niveau de persistance et de détermination sera intensifié comme jamais auparavant, ce qui vous permettra d'accomplir diverses tâches avec facilité.

"L'utilisation de la volonté comme projecteur de courants mentaux est la base réelle de toute magie mentale." - William Walker Atkinson; extrait de "Mind-Power : le Secret de la Magie Mentale".

Parce qu'il s'agit de volonté, l'Élément Feu vous permettra de manifester vos rêves et vos objectifs d'une manière sans précédent. Manifester une vie extraordinaire nécessite l'application correcte de l'Élément Feu, filtré par l'Élément Terre. Il y a un va-et-vient, une action et une réaction, qui se produit continuellement entre les Éléments Feu et Terre lorsque votre Âme est votre force directrice.

À l'inverse, si l'Égo est votre force directrice, la volonté est détournée et votre Élément Terre tire son énergie primaire des émotions involontaires de l'Élément Eau. Comme nous l'avons mentionné, l'Élément Air est nécessaire pour alimenter le Feu et l'Eau, et vos pensées peuvent servir votre Âme ou votre Égo. Tu as le Libre Arbitre, qui te permet de choisir entre les deux. Cependant, la plupart des gens laissent leurs émotions penser à leur place, sans se rendre compte qu'ils ont le choix en la matière.

En invoquant l'Élément Feu, les gens réagiront bien à votre égard, et vous serez une source d'inspiration pour les autres. Veillez à rester équilibré et à ne pas laisser le Feu se manifester négativement par la colère ou l'impatience. Il est indispensable d'apprendre à réfréner votre Égo lorsque vous travaillez avec l'Élément Feu, ce qui peut parfois sembler très difficile. Les leçons apprises en travaillant avec les Éléments précédents devront être appliquées. Par exemple, si la volonté n'est pas contrôlée par l'amour inconditionnel, il en résultera de l'amour de Soi, ce qui entraînera un Karma négatif qu'il faudra surmonter à l'avenir. Vous voyez donc qu'il est essentiel d'avoir une bonne base dans l'Élément Eau avant de passer à l'Élément Feu.

Comme l'Élément Feu représente la volonté et les expressions de votre Âme, vous devez passer de nombreux mois à travailler avec le Feu avant de passer à l'Élément suivant de l'Esprit. Il faut de nombreux mois pour changer et purifier les émotions négatives, basées sur la peur, par l'application de la chaleur et pour changer les croyances indésirables sur le Soi et le monde. Dans la plupart des cas, il a fallu de nombreuses années pour construire une croyance sur quelque chose et, à son tour, il faut beaucoup de temps pour éradiquer cette mentalité négative.

Une fois infusé dans l'Aura par des invocations rituelles, l'Élément du Feu fera ce qu'il doit faire pour purifier le Chakra de Manipura. Encore une fois, vous devez être conscient de vos pensées et de vos actions pendant que ce processus se déroule, afin de ne pas être la proie de l'Égo. En restant équilibré dans l'esprit, le corps et l'Âme, le simple fait d'amener l'Élément Feu dans l'Aura pour purifier vos pensées et vos émotions est tout ce qui est requis de vous pour accorder votre volonté et exalter l'Âme sur l'Égo.

Dans de nombreux cas, vous ressentirez l'effet derrière la cause, et il se manifestera à travers vous, car vous filtrerez tous vos processus mentaux et émotionnels à travers l'Élément Feu. Avec un simple exercice rituel d'invocation (LIRP), vous constaterez que l'énergie reste présente jusqu'à vingt-quatre heures durant votre journée. Pendant le sommeil, lorsque vous entrez dans l'*état Alpha*, l'excès d'énergie se dissipe en filtrant toutes les parties du Soi et quitte entièrement votre Aura.

L'ÉLÉMENT ESPRIT

Le mot anglais "Spirit" vient du mot latin "spiritus", qui signifie "souffle". Cette corrélation entre les deux mots nous indique qu'il existe une correspondance entre l'énergie de l'Esprit et l'acte de respirer l'air qui nous entoure (qui est une manifestation physique de l'Élément Air). Respirer, c'est recevoir l'Esprit. Toutes les créatures qui doivent respirer pour maintenir leur vie font partie de l'Esprit. Ainsi, la respiration est la preuve de la vie et de l'Esprit. Pour cette raison, les techniques de respiration sont essentielles dans la méditation et la Magie Rituelle.

L'Élément Esprit/Athyr est attribué au Chakra de la Gorge (Vishuddhi), au Chakra de l'Oeil de l'Esprit (Ajna) et au Chakra de la Couronne (Sahasrara). Dans le symbole du Pentagramme droit, l'Élément Esprit est blanc et forme la partie supérieure du Pentagramme. Si nous superposons l'être humain au symbole du Pentagramme, l'Élément Esprit représente la tête, notre connexion avec la Source Divine.

"Le Ciel est le Premier Élément." - Hermès Trismégiste; extrait du "Pymandre Divin".

Dans la Qabalah, l'Élément Esprit représente les Sphères Supérieures - les Sphères de Kether, Chokmah et Binah. L'Élément Esprit englobe également la Sphère de Daath, la onzième Sphère invisible. Daath est appelée l'Abîme, et c'est le point où la dualité des sept Sephiroth inférieures rencontre la Non-Dualité des Supernales. La seule dualité qui existe au niveau des Supernaux est Chokmah - le Père - et Binah - la Mère. Cependant, les trois Sphères de Kether, Chokmah et Binah fonctionnent comme un tout. Chokmah reçoit son énergie Archétypale de Kether, et Binah transforme ces idées Archétypales en Forme. L'équivalent Chrétien des Supernaux est la Trinité - le Père, le Fils et le Saint-Esprit (ou l'Esprit).

En termes de Chakras, Daath se trouve dans la Gorge, représentée par Vishuddhi Chakra. Comme Daath représente la connaissance et que le but de la gorge est de générer la vibration permettant de parler oralement, le Verbe exprimé par le langage nous relie au Créateur. Par conséquent, le Verbe devient notre modus operandi, notre connexion à Dieu, puisque nous pouvons parler et utiliser des mots pour communiquer.

Le Chakra de la Gorge est la voix du corps, de l'esprit et de l'Âme. C'est une soupape de pression qui permet à l'énergie des autres Chakras de s'exprimer. S'il est déséquilibré ou bloqué, il peut affecter la santé des autres Chakras. Par conséquent, lorsqu'il est en équilibre, nous pouvons exprimer ce que nous pensons et ressentons. Ainsi, nous voyons la qualité Spirituelle de ce Chakra car l'Esprit est le facteur d'unification des Quatre autres Éléments, qui servent d'expression à l'Esprit.

Le Chakra de la Gorge, Vishuddhi, est le premier point où les Quatre Éléments inférieurs se synthétisent en Esprit et s'expriment par la communication. Vishuddhi est directement lié à la vérité ; une personne qui dit toujours la vérité devrait avoir un Chakra de la Gorge bien équilibré. À l'inverse, une personne qui ment et manipule les autres aura un Chakra de la Gorge déséquilibré. Rappelez-vous toujours que la vérité et l'amour inconditionnel sont les deux facteurs les plus puissants en ce qui concerne tout ce qui est Spirituel. Par conséquent, il est essentiel de toujours dire la vérité dans la vie, car cela seul vous permet de "marcher avec Dieu".

Le mensonge est le domaine de l'opposé de Dieu, le Diable, et produit un Karma négatif dans le Chakra de la Gorge. Le Diable est la personnification d'un concept, d'une idée, et non d'une entité en soi. L'idée qui sous-tend ce concept est parfaitement illustrée par la carte du Tarot du Diable. Appelé le "Seigneur des Portes de la Matière", le titre et la signification de cette carte nous informent qu'en réalité, le Diable est la qualité séduisante et énergétiquement contraignante de la Matière elle-même. Tout ce qui a trait à l'attachement de notre conscience à la Matière plutôt qu'à l'Esprit appartient au Diable. Ce serait la description la plus occulte de l'énergie du Diable.

"Et maintenant, il est prouvé que Satan, ou le Dragon Rouge Ardent... et Lucifer, ou le " Porteur de Lumière ", est en nous ; c'est notre Mental." - H. P. Blavatsky; extrait de "La Doctrine Secrète : La Synthèse de la Science, de la Religion et de la Philosophie".

Dans la *Torah* et la *Sainte Bible*, le nom du Diable est Satan. Le nom "Satan" est dérivé de la Planète Saturne, en raison de son association étroite avec le Monde de la Matière. Saturne étant la Planète la plus lente de notre Système Solaire, elle est associée au passage du temps et à la mort. En tant que telle, Saturne est responsable de la construction de l'Égo. Sur le Plan Qabalistique, Saturne est associé à Binah, la grande énergie féminine et le Plan Astral qui se trouve derrière toute la Matière de l'Univers. La carte du Tarot de Saturne est la carte de l'Univers.

Le Diable tente l'humanité à mentir parce que les mensonges utilisent l'énergie de la peur au lieu de l'amour. La peur est liée au Monde de la Matière en raison du mécanisme de défense instinctif utilisé par l'Égo pour protéger le corps physique. Nous mentons généralement pour dissimuler la vérité par crainte d'avoir des ennuis en la révélant. Ou bien nous mentons pour que notre Égo obtienne ce qu'il désire, même si cette chose est préjudiciable à notre spiritualité. La vérité est directement liée à l'honneur et à l'intégrité personnelle, tandis que le mensonge sert à dissimuler et à manipuler les autres à des fins de gain personnel. Les blocages du Chakra de la Gorge peuvent se manifester par des problèmes de thyroïde.

Le sixième Chakra, Ajna, est notre lien avec les mondes Divin et Spirituel. Son don est de "voir" - non pas physiquement, mais Astralement. L'énergie de ce Chakra nous permet de faire l'expérience de la pensée claire et des dons de la contemplation Spirituelle et de l'autoréflexion.

L'Oeil de l'Esprit est un portail en forme de beignet situé entre les sourcils, auquel on peut accéder en concentrant ses deux yeux physiques sur lui une fois qu'ils sont fermés. Lorsque nous concentrons nos yeux sur ce portail de l'Œil de l'Esprit, une attraction semblable à un aimant attire notre attention vers lui, ce qui fait que le portail d'entrée s'ouvre naturellement. Accéder au portail de l'Oeil de l'Esprit de cette manière est considéré comme une méditation, la plus populaire et la plus efficace. Toutes les méthodes de méditation visent à vous accorder avec votre Chakra de l'Oeil de l'Esprit.

Ajna est directement lié à Chokmah et Binah; par ce Chakra, nous accédons à ces deux Sphères. Ajna Chakra est le siège de l'intuition. Il nous permet d'être l'observateur des événements qui se déroulent sans y prendre part. Il nous permet également de nous voir et de nous observer, ainsi que le monde qui nous entoure, à la troisième personne.

Une personne qui subit un éveil complet et soutenu de la Kundalini aura "ouvert" le Chakra de l'Oeil de l'Esprit, où son portail moyen (circulaire) en forme de beignet s'élargit pour atteindre la taille d'un pneu de voiture, au sens figuré. Après cela, tout ce que l'individu éveillé voit avec ses deux yeux physiques est maintenant filtré par l'Oeil de l'Esprit élargi, ce qui lui permet de vivre régulièrement de nombreuses expériences transcendantales.

Ajna nous permet d'accéder à la guidance intérieure des mondes Divins et d'être en contact avec notre Saint-Ange Gardien - d'où la connexion d'Ajna à Chokmah. Ajna nous permet de couper à travers l'illusion et d'accéder à des vérités plus profondes sur la vie et l'Univers, de voir au-delà du mental et des mots. Il nous permet d'expérimenter l'énergie Archétypale qui se cache derrière les images qui jouent dans notre tête.

Ajna est communément appelé le Troisième Oeil, et sa pleine activation se produit lorsque la Glande Pinéale et la Glande Pituitaire sont équilibrées dans le cerveau. La Glande Pinéale est une petite glande en forme de cône située au milieu du cerveau qui produit la mélatonine, une hormone dérivée de la sérotonine qui module les habitudes de sommeil. La Glande Pituitaire est une petite glande en forme de pois située à l'avant de la tête, le long de la ligne des yeux. Souvent appelée "glande maîtresse", elle a pour fonction de sécréter de nombreuses hormones qui contrôlent divers organes du corps.

Les Glandes Pinéale et Pituitaire sont inextricablement liées aux fonctions de l'Ajna, mais aussi du Chakra situé au-dessus, Sahasrara. Ajna est le véhicule que l'on utilise pour atteindre Sahasrara. Aussi, Sahasrara ne peut être atteint sans activer Ajna au préalable. Lorsqu'il est activé, l'une des fonctions d'Ajna est de servir de récepteur d'informations provenant de Sahasrara.

Le septième Chakra, Sahasrara, est la Couronne et l'aboutissement des six autres Chakras qui lui sont inférieurs. Il se trouve au sommet de la tête. Sahasrara est le dernier des Chakras du Soi et le début du *Soi Transpersonnel.* Il représente notre connexion avec la Source Divine de toute la Création. À un niveau fondamental, il représente l'unité et la réconciliation des opposés puisqu'il s'agit du Chakra de l'unité.

Grace au Sahasrara, nous faisons l'expérience de l'Unité mystique avec tout ce qui existe dans la nature. Dans ce Chakra, nous voyons que tout est Un et que la séparation est une illusion.

Sahasrara est un mot Sanskrit qui signifie "Lotus aux Mille Pétales". Il nous ouvre comme une fleur aux vibrations de notre Univers Divin. Sur le Plan Qabalistique, ce Chakra est représenté par Kether, la Couronne et le début des trois voiles de l'existence négative. Sahasrara est le point de rencontre entre le fini et l'infini - il est au-delà du temps et de l'espace car il est éternel. Sahasrara est un canal de l'Esprit Pur - la Grande Lumière Blanche.

Il est important de noter que les trois Chakras supérieurs, Vishuddhi, Ajna et Sahasrara, appartiennent à l'Élément Esprit/Athyr, mais que seul Sahasrara appartient à la Non-Dualité. Ajna est le véhicule par lequel on atteint la Couronne, tandis que Vishuddhi est la connexion à l'Esprit par la parole. Sahasrara, cependant, est au-delà de la peur et de la négativité puisque l'Égo ne peut l'atteindre. L'Égo se perd entièrement dans l'Ajna. Il est encore présent dans Vishuddhi, le dernier endroit auquel il peut accéder.

L'Égo est un sous-produit de la séparation qui se termine au Chakra Vishuddhi, puisqu'il s'agit de l'Abîme du Mental. En revanche, Sahasrara est la conscience, la "Graine de la Vérité" et la réalité ultime de l'unité de toutes choses. Il est le point d'accès aux Royaumes Divins et aux Chakras situés au-dessus de la Couronne. Le Sahasrara est également le sommet de notre évolution Spirituelle.

Les trois Chakras de Vishuddhi, Ajna et Sahasrara participent à l'Élément Esprit. Ils sont ses conducteurs et le moyen par lequel vous pouvez accéder aux Royaumes Cosmiques intérieurs. Vous ne devez commencer à travailler avec l'Esprit qu'après avoir passé beaucoup de temps à invoquer les Quatre autres Éléments que sont la Terre, l'Air, l'Eau et le Feu. Le but des invocations de l'Élément Esprit est d'accorder les trois Chakras supérieurs et de synthétiser les Quatre Éléments en leur insufflant l'énergie de l'Esprit. Le travail avec l'Élément Esprit vous prépare à l'Adepthood.

Les effets des invocations de l'Esprit sur le corps physique seront un sentiment omniprésent de paix, de calme et d'unité dans vos pensées et vos émotions. Le corps se sentira tendre à mesure que l'énergie de l'Esprit est infusée dans les recoins les plus profonds de votre être. Les rêves inspirés, les états de conscience transcendantaux et la méditation inspirée sont tous des sous-produits de l'invocation de l'Esprit.

Métaphoriquement parlant, invoquer l'Élément Esprit quotidiennement vous fera marcher sur la Terre tout en ayant la tête au Ciel, dans les nuages. Cela signifie que lorsque l'énergie Spirituelle est présente dans votre Aura, les Plans Cosmiques s'ouvrent en vous comme des états de conscience accessibles. L'Oeil de l'Esprit commence à fonctionner à un niveau supérieur et peut ressentir des vibrations au-delà du Royaume Physique, qui s'enregistrent dans votre conscience.

Lorsque vous invoquez l'Élément Esprit, vous remarquerez que les gens réagissent généralement bien à votre égard. Cependant, comme l'Esprit est directement lié à la vérité, il vous sera presque impossible de ne pas dire ce que vous pensez à tout moment, ce qui vous mettra souvent dans des situations de confrontation. Gérer le fait de dire la vérité en tout temps est le Karma de l'Élément de l'Esprit. Vous êtes censé apprendre à surmonter toutes les confrontations avec les autres et à développer votre caractère.

L'Élément Esprit élève votre conscience au niveau de la Quatrième Dimension - la Dimension de la Vibration. Une fois votre conscience élevée, vous pouvez lire l'énergie par l'intermédiaire de l'Oeil de l'Esprit et recevoir des vibrations du monde extérieur, que vous expérimentez par l'intuition. En outre, invoquer l'Élément Esprit vous permet de fonctionner grace à Chokmah et Binah - la sagesse et la compréhension.

L'invocation de l'Élément Esprit est ce qui se rapproche le plus de l'expérience d'un éveil complet de la Kundalini. L'éveil complet de la Kundalini active tous les Éléments du corps, ce que fait également l'Élément Esprit. Les invocations de l'Esprit affinent également les trois Chakras supérieurs. Lorsque les Chakras sont accordés par les invocations Spirituelles, les blocages sont éliminés dans la région de la tête, ce qui permet à l'énergie de la Kundalini de mieux accéder à toutes les régions inexploitées du cerveau et de les activer.

EXERCICES RITUELS DE MAGIE CÉRÉMONIELLE

L'ORDRE HERMÉTIQUE DE L'AUBE DORÉE

Les exercices rituels que je vais vous présenter dans cette section proviennent de l'Ordre Hermétique de l'Aube Dorée. L'Aube Dorée était une organisation consacrée à l'étude et à la pratique des *Mystères Ésotériques Occidentaux*, y compris la Qabalah et la Magie Cérémonielle. Elle a été fondée en 1888 à Londres, en Grande-Bretagne, par un groupe de Francs-Maçons, de Qabalistes, de Rosicruciens et de Théosophes. William Wynn Westcott a été la force motrice initiale de la Création de l'Aube dorée, avec deux autres Francs-Maçons, le Dr William Robert Woodman et Samuel Liddell MacGrÉgor Mathers. Le temple d'origine de l'Ordre Hermétique de l'Aube Dorée s'appelait le temple d'Isis-Urania.

L'Aube Dorée était une société Hermétique composée d'individus partageant les mêmes idées et soucieux de leur développement Spirituel. Son système était basé sur la hiérarchie et l'initiation, comme les loges Maçonniques. La principale différence était que les femmes étaient admises dans l'ordre de l'Aube dorée et étaient sur un pied d'égalité avec les hommes. L'Aube dorée était principalement une école de connaissances occultes, où l'accent était mis sur la théurgie (la pratique d'exercices rituels) et l'apprentissage des Mystères de l'Univers. La partie consacrée à la théurgie était censée être basée sur les Manuscrits du Cipher, des notes cryptées comprenant une série de rituels d'initiation Magiques correspondant aux Éléments Spirituels de la Terre, de l'Air, de l'Eau et du Feu.

L'Ordre de l'Aube Dorée a connu son apogée très tôt et s'est effondré en 1903 en raison de problèmes internes entre ses membres. L'ordre s'est divisé en différentes factions et d'autres ordres ont vu le jour à partir de ce qui restait de l'ordre original.

Les deux principales ramifications étaient l'Ordre de Stella Matutina et l'Ordre d'Alpha et Omega. Les exercices rituels présentés dans *The Magus* et leurs connaissances étaient secrets à l'époque. Il fallait être initié à l'un de ces ordres Magiques pour avoir accès à l'immense quantité de connaissances diffusées à leurs membres.

Ces exercices rituels n'ont été rendus publics qu'en 1937, lorsqu'Israel Regardie a publié *l'Aube Dorée*, donnant aux masses le cours complet d'étude des enseignements et des pratiques de l'Ordre Hermétique de l'Aube Dorée. Le mouvement New Age était en plein essor en Europe et en Amérique du Nord à l'époque, ce qui a motivé Regardie à rompre son serment de secret et à rendre publiques les connaissances de l'Aube Dorée. Ce faisant, il a jeté les bases de l'occultisme Occidental moderne.

De nombreux autres Ordres de l'Aube Dorée sont apparus après la publication de *L'Aube Dorée* de Regardie, prétendant qu'ils détenaient la véritable lignée de l'Ordre Hermétique de l'Aube Dorée original, et beaucoup sont encore présents dans le monde aujourd'hui. Mais la vérité est que la véritable lignée s'est perdue au début des années 1900, lorsque les principaux membres de l'Ordre original sont partis. Certains ont même assimilé les croyances et les rituels de l'Aube Dorée à d'autres ordres Magiques existants, comme Aleister Crowley, qui a réformé l'Ordo Templi Orientis (OTO). En réalité, le pouvoir et l'utilisation de ces exercices rituels sont encore relativement inconnus du public, c'est pourquoi je les présente avec l'explication la plus pratique du comment et du pourquoi de leur fonctionnement.

HIGH AND LOW MAGIE

La Magie Cérémonielle est également appelée High Magick (Haute Magie) ou White Magick. Il s'agit d'une Magie Solaire et de la Lumière. Elle puise son énergie dans le Système Solaire et insuffle de la Lumière (à différentes fréquences) dans l'Aura par le biais d'exercices rituels. La Magie Cérémonielle a un but Spirituel plutôt que pratique.

Un autre nom pour la High Magick est la Sun Magick puisque le Soleil est la source de la Lumière et de la vie pour nous. L'énergie est tirée directement de l'Univers supérieur, et l'utilisation de l'air comme moyen de transmission permet d'invoquer cette énergie dans l'Aura du praticien. Pour cette raison, vous sentirez souvent une bouffée de vent sur votre peau lorsque vous invoquez l'énergie par le biais d'un exercice de Magie Cérémonielle.

La Low Magick (Basse Magie), quant à elle, puise son énergie dans la terre - elle est souvent appelée Earth Magick ou Natural Magick. La Magie populaire est une autre appellation courante. La Basse Magie vise à obtenir un résultat pratique et matériel. Elle utilise des objets naturels tels que les plantes, les animaux, les pierres, le feu, l'eau et tout ce que l'on peut trouver dans notre environnement et dans la nature. Elle fait souvent appel à des charmes et à des sorts, et consiste en des rituels beaucoup moins élaborés que la Haute Magie.

La Basse Magie est la Magie des païens, des Sorcières, des Magiciens, des Sorciers et des anciens sages. Elle peut être utilisée pour obtenir un objet matériel, de l'argent, trouver l'amour, guérir le corps physique, et tout ce qui implique de prendre soin de vos désirs, besoins ou besoins corporels terrestres.

La principale différence entre la Haute et la Basse Magie est qu'elles travaillent sur différentes parties du Soi. La basse magie travaille directement avec le corps physique et la Séphirah Malkuth. En revanche, la Haute Magie peut agir sur tous les Corps Subtils dans les Plans Cosmiques intérieurs, car elle englobe l'ensemble de l'Arbre de Vie.

La Haute Magie peut également produire les mêmes résultats que la Basse Magie, mais uniquement en invoquant l'Élément Terre. La Basse Magie est une science plus précise en ce qui concerne la manifestation dans le monde matériel, car les objets symboliques qu'elle incorpore dans ses rituels servent à accomplir des tâches spécifiques. La Haute Magie ne vous donne que ce dont votre Âme a besoin pour continuer à progresser Spirituellement, tandis que la Basse Magie peut être utilisée par l'Âme mais aussi par l'Égo; ses résultats ne vous sont donc pas toujours favorables d'un point de vue Karmique.

Dans *The Magus,* nous ne nous occuperons que de la Haute Magie. Par conséquent, je ne ferai plus la distinction entre la Haute et la Basse Magie à partir de maintenant, mais je ferai uniquement référence au sujet en tant que Magie. Si vous souhaitez en savoir plus sur la Basse Magie, je vous invite à faire des recherches par vous-même. Il n'y a aucun mal à se renseigner sur la Basse Magie ou tout autre type de Magie. Cependant, je vous déconseille d'invoquer des énergies provenant d'autres systèmes lorsque vous exécutez l'un des programmes d'Alchimie Spirituelle du *Magus*. Cela pourrait avoir un effet négatif sur les résultats souhaités que vous essayez d'obtenir grace à ce travail.

LES ORIGINES DE LA MAGIE

Les origines de la Magick (Magie) sont entourées de mystère et d'intrigue. Selon le *Livre des Veilleurs* (tiré du *livre* apocryphe *d'Enoch*), avant le déluge de Noé, il existait un groupe d'êtres d'un autre monde appelés les Veilleurs. Dans l'Ancien Testament, les Veilleurs sont considérés comme des Anges descendus du Ciel. Les Veilleurs sont organisés en une hiérarchie d'Archanges dans les sectes Mystiques Hébraïques, avec Michael, Gabriel, Raphael et Auriel comme chefs. Dans la Magie Cérémonielle, ces quatre Archanges sont les représentants des Quatre Eléments.

Selon l'histoire, Dieu a envoyé les Veilleurs sur Terre pour surveiller les humains. Après un certain temps, certains d'entre eux ont commencé à convoiter les femmes humaines. Menés par les Anges Semyaza et Azazel, deux cents des Veilleurs se sont rebellés contre Dieu et sont descendus sur Terre pour vivre parmi les humains. Ils prirent des épouses humaines pour eux-mêmes et enseignèrent aux humains des connaissances interdites, contre la volonté de Dieu. Ce groupe est connu sous le nom d'"Anges Déchus". L'histoire des Veilleurs est à l'origine de ce terme populaire.

Les Anges Déchus ont révélé de nombreux secrets occultes à l'humanité, notamment la Haute et la Basse Magie. Ils ont également enseigné aux humains l'Astrologie, l'astronomie, la météorologie, l'écriture, la science et la technologie, divers arts créatifs, l'agriculture, la médecine et l'utilisation des cosmétiques. Les Anges Déchus ont également enseigné aux humains la métallurgie, c'est-à-dire la fabrication d'armes de guerre élaborées telles que les épées, les couteaux, les boucliers et les cuirasses.

Les Anges Déchus ont procréé avec des femmes humaines, et leur progéniture a été connue sous le nom de Nephilim ou de "Géants". Dans l'Ancien Testament (Genèse 6:1-4), les Nephilim sont désignés comme les descendants des "fils de Dieu" et des "filles des hommes". Ils étaient appelés Géants car ils étaient beaucoup plus grands que les humains, avec une taille moyenne de 14 pieds. Par conséquent, les humains les vénéraient comme des demi-Dieux.

Avec des guerres constantes entre humains, ainsi que d'autres formes d'anarchie et de péché, la Terre devint très corrompue. Pour aggraver les choses, les Nephilim se sont retournés contre les humains et ont commencé à les manger lorsque ceux-ci en ont eu assez de leur donner leurs produits. Lorsque Dieu a vu ce qui se passait, il a envoyé le Déluge (Grande Inondation) pour détruire la méchanceté qui sévissait sur la Terre, permettant ainsi à l'humanité de recommencer.

Selon cette histoire, la Magie trouve ses origines chez les Veilleurs. Comme le but initial des Veilleurs était de surveiller l'humanité au sens propre, le groupe qui s'est rebellé nous a donné une pratique Spirituelle qui a le pouvoir de nous accorder énergétiquement et d'élever notre conscience à des hauteurs et niveaux Divins qui sont notre droit de naissance. Peut-être qu'après être tombés amoureux de femmes humaines, ils ont ressenti une responsabilité personnelle de partager avec nous la connaissance de la Magie et de nous aider à évoluer.

Dans le *Livre des Jubilés*, également connu sous le nom de "Petite Genèse", les Veilleurs sont descendus sur Terre à l'origine pour enseigner à l'humanité par décret de Dieu - leur "Chute" a été marquée par leur procréation avec des femmes humaines et non par la diffusion de la connaissance. Selon cette version de l'histoire des Veilleurs, donner la connaissance à l'humanité n'était pas un acte interdit mais le but premier de leur descente sur Terre.

Après le Grand Déluge, l'humanité a survécu, tout comme les connaissances reçues des Veilleurs. Il est intéressant de noter que la connaissance de la Magie est devenue réservée à un petit nombre d'élus (la classe supérieure et la prêtrise) au cours des milliers d'années qui ont suivi, et ce n'est que récemment (au cours des cent dernières années) que son caractère secret a été retiré à la population générale. C'est comme si les puissances qui ont dominé la scène mondiale dans les civilisations qui ont suivi le Grand Déluge ne voulaient pas que l'humain moyen ait cette connaissance. Pour une raison infâme, on a préféré maintenir le niveau de conscience collectif de l'humanité dans un état inférieur.

L'histoire des Veilleurs nous montre qu'ils sont d'origine Divine, qu'il s'agisse d'Anges, d'Archanges ou de tout autre chose. De plus, les Veilleurs sont probablement ceux qui ont transmis la connaissance de la Qabalah à l'humanité. Comme vous l'avez vu jusqu'à présent, il existe de nombreux liens entre la Qabalah et la Magie, y compris le même objectif - la transformation Spirituelle de la race humaine. En outre, ce ne peut être une coïncidence si les deux ont été prétendument transmises à l'humanité dans l'antiquité par des Êtres Angéliques.

Les Veilleurs étaient-ils des êtres Éthériques ou quelque chose d'entièrement différent? Nous savons avec certitude que les Veilleurs ont eu des relations sexuelles avec des femmes humaines et ont produit une progéniture physique. Ils n'auraient pas pu le faire s'ils n'étaient pas en chair et en os, car les êtres non physiques ne peuvent pas féconder les femmes humaines.

Je pense qu'en examinant la nature des Nephilim, nous pouvons en savoir plus sur l'identité des Veilleurs. Tout d'abord, les Veilleurs étaient les "fils de Dieu" selon l'Ancien Testament. Cette déclaration indique qu'ils étaient supérieurs aux humains et qu'ils étaient eux-mêmes des Dieux. Deuxièmement, ils avaient des corps physiques puisqu'ils pouvaient féconder des femmes physiques. Et troisièmement, leur progéniture était des géants par rapport aux humains, ce qui signifie que leur ADN était différent et supérieur au nôtre, mais également compatible.

Après de nombreuses années de recherche sur ce sujet, je crois que les Veilleurs n'étaient pas des Anges ou des Archanges mais des Extraterrestres. Ce que vous entendez est une théorie peu orthodoxe mais qui nécessite un examen plus approfondi car les nombreuses pièces du puzzle s'emboîtent parfaitement si nous pouvons accepter cette théorie comme une possibilité.

Il existe de nombreuses preuves dans les civilisations Anciennes du monde entier que les Extraterrestres ont joué un rôle dans la création des humains modernes il y a des centaines de milliers d'années et nous ont même créés à leur image. Par exemple, dans le texte Hébreu original du *livre de la Genèse*, le mot "Elohim" est utilisé à la place de Dieu, ce qui signifie "les Dieux" (au pluriel) - ce qui indique que nous avons été créés à l'image de nos Créateurs et non de notre Créateur.

Les théoriciens des Astronautes Antiques pensent que les humains ont eu des contacts avec des Extraterrestres dans un passé lointain et qu'ils ont favorisé notre évolution en mélangeant nos gènes aux leurs et en nous donnant de l'intelligence. Pour cette raison, les humains progressent continuellement sur tous les fronts en tant qu'espèce, alors que les autres espèces animales ne le font pas. Si cette théorie est correcte, alors les Veilleurs ont été envoyés pour nous surveiller en premier lieu parce qu'ils nous ont créés et avaient une responsabilité envers nous, comme tout parent envers ses enfants. Cependant, le but de ce livre n'est pas de remettre en question l'anthropologie mais de faire les quelques remarques suivantes.

Lorsqu'il est pleinement éveillé au plus haut potentiel de son énergie Spirituelle, un être humain est un être de Lumière. Le but du travail avec les Cinq Éléments par le biais du processus d'Alchimie Spirituelle présenté dans *The Magus* est d'atteindre l'Illumination - en d'autres termes, de réaliser votre plus haut potentiel en tant qu'être de Lumière.

Si les Extraterrestres sont ceux qui nous ont créés et qui nous ont ensuite donné la connaissance de la Magie pour nous aider à atteindre notre potentiel le plus élevé, alors il est hautement possible qu'ils aient également été des êtres de Lumière. Après tout, ils nous ont créés à leur image, et toute chose créée contient l'essence de son Créateur. Ils ont donc peut-être inventé la Magie pour s'aider à évoluer Spirituellement jusqu'à leur plein potentiel, et ils savaient que cette pratique nous aiderait à atteindre le même objectif puisque nous avons été créés à leur image, du point de vue de l'énergie et de la conscience.

En outre, nos Créateurs ont implanté en nous un mécanisme biologique appelé Kundalini, dont le but est d'accélérer notre processus d'évolution Spirituelle. Ce mécanisme peut servir d'"interrupteur de sécurité", car il peut être déclenché à tout moment pour favoriser notre évolution en tant qu'espèce. Il est même possible que cet interrupteur soit activé à grande échelle à l'avenir, ce qui nous fera entrer collectivement dans l'âge d'or tant attendu dont parlent les écritures religieuses du monde entier.

Dans mon expérience, j'avais appris que la Magie Cérémonielle est la meilleure aide, sans exception, dans le processus de transformation Spirituelle qui a commencé lorsque j'ai eu un éveil complet et permanent de la Kundalini. C'est peut-être une autre raison pour laquelle les Veilleurs nous ont donné la Magie - afin que, lorsque des éveils massifs de la Kundalini se produiront dans le futur, nous ayons une pratique Spirituelle puissante vers laquelle nous pourrons nous tourner pour obtenir de l'aide tout en subissant collectivement cette transformation Spirituelle.

Une fois que nous serons pleinement éveillés à notre potentiel Spirituel le plus élevé, nous deviendrons des êtres interdimensionnels, capables d'expérimenter les Plans Cosmiques intérieurs grace à nos corps de Lumière. Nous transcenderons le Monde de la Matière et supprimerons les entraves de nos corps physiques, permettant ainsi à notre conscience de faire l'expérience des différentes dimensions vibratoires du Cosmos.

Que nous ayons été créés par Dieu ou par des Extraterrestres n'a pas d'importance pour nous en ce qui concerne la direction que nous prenons collectivement en tant qu'espèce. Notre destinée est de devenir des êtres de Lumière, et le but de la Qabalah, de la Magie, et surtout du mécanisme de la Kundalini, est de nous aider à y parvenir.

LE POUVOIR DE LA MAGIE

Les principales questions que se posent les gens lorsqu'ils entendent parler de la Magie pour la première fois sont de savoir comment et pourquoi la Magie fonctionne. Tout d'abord, la Magie est une science invisible et Divine. Le processus des rituels de Magie consiste à affecter le Monde Astral en utilisant votre imagination et votre volonté. Lorsque le Monde Astral est influencé, les Plans Cosmiques correspondants sont également touchés - Comme en Haut, Comme en Bas. Ainsi, le Monde Astral est le "point de contact" entre le Mage et les Plans Cosmiques. Nous déclenchons l'afflux d'énergie en provenance des Plans Cosmiques en affectant consciemment le Plan Astral.

Deuxièmement, la Magie tire sa puissance de la répétition. Lorsque vous répétez une formule rituelle particulière, vous créez un champ d'énergie qui gagne en puissance au fil des répétitions. Puisque l'esprit a besoin de "le voir pour le croire", vous devez habituer votre cerveau au fonctionnement de la Magie pour être convaincu qu'elle fonctionne. Une fois que l'esprit est convaincu au-delà de tout doute, ses vannes sont ouvertes, amenant ainsi l'énergie désirée dans l'Aura plus efficacement. En substance, c'est ainsi que fonctionne la Magie.

La raison pour laquelle cela fonctionne est une toute autre histoire. La Magie est vraiment ce que le mot implique - de la Magie. Il s'agit d'une forme d'art surnaturel aux origines Divines. Il est impératif de noter la différence entre la Magick avec un "k" et la Magie avec un "c". La magie n'est qu'un simple tour de cartes, des illusions et une forme de divertissement, tandis que la Magick (Magie) est l'art et la pratique de l'invocation d'énergie (ou évocation) et de l'adaptation de la réalité à la volonté. La Magie est une pratique Divine destinée à exalter la conscience, et elle utilise le pouvoir des Principes Universels de la Création pour accomplir cette tâche. (Je discuterai en profondeur des Principes de la Création dans une section ultérieure consacrée à la Philosophie Hermétique.)

"L'occultiste ne cherche pas à dominer la Nature, mais à se mettre en harmonie avec ces grandes Forces Cosmiques, et à travailler avec elles." - Dion Fortune; extrait de "Applied Magic" (Magie Appliquée)

Chacune des techniques rituelles que je vais vous donner a été testée et éprouvée par de nombreuses personnes qui vous ont précédé. Elles fonctionnent toutes, et elles sont puissantes et efficaces. Au début, il se peut que vous ne ressentiez rien, mais que cela ne vous inquiète pas; cela fonctionne tant que la formule correcte est suivie. Il faut parfois du temps pour que votre esprit commence à voir les manifestations de ces exercices rituels et à ressentir intuitivement l'énergie dans votre corps à travers les émotions. Si vous avez éveillé la Kundalini, vous aurez beaucoup plus de facilité à ressentir les énergies. Dans la plupart des cas, j'ai constaté que les gens ressentent immédiatement les énergies invoquées.

Toutes les traditions Magiques conseillent à l'initié de la Lumière d'avoir de la détermination, de la persévérance, de la persistance et de la patience. En effet, il faut du temps pour voir la Magie fonctionner dans de nombreux cas, mais laissez-moi vous rassurer : elle fonctionne. Quant à savoir pourquoi cela fonctionne, nous pouvons rester assis ici et spéculer pour l'éternité. Nos esprits finis ne comprendront jamais complètement quelque chose qui appartient à Esprit infini de Dieu. S'ils sont effectués systématiquement comme les exercices rituels sont recommandés, vous pouvez en bénéficier, car ils aident à accorder et à guérir les Chakras et à élever la vibration de votre conscience.

"Personne ne peut te donner des pouvoirs Magiques. Tu dois les gagner. Il n'y a qu'une seule façon de le faire. Pratiquez, pratiquez, pratiquez !" - Donald Michael Kraig; extrait de "Modern Magick : Douze Leçons sur les Arts Magiques Supérieurs."

Le but de ces exercices rituels est d'évoluer Spirituellement. Ils sont présentés systématiquement comme faisant partie d'une formule Alchimique qui existe depuis des milliers d'années. Transformer le plomb en or et obtenir la Pierre Philosophale de l'Alchimiste, c'est transformer la Matière de base en Esprit et élever le Mage (vous) à des niveaux de conscience Divins.

Ces exercices rituels seront d'un intérêt particulier pour les individus éveillés par la Kundalini. Une fois que la Kundalini s'est éveillée et a systématiquement ouvert chacun des Chakras lors de son ascension dans le tube creux de la colonne vertébrale, elle restera localisée dans le cerveau pour le reste de la vie de l'individu. Cet événement aura pour effet d'activer pleinement leur corps de Lumière et d'éveiller l'ensemble de l'Arbre de Vie en eux.

La peur et l'anxiété présentes après un éveil complet de la Kundalini signifient que les Chakras ont besoin d'être nettoyés et purifiés. Tout en vivant dans cet état, ces personnes auront besoin d'une pratique ou d'un outil Spirituel pour les aider à évoluer et à élever leur conscience au-delà des Quatre premiers Éléments (ou Chakras) et dans l'Élément Esprit des trois Chakras les plus élevés.

Les exercices rituels Magiques fournissent la pratique nécessaire pour combattre efficacement la négativité émotionnelle et mentale que tous les individus éveillés par la Kundalini traversent après l'éveil initial. Ces exercices visent à éliminer la peur et l'anxiété qui sont présentes dans le système énergétique (Aura) lors de l'éveil de la Kundalini.

INITIATION SPIRITUELLE

On a beaucoup écrit sur l'initiation Spirituelle et son importance dans la Magie. L'initiation Spirituelle ne consiste pas à acquérir des connaissances supplémentaires sur un sujet - ce n'est pas quelque chose que l'on obtient dans les livres. Il s'agit plutôt de la mort de quelque chose d'ancien pour que quelque chose de nouveau prenne sa place. En tant que telle, l'initiation Spirituelle est étroitement liée à l'idée de renaissance Spirituelle, car c'est son objectif final.

La renaissance Spirituelle signifie renaître, métaphoriquement parlant, à travers l'Esprit. Elle implique la conquête de l'Égo par le Soi Supérieur, le Vrai Soi, appartenant à l'énergie de l'Esprit. L'initiation est le point de départ du sacrifice de l'Égo et de son mode de fonctionnement afin que la conscience puisse s'élever au-dessus de la simple existence matérielle que l'Égo lui a imposée au fil du temps. Elle implique donc le processus de transformation de la conscience.

L'initiation Spirituelle implique que vous ne serez plus le même qu'avant car il y Aura un changement drastique dans vos fonctions cognitives après votre initiation. Une nouvelle vision de la vie, de nouvelles croyances et des pensées renouvelées font partie de l'initiation aux énergies de la Magie Cérémonielle. Vous serez plus aimable et plus aimant envers les gens et plus sûr de vous dans votre vie. L'initiation vous permet d'exploiter votre potentiel le plus élevé en tant qu'être humain Spirituel et de tirer le meilleur parti de votre vie sur la Planète Terre.

Le processus d'initiation proprement dit se déroule en vous, l'aspirant Mage, et non dans le cadre d'un quelconque rituel Cérémoniel ou "rite" qui vous est transmis par d'autres personnes. En travaillant avec les exercices rituels présentés dans ce livre, vous vous initiez vous-même aux énergies Cosmiques pour atteindre tous les objectifs que je viens de mentionner.

"Nous prenons l'initiation Spirituelle lorsque nous devenons conscients du Divin en nous, et que nous entrons ainsi en contact avec le Divin sans nous." - Dion Fortune ; extrait de "La Formation et le Travail d'un Initié ".

L'appartenance à un Ordre Magique (tel que l'une des ramifications de l'Aube Dorée ou l'Ordo Templi Orientis) est bénéfique pour acquérir de nouvelles connaissances et expériences dans les Mystères Occidentaux. Cependant, elle n'est pas nécessaire pour recevoir le pouvoir de l'initiation Spirituelle.

Les exercices rituels présentés dans *The Magus* initient l'individu aux énergies des Cinq Éléments. Permettez-moi de le répéter, car ce que je dis va faire voler en éclats les structures de croyance que certains d'entre vous ont à propos de l'initiation à un Ordre Magique. Les rituels présentés ici, y compris le Rituel d'Invocation Mineur du Pentagramme de chacun des Quatre Éléments et le Rituel d'Invocation Suprême du Pentagramme (Esprit), sont les rituels initiatiques mêmes de ces énergies particulières. Vous devez comprendre cela parce que la plupart des Ordres de Magie Cérémonielle professent que si vous souhaitez recevoir une initiation Spirituelle, vous devez faire partie d'un Ordre qui traite des énergies particulières qui vous intéressent.

La plupart des ordres de Magie Cérémonielle fonctionnent selon un système de grades où chaque grade correspond à l'une des Séphiroth inférieures de l'Arbre de Vie. Chacune de ces Séphiroth correspond à son tour à l'un des Quatre Éléments, y compris le cinquième Élément, l'esprit. En vous initiant aux énergies des Éléments par le biais des exercices rituels présentés dans *The Magus*, vous prenez l'entière responsabilité de votre évolution Spirituelle. Vous évitez d'avoir à appartenir à un Ordre pour recevoir ces initiations Spirituelles si importantes.

Pour un programme complet de mise en pratique des exercices rituels présentés dans cette section, voir le chapitre intitulé "Le Processus d'Alchimie Spirituelle". Si vous adhérez aux formules rituelles et à leurs programmes prescrits présentés dans ce livre, vous suivrez le chemin du Mystique, du Sage et du Mage.

PORT ET MISE EN SCÈNE RITUELS

Depuis l'aube de la tradition du Mystère Occidental, une grande importance a été accordée aux vêtements rituels uniques et au cadre dans lequel les rituels de Magie

Cérémonielle devaient être réalisés. C'est pourquoi un malentendu est apparu à ce sujet, qui nécessite une clarification avant d'aller plus loin.

Dans la tradition de l'Aube Dorée, une robe de cérémonie noire est portée dans le cadre des insignes, y compris un Nemyss et une ceinture de grade (Figure 29). Le Nemyss est une pièce de tissu de tête rayé que les pharaons portaient dans l'Égypte Ancienne. L'écharpe de grade représente le niveau de l'étudiant dans l'Ordre, car chaque grade qu'il passe est marqué par un patch symbolique sur son écharpe. Lorsque l'initié a atteint le grade de portail, il reçoit une écharpe blanche unie. D'autres Ordres Magiques utilisent des insignes différents qui représentent les croyances de leur tradition.

Figure 29: Regalia Traditionnelle de l'Aube Dorée (Ordre Extérieur)

Cependant, pour pratiquer la Magie Cérémonielle avec les exercices rituels de *The Magus*, vous pouvez porter tout ce que vous considérez comme saint ou sacré. Ces exercices Magiques fonctionnent en suivant simplement la formule rituelle; ainsi, ce que vous portez et votre cadre ne sont essentiels que pour vous mettre dans la bonne humeur afin d'être motivé et d'apprécier le processus d'exercice rituel.

J'ai constaté que lorsque les personnes commencent à s'initier à la Magie Cérémonielle, une robe ou une tenue spéciale les aide à se mettre dans le bon état d'esprit Spirituel avant de commencer un exercice. Puis, avec le temps, lorsqu'ils travaillent régulièrement avec la Magie Cérémonielle, ils peuvent se débarrasser de cette garde-robe unique puisqu'ils peuvent reproduire l'état d'esprit désiré sans aide supplémentaire. Par conséquent, ce que vous portez lorsque vous pratiquez des exercices rituels n'est nécessaire que pour vous mettre dans l'état d'esprit approprié. N'oubliez pas cela. Quiconque vous dit le contraire tente de vous égarer.

La plupart des personnes qui pratiquent la Magie Cérémonielle aiment créer un espace rituel de base à partir de simples objets du quotidien. Par exemple, vous pouvez utiliser une petite table carrée (à hauteur de la taille) pour représenter l'autel central autour duquel vous allez effectuer votre opération rituelle. Vous devez ensuite placer une paire de bougies à la tête de la table, une dans chaque coin.

Allumer les bougies est un acte symbolique du début du processus rituel, tandis que les éteindre est un acte de fin. Puisque vous allez travailler avec les Cinq Éléments, il est préférable d'utiliser un espace de forme carrée ou rectangulaire pour cette entreprise, où les quatre murs environnants représentent les Quatre Éléments, tandis que le plafond et le sol représentent le Haut et le Bas, le Ciel et la Terre.

Il est utile d'avoir des représentations symboliques de chacun des Quatre Éléments aux quatre coins de l'autel. À l'Est, nous avons l'Air; au Sud, le Feu; à l'Ouest, l'Eau ; et au Nord, la Terre. L'autel central représente l'Esprit. Ce sont les désignations rituelles des Éléments dans l'espace.

Dans la tradition de l'Aube Dorée, une dague est utilisée pour représenter l'Élément Air, une baguette pour le Feu, une coupe pour l'Eau et un pentacle pour la Terre. Si vous n'avez pas accès à ces objets, vous pouvez être créatif et utiliser à la place n'importe quel objet qui symbolise les Quatre Éléments pour vous.

Si vous vouliez aller jusqu'à créer un décor de temple élaboré, il vous faudrait un autel central et quatre "stations" de plus petits autels autour de lui, dédiés aux Quatre Éléments. Traditionnellement, dans l'Aube Dorée, deux Piliers (représentant la Lumière et les Ténèbres) sont placés directement devant l'autel central sur des côtés opposés (Nord et Sud), ainsi que les *bannières de l'Est et de l'Ouest*. Les tablettes Énochiennes sont placées au-dessus des quatre stations Élémentaires. Le sol est en damier noir et blanc, tandis que les murs sont peints en noir. Le thème de la dualité est présent dans l'ensemble du temple. Le praticien de la Magie, le ritualiste, est la source de Lumière dans l'obscurité de l'espace, symboliquement représentée par les murs noirs.

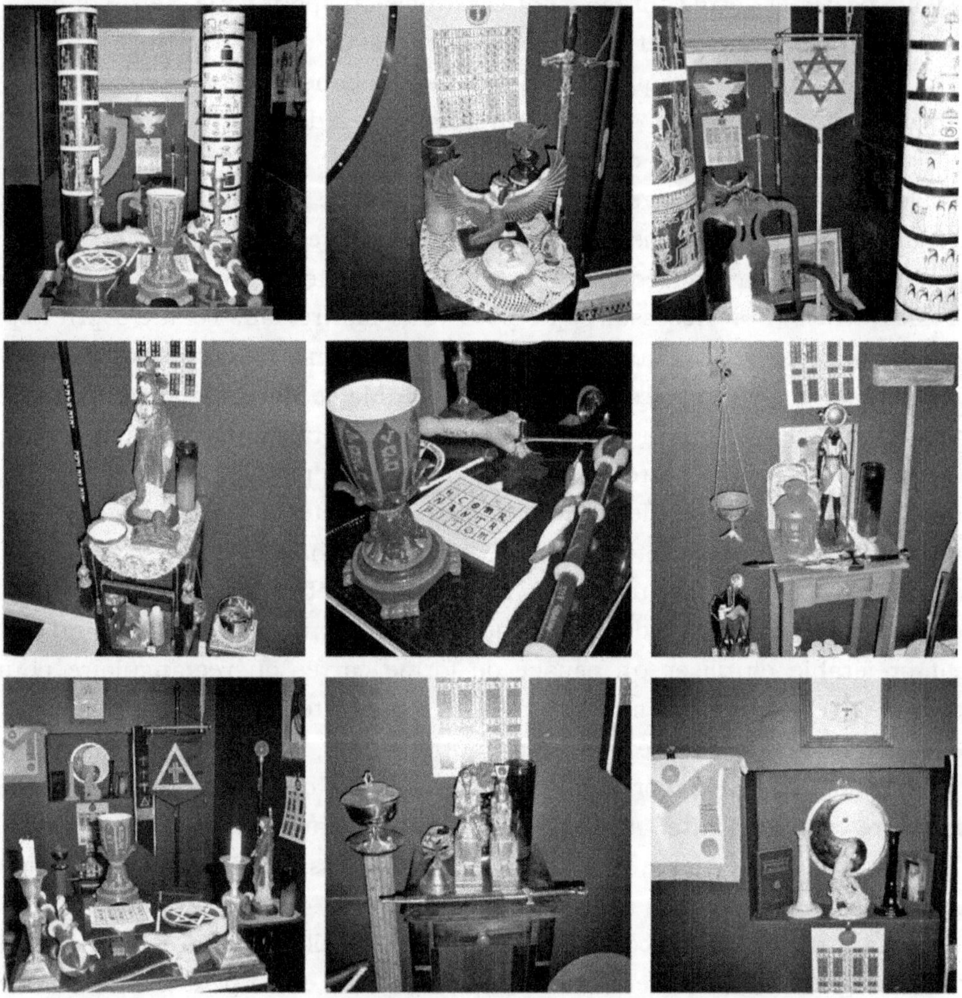

Figure 30: Le Temple Personnel de l'Auteur de l'Aube Dorée

Dans la tradition de l'Aube Dorée, avant de commencer tout rituel dans le temple, celui-ci est nettoyé de toute énergie viciée et indésirable. Traditionnellement, on utilise un aspergillum avec de l'eau bénite pour purifier l'espace et un encensoir à chaîne avec de l'encens pour le consacrer. Une fois cette opération terminée, l'exercice rituel peut commencer.

Les images de la Figure 30 représentent le temple que j'ai construit il y a de nombreuses années dans l'une des pièces de ma maison, alors que je pratiquais la

Magie Cérémonielle au sein de l'Ordre de l'Aube Dorée. J'ai également créé l'équipement traditionnel du temple de l'Aube Dorée pour ajouter à l'authenticité de l'expérience.

Cependant, je ne veux pas que l'accent soit mis sur la construction d'un temple personnel ou d'un équipement de temple, ni même sur la nécessité de nettoyer l'espace de manière élaborée. Cela pourrait vous dissuader d'essayer les exercices rituels, car l'ensemble du processus peut être jugé trop laborieux, fastidieux et difficile. Le pouvoir des opérations rituelles réside dans les formules, et non dans l'endroit où vous les effectuez ou dans ce que vous portez. Le fait est que si vous effectuez la formule rituelle correctement (indépendamment de l'endroit où vous vous trouvez ou de votre tenue vestimentaire), elle fonctionnera.

De même, si vous vous trouvez dans un endroit où vous ne pouvez pas vibrer les Noms Divins de Puissance à haute voix, vous pouvez les entonner silencieusement tout en effectuant la formule rituelle, et l'exercice fonctionnera quand même. L'énergie invoquée sera moins importante que si vous vibriez les Noms Divins à haute voix, mais elle fonctionnera néanmoins.

J'ai fait ces exercices rituels dans les toilettes des avions ou dans des restaurants, lorsque je ne pouvais pas trouver un espace plus approprié où je pouvais avoir un peu d'intimité pendant quelques minutes - et ça a marché. Pour être un Mage, vous devez le vouloir et être prêt à être non conventionnel lorsque cela vous est demandé.

Pour effectuer ces exercices rituels en dehors de la zone de confort de votre lieu de résidence, il vous suffit d'avoir avec vous une boussole de base afin de pouvoir toujours vous orienter vers l'Est lorsque vous souhaitez effectuer un bannissement ou une invocation énergétique. Je ne vous recommande pas de faire ces exercices en présence d'inconnus dans un lieu public (car vous pourriez vous sentir mal à l'aise). Néanmoins, une cabine de toilettes publiques avec suffisamment d'espace pour pivoter en cercle suffira. Si vous pensez que vous pouvez le faire, vous avez raison, et si vous pensez que vous ne pouvez pas, vous avez également raison. Par conséquent, ayez confiance en vous lorsque vous travaillez avec ces exercices rituels, et vous réussirez.

LE PROCESSUS RITUEL

Avant de commencer tout exercice rituel, le facteur essentiel à clarifier en vous-même est son but ou son intention. Pourquoi faites-vous cet exercice, et qu'essayez-vous d'atteindre? Puisque les exercices rituels du *Magus* sont orientés vers l'évolution Spirituelle, votre intention ou votre but (dans la plupart des cas) sera d'invoquer ou d'évoquer une énergie particulière, d'en tirer un enseignement et d'évoluer. Ainsi, prenez un moment avant de commencer un exercice rituel pour vous en souvenir.

Après tout, c'est notre Soi Supérieur qui devrait guider nos actions dans l'exécution des rituels de Magick et non l'Égo.

"La première condition du succès en Magick est la pureté de l'objectif." - Aleister Crowley; extrait de "Moonchild" (Enfant de la Lune)

Comme mentionné, il est utile de faire les exercices rituels dans un espace sacré que vous avez créé, mais en réalité, ils fonctionnent partout où vous décidez de les faire, tant que la bonne formule est suivie. Si vous pouvez avoir un peu d'intimité, faire les exercices dans un parc ou une forêt est un excellent moyen de vous ancrer dans la nature tout en travaillant sur votre champ énergétique (Aura).

Il est préférable d'éviter les exercices rituels après un repas copieux. Pendant que votre estomac travaille à synthétiser la nourriture en énergie Luminère, vos sens seront distraits. Il est préférable de faire les pratiques rituelles quelques heures après un repas, une fois que le corps a intégré la nouvelle énergie, et que vous pouvez vous concentrer plus facilement. En tant que débutant, vous devriez suivre cette règle. Lorsque vous serez plus avancé et que vous pourrez vous concentrer plus efficacement sur la tâche à accomplir, vous pourrez établir vos propres règles en la matière.

Une fois que vous avez clarifié votre objectif et décidé où effectuer l'exercice rituel, l'étape suivante consiste à vous centrer. Vous devez être dans un état mental équilibré où vous vous sentez positif, ce qui permettra aux énergies invoquées de mieux pénétrer l'Aura. En ce qui concerne les invocations rituelles, l'énergie est amenée dans votre Aura depuis l'extérieur de vous. Après tout, ces énergies font partie de notre Système Solaire et de toute la Création. En ce qui concerne les évocations, vous accédez à un type d'énergie à l'intérieur de vous, le plus souvent à des fins d'autoréflexion ou pour la retirer de votre Aura.

Vous devriez effectuer la Respiration Carrée pour calmer votre esprit et vous mettre dans la "zone". La technique pour effectuer cet exercice de respiration est donnée dans cette section. Il est vital d'être calme, tant mentalement qu'émotionnellement, avant de travailler avec la Magie. Tout comme vous vous préparez mentalement à une partie de sport importante à laquelle vous participez, vous devez faire de même avant de pratiquer la Magie. C'est pourquoi de nombreuses personnes aiment utiliser de l'encens pour sacraliser leur espace et les aider à se mettre dans un état méditatif. Les parfums les plus populaires utilisés pour nettoyer l'énergie d'une zone sont la sauge, l'encens et le bois de santal, mais tout encens que vous trouvez agréable fera l'affaire.

Tous les exercices rituels doivent être effectués en se tenant debout face à l'Est. Ils doivent être effectués dans le sens des aiguilles d'une montre, en suivant la trajectoire du Soleil levant et du Soleil couchant. Le Soleil se lève à l'est (attribué à l'Élément Air), où nous commençons à recevoir la Lumière. Le Soleil est à son apogée et génère le plus de Lumière au sud (attribué à l'Élément Feu). Le Soleil commence ensuite à se coucher et termine son cycle à l'ouest (attribué à l'Élément Eau). Le Nord est attribué à l'Élément Terre, et en tant que tel, il ne reçoit aucune Lumière - il représente l'obscurité avant que le Soleil ne se lève et ne recommence son cycle. Pour ces raisons, lorsque nous invoquons ou bannissons des énergies, nous suivons symboliquement la trajectoire du Soleil.

Le Monde Astral étant le point de contact du Mage, il est crucial de faire appel à la volonté et à l'imagination pour qu'un exercice rituel fonctionne. Ce processus consiste à visualiser des images spécifiques qui vous sont données dans le cadre de la formule de l'exercice et à les transposer dans la réalité physique qui vous entoure.

En faisant appel à l'imagination tout en traçant des symboles avec votre main droite, ainsi qu'en faisant vibrer les Noms divins du pouvoir, l'énergie sera invoquée (ou évoquée) dans (ou hors de) l'Aura. C'est assez simple lorsque vous savez ce que vous faites et que vous avez un peu de pratique.

"Dans toutes les formes de Magie, l'imagination ou la faculté de créer des images est le facteur le plus important." - Kenneth Grant; extrait de "The Magical Revival" (Le Renouveau Magique)

Pour clarifier, dans une "invocation" rituelle, vous apportez (appelez) un type particulier d'énergie de l'Univers extérieur dans votre Aura. Dans un rituel d'"évocation", vous accédez à un type d'énergie spécifique de l'intérieur de vous-même pour l'introspection ou pour le bannir de votre Aura (comme dans les exercices rituels de bannissement du Pentagramme ou de l'Hexagramme).

Il est impératif d'utiliser activement votre imagination et votre volonté pendant les exercices rituels pour leur donner vie. Pour que la Magie fonctionne, il faut suivre une formule rituelle qui consiste à vibrer (chanter) les Noms Divins du pouvoir et à dessiner certains symboles dans l'air devant soi.

Le dessin de symboles est un processus imaginaire par lequel vous tracez des symboles dans l'air avec votre main droite en utilisant soit une dague, soit vos doigts, soit tout autre outil que vous souhaitez utiliser pour invoquer (ou évoquer) l'énergie. Ce que vous utilisez à cet égard ne dépend que de vous. Un simple placement du pouce entre l'annulaire et le majeur est la technique employée par la tradition de l'Aube Dorée.

Le pouce au milieu des quatre doigts représente le facteur de réconciliation de la lettre Shin entre le Tétragramme, qui devient ainsi le Pentagrammaton ou le nom de

Jésus-Christ. Lorsque vous dessinez le symbole du Pentagramme ou de l'Hexagramme, vous devez l'imaginer présent devant vous, ce qui lui donne du pouvoir.

Chaque exercice rituel a sa formule qui doit être suivie dans les moindres détails. De plus, il est crucial de vibrer les Noms Divins de la Puissance. Si vous avez entendu des moines tibétains chanter, cela ressemble à cela. Les vibrations doivent être effectuées en monotone, en do naturel et avec une prononciation allongée. En outre, les noms doivent être prononcés tels qu'ils sont écrits et avec un ton autoritaire mais révérencieux.

La vibration correcte de ces noms infusera l'énergie correcte dans votre Aura. Il est très important de les faire vibrer dans votre gorge et d'utiliser la puissance de l'abdomen lorsque vous les chantez. Vous devriez sentir votre corps entier vibrer lorsque vous prononcez ces Noms Divins de Puissance.

Les mots sont un pouvoir, tout comme notre capacité à invoquer ces Noms Divins. Notre parole est notre lien de connexion avec les mondes au-delà du Royaume Physique. Les vibrations comprennent les nombreux Noms Divins de Dieu, des Archanges, des Anges et d'autres noms Sacrés, selon l'exercice rituel et son origine. Les Noms Divins utilisés dans ces exercices existent depuis des milliers d'années dans la plupart des cas et sont très puissants.

Les exercices rituels de la Magie Cérémonielle fonctionnent par la répétition, car l'esprit assimile le processus et crée des portes pour permettre à l'énergie invoquée de pénétrer dans l'Aura. Avec ces rituels, c'est à l'esprit que nous jouons des tours pour l'influencer à s'accorder avec des énergies qui nous dépassent et à les amener dans l'Aura.

Tous les exercices rituels présentés dans *The Magus* utilisent le cercle Magique. Le ritualiste crée ce cercle pour construire une zone qui est protégée et sacrée. De plus, comme la plupart des exercices présentés dans cet ouvrage sont des invocations, les énergies que vous travaillez à l'extérieur de vous se déverseront dans votre cercle magique et infuseront dans votre Aura.

Si d'autres personnes sont présentes à l'intérieur de votre cercle Magique une fois que vous l'avez créé, l'énergie désirée pénétrera également dans leurs Auras. Dans un rituel de groupe, une personne peut faire tout le travail pour créer le cercle Magique, ou d'autres peuvent y participer activement. La clé pour absorber les énergies invoquées est d'être à l'intérieur du cercle Magique pendant que l'exercice rituel est effectué.

Votre aura est l'Alambic Alchimique où se déroule le processus d'Alchimie Spirituelle. Un Alambic, en termes Alchimiques, est un appareil utilisé pour la distillation, généralement un bécher ou une fiole. L'Aura devient l'Alambic puisque les changements énergétiques se produisent en son sein, exaltant ainsi le Soi Supérieur.

Cependant, pour bénéficier véritablement des exercices rituels sur une plus longue période, l'Aura doit être "hermétiquement scellée". Ce terme signifie qu'il est essentiel de garder ces rituels secrets, au moins pendant un certain temps, jusqu'à ce que vous constatiez que le processus fonctionne, car vous ne voulez pas que le monde extérieur vous dissuade d'utiliser ces exercices. La Magie est très étrangère aux personnes qui ne l'ont pas pratiquée auparavant. Les humains ont naturellement peur des choses qu'ils ne comprennent pas et vont généralement fuir ces choses pour éliminer la peur de l'inconnu de leur vie.

Permettez-moi de le répéter: ces rituels fonctionnent. Ils ont toujours fonctionné, et ils fonctionneront encore. Vous devez être persistant et déterminé à les utiliser, et je vous promets que vous verrez les résultats - donnez-leur du temps. L'esprit a besoin d'un certain temps pour s'adapter aux nouvelles réalités qui se présentent, mais une fois que c'est le cas, ces exercices rituels ont l'habitude de créer une dépendance.

Avoir la capacité de contrôler la façon dont vous voulez vous sentir tout au long de la journée est un pouvoir incroyable à avoir sur votre vie. Et tout en procurant une sensation fantastique, ces exercices font également des merveilles pour vos Chakras, car ils purifient l'énergie des Éléments qui s'y trouvent.

Le fait que cette science sacrée soit relativement inconnue du monde extérieur est un mystère pour moi, car elle est si puissante et précieuse. Je pense que la croyance religieuse a quelque chose à voir avec cela, en particulier le concept que la plupart des religions mettent en avant, affirmant qu'elles détiennent les réponses aux nombreuses questions Spirituelles que nous nous posons. La plupart des religions veulent nous faire croire que nous devons prier un Dieu extérieur à nous-mêmes puisque, selon elles, leur Dieu est "là dehors" et non en nous.

À l'inverse, les rituels de la Magie Cérémonielle partent du principe que chacun d'entre nous est son propre Messie, son propre Rédempteur et son propre véhicule de transformation de la Matière en Esprit. Ainsi, nous devons assumer pleinement la responsabilité de notre évolution Spirituelle au lieu de nous contenter de faire ce que nous voulons et d'espérer que l'Univers nous récompense. L'utilisation des rituels de la Magie Cérémonielle nous permet de prendre notre destin en main. Il n'existe pas de moyen plus efficace de maximiser votre pouvoir personnel qu'en devenant maître de votre destin.

LE JOURNAL MAGIQUE

Lorsque vous commencerez à pratiquer la Magie Cérémonielle, de nombreuses vérités fondamentales sur la nature de l'existence vous seront révélées dans vos rêves. En outre, au fur et à mesure que vous progressez dans les Éléments, vous pouvez même commencer à faire régulièrement des Rêves Lucides. Pendant un Rêve Lucide, vous pouvez développer la capacité de contrôler consciemment le contenu de vos rêves.

En devenant le "réalisateur" de vos rêves, vous développerez vos capacités Magiques même dans les états de rêve. Avec toutes ces nouvelles expériences, il est utile d'avoir un journal Magique pour pouvoir écrire vos rêves et garder une trace de tout ce qui vous arrive. Avec le temps, vous verrez des modèles dans vos rêves et serez capable d'interpréter des symboles que vous n'aviez pas compris au départ. Vos rêves racontent l'histoire de "Vous", et parfois, il faut un certain temps avant de pouvoir prendre du recul et voir la situation dans son ensemble.

En vous entraînant à écrire vos rêves, vous vous alignez davantage sur votre subconscient et sur la capacité de voir des images dans votre esprit. En tant que Mage pratiquant, il s'agit d'une compétence bénéfique à posséder car elle vous aide à mieux contrôler vos pensées, ce qui, à son tour, influencera votre capacité à mieux contrôler votre vie en exerçant votre volonté.

Au lieu d'écrire le contenu de vos rêves, une autre méthode consiste à utiliser un enregistreur vocal. Cette méthode est plus confortable car elle permet d'enregistrer les informations plus rapidement et de se rendormir pour continuer à rêver. En cas de réveil au milieu de la nuit, cette méthode sera optimale. Vous pouvez toujours écouter l'enregistrement vocal le matin et noter les rêves dans votre journal Magique.

En écrivant vos rêves, vous devenez également votre propre psychologue. Le simple fait de les noter revient à analyser votre psyché. Même sans connaissance préalable de la psychologie de base, vous serez capable de reconnaître des symboles et de voir des schémas dans vos rêves. Ces symboles et schémas de répétition racontent inévitablement une histoire sur quelque chose que l'esprit subconscient essaie de communiquer à l'esprit conscient.

L'esprit subconscient peut souvent agir comme un animal sauvage, complètement indépendant dans son expression. Parce qu'il nous est généralement caché, nous ne sommes pas toujours en mesure d'en voir les rouages, à moins de l'observer à la loupe et de nous concentrer sur ses actions. Noter vos rêves sert de loupe; en le faisant au fil du temps, le subconscient se révélera de plus en plus à vous. Il réalisera qu'il ne peut plus rester caché puisque vous vous intéressez à ce qu'il vous montre.

En notant vos rêves quotidiennement, vous aurez un meilleur accès à votre subconscient, même à l'état de veille. Vous pourrez vous y connecter à volonté, voir les images qu'il projette et les analyser. En retour, cela vous aidera considérablement dans votre évolution Spirituelle. En outre, votre intuition augmentera considérablement.

En plus de noter vos rêves, vous devriez utiliser votre journal magique pour noter les exercices rituels que vous effectuez. Chaque fois que vous effectuez un rituel, quel qu'il soit, vous devez le noter dans votre journal. Pour un résultat optimal, vous devez noter la date et l'heure de l'exercice. Il en va de même lorsque vous notez vos rêves.

Il est également recommandé de se procurer un guide Planétaire (qui cartographie le mouvement des Planètes et de la Lune par rapport aux Étoiles) et de noter les influences Astrologiques au jour et à l'heure où vous avez effectué l'exercice rituel. Cette partie n'est pas obligatoire, mais il est utile de le faire si vous voulez sérieusement devenir un Mage avancé.

Les exercices rituels Élémentaires affectent le Microcosme, tandis que les cycles Planétaires et Lunaires affectent le Macrocosme - Comme en Haut, Comme en Bas. L'un affecte l'autre en permanence. Par conséquent, il est essentiel d'être attentif aux mouvements des Planètes de notre Système Solaire et aux cycles Lunaires afin d'avoir une idée des énergies Macrocosmiques qui vous affectent quotidiennement. Après avoir terminé le premier programme d'Alchimie Spirituelle avec les Éléments, le programme suivant vous permet de modifier directement vos influences Macrocosmiques par des invocations des énergies Planétaires.

Une fois que vous avez noté l'exercice rituel que vous avez accompli, vous devez écrire ce que vous avez ressenti et ce que vous aviez à l'esprit avant et après l'exercice. L'idée est de réfléchir et d'écrire comment l'exercice vous a affecté psychologiquement. Au début, il se peut que vous ne ressentiez rien ou que vous n'ayez aucune pensée inspirante à ce sujet, mais avec le temps, cela changera. En répétant les exercices rituels et en exposant votre psyché à leurs énergies, votre expérience de ces exercices s'intensifiera au fil du temps.

L'importance de noter vos pensées sur papier chaque fois que vous effectuez un exercice rituel est de voir votre évolution au fil du temps en acquérant la capacité de vous connecter mentalement et émotionnellement à ces exercices. De cette façon, vous pouvez suivre vos progrès et votre développement pour devenir un Mage.

LA RESPIRATION CARÉE

La Respiration Carrée est un exercice de réduction du stress et de méditation à effectuer quotidiennement, que ce soit juste avant ou après une pratique rituelle ou à tout moment de la journée lorsque vous souhaitez atteindre un état d'esprit calme et équilibré. Son utilisation donnera des résultats très positifs à chaque fois, car le contrôle de la respiration est essentiel pour atteindre un état méditatif. En outre, l'exécution de la Respiration Carrée va de pair avec les exercices rituels, car le fait d'être dans un état mental calme et équilibré aide à s'accorder avec les énergies invoquées et leur permet de s'intégrer plus efficacement dans le Soi.

La Respiration Carrée est une technique de Pranayama Yoga connue sous le nom de Sama-Vritti, qui signifie en français "respiration égale". Outre qu'il s'agit d'une technique de respiration préliminaire aux exercices rituels, vous pouvez la mettre en œuvre lorsque vous êtes confronté à une situation stressante ou à l'anxiété. Son utilisation vous calmera en quelques minutes et vous permettra de penser clairement. De plus, son exécution fera basculer votre conscience dans l'état Alpha.

L'utilisation de la Respiration Carrée ouvre le centre psychique, le Chakra de l'Oeil de l'Esprit (Ajna), qui, à son tour, crée une connexion plus forte avec votre Chakra de la Couronne (Sahasrara), vous alignant ainsi avec l'énergie de l'Esprit. L'harmonisation du Chakra de l'Oeil de l'Esprit apportera équilibre et calme à l'esprit, au corps et à l'Âme au fil du temps. Le Chakra de l'Oeil de l'Esprit est une porte, un "portail" qui mène aux Royaumes Cosmiques intérieurs et aux niveaux supérieurs de conscience.

Il est important de noter que si vous avez pleinement éveillé la Kundalini et qu'elle réside maintenant dans le cerveau, provoquant une forte pression dans votre tête (ce qui est courant dans cet état), vous devez sauter la méditation de l'Oeil de l'Esprit qui suit et vous concentrer sur la Respiration Carrée. Effectuez la Respiration Carrée comme une simple technique de méditation, et envoyez l'énergie vers le bas plutôt que vers le haut. Vous y parviendrez en plaçant votre attention et votre conscience sur votre abdomen tout en effectuant cet exercice de respiration. En conséquence, l'énergie se déplacera vers le bas, de la tête vers l'abdomen, libérant ainsi la pression de la tête et permettant d'atteindre un état plus détendu et équilibré.

La Respiration Carrée doit être utilisée pour vous mettre dans le bon état d'esprit. Pour l'exécuter, détendez votre corps et expirez en comptant jusqu'à quatre. Retenez votre souffle pendant quatre secondes. Puis, inspirez en comptant jusqu'à quatre. Retenez l'inspiration pendant quatre secondes. C'est simple. Répétez ce cycle et continuez pendant au moins trois à cinq minutes lorsque vous utilisez cet exercice pour la première fois. Comptez à une vitesse constante et confortable en essayant de vous adapter à votre respiration naturelle. Cela peut prendre quelques jours de pratique jusqu'à ce que vous trouviez un rythme qui convienne à votre corps et obtienne le résultat souhaité.

La respiration rythmique du Souffle Quadruple est nécessaire car elle stimule l'énergie Kundalini et la Lumière Astrale. Elle vous met immédiatement dans un état d'esprit méditatif, vous donnant ainsi la préparation adéquate avant de commencer tout exercice rituel ou toute autre technique de méditation. Puisque vous pouvez utiliser le Souffle Quadruple chaque fois que vous avez besoin de vous calmer, il devrait être pratiqué souvent et faire partie intégrante de votre vie.

LA MÉDITATION DE L'OEIL DE L'ESPRIT

La méditation de l'Oeil de l'Esprit s'effectue de préférence en position allongée ou en position de lotus, mais elle peut être pratiquée à tout moment lorsque le corps est immobile et en état de relaxation. Le Chakra de l'Oeil de l'Esprit est situé entre les sourcils, juste au-dessus du niveau des yeux, à environ 1/5 de la ligne des cheveux. Il se trouve à un centimètre à l'intérieur de la tête lorsque l'on regarde ce point les yeux fermés. Bien qu'il n'y ait pas de Troisième Oeil physique dans le corps, il existe un centre de conscience dans cette zone.

L'Oeil de l'Esprit est un petit portail circulaire, une fenêtre sur les Royaumes Cosmiques. Lorsque nous nous y concentrons, nous atteignons immédiatement un état méditatif. Toutefois, si nous y maintenons notre attention pendant un court instant et que nous négligeons le bavardage de l'Égo, nous commençons à recevoir des visions et des images qui défilent dans cette zone comme sur un écran de cinéma.

Effectuez la Respiration Carrée en vous concentrant sur le centre de l'Oeil de l'Esprit. Vous devriez commencer à sentir une connexion avec ce centre et une force qui attire lentement vos yeux vers lui. Il y a une attraction Magnétique et une légère tension sur vos yeux lorsque vous effectuez cet exercice. Vous saurez que vous avez établi une connexion avec l'Oeil de l'Esprit lorsqu'un sentiment agréable pénétrera dans votre cœur. Vous commencerez alors à voir des visions traverser cette zone. Essayez de vous connecter à ces visions en leur accordant votre plus grande attention. Ne retenez pas chaque image trop longtemps car elle sera fugace. Au contraire, regardez-la et laissez-la partir. Si vous effectuez cette méditation après une invocation rituelle, les images se rapporteront d'une certaine manière à la nature de l'énergie que vous avez invoquée.

Votre corps et votre esprit devraient maintenant se trouver dans un état Alpha pendant que vous effectuez la Respiration Carrée, ce qui est un état nécessaire pour que l'énergie que vous avez invoquée commence à vous communiquer. Vous verrez ces pensées comme dans un rêve et vous réaliserez que le véritable "observateur" est en vous. En d'autres termes, vous serez en mesure de percevoir le Témoin silencieux en vous. Il ou elle est quelque chose de différent du corps ou de l'esprit mais fait partie de vous. C'est le Soi Supérieur qui fait partie de la Conscience cosmique pure et indifférenciée de l'Univers.

Restez dans cet état pendant dix à quinze minutes. Plus vous passerez de temps dans cet état, mieux ce sera, car vous développerez des capacités psychiques tout en vous accordant à l'énergie de l'Esprit. Maintenant, revenez lentement de cet état à un état normal. Détendez vos yeux et faites-les passer progressivement du centre de l'Œil de l'Esprit à leur position normale, permettant ainsi à votre esprit de retrouver une conscience éveillée normale.

Accordez-vous quelques minutes pour rester immobile afin de pouvoir intégrer l'expérience. Repensez aux images que vous avez vues et aux messages que vous avez reçus pendant que vous étiez dans cet état méditatif. Ouvrez lentement les yeux. Votre méditation est maintenant terminée.

Cette méditation est bénéfique pour vous permettre de canaliser l'énergie avec laquelle vous travaillez à travers les exercices rituels et pour atteindre la Gnose. Elle permet également de développer la concentration et d'accroître vos pouvoirs intuitifs. Son utilisation stimulera également la Kundalini et peut entraîner un éveil spontané de la Kundalini si vous n'en avez pas déjà eu un.

La méditation de l'Œil de l'Esprit est la méditation la plus fondamentale et la plus efficace qui existe. Elle est très puissante car si vous la pratiquez quotidiennement, vous décuplerez votre évolution Spirituelle en quelques mois seulement. Cette méditation fonctionne bien avec la Respiration Carrée et les exercices rituels, car elle vous permet de placer votre esprit dans un état de calme et de relaxation, ce qui permet aux énergies d'infuser plus efficacement dans vos Chakras.

En plus d'atteindre un état d'esprit très détendu et équilibré, vous travaillez à l'ouverture de votre Chakra de l'Oeil de l'Esprit et à la réception des énergies de vos Supernaux, votre Soi-Dieu. Vous ne pouvez pas accéder au Sahasrara par lui-même, mais vous devez utiliser l'Œil de l'Esprit comme portail d'entrée. En travaillant avec cette méditation, vous accédez aux deux plus hauts Chakras et vous vous ouvrez à leurs énergies. Ainsi, vous progresserez sur le chemin de votre évolution Spirituelle.

THE LESSER BANISHING RITUAL OF THE PENTAGRAM

Cet exercice rituel est un type de bannissement des influences énergétiques négatives et positives dans votre Aura et devrait être effectué au moins plusieurs fois par jour. Le Lesser Banishing Ritual of the Pentagram (LBRP) bannit le Microcosme, tandis que le Banishing Ritual of the Hexagram (BRH) bannit le Macrocosme. Bien qu'il puisse sembler étrange de vouloir supprimer les influences énergétiques positives, il s'agit tout de même d'énergies qui peuvent vous empêcher d'atteindre vos objectifs.

Le Microcosme est l'être humain et est considéré comme un reflet du Système Solaire, qui est le Macrocosme. Selon l'axiome Hermétique "Comme en Haut, Comme en Bas", le Macrocosme est le Haut, tandis que le Microcosme est le Bas. Nous appliquons cet axiome Hermétique lorsque nous effectuons toutes les opérations Magiques.

Le Microcosme est l'Aura de l'homme et les énergies Élémentaires qu'elle contient en elle-même, qui opèrent à travers les Chakras. Le Macrocosme est constitué des énergies contenues dans notre Système Solaire, qui sont les énergies des Sept Planètes Anciennes, des Douze Zodiaques et des énergies Élémentaires à l'extérieur de nous.

Le LBRP est le premier exercice rituel donné à l'aspirant Mage, et il se concentre sur le Microcosme, l'Aura humaine.

Il est optimal d'effectuer le LBRP à trois moments spécifiques de la journée: une fois le matin (juste au réveil), une fois pendant la grande invocation quotidienne et une fois le soir (juste avant d'aller dormir). L'invocation majeure du premier programme d'Alchimie Spirituelle comprendra le Rituel du Middle Pillar, le Banishing Ritual of the Hexagram (BRH) et un Rituel d'Invocation Élémentaire - utilisant le Lesser Invoking Ritual of the Pentagram (LIRP). (Vous trouverez ces exercices rituels dans cette section, à la suite du LBRP).

Le LBRP doit être fait dès le matin, car il aide à commencer la journée en se sentant équilibré dans l'esprit, le corps et l'Âme, car cet état donne généralement le ton pour toute la journée. De même, le LBRP doit être fait avant de dormir car il bannit toute influence négative, comme les mauvaises pensées qui peuvent nous empêcher de dormir. Cela aidera à s'endormir plus rapidement et à avoir un sommeil plus profond.

Le LBRP est très facile à faire, et une fois pratiqué et mémorisé, vous pouvez faire cet exercice en moins de quelques minutes. Cet exercice rituel, avec le BRH et le Middle Pillar, est considéré comme le "pain et le beurre" du praticien - sa base. Son but est de vous équilibrer et de vous mettre en contact avec votre centre, votre Âme, qui est la condition préalable à tout travail Magique. En effet, si vous n'êtes pas équilibré, l'apport d'énergies extérieures peut vous affecter négativement car il activera des émetteurs de pensées qui ne sont pas de la Lumière et qui peuvent rapidement envahir la conscience.

Le LBRP est nécessaire pour vous mettre à la terre, car il utilise le Pentagramme de la Terre pour éliminer les énergies denses des trois Éléments qui peuvent vous alourdir. Ce faisant, il apporte paix, calme et équilibre. C'est comme si vous faisiez une prière intense avant toute opération Magique pour vous aligner avec le Soi Supérieur, avec en plus la protection de votre Aura. Lorsque vous vibrez les Noms Divins de Puissance dans le LBRP, rappelez-vous d'allonger chaque mot dans un flux continu, en utilisant une respiration complète. Vous devez le faire pour obtenir les meilleurs résultats. Cet exercice rituel comporte une formule en quatre parties.

Comme mentionné, le LBRP est l'exercice le plus couramment utilisé avec le BRH, qui sera donné ensuite dans le cadre des bannissements quotidiens. En bannissant les énergies denses de la Terre, vous élevez la vibration de votre conscience tout en entrant en contact avec votre noyau et votre centre, devenant ainsi équilibré dans toutes les parties de vous-même.

Lesser Banishing Ritual of the Pentagram

Formule 1: La Croix Qabalistique

Placez-vous au centre de l'endroit où vous allez créer votre cercle Magique et faites face à l'Est. Si vous avez des autels Élémentaires et (ou) un autel central, placez-vous derrière l'autel central. La Croix Qabalistique est utilisée pour ouvrir et fermer le rituel. Commencez par effectuer la Respiration Carrée pendant une minute ou deux pour vous mettre dans un état d'esprit calme et équilibré. Fermez les yeux. Tenez-vous debout, les mains tendues à l'horizontale, formant une croix avec votre corps. Vos deux bras forment la partie horizontale de la croix, tandis que vos pieds joints et votre tête forment la partie verticale de la croix.

Imaginez une boule de Lumière de la taille d'un ballon de basket touchant votre Chakra Couronne et planant au-dessus de vous. C'est Kether, le Sahasrara Chakra revigoré. Imaginez-la tourbillonnant et virevoltant, et sentez la chaleur de la Lumière Blanche pure qui en émane. Une fois que vous l'avez bien imaginé, introduisez-y votre main droite, le majeur et l'index réunis. Tout en y pénétrant, vous tenez toujours votre main gauche tendue vers l'extérieur et vos pieds plantés ensemble. Touchez maintenant votre front avec votre main droite tout en visualisant un rayon de Lumière qui sort de cette Sphère et que vous transportez dans votre tête. Vous porterez ce rayon de Lumière dans votre corps partout où vous déplacerez votre main droite (avec le majeur et l'index réunis).

Vibrer:

Aaaahhhh-taaahhh

(Atah: "Thou Art")

Touchez maintenant le centre de votre poitrine, puis pointez vers la Terre à vos pieds tout en voyant la Lumière portée de votre tête à vos pieds, formant ainsi une colonne centrale de Lumière qui imprègne votre corps physique. Pendant que vous faites ces mouvements, continuez à tenir votre main gauche tendue vers l'extérieur.

Vibrer:

Mahllll-kooot

(Malkuth: "Le Royaume")

Déplacez maintenant votre main droite vers le haut, verticalement, et touchez à nouveau le centre de votre poitrine. Touchez ensuite votre épaule droite avec votre main droite et étendez-la vers l'extérieur tout en déplaçant le rayon Lumineux vers la paume de votre main. Pendant que vous faites ce mouvement, déplacez votre main gauche vers l'intérieur et touchez le centre de votre poitrine avec le majeur et l'index de votre main gauche. Maintenez cette position et connectez-vous avec la Lumière à l'intérieur de votre corps. Vous avez formé le canal central de la croix et du bras droit.

Vibrer:

vihh-Geh-booo-raaah

(ve-Geburah: "Et le pouvoir")

Déplacez votre main droite vers votre main gauche et touchez le centre de votre poitrine. Pendant que vous faites ce mouvement, étendez à nouveau votre main gauche vers l'extérieur. Avec votre main droite, déplacez le faisceau de Lumière vers votre épaule gauche en la touchant, puis en touchant la paume de votre main gauche. (Vous avez maintenant transporté le faisceau de Lumière sur l'ensemble de votre bras gauche.) Dans un mouvement de balayage, tirez la Lumière sur votre corps horizontalement, en partant de la main gauche et en vous déplaçant vers la droite. Votre main droite doit être à nouveau tendue vers l'extérieur. Votre corps physique doit avoir la forme d'une croix, comme lorsque vous avez commencé cet exercice. La seule différence est qu'une croix de Lumière complète est maintenant superposée à votre corps.

Vibrer:

vihhh-Geh-dooo-laaah

(ve-Gedulah: "Et la gloire")

Placez vos mains ensemble en position de prière devant votre poitrine tout en maintenant la visualisation de la croix de Lumière en vous.

Vibrer:

Layyy-Ohhh-lahmmm

(Le-Olahm: "Forever")

Maintenant, étendez à nouveau vos mains en forme de croix.

Vibrer:

Ah-mennn

(Amen: "Ainsi soit-il.")

Si vous voulez consacrer une minute à une prière au Seigneur de l'Univers (votre conception du Tout, ou Dieu), vous pouvez le faire. N'importe quelle prière fera l'affaire, pourvu qu'elle soit adressée à la Divinité. L'exécuter vous mettrait davantage en contact avec votre Soi Supérieur et solidifierait votre intention derrière l'exécution de l'opération rituelle.

Formule 2: Formulation des Pentagrammes

Étape 1: Après avoir complété la Croix Qabalistique, tenez-vous debout et faites face à l'Est. En utilisant votre outil Magique pour tracer des symboles, ou simplement en utilisant votre main avec votre pouce entre l'annulaire et le majeur, dessinez un Pentagramme d'un bleu flamboyant brillant. Dessinez-le juste en face de vous, d'une taille considérable, et à la distance d'un bras complet. La partie la plus importante du dessin d'un Pentagramme est la façon dont il est tracé, car le tracer à partir de l'un des cinq points et directions produira une énergie Élémentaire différente et permettra d'invoquer ou de bannir l'un des Cinq Éléments. Dans ce cas, nous utilisons le

Pentagramme de Bannissement de la Terre (Figure 31), vous devez donc le tracer en conséquence.

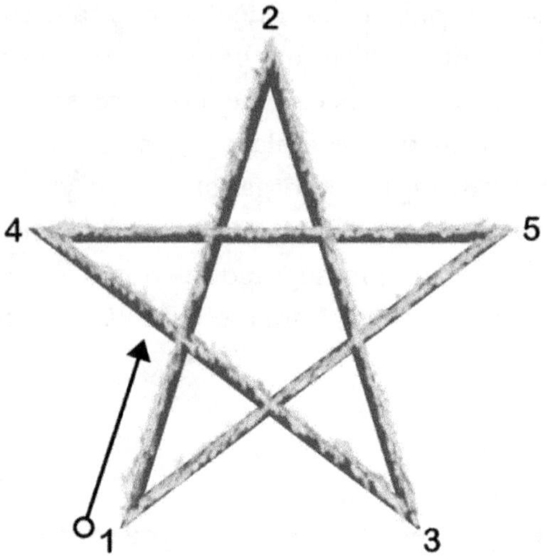

Figure 31: Pentagramme de Bannissement de la Terre

Commencez par le bas, là où se trouve votre hanche gauche, remontez vers votre tête, puis vers votre hanche droite, traversez votre corps jusqu'au côté le plus à gauche, puis vers la droite, en terminant là où vous avez commencé. Vous avez dessiné le Pentagramme devant vous en bleu flamboyant. Si votre bras est raide et droit et que vous effectuez ces mouvements à partir de votre épaule droite, il devrait former la taille idéale du Pentagramme.

Étape 2: Tenez-vous devant le Pentagramme. Inspirez par le nez en vous étirant dans la Sphère de Lumière au-dessus de votre tête (Kether). Vos deux bras doivent être levés verticalement pendant que vous faites cela. Ramenez cette Lumière vers votre poitrine tout en déplaçant vos mains vers le milieu de votre tête, de manière à ce qu'elles soient à la hauteur de vos yeux. Ensuite, projetez la Lumière du bout de vos doigts. Vos bras doivent s'étendre devant vous et pointer directement vers le Pentagramme. (Vos paumes doivent être tournées vers le sol pendant que vous faites cela).

Pendant que vous projetez avec vos mains, dans ce même mouvement, avancez votre pied gauche d'environ un pied devant votre pied droit (Figure 32). Tout le mouvement de l'étape 2 est une représentation symbolique complète du Signe de Projection, appelé aussi Signe d'Horus ou "Signe de l'Entrant", que vous utiliserez pour enflammer les Pentagrammes et les Hexagrammes dans les exercices rituels de ce livre. Voyez la Lumière jaillir de vos doigts, et lorsqu'elle touche le Pentagramme, elle l'embrase, presque comme si vous aviez jeté de l'essence sur un feu déjà existant.

Vibrer:

Yooohd-Heyyy-Vaaav-Heyyy

(YHVH)

Maintenant, le Pentagramme est renforcé par le Nom Divin YHVH et est plus fort que jamais. Lorsque vous prononcez les Noms Divins, faites-le avec un ton autoritaire en C naturel. Essayez de vous connecter à cette expérience en sentant votre corps entier vibrer à chaque prononciation. Pendant que vous vibrez, veillez à allonger chaque mot dans un flux continu, en utilisant une respiration complète. Avec chaque vibration, vous devriez mentalement entendre l'écho de chaque Nom Divin dans les endroits les plus éloignés de la direction cardinale dans laquelle vous vous trouvez.

Vos mains doivent être encore tendues. Ensuite, commencez à les ramener vers vos côtés et, à l'aide de votre main gauche, portez votre index à votre bouche en faisant le signe d'Harpocrate. Dans le même mouvement, ramenez votre pied gauche à l'endroit où se trouve le pied droit (Figure 32). Le signe d'Harpocrate (le dieu du silence) est également appelé signe de protection ou "Signe du Silence". Son but est de couper le canal énergétique créé en chargeant le Pentagramme (ou l'Hexagramme) avec le signe de l'entrant.

Étape 3: À l'aide de votre outil Magique (ou de votre main droite), piquez le centre du Pentagramme et transposez une ligne blanche brillante à partir du centre, en vous déplaçant maintenant dans le sens des aiguilles d'une montre vers la direction cardinale suivante. En vous déplaçant vers votre droite, vous suivez la trajectoire du Soleil levant et du Soleil couchant. Terminez en plantant l'extrémité de la ligne blanche au centre de cette prochaine direction dans l'espace. Vous aurez formé un arc de quatre-vingt-dix degrés avec la ligne blanche du dernier Pentagramme que vous avez créé.

Jusqu'à présent, vous avez dessiné le Pentagramme bleu flamboyant à l'Est et une ligne blanche partant de son centre et reliant le Sud. Mettez-vous debout et faites face au Sud maintenant.

Étape 4: Dans le Sud, répétez la même procédure qu'aux étapes 1 et 2, en utilisant le Nom Divin suivant à la place:

Aaahhh-dooohhh-nyyyeee

(Adonaï)

Vous avez dessiné le Pentagramme bleu flamboyant à l'Est et au Sud et une ligne blanche qui les relie. Maintenant, répétez l'étape 3 et déplacez cette ligne blanche vers l'Ouest. Tenez-vous debout et faites face à l'Ouest.

Étape 5: En Occident, répétez la même procédure qu'aux étapes 1 et 2, en utilisant le nom Divin suivant à la place:

Eeehhhh-heyyy-yeyyy

(Eheieh)

Jusqu'à présent, vous avez dessiné le Pentagramme bleu flamboyant à l'Est, au Sud et à l'Ouest, et une ligne blanche les reliant tous les trois de façon circulaire. La moitié de votre cercle Magique est terminée. Maintenant, répétez l'étape 3 et déplacez cette ligne vers le Nord. Mettez-vous debout et faites face au Nord.

Étape 6: Dans le Nord, répétez la même procédure qu'aux étapes 1 et 2, en utilisant ce Nom Divin à la place:

Aaahhh-Glaaahhh

(AGLA)

Vous avez maintenant dessiné les quatre Pentagrammes dans les quatre directions cardinales et créé les trois quarts de votre cercle Magique. Maintenant, répétez l'étape 3, et faites partir la ligne blanche du centre du Pentagramme du Nord pour la relier au Pentagramme de l'Est. Vous avez ainsi créé le cercle Magique entier avec une ligne blanche reliant les quatre Pentagrammes bleus flamboyants.

Étape 7: En vous tenant debout face à la direction de l'Est, faites le signe de l'entrant et le signe du silence et voyez les quatre Pentagrammes encore plus enflammés, y compris la ligne blanche qui les relie.

Revenez maintenant au centre du cercle Magique et faites face à l'Est. Si vous avez un autel central, placez-vous derrière lui.

Formule 3: L'Évocation des Archanges

Tendez à nouveau vos bras horizontalement en forme de croix. Ressentez la Croix Qabalistique à l'intérieur de vous comme vous l'avez fait avant de dessiner les Pentagrammes. Concentrez-vous sur l'Est et dites :

"Avant moi".

Vibrer:

Raaahhh-faaayyy-elll

(Raphael)

Visualisez le Grand Archange de l'Air, Raphaël, debout devant vous, à l'extérieur de votre cercle Magique, dos à vous. Il porte une robe jaune avec des reflets violets. Il porte la baguette du Caducée dans sa main droite et se tient au sommet d'une haute montagne. Il est de grande taille et vous tourne le dos, gardant l'Est. Voyez ses ailes d'Archange géantes et permettez-vous de vous connecter à l'image visuelle de lui et de son environnement aussi bien que vous le pouvez. Sentez une brise d'air frais à l'Est et l'essence de l'Élément Air. Une fois que vous avez fait cela, avec vos pieds toujours fermement plantés dans le sol, tournez votre attention vers l'Ouest et dites:

"Derrière moi".

Vibrer:

Gahhh-breee-elll

(Gabriel)

Visualisez le Grand Archange de l'Eau, Gabriel, debout derrière vous, à l'extérieur de votre cercle, dos à vous. Il est vêtu d'une robe bleue avec des reflets orange. Il tient une tasse dans sa main droite et se tient debout, les pieds dans un lac entouré de chutes d'eau. Voyez ses ailes d'Archange géantes et sentez l'humidité de l'air tout en entendant le bruit des chutes d'eau. Connectez-vous à l'image de Gabriel et ressentez l'essence de l'Élément Eau. Une fois que vous avez fait cela, sans bouger les pieds, tournez votre attention vers le Sud en faisant un petit signe de tête avec votre main droite et dites:

"A ma droite".

Vibrer:

Meee-khaaaiii-elll

(Michael)

Visualisez maintenant le Grand Archange du Feu, Michel, debout à votre droite et à l'extérieur du cercle que vous avez créé, dos à vous. Il est vêtu d'une robe rouge avec des reflets verts. Michel tient une épée enflammée dans sa main droite et ses ailes d'Archange géantes sont tournées vers toi. Imaginez que sa présence gigantesque vous domine alors qu'il se tient dans une fosse ardente. Connectez-vous à cette image et ressentez l'essence de l'Élément Feu et la chaleur émanant du Sud. Une fois que vous avez établi une connexion adéquate, sans bouger les pieds, tournez votre attention vers le Nord en faisant un petit signe de tête de la main gauche et dites:

"Et à ma gauche,"

Vibrer:

Ohhh-reee-elll

(Auriel)

Visualise maintenant le Grand Archange de la Terre, Auriel, debout à ta gauche. Il est à l'extérieur de ton cercle et te tourne le dos. Il est vêtu d'une robe noire avec des reflets citrine, olive et rouille. Dans sa main droite, il tient une gerbe de blé et se tient à l'intérieur d'une grotte. Voyez ses ailes géantes et connectez-vous à l'image de lui et de son environnement. Ressentez maintenant l'Élément Terre émanant du Nord, les qualités du froid et de la sécheresse.

Comme vous avez évoqué les Archanges pour garder les quatre directions cardinales, dites:

"Car devant moi flambe le Pentagramme,
Et derrière moi brille l'Étoile à six rayons. "

Formule 4: La Croix Qabalistique

Répétez la Croix Qabalistique. Ceci termine le Lesser Ritual of the Pentagram.

***

Vous trouverez un sentiment de paix qui vous envahira après avoir effectué le LBRP. Vous vous sentirez immédiatement plus Spirituel, plus calme et plus serein. Ce sentiment durera jusqu'à ce que vous permettiez à une énergie déséquilibrée de pénétrer dans votre champ énergétique, votre Aura. Il peut durer des heures, si vous pratiquez la pleine conscience après cet exercice. Vous pouvez effectuer cet exercice rituel de nombreuses fois au cours de la journée - vous pouvez y recourir chaque fois que vous vous sentez déséquilibré mentalement et émotionnellement. Il vous remettra immédiatement en contact avec votre centre et éliminera toute influence énergétique négative dans votre Aura. Avec la Respiration Carrée, le LBRP est l'exercice parfait à effectuer si vous devez faire face à une situation stressante qui vous rend anxieux.

Comme nous l'avons mentionné, le LBRP est généralement suivi du BRH dans le cadre des bannissements standard. Cependant, lorsque vous commencez à travailler avec des exercices rituels, vous ne devez utiliser que le LBRP, mais le BRH est donné peu après dans le cadre de votre pratique quotidienne. Par conséquent, il est préférable d'apprendre à faire le LBRP d'abord et de se sentir à l'aise avec lui avant de recevoir une séquence d'exercices rituels plus compliquée. Je ne veux pas que vous soyez découragé trop tôt parce que vous trouvez les séquences trop complexes à mémoriser. Cependant, une fois que vous aurez appris les séquences rituelles du LBRP, vous n'aurez aucun problème avec le Lesser Invoking Ritual of the Pentagram, puisque seules la direction du tracé du Pentagramme et l'orientation des Archanges sont différentes.

Figure 32: Gestes Magiques de LBRP

BANISHING RITUAL OF THE HEXAGRAM

L'Hexagramme est un symbole puissant représentant le fonctionnement des Sept Planètes Anciennes sous la présidence des Sephiroth et du nom à sept lettres ARARITA. Alors que le LBRP sert à bannir les énergies négatives et positives au niveau Microcosmique des Chakras, le Banishing Ritual of the Hexagram (BRH) expulse les énergies indésirables au niveau Macrocosmique. Le Pentagramme est l'Étoile de Signalisation, ou le symbole du Microcosme, tandis que l'Hexagramme est l'Étoile de Signalisation du Macrocosme - Comme en Haut, Comme en Bas.

Le BRH est un bannissement de la Planète Saturne, qui est la Planète du Karma et du temps et qui est directement liée au monde matériel. Comme Saturne est la Planète la plus éloignée de la Terre dans le modèle Qabalistique, le bannissement de ses énergies bannit également toute énergie indésirable des autres Planètes intermédiaires. Le BRH est un bannissement des énergies positives et négatives des

Sept Planètes Anciennes, des Douze Zodiaques et des Quatre énergies Élémentaires qui vous influencent - du Macrocosme. En l'effectuant, vous créerez une "ardoise vierge", qui vous donnera une excellente base pour pratiquer la Magie.

Le BRH vous met en contact avec votre énergie Solaire, car l'Hexagramme représente le Soleil. Le Lesser Hexagram Ritual est également utilisé pour invoquer et bannir n'importe laquelle des Sept Planètes Anciennes. (Ces techniques seront présentées dans un chapitre ultérieur intitulé "Magie Planétaire avancée"). En bannissant Saturne, vous surmontez ses influences Karmiques, ce qui exalte votre conscience. Ce faisant, vous entrerez en contact avec votre noyau intérieur, votre étincelle de Lumière, votre Âme.

Le LBRP et le BRH doivent être effectués l'un après l'autre dans le cadre des bannissements quotidiens. Les bannissements peuvent être effectués souvent dans la journée, comme cela est recommandé. Le BRH permet à l'énergie Solaire et à la Lumière de briller davantage en éliminant ces énergies Planétaires, Zodiacales et Élémentaires indésirables. La combinaison de ces deux exercices rituels vous placera dans l'état le plus équilibré et le plus centré. La simple utilisation quotidienne du LBRP et du BRH fera des merveilles pour votre Alchimie Spirituelle.

Vous devez vibrer le nom ARARITA dans les quatre directions cardinales et tracer les quatre formes de l'Hexagramme qui sont données. ARARITA est un nom de Dieu en sept lettres. C'est un acronyme, autrement appelé Notarikon. Un Notarikon est la réduction d'un mot complet à l'une des lettres qui le composent, dans la plupart des cas, la première lettre. ARARITA se traduit en français par "Un est son unité, Un est son individualité, sa permutation est Un".

Chaque fois que vous vibrez le nom ARARITA, vous exprimez l'unité de la Divinité. Puisqu'il s'agit d'une opération rituelle Solaire et qu'il y a Sept Planètes Anciennes, ARARITA étant un mot de sept lettres, il contient également une des Sept Planètes Anciennes dans chaque lettre. Par conséquent, ce mot inclut l'unité, qui est censée être évoquée. À Saturne est attribué Aleph, Jupiter est Resh, Mars est Aleph, Vénus est Resh, Soleil est Yod, Mercure est Tav, et Luna est Aleph.

Les quatre formes de l'Hexagramme sont censées représenter les positions des Éléments dans le Zodiaque. A l'Est est donnée la position du Feu dans le Zodiaque. Le Sud est la position de la Terre dans le Zodiaque, avec le Soleil à son apogée à midi. À l'Ouest se trouve la position de l'Air dans le Zodiaque. Enfin, au Nord se trouve la position de l'Eau dans le Zodiaque. (Je décrirai plus en détail le symbole de l'Hexagramme dans le chapitre "Magie Planétaire avancée".)

Banishing Ritual of the Hexagram

Formule 1: La Croix Qabalistique

Effectuez la Respiration Carrée pendant une minute ou deux pour vous mettre dans un état d'esprit calme et équilibré. Placez-vous au centre de votre cercle et faites face à l'est. Si vous avez des autels Élémentaires et (ou) un autel central, placez-vous derrière l'autel central. Effectuez la Croix Qabalistique selon la formule donnée dans les instructions du LBRP. À ce stade, vous aurez terminé le LBRP; par conséquent, continuez à tenir dans votre imagination les Pentagrammes flamboyants, le cercle Magique avec la ligne blanche qui les relie, et les formes des Archanges dans les quatre directions cardinales.

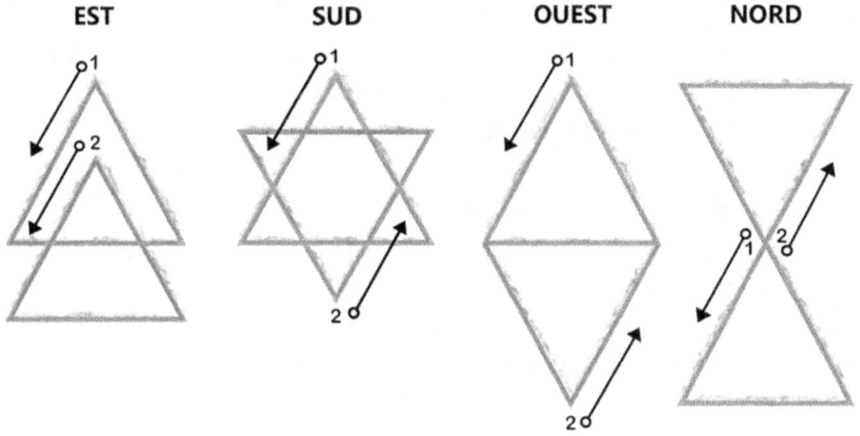

Figure 33: Quatre Formes de l'Hexagramme dans le BRH

Formule 2: Tracer les quatre formes de l'Hexagramme dans les quatre directions cardinales (Figure 33)

Se déplacer vers l'Est et dessiner l'Hexagramme du feu de bannissement comme indiqué. Le visualiser avec une flamme dorée (par opposition à la flamme bleue des Pentagrammes). Le voir transposé sur le Pentagramme qui a été dessiné précédemment dans le LBRP. Inspirez en attirant l'énergie de la Sphère de Kether au-dessus de vous. Faites descendre la Lumière de Kether et avancez les doigts en signe d'entrée, comme indiqué dans le rituel LBRP.

Dans toute la mesure de votre souffle, vibrez:

Aaahhh-Raaahhh-Reee-Taaahhh

(ARARITA)

Voir l'Hexagramme enflammé. Terminez par le Signe du Silence, comme indiqué dans le rituel LBRP.

Avec la main ou l'outil d'invocation rituelle, poignarder le milieu de l'Hexagramme que vous venez de dessiner et porter une ligne blanche vers le Sud de la même manière que dans le LBRP. Dessiner l'Hexagramme de la Terre à bannir comme indiqué dans le schéma ci-dessus. Le voir transposé sur le Pentagramme précédemment dessiné à cet endroit dans le LBRP.

Effectuez le signe de l'entrant, suivi de la vibration du nom:

Aaahhh-Raaahhh-Reee-Taaahhh

(ARARITA)

Voir l'Hexagramme enflammé. Terminez avec le Signe du Silence.

De la même manière, déplacez maintenant la ligne blanche vers l'Ouest. Dessinez l'Hexagramme de l'Air à bannir comme indiqué dans le schéma ci-dessus. Encore une fois, voyez-le transposé sur le Pentagramme précédemment dessiné dans le LBRP.

Effectuez le signe de l'entrant, suivi de la vibration du nom:

Aaahhh-Raaahhh-Reee-Taaahhh

(ARARITA)

Encore une fois, voir l'Hexagramme enflammé. Terminer avec le Signe du Silence. Jusqu'à présent, vous avez dessiné la moitié du cercle Magique avec la ligne blanche, en reliant les Hexagrammes de l'Est, du Sud et de l'Ouest. Déplacez maintenant la ligne blanche vers le nord, de la même manière, et dessinez l'Hexagramme de l'Eau qui bannit. Encore une fois, voyez-le transposé sur le Pentagramme précédemment dessiné dans le LBRP.

Effectuez le signe de l'entrant, suivi de la vibration du nom:

Aaahhh-Raaahhh-Reee-Taaahhh

(ARARITA)

Voir l'Hexagramme enflammé. Terminez avec le Signe du Silence.

Reliez la ligne blanche du Nord à l'Est, complétant ainsi votre cercle Magique. En vous tenant à l'Est, faites le signe de l'entrant et le Signe du Silence, enflammant les Hexagrammes et les Pentagrammes qui se trouvent en dessous, y compris la ligne blanche qui les relie.

Revenez maintenant au centre du cercle Magique et faites face à l'Est. Si vous avez un autel central, placez-vous derrière lui.

Formule 3: La Croix Qabalistique

Placez-vous maintenant au centre de votre cercle et répétez la Croix Qabalistique. Ceci termine le Banishing Ritual of the Hexagram.

***

Prenez maintenant une minute pour réfléchir au LBRP et au BRH que vous venez d'effectuer et pour vous connecter à votre cœur, au centre de votre Âme. Comme le LBRP sert à calmer et à apaiser l'esprit, vous constaterez qu'en combinaison avec le BRH, ce sentiment de paix et de sérénité est encore plus amplifié. Cet état méditatif est une condition préalable à la poursuite d'autres invocations rituelles, comme le Middle Pillar et le LIRP. Vous pouvez également utiliser ce temps pour effectuer la méditation de l'Œil de l'Esprit si vous ne souhaitez pas invoquer d'énergies à ce stade. Vous constaterez que vous aurez beaucoup plus de facilité à méditer et à vous connecter au Chakra de l'Oeil de l'Esprit que si vous n'aviez pas fait le LBRP et le BRH.

Si votre but n'était que d'ancrer vos pensées et de faire taire l'Égo pour le moment, poursuivez les tâches que vous avez prévues pour la journée. Comme nous l'avons mentionné, la tranquillité d'esprit que vous éprouvez se maintiendra si vous ne permettez pas aux émetteurs de pensées de reprendre le contrôle de votre conscience. Par conséquent, pratiquez la pleine conscience.

EXERCICE DU MIDDLE PILLAR

Le Middle Pillar est un exercice efficace d'induction de la Lumière qui développe et intensifie vos sens Astraux. Cet exercice rituel, ainsi que le LBRP et le BRH, est un Élément essentiel des préparations fondamentales qui doivent être entreprises avant que toute invocation Élémentaire ou Planétaire puisse avoir lieu.

Le LBRP et le BRH vous centrent et vous équilibrent mentalement et émotionnellement tout en éliminant toutes les influences Karmiques du Microcosme et du Macrocosme. Ils vous mettent dans un état méditatif qui vous permet de travailler plus efficacement dans le Monde Astral, où tous les travaux Magiques ont lieu.

D'autre part, le Middle Pillar infuse ou invoque la Lumière émanant de Kether dans l'Aura et les Corps Subtils. Cet exercice met en œuvre les énergies du Middle Pillar de l'Arbre de Vie et invoque leurs propriétés. Il réconcilie tous les opposés au sein des pensées et des émotions en apportant l'énergie de Lumière. Une fois l'exercice terminé, utilisez l'énergie Lumière pour alimenter l'imagination et la volonté afin de poursuivre l'invocation/évocation rituelle majeure que vous avez l'intention d'effectuer ensuite.

Alternativement, le Middle Pillar peut être fait pour lui-même et par lui-même pour infuser de l'énergie de Lumière dans l'Aura et vous aider à avancer dans votre voyage de transformation Spirituelle. Il est préférable d'effectuer l'exercice du Middle Pillar après le LBRP et le BRH, car vous devez équilibrer l'esprit avant d'absorber l'énergie Lumière.

Le Middle Pillar de l'Arbre de Vie est le Pilier de l'Élément Air, car toutes ses Sphères ont une qualité aérienne. Ainsi, vous vous sentirez plus inspiré et créatif après avoir effectué l'exercice du Middle Pillar, car vous serez en contact avec le centre de votre Âme et vos pensées. Pour cette raison, l'exercice du Middle Pillar devrait être effectué après le LBRP et le BRH, car ces trois exercices rituels servent à vous accorder à la Lumière de votre Âme et à éliminer les émetteurs de pensées indésirables.

Dans l'exercice du Middle Pillar, la Lumière invoquée enflamme votre Âme, augmentant ainsi la quantité globale d'énergie Lumière dans votre Aura. Au fur et à mesure que votre Âme s'enflamme d'énergie Lumière, l'énergie latente dans vos Chakras est également activée, puis filtrée dans différentes parties du Soi, en relation avec les Éléments de votre être.

Les personnes éveillées à la Kundalini trouveront que l'exercice du Middle Pillar agit directement sur le Feu de la Kundalini, puisque les deux énergies sont de qualité Lumière. Lorsque l'énergie de Lumière invoquée agit sur le Feu de la Kundalini, d'autres énergies Karmiques sont activées dans votre vie. Quel que soit le Karma qui vous attend pour croître et évoluer Spirituellement, il sera initié beaucoup plus rapidement avec l'utilisation de l'exercice du Middle Pillar que sans lui.

En effectuant quotidiennement l'exercice du Middle Pillar, vous commencerez à faire des Rêves Lucides, en quelques semaines dans la plupart des cas. Dans ce cas, les Rêves Lucides se produisent parce que l'Aura est imprégnée d'énergie Lumière, dont les vibrations élevées propulsent votre conscience dans les Royaumes Cosmiques supérieurs. L'énergie Lumière éveille également votre imagination intérieure pendant le sommeil, lorsque vous êtes le plus détendu et que votre cerveau est en état Alpha. Vous devenez alors conscient et consciente dans les états de rêve, ce qui vous permet de contrôler dans une large mesure le contenu de vos rêves.

Vous constaterez que vibrer les Noms Divins dix fois chacun suffira à apporter de l'énergie Lumière à utiliser tout au long de la journée. Si vous vibrez les Noms Divins plus de dix fois chacun, vous apporterez plus d'énergie Lumière, car cet exercice rituel a un effet quantifiable. Si vous chantez les Noms Divins plus de vingt fois chacun, vous risquez d'infuser trop d'énergie Lumière dans l'Aura. Dans ce cas, vous risquez de vous sentir étourdi, de ressentir des vertiges, et d'être si énergétiquement zappé que vous pouvez même perdre conscience pendant le processus du rituel. J'ai été témoin de ce phénomène dans le cadre d'un rituel de groupe lorsque le nombre de vibrations du Middle Pillar était excessif.

L'exercice du Middle Pillar doit être effectué au moins une fois par jour. Vous pouvez le faire plus souvent, mais en règle générale, jamais avant de dormir ou après 20 heures, car vous ne pourrez pas vous endormir avec autant d'énergie Lumière présente. Si vous le faites plus d'une fois par jour et que vous vous sentez trop dans l'espace (ce qui peut arriver), il est préférable de le réduire à une seule fois par jour. Une trop grande quantité de Lumière peut également vous rendre agité, car elle " éclaire " littéralement toutes les parties du Moi intérieur, y compris tous les aspects positifs et négatifs. Par conséquent, soyez attentif à la façon dont vous réagissez à cet exercice rituel et à la façon dont les autres réagissent à votre égard, et ajustez en conséquence le nombre de fois par jour où il est préférable de le faire. Toutefois, n'oubliez pas que le fait de le faire une fois par jour est un prérequis qui ne donne jamais de résultats négatifs.

Il existe deux versions de l'exercice du Middle Pillar: Basique et Avancé. Le Middle Pillar de Base est la même opération rituelle, mais il omet la circulation de la boule de Lumière, qui est incluse dans le Middle Pillar Avancé. Je vous donnerai la technique pour le Middle Pillar Avancé, mais si vous souhaitez utiliser uniquement le Middle Pillar de base et omettre la circulation de la boule de Lumière, c'est votre choix. Le Middle Pillar Avancé apportera plus de Lumière dans l'Aura, mais les deux versions fonctionnent. Parfois, vous n'avez pas le temps de faire le Middle Pillar Avancé, dans ce cas, faites le Middle Pillar de Base.

Exercice du Middle Pillar

Formule 1: Prière ou Louange

Le LBRP devrait déjà avoir été effectué ainsi que le BRH. Au centre de votre cercle Magique, faites face à l'Ouest, les pieds joints. Vous devez vous tenir debout, les mains sur les côtés, paumes vers l'extérieur. Effectuez la Respiration Carrée pendant une minute ou deux pour vous mettre dans un état méditatif.

Commencez l'exercice du Middle Pillar par une prière. Vous trouverez ci-dessous la louange au Dieu Créateur d'Hermès Trismégiste, tirée du *Livre I* du *Corpus Hermeticum*, légèrement modifiée par rapport à l'original pour correspondre au but recherché. N'importe quelle prière ou louange peut fonctionner ici, tant qu'elle est sacrée et qu'elle affirme votre intention de vous aligner avec la Divinité et de sanctifier ce rituel Magique.

Saint est Dieu, le Père de Tous.
Saint est Dieu, dont la volonté est accomplie par Ses propres forces.
Saint est Dieu, qui veut être connu et qui est connu par ceux qui lui appartiennent.
Tu es Saint, toi qui, par le Verbe, as uni tout ce qui est.
Tu es Saint, toi dont la Nature entière est devenue l'image.
Tu es Saint, toi qui es plus fort que toute puissance.
Tu es Saint, toi qui es plus haut que toute prééminence.
Tu es Saint, toi qui surpasses les louanges.
Je t'adore et je t'invoque.
Regarde-moi avec bienveillance,
Comme je me tiens humblement devant toi.
Et accorde ton aide à la plus haute aspiration de mon Âme,
Pour que je puisse accomplir le Grand Œuvre.
Et ne faire qu'un avec toi.
Jusqu'à la fin des temps.
Amen

Cette prière est facultative et non obligatoire. Elle ne fait pas partie de la formule d'invocation du Middle Pillar, mais elle est là pour vous mettre davantage dans l'état souhaité où vous êtes aligné avec votre Soi Supérieur. Si, pour une raison ou une autre, vous manquez de temps et que vous ne souhaitez pas faire la prière, c'est parfait. L'exercice du Middle Pillar fonctionnera toujours sans elle.

Formule 2: Middle Pillar de Base (Figure 34)

Visualisez une Lumière Blanche brillante au-dessus de votre tête, de la taille d'un ballon de basket - c'est votre Sphère Kether/Sahasrara. Elle est suspendue au sommet de votre tête, tourbillonnant et virevoltant. Son emplacement est juste à l'intérieur de la tête, comme le montre le dessin suivant. Ressentez l'énergie de sa présence et vibrez le Nom Divin de Eheieh dix fois. Si vous n'avez pas beaucoup de temps pour faire cet exercice, vous pouvez vibrer n'importe quel nombre de fois, mais soyez cohérent. Par exemple, si vous vibrez le premier Nom Divin cinq fois, vous devez vibrer tous les autres Noms Divins cinq fois chacun. Pour effectuer la formule correctement, les Noms Divins doivent être vibrés le même nombre de fois, car sinon, l'énergie qui entre sera déséquilibrée. La prononciation de Eheieh est la suivante:

Eeehhhh-heyyy-yeyyy

(Eheieh)

Visualisez maintenant un arbre de Lumière Blanche s'étendant de Eheieh, la Couronne, jusqu'à la région de votre gorge où se trouve une plus petite boule de Lumière. Il s'agit de Daath, la Sphère de la connaissance. Elle est de couleur lavande et a approximativement la taille d'une balle de tennis. Vibrez le Nom Divin suivant de YHVH Elohim le même nombre de fois que Eheieh:

Yooohd-Heyyy-Vaaav-Heyyy Elll-oooh-heeemmm

(YHVH Elohim)

Maintenant, visualisez un autre puits de Lumière s'étendant de Daath, la Sphère lavande, dans la zone de votre Plexus Solaire, et imaginez une autre boule de Lumière de la taille d'un ballon de basket. C'est la Sphère de Tiphareth, votre propre Soleil Central, de couleur or/jaune. Vibrez le Nom Divin de YHVH Eloah Ve Daath le même nombre de fois que les deux premières Sphères:

Yooohd-Heyyy-Vaaav-Heyyy Elll-ooo-aaah vihhh-Daaah-aath

(YHVH Eloah ve-Daath)

Faites descendre un autre faisceau de Lumière de la Sphère Tiphareth dans la région de votre aine, où vous devez visualiser une autre boule de Lumière de la taille d'un ballon de basket, de couleur violette. C'est la Sphère de Yesod, votre centre Lunaire. Vibrez le Nom Divin Shaddai El Chai le même nombre de fois que les trois premières Sphères:

Shaaah-dyeee Elll Chaaaiii

(Shaddai El Chai)

Maintenant, faites descendre le faisceau de Lumière de Yesod dans vos pieds, alors que vous vous tenez dans une autre Sphère de la taille d'un ballon de basket, de couleur noire. La moitié supérieure englobe vos pieds, tandis que la moitié inférieure se trouve dans le sol sur lequel vous vous tenez. C'est Malkuth, la Terre. Vibrez Adonaï ha-Aretz le même nombre de fois que les autres Sphères:

Aaahhh-dooohhh-nyyyeee haaa-Aaah-retz

(Adonai ha-Aretz)

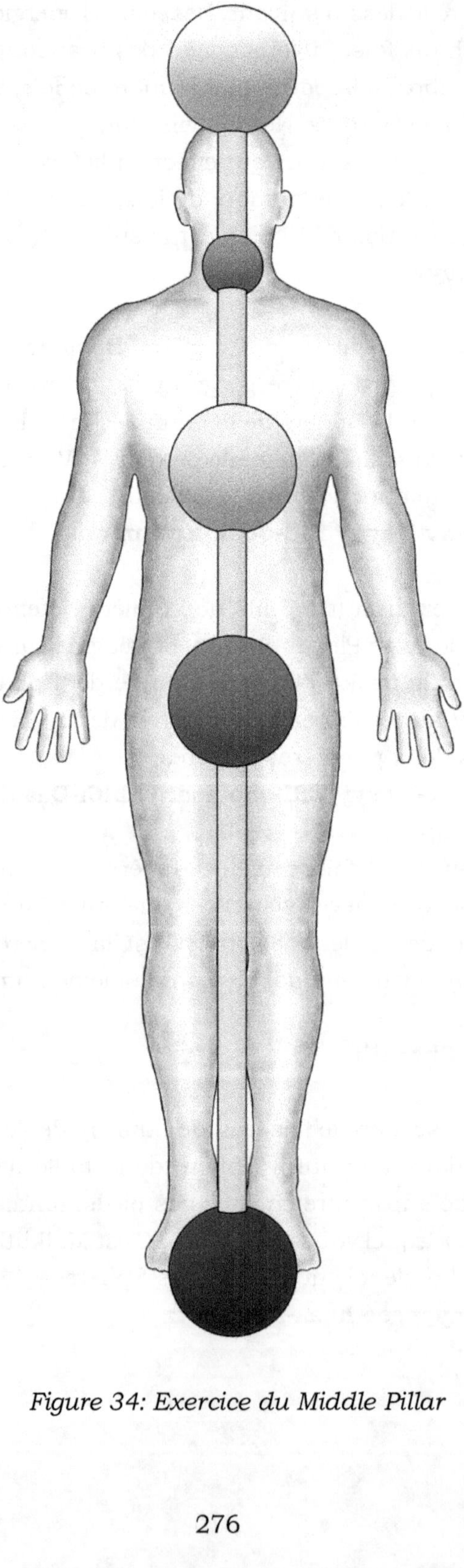

Figure 34: Exercice du Middle Pillar

Une fois cette procédure terminée, vous devriez avoir cinq Sphères, chacune brillamment illuminée et reliée par un faisceau de Lumière. La partie suivante de l'exercice du Middle Pillar est la circulation de la boule de Lumière, qui fait partie de l'exercice avancé du Middle Pillar. Encore une fois, vous n'êtes pas obligé de faire cette partie de l'exercice si vous manquez de temps et avez un programme chargé ce jour-là. Je ne veux pas que vous vous découragiez si vous n'avez pas le temps de le faire, car la partie centrale de l'exercice, l'invocation de l'énergie Lumière du Middle Pillar, est accomplie à ce stade. Mais la partie suivante de l'exercice rituel consolide le processus et vous accorde davantage à l'énergie de la Lumière, couvrant toute votre Aura de Lumière et lui permettant d'imprégner davantage vos Chakras.

Formule 3: Circulation de la Boule de Lumière

Cette partie de l'exercice du Middle Pillar implique l'utilisation du Souffle Quadruple, car vous l'utiliserez pour chronométrer le mouvement de la boule de Lumière Astrale imaginaire. Comme vous venez de terminer le Middle Pillar de Base, vous allez commencer la circulation de la boule de Lumière dans Malkuth au niveau des pieds. Tout d'abord, visualisez une boule de Lumière Blanche, de la taille d'un ballon de basket, sortant de la Sphère noire de Malkuth et remontant lentement le long du côté droit du corps. Au fur et à mesure de son déplacement, la boule de Lumière Blanche effleure le corps physique en remontant vers le Chakra de la Couronne. Une fois qu'elle atteint la Couronne, elle l'imprègne davantage d'énergie Lumière.

Déplacez progressivement la boule de Lumière hors de la Couronne, et portez-la le long du côté gauche du corps. Vous devez terminer aux pieds à nouveau, dans Malkuth. Le Souffle Quadruple devrait vous donner un compte de quatre secondes pour la faire monter, puis la maintenir pendant quatre secondes à l'intérieur du Chakra de la Couronne, puis prendre quatre autres secondes pour la faire redescendre, et enfin la maintenir dans Malkuth pendant quatre secondes. Répétez le processus de la même manière, ce qui vous donne deux fois que vous avez fait circuler la boule de Lumière le long de vos côtés, de vos pieds à votre tête et de nouveau vers le bas.

Déplacez la boule de Lumière de Malkuth vers l'avant de votre corps avec la même technique de Respiration Carrée. Ensuite, déplacez-la vers l'arrière de votre corps. Maintenant, répétez le processus une fois de plus. Déplacez maintenant la boule de Lumière vers le haut dans le sens des aiguilles d'une montre le long de votre côté gauche (au lieu de la déplacer dans le sens inverse des aiguilles d'une montre sur votre droite). Vous la déplacez maintenant dans l'ordre inverse et vous effectuez toute la procédure que vous venez de faire, le même nombre de fois, mais en sens inverse. Vous devriez avoir fait huit fois le tour complet de la boule de Lumière pour terminer à l'endroit où vous avez commencé - la Sphère de Malkuth à vos pieds.

En utilisant la technique de la Respiration Carrée, visualisez la boule de Lumière qui sort de Malkuth et se déplace le long de votre corps dans le sens des aiguilles d'une montre, dans un mouvement en spirale, recouvrant complètement votre Aura de Lumière. Cette partie de l'exercice est appelée "enveloppement de la momie". Une fois que vous avez atteint la Couronne, maintenez la position pendant quatre secondes, puis inversez le mouvement de la boule de Lumière dans le sens inverse des aiguilles d'une montre, en spirale, jusqu'à ce que vous atteigniez Malkuth. Procédez de la même manière, en commençant par le sens inverse des aiguilles d'une montre, puis en inversant à nouveau le mouvement de la boule de Lumière. Répétez toute cette procédure une fois de plus, ce qui fait que vous avez visualisé quatre fois la boule de Lumière se déplaçant de haut en bas.

Alors que vous êtes à nouveau dans Malkuth, visualisez la boule de Lumière tirant un flux d'énergie Lumière de Malkuth à travers la colonne de Lumière reliant les Sphères du Middle Pillar et dans votre Chakra Couronne. Lorsqu'elle atteint la Couronne, l'énergie Lumière en jaillit comme si vous étiez une fontaine de Lumière, arrosant toute votre Aura de particules de Lumière. Visualisez ceci pendant environ dix à quinze secondes, alors que vous sentez l'énergie Lumière déferler dans votre corps.

Si cette partie de l'exercice est réalisée correctement, elle stimulera l'énergie de la Kundalini en activité, ce qui peut même aboutir à un éveil. Comme il s'agit de la dernière partie de l'exercice, c'est à vous de décider si vous voulez passer plus de temps que ce qui est recommandé sur cette visualisation. En passant plus de temps sur cette visualisation, vos chances d'activer l'énergie Kundalini seront accrues.

L'exercice avancé du Middle Pillar est maintenant terminé. Vous pouvez retrouver votre pleine conscience éveillée et ressentir l'espace physique qui vous entoure. Vous ne devez pas cesser de ressentir la Lumière dans votre Aura car elle restera présente pendant la majeure partie de la journée, mais vous pouvez maintenant passer à la partie suivante de votre séquence rituelle ou terminer par une Croix Qabalistique si c'était la dernière partie de votre séquence rituelle de la journée.

LESSER INVOKING RITUAL OF THE PENTAGRAM

Le Lesser Invoking Ritual of the Pentagram (LIRP) se déroule de la même manière que le LBRP, la seule différence étant la direction du tracé du Pentagramme (Figure 35) et le fait que les Archanges vous fassent face au lieu de vous tourner le dos.

En remplaçant le Pentagramme de Bannissement de la Terre par le Pentagramme d'Invocation de l'Élément que vous appelez, puis en plaçant les Archanges face à vous, vous déverserez l'énergie de cet Élément dans votre cercle Magique ainsi que dans votre Aura. La formule du LIRP ne semble pas très compliquée puisque vous ne modifiez que deux facteurs du LBRP. Pourtant, l'énergie que vous ressentirez une fois l'exercice rituel terminé est comme le jour et la nuit par rapport au LBRP - elle est très différente.

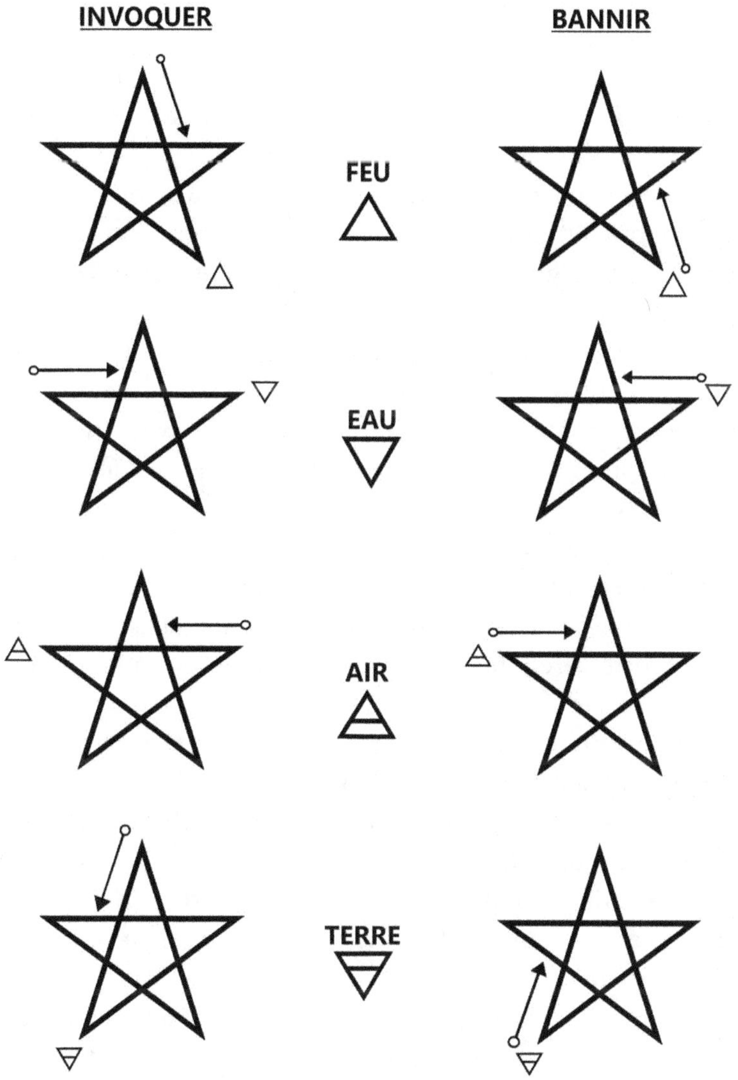

Figure 35: Pentagrammes d'Invocation et de Bannissement des Éléments

Le simple fait de changer de direction en traçant le Pentagramme invoque une énergie Élémentaire entièrement différente qui se ressent et agit sur vous de manière complètement différente. Ce processus est véritablement de la Magie - il n'y a pas d'autre mot pour l'expliquer ou lui donner le crédit qu'il mérite. Encore une fois, vous devez utiliser la même formule que le LBRP, les mêmes Noms Divins et tout le reste, sauf la direction du tracé du Pentagramme et le fait que les Archanges vous fassent face.

La dernière composante ajoutée au LIRP est l'utilisation d'un signe de grade particulier à l'Élément avec lequel vous travaillez. Les signes de qualité et le but de leur exécution seront présentés dans un chapitre ultérieur de la section "Grand Travail", intitulé "Signes de qualité des Cinq Éléments". Un Signe de Qualité doit être utilisé immédiatement après l'achèvement de la formule LIRP, alors que vous vous tenez au centre de votre cercle.

Pendant l'exécution du ritual de banissement du Pentagramme, les Archanges vous tournent le dos, ce qui fait que la direction du flux d'énergie va de vous vers l'Univers extérieur. Dans un rituel de bannissement du Pentagramme, l'énergie d'un Élément se déverse de votre Aura. Vous bannissez (évoquez) l'énergie Élémentaire de votre choix de votre Aura et de votre cercle Magique et la relâchez dans l'Univers d'où elle est venue.

Mais le fait que les Archanges vous fassent face et que vous traciez le Pentagramme dans une direction spécifique donne un effet totalement différent. Cela devient une invocation, car cette énergie est amenée dans votre cercle Magique depuis l'Univers extérieur. Dans les rituels de bannissement et d'invocation du Pentagramme, les Archanges servent de conducteurs des énergies Élémentaires.

Le cercle Magique est la frontière entre vous-même (et d'autres personnes si elles se trouvent dans votre cercle Magique) et l'Univers. C'est à l'intérieur de cette limite que se déroule le processus Magique. Par exemple, vous pouvez évoquer un type d'énergie à partir de vous-même (et d'autres personnes si elles se trouvent dans votre cercle magique) et le libérer dans l'Univers. Ou bien vous pouvez invoquer un type d'énergie provenant de l'Univers extérieur et lui permettre de se déverser dans votre cercle Magique et, par conséquent, dans votre Aura. Lorsqu'une nouvelle énergie est invoquée à l'intérieur de votre Aura, elle y restera pendant un certain temps jusqu'à ce que vous l'utilisiez au cours de la journée ou que vous la relâchiez dans l'Univers pendant votre sommeil.

Lorsque vous travaillerez avec les énergies Planétaires dans la section "Magie Planétaire Avancée", vous aurez également la possibilité de bannir l'énergie d'une Planète, ce qui est à nouveau considéré comme une évocation. Ici, vous utiliserez l'Hexagramme pour les invocations et les évocations et créerez un cercle Magique. Rappelez-vous que les méthodes d'évocation et d'invocation décrites jusqu'à présent ne concernent que le travail avec les exercices rituels du Pentagramme et de l'Hexagramme. Une fois que l'on arrive à la Magie Énochienne, tout le système présenté dans *The Magus* est une série d'évocations à travers les Clés ou les Appels Énochiens. Ces évocations sont différentes des bannissements des Éléments ou des Planètes - nous y reviendrons dans une section ultérieure sur la Magie Énochienne.

Lorsque vous invoquez les Éléments à travers le Lesser Invoking Ritual of the Pentagram, gardez à l'esprit que chaque Élément que vous invoquez peut également être banni - si vous avez des difficultés à gérer son énergie pour une raison quelconque. Pour les besoins de l'Alchimie Spirituelle, cependant, l'idée est de travailler à travers l'énergie de l'Élément que vous invoquez au lieu de simplement le bannir une fois qu'il devient difficile de travailler avec.

Cependant, dans les cas particuliers où vous passez un mauvais moment avec un Élément que vous invoquez et que vous sentez que vous ne pouvez pas gérer son énergie à ce moment-là, vous pouvez bannir cet Élément. C'est donc un outil bénéfique à avoir quand on travaille avec ces énergies.

Pour bannir n'importe quel Élément, vous devez utiliser la formule LBRP mais remplacer le Pentagramme de bannissement de la Terre par le Pentagramme de bannissement de l'Élément désiré. Après avoir effectué le bannissement d'un Élément, vous aurez expulsé l'énergie que vous avez précédemment invoquée et toute énergie naturelle que vous aviez de cet Élément particulier avant l'invocation. Il faudra au moins quelques heures pour reconstruire à nouveau cette énergie Élémentaire dans votre Aura; par conséquent, soyez attentif à cela si vous choisissez de bannir un Élément autre que la Terre.

Une fois que vous avez invoqué l'Élément dans votre cercle et que l'énergie a imprégné votre Aura, vous avez maintenant le choix d'entrer en communion avec le représentant de cette énergie particulière, qui est l'un des quatre Archanges. Raphaël est l'Archange de l'Air, Gabriel est l'Archange de l'Eau, Michael est l'Archange du Feu, et Auriel est l'Archange de la Terre.

Le processus de communion se produit lorsque votre Aura est envahie par l'énergie de l'Élément que vous avez invoqué, alors qu'il agit sur votre imagination, se manifestant sous la forme d'une image personnifiée. L'Élément communique maintenant avec votre esprit et votre Âme si vous prenez le temps de l'écouter. La technique de la visualisation est "l'imagination sous la volonté". Dans le cas de la communion, la volonté est suspendue alors que l'énergie Élémentaire invoquée envahit l'imagination. Par conséquent, si vous écoutez avec votre cœur et votre esprit, vous recevrez des messages de l'Archange représentatif d'un Élément particulier.

La communion avec un Archange peut être une expérience très éclairante. Comme la nature de chaque Élément est personnelle à la psyché (et est différente d'une personne à l'autre), la communion peut être très instructive. Les Archanges vous donneront des messages sur vous-même et sur la manière dont vous pouvez évoluer davantage sur le plan Spirituel. Ils vous fourniront également des informations sur la nature de l'Élément lui-même, toutes reçues par le biais de la Gnose pure. Comme nous l'avons mentionné, la Gnose est la communication directe d'énergies Divines ou d'Êtres qui ne sont pas du Royaume Physique et qui ont l'intention de nous enseigner et de nous guider.

Une fois la communion avec l'Archange représentatif de l'Élément invoqué terminée, vous devez saluer l'Archange en effectuant le Signe de Grade particulier à l'Élément que vous avez invoqué. Si, pour une raison quelconque, vous avez décidé de sauter la partie communion du LIRP, ne vous inquiétez pas car la nature de l'énergie Élémentaire invoquée est de nous enseigner et de nous guérir, que nous voulions être des participants actifs ou non. Par conséquent, si nous décidons de ne pas écouter pendant les heures de veille parce que notre Égo est trop impliqué, nous recevrons la communication lorsque l'Égo se calmera, par exemple pendant le sommeil. Rappelez-vous toujours que l'énergie que vous invoquez doit filtrer à travers les Quatre Mondes de la Qabalah et trouver la meilleure façon de vous communiquer afin que vous puissiez comprendre et intégrer cette communication.

La capacité d'invoquer ou de bannir un Élément à volonté est un outil puissant à votre disposition en tant que Mage en herbe. En apprenant les séquences d'exercices rituels, vous recevez une clé pour obtenir un niveau de contrôle sur votre réalité que vous n'auriez probablement jamais cru possible. Cependant, pour devenir un Mage à part entière, vous devez suivre les programmes d'Alchimie Spirituelle donnés dans le cadre de cet ouvrage. Une fois que vous aurez mené ces programmes jusqu'au bout, leurs exercices rituels feront partie de votre vie pour toujours, et vous pourrez les utiliser pour contrôler votre énergie à volonté chaque fois que vous le souhaiterez.

SUPREME INVOKING RITUAL OF THE PENTAGRAM

Le Supreme Invoking Ritual of the Pentagram (SIRP) doit être exécuté après que les Quatre autres Éléments aient été invoqués pendant le temps minimum prescrit dans le programme d'Alchimie Spirituelle du chapitre suivant. Le SIRP est l'exercice rituel le plus puissant présenté jusqu'à présent car il utilise les Noms Divins Énochiens pour les Pentagrammes de l'Esprit actif et passif afin de leur donner leur puissance. En tant que tel, cet exercice est une introduction à la Magie Énochienne - qui ne devrait être entreprise que lorsque vous avez pratiqué le SIRP pendant une période de temps suffisante. La Magie Énochienne peut être très dangereuse pour ceux qui n'y sont pas préparés ; c'est pourquoi je l'ai placée à la fin du livre.

Le SIRP recombine les meilleures qualités de chacun des Quatre Éléments, désormais placés sous la présidence de l'Esprit. Après avoir effectué cet exercice, vous ressentirez immédiatement un sentiment de paix et de calme, ainsi que des capacités intuitives accrues. Cet exercice rituel est très mystique: son but est d'éveiller complètement votre regard intérieur sur le premier monde invisible, le Plan Astral. Rappelez-vous que le processus de manifestation doit passer par le Monde Astral avant d'arriver dans le Monde Physique. Puisque le Monde Astral est le point de contact entre le Mage et les Plans Cosmiques, en effectuant le SIRP quotidiennement, vous "marcherez sur la Terre tout en ayant la tête au Ciel", comme le diraient les adeptes de l'Aube Dorée.

Le SIRP transforme le Mage en un "Sky-Walker", un être humain Spirituellement amélioré qui marche entre le monde intérieur et le monde extérieur - il a un pied dans le Plan Astral et un autre sur Terre, métaphoriquement parlant. Le SIRP stimule et active le Chakra de l'Oeil de l'Esprit, revigore le Chakra de la Gorge et l'acte de communication, et crée la porte pour atteindre le Soi Transpersonnel dans le Chakra Sahasrara.

Cet exercice rituel est une préparation à l'Adeptat. Se lancer dans les invocations de l'Élément Esprit marquera une étape importante dans votre carrière de Magicien de Cérémonie, car il s'agit du prochain niveau d'évolution Spirituelle pour vous. Alors que vous avez "appris à marcher" avec les exercices rituels présentés jusqu'à présent, vous "apprenez à courir" avec les invocations de l'Esprit.

L'Esprit est essentiellement la synthèse des invocations Élémentaires précédentes avec l'ajout d'un cinquième Élément, le plus mystique et transcendantal. Les invocations d'Esprit avec le SIRP doivent être effectuées pendant neuf mois au moins, après avoir terminé le travail avec les LIRP des Quatre Éléments. Elles équilibreront toutes les parties de votre psyché (mentale et émotionnelle) et vous mettront en phase avec les mécanismes supérieurs de l'énergie Spirituelle qui est en vous.

Avant de commencer le SIRP, vous devriez avoir effectué au moins le LBRP et le BRH pour bannir l'énergie indésirable et vous préparer à l'afflux de l'Élément Esprit. Le Middle Pillar est également recommandé avant de commencer le SIRP, mais il n'est pas obligatoire.

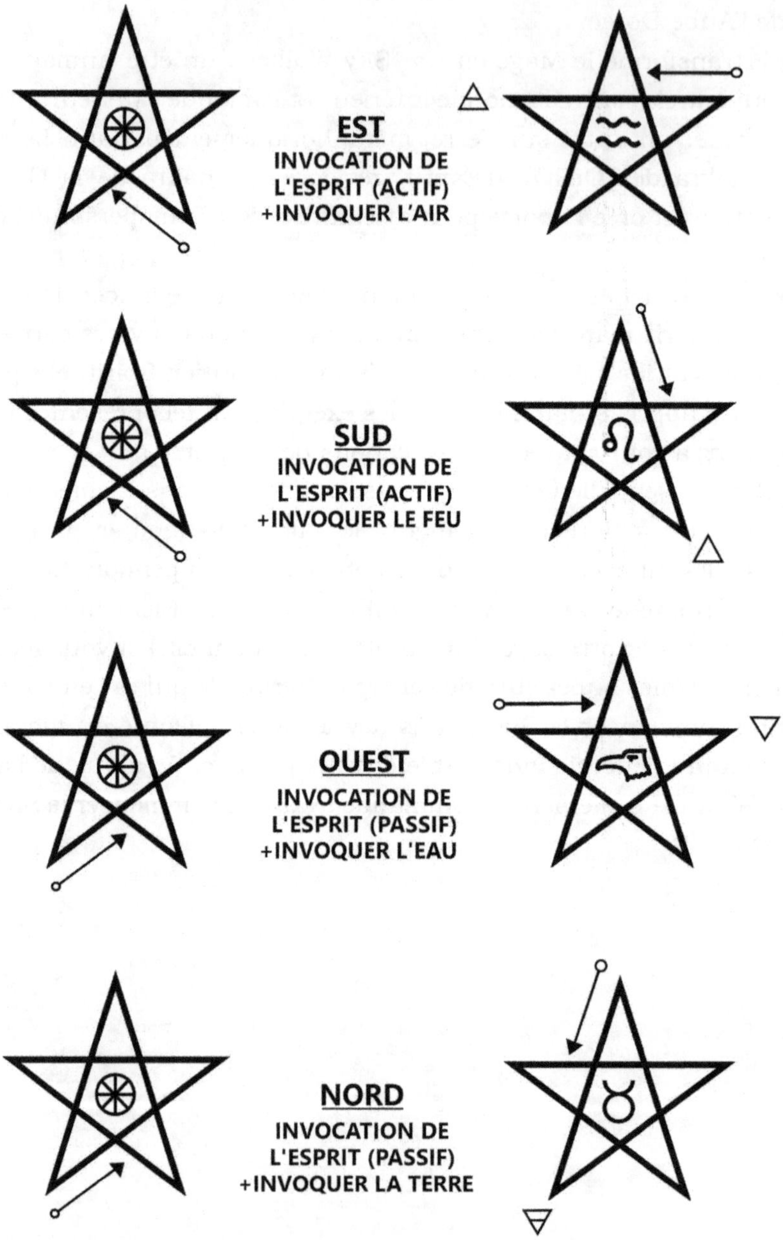

Figure 36: Pentagrammes d'Invocation du SIRP

Supreme Invoking Ritual of the Pentagram

Formule 1 : La Croix Qabalistique

Effectuez la Respiration Carrée pendant une minute ou deux pour vous mettre dans un état d'esprit calme et équilibré. Placez-vous au centre de votre cercle et faites face à l'Est. Si vous avez des autels Élémentaires et (ou) un autel central, placez-vous derrière l'autel central. Effectuez la Croix Qabalistique selon la formule figurant dans les instructions du LBRP.

Formule 2 : Traçage des Pentagrammes de l'Esprit Actif et Passif et Invocation des Éléments (Figure 36)

Déplacez-vous maintenant vers l'Est. Dessinez le Pentagramme actif équilibré de l'Esprit dans un bleu flamboyant.

Tout en faisant cela, vibrez :

Exxx-Ahrrr-Peyyy

(EXARP)

Voyez-le s'embraser alors que vous l'infusez avec le Nom Divin EXARP. Tracez la roue au milieu du Pentagramme dans la Lumière blanche, dans le sens des aiguilles d'une montre.

Tout en faisant cela, vibrez :

Eeehhhh-heyyy-yeyyy

(Eheieh)

Atteignez la Sphère de Kether au-dessus de votre tête et projetez vers l'avant la Lumière de Kether avec le Signe de l'Entrant, infusant complètement le Pentagramme et la roue avec la Lumière et les voyant s'embraser. Terminez avec le Signe du Silence. Tracez le Pentagramme d'Air invoquant sur le Pentagramme d'Esprit en bleu flamboyant pour l'infuser de Lumière.

Tout en faisant cela, vibrez :

Ohh-Rowww Eee-Bahhh-Hahhh Ahhh-Ohhh-Zooohd-Peee

(ORO IBAH AOZPI)

Tracez le signe du Verseau au milieu du Pentagramme en jaune. Tracez-le dans le sens des aiguilles d'une montre, de gauche à droite.

Tout en faisant cela, vibrez :

Yooohd-Heyyy-Vaaav-Heyyy

(YHVH)

Atteignez la Sphère de Kether et projetez la Lumière de Kether dans le Pentagramme d'Air avec le symbole du Verseau au milieu, le voyant s'embraser pendant que vous faites le signe de l'entrant. Terminez par le Signe du Silence. Ensuite, à l'aide de votre outil Magique ou de votre main droite, plantez un couteau au milieu des

Pentagrammes et créez une ligne blanche que vous devez faire avancer dans le sens des aiguilles d'une montre vers le Sud.

Faites face au Sud maintenant. Dessinez le Pentagramme actif équilibré de l'Esprit dans un bleu flamboyant.

Tout en faisant cela, vibrez :

Bayyy-Eeee-Tohhh-Ehmmm

(BITOM)

Regardez-le s'embraser et tracez une roue blanche au milieu du Pentagramme dans le sens des aiguilles d'une montre.

Tout en faisant cela, vibrez :

Eeehhhh-heyyy-yeyyy

(Eheieh)

Atteindre la Sphère de Kether et propulser la Lumière vers l'avant avec le Signe de l'Entrant, infusant le Pentagramme et la roue avec la Lumière. Terminez avec le Signe du Silence. Tracez le Pentagramme de Feu d'invocation sur le Pentagramme de l'Esprit également d'un bleu flamboyant.

Tout en faisant cela, vibrez :

Ohhh-Eee-Payyy Tayyy-Ahhh-Ahhh Payyy-Dohhh-Kayyy

(OIP TEAA PEDOCE)

Dessinez le signe du Lion en rouge au milieu du Pentagramme. Faites-le dans le sens des aiguilles d'une montre.

Tout en faisant cela, vibrez :

Elll-oooh-heeemmm

(Elohim)

Atteignez à nouveau la Sphère de Kether et projetez la Lumière de Kether dans le Pentagramme de Feu avec le sigil du Lion, le voyant s'embraser tout en faisant le Signe de l'Entrant. Terminez par le Signe du Silence. À l'aide de votre outil Magique, ou de votre main droite, poignardez le milieu des Pentagrammes et tracez une ligne blanche vers l'Ouest, réalisant ainsi la moitié du cercle Magique jusqu'ici.

Faites face à l'Ouest maintenant. Dessinez le Pentagramme passif équilibré de l'Esprit dans un bleu flamboyant.

Tout en faisant cela, vibrez :

Hayyy-Cohhhh-Maaah

(HCOMA)

Regardez-le s'embraser et tracez une roue blanche au milieu du Pentagramme dans le sens des aiguilles d'une montre.

Tout en faisant cela, vibrez :

Aaahhh-Glaaahhh

(AGLA)

Atteindre la Sphère de Kether et projeter en avant la Lumière de Kether dans le Pentagramme, en terminant avec le Signe de l'Entrant et le Signe du Silence. Ensuite, tracez le Pentagramme d'invocation de l'Eau sur le Pentagramme de l'Esprit dans un bleu flamboyant.

Tout en faisant cela, vibrez :

Ehmmm-Payyy-Hayy Ahrrr-Selll Gahhh-Eee-Ohlll

(EMPEH ARSEL GAIOL)

Dessinez le signe de la tête d'aigle au milieu en bleu. Faites-le dans le sens des aiguilles d'une montre.

Tout en faisant cela, vibrez :

Elll

(El)

Atteindre la Sphère de Kether et projeter la Lumière de Kether dans le Pentagramme d'Eau, l'enflammant tout en faisant le Signe de l'Entrant. Terminez par le Signe du Silence. En utilisant votre outil Magique, ou votre main droite, poignardez le milieu des Pentagrammes dessinés et continuez à former votre cercle avec une ligne blanche, en vous déplaçant maintenant vers le Nord.

Faites face au Nord maintenant. Dessinez le Pentagramme Passif Equilibré de l'Esprit dans un bleu flamboyant.

Tout en faisant cela, vibrez :

Ehnnn-Aaahhh-Ehnnn-Taaahhh

(NANTA)

Regardez-le s'embraser et tracez une roue blanche au milieu du Pentagramme dans le sens des aiguilles d'une montre.

Tout en faisant cela, vibrez :

Aaaahhhh-Gllaaaaahhh

(AGLA)

Atteindre la Sphère de Kether et projeter en avant la Lumière de Kether dans le Pentagramme, en terminant avec le Signe de l'Entrant, suivi du Signe du Silence. Tracez le Pentagramme d'invocation de la Terre sur le Pentagramme de l'Esprit également d'un bleu flamboyant.

Tout en faisant cela, vibrez :

Eeee-Mohrrr Deee-Ahhlll Hekkk-Tayyy-Gaaahhhh

(EMOR DIAL HECTEGA)

Dessinez le signe du Taureau en couleur marron au milieu du Pentagramme. Faites-le dans le sens des aiguilles d'une montre, de gauche à droite.

Tout en faisant cela, vibrez :

Aaahhh-dooohhh-nyyyeee

(Adonaï)

Atteindre la Sphère de Kether et projeter la Lumière de Kether dans le Pentagramme de la Terre, l'enflammant tout en faisant le Signe de l'Entrant. Terminez par le Signe du Silence. En utilisant votre outil Magique, ou votre main droite, poignardez maintenant le milieu des Pentagrammes et portez votre ligne blanche jusqu'à votre point de départ à l'Est. Votre cercle Magique est maintenant complet. Scellez le cercle Magique avec le Signe de l'Entrant et le Signe du Silence. Allez maintenant au centre de votre cercle. Si vous avez un autel au milieu, placez-vous derrière lui.

Formule 3 : Invocation des Archanges

Utilisez la formule de l'"Evocation des Archanges" donnée dans le LBRP (*Formule 3*) mais faites en sorte que les Archanges vous fassent face au lieu de vous tourner le dos, comme dans le LIRP (ce qui en fait une invocation). L'énergie des Quatre Eléments, sous la présidence de l'Elément Esprit, sera infusée dans votre cercle Magique et, par conséquent, dans votre Aura.

Formule 4 : La Croix Qabalistique

Répétez la Croix Qabalistique comme au début.

Formule 5 : Les Signes du Portail

Terminez le SIRP en effectuant les Signes du Portail de l'Ouverture du Voile. Ce Signe en trois étapes est donné dans la section "Grand travail" dans un chapitre intitulé "Signe de Grade des Cinq Éléments".

***

Notez que vous pouvez également effectuer le Supreme Banishing Ritual of the Pentagram (SBRP) si vous avez des difficultés à gérer les énergies du SIRP. Pour ce faire, il faut inverser les courants et utiliser les Pentagrammes de Bannissement au lieu des Pentagrammes d'Invocation (Figure 37). Les seules différences par rapport à la formule du SIRP sont le sens des tracés des Pentagrammes, l'évocation des Archanges qui vous tournent le dos et la fin de l'exercice rituel par l'utilisation des signes du Portail de la Fermeture du Voile (comme indiqué dans le chapitre "Les Signes du Grade et Leur Utilisation").

Gardez à l'esprit que lorsque vous effectuez le SBRP, vous bannissez toute l'énergie des Éléments et des Esprits que vous avez invoquée avec le SIRP (si vous en avez fait un auparavant) et toute énergie naturelle des Éléments et des Esprits que vous aviez avant le SIRP. Il faudra ensuite quelques heures ou plus pour que vous puissiez reconstruire naturellement ces énergies à l'intérieur de votre Aura. Les Pentagrammes de Bannissement de l'Esprit sont donnés ci-dessous.

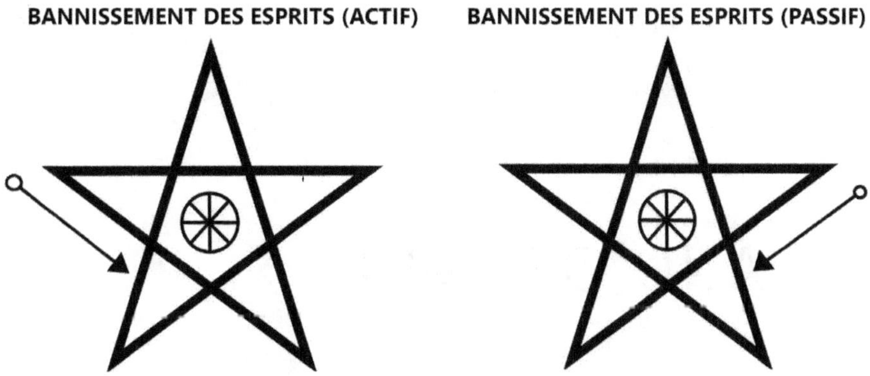

Figure 37: Pentagrammes de Bannissement de l'Esprit

LE GRAND OEUVRE

"L'Hermétisme est la science de la nature cachée dans les hiéroglyphes et les symboles de l'Ancien monde. C'est la recherche du principe de la vie, en même temps que le rêve (pour ceux qui ne l'ont pas encore réalisé) d'accomplir le Grand Œuvre, c'est-à-dire la reproduction par l'homme du Feu divin et naturel qui crée et recrée les Êtres." - Eliphas Levi; extrait de "La Philosophie Qabbalistique et Occulte d'Eliphas Levi - Volume 1 : Lettres aux Étudiants".

Le Grand Œuvre, ou "Magnum Opus", est un terme utilisé par les Alchimistes pour décrire un effort conscient visant à atteindre l'état le plus élevé de la Spiritualité. Le but du Grand Œuvre est l'Illumination et l'union avec la Divinité. Le Grand Œuvre fait également référence au processus de Création. Pour cette raison, l'initié (ou le praticien) de l'Alchimie Spirituelle doit comprendre intellectuellement la nature du Cosmos et le fonctionnement des choses. Comme le Microcosme est l'image miroir du Macrocosme, le Grand Œuvre de l'initié est le processus du Grand Œuvre de la Création, mais à l'envers.

Magnum Opus est un terme Hermétique, comme l'est la nature même de l'Alchimie. En plus de vous donner la pratique pour guérir vos Chakras (Alchimie Spirituelle), ce livre développe votre intellect afin que vous puissiez comprendre les différents aspects de l'Univers et du Système Solaire dans lequel nous vivons. Chaque sujet abordé jusqu'à présent est un aspect de la Création elle-même, et le fait de l'apprendre vous ouvrira les portes de votre psyché et vous permettra d'en comprendre les rouages. Une fois les bases intellectuelles posées, le processus d'Alchimie Spirituelle peut être intégré plus facilement. De cette façon, chaque Élément du *Magus fait* partie du Grand Œuvre.

PROGRAMME D'ALCHIMIE SPIRITUELLE I - LES CINQ ÉLÉMENTS

0=0 : Grade de Néophyte (Probatoire)

Vous commencerez votre voyage d'Alchimie Spirituelle en introduisant d'abord le Lesser Banishing Ritual of the Pentagram (LBRP) et le Middle Pillar dans votre routine quotidienne. Vous devez le faire pendant deux semaines. Au moins une fois par jour avec le LBRP et pas plus d'une fois par jour avec le Middle Pillar. Ces deux exercices rituels servent à nettoyer votre Aura et à invoquer la Lumière. Ils constituent une préparation au travail avec les Éléments.

Dans l'Ordre de l'Aube Dorée, il s'agit de la pratique donnée dans le premier grade de Néophyte, car elle constitue la première étape du voyage Alchimique. Le grade de Néophyte est considéré comme un grade préparatoire au sein de l'Aube Dorée car il ne correspond à aucune Séphiroth de l'Arbre de Vie, comme le font les autres grades. Pour cette raison, le Néophyte est considéré comme le Grade Zéro.

Le Grade de Néophyte et les quatre Grades suivants font partie de l'Ordre Extérieur de l'Aube Dorée. Puisque les quatre grades suivants correspondent à l'un des Éléments de la Terre, de l'Air, de l'Eau et du Feu, l'objectif de l'Ordre Extérieur est l'Alchimie Spirituelle et la transformation des quatre Chakras inférieurs avant de se lancer dans l'Élément de l'Esprit, correspondant aux trois Chakras supérieurs. Le but du Grade de Néophyte avec le LBRP et le Middle Pillar est l'exaltation de l'Âme et de l'esprit sur l'Égo.

Le LBRP peut être effectué plusieurs fois dans la journée, de préférence une fois au réveil et une fois au coucher. Cependant, le Middle Pillar ne doit être effectué qu'une fois par jour pendant cette période afin d'accroître la Lumière dans l'Aura de manière sûre et efficace.

La séquence d'exercices rituels quotidiens pour les Semaines 0-2 est LBRP, MP.

Vous devez être cohérent et faire chacun de ces deux exercices quotidiennement. Si vous manquez un jour de temps en temps, il est assez facile de perdre la concentration sur la tâche à accomplir et même d'abandonner rapidement. Soyez donc déterminé et persévérant pour mémoriser les séquences rituelles de chacun d'eux en les répétant quotidiennement. Les premières semaines sont les plus difficiles car elles donnent le rythme des travaux futurs. De plus, il est bon d'utiliser dès maintenant le journal Magique et de noter les exercices rituels que vous effectuez ainsi que vos rêves, car ces derniers seront immédiatement influencés par l'énergie invoquée.

1=10 : Grade Zelator (Malkuth) - L'Élément Terre.

Le Banishing Ritual of the Hexagram (BRH) doit être introduit après les deux semaines et doit devenir une partie régulière de votre pratique rituelle, en suivant toujours le LBRP dans le cadre des bannissements quotidiens.

Le LBRP, le BRH et le Middle Pillar peuvent et doivent être faits quotidiennement pour vous équilibrer, éliminer les influences énergétiques indésirables de l'extérieur et infuser de l'énergie de Lumière dans votre Aura. Le Lesser Invoking Ritual of the Pentagram (LIRP) doit être effectué à des fins d'Alchimie Spirituelle et pour le faire correctement, il y a une formule à suivre.

Pour commencer le processus d'Alchimie Spirituelle avec les Eléments, vous devez commencer par la Terre et effectuer des LIRP de Terre pendant une durée particulière. Dans l'Aube Dorée, cette pratique rituelle est donnée une fois que l'initié avance vers le premier grade, Zelator. Zelator est lié à la dixième Séphire, Malkuth, puisque la Terre est l'endroit où nous commençons notre voyage Spirituel et allons vers le haut et vers l'intérieur à partir de là.

La séquence d'exercices rituels quotidiens pour les Semaines 2 à 6 est LBRP, BRH, MP, et LIRP de la Terre.

La durée minimale que vous devez consacrer aux LIRPs de la Terre est d'un mois. Vous devez faire cette invocation rituelle une fois par jour, de préférence le matin, mais n'importe quel moment de la journée convient. Il est important de noter que les LIRP d'un Élément particulier doivent être effectués au moins trois à quatre fois par semaine. Si vous faites moins que cela, vous n'infusez pas suffisamment l'Aura d'un Élément spécifique. Gardez à l'esprit que si vous faites l'exercice du Middle Pillar juste avant de vous coucher, il y a de fortes chances que vous ne puissiez pas vous endormir en raison de l'afflux massif d'énergie Lumière. C'est pourquoi il est préférable de faire les invocations rituelles importantes le matin ou l'après-midi.

Vous devez avoir effectué au moins 20 PIRL de la Terre avant de pouvoir passer à l'Élément suivant, l'Air. Notez à nouveau qu'un LIRP d'un Élément ne doit jamais être effectué plus d'une fois par jour. Et si vous trouvez que l'énergie de la Terre est trop dense et trop ancrée, vous pouvez et devriez faire le LIRP de la Terre tous les deux jours et non tous les jours. L'Aura a besoin de temps pour être imprégnée d'un Élément et pour que celui-ci travaille sur le Chakra qui lui correspond. Rappelez-vous toujours qu'il s'agit d'un processus d'Alchimie Spirituelle, ce qui signifie qu'il faut suivre un programme et des formules strictes pour réussir.

Après les deux premières semaines, l'exercice du Middle Pillar peut être effectué plusieurs fois par jour si vous le souhaitez, mais le faire trop souvent peut vous rendre trop spatial et agité ; il n'est donc pas recommandé de le faire plus de deux fois par jour. Une fois que vous aurez effectué au moins vingt LIRP Terre, vous serez bien ancré et le Chakra Muladhara recevra le bon influx d'énergie de la Terre en dessous de vous et des points Chakriques mineurs de la plante de vos pieds. Un bon enracinement dans la Terre est nécessaire avant d'ajouter les autres Éléments.

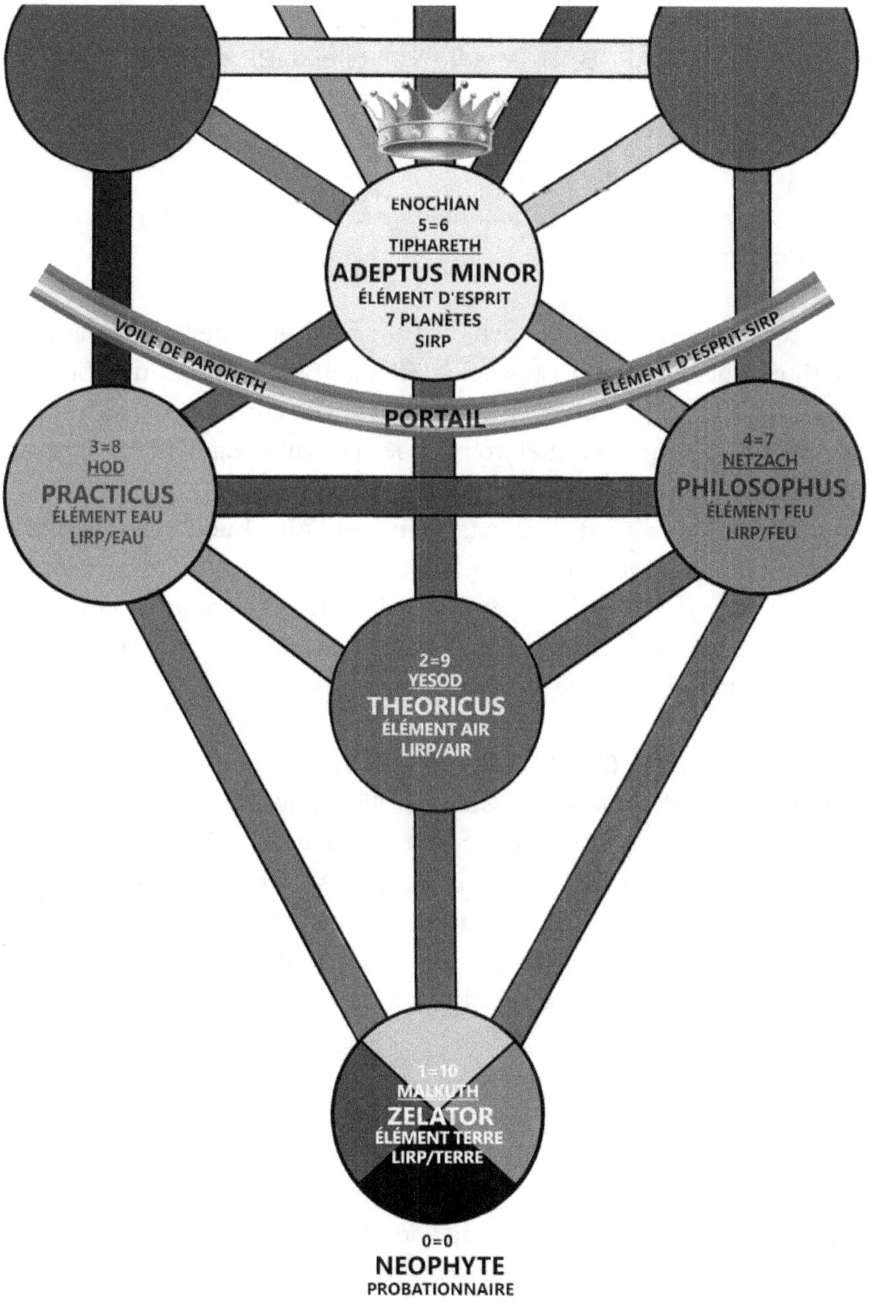

Figure 38: Le Système d'Avancement dans " The Magus ".

2=9 : Grade Theoricus (Yesod) - L'Élément Air.

Vous êtes maintenant prêt à commencer à invoquer l'Élément Air à travers le LIRP de l'Air. Dans l'Aube Dorée, l'exercice rituel d'invocation de l'Air est donné dans le Deuxième grade, Theoricus, correspondant à la neuvième Séphirah, Yesod. Lorsque l'on monte dans l'Arbre de Vie, Yesod est synonyme de l'Élément Air. La séquence rituelle à suivre est LBRP, BRH, Middle Pillar, et LIRP de l'Air. Vous devez passer encore plus de temps à invoquer l'Élément Air et à purifier l'Égo que pour l'Élément Terre précédent.

La séquence d'exercices rituels quotidiens pour les Semaines 6 à 18 est LBRP, BRH, MP, et LIRP de l'Air.

L'Élément Air doit être invoqué pendant un minimum de trois mois avec au moins <u>60 LIRP d'Air</u> complétés avant de passer à l'Élément suivant, l'Eau. L'Élément Air traite des pensées, de l'esprit subconscient et de l'Égo. Par conséquent, vous avez besoin de beaucoup de temps pour examiner vos pensées et votre Égo afin de bien assimiler les leçons d'Anahata Chakra et de purifier votre Elément Air.

Encore une fois, vous ne devriez pas invoquer l'Air plus d'une fois dans la journée par le biais du LIRP, et si vous vous trouvez trop aérien et pas assez ancré, vous devriez le faire un jour sur deux au lieu de tous les jours. Cependant, dans la plupart des situations, les gens aiment invoquer l'Élément Air car il stimule la créativité, l'imagination et l'inspiration, ce dont on n'a jamais assez.

3=8 : Grade Practicus (Hod)-L'Élément Eau.

L'Élément suivant dans la succession est l'Eau, qui incorpore l'utilisation du LIRP de l'Eau. Dans l'Aube Dorée, cet exercice est donné dans le Troisième grade, Practicus, correspondant à la huitième Séphire, Hod, qui est synonyme de l'Élément Eau à ce niveau de l'Arbre de Vie. Il faut passer un minimum de deux mois à faire des invocations de l'Élément Eau et un minimum de <u>40 LIRP d'Eau</u> pendant cette période. Pour être purifié et exalté, le Chakra correspondant, Swadhisthana, doit être correctement infusé avec l'Élément Eau.

La séquence quotidienne d'exercices rituels pour les Semaines 18-26 est LBRP, BRH, MP, et LIRP de l'Eau.

Rappelez-vous que vous ne pouvez pas accélérer le processus d'Alchimie Spirituelle en effectuant le LIRP plus d'une fois par jour. Vous devez être patient avec cette pratique car elle finira par porter ses fruits. Si vous vous sentez trop émotif et que vous vous noyez dans l'Élément Eau, vous pouvez réduire l'invocation à une fois tous les deux jours pour diminuer l'afflux d'énergie Eau. Si, avec cette pratique, vous n'avez pas atteint le minimum de quarante-cinq LIRP d'Eau après les deux mois impartis, alors prolongez les deux mois. La clé est d'invoquer chaque Élément le nombre de fois prescrit au total, peu importe le nombre de fois que vous appelez l'Élément par semaine.

L'Élément Eau traite des émotions et des expressions de l'amour. Exalter son Chakra signifie dépasser les sentiments personnels d'amour et se connecter à l'amour inconditionnel. Vous devez invoquer l'Eau successivement avec les deux autres Éléments de la Terre et de l'Air avant de vous lancer dans l'Élément du Feu. Il est dit dans les *Oracles Chaldéens*, qui font partie du programme de l'Aube Dorée : "C'est pourquoi le prêtre qui gouverne les œuvres du Feu doit d'abord asperger avec les Eaux lustrales de la mer bruyante et retentissante." Ce que cela signifie, c'est que vous devez avoir une base solide dans l'amour inconditionnel avant d'invoquer le très puissant Élément Feu ; sinon, vous serez la proie des expressions négatives du Feu.

4=7 : Grade Philosophus (Netzach)-L'Élément Feu

Une fois que vous avez passé le temps nécessaire à invoquer l'Eau et que vous avez construit une bonne base, vous pouvez passer au travail avec le LIRP du Feu. Dans l'Aube Dorée, cet exercice est donné au Quatrième grade, Philosophus, correspondant à la septième Séphirah, Netzach, qui est l'Élément Feu à ce niveau de l'Arbre de Vie. Rappelez-vous qu'à travers ce processus d'Alchimie Spirituelle, vous grimpez l'Arbre de Vie vers le haut, le long du chemin inversé de l'Épée flamboyante, afin de pouvoir réintégrer le Jardin d'Eden.

Vous devez étudier et réexaminer les différents discours de ce livre au fur et à mesure que vous travaillez sur le processus d'Alchimie Spirituelle. Vous obtiendrez souvent une meilleure compréhension d'un sujet lorsque vous serez sous l'influence d'une énergie particulière qui peut éclairer ce sujet. Les descriptions des Éléments, en particulier, sont des sujets que vous voudrez revoir lorsque vous les invoquerez. Mais comme la plupart des sujets présentés ici traitent de l'expression de types d'énergie, vous apprendrez davantage et comprendrez mieux les différents concepts et idées en les relisant plusieurs fois.

Le Feu est le plus volatile des Éléments et celui qui brûle les impuretés dans le Chakra Manipura correspondant. Manipura traite des expressions de votre Âme. L'Élément Feu affine également les trois autres Chakras correspondant aux Éléments Terre, Eau et Air, car l'Âme utilise les Éléments pour s'exprimer. Ainsi, vous devez passer au moins sept mois à faire des invocations de Feu avec le LIRP. Au moins 140 LIRP de Feu doivent être réalisées avant de passer au travail avec l'Élément Esprit.

La séquence quotidienne d'exercices rituels pour les Semaines 26 à 54 est LBRP, BRH, MP, et LIRP de feu.

L'Élément Feu est au cœur de notre Être, dans le Premier Monde d'Atziluth, là où se trouvent les Archétypes. Il est lié à nos croyances sur nous-mêmes et sur le monde, qui sont profondément ancrées en nous. Étant donné que l'Élément Feu agit à travers les trois autres Éléments, les invocations de Feu apporteront le plus de changements dans votre constitution psychologique jusqu'à présent. Pour cette raison, vous devez passer plus de temps à invoquer l'Élément Feu que les trois autres Éléments, car le Feu traite de la transformation.

Encore une fois, si vous vous sentez trop agité par l'Élément Feu (ce qui peut arriver), et qu'il vous pousse à agir de manière négative et destructrice dans votre vie quotidienne, alors faites les LIRP du Feu une fois tous les deux jours ou même une fois tous les trois jours. Vous devez toujours ajouter et soustraire un Élément en vous par le biais des exercices rituels donnés afin que vous soyez à l'aise avec le processus d'Alchimie Spirituelle. Veillez toujours à ce qu'un Élément ne se manifeste pas négativement dans votre vie personnelle.

Il est souvent utile de revenir aux Éléments précédents et de travailler davantage sur ceux-ci avant de passer à l'Élément actuel, étant donné que le dernier Élément que vous avez utilisé est censé vous aider pour l'Élément suivant. C'est pourquoi l'ordre dans lequel les Éléments sont invoqués est essentiel. Une section ultérieure sur l'Alchimie Hermétique vous expliquera pourquoi les Éléments sont invoqués dans cet ordre. L'Alchimie Spirituelle est un processus qui a fait ses preuves et qui fonctionne, car il a été testé et vérifié depuis des milliers d'années par les Alchimistes et les Mages.

Voile de Paroketh : Grade de Portail - L'Élément Esprit

Une fois que vous avez passé le temps nécessaire à faire des invocations du Feu, vous pouvez vous lancer dans le Supreme Invoking Ritual of the Pentagram (SIRP) et invoquer l'Élément Esprit. Cet exercice est donné dans l'Aube Dorée dans le Grade de Portail. Le Grade Portail est le précurseur du Grade Adeptus Minor, qui correspond à la Séphire Tiphareth. Le but d'entrer dans Tiphareth est de revivre la vie, la mort et la résurrection de Jésus-Christ, de Mithra et d'Osiris d'Égypte et de ressusciter dans cette Sphère grace à l'Élément Esprit. Avant d'y entrer, cependant, il faut passer suffisamment de temps à travailler avec le SIRP et à infuser l'Élément Esprit dans l'Aura et les Chakras, et ce processus commence dans le Grade de Portail.

La séquence d'exercices rituels quotidiens pour les Semaines 54-90 est LBRP, BRH, MP, et SIRP.

Alchimiquement, cette opération d'invocation de l'Esprit nécessite neuf mois, ce qui correspond au temps de gestation d'un fœtus dans le ventre de sa mère. Ce processus est synonyme de la résurrection chrétienne et de la nouvelle naissance de l'Esprit. Sur ces neuf mois, vous devez faire au moins 180 SIRP pour compléter le processus Spirituel Alchimique. En accomplissant ce nombre de SIRP, vous assimilerez pleinement l'Élément Esprit dans votre Aura et votre psyché.

***

A ce stade de l'Aube Dorée, vous aurez terminé l'Ordre Extérieur (Premier Ordre), correspondant aux Quatre Eléments, et aurez assimilé l'énergie de l'Esprit dans votre Aura. Ceci est un précurseur pour entrer dans le Second Ordre, qui correspond aux grades des trois Sephiroth de Tiphareth, Geburah et Chesed. Le Deuxième Ordre est souvent appelé l'Ordre Intérieur.

Le Troisième Ordre fait également partie de l'Ordre Intérieur et correspond aux grades des trois plus hautes Séphiroth de Binah, Chokmah et Kether. Atteindre ces trois grades est rare. Une divergence existe quant à savoir si un humain peut atteindre les deux grades supérieurs tout en vivant dans son corps physique. Certains soutiennent qu'un éveil complet de la Kundalini, lorsque l'énergie monte jusqu'à la Couronne et reste dans le cerveau de façon permanente, est la seule véritable initiation au Troisième Ordre.

La Séphire Tiphareth est le point de séparation entre l'Ordre Intérieur et l'Ordre Extérieur de l'Aube Dorée. Toutes les Séphiroth inférieures à Tiphareth appartiennent à l'Ordre Extérieur, tandis que les Séphiroth supérieures à Tiphareth appartiennent à l'Ordre Intérieur. Il existe un Voile entre les Sephiroth inférieures de l'Arbre de Vie avec Tiphareth et les Sephiroth supérieures, appelé le Voile de Paroketh. L'Élément Esprit vous permettra de traverser ce voile qui, une fois franchi (en invoquant l'Élément Esprit), fera de vous un Adepte des Mystères Occidentaux.

Un Adepte est une personne qui a maîtrisé les Quatre Éléments de son Être et qui opère uniquement à partir de l'Élément Esprit. La conscience de l'Adepte est élevée car il fonctionne à partir des trois Chakras supérieurs de Vissudhi, Ajna et Sahasrara. Comme ces trois Chakras sont également reliés aux Mondes Divins situés au-dessus de Sahasrara, cela signifie que les Êtres Divins résidant dans ces mondes auront un contact direct avec l'Adepte et pourront communiquer avec lui par la Gnose. Être dans l'Ordre Intérieur signifie avoir un contact avec ces Êtres Divins, dont certains sont considérés comme des autorités Cosmiques transcendantes. L'Ordre de l'Aube Dorée les appelle les "Chefs Secrets".

Une fois que vous aurez terminé votre travail avec le SIRP, cela marquera la fin de votre processus d'Alchimie Spirituelle avec les Cinq Éléments que sont la Terre, l'Air, l'Eau, le Feu et l'Esprit. En réalité, cependant, votre voyage en tant que Mage ne fait que commencer. Il y a encore beaucoup de travail à faire avec les énergies de notre Système Solaire pour que vous puissiez achever le Grand Œuvre (Figure 38).

L'ensemble du processus d'Alchimie Spirituelle avec les Cinq Éléments prend un peu moins de deux ans. Vous devez être patient et déterminé à le faire de manière cohérente, ce qui demande beaucoup de dévouement et d'efforts, mais comme je l'ai déjà dit, cela en vaut vraiment la peine. Vous deviendrez une personne beaucoup plus avancée Spirituellement et une personne qui a le contrôle de sa réalité. Vous serez une cause et non un effet, ce qui vous permettra d'exploiter votre potentiel le plus profond en tant qu'être humain Spirituel. Votre pouvoir personnel augmentera à un degré inimaginable, vous permettant de manifester la vie dont vous avez toujours rêvé.

Ce que je vous ai présenté est le programme prescrit des exercices de Magie Rituel au sein de l'Ordre de l'Aube Dorée, tel qu'il m'a été enseigné il y a de nombreuses années. Tous les Ordres de l'Aube Dorée pratiquent la Magie Rituelle de cette manière simplement parce que la méthode fonctionne. Elle a fonctionné dans le passé et fonctionnera toujours à l'avenir. De plus, il a été prouvé que ces séquences fonctionnent depuis de nombreuses années par de nombreux anciens étudiants de l'Aube Dorée. Par conséquent, adhérer à la chronologie que j'ai présentée est la manière la plus optimale d'expérimenter le processus de l'Alchimie Spirituelle, car elle donnera les meilleurs résultats.

ACCÉLÉRER LE PROGRAMME D'ALCHIMIE SPIRITUELLE

Certains de mes anciens étudiants ayant exprimé leur inquiétude quant à la chronologie du programme d'Alchimie Spirituelle avec les Cinq Éléments, j'ai décidé de proposer une version alternative, plus rapide, du même programme. Si vous décidez que cette deuxième version est pour vous, suivez-la plutôt.

Je présente une version alternative parce que de nombreux étudiants ont senti qu'ils étaient prêts pour l'Élément suivant dans la séquence de l'Alchimie Spirituelle à l'avance. Le plus souvent, cela se produit une fois qu'ils ont accompli 80 % des LIRP prescrits avec un Élément. Pour porter un jugement correct, je vérifierais l'origine de leurs sentiments et déterminerais si c'est leur Égo ou leur Soi Supérieur qui les projette. L'Égo peut se sentir trop mis à l'épreuve par les Éléments, et il peut communiquer des informations trompeuses pour éviter ces défis. D'un autre côté, si c'est le Soi Supérieur, peut-être l'Esprit communique-t-il quelque chose qui devrait être écouté et même honoré jusqu'à un certain point. Après tout, apprendre à écouter notre Soi Supérieur est l'un des objectifs du Grand Œuvre.

Dans la plupart des cas, les gens tombent amoureux de la Magie Cérémonielle dès le début et embrassent le processus d'Alchimie Spirituelle. Par conséquent, ces personnes sont généralement celles qui viennent me voir avec ce genre de problème. Après tout, il est normal pour quiconque d'être enthousiaste à l'idée de passer à l'Élément suivant dans la séquence, une fois qu'il devient évident que les Éléments apportent un changement positif dans leur vie. Cependant, il est crucial de s'assurer que le Soi Supérieur guide ce processus et supervise les changements qui ont lieu en vous. Après tout, il n'y a pas de professeur ou de guide Spirituel plus exceptionnel que votre propre Soi Supérieur.

Souvent, une stagnation Spirituelle peut se produire si les leçons avec un Élément ont été apprises plus tôt que prévu - ce qui fait que le Soi Supérieur vous signale que vous êtes prêt à passer à autre chose. Si cela se produit, la bonne chose à faire est d'écouter. Après tout, il est de la plus haute importance de rester enthousiaste et inspiré pour effectuer ce travail. Je ne voudrais pas que vous vous écartiez du chemin et que vous abandonniez complètement si vous n'obtenez pas ce que votre Soi Supérieur vous demande.

La méthode que je propose dans ce cas est de vous permettre de commencer l'Élément suivant dans la séquence seulement une fois que 90% des PIR prescrits d'un Élément sont complétés. Dans ce cas, vous n'avez pas besoin de passer le temps minimum dans un Élément, mais seulement de vous concentrer sur le nombre de PILR que vous avez terminé. Le temps prescrit que vous deviez passer à travailler avec un Élément est là pour vous permettre d'intégrer les leçons de cet Élément. Néanmoins, si vous avez le sentiment d'avoir déjà fait cela, alors seul le nombre de PIR est essentiel dans le processus d'Alchimie Spirituelle.

Encore une fois, ceci s'adresse uniquement aux étudiants dont le Soi Supérieur leur communique ces informations, et non à leur Égo. Si vous êtes toujours en train de relever des défis et d'apprendre des leçons de vie qui vous sont transmises par l'Élément avec lequel vous travaillez, alors vous devez terminer le travail prescrit avec cet Élément avant de passer à autre chose. Soyez honnête avec vous-même, car vous ne ferez que vous nuire si vous ne l'êtes pas.

Par exemple, au lieu de faire vingt LIRP de Terre, vous pouvez en faire dix-huit et passer à l'Air. Et dans l'Air, vous pouvez faire cinquante-quatre LIRP au lieu de soixante. La formule pour accélérer le processus consiste à faire 90 % des invocations Élémentaires recommandées, mais pas une invocation de moins. Cela signifie que si vous passez chaque jour à faire le LIRP d'un Élément, vous pouvez terminer votre travail avec lui beaucoup plus rapidement que si vous faites des invocations tous les quelques jours, en suivant la première version du même programme.

Si vous effectuez moins de 90 % des invocations et passez à l'Élément suivant, vous mettez en péril l'ensemble du processus d'Alchimie Spirituelle. La méthode de l'Alchimie Spirituelle doit être respectée, car il s'agit d'une science précise de l'addition et de la soustraction d'énergie pour la transformation personnelle en un Être de Lumière.

Je veux que vous mainteniez l'élan de ce travail, mais je veux aussi que vous profitiez des avantages du processus d'Alchimie Spirituelle lorsqu'il est achevé dans son intégralité. J'ai vu trop d'initiés s'écarter du chemin parce qu'ils avaient l'impression de stagner Spirituellement, et que leurs mentors étaient très rigides dans leur attitude envers ce travail. J'ai également vu des initiés passer à l'Élément suivant bien plus tôt qu'ils n'auraient dû, ce qui finit souvent par être catastrophique pour leur voyage Magique. Leur Égo prend complètement le dessus et noie leur Soi Supérieur, ce qui les amène à tourner le dos à ce travail et à l'abandonner complètement.

Supposons que vous stagnez dans un Élément et que vous n'avez pas effectué 90 % des invocations recommandées. Dans ce cas, vous êtes libre de revisiter tous les Éléments inférieurs que vous avez faits auparavant. Ensuite, lorsque vous êtes prêt, vous pouvez revenir et terminer le travail que vous avez laissé avec votre Élément actuel. Il est recommandé de procéder ainsi pour maîtriser véritablement les Éléments en vous.

Vous constaterez qu'à mesure que vous accédez à un Élément supérieur, lorsque vous descendez à un Élément inférieur, de nouvelles leçons de vie apparaissent pour vous permettre d'apprendre. Rappelez-vous toujours que la clé est d'accorder et de guérir les Chakras, d'éliminer le Karma négatif et de devenir un maître des Éléments en vous. Chaque Élément contient de nombreuses leçons, déclenchant différentes parties de la psyché. Ainsi, soyez à l'affût pour voir comment cela se manifeste en vous.

Je vous implore à nouveau d'être déterminé, persistant et cohérent dans l'exécution de ce processus d'Alchimie Spirituelle. Prenez-le très au sérieux. L'accomplissement des exercices rituels ne demande pas plus de dix minutes par jour (et au fur et à mesure que vous y parviendrez, il vous faudra encore moins de temps), mais la formule doit être suivie telle qu'elle est donnée, sans aucune déviation. Ce processus peut être et sera très positif et amusant, et il sera payant pour vous au bout du compte.

Une fois que vous avez commencé le processus d'Alchimie Spirituelle, je vous recommande de consacrer le temps et les efforts nécessaires pour le terminer. Si vous abandonnez avant l'heure, vous vous empêcherez d'évoluer davantage sur le plan Spirituel et de maîtriser les Éléments en vous avec lesquels vous n'avez pas encore travaillé. Après tout, si vous voulez devenir un Maître-manifestant de votre réalité, il vous faut tous les ingrédients nécessaires pour vous permettre de le devenir.

Imaginez ce qui se passerait si vous vouliez apprendre à jouer au basket mais que vous abandonniez avant d'avoir appris à faire un layup. Votre jeu en souffrirait jusqu'à ce que vous appreniez cette compétence. De la même manière, si vous travailliez avec quelques Éléments sans atteindre l'Eau, le Feu ou l'Esprit, il vous manquerait ces ingrédients essentiels en vous. Par conséquent, je vous recommande vivement de terminer ce processus d'Alchimie Spirituelle une fois que vous l'avez commencé. Il est préférable de prendre un temps d'arrêt et de reprendre le voyage plus tard que d'abandonner complètement.

LES SIGNES DES CINQ ÉLÉMENTS

Chacun des Quatre Éléments a un signe de classement (Figure 39), qui est destiné à être utilisé à la fin d'un LIRP. L'Élément Esprit possède un signe de grade en trois étapes qui peut être complété de deux façons, selon que vous effectuez le SIRP ou le SBRP. Le but des signes de grade est d'assumer la domination sur le Royaume Élémentaire de l'Élément invoqué. En mettant en œuvre un Signe de Grade, vous vous alignez sur les Anges de l'Élément invoqué et repoussez les Démons, étant donné que chaque Élément contient la dichotomie des deux.

Un signe de grade peut également être utilisé comme une clé qui vous permet de communier avec l'énergie d'un Élément dans l'espoir d'obtenir un contrôle total sur cette énergie. Ce sont des gestes Magiques qui deviennent des symboles vivants et font de vous, le praticien, une incarnation du pouvoir de l'exercice rituel lui-même.

Signe de Zelator

C'est le Signe de l'Élément Terre, qui correspond à la Séphirah Malkuth et au LIRP de la Terre. Pour réaliser le Signe du Zélateur, vous devez lever votre bras droit à un angle de quarante-cinq degrés par rapport au corps, la main étant maintenue à plat et le pouce tourné vers les Cieux au-dessus de vous. Votre pied gauche doit être tourné vers l'avant comme dans le signe de l'entrant. Votre regard doit être dirigé vers l'avant et vers le haut, vers le ciel. Le Signe du Zélateur fait allusion à l'aspirant Mage, et le pied gauche en avant représente le mouvement vers la Lumière.

Signe de Theoricus

C'est le Signe de l'Élément Air, correspondant à la Séphirah Yesod et au LIRP de l'Air. Pour réaliser ce Signe, vous devez plier les deux bras au niveau des coudes, avec les paumes tournées vers le haut, comme si vous souteniez les Cieux au-dessus. Les pieds doivent être carrés et écartés de la largeur des épaules tandis que votre regard est dirigé vers l'avant et vers le ciel. Le Signe de Theoricus fait allusion à la Lumière qui descend des cieux vers le praticien. Ce Signe est symbolique de la réception du pouvoir de guérison de la Lumière.

Figure 39: Signes Distinctifs des Quatre Éléments

Signe de Practicus

C'est le Signe de l'Élément Eau, correspondant à la Séphirah Hod et au LIRP de l'Eau. Pour réaliser ce Signe, vous devez former un triangle avec vos pouces et vos index (sommet vers le bas) et le placer sur votre Plexus Solaire. Vos pieds doivent être carrés et écartés de la largeur des épaules, et votre regard doit être dirigé directement devant vous. Le Signe de Practicus fait allusion au pouvoir des Eaux de la Création.

Signe de Philosophus

C'est le Signe de l'Élément Feu, qui correspond à la Séphirah Netzach et au LIRP du Feu. Pour réaliser ce Signe, vous devez former un triangle avec vos pouces et vos index (sommet vers le haut) et les placer sur votre front. Vos pieds doivent être carrés et écartés de la largeur des épaules, tandis que votre regard se porte directement devant vous. Le Signe du Philosophe fait allusion à la puissance des Feux de l'Âme.

Ouverture du Voile

C'est le Signe de l'Élément Esprit, correspondant au le Grade de Portail et au Voile de Paroketh. Un autre nom pour ce Signe est le Déchirement du Voile. Ce Signe en Trois Étapes (Figure 40) commence avec les deux pieds joints et les mains jointes en position de prière, mais avec les doigts pointant vers l'avant plutôt que vers le haut (Première Étape). Dans la Deuxième Étape, vous gardez vos mains au même endroit mais vous avancez votre pied gauche comme dans le Signe de l'Entrant. Dans la Troisième Étape, vous séparez les mains comme si vous ouvriez un rideau, tout en avançant votre pied droit et en le plantant à côté du gauche.

Les trois étapes doivent être effectuées en un seul mouvement et se terminer par la position de la Croix de Tav, les paumes de mains tournées vers l'avant. Le Voile que vous ouvrez avec ce Signe est le Voile de Paroketh, qui sépare le Triangle Éthique des Sephiroth inférieures. L'Ouverture du Voile est un symbole de l'ouverture de soi à la puissance de son Soi Supérieur.

La Fermeture du Voile

Il s'agit d'un autre Signe de l'Élément Esprit, correspondant au Grade de Portail et au Voile de Paroketh. Ce Signe s'effectue en suivant les trois mêmes étapes que l'Ouverture du Voile, mais dans l'ordre inverse. Alors que l'Ouverture du Voile est utilisée après une invocation de l'Esprit, la Fermeture du Voile est utilisée après un Bannissement de l'Esprit. L'exécution de ce Signe symbolise le fait de se fermer à l'influx d'énergie provenant de l'Élément Esprit, ce qui coupe la connexion avec votre Soi Supérieur pour le moment.

Figure 40: Les Trois Étapes de la Signalisation du Grade de Portail

L'EMBLÈME DU *MAGUS*

La Croix de Calvaire Rouge assise sur un Triangle Blanc constitue l'emblème de la tradition de l'Aube Dorée. Souvent, mais pas toujours, la Croix et le Triangle sont représentés sur un fond noir. Le Triangle Blanc représente la Lumière Divine, qui a créé le monde à partir de l'obscurité. Il correspond à la Triade Céleste, une manifestation de la Lumière Divine et l'état de conscience le plus élevé que les êtres humains puissent atteindre.

Le Triangle Blanc représente également la Trinité Alchimique et la Sainte Trinité Chrétienne. Le triangle est un puissant symbole Spirituel et occulte car il représente deux forces opposées et une force qui les unit. Il fait référence à la dualité du Monde de la Matière, réconciliée par la Non-Dualité du Monde Spirituel.

La Croix Rouge du Calvaire représente Tiphareth et le sacrifice de Soi nécessaire pour subir le processus de transformation de l'homme en Dieu. En outre, Tiphareth étant la Sphère de la Résurrection, la Croix Rouge fait allusion à la renaissance Spirituelle qui doit se produire pour que l'individu puisse unir sa conscience à la Conscience Cosmique du Créateur. Ensemble, le Triangle Blanc et la Croix Rouge représentent la Lumière et la Vie.

L'emblème du *Magus* a été modifié à partir de la Croix et du Triangle traditionnels de l'Aube Dorée afin de représenter au mieux les nombreuses idées contenues dans cet ouvrage (Figure 41). Après tout, le but de *The Magus* est de jeter un pont entre le Système Spirituel Oriental et la Tradition du Mystère Occidentale - la Kundalini et l'Aube Dorée.

La Croix Rouge de l'emblème du *Magus* a la forme de la Rose-Croix, symbole de l'Adeptie et de l'entrée dans le Deuxième Ordre de l'Aube Dorée. Ce symbole représente le grade Tiphareth mais aussi l'influence rosicrucienne dans le système de l'Aube Dorée.

Le Caducée est superposé à la Croix Rouge comme symbole Occidental de l'énergie Kundalini. Derrière la Croix se trouve un symbole de fleur de lotus dont les sept couches de pétales sont visibles. Elle représente Sahasrara, le Chakra de la Couronne, qui contient en lui la totalité des Sept Chakras. Sur l'Arbre de Vie, Sahasrara correspond à Kether, la Sphère la plus élevée. Chaque rangée de pétales est de la couleur d'un des Chakras, qui correspond aux Plans Cosmiques. Les rangées commencent par le rouge à l'extérieur (Muladhara) et se terminent par Sahasrara (violet), le plus proche de la Croix.

Le lotus est ouvert et en pleine floraison, ce qui signifie que l'énergie de la Kundalini s'est élevée jusqu'à la Couronne, éveillant les Sept Chakras et l'ensemble de l'Arbre de Vie. En outre, le Corps de Lumière a été pleinement activé, permettant à l'Adepte d'être conscient et présent sur tous les niveaux et dimensions de la réalité simultanément.

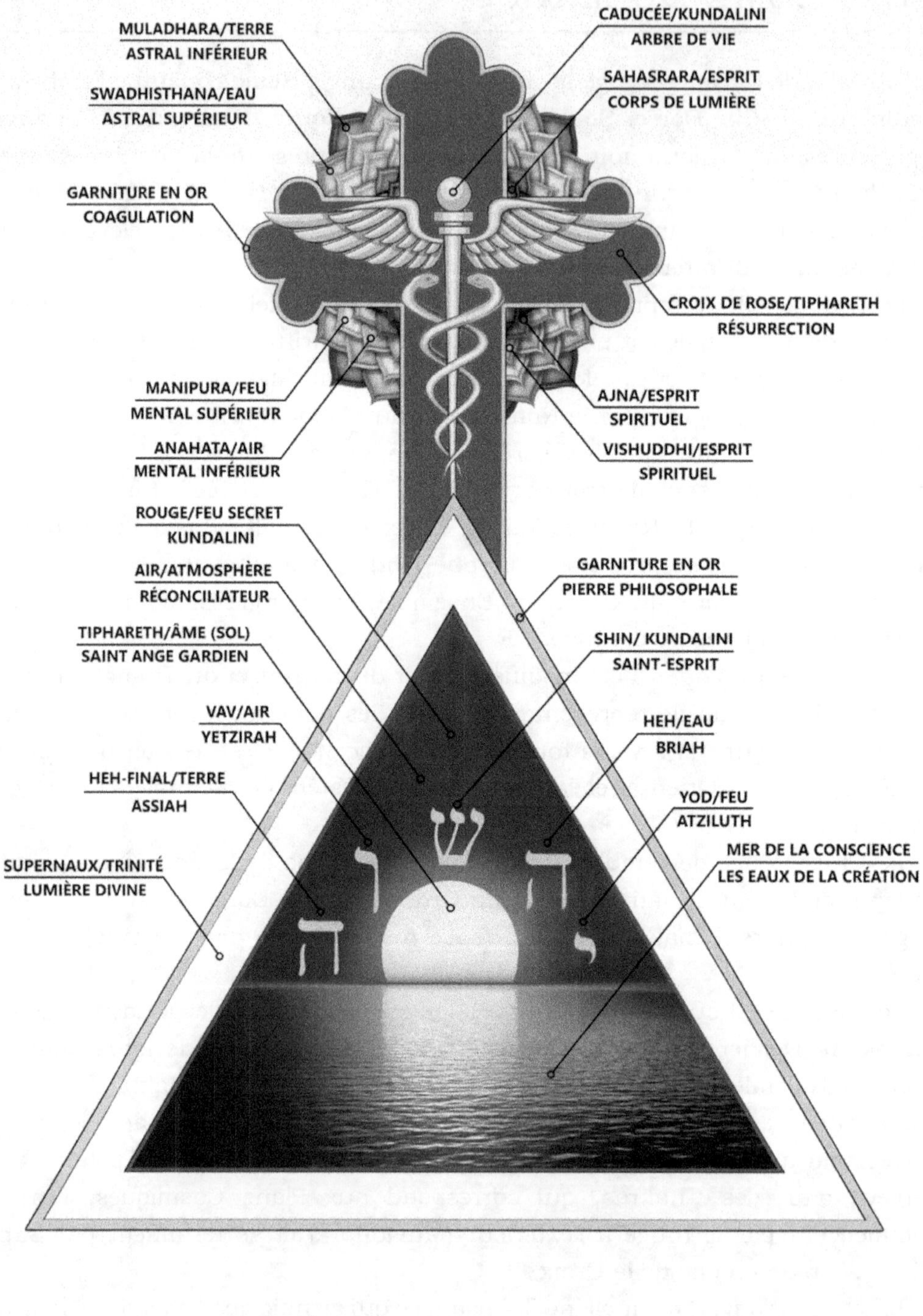

Figure 41: "L'Emblème "The Magus"

Le Caducée sur la Croix Rouge représente également Jésus-Christ, qui s'est sacrifié sur la Croix des Quatre Éléments. Son sacrifice est le symbole du cinquième Élément, l'Esprit. Comme nous l'avons mentionné dans une leçon précédente, Jésus est un prototype de l'éveil et de la transformation de la Kundalini. Ce mystère est encore évoqué par les lettres du Pentagrammaton dans le Triangle Blanc.

La lettre Hébraïque Shin, la Triple Flamme de l'Âme, est un autre symbole du Feu de la Kundalini. Elle est exaltée au sommet du Soleil levant, l'Étoile centrale de notre Système Solaire, représentant l'Âme (Sol) et la Séphire Tiphareth. Le Soleil représente également le "Fils de l'Homme" et la "Lumière du Monde", en référence à Jésus-Christ dans la *Sainte Bible*. Les quatre autres lettres du Pentagrammaton se trouvent sur les côtés opposés du Soleil, avec Yod et Heh (Éléments Feu et Eau) d'un côté et Vav et Heh-final (Éléments Air et Terre) de l'autre. Il existe un équilibre entre les forces actives et passives, masculines et féminines, réconciliées par la lettre Shin du Saint-Esprit. YHVH fait également allusion aux Quatre Mondes de la Qabalah - les Plans Cosmiques. Il représente la totalité de notre existence.

Tiphareth est une Sphère de guérison et d'illumination Spirituelles. Grace à Tiphareth, nous pouvons entrer en contact avec notre Saint Ange Gardien depuis les Supernaux, au-dessus de l'Abîme. Le Soleil levant dans le Triangle Blanc représente cette connexion. Le Soleil se lève à l'horizon, au-dessus d'un océan représentant la Mer de la Conscience.

Cette image dépeint un équilibre parfait entre les Feux de l'Âme et les Eaux de la Création. Elle représente l'Hexagramme, un symbole de l'homme Spirituellement parfait. Elle fait également allusion à l'axiome Hermétique "Comme en Haut, Comme en Bas". L'Élément Air est également présent dans l'image, comme l'atmosphère de la Terre. Il sert de conciliateur entre les Éléments Feu et Eau, représentés par le Soleil et l'océan.

L'ensemble de la scène représentée dans le Triangle Blanc représente "l'Aube Dorée" - la diminution de l'obscurité et l'augmentation de la Lumière. Elle symbolise l'essence du travail du *Magus*, qui consiste à faire progresser l'évolution Spirituelle de chacun. La couleur rouge domine la scène, ce qui indique que même si les trois principaux Éléments (le Feu, l'Eau et l'Air) sont présents dans le Triangle Blanc, le Feu est l'Élément dominant en raison de l'influence du Feu secret de la Kundalini.

La Croix Rouge et le Triangle Blanc sont entourés d'or, ce qui représente la Pierre Philosophale perfectionnée. L'or est attribué au Soleil en Alchimie, ce qui signifie l'étape finale de la coagulation. Symboliquement, Malkuth a été élevé au rang de Daath, et l'Esprit et la Matière sont unis et ne font plus qu'un. Le jardin d'Eden a été restauré. L'initié fonctionne désormais par intuition perpétuelle, car sa conscience a été élevée au niveau des Supernaux. Il est devenu un Adepte éclairé et a atteint le Nirvana dans cette vie.

L'illumination ne se fait pas du jour au lendemain, mais exige un sacrifice constant de l'Égo et l'exaltation de l'Âme. Il faut purifier et consacrer ses Chakras pour acquérir la maîtrise des Cinq Éléments. Les programmes d'Alchimie Spirituelle contenus dans *The Magus* sont conçus à cet effet. Une fois que le corps est devenu un temple vivant, l'Esprit peut descendre dans le Soi, transformant ainsi la conscience. Un lien permanent avec le Saint-Ange Gardien sera établi, complétant ainsi le Grand Œuvre.

Comme vous pouvez le constater, l'emblème du *Magus* est chargé d'une imagerie symbolique pertinente. Il contient de nombreux mystères Universels qui fonctionnent ensemble comme un tout. Son essence est au cœur même de la Création. L'emblème peut être utilisé comme un symbole méditatif et, en tant que tel, il faut s'y référer souvent pour éclairer et consolider les diverses leçons contenues dans *The Magus*.

LA PROCHAINE ÉTAPE DU GRAND OEUVRE

Une fois que vous avez terminé le programme prescrit d'Alchimie Spirituelle avec les Cinq Éléments et que vous souhaitez poursuivre votre travail avec les exercices rituels de Magie Cérémonielle, vous avez le choix entre quatre options. La première option consiste à revenir à l'Élément Terre et à répéter le même processus. Cette fois, vous n'êtes pas limité par le temps ou les LIRP que vous devez effectuer pour chaque Élément, mais vous pouvez décider vous-même du temps dont vous avez besoin pour travailler sur chacun d'eux.

Là encore, vous devez suivre la même séquence que précédemment en commençant par la Terre, puis en invoquant l'Air, l'Eau et le Feu. Et enfin, vous devez terminer par l'Esprit une fois que vous avez terminé de travailler le Feu. De cette façon, vous travaillez avec le processus d'alchimie Spirituelle qui a été testé dans le temps et qui est fiable pour des résultats optimaux. Le fait de répéter cette séquence vous aidera à évoluer davantage sur le plan Spirituel et à guérir certains Chakras qui pourraient nécessiter un travail supplémentaire.

La deuxième option consiste à choisir l'Élément sur lequel vous voulez travailler et à y rester aussi longtemps que vous le souhaitez. Dans ce cas, il est inutile de travailler successivement sur tous les Éléments. Choisissez plutôt l'Élément qui vous intéresse et travaillez avec lui pour optimiser les Chakras et les expressions du Soi correspondants. Vous pouvez faire cela aussi longtemps que vous le souhaitez et travailler sur tous les Éléments que vous voulez. Grace à ce processus, vous devenez véritablement un Mage, c'est-à-dire que vous apprenez à maîtriser les Éléments de votre être.

La troisième option est de continuer à progresser dans le système de grades de l'Ordre de l'Aube Dorée. Lorsque vous aurez terminé l'Alchimie Spirituelle du Grade de Portail, votre prochaine étape sera le travail de l'Ordre Intérieur, en commençant par le travail avec les énergies des Sept Anciennes Planètes. L'objectif de ce travail, y compris la description des exercices rituels et du programme à suivre, est donné dans le chapitre "Magie Planétaire Avancée" qui suit le discours sur l'Astrologie. La Magie Planétaire n'est proposée à l'Aube Dorée que lorsque l'initié a accédé au grade d'Adeptus Minor.

La quatrième option peut techniquement être entreprise avant la troisième, bien qu'il soit recommandé de travailler d'abord avec la Magie Planétaire. La quatrième option consiste à travailler avec la Magie Énochienne, qui est une autre pratique de l'Ordre Intérieur dans le système de Magie de l'Aube Dorée. Cette option est la plus puissante et celle à laquelle vous devez vraiment être préparé.

Au sein de l'Aube Dorée, la Magie Énochienne est donnée dans le cadre du programme de l'Adeptus Minor seulement après que l'initié ait travaillé avec la Magie Planétaire pendant la période prescrite. Le travail avec la Magie Planétaire vous préparera davantage à la Magie Énochienne. Cependant, dans mon expérience personnelle et celle de la plupart de mes étudiants, le travail préalable avec les Éléments était suffisant. Vous pouvez donc travailler d'abord avec l'Enochian et passer ensuite à la Magick Planétaire ; le choix vous appartient. En règle générale, si vous avez eu du mal à travailler avec les Éléments, il est recommandé de commencer par la Magie Planétaire (car cela vous donnera une base encore plus solide) avant de commencer à travailler avec les puissantes Clés Énochiennes.

Il est essentiel de maîtriser les Cinq Éléments que sont la Terre, l'Air, l'Eau, le Feu et l'esprit avant de se lancer dans la Magie Énochienne. Si vous vous lancez trop tôt, vous risquez de subir un préjudice Spirituel, car vous devez avoir une bonne base dans les exercices rituels précédents pour contrôler les forces puissantes invoquées par les Clés Énochiennes. Une fois que vous êtes prêt, cependant, la Magie Énochienne fera passer votre processus d'Alchimie Spirituelle au niveau supérieur.

Le processus d'Alchimie Spirituelle avec la Magie Énochienne sera entrepris avec une formule similaire à celle présentée jusqu'à présent. Consultez la section "Magie Énochienne", à la suite de Philosophie Hermétique, pour en savoir plus sur la Magie Énochienne et trouver le programme pour pratiquer les Clés Énochiennes.

Que vous choisissiez de travailler d'abord avec la Magie Planétaire ou la Magie Énochienne, vous devez terminer le programme prescrit de l'option que vous avez choisie avant de commencer la seconde. Travailler avec les deux en même temps ou passer de l'un à l'autre sans le terminer entièrement entravera l'Alchimie Spirituelle prévue. Par conséquent, je vous déconseille fortement de le faire car cela peut avoir un impact négatif sur votre processus d'évolution Spirituelle et même vous faire reculer dans votre voyage.

AVERTISSEMENT SUR LA MAGIE ÉNOCHIENNE

La Magie Énochienne est la forme la plus élevée de Magie dans les Ordres de Magie Cérémonielle. Elle offre une excellente Alchimie Spirituelle et, d'après mon expérience, les Aethyrs d'Enoch sont exceptionnels pour travailler avec les Nadis (ou courants) Ida et Pingala chez les personnes éveillées par la Kundalini. Cependant, en raison de sa puissance et de sa nature souvent volatile, la Magie Énochienne est réservée aux chercheurs avancés de Magie et aux praticiens qui ont bien avancé sur le chemin Spirituel. Vous devez avoir une bonne base dans les autres exercices rituels présentés jusqu'à présent. Je ne saurais trop insister sur ce point.

Le simple fait de regarder les Clés Énochiennes ou de les lire silencieusement pour vous-même invoquera l'énergie de toute façon. Par conséquent, si vous voulez lire sur la Magie Énochienne et ce qu'elle est, c'est bien. Mais ignorez les Clés Énochiennes et n'y jetez même pas un coup d'oeil jusqu'à ce que vous soyez prêt et confiant de vouloir poursuivre dans cette direction. Tenez compte de l'avertissement que je vous donne, car ces Clés Énochiennes sont très puissantes. Je vais continuer à me répéter à cet égard pour m'assurer que votre curiosité ne prenne pas le dessus sur vous.

J'ai inclus les Clés Énochiennes à la toute fin du livre, et elles ne sont là que pour les aspirants Mages qui ont terminé le programme prescrit avec les exercices rituels présentés jusqu'ici. Si vous ne disposez pas d'une base mentale et émotionnelle appropriée et que vous choisissez de jouer avec les Clés Énochiennes (allant ainsi à l'encontre de mon avertissement), vous prendrez le risque d'ouvrir les portes de votre esprit, qui ne peuvent être fermées une fois ouvertes. Pensez simplement à ce qui s'est passé dans l'histoire de la boîte de Pandore.

Lorsqu'elles sont utilisées au hasard, les Clés Énochiennes peuvent créer des problèmes mentaux et émotionnels, voire de la manie. Lorsque je faisais partie de l'Ordre de l'Aube Dorée, j'ai entendu parler d'histoires où des individus les ont utilisées de manière imprudente et ont dû être admis dans un établissement psychiatrique. Que cela se soit jamais produit ou qu'il s'agisse simplement d'un moyen de dissuader les individus de pratiquer la Magie Énochienne sans être prêts restera un mystère. Je peux cependant vous dire, par expérience personnelle, que vous avez affaire à une arme chargée. Si elle est utilisée correctement, elle peut vous sauver la vie. Si elle est mal utilisée, elle peut être un suicide Spirituel. Vous devez être capable de contrôler les forces que vous déclenchez avec ces Clés.

Cela dit, je ne cherche pas à vous décourager d'utiliser les Clés Énochiennes. Au contraire, une fois que vous avez terminé le programme prescrit avec les autres exercices rituels, la Magie Énochienne est l'étape suivante de votre voyage Alchimique Spirituel. Le système de la Magie Énochienne est quelque chose d'unique et de séparé du reste, mais il en fait également partie. C'est le couronnement de l'accomplissement d'un Mage, car vous émergez de ce travail en tant qu'être Spirituel bien plus élevé que vous ne l'étiez avant d'y entrer.

Travailler avec la Magie Énochienne sera pour vous une aventure passionnante, qui vous fera vous sentir comme un véritable Mystique et Sage. Beaucoup de personnes à qui j'ai enseigné l'art de la Magie Cérémonielle, y compris la Magie Énochienne, ont apprécié la Magie Énochienne le plus et en ont fait leur maison à la fin. Les Clés Énochiennes offrent des états de conscience incroyables dans lesquels vous pouvez puiser pour en apprendre davantage sur vous-même et sur l'Univers qui vous entoure. J'ai moi-même passé beaucoup de temps à utiliser la Magie Énochienne, et c'est mon travail préféré avec la Magie Cérémonielle à ce jour.

PARTIE IV: ASTROLOGIE

L'ASTROLOGIE ET LE ZODIAQUE

"L'Astrologie n'a pas de fonction plus utile que celle-ci : découvrir la nature profonde d'un homme et la faire ressortir dans sa conscience, afin qu'il puisse l'accomplir selon la Loi de la Lumière." - Aleister Crowley; extrait de "Les Écrits Astrologiques Complets".

L'Astrologie est l'une des plus anciennes sciences de l'humanité. Ses origines remontent à l'Ancienne Sumer et même avant. C'est la science qui examine les mouvements et les positions relatives des corps célestes (Planètes) et leur influence sur tous les êtres humains sur Terre. L'Astrologie nous donne un moyen d'obtenir des informations sur nos affaires ainsi que sur les événements terrestres. Elle a été reconnue et pratiquée tout au long de l'histoire dans le monde entier. Les Égyptiens, les Grecs, les Romains, les Chinois, les Hindous, les Perses et les Anciennes civilisations méso-américaines connaissaient tous l'importance de l'Astrologie.

Il existe douze signes Astrologiques, chacun d'entre eux appartenant à un Élément particulier dans l'un de ses états. Ces états sont décrits comme les sous-Éléments d'un Élément. Avec cette répartition, nous avons douze fréquences vibratoires d'énergie différentes mais fondamentales. Ces différentes qualités énergétiques fournissent l'influence globale sur les positions Planétaires au moment de notre naissance. Cependant, la façon dont l'influence d'une Planète se manifestera pour nous dépend de la maison dans laquelle elle se trouve parmi les Douze Maisons. Le plan de ces influences énergétiques forme notre Horoscope, également appelé Carte Natale ou Carte de Naissance.

Les signes Astrologiques sont les douze secteurs de 30 degrés de l'écliptique, à partir de l'équinoxe de printemps, qui est l'une des intersections de l'écliptique avec l'équateur céleste. Les douze signes Astrologiques ont été nommés d'après les douze constellations du ciel nocturne. Une constellation est un amas d'Étoiles dans le ciel, regroupées selon un schéma particulier. Les Anciens leur ont donné un nom en fonction de l'image visible qu'elles formaient dans leur groupement.

L'année tropicale, appelée année Solaire, est déterminée par la révolution de la Terre autour du Soleil, qui dure environ 365,25 jours. L'année tropicale forme le Calendrier Grégorien, qui est la mesure standard du temps dans notre société moderne. Chaque mois, alors que la Terre poursuit son orbite autour du Soleil, nous passons continuellement d'un signe du Zodiaque à un autre.

Comme l'équinoxe de printemps marque le début de l'année Solaire, le nom de la constellation dans laquelle se trouve le Soleil s'appelle le Bélier. Cependant, lorsque nous regardons le ciel nocturne à cette époque, nous ne pouvons pas voir le Bélier, mais nous devrons attendre quelques mois jusqu'à ce que le Soleil s'en éloigne d'un nombre suffisant de signes. Le signe du Zodiaque dans lequel se trouve le Soleil correspond à la constellation située directement derrière lui si l'on projette une ligne droite de la Terre au Soleil (Figure 42). Si nous sommes en Bélier, nous aurons la meilleure vue sur la constellation opposée, selon la roue du Zodiaque.

Il existe d'autres constellations dans le ciel que les douze constellations Zodiacales. Cependant, cet ouvrage se concentrera uniquement sur les douze qui forment la "ceinture" ou la "chaussée" imaginaire dans le ciel entourant notre Système Solaire.

En Astrologie Occidentale, on mesure les points d'Équinoxe et de Solstice, qui correspondent aux jours égaux, les plus longs et les plus courts de l'année Solaire. Les Équinoxes se produisent deux fois, au printemps et en automne, et marquent le moment de l'année où la durée du jour est la même que celle de la nuit (douze heures).

Les Solstices se produisent également deux fois dans l'année. Le Solstice d'Été correspond au moment où le jour est le plus long de l'année, tandis que le Solstice d'Hiver marque le moment où la nuit est la plus longue. Ces deux événements représentent le début des saisons d'été et d'hiver, tandis que les équinoxes signifient le début des saisons de printemps et d'automne.

Les Équinoxes et les Solstices sont des moments de l'année où les Anciens accomplissaient certains rituels pour commémorer l'année Solaire. Comme ils représentent le moment de l'année où la Lumière du Soleil est la plus et la moins présente sur Terre, ils sont importants dans tous les travaux Magiques.

L'HOROSCOPE

Chaque être humain subit l'influence Karmique des Planètes et des signes du Zodiaque dans lesquels il se trouvait au moment de sa naissance. Selon l'Astrologie, les phénomènes célestes se rapportent à l'activité humaine selon le principe

Hermétique du "Comme en Haut, Comme en Bas". Les signes du Zodiaque représentent des modes d'expression caractéristiques de l'humanité. Les Anciens enseignent que les goûts et les dégoûts de la personnalité et les aspirations du personnage sont influencés par les énergies Planétaires de notre Système Solaire.

Ces énergies Planétaires forment notre Moi global, sur lequel se construisent nos expériences de vie. Comme nous sommes nés un jour particulier, à une certaine heure, dans une ville spécifique, nous aurons une influence distincte des énergies du Zodiaque qui influencent nos Planètes, ou entrepôts de pouvoirs intérieurs, dont notre Moi disposera tout au long de notre vie. Ainsi, chaque être humain sera motivé par quelque chose de différent. Si l'on ajoute à cela les diverses expériences de vie de chacun au cours de sa croissance, personne n'est jamais identique à un autre. Nous sommes tous uniques, ce qui nous rend tous très spéciaux aux yeux de Dieu, le Créateur.

Les trois signes les plus importants de l'Horoscope sont le signe Solaire, le signe Lunaire et le signe Ascendant. Avec les Planètes, ces signes sont "gelés" dans leur position au moment initial de la naissance. Le placement des Planètes individuelles dans l'Horoscope est donné selon le cadre de l'Arbre de Vie.

L'Ascendant est le signe du Zodiaque situé à l'horizon Oriental au moment de notre naissance. Ce signe représente notre première maison, qui marque le début des Douze Maisons, un système distinct qui fonde l'Astrologie sur les questions terrestres. Bien que l'Ascendant soit indiqué dans tous les Horoscopes d'Astrologie Occidentale, les autres maisons et leurs influences Planétaires sont souvent négligées ; elles ne sont donc incluses que dans les lectures plus avancées.

Le signe Solaire représente notre nature et notre volonté fondamentales et générales en tant qu'individus. Cette influence décrit nos aspirations les plus élevées dans cette vie. Notre signe Solaire est notre "vrai visage" que nous montrons au monde quotidiennement. Le signe Lunaire est le côté émotionnel de notre personnalité, y compris les réponses émotionnelles immédiates aux événements de la vie. C'est le subconscient, alors que le signe Solaire est le conscient. Le signe Lunaire est l'expression de nos réactions instillées par le conditionnement, la mémoire et les habitudes du passé. L'Ascendant, ou signe Ascendant, indique comment nous regardons la vie. Souvent, c'est l'impression de qui nous sommes, perçue par ceux qui nous entourent. C'est la personne que nous présentons consciemment au monde.

Je vous conseille d'aller sur Internet et d'obtenir un thème natal gratuit. Cela vous donnera un aperçu de votre personnalité, de votre caractère et des énergies qui influencent votre psyché depuis votre naissance. Comme le dit l'Ancien aphorisme Grec, "Connais-Toi Toi-Même". Comprendre votre Horoscope vous permettra de vous comprendre et de vous accepter plus clairement. Il vous permettra de voir quels sont les défis que vous devez surmonter en vous pour poursuivre votre évolution Spirituelle. Rappelez-vous toujours que vos attributs naturels peuvent être considérés comme la main qui vous a été donnée dans la vie, mais la façon dont vous jouez cette main dépend de vous, car vous avez le Libre Arbitre.

LES QUATRE ÉLÉMENTS DU ZODIAQUE

Chacun des Douze signes du Zodiaque appartient à l'un des Quatre Éléments. Ainsi, le Zodiaque est regroupé en quatre triplicités de signes Terre, Air, Eau et Feu. Ces Éléments représentent le type essentiel d'énergie qui influence chacun d'entre nous. Pour les signes de Terre, nous avons le Taureau, la Vierge et le Capricorne. Pour les signes d'Air, nous avons les Gémeaux, la Balance et le Verseau. Les signes d'Eau sont le Cancer, le Scorpion et les Poissons. Et les signes de Feu sont le Bélier, le Lion et le Sagittaire.

Les signes de Terre sont les plus ancrés, conservateurs et pratiques. D'autre part, les signes d'Air sont imaginatifs, rationnels, communicatifs et créatifs. Les signes d'Eau sont connus pour être émotionnels, sensibles, intuitifs et affectueux. Enfin, les signes de Feu sont dynamiques, passionnés, énergiques et inspirants.

Les Douze signes du Zodiaque sont regroupés en trois quadruplicités pour mieux comprendre le fonctionnement des énergies. Ce sont les signes cardinaux, fixes et mutables. Les signes Cardinaux sont le Bélier, le Cancer, la Balance et le Capricorne. Ils sont appelés signes cardinaux car ils régissent le changement des saisons. En outre, tous les signes Cardinaux ont le Feu dans leur sous-Élément, ce qui les fait se comporter selon des lignes directrices spécifiques qui sont affectées par le Feu. Par conséquent, tous les signes Cardinaux auront de nombreuses caractéristiques du Feu, même s'ils ne sont pas un signe de Feu.

Les signes Cardinaux sont associés au fait d'être actifs, motivés, perspicaces et ambitieux. Ils sont de grands leaders et savent comment initier le changement. D'un autre côté, ils peuvent être autoritaires, inconsidérés et dominateurs, car ils pensent que leur façon de faire est la meilleure que tout le monde doit suivre. Il leur arrive aussi de ne pas pouvoir mener à bien les projets qu'elles ont lancés.

Les signes Fixes comprennent le Taureau, le Lion, le Scorpion et le Verseau. Ils sont appelés Fixes car ils gouvernent le mois central de chaque saison. Tous les signes Fixes ont pour sous-Élément l'Air, qui se manifeste par le désir de voir la réalité rester fixe et telle qu'elle est. Ils sont stables, déterminés, persévérants et capables de se concentrer. Leurs objectifs sont atteints lentement mais sûrement. Elles sont très perspicaces et ont une excellente mémoire.

Les signes Fixes sont concernés par le maintien de quelque chose tel qu'il est, le changement des choses pour qu'elles soient les mêmes qu'avant, ou la stabilisation des facteurs pour atteindre leur état initial. Parmi les qualités négatives des signes

Fixes, on peut citer l'égoïsme, l'obstination et le fait d'être trop fermement ancré dans ses habitudes et ses opinions.

Les signes Mutables comprennent les Gémeaux, la Vierge, le Sagittaire et les Poissons. Ces signes régissent le dernier mois de chaque saison. Ils sont également appelés signes Communs, car ils régissent l'achèvement du travail d'une saison. Ils ont chacun l'Eau comme sous-Élément, ce qui explique qu'ils sont changeants et s'adaptent à toutes les situations. Les signes Mutables sont trop préoccupés par le fait de changer les choses en quelque chose d'autre, ce qui n'est pas une forme de transformation; il s'agit plutôt de passer à l'étape suivante de la vie.

Les signes Mutables acceptent le changement tandis que les signes Fixes y résistent à tout prix. Les signes Mutables s'adaptent à leur environnement tandis que les signes Fixes ajustent les circonstances à leurs besoins, leurs désirs et leurs objectifs. Les signes Mutables sont très polyvalents, changeants, flexibles, subtils, intuitifs et compréhensifs. Leurs qualités négatives incluent le manque de fiabilité, l'incohérence, la tromperie et la ruse.

Notez que chaque signe du Zodiaque a un Nom Divin qui est dérivé d'une permutation du Tétragramme (YHVH). Ces Noms Divins doivent être utilisés dans les opérations Magiques impliquant l'invocation ou le bannissement des énergies des signes du Zodiaque. Ces techniques sont présentées dans le chapitre "Magie Planétaire Avancée".

Je vais maintenant vous donner un aperçu de chacun des Douze signes du Zodiaque, en soulignant leurs caractéristiques, leurs penchants et leurs qualités uniques. En règle générale, vous constaterez que ces descriptions vous représentent fidèlement, vous et les autres personnes que vous connaissez qui appartiennent à un signe particulier.

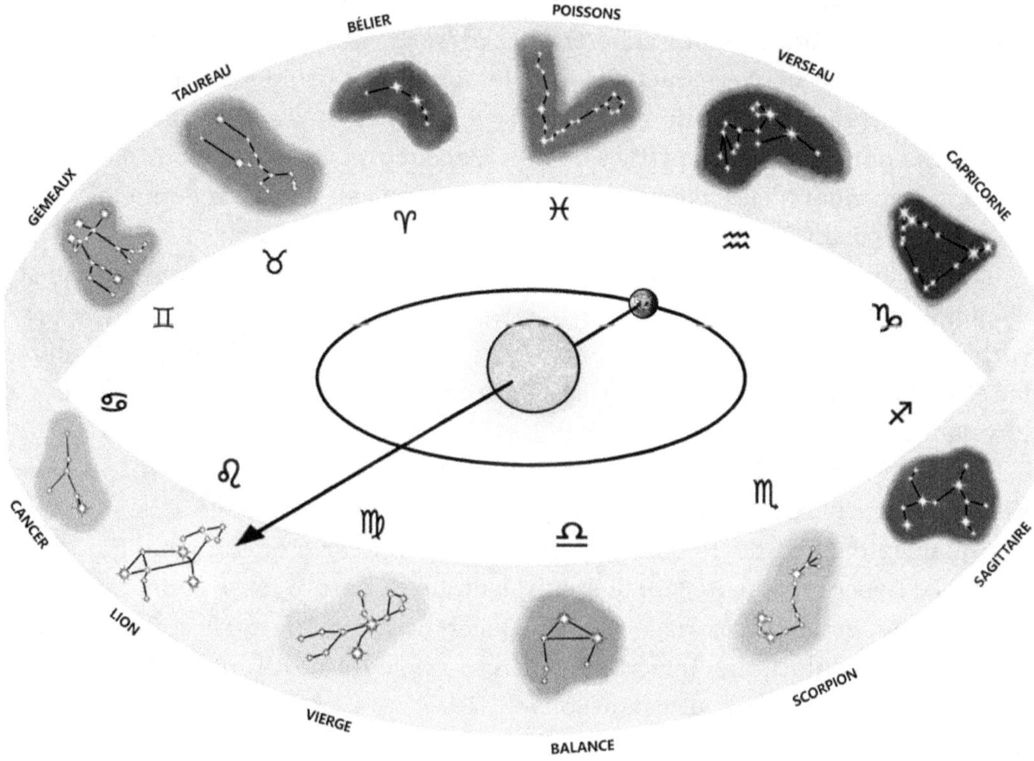

Figure 42: Les Douze Zodiaques

BÉLIER - LE BÉLIER

21 Mars - 19 Avril

Le premier signe du Zodiaque est le Bélier, dont la constellation s'étend du 0 au 30e degré de longitude céleste. Comme il s'agit du premier signe, le Bélier traite des nouveaux départs. En raison de sa nature ardente et puissante, le Bélier illustre le besoin d'équilibre énergétique. Il est essentiel de comprendre que l'énergie primaire d'un signe du Zodiaque doit toujours être équilibrée avec son énergie opposée. Par exemple, le Feu a toujours besoin de l'Eau pour réussir.

Chaque signe du Zodiaque est un sous-produit de l'Élément et du sous-Élément qui le gouvernent. Par exemple, le Bélier est sous la domination de Mars et de l'Élément Feu, avec le sous-Élément Feu du Feu. Pour cette raison, c'est un Feu robuste et puissant qui, lorsqu'il est déséquilibré par son opposé (l'Élément Eau), peut facilement se transformer en tyrannie, oppression et colère.

Les Béliers sont prompts à entreprendre de nouvelles activités, mais ils doivent trouver un équilibre en étant cohérents et persévérants dans leur réalisation. Sinon, la nouveauté des nouvelles activités s'estompera. Les personnes sous ce signe sont pleines d'énergie créative, de dynamisme, d'initiative et d'enthousiasme. Elles sont honnêtes, optimistes, compétitives, enthousiastes et connues pour vivre dans le présent. Cependant, elles peuvent aussi être impulsives, ce qui ne donne pas toujours un résultat positif. La phrase clé qui décrit l'Arienne est "Je suis". "

Les Béliers ont beaucoup de courage et une intuition aiguisée et sont une source d'inspiration pour les autres. Ils sont alertes, décisifs et directs. Motivés par leur enthousiasme débordant, ils sont impatients de se lancer dans ce qu'ils ont en tête de faire. Elles aiment assumer des rôles de leader, faire du sport et relever des défis physiques.

Étant un signe de Feu Cardinal, les Ariens sont généralement impatients lorsqu'ils essaient d'atteindre leurs objectifs en raison de leur excès d'énergie. Ces attributs sont des qualités du Feu du Feu et de la Planète Mars, car c'est l'énergie fondatrice du Bélier. Le Bélier représente le Bélier en raison de sa nature têtue et déterminée.

Certaines des qualités négatives de Bélier peuvent être qu'il est trop opiniâtre, Égoïste, hâtif, autoritaire, téméraire, coléreux, violent, intolérant et zélateur. Si l'Égo est prédominant, l'Arian utilisera souvent les autres uniquement dans son propre intérêt.

Dans le Tarot, le Bélier est attribué à la carte de l'Empereur. Elle illustre la puissante énergie créatrice et la domination de ce signe. Les Pierres Précieuses associées au Bélier sont la Pierre de Sang, la Cornaline, le Diamant, le Grenat, le Jaspe Rouge et le Rubis. Le Bélier gouverne le visage, le cerveau et les yeux en ce qui concerne le corps physique. En ce qui concerne la romance, le Bélier est le plus compatible avec les signes du Zodiaque Balance et Lion.

TAUREAU - LE TAUREAU

20 Avril - 20 Mai

Le deuxième signe du Zodiaque est le Taureau, dont la constellation s'étend du 30 au 60e degré de longitude céleste. Le Taureau est gouverné par Vénus dans l'Élément Terre, avec le sous-Élément Air de la Terre. Les Taureaux sont de fantastiques penseurs pratiques et maîtres des questions physiques. Ils sont connus pour leur détermination, leur stabilité et leur puissance. C'est pourquoi le Taureau représente leur signe. Comme le Taureau est l'Air de la Terre, son intellect et ses pensées sont dominants, bien qu'ils soient orientés vers les questions terrestres. Ainsi, la phrase clé du signe du Taureau est "J'ai". "

Comme ils sont nés sous la Planète Vénus, les Taureaux aiment la sensualité et la beauté. Ils sont sensibles et loyaux envers leurs partenaires romantiques. Ses autres qualités sont la générosité, l'affection, l'équilibre, le calme et la compréhension de son prochain, homme ou femme. Ils aiment le plaisir, le confort et la satisfaction à tous les niveaux. Les Taureaux sont connus pour être terre à terre, fiables, conventionnels et minutieux. Ils sont très pratiques dans leur façon de penser, ce qui les rend productifs et prêts à s'attaquer à n'importe quelle tâche.

Certaines qualités négatives des personnes nées sous le signe du Taureau sont qu'elles peuvent être têtues sans raison, frugales, trop émotives, réservées et trop fixées dans leurs perspectives (intransigeantes). Comme le Taureau est un signe Fixe, ils sont très attachés à conserver leur richesse matérielle - ils n'aiment pas le changement à cet égard. Les Taureaux sont connus pour utiliser leur richesse comme une mesure de la qualité de leur vie. Si l'Égo est prédominant, le Taureau cherchera à obtenir des récompenses matérielles pour ses efforts. Il peut aussi être coléreux, égoïste, avide, excessivement matérialiste et possessif.

Dans le Tarot, le Taureau est attribué à la carte du Hiérophante, qui illustre la stabilité et la clarté de pensée de ce signe. Les Pierres Précieuses associées au Taureau sont l'Ambre, le Quartz Rose, le Corail Sanguin, la Topaze Dorée, l'Émeraude, le Saphir et la Turquoise. En ce qui concerne le corps physique, le Taureau gouverne la gorge, le cou, la glande thyroïde et le conduit vocal. En matière de romance, le Taureau est le plus compatible avec les deux signes d'Eau que sont le Scorpion et le Cancer.

GÉMEAUX - LES JUMEAUX

21 Mai - 21 Juin

Le troisième signe du Zodiaque est les Gémeaux, dont la constellation s'étend du 60 au 90e degré de longitude céleste. Dirigé par Mercure, le signe des Gémeaux est de l'Élément Air avec le sous-Élément Eau de l'Air. En raison de l'Élément Eau de l'Air, le signe des Gémeaux a une personnalité presque double. C'est pour cette raison qu'il est représenté par les jumeaux.

L'Eau est un signifiant des émotions et de la nature fluide de la pensée. Par conséquent, lorsqu'elle est appliquée à l'Élément Air (qui représente la pensée), elle donne au Gémeaux l'intellect le plus puissant de tous les signes du Zodiaque. Pour les Gémeaux, l'intelligence et la rapidité de la pensée sont des expressions de leur énergie prédominante. La phrase clé pour décrire le signe des Gémeaux est "Je pense". "

Les Gémeaux sont connus pour avoir soif de connaissances afin d'élargir continuellement leur intellect. Un tel désir leur confère une grande capacité d'apprentissage et d'absorption de l'information. Ce sont d'excellents communicateurs, et l'utilisation de la parole est leur compétence la plus exceptionnelle. Lorsque leur esprit saute d'une pensée à l'autre, les Gémeaux utilisent les mots comme des points d'ancrage pour se maintenir en équilibre. En outre, ils possèdent un grand sens de l'humour, sont joyeux et très intelligents.

Comme nous l'avons dit, Mercure, la Planète de la communication, gouverne le Gémeaux. Mercure est lié à la vitesse de la pensée, à l'intellect, à la logique et à la raison. Comme il s'agit de la Planète de l'esprit, cela confirme la puissance cérébrale des Gémeaux. En fait, les Gémeaux sont des penseurs qui utilisent le pouvoir de la logique et de la raison pour agir rapidement. Ils sont habiles à identifier et à classer chacune de leurs pensées.

Les Gémeaux sont un signe mutable, ce qui signifie qu'ils s'adaptent à toutes les circonstances, avec une polyvalence absolue qui leur est utile pour affronter tous les défis de la vie. Les Gémeaux sont amicaux, pleins de ressources, pleins d'humour, expressifs et analytiques. Ils sont transparents et objectifs dans leur réflexion et sont souvent très légers.

Certaines qualités négatives associées aux Gémeaux sont qu'ils peuvent être excessivement stupides et immatures. Ils peuvent aussi être des bavards (ils parlent trop). Ils peuvent parfois être insensibles aux émotions des autres, étant donné qu'ils sont principalement concernés par la faculté intellectuelle plutôt que par la faculté émotionnelle. L'importance qu'elles accordent à l'intellect et leur manque d'équilibre émotionnel peuvent les faire paraître froides et distantes, manquant d'empathie pour les autres.

Les Gémeaux peuvent avoir une capacité d'attention limitée, être écervelés (avoir un esprit non focalisé) et sournois. En outre, les Gémeaux sont assez peu émotifs et parfois doubles envers les autres en raison de leur incapacité à se connecter émotionnellement. Souvent, ils peuvent mentir pour se fondre dans la masse, même s'ils ne pensent pas toujours ce qu'ils disent.

Dans le Tarot, le Gémeaux est attribué à la carte des Amoureux. Cela est dû au fait qu'il illustre l'unification des opposés, principalement la nature émotionnelle et mentale, qui sont fréquemment opposés l'un à l'autre - d'où la nature double de ce signe.

Les Pierres associées aux Gémeaux sont l'Aigue-Marine, l'Agate, la Chrysoprase, la Perle, la Pierre de Lune, la Citrine et le Saphir Blanc. Les Gémeaux gouvernent les bras, les poumons, les épaules, les mains et le système nerveux dans le corps physique. En matière de romance, les Gémeaux sont plus compatibles avec les signes du Zodiaque Sagittaire et Verseau.

CANCER - LE CRABE

22 Juin - 22 Juillet

Le quatrième signe du Zodiaque est le Cancer, dont la constellation s'étend du 90 au 120e degré de longitude céleste. Dirigé par la Lune, le Cancer est de l'Élément Eau avec le sous-Élément Feu de l'Eau. Le Feu agissant sur l'Élément Eau façonne le Cancer pour en faire ce qu'il est. Les Cancers sont d'une grande ténacité et assez sensibles à leurs sentiments. De tous les signes d'Eau, le Cancer est le plus fort. La phrase clé qui décrit un Cancer est "Je ressens". "

Le défi permanent du Cancer est de distinguer les émotions qui sont une projection de son Égo et les sentiments qui sont basés sur la réalité - la nature illusoire de la Lune agit toujours sur eux. Les changements émotionnels sont un défi auquel les Cancers sont souvent confrontés. Comme ils craignent la critique et le ridicule, on leur a attribué la carapace protectrice du Crabe.

Les Cancers se cachent dans leur coquille où ils peuvent être en sécurité. Ils sont souvent très vulnérables psychologiquement et physiquement et quelque peu timides. Ces qualités les pousseront à rechercher souvent la solitude. Ici, l'énergie prédominante est la sensibilité émotionnelle et les sentiments. Les Cancers possèdent un instinct de protection et de défense bien développé en raison de l'Élément Feu qui les habite. Ils sont souvent très concernés par les responsabilités domestiques et ménagères.

Le Cancer est un signe Cardinal; pour cette raison, ce sont de grands initiateurs avec une forte volonté qui les aide à accomplir leurs objectifs. Les Cancers sont très empathiques envers les autres et sont prêts à prendre soin d'eux. Ils peuvent souvent faire preuve de capacités psychiques et sont sensibles et capables de s'accorder avec l'Âme des autres, communiquant directement avec eux. Ils sont souvent traditionnels et compréhensifs et ont une excellente mémoire. Les Cancers sont orientés vers la famille et sont prêts à protéger leur famille à tout prix. Au sein du foyer, l'énergie qu'ils utilisent à des fins domestiques est apaisante et sécurisante.

Certaines des qualités négatives du Cancer sont qu'il peut devenir hystérique en cas d'émotions trop fortes. Ils peuvent être Égocentriques, manipulateurs, boudeurs, lunatiques, s'apitoyer sur leur sort et être trop prudents. Ils peuvent également avoir des peurs illogiques et infondées et être très égoïstes lorsqu'ils protègent leur Égo. Les Cancers peuvent être snobs, et lorsqu'ils se retirent dans la solitude, ils peuvent devenir indifférents aux désirs des autres.

Dans le Tarot, le Cancer est attribué à la carte du Chariot - il signifie le pouvoir sur la nature illusoire des pensées par l'utilisation consciente de la volonté. Les Pierres Précieuses associées au Cancer sont la Pierre de Lune, le Rubis, l'Émeraude et la Perle. En ce qui concerne le corps physique, le Cancer gouverne la poitrine, les seins, l'estomac, le canal alimentaire et le système lymphatique. En matière de relations amoureuses, le Cancer est le plus compatible avec les deux signes de Terre stables, le Capricorne et le Taureau.

LION - LE LION

23 Juillet - 22 Août

Le cinquième signe de la roue du Zodiaque est le Lion, le signe le plus puissant et le seul à être gouverné uniquement par le Soleil. Il provient de la constellation du Lion et s'étend sur le 120-150e degré de longitude céleste. Le Lion est un signe Fixe, et en tant que tel, les Lions doivent maintenir leur pouvoir personnel à tout prix, même si cela implique des changements dans leur vie. Le Lion est de l'Élément du Feu et du sous-Élément de l'Air du Feu. Cette combinaison Élémentaire caractérise le Lion comme étant très expressif, car l'Air agit sur le Feu, ce qui le rend très à l'écoute de ses pensées. La phrase clé du Lion est "Je vais". "

Le défi du Lion est de trouver un équilibre entre son Égo et ses objectifs et idéaux supérieurs, tout en veillant à ne pas être la proie de sa sensibilité émotionnelle et de ses attentes élevées envers les autres. Les Lions sont entreprenants, dramatiques, charismatiques, fiers, ambitieux, confiants et distingués. En outre, leur énergie prédominante est celle de l'autorité, du pouvoir et de la vitalité.

Les Lions sont naturellement généreux et nobles. Ils sont forts et prêts à se donner aux autres si nécessaire. Ils aiment parler et être avec les autres, mais apprécient aussi la solitude pour examiner leurs sentiments. Par nature, les Lions sont très émotifs, surtout s'ils ont l'impression d'être lésés. Néanmoins, ils souhaitent être impressionnants et créatifs et entretenir des relations avec les autres.

Comme les Lions tirent leur énergie du Soleil, ils sont vitaux et énergiques, ce qui leur permet d'être émotionnellement guérisseurs pour les autres. Les Lions sont affectueux, aimants, protecteurs, sincères, chaleureux et inspirés par l'amour Universel. Ils souhaitent toujours conserver leur dignité. Lorsqu'ils sont confrontés à un désaccord, ils sont prudents et diplomates dans l'expression de leur opinion. Les Lions sont très protecteurs de leurs sentiments et ont une stature noble de "Roi de la jungle". "Pour cette raison, le Lion est représenté par le lion.

Parmi les traits négatifs du Lion figurent la vanité et l'égoïsme. Ils peuvent également être luxurieux, égoïstes et trop préoccupés par leurs propres opinions. En outre, ils peuvent être arrogants, dictateurs, pompeux, dominateurs, puérils, cruels et excessivement conscients de leur statut. Comme ils sont de grands romantiques, les Lions sont très attirés par le sexe opposé. Ils peuvent parfois s'impatienter car ils détestent la répétition et ont constamment besoin de nouvelles stimulations.

Dans le Tarot, le Lion est attribué à la carte de la Force - il signifie l'unité des Éléments Feu et Eau, la volonté sous la gouvernance de l'amour inconditionnel. Les Lions utilisent les pensées et l'Élément Air pour rationaliser leurs émotions et atteindre l'équilibre dans l'esprit, le corps et l'Âme. Les Pierres Précieuses associées au Lion sont l'Ambre, la Tourmaline, la Cornaline, le Rubis, le Sardonyx, l'Onyx et la Topaze Dorée. Le Lion gouverne le cœur, la poitrine, la colonne vertébrale et le haut du dos en ce qui concerne le corps physique. En matière de romance, le Lion est le plus compatible avec les deux signes d'Air que sont le Verseau et les Gémeaux.

VIERGE - LA VIERGE

23 Août - 22 Septembre

La Vierge est le sixième signe de la roue du Zodiaque et la deuxième plus grande constellation dans le ciel, couvrant le 150-180e degré du Zodiaque. La Vierge est de l'Élément Terre, avec le sous-Élément Eau de la Terre. Comme l'esprit de la Vierge est orienté vers le monde matériel (parce qu'elle est un signe de Terre), elle est très concentrée sur son travail et sur le fait de rendre service aux autres. De plus, comme la Vierge est la Vierge, elle représente l'amour naturel et la pureté de l'Esprit.

L'énergie dominante de la Vierge est d'être analytique et discriminante. Elles ont un esprit très analytique et font d'excellents enseignants, car elles sont à la fois calmes et autonomes. Perfectionnistes, elles sont diligentes, ce qui les rend compétentes en matière de recherche et d'activités scientifiques. Pour la Vierge, la sagesse et la connaissance sont le fruit d'un travail acharné et de l'expérience de la vie. Elles ont une pensée systématique et sont très orientées vers la croissance personnelle. La phrase clé qui décrit la Vierge est "J'analyse". "

Dirigées par la Planète Mercure, les Vierges ont pour mission de rechercher la connaissance. Elles ont un sens très aigu du détail et sont connues pour être prudentes et efficaces dans toutes leurs activités. Elles sont méticuleuses dans leur travail et leurs études et aiment mettre de l'ordre dans la confusion.

La Vierge est désintéressée et très serviable envers les autres. D'une manière générale, leur perspective est positive, et elles font profiter les autres de leur positivité. La Vierge est un signe mutable, et elle utilise sa nature analytique et critique pour passer avec tact d'une chose à l'autre, s'adaptant aux nouveaux environnements avec facilité.

Les Vierges sont convaincues que le changement apportera un épanouissement personnel, c'est pourquoi elles l'accueillent toujours favorablement. Elles aiment les voyages et les nouvelles expériences de vie. Comme les Vierges apprécient les sujets mystérieux et la croissance intérieure, elles sont souvent attirées par l'occultisme. En tant que non-conformistes, les Vierges suivent le rythme de leur propre tambour, toujours.

Parmi les aspects négatifs de la Vierge, on peut citer le fait qu'elle est parfois manipulatrice pour obtenir ce qu'elle désire. Elles peuvent être Égocentriques, méticuleuses et snobinardes, ainsi que très secrètes et superficielles. Les Vierges peuvent être trop critiques à l'égard des autres et d'elles-mêmes. En outre, si elles ne peuvent pas développer leur indépendance, elles finiront par devenir dépendantes des autres, qu'elles manipuleront souvent à leur avantage.

Dans le Tarot, la Vierge est attribuée à la carte de l'Hermite. L'Hermite est sage et réceptif au monde qui l'entoure, tout comme la Vierge. Les Pierres Précieuses associées à la Vierge sont le Saphir Bleu, le Jaspe Rose, la Cornaline, le Jade, l'Agate Mousse, la Turquoise et le Zircon. La Vierge gouverne le système digestif, la rate et les intestins dans le corps physique. La Vierge est la plus compatible avec les deux signes d'Eau que sont les Poissons et le Cancer dans les relations amoureuses.

BALANCE - LA BALANCE

23 Septembre - 22 Octobre

Le septième signe du Zodiaque est la Balance, dont la constellation s'étend du 180 au 210e degré de longitude céleste. La Balance est de l'Élément Air, avec le sous-Élément Feu de l'air. L'énergie prédominante de la Balance est celle qui consiste à harmoniser et à équilibrer les énergies opposées en son sein. La préoccupation la plus importante de la Balance est la justice et l'équité dans tous les domaines.

Comme les Balance sont un signe d'Air, ce sont des penseurs puissants ; cependant, contrairement aux Gémeaux, qui sont très intellectuels, les Balance sont plus concernés par les questions de l'Âme. Ainsi, l'intégrité et l'éthique sont essentielles pour elles, car elles sont associées aux aspects supérieurs de l'Âme d'une personne. L'expression clé pour décrire la Balance est "J'équilibre". "

Vénus gouverne le signe de la Balance. Elles ont un esprit très équilibré, comme l'indique leur symbole - la Balance. Elles sont charmantes, gracieuses et expressives. De plus, elles sont connues pour rechercher l'approbation des autres et se plaisent dans les foules. Bien qu'elles aiment être entourées de gens, les Balances apprécient également la solitude et le temps passé seules avec leurs pensées.

La Balance est un signe Cardinal; pour cette raison, elle est douée pour passer à l'action et commencer de nouvelles tâches. Elles sont souvent à l'origine d'activités et recherchent la coopération des autres. Les Balances sont fières et n'aiment pas être compromises. Contrairement au Bélier, la Balance a tendance à s'exprimer par des mots plutôt que par des actions directes. La Balance est pleine de tact, amicale, persuasive et diplomate. Naturellement, comme c'est un signe très social, elles ont besoin de compagnie et font d'excellentes épouses grace à leur nature coopérative et pacifique. Les Balances incitent généralement les gens à donner le meilleur d'eux-mêmes.

Les qualités négatives de la Balance sont qu'elle est souvent indécise et qu'elle peut rechercher excessivement le plaisir, car elle est gouvernée par Vénus, une Planète de sensualité et de beauté. En outre, elles peuvent être dépendantes des autres et, dans certains cas, manipulatrices, ce qui les amène à rechercher des relations pour leur profit personnel de manière autoritaire. Elles peuvent parfois être boudeuses, inconsistantes, superficielles et trompeuses. La Balance peut aussi être trop curieuse, ambivalente et se laisser facilement détourner de la tâche à accomplir.

Dans le Tarot, la Balance est attribuée à la carte de la Justice. Nous voyons ici une référence directe à la "Balance de la Justice" et à la pesée consciente des opposés pour trouver l'équilibre. L'équilibre est la clé d'une vie saine. Les Pierres Précieuses associées à la Balance sont le Lapis-Lazuli, l'Opale, le Diamant, l'Émeraude, le Quartz Rose et le Péridot. La Balance gouverne les reins, la peau, les surrénales, la région lombaire et les fesses dans le corps physique. En matière de romance, la Balance est plus compatible avec les deux signes de Feu, le Bélier et le Sagittaire.

SCORPION - LE SCORPION

23 Octobre - 21 Novembre

Huitième sur la roue du Zodiaque, le Scorpion est l'un des signes les plus puissants. Issu de la constellation du même nom, il s'étend du 210 au 240e degré de longitude céleste. Le Scorpion est un signe d'Eau avec le sous-Élément Air de l'Eau. Le Scorpion est un signe Fixe; en tant que tel, les Scorpions sont relativement constants dans leurs réactions émotionnelles. Comme Mars gouverne directement ce signe, son énergie prédominante est celle de la régénération et de la transformation à tous les niveaux. Pour cette raison, le Scorpion est associé à la carte de la mort dans le Tarot (la mort comme forme de transformation). Leur phrase clé est "Je crée. "

Le symbole du Scorpion est le Scorpion. Comme le Scorpion qui préfère se tuer plutôt que d'être tué, les personnes nées sous ce signe ont le contrôle ultime de leur destin. Les Scorpions promeuvent leur programme et veillent à ce que les choses avancent. Les Scorpions sont exceptionnellement sexuels, avec des pulsions et des désirs sexuels élevés. Ils recherchent la justice à tout prix, prêts à la défendre.

En outre, les Scorpions sont de grands penseurs et orateurs, pleins d'idées différentes sur le monde. Les personnes nées sous ce signe ont une grande volonté et des désirs émotionnels intenses. Les Scorpions sont également très ingénieux. L'un des défis de leur vie est d'aligner leur volonté avec leurs désirs, car ces deux attributs sont puissants en eux.

Les Scorpions sont loyaux envers ceux qu'ils aiment. Ils sont curieux et inspirés, et parce qu'ils cherchent à s'aligner avec l'Esprit, ils sont attirés par l'occulte et les arts ésotériques. L'émotion est un attribut dominant du Scorpion, sauf si elle s'oppose à sa volonté. Les Scorpions peuvent être assez intenses, passionnés et profonds. Ils aiment créer de toutes sortes de façons, mais généralement en reconstruisant. Ils sont connus pour se sentir plus en sécurité lorsqu'ils sont conscients de ce que les autres ressentent.

Les qualités négatives des Scorpions sont qu'ils peuvent être égoïstes et capricieux. Ils respectent leur vie privée et sont connus pour garder des secrets pour les autres. Les Scorpions peuvent se méfier des autres jusqu'à ce qu'ils aient gagné leur confiance. Ils utilisent parfois les autres pour leurs intérêts et exigent que les autres partagent les mêmes croyances et pensées qu'eux.

Les Scorpions ont le potentiel d'être volatiles, passant du positif au négatif à tout moment. En raison de leurs émotions intenses, ils peuvent être irritables, intolérants, jaloux, rancuniers et parfois destructeurs pour eux-mêmes et pour les autres. Ils sont également enclins à la violence. Équilibrer leurs émotions puissantes avec la logique et la raison est l'un de leurs défis dans la vie. Pour le meilleur ou pour le pire, les Scorpions peuvent aussi être de grands séducteurs.

Les Pierres Précieuses attribuées au Scorpion sont l'Aigue-Marine, l'Obsidienne Noire, le Grenat, l'Agate, la Topaze, le Béryl, les Larmes d'Apache et le Corail. En ce qui concerne le corps physique, le Scorpion gouverne le système reproducteur, les organes sexuels, les intestins et le système excréteur. Le Scorpion est le plus compatible avec le Taureau et le Cancer en matière de romance.

SAGITTAIRE - L'ARCHER

22 Novembre - 21 Décembre

Le neuvième signe de la roue du Zodiaque est le Sagittaire, dont la constellation s'étend du 240 au 270e degré de longitude céleste. La Planète dominante du Sagittaire étant Jupiter, ces personnes aiment profiter de l'abondance et sont très attachées au bien-être, tant pour elles-mêmes que pour leur entourage. Le Sagittaire est un signe de Feu avec le sous-Élément de l'Eau du Feu. Leur énergie fondamentale leur confère un équilibre entre leurs émotions et leur volonté. Pour cette raison, ils sont généralement sincères et directs avec les autres.

Le Sagittaire est l'Archer qui lance ses flèches, bien que dans ce cas, il s'agisse d'un Centaure, qui est mi-homme, mi-bête. Les Centaures étaient considérés comme les intellectuels de la mythologie Romaine, et le Sagittaire est leur homologue moderne. Ce sont des penseurs lucides qui ont une vue d'ensemble la plupart du temps et recherchent toujours la connaissance.

L'énergie prédominante du Sagittaire est celle de l'aspiration et de l'amour de la liberté. Ce signe est principalement concerné par l'indépendance car les Sagittaires aiment explorer tous les aspects de la vie. Ils sont philosophiques, charitables, éthiques et enthousiastes. Ils sont également préoccupés par la vérité et peuvent souvent être très religieux. Les Sagittaires sont très énergiques, avec une perspective et une vision positives de la vie. Ils aiment être inspirés, et ils aiment aussi inspirer les autres. La phrase clé du Sagittaire est "Je perçois". "

Le Sagittaire étant un signe mutable, il passe d'une chose à l'autre et ne peut pas rester trop longtemps sur un même sujet, ce qui le rend très adaptable à toute situation. Parce qu'ils ont une vision globale de la situation, ils peuvent facilement se fondre dans la vie et s'adapter à toutes les situations.

Certains des traits négatifs du Sagittaire sont qu'il n'est pas toujours capable de régler l'esprit avec la matière. Ils peuvent souvent exagérer s'ils sont trop concentrés sur leurs sentiments personnels. Ils peuvent être des grandes gueules, divulguant parfois des informations qu'ils ne devraient pas. Elles peuvent aussi être impétueuses, complaisantes, irrespectueuses, impatientes, procrastinatrices et insistantes. Elles manquent souvent de satisfaction, peu importe ce qui se passe dans leur vie.

Dans le Tarot, le Sagittaire est attribué à la carte de la Tempérance - elle signifie couper à travers l'illusion pour atteindre la vérité. Les Pierres Précieuses associées au Sagittaire sont la Turquoise, la Topaze, le Saphir, l'Améthyste et le Rubis. En ce qui concerne le corps physique, le Sagittaire gouverne les hanches, les cuisses, le foie et le nerf sciatique. En matière de relations amoureuses, le Sagittaire est le plus compatible avec les Gémeaux et les Béliers.

CAPRICORNE - LA CHÈVRE

22 Décembre - 19 Janvier

Le dixième signe du Zodiaque est le Capricorne, dont la constellation s'étend sur le 270-300e degré de longitude céleste. Régis par la Planète Saturne, les Capricornes ont une excellente intuition. Le Capricorne est un signe de Terre avec le sous-Élément Feu de la Terre. Comme ils sont un signe de Terre, la stabilité économique et la sécurité sont cruciales pour eux. Le Capricorne est un signe Cardinal, et pour cette raison, il aime commencer de nouvelles choses mais peut manquer de persévérance pour les terminer.

L'énergie prédominante du Capricorne est celle de la conscience et de l'organisation. Ils sont travailleurs, prudents, pragmatiques et sérieux. Ils doivent toujours être motivés, ayant une tâche ou un objectif banal à accomplir. Les Capricornes sont des penseurs pratiques et cherchent toujours à simplifier les choses. Ils sont beaucoup plus heureux lorsqu'ils sont en mouvement que lorsqu'ils sont immobiles et stagnants. Ils aspirent également à l'indépendance dans leur vie.

Comme le symbole du Capricorne est la Chèvre de Montagne, il symbolise la capacité et la volonté de grimper au sommet de la montagne. De même, les personnes nées sous ce signe sont des travailleurs acharnés et cherchent à atteindre le sommet de n'importe quel domaine pour récolter les fruits du succès. Les Capricornes aiment la célébrité, le prestige et l'argent, mais réalisent qu'il leur faudra travailler dur pour atteindre ces objectifs. L'expression clé pour décrire le Capricorne est "je me sers". "

Les Capricornes sont dignes de confiance et possèdent une profonde compréhension Spirituelle tout en étant conscients des besoins des autres. Ils sont loyaux envers ceux qu'ils aiment et sont prêts à se sacrifier si nécessaire. Les Capricornes sont ambitieux et cherchent toujours à améliorer la situation.

Certaines des qualités négatives du Capricorne sont qu'il peut être avilissant, arrogant et dictatorial. S'ils sont dans leur Égo, ils peuvent manquer de sympathie pour les autres. Ils peuvent également être impitoyables et têtus. En outre, ils peuvent aussi être trop ambitieux et se fixer des objectifs irréalistes. Tout comme le Lion, le Capricorne peut être assez soucieux du statut social.

Dans le Tarot, le Capricorne est attribué à la carte du Diable. Comme le Diable représente le lien entre les sens et le Monde de la Matière, cette énergie est illustrée par l'ambition et la volonté du Capricorne, orientées vers la réalisation dans la réalité matérielle. Par conséquent, les Capricornes doivent prendre un peu de recul et réévaluer l'importance de leurs objectifs et ce qu'ils sont prêts à faire pour les atteindre - la réalité Spirituelle ne devrait jamais prendre le pas sur la réalité matérielle.

Les Pierres Précieuses associées au Capricorne sont le Rubis, l'Onyx Noir, le Quartz Fumé, le Grenat et l'Agate. En ce qui concerne le corps physique, le Capricorne gouverne les genoux, les articulations et le système squelettique. En matière de romance, le Capricorne est le plus compatible avec le Taureau et le Cancer.

VERSEAU - LE PORTEUR D'EAU

20 Janvier - 18 Février

Le onzième signe de la roue Zodiacale est le Verseau, dont la constellation s'étend du 300 au 330e degré de longitude céleste. Dirigé par Saturne, le Verseau est de l'Élément Air avec le sous-Élément Air de l'Air. Cette combinaison s'accompagne de la plus haute énergie Spirituelle et de capacités intuitives très aiguisées. Étant connectés à l'Élément Esprit à un niveau profond, les Verseaux ont une excellente connaissance de tout ce qui se passe autour d'eux. Ils sont très perspicaces et sages et se connectent directement à la vérité en toutes choses. L'expression clé pour décrire le Verseau est "Je sais". "

Les Verseaux sont les parfaits représentants de la nouvelle ère du Verseau. Les personnes nées sous ce signe ont la conscience sociale nécessaire pour nous faire entrer dans le nouveau millénaire. Les Verseaux sont des philanthropes, et rendre le monde meilleur est l'une de leurs motivations profondes. Comme le symbole du Verseau est le Porteur d'Eau, qui verse la cruche d'eau sur l'humanité, de la même manière, les Verseaux arrosent le monde de pensées et d'idées novatrices.

Comme ils sont très Spirituels, les Verseaux sont attirés par l'occulte et les arts ésotériques. Ils comprennent sans effort les concepts et idées Spirituels complexes et apprécient la connaissance et la sagesse par-dessus tout. Ils sont honorables envers tous les êtres humains et aiment dire la vérité. En général, ils s'expriment sans honte et regardent vers l'avenir au lieu de s'attarder sur le passé.

L'énergie prédominante du Verseau est la qualité d'être un humanitaire. Ils maintiennent des idéaux éthiques élevés et de grands espoirs pour l'humanité, à moins qu'ils ne deviennent trop immergés dans leur Égo, ce qu'ils ont tendance à faire. Comme le Verseau est un signe Fixe, ces personnes sont connues pour vouloir toujours garder leurs croyances, surtout en ce qui concerne l'humanité, fixes. Si elles sont des révolutionnaires naturels, elles le resteront jusqu'à la fin.

Les Verseaux sont indépendants, et leurs expressions sont uniques et originales. Ils apprécient l'amitié et la romance. Ils sont naturellement grégaires, sociaux et ont un grand sens de l'humour. Leurs capacités imaginatives et créatives les poussent à toujours rechercher la bonne volonté. Les personnes nées sous ce signe sont généralement sexuellement expressives et enclines à la luxure. Les Verseaux peuvent également être très progressistes, compréhensifs, bienveillants et scientifiques. Ils sont souvent excentriques mais très déterminés, surtout lorsqu'ils sont en phase avec le but de leur vie.

Certaines des qualités négatives des Verseaux sont qu'ils peuvent être trop bavards et avoir tendance à imposer leurs croyances et leurs idées aux autres. S'ils fonctionnent à partir de leur Égo, les Verseaux peuvent apparaître comme froids et insensibles aux sentiments des autres. Ils peuvent également être imprévisibles, capricieux et extrêmes dans leurs pensées et leurs actions. Certaines de leurs idées peuvent être farfelues, peu pratiques et sans fondement, ce qui est la nature de l'Élément Air qui les domine. Bien que généralement extravertis, certains Verseaux peuvent aussi être très timides.

Dans le Tarot, le Verseau est attribué à la carte de l'Étoile. Comme l'Étoile signifie la méditation et la contemplation tranquille pour percevoir la réalité Spirituelle, le

Verseau doit aussi pratiquer ces choses s'il veut rester équilibré dans son esprit, son corps et son Âme. La méditation vient naturellement au Verseau s'il apprend à surmonter le bavardage constant dans son esprit.

Les Pierres Précieuses associées au Verseau sont le Grenat, la Sugilite, l'Améthyste, le Saphir Bleu, l'Agate Mousse et l'Opale. En outre, le Verseau gouverne les chevilles et le système circulatoire dans le corps physique. Enfin, en matière de romance, le Verseau est le plus compatible avec les deux signes de Feu, le Lion et le Sagittaire.

POISSONS - LE POISSON

19 Février - 20 Mars

Le douzième et dernier signe de la roue du Zodiaque est les Poissons, dont la constellation s'étend du 330 au 360e degré de longitude céleste. L'Élément du signe des Poissons est l'Eau, avec le sous-Élément de l'Eau de l'Eau. Leur énergie fondamentale apporte des émotions profondes, l'expansion de la conscience, et avec l'évolution, un amour profond et inconditionnel et la compassion envers tous les êtres vivants. Dirigé par Jupiter, le signe des Poissons sont symbolisés par le Poisson. L'Élément Eau rend les Poissons psychiques et empathiques, réceptifs à tout ce qui se passe dans leur environnement.

Le symbole des Poissons est celui de deux poissons, l'un nageant en amont et l'autre en aval. Ce symbole implique une dure dualité dans les émotions. Le signe des Poissons peuvent suivre le point de vue positif ou négatif et parfois les deux simultanément. Leur défi est d'éviter de se laisser emporter par leurs peurs, car les signes d'eau sont enclins à la peur et à l'anxiété. La phrase clé pour décrire les Poissons est "Je crois". "

Les personnes nées sous ce signe sont réceptives et sensibles aux pensées et aux sentiments de ceux qui les entourent. Inconsciemment, elles absorbent les perspectives mentales des personnes dont elles s'entourent. Le défi du Poisson est de développer sa volonté. En raison de la forte influence de l'Élément eau chez le signe des Poissons, son feu a tendance à être noyé, ce qui affaiblit sa volonté. Ainsi, ils peuvent souvent se tourner vers les autres pour être guidés et sont facilement influençables.

Les Poissons sont un signe Mutable, ce qui rend ces personnes adaptables à leur environnement. Ils sont très intuitifs et comprennent les questions de l'Âme, ce qui les rend sympathiques aux besoins et aux désirs des autres. Ils sont également créatifs et novateurs, avec une grande imagination, ce qui les rend enclins à la musique et à d'autres expressions artistiques.

Les Poissons ont tendance à travailler pour des idéaux élevés et sont souvent préoccupés par l'éthique et la morale concernant eux-mêmes et les autres. Ils renoncent à ceux qu'ils trouvent injustes. Ils sont enjoués, joyeux et possèdent un grand sens de l'humour. En outre, ils ont de hautes aspirations Spirituelles et sont attirés par les disciplines occultes et ésotériques. Cependant, les Poissons recherchent à tout prix la paix et la stabilité émotionnelle, car leur environnement les influence fortement. Pour cette raison, ils recherchent souvent la solitude. En revanche, ils brillent dans les milieux sociaux.

Certaines des qualités négatives des Poissons sont qu'ils cherchent à contrôler en donnant et peuvent souvent être victimes de leur Égo. Ils sont connus pour parler beaucoup tout en étant parfois contraints émotionnellement. Les Poissons sont sensualistes en toutes choses, ce qui peut être positif ou négatif, selon que leur Égo ou leur Soi Supérieur les guide. Ils ont peu de contrôle sur leurs émotions, ce qui peut paraître égocentrique et égoïste. Ils se sentent souvent incompris des autres, ce qui les rend mélancoliques.

Les Poissons doivent rester bien ancrés, les deux pieds sur terre, pour ne pas tomber dans la paranoïa, l'anxiété et même les hallucinations. En conséquence, ils peuvent manquer d'individualité et être pessimistes, paresseux, procrastinateurs et irréalistes dans leur façon de penser. En outre, les Poissons sont susceptibles d'être de mauvaise humeur s'ils sont submergés par des sentiments négatifs. Ils ont souvent du mal à se ressaisir sans changer leur environnement.

Dans le Tarot, les Poissons sont attribués à la carte de la Lune. Comme la carte de la Lune représente les peurs du subconscient, les Poissons sont confrontés à ces mêmes peurs en raison de leur nature aqueuse profonde. Une bonne dose de logique et de raison, alimentée par la volonté, est nécessaire aux Poissons pour surmonter ces défis émotionnels.

Les Pierres Précieuses associées aux Poissons sont l'Améthyste, le Jade, l'Aigue-Marine, le Cristal de Roche, la Pierre de Sang, le Diamant et le Saphir. Les Poissons gouvernent les pieds, les orteils, le système lymphatique et les tissus adipeux du corps physique. En matière de romance, les Poissons sont plus compatibles avec les deux signes de terre stables, la Vierge et le Taureau.

LES DOUZE MAISONS

L'Horoscope est divisé en douze segments, ou Maisons, dont chacun est régi par l'un des douze signes du Zodiaque dans l'ordre (Figure 43). Le Zodiaque commence par la Première Maison (Bélier) et se poursuit dans le sens inverse des aiguilles d'une montre jusqu'à la Douzième Maison (Poissons). Au moment de notre naissance, les

Planètes Anciennes (et les deux Nœuds de la Lune) occupaient les Signes du Zodiaque et les Maisons.

Cependant, les Douze Maisons ne sont pas les mêmes que les Douze du Zodiaque. La roue du Zodiaque est basée sur la révolution annuelle de la Terre autour du Soleil, tandis que les Maisons reflètent la rotation de la Terre autour de son axe sur vingt-quatre heures. Ainsi, les Douze signes du Zodiaque sont appelés les "Maisons Célestes", tandis que les Douze Maisons sont appelées les "Maisons Terrestres".

Lorsque les Astrologues lisent l'Horoscope d'une personne, ils examinent à la fois les Maisons Célestes et les Maisons Terrestres pour obtenir l'interprétation la plus optimale. Comme les Maisons changent toutes les deux heures, il est essentiel de connaître l'heure exacte de la naissance. Les six premières Maisons sont les "Maisons Personnelles", tandis que les dernières sont les "Maisons Interpersonnelles". Les influences énergétiques des Maisons Personnelles se reflètent dans un sens plus large dans les Maisons Interpersonnelles - chaque Maison Personnelle a sa contrepartie Interpersonnelle directement opposée à elle. Ainsi, la Première et la Septième Maison sont liées, tout comme la Deuxième et la Huitième, la Troisième et la Neuvième, la Quatrième et la Dixième, la Cinquième et la Onzième, et la Sixième et la Douzième.

Chacune des Douze Maisons est associée à divers attributs de la vie d'une personne, en commençant par le Soi et en s'étendant à la société et au-delà. Les Maisons nous donnent un aperçu inestimable de notre personnalité et de notre caractère, ainsi que de la façon dont nous coexistons avec le monde qui nous entoure. Elles nous offrent une feuille de route pour comprendre notre passé, notre présent et notre avenir, ainsi qu'un aperçu de nos déclencheurs mentaux et émotionnels, facilités par le mouvement des Planètes.

Lorsque vous interprétez votre thème de naissance, tenez compte des maisons occupées par les Planètes. Comme chaque Planète a un type d'influence différent, elle dynamise les traits associés à la Maison qu'elle visite. L'évaluation de notre thème de naissance nous permet de voir quelle partie de notre vie a besoin d'être travaillée et comment nous pouvons contrecarrer l'influence des Planètes sur nous pour atteindre l'équilibre. Puisque nous portons les Douze Maisons de la naissance à la mort, leurs influences sont imprimées dans notre Aura. Chaque Maison reflète une partie de notre existence et contient une leçon spécifique essentielle à notre évolution Spirituelle.

1st Maison (Bélier)

La Première Maison est le point de départ du Zodiaque, et elle est donc liée à notre sens du Moi. C'est la plus importante des Douze Maisons car elle représente notre Ascendant (AC), ou signe Ascendant. L'Ascendant représente le Moi extérieur qui détermine la première impression que les autres ont de nous. Il comprend notre apparence physique, nos manières, notre disposition générale et notre tempérament. Essentiellement, la Première Maison représente ce que nous mettons dans le monde.

Elle est également liée aux nouveaux départs, y compris les projets, les idées et les perspectives.

2nd Maison (Taureau)

La Deuxième Maison est liée à l'argent, à la sécurité et aux possessions matérielles. Elle régit nos biens personnels, nos revenus et nos perspectives financières, y compris notre capacité à accumuler des richesses. Notre valeur personnelle et notre amour-propre sont également présents dans la Deuxième Maison.

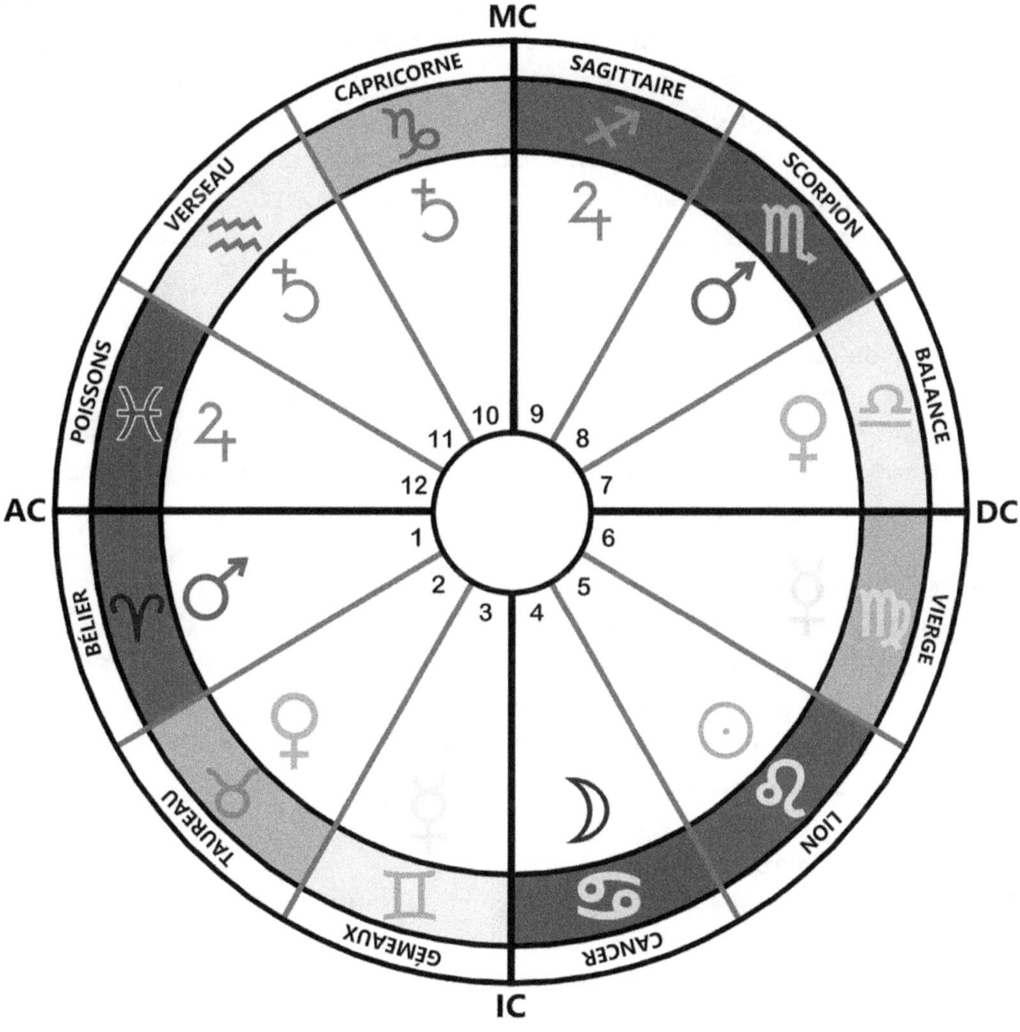

Figure 43: Les Douze Maisons et leurs Correspondances

3rd Maison (Gémeaux)

La Troisième Maison régit la communication, la logique et la raison, les transports et les liens familiaux. Elle affecte notre éducation précoce et notre capacité à apprendre et à étudier. Puisqu'elle régit nos processus de pensée et notre fonctionnement cognitif, la Troisième Maison affecte notre style de discours. Elle régit également les appareils technologiques que nous utilisons pour communiquer avec les autres et les véhicules de transport pour les déplacements sur de petites distances.

4th Maison (Cancer)

La cuspide de la Quatrième Maison est le nadir, ou Imum Coeli (IC), terme latin signifiant "Point le Plus Bas", en raison de sa position à la base du thème de naissance. Elle représente notre personnalité privée qui se trouve dans l'endroit le plus profond, le plus sombre, le plus calme et le plus personnel de notre thème de naissance. En tant que telle, la Quatrième Maison est notre fondation intérieure - notre fondation émotionnelle et notre sentiment de sécurité régissant le foyer et la famille. En outre, la Quatrième Maison indique la relation de l'individu avec sa mère et sa vision de la domesticité.

5th Maison (Lion)

La Cinquième Maison est liée à la créativité, à la joie et au sexe. Elle régit l'expression de Soi et tout ce que nous faisons pour le plaisir et le divertissement. La Cinquième Maison est notre enfant intérieur, et le plaisir que nous recevons en ayant des enfants est régi par elle.

6th Maison (Vierge)

La Sixième Maison est liée au service et à la santé, y compris les maladies. Elle indique notre besoin d'aider les autres et d'être utile dans la société. Elle régit les relations avec les personnes avec lesquelles nous travaillons et notre état de santé, surtout de nature mentale et émotionnelle. Elle régit également notre attitude à l'égard des routines, de l'organisation et des plans d'ordonnancement.

7th Maison (Balance)

La Septième Maison est liée au mariage et aux autres partenariats, y compris les affaires. Elle couvre les unions légales ou les contrats que nous concluons et l'attitude que nous avons envers ces unions. La Septième Maison concerne notre capacité à travailler harmonieusement avec les autres. Inversement, elle couvre également nos ennemis ouverts ou nos adversaires dans les affaires et dans d'autres domaines où nous avons formé un partenariat. La Septième Maison se trouve directement en face de la Première Maison (Ascendant). Elle est considérée comme notre Descendant (DC), représentant la personne la plus proche et la plus chère à nos yeux, principalement notre conjoint.

8th Maison (Scorpion)

La Huitième Maison est liée à la mort, à la régénération et aux biens financiers que nous recevons d'autres personnes. L'orgasme étant considéré comme une mini-mort, la Huitième Maison est également liée au sexe. Souvent appelée Maison de la transformation Spirituelle, la Huitième Maison est liée à notre croyance en la vie après la mort. Elle régit également les pouvoirs psychiques et les connaissances occultes.

9th Maison (Sagittaire)

La Neuvième Maison couvre l'apprentissage supérieur, les croyances de vie et la philosophie, ainsi que les voyages internationaux et à longue distance. Cette Maison peut être perçue comme la Troisième Maison étendue, car les poursuites mentales, les voyages et les connaissances sont étendus à un niveau plus élevé, plus Spirituel.

10th Maison (Capricorne)

La Dixième Maison régit notre carrière, notre image publique, notre statut social et nos réalisations dans la société. Elle régit notre relation avec les structures de contrôle, les figures d'autorité, ainsi que nos limites et notre discipline pour atteindre nos objectifs. En tant que point culminant du thème de naissance, la pointe de la dixième maison est appelée le Milieu du Ciel, ou Medium Coeli (MC), ce qui signifie en latin "le Point le Plus Élevé", ce qui signifie le sommet de notre réussite sociale. Comme il est directement opposé au Nadir, le Milieu du Ciel représente notre personnalité publique.

11th Maison (Verseau)

La Onzième Maison régit nos espoirs, nos souhaits, nos amis et le sens de la communauté. Elle couvre les poursuites humanitaires et les idées révolutionnaires, y compris la technologie et l'innovation. Les rêves et les objectifs à long terme ainsi que les plaisirs de l'intellect sont également inclus dans la Onzième Maison.

12th Maison (Poissons)

La Douzième Maison régit les chagrins, les secrets et l'autodestruction. C'est la plus mystique de toutes les Maisons puisqu'elle couvre le psychisme, les rêves, les cauchemars et les émotions profondes. En ce qui concerne le subconscient, la Maison XII affecte les limites que nous nous imposons par un comportement autodestructeur. En tant que telle, cette maison régit notre Karma puisqu'elle contient les récompenses et les punitions pour nos actions. Sur un plan plus terre à terre, la Douzième Maison régit les prisons, les asiles, les hôpitaux et les ennemis secrets.

***

La connaissance du Zodiaque ne serait pas complète sans mentionner les âges Astrologiques. Les âges Astrologiques représentent une période en Astrologie qui correspond à des changements significatifs dans le développement de l'humanité, en particulier en ce qui concerne la culture, la politique et la société en général. Les âges Astrologiques se produisent en raison d'un phénomène connu sous le nom de précession des Équinoxes. Une période complète de précession est appelée "Grande Année" ou Année Platonicienne, soit environ 25 920 ans.

Les Astrologues divisent la Grande Année en Douze âges Astrologiques. Ces âges sont tous d'une durée approximativement égale, soit environ 2160 ans par âge. Nous vivons actuellement dans l'Ère des Poissons, qui a commencé à peu près à l'époque de la naissance de Jésus-Christ. Jésus lui-même est considéré comme l'Archétype du Poisson, et la naissance et l'essor du Christianisme ont été l'un des événements clés de l'Ère des Poissons. Pour cette raison, vous verrez souvent le symbole des Poissons, les Poissons, utilisé par les Chrétiens.

Alors que l'Ére des Poissons se termine lentement, nous entrons dans l'Ére du Verseau. Cependant, comprenez qu'une ère Astrologique ne commence et ne se termine pas à un jour ou à une année précise ; la transition est un processus graduel. Cette période de transition est appelée une "cuspide". Ainsi, nous nous trouvons actuellement sur une cuspide alors que nous recevons les influences de l'énergie de l'Ère du Verseau.

L'humanité est en train de changer à un niveau fondamental, mais pour que ces changements se manifestent à l'extérieur, il faudra un certain temps. Comme le Verseau est le plus Spirituel de tous les signes du Zodiaque, l'Ère du Verseau sera marquée par l'évolution Spirituelle de l'humanité. Pour cette raison, l'Ère du Verseau est souvent appelée l'Âge d'Or.

Le but du *Magus* est d'aider à atteindre cet objectif. À maintes reprises, la science Hermétique a émergé de l'obscurité et de la Lumière. Son but est d'illuminer le cœur et l'esprit de toute l'humanité. Ceux qui sont prêts à recevoir ses lèvres de sagesse trouveront que cette doctrine Hermétique est la plus éclairante pour saisir des concepts autrement difficiles à comprendre concernant le monde invisible de l'Esprit dont nous faisons tous partie.

Alors que nous entrons dans l'Ère du Verseau, je vous mets au défi d'embrasser cette science Hermétique et de lui permettre de transformer votre esprit, votre corps et votre Âme, comme elle l'a fait pour d'innombrables Adeptes et Sages du passé. En agissant ainsi, nous pourrons tous devenir des êtres de Lumière et élever la conscience collective de l'humanité. Après tout, les fruits du Ciel sont notre droit de naissance inhérent et notre destinée ultime.

LES PLANÈTES DE NOTRE SYSTÈME SOLAIRE

Les Planètes en Astrologie ont une signification différente de celle que nous leur attribuons en astronomie moderne. Dans l'Antiquité, on pensait que le ciel nocturne était composé de deux Éléments très similaires : des étoiles fixes appelées Zodiaques, qui restaient immobiles les unes par rapport aux autres, et des Étoiles errantes ou "Planètes", qui se déplaçaient par rapport aux Étoiles fixes au cours de l'année.

Le groupe de Planètes de notre Système Solaire en comptait cinq, visibles à l'œil nu, et excluait la Terre. Au cours du Moyen-Âge, le terme "Planète" a été élargi pour inclure le Soleil et la Lune, totalisant ainsi Sept Planètes Anciennes (Figure 44). Dans la Qabalah, ce sont Saturne, Jupiter, Mars, le Soleil, Vénus, Mercure et la Lune. La Terre est également une Planète, mais elle est considérée comme distincte des Sept Planètes Anciennes, car elle ne quitte jamais notre sphère d'expérience. D'un point de vue Qabalistique, les Planètes sont des représentants directs des Sephiroth, tandis que la Terre est synonyme de Malkuth.

Les Planètes sont les corps célestes de notre Système Solaire. Au centre de notre Système Solaire se trouve le Soleil, notre Étoile centrale, tandis que les Planètes sont les corps célestes qui gravitent autour de lui. Le Soleil est le distributeur visible de Lumière dans notre Système Solaire et est considéré comme le plus important. Par conséquent, de nombreuses traditions Anciennes l'ont vénéré comme la plus haute manifestation de Dieu - le Créateur - dans l'Univers visible.

Les Planètes sont maintenues en orbite autour du Soleil par l'effet gravitationnel que le Soleil exerce sur elles. Certaines Planètes se déplacent plus lentement, d'autres plus rapidement autour du Soleil. La vitesse à laquelle elles se déplacent et le type d'énergie que chaque Planète transporte influencent l'humanité. Le but de l'Astrologie est d'examiner cette influence, afin de mieux comprendre qui nous sommes.

Les Anciens reconnaissaient l'existence des Déités, ou Dieux et Déesses, car elles appartenaient à l'ordre de la Création. Les Sept Planètes Anciennes dans le cadre ésotérique Occidental représentent plusieurs de ces Déités, que les Anciens ont personnifiées pour mieux comprendre leur énergie et leur effet sur l'humanité.

Selon les Anciens, les Divinités Planétaires constituaient les pouvoirs supérieurs et les aspects de la psyché humaine. Leur connaissance est devenue essentielle dans l'Astrologie, qui contient la clé de la compréhension de la psychologie humaine, y compris nos plus hautes aspirations et autres expressions de nos pouvoirs intérieurs.

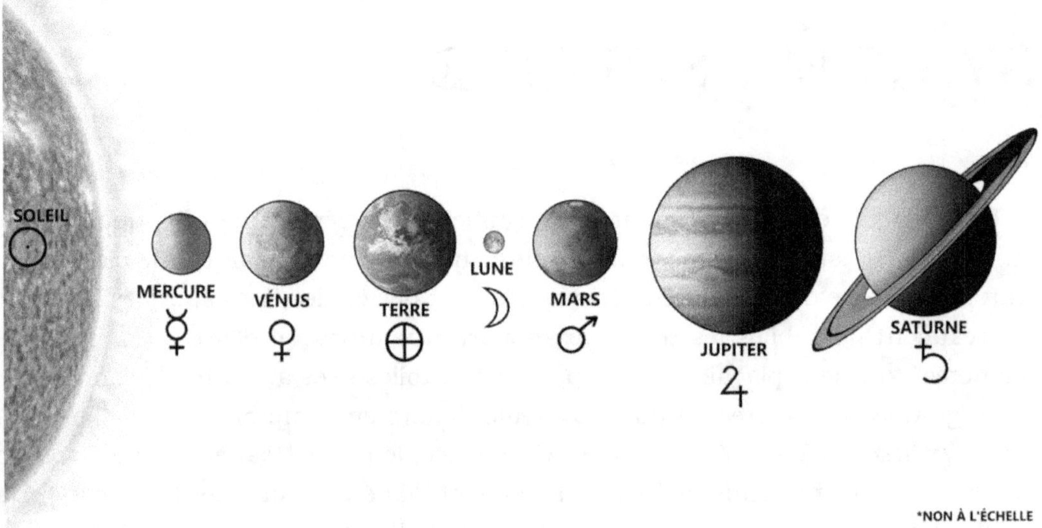

Figure 44: Les Sept Planètes Anciennes

Il est important de noter que l'existence des Déités et leur relation avec les Planètes elles-mêmes régissent le destin, l'idée que les événements de la vie sont hors du contrôle d'une personne, déterminés par une puissance surnaturelle. Selon de nombreuses religions et philosophies antiques, ce pouvoir surnaturel est celui des Déités.

Le sort et le destin sont souvent interchangeables, mais ce ne sont pas les mêmes. Le destin repose sur l'idée qu'il existe un ordre naturel dans l'Univers qui ne peut être modifié. En d'autres termes, le Libre Arbitre individuel n'a aucune incidence sur le destin. L'expression courante pour décrire le destin est : "C'est la volonté des Dieux (ou de Dieu)". Le destin, quant à lui, est votre potentiel qui attend de se réaliser. Il y a un Élément de choix et de Libre Arbitre ici, car nous façonnons notre destin en prenant des décisions actives et conscientes dans nos vies. Comme les Planètes représentent la "Volonté des Dieux", vous pouvez voir comment elles influencent directement les affaires humaines.

Dans l'Astrologie Occidentale, les Planètes représentent les pulsions de base ou les besoins de l'esprit subconscient, qui peuvent être décrits comme des régulateurs du flux d'énergie. Ces régulateurs forment le caractère et la personnalité de l'être humain et s'expriment avec différentes qualités dans les Douze signes du Zodiaque. Les schémas des mouvements des Planètes dans le ciel nocturne reflètent le flux et le reflux des pulsions humaines de base, car ils représentent les forces fondamentales de la nature.

Parce qu'elles influencent l'humanité, l'étude des Planètes et du Zodiaque est essentielle. Si nous pouvons comprendre les énergies du Zodiaque et des Planètes, alors nous pouvons comprendre notre constitution psychologique. Les énergies des deux Planètes affectent nos pensées, nos émotions, notre imagination, notre inspiration, notre volonté, notre mémoire, notre désir, notre intelligence et tout ce qui, en nous, fait de nous des êtres humains. Par conséquent, la connaissance des Planètes et du Zodiaque va de pair avec une meilleure compréhension de l'Arbre de Vie Qabalistique.

Les Planètes régissent également différentes parties du corps, dont la connaissance est utile en médecine alternative. Un excellent moyen d'affecter et de guérir les différentes parties du corps est d'utiliser des invocations rituelles Planétaires. Celles-ci sont présentées dans la section suivante intitulée "Magie Planétaire Avancée". En invoquant une Planète particulière, nous travaillons également à la guérison des parties correspondantes du corps humain. Cependant, rappelez-vous que vous ne devez pas utiliser la Magie Planétaire avant d'avoir terminé le programme d'Alchimie Spirituelle avec les Cinq Eléments.

SATURNE

Saturne est attribué à la Sphère de Binah dans la Qabalah et a une affinité avec l'Élément Terre. Son énergie est comparable à celle de la Terre de l'Air car elle stimule la pensée intuitive orientée vers le monde matériel. Saturne est la Planète du Karma et des cycles du temps. Son affinité avec Binah implique la connexion entre le temps et le Plan Astral du monde matériel (qui comprend toutes les formes d'existence). Saturne est également connu comme le professeur et le faiseur de tâches de l'Horoscope.

Saturne a une qualité aérienne, bien qu'il s'agisse d'un type d'air ancré, très lucide et profond. L'énergie de Saturne est une énergie de constriction et de cristallisation. C'est la Planète de la foi, et elle a un impact sur la façon dont une idée de l'esprit se manifeste.

Saturne est responsable du passage du temps et de l'avancement des âges. En Hébreu, Saturne est connue comme la Sphère de Shabbathai. Pour les Grecs, Saturne est connu sous le nom de Chronos (ou Cronus), populairement appelé "Père Temps", qui manie la faux qui coupe tout ce qui empêche le progrès. Chronos était le gouverneur du temps linéaire, chronologique. Il était le souverain des Titans et le père de Zeus.

Pour les Romains, Saturne était le Dieu de l'agriculture. Il était représenté sur les mosaïques Gréco-Romaines comme un homme tournant la Roue du Zodiaque. Ainsi, le passage du temps est associé à la progression de la Terre à travers les constellations du Zodiaque.

Saturne était connu comme le "Grand Maléfique", ce qui signifie qu'il s'agit d'une Planète censée apporter la malchance et le malheur à ceux qui sont nés dans son rayon. Cela est dû au fait qu'elle est étroitement associée au monde matériel et, comme nous le savons, toute énergie qui nous lie au Monde de la Matière est source de malheur et de chagrin à long terme.

Dans le monde entier, les Divinités associées à Saturne sont Isis, Ishtar, Brahma, Héra, Nephtys, Ptah, Ninurta et Harpocrates. En Astrologie, Saturne régit le Capricorne et le Verseau. Dans le Tarot, Saturne est attribué à la carte de l'Univers. Les Pierres Précieuses de Saturne sont l'Onyx Noir de Jais, les Diamants et le Quartz Fumé. Le métal correspondant à Saturne est le plomb, tandis que le jour de la semaine attribué à Saturne est le samedi. Le Nom Divin Hébraïque associé à Saturne est YHVH Elohim.

Comme Saturne régit le temps, il régit également la vérité et la sagesse. Il affecte la patience et les restrictions d'une personne dans la vie, la maintenant dans les limites de l'humanité. Les qualités de Saturne concernant les autres Planètes indiquent comment une personne peut redresser les torts de son passé et acquérir de la perspicacité, rachetant ainsi les défauts de sa nature. Saturne implique une réflexion sur le passé pour en tirer des leçons et progresser Spirituellement.

Saturne étant une Planète de contrôle et de structures, il est logique qu'elle régisse notre structure physique, nos os. Nos os sont la seule partie de notre corps qui résiste au passage du temps, car ils constituent le fondement de notre corps physique. Saturne régit également les dents, le cartilage, les glandes, les cheveux, les articulations et la rate. Un Saturne affligé peut entraîner une paralysie, des articulations faibles et d'autres problèmes osseux. Il peut également créer des problèmes respiratoires, une perte de cheveux, une perte de poids rapide, de la constipation, et même vous donner un rhume.

Les qualités de Saturne et la maison qu'il gouverne (en Astrologie) indiquent la capacité d'une personne à s'autodiscipliner et la façon dont elle crée une structure dans sa vie. Sans l'influence bien développée de Saturne, une personne ne peut pas réussir dans la vie car elle manquera de discipline. Une personne avec un conflit dans

Saturne peut être égoïste et têtue lorsqu'il s'agit de changer ses attitudes. Ce comportement peut être une source de problèmes dans les interactions sociales, entraînant de nombreux malheurs et échecs personnels.

Saturne régit les objectifs et les possibilités de carrière d'une personne, ainsi que ses limites et son conservatisme. Les personnes ayant une forte influence de Saturne dans leur Horoscope sont ambitieuses et motivées par nature, et l'évolution Spirituelle est de la plus haute importance pour elles. En Astronomie, Saturne est la Sixième Planète à partir du Soleil et la deuxième plus grande dans notre Système Solaire, après Jupiter.

JUPITER

Jupiter est attribué à la Sphère du Chesed dans la Qabalah. Il a une affinité avec l'Élément de l'Eau ; cependant, son énergie est mieux décrite comme une sensation d'Eau de Feu, car il stimule le principe de "l'Amour Sous la Volonté". Jupiter est un nom donné par les Romains au Dieu du ciel et du tonnerre.

En Hébreu, Jupiter est connu sous le nom de Tzedek. Pour les Grecs, Jupiter est appelé Zeus, le Roi des Dieux du mont Olympe. En termes de grandeur et de puissance, Zeus n'est devancé que par Saturne, ou Chronos (Cronus). Jupiter était également connu sous le nom de "Grand Bénéfique", ce qui signifie que c'est une Planète qui apporte la bienveillance et la bonne fortune. Ce nom lui a été donné en raison de son association avec l'énergie de l'amour inconditionnel et de la réalité Spirituelle - toutes les énergies dont le cœur est l'amour inconditionnel produisent des résultats positifs.

Dans le monde entier, les Divinités attribuées à Jupiter comprennent Maat, Marduk, Vishnu, Saraswati, Indra, Hapi du Nord, Hapi du Sud et Dagda. En Astrologie, Jupiter est le maître des Poissons et du Sagittaire. Dans le Tarot, Jupiter est attribué à la carte de la Roue de la Fortune. Les Pierres Précieuses de Jupiter sont le Saphir, le Lapis-Lazuli, la Turquoise et l'Aigue-Marine. Le métal correspondant à Jupiter est l'étain, tandis que le jour de la semaine attribué à Jupiter est le jeudi. Le Nom Divin Hébraïque associé à Jupiter est El.

Jupiter est miséricordieux et généreux, tout comme l'Élément Eau. Il a une affinité avec le ciel bleu et toutes les étendues d'eau. Jupiter a une responsabilité envers toute l'humanité pour aider à maintenir son bien-être. Il est connu pour être une énergie très gentille et bienveillante qui affecte l'interaction et la coopération humaines par un amour inconditionnel. Ainsi, Jupiter régit la compassion, l'impulsion protectrice, la moralité et l'éthique. Jupiter a une influence puissante sur le caractère et les vertus d'une personne, il est en quelque sorte son bâtisseur. Jupiter régit également le développement personnel d'une personne dans la vie, car la meilleure façon de se développer dans la société est de donner et de recevoir.

Un aspect de l'Élément Feu est présent dans Jupiter car il est connu pour protéger ce qu'il aime et ce dont il prend soin. L'énergie sous-jacente de Jupiter est celle de l'effusion et de l'expansion, ainsi que de l'optimisme. C'est un pouvoir organisateur et majestueux. Jupiter est le législateur, le juge et le bienfaiteur de l'humanité.

Comme Jupiter est une Planète expansive, elle régit la croissance physique du corps. Jupiter régit le maintien du développement et de l'intégration cellulaires dans le corps humain. La préservation des tissus mous du corps ainsi que les intestins sont sous la domination de Jupiter. Jupiter gouverne également le foie, les reins, les surrénales, les nerfs sciatiques et les processus digestifs. Il régule l'excrétion et l'élimination des toxines. Enfin, il régit les hanches et les cuisses. Un Jupiter affligé peut provoquer des problèmes cardiaques et hépatiques, une prise de poids, du diabète, des varices, des problèmes de foie et de l'hypertension.

Dans un Horoscope, un Jupiter affligé indique que la personne a du mal à donner et à coopérer avec les autres dans la société. Jupiter est également le maître de l'esprit supérieur et abstrait, de l'éducation, de la philosophie de vie et de la chance. L'action de Jupiter est efficace et ordonnée, favorisant la croissance. Ainsi, la croissance Spirituelle, ainsi que le leadership religieux et Spirituel, sont sous la gouvernance de Jupiter. La prospérité et l'abondance d'une personne sont également sous l'influence de Jupiter, tout comme le temps libre, l'indulgence, la richesse, l'optimisme, le succès, les opportunités et l'assimilation des pensées et des idées. En Astronomie, Jupiter est la cinquième Planète à partir du Soleil et la plus grande de notre Système Solaire.

MARS

Mars est associé à la Sphère de Geburah dans la Qabalah. Il a une affinité avec l'Élément du Feu. La meilleure façon de décrire son énergie est de dire qu'elle ressemble à la Terre de Feu, car c'est un feu sec et brûlant. Cette Planète est très puissante, et puisqu'elle est l'Élément Feu, les aspects de force et de courage du corps et de l'esprit lui sont attribués.

Mars est dynamique, vigoureux, initiateur et axé sur l'action. La résolution et l'enthousiasme sont également des aspects de Mars, tout comme la passion. Mars est très masculin, et une trop grande quantité de son énergie peut entraîner la destruction, ce qui est vital pour tout renouveau puisque l'ancien doit mourir pour donner naissance au nouveau. Cette idée est parfaitement illustrée par la carte du Tarot de la Tour, à laquelle Mars est attribué.

Mars peut aussi être tyrannique et oppressif s'il manque d'équilibre avec l'amour inconditionnel et la miséricorde de Jupiter. Les armées, les guerres et les combats physiques sont tous associés à Mars. Son image Archétypale est celle du guerrier.

Mars est la Sphère de la fraternité et la voix du peuple. C'est la Sphère de l'ingénierie en raison de son association avec le fer et l'acier. Mars confère la capacité de s'exprimer par des actions puissantes et dynamiques. Cependant, il peut aussi pousser une personne à agir de manière impulsive sans tenir compte des conséquences de ses actes.

Nommé d'après le Dieu Romain de la Guerre, Mars était connu par les Anciens comme le "Petit Maléfique" car il peut souvent être destructeur. Mars est appelé Arès en Grec, où il est également le Dieu de la Guerre. En Hébreu, Mars est connu sous le nom de Madim.

Dans le monde, d'autres Divinités attribuées à Mars sont Horus, Sekhmet, Ninurta, Agni, Durga, Nergal et Shiva. En Astrologie, Mars est le maître du Bélier et du Scorpion. Les Pierres Précieuses de Mars sont le Rubis, le Grenat, l'Agate Rouge, la Pierre de Sang et le Corail Rouge. Le métal correspondant à Mars est le fer, tandis que le mardi est le jour de la semaine qui lui est attribué. Le Nom Divin Hébreu associé à Mars est Elohim Gibor.

L'énergie de Mars est puissante, elle doit donc être canalisée consciemment. Les personnes dont l'Horoscope contient un Mars affligé sont susceptibles d'être de mauvaise humeur, d'avoir des accès de colère et de recourir à la violence. Comme Saturne, Mars a traditionnellement la réputation d'être une Planète Maléfique en conflit avec les autres. En outre, Mars régit également notre nature animale, la réussite, la compétition, les conflits, les tensions, l'adversité et le travail. Son action est souvent perturbatrice et soudaine, ainsi que vigoureuse. L'énergie de Mars peut être utilisée avec courage et force ou avec violence et destruction.

On peut gagner beaucoup de respect et d'honneur de la part des autres si l'utilisation de l'énergie de Mars est équilibrée. Un bon équilibre entre les autres Planètes permet d'utiliser l'énergie de Mars de manière constructive. Par exemple, Jupiter donne l'inspiration altruiste, Mercure rationalise, et Saturne donne la discipline. Ces trois Planètes en particulier peuvent être utiles à Mars.

Mars est la Planète rouge, et en tant que telle, elle régit les globules rouges et l'oxydation naturelle dans le corps. Elle régit le développement et le bien-être des membres du corps. Elle régit les organes externes, tels que le nez, les oreilles, les yeux, la bouche et toute la région du visage. Il régit également le système excréteur. Comme Mars est une Planète qui s'affirme, elle régit les aspects procréatifs du corps, comme la fonction des organes sexuels. Il régit également les nerfs moteurs et la vésicule biliaire.

Un Mars affligé peut entraîner des maladies liées au sang. Il peut créer des inflammations dans le corps, des maladies infectieuses et contagieuses, des blessures physiques accidentelles et des hémorragies. Il peut également entraîner des maladies physiques ou mentales hyperactives. Un Mars affligé peut également entraîner un excès d'hormones, ce qui provoque des problèmes d'érection chez les hommes.

Mars est lié à Vénus, car ce sont deux Planètes de Feu. Par essence, Mars régit la sexualité masculine, tandis que Vénus régit la sexualité féminine. Mars représente la volonté, tandis que Vénus représente le désir. Ces deux Planètes travaillent l'une avec l'autre pour satisfaire leurs besoins respectifs. Les désirs de l'Égo dirigent la plupart des gens, mais lorsqu'ils ont évolué Spirituellement, leur volonté tombe sous la gouvernance de leur Âme et de leur Moi Supérieur. Ils opèrent alors à partir d'un lieu d'éthique et de moralité, et non de leurs désirs.

Pour se comporter de manière équilibrée et proactive, Mars a besoin d'intelligence plus que de désirs personnels. Lorsque les gens sont alignés sur leurs désirs mais manquent de raison et de logique, ils sont plus susceptibles d'être destructeurs dans leur application de l'énergie de Mars. En Astronomie, Mars est la quatrième Planète en partant du Soleil et la deuxième plus petite Planète du Système Solaire, après Mercure.

LE SOLEIL (SOL)

Le Soleil est la Sphère de Tiphareth dans la Qabalah, qui est la demeure des Dieux sauveurs, tels que Jésus-Christ, Mithra, Krishna, Dionysos, Tammuz et Osiris, le "Ressuscité". Comme il est la source de Lumière de notre Système Solaire, le Soleil est très Spirituel. Il affecte la croissance et la régénération, tant sur le plan mental qu'émotionnel. Il est le plus Spirituel de toutes les Planètes Anciennes, car il reflète la Sphère de Kether. La Lumière du Soleil manifeste la Grande Lumière Blanche de Kether, la source de toute vie.

Le Soleil est, en fait, la progéniture de la Lumière de Kether - il est son Fils. Pour nous, le Soleil est la plus haute manifestation de l'énergie de Dieu. Il a une affinité avec l'Élément Air. Cependant, son énergie peut être décrite de manière plus appropriée comme étant comparable à l'Air du Feu, car c'est l'énergie de la pensée créative et imaginative.

Sol est le nom Romain de la Sivinité invincible du Soleil. C'est l'origine du mot "Solaire". Comme les Âmes de tous les êtres vivants proviennent de Sol ou du Soleil, nous sommes simplement des Êtres de Lumière contenus dans des corps matériels qui nous servent de véhicules dans cette Troisième Dimension du Temps et de l'Espace. Le Soleil est responsable de la distribution de l'énergie et de la matière pour la production.

En Grec, le Soleil est connu sous le nom d'Helios, tandis qu'en Hébreu, il est connu sous le nom de Shemesh. D'autres Divinités associées au Soleil sont Amon Ra, Shamash, Apollon et Surya. Dans le Tarot, le Soleil est attribué à la carte du Soleil. Les Pierres Précieuses attribuées à l'énergie du Soleil sont l'Ambre, l'Oeil de Tigre, la Topaze Dorée, la Pierre d'Or et le Zircon. Le métal correspondant au Soleil est l'Or, tandis que le jour de la semaine attribué au Soleil est le dimanche. Le Nom Divin Hébraïque associé au Soleil est YHVH Eloah ve-Daath.

En Astrologie, le Soleil régit le Lion et apporte vitalité, courage, créativité, dynamisme, équilibre, bonne santé, inspiration, leadership et imagination. Le Soleil est l'expression fondamentale de l'individu et de son moi intérieur. Il fait autorité. Le Soleil est également connu comme le maître de l'épanouissement, de l'identité, du commandement et de la capacité d'expérience de chacun. Comme le Soleil est le fournisseur visible de Lumière à la Terre, il est l'influence la plus importante sur nos vies pendant le jour, tout comme la Lune est l'influence la plus considérable pendant la nuit.

En ce qui concerne notre Horoscope, le Soleil affecte notre personnalité et notre identité essentielles, qui déterminent notre volonté. Ainsi, le Soleil a besoin de l'énergie brute et de la passion de Mars. Le Soleil est notre énergie la plus fondamentale, et un Soleil fort dans notre Horoscope est caractéristique du courage et des opportunités dans la vie. Le Soleil est connu pour être l'équilibreur des pouvoirs de Jupiter et de Mars, deux énergies opposées. Il les équilibre de manière constructive et saine. L'énergie du Soleil est nécessaire pour atteindre l'équilibre et l'harmonie en toutes choses.

Le Soleil régit le flux général d'énergie dans le corps physique ainsi que dans les différents corps subtils de l'Aura. Il régit la génération et le maintien de l'énergie Vitale (Prana, chi, mana, Ruach). Le cœur et les yeux, ainsi que la région supérieure du dos, sont gouvernés par le Soleil. Puisqu'il régit la fonction du cœur, le Soleil régit également la circulation du sang.

Notre vitalité, en général, est régie par le Soleil, tout comme la distribution de tous les fluides vitaux. Un Soleil affligé peut créer des troubles cardiaques, des angines, des palpitations, des maladies des yeux, des affections de la colonne vertébrale et de la rate, ainsi que de fortes fièvres. Un Soleil affligé peut également entraver notre capacité à guérir différents aspects du corps physique.

La chaleur et l'énergie positive du Soleil sont essentielles à notre joie et à notre bonheur dans la vie. Se trouver dans des endroits où la Lumière du Soleil est limitée est plus susceptible d'être une cause de dépression que de se trouver dans des zones où la Lumière du Soleil est abondante. Son énergie est également curative, car elle est de l'Élément Air et Lumière. La Lumière est l'énergie de guérison de l'esprit, du corps et de l'Âme. Le Soleil est également le symbole de la joie et du bonheur. Il active les endorphines dans notre cerveau et nous donne de la vitamine D, nécessaire au bonheur et au maintien d'une vision positive de la vie.

En Astronomie, le Soleil est l'Étoile située au centre de notre Système Solaire. C'est une Sphère d'énergie plasmique presque parfaite qui rayonne de la chaleur et de la Lumière. En tant que tel, il est une source d'énergie essentielle pour toute vie sur Terre. Les Planètes de notre Système Solaire tournent toutes autour du Soleil, qui exerce un champ gravitationnel qui les maintient ensemble. L'orbite de la Terre autour du Soleil est à la base de notre calendrier Solaire, qui nous permet de mesurer le temps.

VÉNUS

Nommée d'après la Déesse Romaine, Vénus est la Planète de l'amour et du désir. Cette Planète est attribuée à la Sphère de Netzach dans la Qabalah, avec une affinité pour l'Élément Feu. Son énergie peut être décrite comme comparable à celle de l'Eau de la Terre, car il s'agit d'une énergie passive et féminine aux accents ardents. Vénus a une affinité avec la Planète Mars, car elles sont toutes deux des Planètes de Feu.

Les Anciens appelaient Vénus le "Petit Bénéfique". En Grec, Vénus est appelée Aphrodite, tandis qu'en Hébreu, elle est appelée Nogah. Les Divinités attribuées à Vénus sont Hathor, Bast, Ishtar, Lakshmi, Chenrezi, Ushas et Sukra. Sur le plan Astrologique, Vénus gouverne à la fois la Balance et le Taureau. Dans le Tarot, Vénus est attribuée à la carte de l'Impératrice.

Les Pierres Précieuses attribuées à l'énergie de Vénus sont l'Émeraude, le Jade, l'Aventurine, la Malachite, le Quartz Rose, l'Agate Verte et le Péridot. Le métal correspondant à Vénus est le cuivre ou le laiton, tandis que le jour de la semaine attribué à Vénus est le vendredi. Le Nom Divin Hébreu associé à Vénus est YHVH Tzabaoth.

Vénus est la souveraine de l'amitié ainsi que de la façon dont nous voyons la beauté et sa signification pour nous. C'est une Planète joyeuse et bienveillante, qui porte chance en termes de finances et de vie amoureuse. Vénus régit la créativité et les expressions artistiques telles que les arts visuels, la danse, le théâtre, la poésie et la musique. La Haute Renaissance est une période marquée par une grande énergie vénitienne. Des artistes de différents domaines produisaient de magnifiques œuvres d'art qui ont résisté à l'épreuve du temps.

Comme Vénus est la Planète de l'amour, elle est aussi la Planète de la luxure. En tant que tels, les désirs d'amour et de luxure peuvent être incroyablement puissants s'ils ne sont pas équilibrés par l'opposé de Vénus, Mercure, la Planète responsable de la logique et du raisonnement. Lorsque le désir est déséquilibré, il peut être assez destructeur pour la vie d'une personne. Il a besoin d'une bonne dose de logique et de raison pour se manifester avec succès. Vénus affecte l'attention que nous portons aux personnes qui font partie de notre vie. La végétation et le monde naturel, en général, sont directement influencés par Vénus.

Vénus est souvent appelée "l'Étoile du Matin", car sa position par rapport au Soleil peut être observée juste avant le lever ou après le coucher du soleil, comme une Étoile brillante du matin ou du soir. Dans la *Sainte Bible*, Jésus-Christ se qualifie souvent d'"Étoile Brillante du Matin". Lucifer, le porteur de Lumière, est un personnage souvent incompris dont le nom est basé sur le nom latin de l'Étoile du Matin. Vénus est également associée à l'Etoile du Chien, Sirius, car ce sont les deux objets les plus brillants du ciel nocturne. Tous deux étaient utilisés pour la navigation par les peuples anciens du monde entier.

Vénus influence la façon dont nous attirons les gens dans notre vie. Si Vénus est affligée dans notre Horoscope, il y aura des conflits avec nos capacités à nous exprimer dans des situations sociales et intimes. Dans l'Horoscope d'un homme, Vénus indique le type de femme qu'il désire, tandis que dans l'Horoscope d'une femme, elle montre comment elle va se comporter avec son partenaire.

Vénus est une Planète très tactile, il est donc logique qu'elle régisse les organes sensoriels. Elle régit le goût, la langue, la fonction de déglutition, la bouche, la gorge et la salive. Comme elle est la Planète du désir, Vénus régit également les organes sexuels internes et les reins. En outre, elle régit le système lymphatique et les nerfs en général. Comme Vénus régit la perception sensorielle du toucher, elle régit notre peau, en particulier sa fonction de respiration, d'absorption et d'exsudation. Vénus régit également nos muscles en ce qui concerne le tonus et la relaxation.

Une Vénus affligée peut entraîner une amygdalite et d'autres affections des organes du goût mentionnées ci-dessus. En outre, elle crée des maladies affectant les nerfs et notre système lymphatique. En outre, certains troubles de la peau, comme la dermatite, sont associés à une Vénus affligée, tout comme les maladies sexuelles et les problèmes rénaux.

Dans l'Horoscope d'une personne, Vénus indique un fort désir de compagnie. Elle indique la façon dont nous exprimons notre amour aux autres et les domaines de notre vie dans lesquels nous pouvons avoir des relations faciles ou difficiles. Vénus influence les pulsions sociales, romantiques et sexuelles et la façon dont nous y répondons et les exprimons. Elle est le maître de la sensualité, de la sociabilité, de l'interaction et du mariage.

Comme Vénus représente la joie et l'harmonie, elle montre également notre capacité à créer la prospérité matérielle et la beauté dans nos vies. En Astronomie, Vénus est la deuxième Planète à partir du Soleil et le deuxième objet naturel le plus brillant dans le ciel nocturne, après la Lune.

MERCURE

Attribué à la Sphère de Hod dans la Qabalah, Mercure a une affinité avec l'Élément Eau. Cependant, son énergie peut être décrite de manière plus appropriée comme étant comparable à l'Eau de l'Air, puisque Mercure est lié à la fluidité des pensées. L'Air est la pensée, et Mercure est directement lié aux processus de pensée. Mercure tient son nom du Dieu messager Romain, appelé Hermès en grec et Kokab en Hébreu. Mercure a une affinité avec la Planète Jupiter.

Les autres Divinités attribuées à Mercure sont Thot, Anubis, Nabu, Budha, Quetzalcoatl, Viracocha et Kukulkan. Dans le Tarot, Mercure est attribué à la carte du Bateleur. Sur le plan Astrologique, Mercure est le maître des Gémeaux et de la Vierge, deux signes très communicatifs.

Les Pierres Précieuses attribuées à Mercure sont le Saphir Orange, la Spinelle Orange, la Tourmaline, la Topaze Impériale, la Citrine et l'Opale de Feu. Le métal correspondant à Mercure est le vif-argent, tandis que le jour de la semaine qui lui est attribué est le mercredi. Le Nom Divin Hébreu associé à Mercure est Elohim Tzabaoth.

De toutes les Planètes de notre Système Solaire, Mercure se déplace le plus rapidement autour du Soleil. Ce mouvement physique rapide de la Planète correspond aux attributs symboliques de Mercure ou Hermès. Il est le Messager des Dieux et le moyen de communication entre le Haut (Ciel) et le Bas (Terre). Comme Mercure est lié à la pensée, la vitesse de la pensée, la canalisation et le traitement de l'information sont nos liens entre le Ciel et la Terre. Ainsi, la connaissance et la sagesse sont canalisées du Divin vers l'humanité par l'intermédiaire de la Planète Mercure. C'est ainsi que se développe l'intelligence d'une personne.

Mercure est également la Planète de la communication. Dans l'Horoscope d'une personne, Mercure influence sa façon de penser et les caractéristiques de son esprit. Il est l'expression de la vérité, d'où ses qualités dualistes, car la vérité exige qu'une personne puisse voir "les deux côtés de la médaille."

Mercure est neutre en termes de communication mentale, de raisonnement, de mémoire et de perception. L'esprit et les processus de pensée sont l'outil d'organisation ou la lentille à travers laquelle toutes les autres compétences et capacités doivent être concentrées. En tant que tel, on ne peut pas atteindre le succès sans avoir un Mercure bien développé dans son Horoscope. Mercure, comme un filou, a une certaine qualité ambivalente. Il tend également des pièges aux gens pour leur montrer leur bêtise. Mercure oblige une personne à engager toutes ses facultés avec une concentration et une vigilance totales.

Comme Mercure régit les fonctions mentales, il influence les deux hémisphères du cerveau humain. En tant que tel, il régit l'intellect et sa clarté, ainsi que la pensée créative. Il régit également les calculs stratégiques par la déduction et le raisonnement.

Mercure régit également les fonctions automatiques du corps telles que la respiration et le clignement des yeux. En outre, il régit les organes de la parole, les oreilles en ce qui concerne l'audition, les gestes en termes de communication, et la coordination nerveuse et musculaire. Les bras, les mains, la langue et les poumons sont tous gouvernés par lui. Les intestins sont également régis par Mercure. Un Mercure affligé peut entraîner des troubles de la parole, des problèmes intestinaux, des bronchites, des problèmes de thyroïde, une faiblesse nerveuse, des insomnies, des pertes de mémoire et des problèmes au niveau des oreilles, de la bouche, des bras et des mains.

Mercure est directement lié à l'Air et au vent dans l'atmosphère de la Terre. Englobant tous les opposés en son sein, Mercure est androgyne. Par conséquent, il est indépendant d'un opposé polaire. Mercure est également associé aux contacts sociaux, à la famille, aux enfants, aux frères et sœurs, aux activités quotidiennes et aux transports. Essentiellement, c'est la Planète de l'intelligence, de la logique et de la raison.

Mercure est le maître de l'analyse, de l'enseignement, de l'apprentissage, des calculs, du langage, des mathématiques et de l'esprit intellectuel supérieur. Les voyages sont également régis par Mercure, car ils permettent de découvrir, d'apprendre et d'absorber de nouveaux environnements et de nouvelles informations. Mercure nous aide à nous adapter à des circonstances et des situations uniques. En Astronomie, Mercure est la plus petite Planète de notre Système Solaire et la plus proche du Soleil.

LA LUNE (LUNA)

Dans la Qabalah, la Lune est attribuée à la Sphère de Yesod, avec une affinité pour l'Élément Air. Toutefois, son énergie peut être décrite comme comparable à celle de la Terre ou de l'Eau, car il s'agit d'une énergie passive et réfléchie. Également connue sous le nom de Luna (en latin), la Lune est attribuée à la Déesse Romaine Diana. Elle est connue sous le nom de Selene en Grec, tandis qu'en Hébreu, elle est Levanah.

Les autres Divinités du monde entier associées à la Lune sont Khonsu, Artémis, Hécate, Sin, Uma, Cybele, Astarte et Arianrhod. Dans le Tarot, la Lune est associée à la carte de la Grande Prêtresse. Les Pierres Précieuses attribuées à la Lune sont la Pierre de Lune, la Perle et le Béryl. Le métal correspondant à la Lune est l'argent, tandis que le jour de la semaine attribué à la Lune est le lundi. Le Nom Divin Hébraïque associé à la Lune est Shaddai El Chai.

La Lune a une affinité avec le Soleil. Alors que le Soleil est masculin, la Lune est féminine. Elle est changeante, réfléchie et nourricière, avec une forte influence sur la croissance, la fertilité et la conception. Comme le Soleil gouverne le jour, la Lune gouverne la nuit. La Lune affecte nos rêves, car ce dont nous rêvons est représentatif des réalités potentielles de notre vie terrestre mondaine.

La Lune est illusoire car elle reflète la Lumière du Soleil. Elle est donc remplie de ce que l'on croit être réel plutôt que de ce qui est vraiment réel. Pour cette raison, elle est le maître du subconscient, alors que le Soleil est le maître du conscient. L'esprit subconscient contient de nombreuses peurs, des sentiments refoulés et des instincts primaires. Ces attributs de l'esprit sont tous soumis à l'énergie illusoire de la Lune. En tant que telle, la Lune est le gouverneur des émotions involontaires.

Astrologiquement, le Cancer est gouverné par la Lune. L'énergie de la Lune a une grande influence sur l'intuition. Cependant, lorsque nous traitons avec la Lune, nous devons discerner consciemment ce qui est réel et ce qui est irréel. De plus, la Lune est la souveraine des phases, des habitudes, des humeurs, des sentiments et des intérêts personnels. Elle peut être froide et rapide à changer, mais aussi intense et passionnée.

L'Élément Air est très présent dans l'énergie de la Lune, et au fil du temps, l'Égo se développe à travers elle - car l'Égo n'est que le reflet de ce que nous pensons être. Le plaisir momentané, également connu sous le nom de caprice, est sous l'influence de la Lune.

La Lune influence la spontanéité, les appels soudains à l'aventure, la curiosité et l'émerveillement de l'enfant. La Lune régit également la fertilité, les cycles féminins et les marées fluctuantes des océans et des mers. Comme plus de 70 % de la Terre est recouverte d'eau, l'influence de la Lune sur la vie sur Terre est immense.

L'attraction gravitationnelle de la Lune sur la Terre crée le mouvement pendulaire des eaux. De la même manière, nos émotions sont également affectées. Nous oscillons entre les extrêmes émotionnels presque automatiquement, sans aucun effort conscient de notre part. La Lune est liée aux Principes Hermétiques de polarité et de rythme, car ils décrivent la nature des émotions, comme nous le verrons en détail plus loin dans la section sur la philosophie Hermétique.

Comme la Lune tourne autour de la Terre, influençant les marées des océans et des mers, les fluides de notre corps physique sont affectés de la même manière. Notre corps physique est composé d'environ 60 % d'eau. Le cerveau et le cœur sont composés de plus de 70 % d'eau, tandis que les poumons en contiennent plus de 80 %. La Lune régit la sécrétion et l'utilisation de tous les fluides, notamment les larmes, la salive, les sucs digestifs, les fluides sexuels, etc. Elle régit également la substance liquide contenue dans notre cerveau, notre cœur, nos poumons, notre estomac, notre nez, notre bouche et nos globes oculaires.

La Lune gouverne le système nerveux sympathique et le système lymphatique en général. Son énergie influence la rétention d'eau, le mouvement digestif, le flux sanguin et l'humidité cellulaire. Une Lune affligée peut entraîner des troubles liés à l'accumulation de fluides corporels, des abcès, des maladies féminines, des tumeurs, des rhumes de poitrine, des toux, des allergies, des pneumonies, des problèmes d'estomac, de l'asthme et de l'insomnie.

Lorsqu'il examine le thème Astrologique (Horoscope) d'une personne, l'Astrologue utilise souvent les nœuds nord et sud de la Lune, Caput Draconis et Cauda Draconis, pour glaner des détails plus spécifiques sur la vie d'une personne. Par exemple, les aspects du Nœud Nord indiquent les relations d'une personne et les tendances sociales communes. Il est également responsable de l'attitude d'une personne face aux opportunités d'avancement qui peuvent se présenter dans sa vie. C'est pour cette raison qu'il est lié à la Planète Jupiter.

Inversement, les aspects du Nœud Sud sont des indicateurs des habitudes prises dans le passé et qui peuvent influencer le comportement actuel d'une personne. Ainsi, le Nœud Sud révèle l'effet Karmique des actions passées d'une personne. En tant que tel, nous avons une influence et une connotation de type Saturne avec la Lune.

La Lune est vitale dans tous les travaux Magiques et a été étudiée et suivie par les occultistes de toutes les Anciennes Traditions. Les invocations rituelles sont effectuées à l'heure et au moment Planétaires appropriés, en suivant les cycles de la Lune. La plupart des invocations sont effectuées lors d'une Lune croissante, c'est-à-dire lorsqu'elle devient plus proéminente dans le ciel lors de la transition entre la nouvelle Lune et la pleine Lune. Les Bannissements se font sur une Lune décroissante, lorsqu'elle diminue en taille après une Pleine Lune. Une Lune sombre ou une absence de Lune est généralement une période de croissance intérieure, et aucun rituel n'est effectué à ce moment-là.

En Astronomie, la Lune est le seul satellite naturel permanent de la Terre, en orbite autour de celle-ci. Elle est en rotation synchrone avec la Terre, et montre donc toujours le même côté. Après le Soleil, la Lune est le deuxième objet céleste visible le plus brillant dans le ciel de la Terre. Son attraction gravitationnelle sur la Terre affecte les marées des masses d'eau, ce qui ralentit la rotation de la Terre sur son axe, créant ainsi l'horloge de vingt-quatre heures.

LA TERRE

La Planète Terre est associée à la Sphère de Malkuth sur l'Arbre de Vie, et naturellement, elle a une affinité avec l'Élément Terre. Elle est connue sous le nom de Gaia, personnifiée comme l'une des Déités primordiales Grecques. Gaia est la Mère Ancestrale de toute vie. Elle est la Déesse de la Terre Mère Primordiale. La Terre est également connue sous le nom de "Terra Firma" en latin, ce qui signifie "terre solide" car elle est perpétuellement présente, sous nos pieds, ici et maintenant. Les autres

Divinités du monde entier associées à la Planète Terre sont Geb, Demeter, Ceres, Cernunnos, Nerthus, Ganesha, Azaka et Ochosi.

Il n'existe aucune correspondance Astrologique ou de Tarot avec la Planète Terre. Les Pierres Précieuses qui lui sont attribuées sont la Tourmaline Noire, l'Obsidienne et l'Hématite. La Planète Terre n'a pas de métal correspondant ni de jour de la semaine. Le Nom Divin Hébreu qui lui est associé est Adonai ha-Aretz.

La Planète Terre n'est pas souvent représentée aux côtés des autres Planètes car, comme nous l'avons mentionné, elle ne quitte jamais notre Sphère d'expérience. Elle représente le Royaume Physique et toutes les questions banales du monde matériel. La Terre fait allusion au but et à la mission d'un individu dans la vie. "Réalité" est le mot qui convient le mieux pour décrire la Planète Terre. Un autre mot qui décrit le mieux la Terre est "Matière", concernant tout ce qui se trouve dans l'atmosphère de la Terre.

L'atmosphère terrestre est une couche de gaz, communément appelée air, qui entoure la Planète Terre et est retenue par sa gravité. Toute vie sur la Planète Terre dépend de l'air pour respirer. Le souffle soutient et fait vivre tous les êtres vivants. La Terre nous nourrit également et nous donne de l'eau pour notre subsistance. Notre conscience est inextricablement liée à la conscience de la Terre - nous existons dans une relation symbiotique avec elle. Comme la Planète Terre nous nourrit, elle joue le rôle d'une mère pour nous, ses enfants.

En Astronomie, la Terre est la troisième Planète à partir du Soleil et le seul objet Astronomique connu pour abriter la vie. L'axe de rotation de la Terre est incliné par rapport à son plan orbital, ce qui produit les saisons. Comme mentionné, l'interaction gravitationnelle entre la planète Terre et la Lune stabilise l'orientation de la Terre sur son axe et ralentit progressivement sa rotation, créant ainsi l'horloge de vingt-quatre heures. La Terre tourne autour du Soleil pendant 365 jours, une période connue sous le nom d'année terrestre ou Solaire. La Terre est la Planète la plus dense de notre Système Solaire.

LES NOUVELLES PLANÈTES-URANUS, NEPTUNE, PLUTON

Depuis l'invention du télescope en 1608, trois nouvelles Planètes ont été découvertes. Uranus a été découverte en 1781, tandis que Neptune l'a été en 1846. Enfin, Pluton a été découverte en 1930. Comme les orbites de ces Planètes se déplacent lentement, elles sont souvent considérées comme des symboles d'époques. Les effets de ces Planètes se font sentir sur toutes les générations de la société.

En outre, ces trois nouvelles Planètes sont appelées les Planètes Transcendantes. Cela s'explique par le fait qu'elles n'entrent pas dans le schéma septénaire des différentes Sephiroth de l'Arbre de Vie. Considérées comme des Planètes "extérieures", elles n'occupent pas une place importante dans les enseignements de la Qabalah. Cependant, comme elles sont incluses dans l'Astrologie Occidentale moderne, il convient de les mentionner brièvement dans le cadre de cette discussion.

Dans la mythologie Grecque, Uranus est le Dieu du ciel. Autrement appelé "Père Ciel", Uranus était le fils et l'époux de Gaia, la Mère Terre, et l'une des Divinités Grecques primordiales. Ce même Dieu est appelé Caelus par les Romains. On dit qu'Uranus régit le génie et les idéaux humanitaires et progressistes. Il régit la liberté, l'ingéniosité et l'originalité, y compris les changements inattendus.

Uranus régit toutes les idées radicales et non conventionnelles ainsi que les personnes, et on dit qu'il a influencé les événements révolutionnaires passés qui ont perturbé les structures établies. Considéré comme l'octave supérieure de la Planète Mercure, le jour de la semaine d'Uranus est le mercredi. Dans l'Astrologie Occidentale moderne, on dit qu'Uranus gouverne le Verseau. L'influence de Cauda Draconis, le Nœud Sud de la Lune, est assimilée à celle d'Uranus.

Neptune est le Dieu Romain de la mer, appelé Poséidon par les Grecs. Cette Planète est d'un bleu profond, ressemblant à l'océan, d'où son nom. Neptune régit les rêves, l'idéalisme, l'art et l'empathie. En raison de son association avec l'Élément Eau, il a un lien avec Jupiter. Comme il règne également sur l'illusion et l'imprécision, il a également une relation avec la Lune.

Neptune se trouve dans l'octave supérieure de la Planète Vénus ; à ce titre, son jour de la semaine est le vendredi. Dans l'Astrologie moderne, on dit que Neptune gouverne les Poissons, le signe d'Eau le plus profond et le plus émotionnel. En outre, l'influence de Caput Draconis, le Nœud Nord de la Lune, est similaire à celle de Neptune.

Dans la mythologie Romaine, Pluton est le Dieu des Enfers, le juge des morts. En tant que Dieu des Enfers, il est associé au Dieu Égyptien Osiris. Pluton est appelé Hadès par les Grecs. Dans la Cosmogonie Grecque, une fois que le Titan Chronos (Cronus) a été renversé, Hadès a reçu le pouvoir des Enfers dans un partage tripartite de la souveraineté sur le monde. Son frère Zeus a reçu le ciel, tandis que son autre frère Poséidon a reçu la domination sur la mer.

Pluton traite de la transformation à tous les niveaux. Il représente la partie de l'individu qui détruit pour renouveler. En tant que tel, il est lié à la carte de la mort du Tarot. Pluton est associé à toutes les entreprises qui nécessitent de creuser sous la surface pour faire apparaître la vérité. Il est également lié au pouvoir personnel et à la maîtrise de Soi. Le Grand Œuvre est étroitement lié à l'influence de Pluton.

Pluton est associé à Mars car il s'agit de l'octave supérieure de cette Planète en Astrologie. En tant que tel, son jour de la semaine est le mardi. Dans l'Astrologie moderne, on dit que Pluton gouverne le Scorpion, le signe du Zodiaque associé à la transformation.

***

La connaissance des Éléments, des Planètes et du Zodiaque est au cœur de la Qabalah Hermétique. Par conséquent, ces énergies forment la totalité de l'Arbre de Vie. Comprendre les informations présentées dans *The Magus* vous permettra de voir la "grande image" du fonctionnement du Système Solaire, le Macrocosme. Et, comme le dit l'axiome Hermétique "Comme en Haut, Comme en Bas", le Macrocosme trouve son reflet dans le Microcosme. De même, le Système Solaire se reflète dans le système énergétique humain (Aura). Par conséquent, en apprenant les énergies de l'Univers extérieur, vous apprenez les pouvoirs qui composent votre Moi intérieur.

Pour atteindre la Gnose, vous devez mémoriser ces connaissances. La Gnose est la communication directe de votre génie supérieur avec l'Âme et l'Égo. Une fois que vous aurez créé un lien avec votre génie supérieur, vous n'aurez plus besoin d'enseignants ou de livres extérieurs pour apprendre. Au contraire, vous deviendrez votre propre enseignant. Par conséquent, la Gnose est la méthode la plus optimale pour apprendre la Qabalah et le chemin correct vers la croissance Spirituelle. Les informations présentées dans ce livre sont destinées à transmettre les connaissances nécessaires pour atteindre cet objectif.

Vous devez lire et relire ces informations de nombreuses fois pour tirer le meilleur parti de ces connaissances. Chaque fois que vous les lirez, vous apprendrez quelque chose de nouveau. Et une fois qu'elles seront mémorisées, votre génie supérieur commencera à communiquer avec vous pour vous transmettre d'autres connaissances Qabalistiques par le biais de la Gnose.

C'est ainsi que se construit la véritable sagesse. Et une fois que vous aurez obtenu cette Sagesse, vous obtiendrez invariablement la Compréhension car l'une n'existe pas sans l'autre. La Compréhension est la fonction la plus élevée du Soi humain qui établit un lien avec le Génie supérieur - le Soi éternel. Grace à la Gnose et à l'évolution Spirituelle qui s'ensuit, vous pouvez restaurer le jardin d'Eden et retrouver ainsi le droit de naissance inhérent qui vous a été donné par votre Créateur.

MAGICK PLANÉTAIRE AVANCÉE

Les Anciens Babyloniens, Grecs, Romains et de nombreuses autres cultures et civilisations considéraient les Planètes de notre Système Solaire comme des Dieux. Pour eux, les Planètes étaient le symbole des différents pouvoirs de Dieu - le Créateur - et représentaient ces qualités ou attributs. Ils reconnaissaient la correspondance entre les Planètes et nos pouvoirs supérieurs, car nous sommes faits à l'image de Dieu-Créateur.

Puisque chaque être humain est un Microcosme du Macrocosme (ce qui signifie que nous portons en nous les énergies du Système Solaire), le but du travail avec les énergies Planétaires est d'accorder ces pouvoirs supérieurs du Soi et de les intégrer efficacement dans nos vies. Les Éléments avec lesquels vous avez travaillé jusqu'à présent ont servi à exalter le Soi Supérieur sur le Soi inférieur - l'Égo - et à infuser l'énergie de l'Esprit dans votre conscience. L'étape suivante du Grand Œuvre consiste à travailler avec les pouvoirs Planétaires qui s'expriment à travers votre conscience.

Vous avez appris comment les Sept Planètes Anciennes sont liées à l'Arbre de Vie et aux Sephiroth. Dans cette section, vous allez utiliser les pouvoirs des Planètes pour vous aider à évoluer davantage sur le plan Spirituel et à exploiter votre potentiel le plus profond. Les chemins de l'Arbre de Vie ouvrent des portes vers l'intérieur, mais les Sephiroth établissent des contacts avec l'esprit illimité du Créateur. Le travail avec les Sept Planètes Anciennes est crucial pour approfondir votre compréhension du Soi et de ses nombreuses composantes complexes. Après tout, si chaque humain, au cœur de son Être, est Dieu - le Créateur, alors en invoquant les Planètes, nous pouvons isoler et examiner les différents pouvoirs qui composent le tout.

En ce qui concerne leur influence sur la psyché humaine, les Planètes appartiennent au monde d'Atsiluth - le monde de l'esprit pur et le Plan Divin où existent les pensées de Dieu - le Créateur. Cette association signifie que les Planètes sont des forces Archétypales émanant des niveaux les plus élevés de l'énergie Divine. Vous comprenez donc maintenant pourquoi vous avez dû travailler avec les Éléments inférieurs et l'Élément Esprit avant de travailler avec les Planètes.

Ces pouvoirs Planétaires filtrent dans votre Être à travers l'Élément Esprit/Athyr. Ainsi, le travail avec le SIRP était une préparation à cette tâche. En invoquant une Planète, vous allez au plus profond de vous-même et vous acquérez la capacité de modifier l'impact de son énergie sur l'aspect correspondant de votre psyché. Les forces Planétaires sont responsables de nos comportements complexes en fonction de l'expression de nos Âmes dans le monde.

Chaque Planète possède des pouvoirs de domination (selon le Tableau 4) qui constituent les plus hautes de nos aspirations mais aussi nos limites. La clé du travail avec les Planètes est l'exaltation du Soi Supérieur sur l'Égo et ses expressions.

Comme nous l'avons mentionné dans le chapitre précédent, Dieu - le Créateur - nous a donné un coup de main au moment même où nous sommes nés et avons été amenés dans ce monde. Les énergies Macrocosmiques qui ont eu un impact sur vous au moment de votre naissance se sont inscrites dans votre conscience - le type et la qualité de ces énergies dépendent de l'endroit où vous êtes né et des signes du Zodiaque par lesquels vos Planètes se sont exprimées. Ainsi, vous êtes prédéterminé à agir d'une manière particulière dès votre naissance.

Ces énergies Planétaires sont ancrées profondément dans votre subconscient et travaillent à réguler le flux d'énergie dans vos Chakras et vos différents corps Subtils. Bien que les Sept Planètes Anciennes et les signes du Zodiaque qu'elles gouvernent soient liés aux Sept Chakras, je réserve le discours sur ce sujet pour mon deuxième livre, *Serpent Rising : The Kundalini Compendium,* car cet ouvrage est plus approfondi sur le système Chakrique en général.

The Magus étant de nature Qabalistique, je souhaite me concentrer uniquement sur les correspondances entre les Planètes et les Sephiroth. Vous avez vu dans une discussion précédente comment la relation entre les Sephiroth et les Chakras est plus complexe que d'attribuer un Chakra à une Séphirah. Ainsi, je ne veux pas créer de confusion concernant les Chakras lorsque l'on travaille avec les Planètes par le biais de la Magie Cérémonielle.

Grace aux invocations Planétaires, vous travaillez également avec les différentes énergies qui forment les vertus et les vices de votre caractère et de votre personnalité. Votre éthique, votre morale et vos croyances internes sur le monde dans lequel vous vivez sont toutes influencées par les énergies Planétaires qui vous affectent. L'objectif principal de ce travail est de surmonter vos vices et autres limitations qui vous empêchent d'être la meilleure version de "Vous" possible.

TABLEAU 4: Les Sept Planètes Anciennes et leurs Correspondances

Planète	Séphirah & Nom Divin	Déités Associées	Affinité Élémentaire	Zodiaque et Métal	Expressions/ Pouvoirs	Pierres Précieuses
Saturne	Binah, YHVH Elohim	Chronos, Isis, Brahma, Héra, Nephtys, Ptah, Harpocrates, Ninurta	Terre; Ressemble à la Terre de l'Air	Capricorne et Verseau, Mener	Karma, Vérité, Sagesse, Structure, Discipline, Intuition	Onyx Noir de Jais, Diamants, Quartz Fumé
Jupiter	Chesed, El	Zeus, Maat, Indra, Vishnu, Saraswati, Hapi, Dagda, Marduk	Eau; Ressemble à l'Eau du Feu	Poissons et Saggitarius, Étain	Miséricorde, Abondance, Amour Inconditionnel, Moralité, Éthique	Saphir, Lapis Lazuli, Turquoise, Aigue-Marine
Mars	Geburah, Elohim Gibor	Arès, Horus, Sekhmet, Ninurta, Agni, Durga, Nergal, Shiva.	Feu; Ressemble à la Terre de Feu	Bélier & Scorpion, Fer	Ambition, Dynamisme, Renouveau, Action, Survie, Compétition, Passion, Volonté...	Rubis, Grenat, Agate Rouge, Pierre de Sang, Corail Rouge.
Soleil (Sol)	Tiphareth, YHVH Eloah ve-Daath	Hélios, Jésus-Christ, Osiris, Apollon, Dionysos, Mithras, Surya, Krishna, Tammuz, Shamash, Amon Rê.	Air; Ressemble à l'Air du Feu	Léo, Or	Guérison, Vitalité, Courage, Créativité, Inspiration, Imagination	Ambre, Oeil de Tigre, Topaze Dorée, Pierre Dorée, Zircon.
Vénus	Netzach, YHVH Tzabaoth	Aphrodite, Hathor, Bast, Ishtar, Lakshmi, Chenrezi, Ushas, Sukra...	Feu; Ressemble à l'Eau de la Terre	Balance et Taureau, Cuivre ou Laiton	Désir, Expressions Créatives, Amour Romantique, Amitié, Sensualité	Émeraude, Jade, Aventurine, Malachite, Quartz Rose, Agate Verte, Péridot
Mercure	Hod, Elohim Tzabaoth	Hermès, Thot, Anubis, Nabu, Budha, Quetzalcoatl, Viracocha, Kukulkan	Eau; Ressemble à l'Eau de l'Air	Gémeaux & Vierge, Quicksilver	Logique, Raison, Communication, Intellect, Apprentissage	Saphir orange, Tourmaline, Topaze impériale, Citrine, Opale de Feu
Lune (Luna)	Yesod, Shaddai El Chai	Diane, Séléné, Khonsu, Artémis, Hécate, Uma, Sin, Cybèle, Astarte, Arianrhod, Chandra.	Air; Ressemble à la Terre ou à l'Eau	Cancer, Argent	Sentiments, Émotions, Illusions, Caprice, Fertilité, Clairvoyance	Pierre de Lune, Perle, Béryl
Terre	Malkuth, Adonai ha-Aretz	Gaia, Geb, Demeter, Ceres, Cernunnos, Nerthus, Ganesha, Azaka, Ochosi	Terre	-	Stabilité, Ancrage, Praticité	Tourmaline Noire, Obsidienne, Hématite

LESSER RITUAL OF THE HEXAGRAM

Le Lesser Ritual of the Hexagram (LRH) est une invocation ou un bannissement des pouvoirs Planétaires en relation avec les Quatre Éléments du Feu, de la Terre, de l'Air et de l'Eau. Le Banishing Ritual of the Hexagram n'est que l'un des quatorze Lesser Rituals of the Hexagram, car chacune des Sept Planètes Anciennes peut être soit bannie soit invoquée à travers les quatre formes de l'Hexagramme (Figures 45-48).

L'Hexagramme est un symbole du Soleil, la grande puissance égalisatrice de notre Système Solaire et la source de la Matière dans cette Troisième Dimension dans laquelle nous vivons. L'énergie Solaire se condense par étapes pour former la Matière, et ces étapes sont exprimées par les Quatre Éléments que sont le Feu, l'Air, l'Eau et la Terre. Nous voyons ici la relation entre l'Hexagramme et les Éléments.

Comme nous l'avons dit, les quatre formes de l'Hexagramme représentent les positions des Éléments dans le Zodiaque. À l'Est, nous avons l'Élément Feu; au Sud, nous avons la Terre; à l'Ouest, l'Air; au Nord, l'Eau. L'Hexagramme de la Terre est de la plus haute importance en Magie car il sera utilisé dans le Greater Ritual of the Hexagram (GRH). Cette forme de l'Hexagramme est l'Étoile de David, le symbole du Macrocosme.

L'Hexagramme est composé des deux triangles des Éléments Feu et Eau en conjonction l'un avec l'autre. Pour cette raison, il n'est pas tracé en une ligne continue comme le symbole du Pentagramme mais par chaque triangle séparément. Tous les Hexagrammes d'invocation suivent le cours du Soleil levant et du Soleil couchant, c'est-à-dire qu'ils sont tracés de gauche à droite. Les Hexagrammes de bannissement sont tracés de droite à gauche. Ils commencent dans le même angle que celui à partir duquel ils sont invoqués, contrairement à la course du Soleil.

Le Lesser Ritual of the Hexagram accède à la puissance Solaire dans toutes ses manifestations. Ces manifestations sont les énergies Planétaires de Saturne, Jupiter, Mars, Vénus, Mercure et la Lune. Il est intéressant de noter que pour invoquer le pouvoir du Soleil, vous devez invoquer les six Planètes mentionnées ci-dessus dans cet ordre exact. Cette méthode permet d'affirmer que chacune des six forces Planétaires n'est, par essence, qu'une partie du tout, qui est la totalité de l'énergie Solaire du Soleil. Après tout, la Lumière Blanche du Soleil est la plus haute manifestation de Dieu - le Créateur - dans notre Système Solaire. En elle, nous trouvons les sept rayons, qui sont les sept couleurs de l'arc-en-ciel, correspondant aux Sept Chakras.

Puisque vous êtes déjà familier avec le Banishing Ritual of the Hexagram (qui bannit Saturne), invoquer ou bannir n'importe laquelle des autres Planètes avec les quatre formes de l'Hexagramme sera relativement facile pour vous. Il s'agit simplement de la façon dont vous tracez les triangles (puisque leur forme est la même, mais la direction des tracés change d'une Planète à l'autre).

Comme dans le BRH, vous devez vibrer le nom ARARITA dans les quatre directions cardinales tout en traçant les quatre formes de l'Hexagramme comme elles sont données. De même, les Hexagrammes sont destinés à être visualisés dans une couleur dorée, enflammée lorsque vous vibrez le Nom Divin ARARITA. La formule du Lesser Ritual of the Hexagram est donc la même que celle du BRH. La différence mineure est le changement de direction lorsque vous tracez les Hexagrammes.

Gardez à l'esprit qu'il n'est pas nécessaire d'utiliser les Lesser Banishing Hexagrams pour l'une ou l'autre des Planètes (sauf dans le cas du BRH), sauf si vous avez des difficultés à gérer l'énergie de la Planète que vous avez invoquée. Lorsque vous bannissez une Planète, vous libérez l'énergie invoquée de votre Aura et de toute énergie naturelle de cette Planète avant son invocation. Comme pour les bannissements des Éléments, il faudra au moins quelques heures pour reconstruire l'énergie de la Planète dans votre Aura. Bien que le BRH élimine les énergies indésirables de toutes les Planètes, il n'est pas aussi puissant pour bannir l'énergie d'une Planète individuelle que lorsque vous utilisez le Lesser Banishing Ritual of the Hexagram de cette Planète.

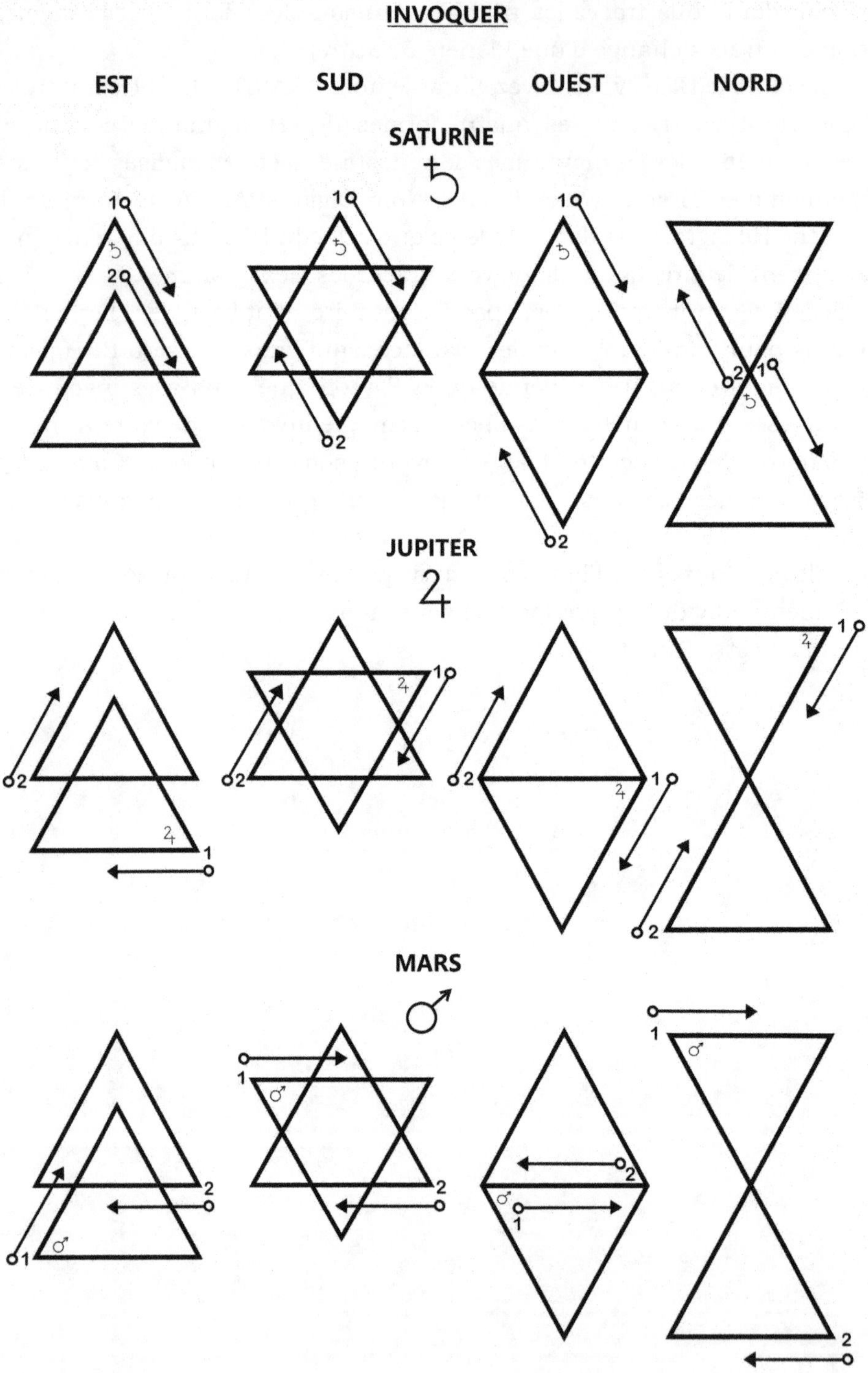

Figure 45: Lesser Invoking Hexagrams- Saturne, Jupiter, Mars

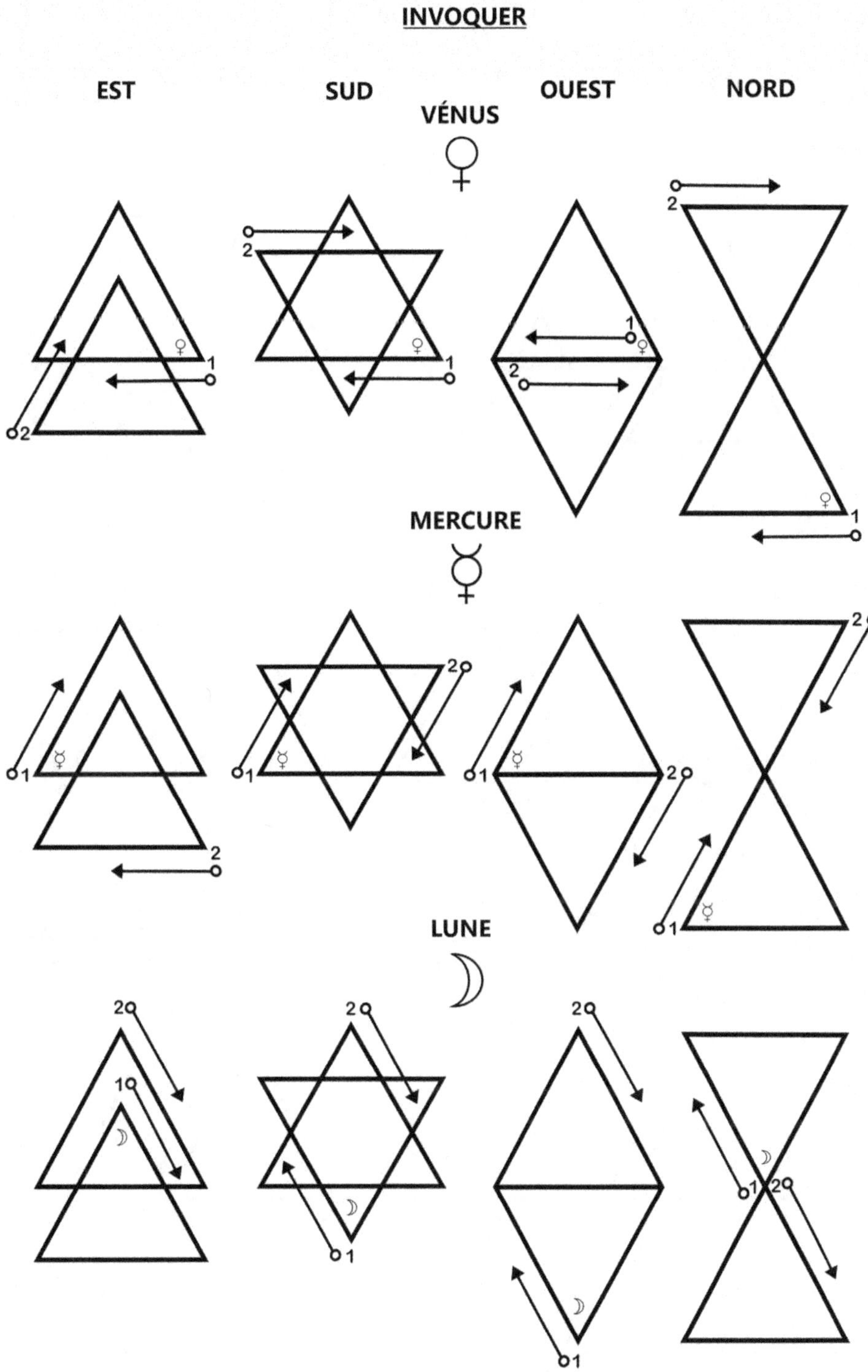

Figure 46: Lesser Invoking Hexagrams - Vénus, Mercure, la Lune

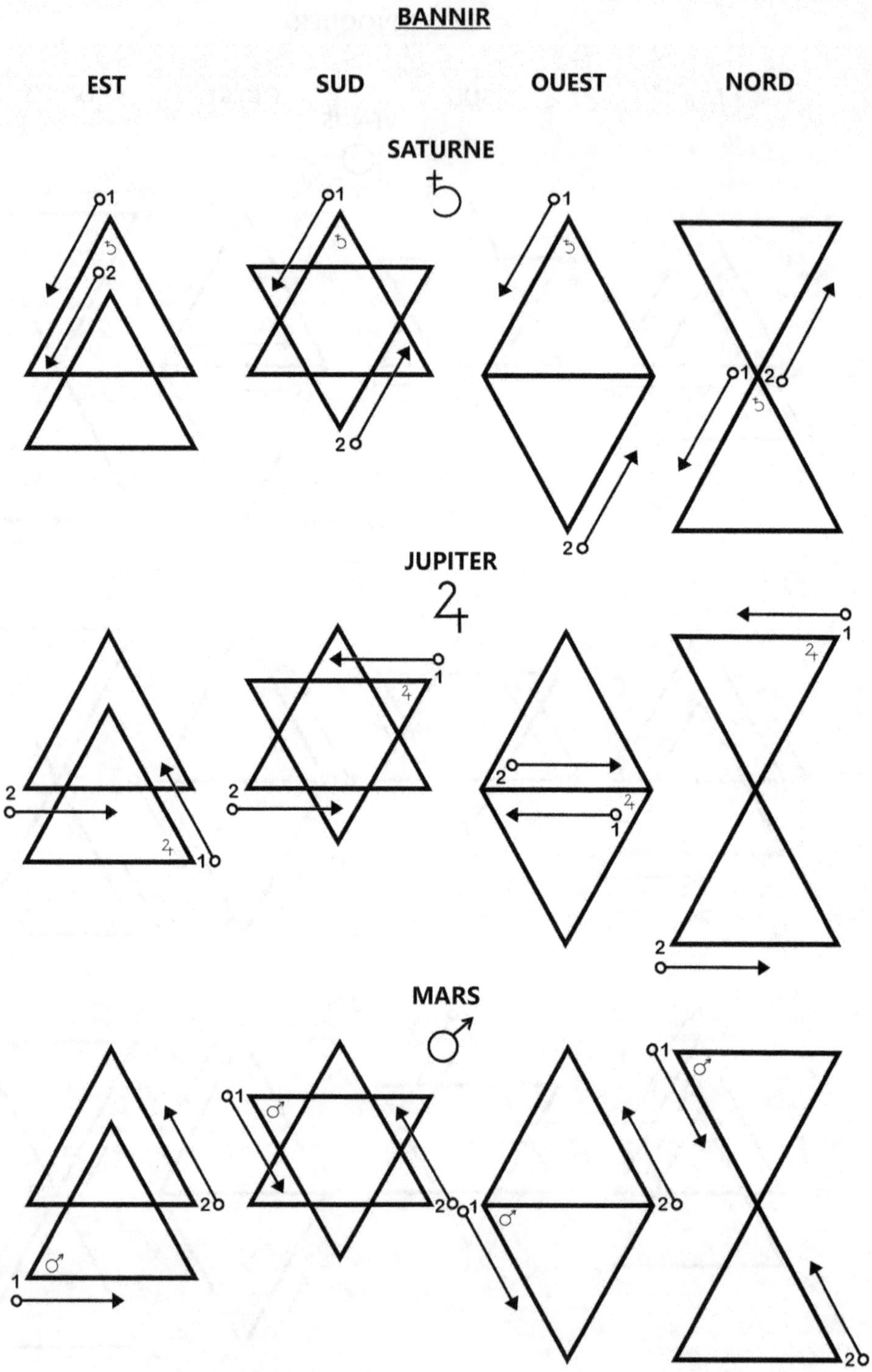

Figure 47: Lesser Banishing Hexagrams - Saturne, Jupiter, Mars

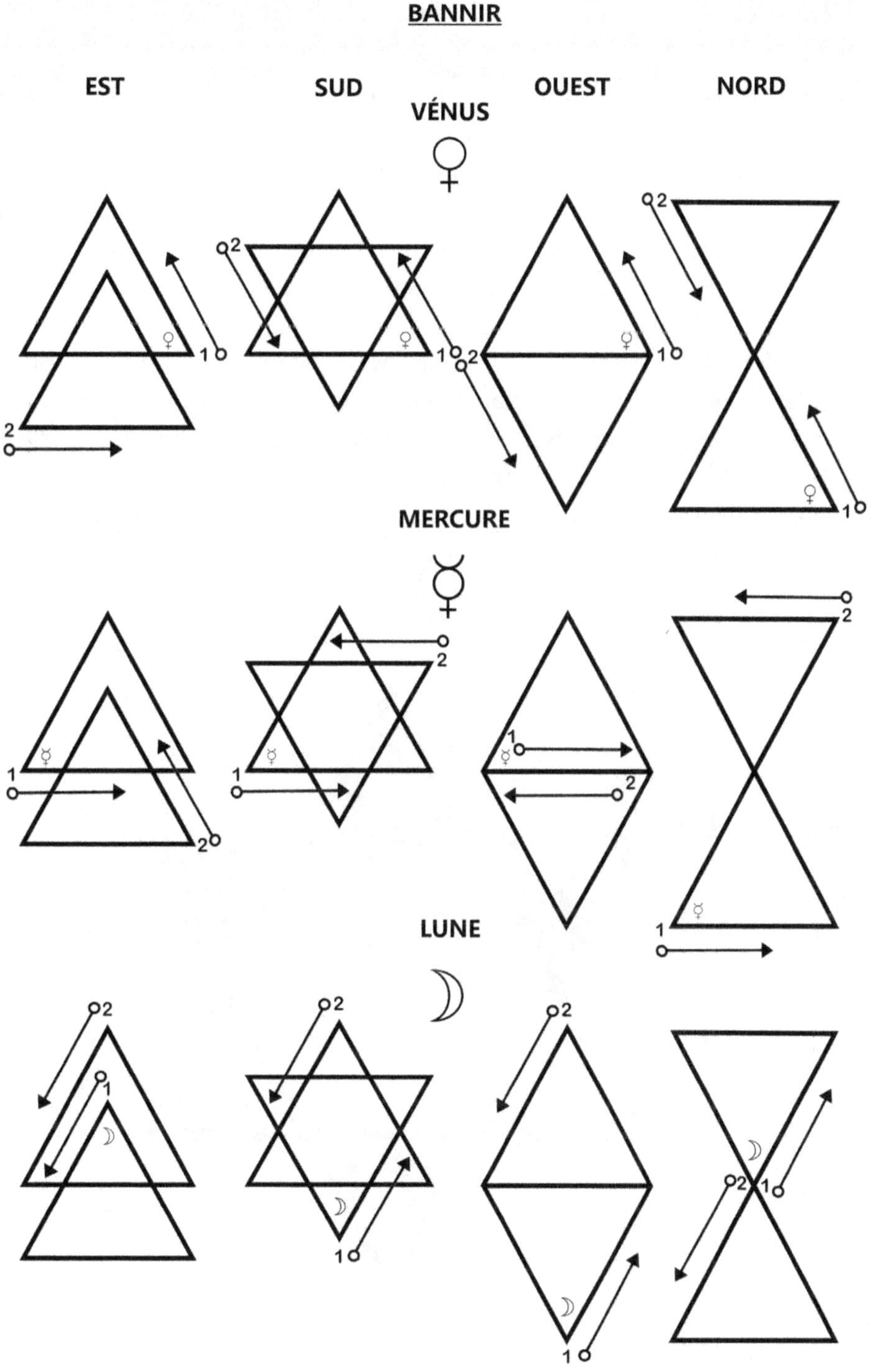

Figure 48: Lesser Banishing Hexagrams - Vénus, Mercure, la Lune

GREATER RITUAL OF THE HEXAGRAM

Le Greater ritual of the Hexagram peut être utilisé pour travailler à la fois avec les Planètes et les signes du Zodiaque. Bien que vous ne travailliez pas avec les énergies Zodiacales dans le cadre d'un programme d'Alchimie Spirituelle présenté dans ce livre, je vous donnerai quand même la formule de l'exercice rituel. Vous pouvez expérimenter son utilisation si vous le souhaitez, mais seulement une fois que vous aurez terminé le Programme d'Alchimie Spirituelle I et décidé de travailler avec les Sept Planètes Anciennes.

Les six Planètes de Saturne, Jupiter, Mars, Vénus, Mercure et la Lune sont attribuées à chaque angle de l'Hexagramme (Figure 49). La couleur de chaque angle correspond à la couleur de la Séphirah de la Planète sur l'Arbre de Vie. Ces couleurs sont dans l'échelle de Briah. Saturne est la seule exception à cette règle. Sa couleur est l'indigo, tandis que la Lune est violette, Jupiter est bleu, Mars est écarlate (rouge), Vénus est vert émeraude et Mercure est orange.

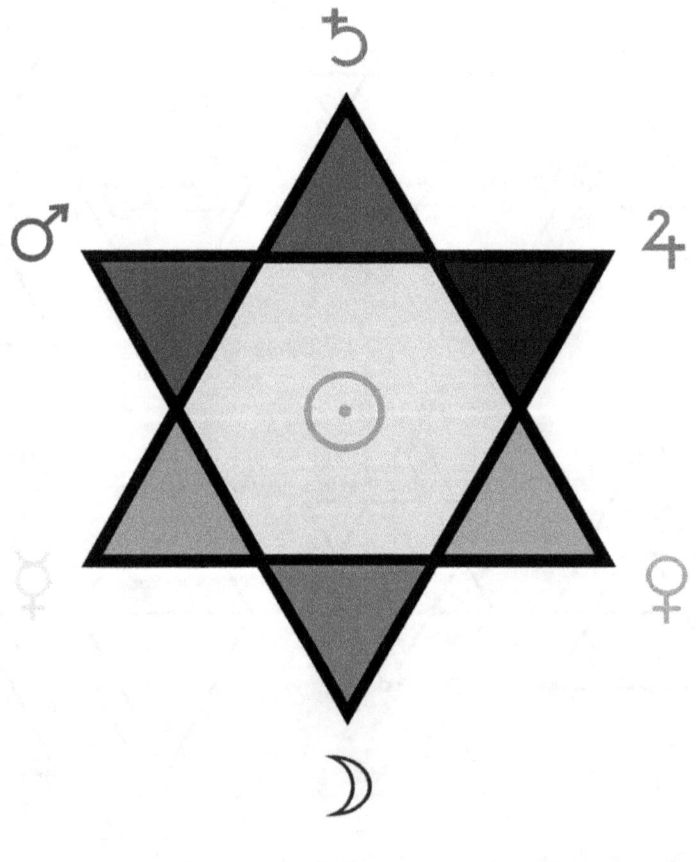

Figure 49: Attributions Planétaires du Greater Hexagram

Le Soleil est au centre de l'Hexagramme en tant que grande force réconciliatrice, dont la couleur est le jaune d'or. Il possède le pouvoir de toutes les Planètes de notre Système Solaire. Dans le Lesser Ritual of the Hexagram, nous utilisons cette forme de l'Hexagramme dans la direction cardinale de l'Élément Terre.

L'ordre d'attribution de chaque angle sur le symbole de l'Hexagramme de la Terre est basé sur les Sephiroth lorsque vous descendez l'Arbre de Vie. L'angle le plus élevé correspond à Saturne mais aussi à Daath, tandis que l'angle le plus bas correspond à Yesod. Les autres angles correspondent aux autres Sephiroth du Microprosopus. De cet ordre descendant naît le Greater Ritual of the Hexagram (GRH).

Dans le GRH, on utilise les Noms Divins des Sephiroth correspondants, y compris les symboles des Planètes. Ainsi, son pouvoir est plus significatif que la simple utilisation de l'Hexagramme de la Terre dans le Petit Rituel de l'Hexagramme, car il invoque également la Séphirah correspondante dans sa couleur appropriée.

Les Planètes sont classées en Planètes supérieures et inférieures. Une sympathie existe entre chaque paire opposée selon leur placement sur le symbole de l'Hexagramme. Pour cette raison, les triangles de leurs Hexagrammes de Terre d'invocation et de bannissement s'inversent. Les Planètes supérieures sont Saturne, Jupiter et Mars. Les Planètes inférieures sont Vénus, Mercure et Lune. La Planète supérieure Saturne et la Planète inférieure Lune sont sympathiques, tout comme le sont Jupiter et Mercure, et Mars et Vénus. Au milieu des six Planètes se trouve le Feu du Soleil, source de Lumière et de vie dans notre Système Solaire.

En exécutant le Grand Rituel de l'Hexagramme, il faut utiliser l'Hexagramme de la Terre d'une Planète et le tracer en deux triangles (Figures 51-52). Le premier triangle est tracé à partir de l'angle de la Planète, tandis que le deuxième triangle est tracé à partir de sa Planète sympathique, opposée à celle-ci.

En traçant chaque Hexagramme terrestre de la Planète avec l'une des couleurs indiquées dans le diagramme ci-dessus (Figure 49), il faut faire vibrer le Nom Divin ARARITA. Ensuite, vous devez tracer le symbole de la Planète au milieu de l'Hexagramme. En même temps que vous le faites, vibrez le Nom Divin de la Séphire associée à cette Planète.

La couleur de la Planète doit être dans la couleur correspondante du chemin de l'Arbre de Vie (Atziluth), selon le Tableau 3. Lorsque vous tracez le symbole de la Planète au centre de l'Hexagramme, faites en sorte qu'il soit d'une taille proportionnelle à son intérieur. La méthode de traçage va de gauche à droite, en suivant à nouveau le cours du Soleil levant et du Soleil couchant.

Terminer en enflammant l'Hexagramme et le symbole de la Planète avec le Signe de l'Entrant et le Signe du Silence. Notez que le Grand Hexagramme de Saturne peut également être utilisé pour invoquer ou bannir les énergies de la Triade Supernale de Kether, Chokmah et Binah.

Le Soleil emploie les Hexagrammes de la Terre des six Planètes, qui doivent être tracés dans l'ordre descendant des Planètes, selon leur emplacement sur l'Arbre de Vie (Figures 53-54). En traçant chaque Hexagramme, vibrez le Nom Divin ARARITA en le visualisant en jaune doré. Ensuite, vous devez tracer le symbole du Soleil en orange au milieu de l'Hexagramme tout en vibrant le Nom Divin YHVH Eloah ve-Daath.

Répétez ce processus cinq fois de plus, car il y a six Hexagrammes du Soleil au total. Terminez en enflammant les Hexagrammes et les symboles du Soleil avec le Signe de l'Entrant et le Signe du Silence. Cette formule doit être utilisée pour invoquer ou bannir le Soleil.

La méthode optimale d'utilisation du GRH consiste à se tourner vers le quartier des cieux où se trouve la Planète physique. Pour ce faire, vous devez créer un Horoscope des cieux au moment du rituel. Vous pouvez également obtenir un Horoscope en ligne. Vous devez ensuite placer l'ascendant à l'est sur l'autel, puis trouver le quartier le plus proche de la Planète souhaitée sur le cercle du tableau. En sachant dans quel quartier se trouve la Planète physique pendant votre opération, vous incorporerez le Grand Hexagramme dans le cadre du Lesser Ritual of the Hexagram en le traçant dans son quartier après avoir tracé ses quatre formes.

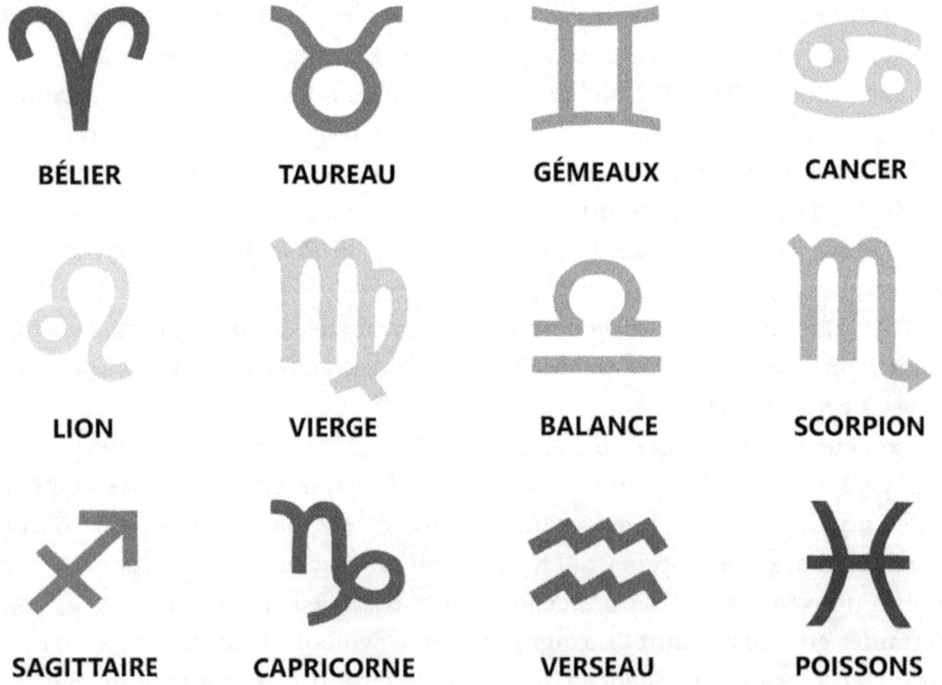

Figure 50: Symboles des Signes du Zodiaque

Pour invoquer les signes du Zodiaque, utilisez l'Hexagramme de la Terre de sa Planète dominante tout en faisant vibrer le Nom Divin ARARITA. La couleur de l'Hexagramme doit être dans la couleur correspondante de l'Arbre de Vie Séphirah (Briah). Dans ce cas, vous devez tracer le symbole du Zodiaque désiré au milieu de l'Hexagramme pendant que vous vibrez son Nom Divin correspondant selon la permutation du Tétragrammaton.

De nouveau, le symbole du Zodiaque (Fig. 50) doit être tracé de gauche à droite, dans le sens des aiguilles d'une montre, de manière à obtenir une taille proportionnelle à l'intérieur de l'Hexagramme. En outre, la couleur du symbole du Zodiaque doit être dans la couleur correspondante du chemin de l'Arbre de Vie (Atziluth). Un Tableau 9 supplémentaire est donné en annexe avec toutes les informations nécessaires pour invoquer les Signes du Zodiaque.

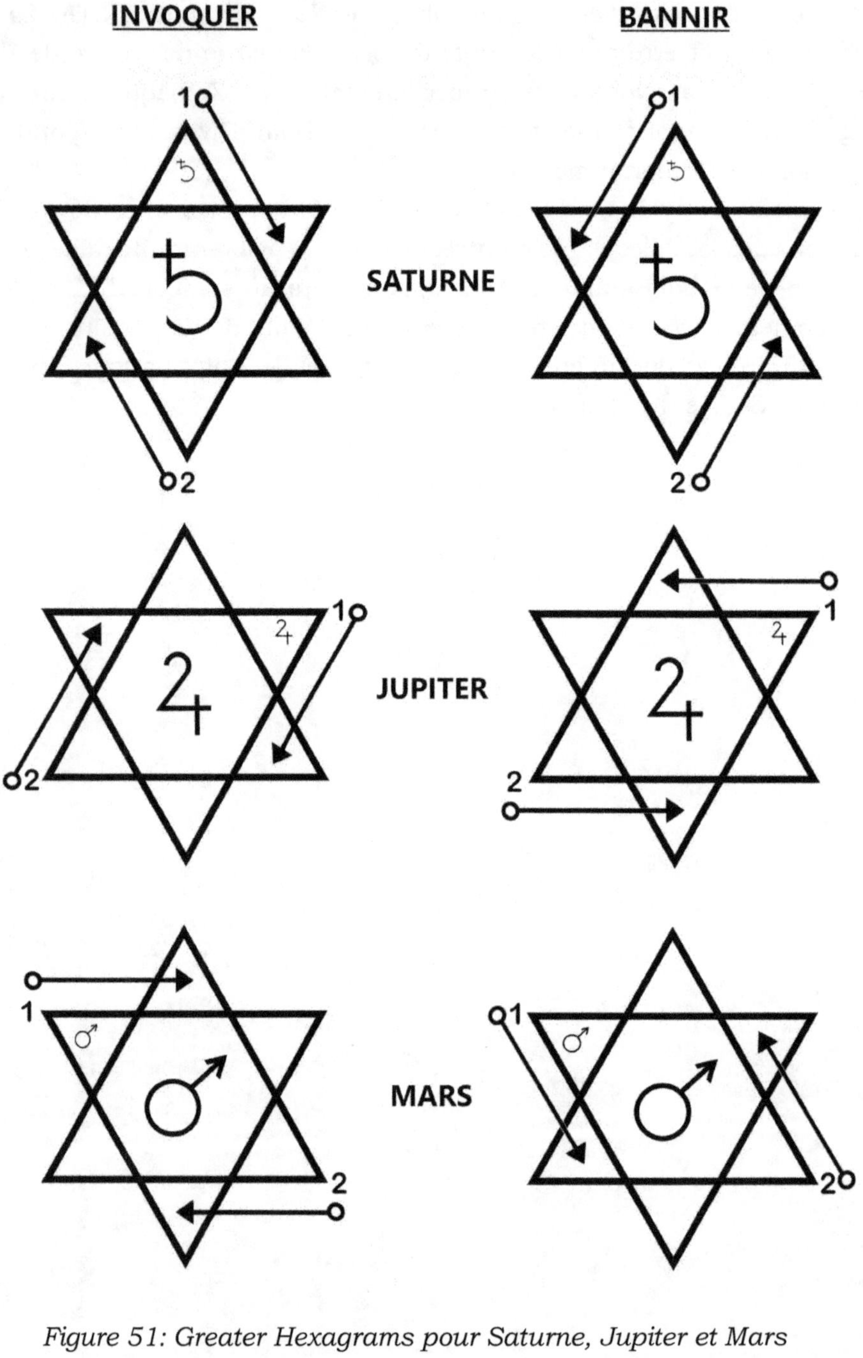

Figure 51: Greater Hexagrams pour Saturne, Jupiter et Mars

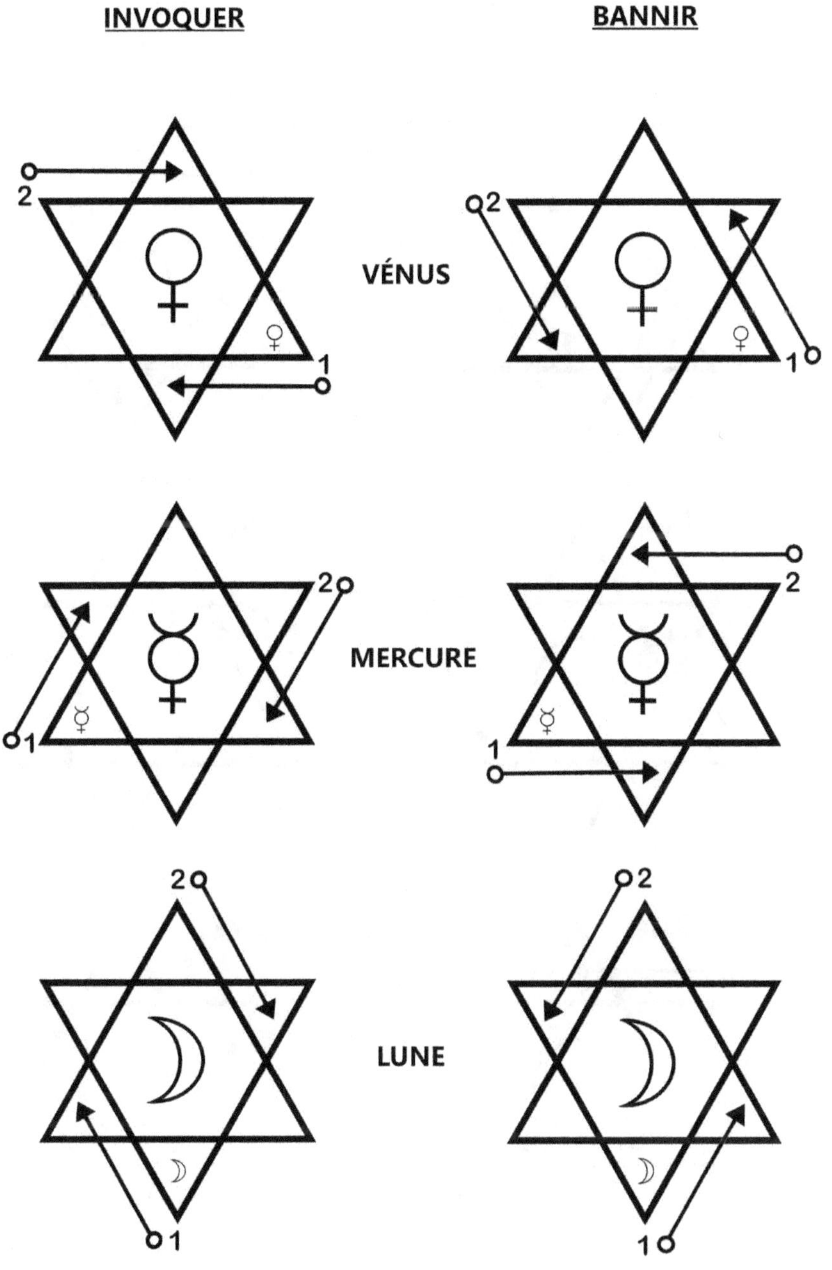

Figure 52: Greater Hexagram pour Vénus, Mercure et la Lune

INVOQUER LE SOLEIL

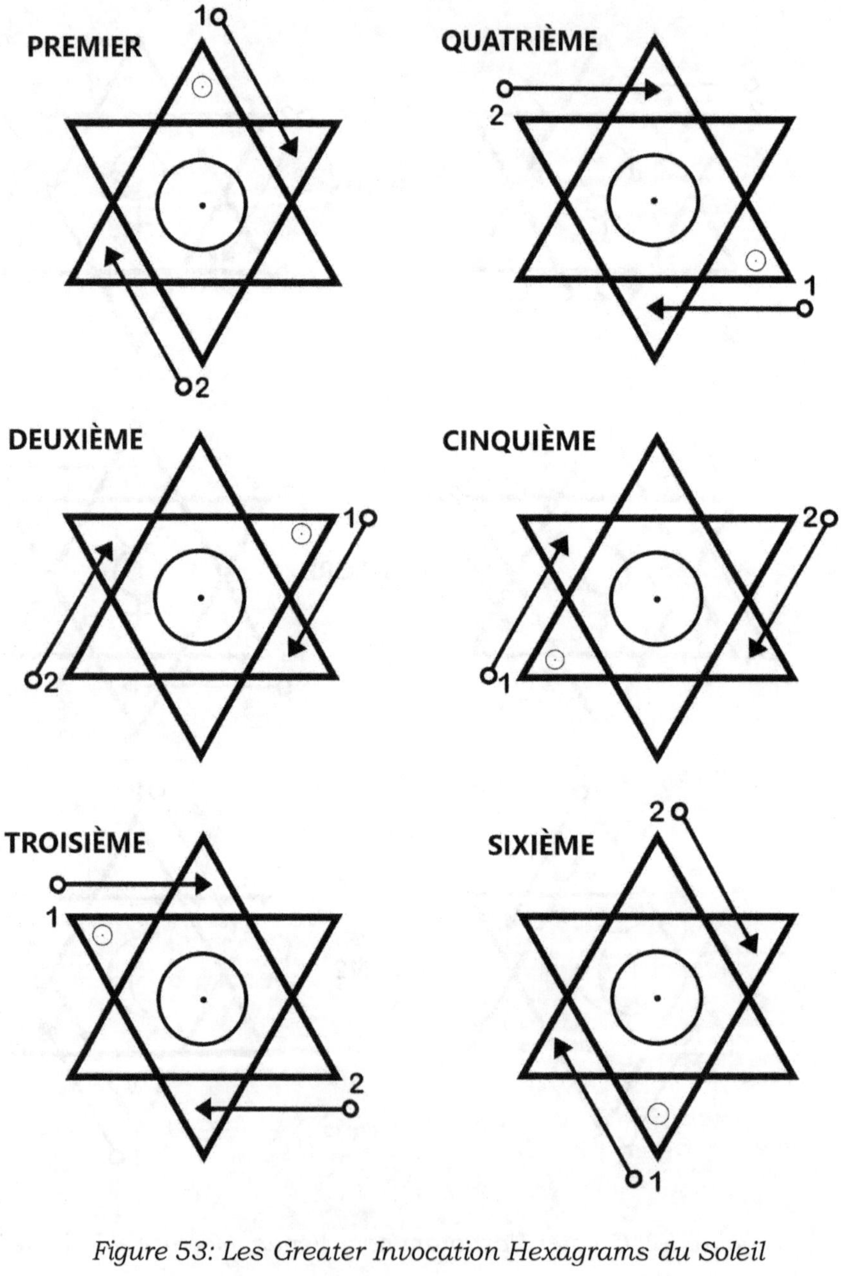

Figure 53: Les Greater Invocation Hexagrams du Soleil

BANNISSEMENT DU SOLEIL

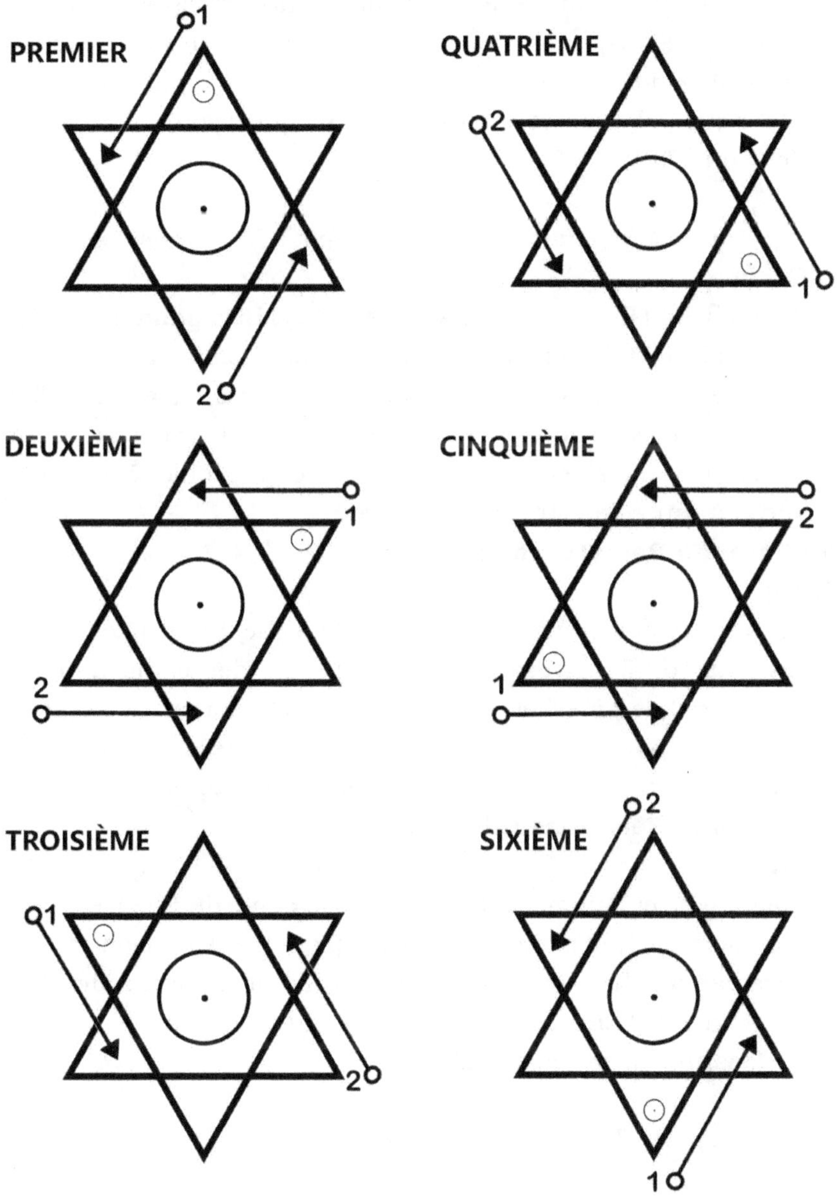

Figure 54: Les Greater Banishing Hexagrams du Soleil

Ritual of the Hexagram (Lesser + Greater)

Formule 1: La Croix Qabalistique

Effectuez la Respiration Carrée pendant une minute ou deux pour vous mettre dans un état d'esprit calme et équilibré. Placez-vous au centre de votre cercle et faites face à l'est. Si vous avez des autels Élémentaires et (ou) un autel central, placez-vous derrière l'autel central. Effectuez la Croix Qabalistique selon la formule donnée dans les instructions du LBRP.

Formule 2: Tracer les Quatre Formes des Petits Hexagrammes dans les Quatre Directions Cardinales

Déplacez-vous vers l'Est maintenant et dessinez l'Hexagramme de Feu invoquant (ou bannissant) (de la Planète avec laquelle vous choisissez de travailler) comme indiqué. Visualisez-le dans une flamme dorée. Inspirez en attirant l'énergie de la Sphère de Kether au-dessus de vous. Faites descendre la Lumière de Kether et poussez vos doigts vers l'avant dans le Signe de l'Entrant comme indiqué dans le rituel LBRP.

Dans toute la mesure de votre souffle, vibrez:

Aaahhh-Raaahhh-Reee-Taaahhh

(ARARITA)

Voir l'Hexagramme enflammé. Terminer par le Signe du Silence (selon le LBRP).

Avec la main ou l'outil d'invocation rituelle, poignarder le milieu de l'Hexagramme que vous venez de dessiner et porter une ligne blanche vers le Sud. Tracer l'Hexagramme de la Terre d'invocation (ou de bannissement) comme indiqué.

Effectuez le Signe de l'Entrant, suivi de la vibration du nom:

Aaahhh-Raaahhh-Reee-Taaahhh

(ARARITA)

Voir l'Hexagramme enflammé. Terminez avec le Signe du Silence.

De la même manière que précédemment, déplacer la ligne blanche vers l'Ouest et dessiner l'Hexagramme d'Air invoquant (ou bannissant) comme indiqué.

Effectuez le Signe de l'Entrant, suivi de la vibration du nom:

Aaaahhh-Raaahhh-Reee-Taaahhh

(ARARITA)

Encore une fois, voir l'Hexagramme enflammé. Terminez avec le Signe du Silence.

Jusqu'à présent, vous avez dessiné la moitié du cercle Magique avec la ligne blanche, en reliant les Hexagrammes de l'Est, du Sud et de l'Ouest. Déplacez maintenant la ligne blanche vers le Nord, de la même manière que précédemment, et dessinez l'Hexagramme d'invocation ou de bannissement de l'Eau.

Effectuez le Signe de l'Entrant, suivi de la vibration du nom:

Aaahhh-Raaahhh-Reee-Taaahhh

(ARARITA)

Voir l'Hexagramme enflammé. Terminez avec le Signe du Silence.

Reliez la ligne blanche du Nord à l'Est, complétant ainsi votre cercle Magique. En vous tenant à l'Est, faites le Signe de l'Entrant et le Signe du Silence, enflammant les quatre Hexagrammes et la ligne blanche qui les relie.

Revenez maintenant au centre du cercle Magique et faites face à l'Est. Si vous avez un autel central, placez-vous derrière lui.

Formule 3: Tracer le Grand Hexagramme dans son Quartier Respectif

Si vous avez obtenu une carte du ciel au moment du travail (soit en la construisant vous-même, soit en la trouvant en ligne), déterminez la position de la Planète que vous avez invoquée (ou bannie) jusqu'à présent. Ensuite, tournez-vous vers le quartier dans lequel se trouve la Planète physique et effectuez le Greater Invoking of the Hexagram (ou de Banishing) de cette Planète. Vous pouvez le faire en traçant l'Hexagramme terrestre de la Planète dans sa couleur correspondante tout en vibrant le Nom Divin ARARITA.

Ensuite, tracez le symbole de la Planète au milieu de l'Hexagramme en vibrant le Nom Divin de sa Séphirah associée. La couleur du symbole de la Planète doit correspondre à la couleur du chemin de l'Arbre de Vie (Atsiluth) qui se trouve dans le Tableau 3 de la section "La Qabalah". Si vous ne savez pas dans quelle partie du Ciel se trouve la Planète physique, tracez le symbole de la Planète devant vous. Pendant que vous faites cela, vous devez vous tenir au centre de votre cercle, face à l'Est. Enfin, enflammez l'Hexagramme et le symbole de la Planète avec le signe de l'entrant. Terminez par le Signe du Silence.

Formule 4: La Croix Qabalistique

Répétez la Croix Qabalistique au centre de votre cercle (en faisant face à l'Est).

Formule 5: Effectuer l'Analyse du Mot-Clé

Effectuer l'Analyse du Mot-Clé selon les instructions données ci-dessous. Ceci complète le Rituel de L'Hexagramme.

ANALYSE DU MOT-CLÉ

L'Analyse du Mot-Clé est donnée à ce stade de votre processus d'Alchimie Spirituelle pour être utilisée dans le cadre de l'exercice rituel de l'Hexagramme ou d'une évocation Énochienne. Son but est de s'approprier brièvement les Déités Égyptiennes associées à la mort et à la résurrection, ce qui invoque une transmutation du Soi intérieur. Cela implique la transformation du Pentagramme de l'humain aspirant mais imparfait en Hexagramme parfait et équilibré, métaphoriquement parlant.

Le Mot-Clé lui-même fait référence aux lettres I.N.R.I., qui est un acronyme essentiel en Magie mais aussi dans le Christianisme et le Judaïsme. Les lettres I.N.R.I. ont été placées au-dessus de la tête de Jésus-Christ sur la croix et signifient "Jesus Nazarenus Rex Judecorum", ce qui se traduit par "Jésus de Nazareth, roi des Juifs". L'I.N.R.I. équivaut donc à la "Force Christique", l'Archétype rédempteur, vie/mort/résurrection dans l'Univers. Dans le contexte de l'Aube Dorée, le Mot-Clé fait également allusion à la séquence des saisons de l'année. Il s'agit notamment des Équinoxes et des Solstices.

Le Mot-Clé invoque les nombreux noms et images associés à cet exercice. Dans le cadre de l'invocation, les lettres latines I.N.R.I. sont suivies de leurs équivalents Hébraïques, Yod, Nun, Resh et Yod. Les attributions Qabalistiques de ces lettres (correspondances des voies du Tarot) sont dérivées de Vierge (Yod), Scorpion (Nun), Sol (Resh) et Vierge (Yod). Ces lettres correspondent à un trio de Divinités Égyptiennes : Isis, Apophis (Seth) et Osiris. Ces trois Divinités sont les personnages clés de la légende Égyptienne du Dieu mourant et ressuscité. Les premières lettres des noms de ces Divinités forment le nom IAO, qui est le nom Gnostique de Dieu. On peut dire que IAO représente le processus naturel de Création, de destruction et de résurrection (renaissance).

La lettre "I" (dans I.N.R.I.) est le signe de la Vierge en tant qu'Isis la Mère Puissante - représentant la production des graines de fruits sur Terre, qui correspondent au printemps et à la force générative et créatrice de la nature. La lettre "N" est le signe du Scorpion, Apophis le Destructeur - le pouvoir destructeur de la nature qui représente l'hiver. La lettre "R" est Sol, qui se rapporte à l'été - la période de l'année où la nature est la plus féconde et la plus abondante, et où la vitalité de tous les êtres vivants est à son niveau le plus optimal.

Le dernier "I" est Osiris Slain and Risen, qui se rapporte à l'automne - la période de l'année où la vie dans la nature commence le processus de lente disparition, pour renaître au printemps de l'année suivante. En prononçant le Mot-Clé, vous invoquez le pouvoir de la Lumière du Soleil, le nourricier de tous les êtres vivants, dans votre Aura.

L'Analyse du Mot-Clé comprend des gestes Magiques qui forment le mot latin "lux" ou LVX, qui signifie "Lumière". Lorsque vous effectuez ces gestes Magiques tout en prononçant les mots donnés, vous alignez votre conscience sur le cycle de mort et de renaissance du Soleil, y compris le Soi dans sa quête d'illumination Spirituelle. Ce processus est un processus de renouvellement et de régénération continus pour obtenir la perfection Spirituelle. Ces gestes Magiques (appelés signes LVX au sein de l'Aube dorée) sont également associés au trio de Déités Égyptiennes mentionné précédemment.

Les Signes LVX sont les Signes donnés dans le Grade Adeptus Minor. À ce niveau, vous tentez d'incarner l'essence de Tiphareth, ce qui inclut le sacrifice de tous les déséquilibres et impulsions destructives nécessaires pour devenir pleinement Un avec l'Élément Esprit et le Soi Supérieur.

Le Moi intérieur doit être en parfaite harmonie avant que l'Esprit puisse descendre et transformer l'Âme. En utilisant les Signes de Grade associés aux Cinq Eléments, vous travailliez avec le pouvoir de la Lumière dans ses différentes manifestations. Avec les signes LVX, vous transformez complètement votre conscience et devenez Un avec votre Saint-Ange Gardien, comme c'est la nature du travail au sein du Grade Adeptus Minor.

Analyse du Mot-Clé

Formule 1: Invocation de I.N.R.I et I.A.O.

Tendez vos bras en forme de croix de Tav, les paumes tournées vers l'avant. Dites l'acronyme suivant en français en prononçant chaque lettre avec révérence:

"I.N.R. I"

Alors, vibrez:

Yooohd-Nooon-Rehhhsh-Yooohd

(Yod Nun Resh Yod)

Pendant que vous vibrez les lettres Hébraïques, tracez-les dans l'air devant vous (au niveau des yeux) de droite à gauche (Figure 55), en utilisant votre main ou un outil d'invocation rituelle. Les lettres doivent être d'un bleu flamboyant, tout comme les Pentagrammes.

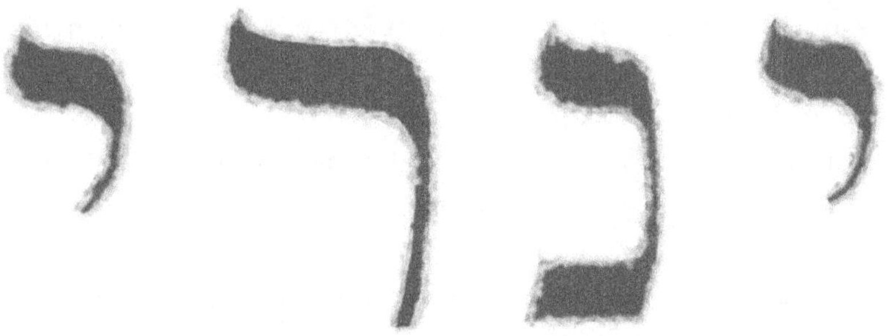

Figure 55: I.N.R.I. en Hébreu: Yod, Nun, Resh, Yod (de droite à gauche)

Revenez à la position de la Croix de Tav et dites avec révérence:

"Vierge, Isis, Mère puissante!

Scorpion, Apophis, Destructeur!

Sol, Osiris, Mort et Ressuscité!

Isis, Apophis, Osiris!"

Pendant que vous effectuez cette oraison, levez lentement les bras et la tête vers le ciel. Une fois terminé, vibrez:

Eeeeee-Aaahhh-Ooohhh

(IAO)

Formule 2: Les Signes L.V.X. (Figure 56)

Revenez à la position de la Croix de Tav et dites:

"Le Signe d'Osiris Slain."

En effectuant ce geste Magique, contemplez les forces de l'Équinoxe, lorsque la Lumière du Soleil et l'obscurité sont d'égale puissance.

Levez votre bras droit en l'air tout en maintenant votre bras gauche dans la même position que le geste précédent. Les deux bras doivent former un angle de quatre-vingt-dix degrés avec les paumes ouvertes tournées vers l'avant. Leur position doit ressembler à la lettre "L". Dites maintenant avec révérence:

"L, le Signe du Deuil d'Isis."

Pendant que vous effectuez ce geste, contemplez le Solstice d'été, la période de l'année où la Lumière du Soleil est la plus puissante. Ce geste devrait vous relier à la force vitale d'Osiris.

Levez les deux bras au-dessus de votre tête à un angle de 60 degrés chacun. Les deux bras doivent être tendus, et les paumes doivent être tournées vers l'avant. La position des bras doit former la lettre "V". Avec ce geste, la tête doit être légèrement en arrière alors que vous regardez vers l'avant et vers le ciel. Dites maintenant avec révérence:

"V, le Signe de Typhon et Apophis."

Pendant que vous effectuez ce geste, contemplez le Solstice d'hiver, le moment de l'année où l'obscurité est la plus puissante.

Croisez les bras sur la poitrine, le bras droit par-dessus le gauche, formant ainsi la lettre "X". Pendant que vous faites cela, inclinez la tête et dites:

"X, le Signe d'Osiris ressuscité."

En effectuant ce geste, contemplez les forces de l'Équinoxe et du Solstice, car les deux énergies sont présentes ici. La dualité de la Lumière et de l'obscurité et leur relation créent les cycles de vie et de mort et la régénération constante et perpétuelle de la nature.

Maintenant, répétez les trois derniers gestes Magiques en épelant chaque lettre de l'acronyme L.V.X. à mesure que vous faites chaque geste. Une fois que vous avez terminé dans le Signe d'Osiris ressuscité, dites:

Luuuux

(LUX)

Restez dans le Signe d'Osiris tué (position de la Croix de Tav) et dites la phrase suivante avec révérence:

"La Lumière..." (Tendez les bras en position de croix de Tav pendant que vous dites cette partie de la phrase).

".... of the Cross." (En disant cette deuxième partie de la phrase, croisez les bras sur la poitrine dans le Signe d'Osiris ressuscité).

***

L'Analyse du Mot-Clé est maintenant terminée. Après avoir effectué cet exercice, un puissant courant d'énergie Solaire provenant du Royaume Astral sera invoqué dans l'Aura. Puisque cet exercice rituel doit être utilisé pendant une invocation Planétaire ou une évocation Énochienne, continuez avec la partie suivante de la formule de l'exercice que vous effectuez.

Figure 56: Les Signes L.V.X.

PROGRAMME D'ALCHIMIE SPIRITUELLE II - LES SEPT PLANÈTES ANCIENNES

Comme les Planètes correspondent aux Séphiroth, vous travaillerez systématiquement avec chacune d'elles, en commençant par Yesod et en progressant sur l'Arbre de Vie jusqu'à Binah. Il est crucial d'intégrer d'abord les pouvoirs de chaque Planète avant de passer à la Planète suivante. La Magie Planétaire poursuit le travail effectué jusqu'à présent avec les Quatre Éléments de la Terre, de l'Air, de l'Eau et du Feu, et le cinquième Élément de l'Esprit. Cette fois, vous vous rapprochez encore plus des forces Archétypales qui composent votre psyché.

Invoquer une Planète spécifique (à l'heure où son influence est maximale) vous alignera sur son énergie. En devenant en harmonie avec l'énergie d'une Planète, vous serez en mesure d'apprendre d'elle et d'utiliser son pouvoir de manière productive dans votre propre vie. Vous deviendrez ainsi maître de votre destin, ce qui est l'objectif de l'ouvrage présenté dans *The Magus*.

Les heures Planétaires ne sont pas les mêmes que les heures quotidiennes normales. Pour déterminer une heure Planétaire, il faut trouver l'heure exacte entre le lever et le coucher du Soleil un jour donné (en consultant Internet) et diviser cette heure par douze. En faisant cela, vous obtiendrez la durée des heures Planétaires de la journée. Pour trouver les heures Planétaires de la nuit, divisez le temps entre le coucher et le lever du Soleil par douze. Les heures du jour et de la nuit seront de longueurs différentes, sauf aux Équinoxes. Utilisez les tableaux 5 et 6 pour trouver les heures Planétaires du jour et de la nuit.

En ce qui concerne le programme à suivre pour les invocations Planétaires, vous ne devez vous préoccuper que de l'heure à laquelle correspond une Planète. Gardez à l'esprit qu'une invocation Planétaire est plus puissante lorsqu'une Planète est invoquée le jour qui lui est attribué ainsi que l'heure. Mais comme vous travaillerez avec une seule Planète à la fois pendant une période prolongée, il est essentiel de l'invoquer uniquement à l'heure qui lui correspond.

La période pendant laquelle vous devez travailler avec chaque Planète est d'un mois. En d'autres termes, vous pouvez faire des invocations d'une Planète aussi souvent que vous le souhaitez pendant la semaine, pendant quatre semaines. En outre, la même règle s'applique que pour les LIRP et les SIRP, à savoir que vous ne devez pas effectuer une invocation Planétaire plus d'une fois par jour. Les bannissements (LBRP et BRH) et le Middle Pillar peuvent être effectués plusieurs fois par jour.

Le programme d'Alchimie Spirituelle à suivre pour travailler avec les forces Planétaires n'est pas aussi strict que celui qui vous a été présenté jusqu'à présent avec les Éléments et le SIRP. Si vous décidez de travailler plus d'un mois avec une

Planète, vous pouvez le faire. Cependant, pour intégrer pleinement l'énergie d'une Planète, vous ne devriez pas travailler avec elle pendant moins d'un mois entier.

Vous devez commencer par la Lune, en l'invoquant une fois par jour à l'heure correspondante, pendant quatre semaines au minimum. Employez le Rituel de l'Hexagramme (Lesser et Greater) pour l'invoquer. Une fois que vous avez accompli cela, vous devez passer à l'invocation de Mercure et faire la même formule pendant un mois. Ensuite, il faut passer à Vénus, puis au Soleil, à Mars, à Jupiter et à Saturne. Le programme d'Alchimie Spirituelle avec les Planètes doit durer au moins sept mois. Une fois que vous l'avez terminé, vous pouvez passer à la Magie Énochienne, à moins que vous n'ayez déjà terminé son programme.

Gardez à l'esprit que vous travaillez maintenant avec des exercices rituels de niveau Adepte, strictement réservés à l'Ordre Intérieur de l'Aube Dorée, dans le cadre du curriculum de l'Adeptus Minor. Bien que le SIRP soit, en réalité, un rituel de niveau Adepte, il sert principalement à vous amener au niveau d'Adepte Spirituel afin que vous soyez prêt à travailler avec la Magie Planétaire et la Magie Énochienne. Dans l'Aube Dorée, le SIRP est présenté comme faisant partie du travail du Grade de Portail - le point de contact entre les Ordres Intérieur et Extérieur.

Après avoir terminé le programme d'Alchimie Spirituelle avec le SIRP, vous aurez intégré les Cinq Éléments dans votre être, opérant ainsi à partir d'un niveau de conscience supérieur. Ne soyez pas surpris si vous canalisez des informations provenant de royaumes supérieurs lorsque vous travaillez avec les Planètes et la Magie Énochienne. Si cela se produit, c'est que vous avez pris contact avec votre Saint-Ange Gardien, votre Soi Supérieur, le guide et l'enseignant intérieur éternel. Vous apprendrez beaucoup de votre professeur intérieur, et votre chemin de découverte des mystères de l'Univers ne fait que commencer.

De nombreux Ordres de l'Aube Dorée enseignent à leurs Adeptes à utiliser le SIRP quotidiennement dans le cadre de toute invocation majeure, telle qu'une invocation Planétaire ou même une invocation Énochienne. Cette méthode est enseignée une fois que l'initié a atteint le grade d'Adeptus Minor et est devenu officiellement un Adepte au sein de l'Ordre. L'idée derrière cette méthode est que le SIRP invoque les Cinq Éléments, ce qui permet au praticien d'être dans l'état d'esprit, de corps et d'Âme le plus équilibré possible avant de commencer les invocations rituelles majeures. En outre, le SIRP sert de rampe de lancement vers le Royaume Astral, où se déroulent toutes les opérations Magiques. Cette méthode vous permettra donc d'intégrer l'énergie de toute invocation rituelle majeure de la manière la plus optimale possible.

Dans mon expérience personnelle, j'ai trouvé que l'utilisation du SIRP avant de travailler avec une Planète peut être une expérience éclairante, mais peut aussi obscurcir mon esprit de sorte que je ne ressens pas l'énergie Planétaire comme souhaité. D'un autre côté, j'ai trouvé qu'utiliser le SIRP une ou deux fois par semaine et me concentrer sur les invocations Planétaires quotidiennes me permettait de mieux entrer en contact avec l'énergie d'une Planète et d'apprendre d'elle.

Cependant, n'hésitez pas à expérimenter les deux méthodes et à voir ce qui fonctionne le mieux pour vous. Si vous avez du mal à gérer l'une ou l'autre, n'oubliez pas que vous pouvez effectuer le SBRP ou le bannissement d'une Planète pour atténuer les effets de son énergie. Une grande partie du rôle du Mage consiste à savoir quand ajouter ou soustraire l'énergie désirée pour fonctionner de manière optimale et exploiter son potentiel maximum tout au long de la journée.

Le discours sur le travail énergétique avec les Sept Planètes Anciennes est maintenant terminé. Que vous ayez choisi de travailler d'abord avec la Magie Énochienne ou avec les Planètes, une fois que vous aurez terminé le programme prescrit d'Alchimie Spirituelle, passez à la deuxième option. Une fois les deux options terminées, vous pouvez recommencer n'importe quelle opération présentée jusqu'ici et soit suivre le programme prescrit, soit expérimenter différentes invocations quotidiennes.

J'ai également inclus un travail Magique supplémentaire pour l'adepte dans l'annexe, qui contient un travail énergétique avec les puissants esprits Planétaires Olympiques. Il est recommandé d'attendre d'avoir terminé le programme d'Alchimie Spirituelle avec les Sept Anciennes Planètes avant de commencer avec les Esprits Olympiques. Cela vous permettra de mieux contrôler les énergies Planétaires, car les Esprits Olympiques sont des forces aveugles qui peuvent se manifester positivement ou négativement, en fonction de ce que vous leur donnez.

Utilisez le matériel supplémentaire de l'annexe avec sagesse, avec soin et prudence. Rappelez-vous que vous pouvez passer de nombreuses années à travailler avec la Magie Cérémonielle, car de nombreuses années sont nécessaires pour devenir un Être Éclairé et achever le Grand Œuvre.

TABLEAU 5: Les Heures Planétaires du Jour

Heure	Dimanche	Lundi	Mardi	Mercredi	Jeudi	Vendredi	Samedi
1	Soleil	Lune	Mars	Mercure	Jupiter	Vénus	Saturne
2	Vénus	Saturne	Soleil	Lune	Mars	Mercure	Jupiter
3	Mercure	Jupiter	Vénus	Saturne	Soleil	Lune	Mars
4	Lune	Mars	Mercure	Jupiter	Vénus	Saturne	Soleil
5	Saturne	Soleil	Lune	Mars	Mercure	Jupiter	Vénus
6	Jupiter	Vénus	Saturne	Soleil	Lune	Mars	Mercure
7	Mars	Mercure	Jupiter	Vénus	Saturne	Soleil	Lune
8	Soleil	Lune	Mars	Mercure	Jupiter	Vénus	Saturne
9	Vénus	Saturne	Soleil	Lune	Mars	Mercure	Jupiter
10	Mercure	Jupiter	Vénus	Saturne	Soleil	Lune	Mars
11	Lune	Mars	Mercure	Jupiter	Vénus	Saturne	Soleil
12	Saturne	Soleil	Lune	Mars	Mercure	Jupiter	Vénus

TABLEAU 6: Les Heures Planétaires de la Nuit

Heure	Dimanche	Lundi	Mardi	Mercredi	Jeudi	Vendredi	Samedi
1	Jupiter	Vénus	Saturne	Soleil	Lune	Mars	Mercure
2	Mars	Mercure	Jupiter	Vénus	Saturne	Soleil	Lune
3	Soleil	Lune	Mars	Mercure	Jupiter	Vénus	Saturne
4	Vénus	Saturne	Soleil	Lune	Mars	Mercure	Jupiter
5	Mercure	Jupiter	Vénus	Saturne	Soleil	Lune	Mars
6	Lune	Mars	Mercure	Jupiter	Vénus	Saturne	Soleil
7	Saturne	Soleil	Lune	Mars	Mercure	Jupiter	Vénus
8	Jupiter	Vénus	Saturne	Soleil	Lune	Mars	Mercure
9	Mars	Mercure	Jupiter	Vénus	Saturne	Soleil	Lune
10	Soleil	Lune	Mars	Mercure	Jupiter	Vénus	Saturne
11	Vénus	Saturne	Soleil	Lune	Mars	Mercure	Jupiter
12	Mercure	Jupiter	Vénus	Saturne	Soleil	Lune	Mars

PARTIE V: LA PHILOSOPHIE DU KYBALION-HERMÉTIQUE

INTRODUCTION AU KYBALION

Le Kybalion: Hermetic Philosophy a été initialement publié en 1908 par la Yogi Publication Society par une ou plusieurs personnes sous le pseudonyme des Trois Initiés. Les pages de ce livre contiennent l'essence des enseignements d'Hermès Trismégiste sur la nature du Cosmos et les Lois qui le gouvernent. Les idées et les philosophies contenues dans *Le Kybalion* étaient si profondes à l'époque qu'elles sont devenues l'un des Piliers fondateurs du mouvement New Age au début des années 1900.

Il est intéressant de noter que le *Kybalion* a été publié à peu près à la même époque que l'Ordre Hermétique de l'Aube Dorée. Tous deux ont eu une profonde influence sur la société et la Spiritualité de l'époque, dont l'effet se fait encore sentir aujourd'hui.

De nombreuses spéculations ont été faites au siècle dernier sur l'identité des Trois Initiés, qui ont choisi de rester anonymes. La théorie la plus crédible est que le *Kybalion* a été écrit par un seul homme, William Walker Atkinson, qui a écrit sous de nombreux pseudonymes différents. Nombre de ses ouvrages ont été publiés par la Yogi Publication Society, dont il était le fondateur.

Une autre théorie veut qu'Atkinson ait coécrit *Le Kybalion* avec Paul Foster Case et que Case ait été Franc-Maçon puisque la Yogi Publication Society a donné son adresse comme "Masonic Temple, Chicago IL" à l'intérieur du livre. Enfin, il existe de nombreuses théories sur le troisième co-auteur; certains suggèrent même qu'il pourrait s'agir d'un ancien membre de l'Aube Dorée originale.

Que William Walker Atkinson ait été le seul auteur du *Kybalion* ou qu'il l'ait coécrit avec d'autres restera toujours un mystère. Une chose est sûre, cependant : *Le Kybalion* était et restera à jamais l'un des livres occultes et ésotériques les plus critiques et les plus influents de tous les temps. Sa connaissance est Universelle, c'est pourquoi les gens ont été naturellement attirés par lui depuis sa création.

Notre société actuelle a un besoin urgent de la connaissance contenue dans les pages *du Kybalion*, car elle seule peut éclairer l'esprit comme aucune autre philosophie au monde. C'est pourquoi j'ai décidé de présenter l'essentiel de ses enseignements et de les relier à la Qabalah, puisque ces deux philosophies vont de pair.

Je présenterai les Principes de Création *du Kybalion* avec de nouveaux ajouts et commentaires tout en reliant cette philosophie Hermétique intemporelle à l'Arbre de Vie et au système Chakrique. Ma présentation de ce travail est très complète et modifiée pour répondre aux besoins, à la compréhension générale et au langage des gens dans le monde d'aujourd'hui.

Comme mentionné dans l'introduction du *Magus*, ces Principes Hermétiques sont si puissants que leur utilisation sur une courte période m'a permis de bénéficier d'un éveil complet de la Kundalini il y a dix-sept ans. Depuis lors, j'ai ressenti un appel du Divin à apporter ma connaissance et mon expérience de ces principes au public, afin que d'autres puissent bénéficier des mêmes avantages.

La compréhension de ces Principes est primordiale pour comprendre comment nous pouvons être en charge de notre réalité. Il s'agit de Principes mentaux opérant sur le Plan Mental de l'existence. Votre esprit est le lien entre l'Esprit et la Matière, le Haut et le Bas. Votre esprit est également le muscle qui doit être exercé puisque c'est par lui que vous pouvez accéder aux Plans Cosmiques intérieurs qui façonnent votre réalité. En contrôlant les fonctions internes de votre esprit, vous pouvez exercer un niveau de contrôle sur votre réalité que vous n'auriez probablement jamais cru possible.

Le Kybalion présente ces Principes Mentaux qui régissent la façon dont nous, en tant qu'êtres humains, nous manifestons dans notre réalité physique. En substance, le *Kybalion* est le manuel de maîtrise de la Troisième Dimension de la réalité à laquelle nous participons quotidiennement. C'est un manuel qui nous enseigne comment utiliser nos corps physiques pour projeter des vibrations dans le monde extérieur qui nous permettraient d'être une cause plutôt qu'un effet. Ainsi, pour nous, les humains, c'est un manuel pour la vie elle-même.

Ces Principes vous donneront le cadre dans lequel les aspects de votre Moi intérieur, tels que la volonté, l'imagination, la mémoire, l'inspiration, l'émotion, le désir, la logique et la raison, fonctionnent ensemble. Grace à cette connaissance, vous pouvez vous emparer de leur fonctionnement interne pour influencer la réalité et les personnes qui vous entourent.

De nombreuses personnes, plus ou moins, utilisent ces Principes de manière inconsciente. Cependant, la compréhension de ces Principes vous permet de les utiliser consciemment, avec une intention et un but précis. Cette connaissance va de pair avec tout ce qui a été présenté jusqu'à présent sur la Qabalah et l'Arbre de Vie, puisque le but commun est d'accroître votre pouvoir personnel et de faire de vous un maître de votre destin.

En apprenant et en maîtrisant ces Principes de Création, vous obtenez invariablement la gouvernance de votre mentalité, synonyme de la Séphirah Hod, puisque cette Séphirah traite de l'esprit et de son pouvoir. Il n'est pas étonnant que Mercure ou Hermès soit attribué à la Séphirah Hod puisqu'il est le Dieu Romain et

Grec de la logique, de la raison et surtout de l'intellect. *Le Kybalion* est, après tout, un ouvrage sur la philosophie Hermétique et la maîtrise du Plan Mental de la réalité.

Le Monde Physique est une version concrète du Monde de l'Énergie pure, appelé la Quatrième Dimension, la Dimension de la Vibration. Ces Principes opèrent dans cette Dimension de Vibration et expliquent comment vous pouvez élever votre niveau de vibration pour influencer le monde qui vous entoure. Connaître ces Principes et les appliquer est le véritable "Sceptre du Pouvoir", comme l'indique le *Kybalion.*

LA SAGESSE D'HERMÈS TRISMÉGISTE

Hermès Trismégiste, également connu sous le nom de "Scribe des Dieux", serait le fondateur des Principes *du Kybalion.* Il a vécu durant les plus anciennes dynasties d'Égypte, bien avant les jours de Moïse, et était considéré par le monde comme le "Grand Soleil Central de l'Occultisme". "Sa sagesse était grandiose, mettant en Lumière les innombrables enseignements qui ont précédé son époque.

Certains érudits considèrent Hermès comme le contemporain d'Abraham et affirment que ce dernier lui a transmis une grande partie de ses connaissances mystiques. D'autres encore affirment qu'il existe un lien entre Hermès et Hénoch et que l'un aurait été la réincarnation de l'autre.

On dit que tous les enseignements fondamentaux que l'on trouve dans toutes les sectes ésotériques et religieuses remontent à Hermès Trismégiste. Selon la légende, de nombreux Sages, Yogis et Adeptes ont voyagé de différentes parties du monde vers la terre d'Egypte. Leur mission était de s'asseoir aux pieds du Maître, Hermès, dont ils pensaient qu'il pouvait leur donner le Maître-Clé, qui réconcilierait leurs points de vue divergents sur l'Univers et la vie humaine. C'est ainsi que la Doctrine Secrète du Cosmos fut fermement établie.

Hermès était appelé le "Maître des Maîtres" et était le père de la sagesse occulte. Il était le fondateur de l'Astrologie et le découvreur de l'Alchimie. Ses connaissances et sa sagesse étaient tellement supérieures à celles des autres peuples du monde que les Égyptiens l'ont déifié et en ont fait l'un de leurs Dieux - Thot, le Dieu de la Sagesse. Des années plus tard, les Grecs du Royaume Ptolémaïque d'Égypte ont également fait de lui l'un de leurs Douze Dieux Olympiens, l'appelant Hermès de son vrai nom. Peu après la prise de l'Égypte par les Romains, ceux-ci ont syncrétisé leur religion avec la religion Grecque et ont appelé Hermès Mercure (Figure 57).

Les Égyptiens ont vénéré la mémoire d'Hermès pendant de nombreux siècles, car il a mis en Lumière toutes les choses ésotériques et occultes grace à sa sagesse et a fait briller sa lampe dans des domaines qui étaient autrement inconnus. Ce sont eux qui lui ont donné son titre antique, Trismégiste, qui signifie "Trois Fois Grand", "Grand-

Grand" et "le Plus Grand-Grand". Le nom d'Hermès Trismégiste était vénéré dans tous les pays; son nom est devenu synonyme de "Source de Sagesse".

Figure 57: Les Formes d'Hermès

Hermès était considéré comme le plus exceptionnel des Instructeurs du Monde, et quelques Adeptes qui sont venus après lui, y compris Jésus-Christ, sont considérés par de nombreux érudits comme sa réincarnation. Ils croient que l'Esprit d'Hermès s'incarne environ tous les 2000 ans en tant qu'Instructeur Mondial pour éclairer le monde dans les domaines Spirituels, religieux, philosophiques et psychologiques en apportant un langage moderne pour enseigner l'Esprit et Dieu, réconciliant tous les points de vue divergents.

Les étudiants en religions comparées pourront voir l'influence des enseignements Hermétiques dans toutes les religions, qu'elles soient mortes ou pleinement actives aujourd'hui. Les enseignements Hermétiques servent de Grand Réconciliateur à toutes les pensées et croyances religieuses. Cependant, son travail consistait à établir une grande Semence-Vérité au lieu de créer une nouvelle religion. Il a reconnu que la religion égare souvent les gens sur le plan Spirituel car elle peut être utilisée à des fins politiques; il a donc cherché à garder sa philosophie pure.

La sagesse était sa force motrice pour donner aux hommes et aux femmes les clés pour être leurs propres enseignants et Maîtres. Ses grandes vérités semées ont été transmises par les Sages vénérés de l'époque de " à oreilles", et il y a toujours eu quelques initiés vivants dans chaque génération qui ont maintenu la flamme sacrée des enseignements Hermétiques. C'est par cette méthode que cette sagesse Hermétique a été transmise. Mais, comme le veut la tradition, ils ont gardé ces "perles de sagesse" réservées à un petit nombre de privilégiés, car ils croyaient que la sagesse ne pouvait être reçue que si la capacité de compréhension de l'auditeur était satisfaisante.

Les Anciens Maîtres ont toujours mis en garde contre le fait de permettre à la Doctrine Secrète de se cristalliser en une croyance ou une religion car, de cette façon, elle perdrait sa vie, son Esprit. Par conséquent, chaque fois que la sagesse Hermétique était mise par écrit, elle était voilée en termes d'Alchimie et d'Astrologie afin que seuls ceux qui possédaient les clés puissent la lire. A ce jour, il n'existe pas beaucoup de livres sur la philosophie Hermétique, pourtant c'est la seule Clé Maîtresse qui ouvrira les portes de tous les enseignements occultes et réconciliera toutes les religions.

Dans les premiers temps, il existait une compilation de certaines doctrines Hermétiques de base, transmises de maître à élève, connue sous le nom de *Kybalion.* La signification exacte de ce mot s'est perdue dans l'antiquité, mais de nombreux érudits affirment qu'il est en corrélation avec la Qabalah, car les deux mots ont une sonorité similaire et représentent l'essence de leur philosophie. Cet enseignement est passé de la "bouche à l'oreille" et n'a jamais été imprimé, ce qui était également la façon dont la véritable Qabalah était enseignée.

Le Kybalion était simplement une collection de maximes, d'axiomes et de préceptes, qui étaient incompréhensibles pour les étrangers mais facilement compris par les étudiants de l'Hermétisme. Ces Principes constituaient les Principes fondamentaux de l'art de l'Alchimie Hermétique, qui portait sur la maîtrise des Forces Mentales et la transmutation/transformation des vibrations mentales.

Ce type d'Alchimie ne consistait pas à transformer du plomb physique en or. C'était une Alchimie Spirituelle, et c'était là le secret. Se référer à la transmutation des métaux d'une forme à l'autre était une allégorie voilée pour les profanes mais facilement comprise par les initiés des mystères Hermétiques. Cette légende était connue autrefois sous le nom de "quête de la Pierre Philosophale".

The Magus vise à mettre en Lumière ces maximes, axiomes et préceptes et à vous donner le passe-partout qui vous permettra d'acquérir la sagesse et la compréhension nécessaires pour maîtriser vos états mentaux et émotionnels. En connaissant les rouages de ces Principes Universels, vous deviendrez maître de votre destin et maximiserez votre pouvoir personnel.

"Les lèvres de la Sagesse sont fermées, sauf aux oreilles de la Raison." - "Le Kybalion"

Sur l'Arbre de Vie, le titre de Chokmah est "Sagesse", tandis que Binah est "Compréhension". Ce sont les deux aspects les plus élevés de la dualité à laquelle les humains participent. Ils sont nos Supernaux, l'énergie Spirituelle en nous qui n'est jamais née et ne mourra jamais. Ils sont reliés au Sahasrara Chakra, correspondant au Kether Séphirah et nous unissant au royaume de la Non-Dualité, la Grande Lumière Blanche qui sous-tend toute existence. On ne peut avoir la sagesse sans avoir la compréhension et vice versa.

"Sous les pas du Maître les oreilles de ceux qui sont prêts à comprendre sa doctrine s'ouvrent toutes grandes." - "Le Kybalion"

Le Maître est votre propre Saint-Ange Gardien. C'est cette partie de vous qui est Dieu - le Créateur. La sagesse de l'Univers entier est contenue en vous. Lorsque vous serez prêt à la recevoir, le Maître activera et canalisera son savoir dans votre Âme. Vous devez avoir les oreilles de la compréhension préparées pour la recevoir, ce qui signifie que vous devez amener votre évolution Spirituelle à un niveau suffisant avant que cela ne puisse se produire. Cette méthode d'apprentissage des Mystères de l'Univers est en accord avec l'axiome suivant du *Kybalion :*

"Quand les oreilles de l'élève sont prêtes à entendre, c'est alors que viennent les lèvres pour les remplir de Sagesse." - "Le Kybalion"

Le but de notre existence sur Terre est l'évolution Spirituelle. En tant que tel, l'impulsion d'apprendre les Mystères de l'Univers est encodée dans notre ADN. Grace à notre ADN, nous pouvons nous connecter à notre Soi Supérieur pour progresser Spirituellement. Notre quête éternelle d'immortalité correspond à notre quête de l'Illumination. Grace à l'une, nous atteignons l'autre.

LES SEPT PRINCIPES DE LA CRÉATION

"Les Principes de la Vérité sont au nombre de Sept; celui qui les connaît et les comprend, possède la Clé Magique qui ouvrira toutes les Portes du Temple avant même de les toucher." - "Le Kybalion"

I. LE PRINCIPE DU MENTALISME

Le Principe du Mentalisme contient la vérité ultime que le Tout, qui est la réalité substantielle sous-jacente à tout ce que nous voyons et percevons dans le monde matériel de la Terre (l'Univers Physique), est, en fait, l'Esprit. D'un point de vue Qabalistique, Kether, la Lumière Blanche, l'énergie de l'Esprit, est la substance qui compose Malkuth, la Terre manifestée.

Cet Esprit est indéfinissable par la capacité humaine mais peut être considéré comme l'Esprit infini, universel et vivant. Il s'agit d'une pensée projetée par Dieu, le Créateur. Cette Pensée de Dieu est "le Monde de Rêve de Dieu" car c'est une création mentale contenue dans son Esprit Vivant Infini. En tant que telle, elle est soumise aux Principes de la Création, qui sont de nature mentale, puisque l'Univers entier est également une création mentale. Dans l'esprit vivant et infini de Dieu, nous vivons, nous nous déplaçons et nous avons notre être.

"Le Tout est Esprit, l'Univers est Mental. " - "Le Kybalion"

Une fois que vous avez saisi le Principe du Mentalisme (que tout est mental), vous pouvez appliquer les Lois Mentales à votre bien-être et devenir maître de votre destin et de votre avancement Spirituel. Certains individus auront un éveil complet de la Kundalini lorsqu'ils auront saisi le concept de "Le Tout est Esprit, l'Univers est Mental", car c'est la Clé Maîtresse qui ouvre les portes du temple intérieur et des Plans Cosmiques intérieurs. Comprendre la réalité physique comme quelque chose de mental dans votre tête stimulera une partie de vous qui peut vous libérer des chaînes de l'Égo, permettant à votre Âme de s'élever dans la Lumière, sans plumes.

Une fois que vous aurez compris que l'Univers n'est qu'une création mentale et que vous pouvez créer par la pensée, vous serez en mesure de réduire au néant le bavardage intérieur de l'Égo. Nous donnons du pouvoir à l'Égo en écoutant ses opinions, souvent projetées par notre esprit involontaire et subconscient. En réalisant que la pensée est quelque chose qui peut être contrôlée et recréée, nous pouvons accéder à notre esprit subconscient pour annuler nos pensées passées et renouveler notre esprit avec de nouvelles idées, concepts et croyances. Ce faisant, l'Égo s'efface et perd son pouvoir sur la conscience. Une fois l'Égo neutralisé, la conscience s'élèvera naturellement au niveau le plus élevé, celui de l'Esprit.

Puisque nous avons reçu la capacité de rêver et que nous sommes faits à l'image du Créateur, notre vie éveillée n'est également qu'un rêve, d'un degré plus élevé que nos propres rêves, bien qu'elle soit constituée de la même substance mentale. Ce concept s'explique mieux par le Principe de vibration et ses différents taux ou degrés de vibration qui comprennent tout dans l'univers intérieur et extérieur.

Tout ce qui existe est constitué de la même énergie, l'Esprit. Cependant, toutes les choses diffèrent en degrés de vibration, ce qui nous donne de nombreuses réalités qui s'interpénètrent, toutes existant simultanément et occupant le même espace. C'est ainsi que nous avons les différents Plans et niveaux Cosmiques intérieurs de l'Être, dont nous faisons partie en tant qu'humains.

D'un point de vue Qabalistique, c'est ainsi que les Sephiroth se sont manifestées dans l'existence. Kether, la Lumière Spirituelle, se trouve à une extrémité de l'extrême, et Malkuth, l'Univers physique, à l'autre extrémité. Entre les deux se trouvent les Sephiroth, qui représentent les différents états de conscience, tous vibrant à des fréquences différentes, mais tous s'interpénétrant et occupant le même Espace/Temps.

En tant que "Dêve de Dieu", la Matière n'est pas réelle, et nous pouvons activer la partie de notre imagination qui nous permet de percevoir son illusion, afin de nous libérer des liens du conditionnement passé. Ce faisant, nous entrons dans le "Maintenant" - le moment présent. Il existe une relation étroite entre le Maintenant et l'énergie de l'Esprit. Être dans le Maintenant vous permettra de puiser dans le champ de la Pure Potentialité où tout est possible, et vous pourrez manifester vos rêves en libérant votre plus haut potentiel en tant qu'être humain Spirituel.

Notre esprit peut alors devenir le véhicule qui activera notre contrepartie Spirituelle, notre corps de Lumière, en élevant l'énergie de la Kundalini jusqu'à la Couronne et en nous éveillant à notre réalité ultime. Le Saint-Ange Gardien, le Soi Supérieur, est la partie de vous qui résonne avec la plus haute fréquence d'énergie Spirituelle. L'éveil de la Kundalini déclenche le processus d'alignement sur cette fréquence au fur et à mesure que votre esprit s'élève à sa hauteur. Une fois que votre conscience s'accorde pleinement avec l'Esprit, vous pouvez percevoir le monde qui vous entoure comme ce qu'il est - de l'énergie pure.

Comme nous avons été créés à l'image de Dieu ou du "Tout", et que nous créons d'abord mentalement avant de poser des actions et de générer des événements dans le monde matériel, n'est-il pas logique que "Le Tout est Esprit, l'Univers est Mental"? Arrêtez-vous ici, pensez et méditez sur ce concept pendant cinq à dix minutes.

Commencez l'exercice en regardant simplement autour de vous, en imaginant que le Monde Physique n'est qu'une création mentale, une manifestation de la pensée. Au lieu d'être quelque chose de séparé de vous, il fait partie de vous comme une extension de votre mentalité. Lorsque vous regardez vers l'extérieur dans cette réalité, vous regardez en fait l'arrière de votre tête où se manifestent toutes les images visuelles de votre esprit. Cependant, le monde extérieur existe dans un degré de réalité supérieur au contenu de votre esprit, puisque le "matériel de pensée" s'est solidifié en ce que nous appelons la Matière.

Essayez d'estomper les frontières entre votre imagination et le Monde Physique. Il est utile de défocaliser vos yeux afin de pouvoir saisir une plus grande partie de votre environnement que d'habitude, principalement par la vision périphérique. Cependant, vous voyez tout comme une seule image, comme une carte postale, sans vous concentrer sur une chose ou une autre.

Imaginez, si vous le voulez bien, que vous êtes dans un jeu vidéo ou dans "The Matrix", à quoi ressemblerait cette réalité? Le monde extérieur ne serait plus quelque chose de concret et de tangible, mais aurait une composante "pensée" dans sa composition, ce qui le ferait paraître ténu, insubstantiel et éthéré.

En perçant le voile de Maya avec cet exercice, ne soyez pas surpris si vous commencez à voir la nature Holographique de l'Univers, qui apparaît numérique à ceux qui peuvent aller en profondeur avec cette méditation. Contemplez et retenez cette vision de la réalité physique qui, selon la définition Hermétique, n'est rien de plus qu'une projection de la pensée d'un Être divin infini et omniprésent que nous appelons Dieu.

Ensuite, demandez-vous qui vous êtes, et rappelez-vous que vous n'êtes pas réel et que le monde qui vous entoure n'est qu'une illusion de l'esprit. Remarquez comment vous vous sentez pendant que vous faites cela. Il devrait y avoir un processus de lâcher-prise en vous où l'Égo commence à se détacher de ce qu'il pense regarder. Et si vous faites cet exercice correctement, cela peut être une expérience qui change la vie.

Comme nous avons été créés, nous créons - mentalement. Et, comme nous pensons, ainsi nous sommes la PENSÉE. Inversement, avant qu'une personne n'accomplisse une quelconque action dans le monde physique, elle doit d'abord avoir eu la pensée de faire cette chose; sinon, son corps reste immobile dans l'Espace/Temps.

Quant aux personnes qui ne génèrent pas leurs propres pensées par paresse de l'esprit, elles comptent sur les autres pour penser à leur place, souvent inconsciemment. Par conséquent, ces personnes mettent en œuvre les idées des autres, en pensant qu'elles sont les leurs. Par conséquent, les gens doivent assumer la responsabilité de leur réalité et utiliser leur volonté de manière consciente et intentionnelle s'ils veulent avoir le contrôle de leur vie.

En poursuivant la lecture de cette section sur *Le Kybalion*, je vous présenterai les clés pour vivre dans un état de pur potentiel, le Maintenant, vous permettant de générer toute réalité que vous désirez, devenant ainsi maître de votre destin. Pour exploiter votre pouvoir personnel, vous devez être conscient des Principes et les utiliser consciemment au lieu d'être utilisé par eux en restant ignorant de leur existence.

À tout moment, nous pouvons, en tant qu'êtres humains, penser et croire que nous sommes des acteurs, des danseurs, des écrivains, des artistes célèbres, ou qui que ce soit et quoi que ce soit que nous ayons jamais voulu être. Lorsque nous réalisons la nature mentale de l'Univers, cette réalité peut commencer à se produire.

Le Principe du Mentalisme est la clé pour devenir tout ce que vous voulez être dans cette vie. Les autres Principes ne fonctionneront pas si vous ne saisissez pas ce Principe le plus important, car il constitue leur fondement. Un vieux Maître Hermétique a écrit il y a longtemps que l'on doit comprendre la nature mentale de l'Univers si l'on veut progresser Spirituellement. Sans cette Clé Maîtresse, la maîtrise est impossible, et l'étudiant frappe en vain aux nombreuses portes du Temple intérieur.

"Celui qui comprend la vérité de la Nature Mentale de l'Univers est déjà bien avancé sur le Chemin de la Maîtrise." - "Le Kybalion"

Transmutation Mentale

Les Hermétistes étaient les premiers Alchimistes, Astrologues et psychologues, Hermès ayant été le fondateur de ces écoles de pensée. De l'Astrologie est née l'Astronomie moderne; de l'Alchimie est née la chimie moderne; de la psychologie mystique est née la psychologie moderne. Mais leur plus grande possession de connaissance était l'art de la Transmutation Mentale. C'est un sujet important que nous devons approfondir car il vous donnera la clé pour maîtriser votre propre vie.

"L'Esprit, (de même que les métaux et les Éléments) peut passer d'un état à un état différent, d'un degré à un autre, d'une condition à une autre, d'un pôle à un autre, d'une vibration à une autre vibration. La Vrai Transmutation Hermétique est un Art Mental." - "Le Kybalion"

Le mot "transmuter" signifie "changer une nature, une forme ou une substance en une autre ; transformer". Par conséquent, la transmutation mentale implique l'art de changer et de transformer les états, formes et conditions mentales en d'autres. C'est la clé la plus importante qu'une personne puisse avoir pour devenir le Maître de son destin.

Selon le premier Principe du Mentalisme, "Le Tout est Esprit, l'Univers est mental", ce qui signifie que la réalité sous-jacente de l'Univers est l'esprit et que l'Univers lui-même est une création mentale. La Transmutation Mentale est donc l'art de changer les conditions de l'Univers selon les lignes de la Matière, de la Force et de l'Esprit. C'est la Magie dont les Anciens ont parlé mais pour laquelle ils ont donné si peu d'instructions.

Si le Tout est mental, alors par procuration, cela signifie que la Transmutation Mentale est l'outil par lequel le Maître peut transmuter les conditions mentales et ainsi être un contrôleur des conditions matérielles. D'après mon expérience, il est possible de le faire, bien qu'il faille générer une immense quantité de volonté, ce qui, même pour la plupart des Maîtres, est un exploit presque impossible à réaliser. Presque impossible, mais pas impossible.

Les récits de Jésus-Christ transformant l'eau en vin, ressuscitant les morts et marchant sur l'eau sont des exemples d'humains accomplissant des exploits surnaturels. Cependant, comme nous l'avons mentionné, il faut générer une volonté immense, apparemment d'un autre monde, pour affecter les conditions matérielles. Ainsi, seuls quelques Maîtres de l'Antiquité ont pu accomplir de tels exploits. Selon les écritures, Moïse était un autre Adepte doté d'incroyables pouvoirs mentaux pouvant affecter les conditions matérielles.

Une chose que Jésus et Moïse avaient en commun, c'est qu'ils étaient directement connectés à Dieu et dialoguaient régulièrement avec le Créateur. C'est peut-être la raison pour laquelle ils ont pu accomplir des miracles: leur volonté était alignée sur celle de Dieu. Ainsi, en théorie, si vous souhaitez agir sur la réalité physique, vous devez élever votre conscience à un niveau si élevé que vous devenez la "Pensée de Dieu" elle-même, ce qui vous permet d'apporter un changement ou de modifier sa manifestation, qui est le Monde de la Matière.

Pour le commun des mortels, il est préférable de se concentrer sur la façon dont ils peuvent maîtriser leurs états mentaux et eux-mêmes au lieu de chercher à modifier les lois de la physique. Par exemple, la plupart des gens veulent voler mais n'ont même pas commencé à apprendre à marcher. Quoi qu'il en soit, ce Principe opère sur tous les Plans de Vie. Sa connaissance nous donne la clé pour comprendre la mécanique de la réalisation des exploits surnaturels décrits dans les scritures.

Vous devez comprendre que tout ce que nous appelons phénomènes psychiques, influence mentale et science mentale fonctionne selon les mêmes lignes générales puisqu'il n'y a qu'un seul Principe impliqué, quel que soit le nom donné au phénomène. Cela dit, soyez prudent car la Transmutation Mentale peut être utilisée pour le bien mais aussi pour le mal, selon le Principe de Polarité.

Les effets Karmiques de l'utilisation de ce pouvoir pour le mal sont toujours présents et on ne peut y échapper. Par exemple, si vous utilisez la Transmutation Mentale pour faire le mal, vous deviendrez le complice du mal et souffrirez du résultat de cette action sur le Plan de l'Être correspondant à celui où le Karma a eu lieu. Ce pouvoir est la véritable sorcellerie que l'on lit dans les livres et que l'on voit dans les films. Cependant, la qualité du cœur et de l'Âme d'une personne détermine si elle l'utilise pour progresser Spirituellement ou simplement pour satisfaire les désirs insatiables de l'Égo.

"Posséder le Savoir, si on ne le manifeste pas et si on ne l'exprime pas dans ses Actes est comme la thésaurisation d'un précieux métal, une chose vaine et folle. Le Savoir, comme la Santé est destiné à Servir. La loi de l'Utulisation est Universelle, celui qui la viole souffre parce qu'il s'oppose aux forces naturelles." - "Le Kybalion"

Une fois que vous avez appris les Lois Mentales, vous avez dépassé le stade de l'ignorance, et c'est le devoir que vous avez envers vous-même de les utiliser. Si vous apprenez ces connaissances, les comprenez, puis les négligez et retournez à vos anciennes habitudes, vous en souffrirez, car ces Principes sont faits pour être utilisés. Tout ce qui est appris au cours de votre voyage dans la vie et qui est positif pour votre avancement Spirituel doit être respecté et appliqué. Cette connaissance est réelle; cette connaissance peut changer votre vie; et cette connaissance peut vous élever de l'esclavage du matérialisme à l'Adeptie de la Lumière si vous prenez le temps d'apprendre, d'intégrer et d'utiliser ces Principes.

II. LE PRINCIPE DE CORRESPONDANCE

Le Principe de Correspondance affirme qu'il existe une correspondance entre les Principes Hermétiques et les manifestations sur les différents Plans Cosmiques de l'Être. Il existe des Plans au-delà de notre connaissance, mais lorsque nous leur appliquons le Principe de Correspondance, nous pouvons comprendre beaucoup de choses qui nous seraient autrement inconnues. N'oubliez jamais que nous utilisons ce Principe, ainsi que d'autres Principes, par le biais de l'esprit, qui est notre véhicule vers l'inconnu. Ce Principe opère sur tous les Plans de l'Univers matériel, émotionnel, mental et Spirituel. Il s'agit d'une Loi Universelle.

"Ce qui est en Haut est comme ce qui est en Bas; Ce qui est en Bas est comme ce qui est en Haut." - "Le Kybalion"

Comme nous l'avons mentionné, il existe de nombreux Plans d'Être, qui occupent tous le même Espace et le même Temps mais dont les vibrations sont différentes, et qui se chevauchent les uns les autres. Les Plans d'Être sont synonymes des Plans Cosmiques, qui, comme nous l'avons déjà mentionné, sont des états de conscience. Le Principe de correspondance nous permet de comprendre le fonctionnement des Plans Cosmiques intérieurs par le biais de la correspondance avec notre Plan, le Plan Physique de la Matière. La correspondance entre les Plans est toujours en vigueur à tous les niveaux de vibration.

Vous pouvez manifester n'importe quelle réalité que vous voulez dans votre esprit en utilisant le Principe de correspondance et faire l'expérience comme si elle était aussi réelle que vous et moi. La méthode consiste à imaginer tout ce que vous désirez expérimenter et, en augmentant votre pouvoir de croyance, vous puiserez dans le Monde de l'Esprit Pur, qui se transpose ensuite dans la réalité physique par le biais de votre imagination. Ainsi, ce que vous imaginez, vous commencez à l'expérimenter comme étant réel.

Par exemple, vous pouvez imaginer que vous êtes un Être organique différent, qu'il soit réel ou simplement imaginaire, et en augmentant votre pouvoir de croyance, vous commencerez à incarner l'essence de cet Être, son énergie. Vous ne pouvez pas imaginer que vous êtes un serpent, disons, et le devenir physiquement, mais vous pouvez, avec le pouvoir de la croyance, puiser dans l'esprit du serpent et transposer ce que vous ressentez en tant que serpent dans votre propre expérience.

En utilisant ces Lois Mentales, vous ne pouvez pas changer les lois de la physique et transformer votre forme organique en une autre. En théorie, c'est possible une fois que l'on a atteint un état de conscience suffisamment élevé, mais cela ne vous servira à rien de vous concentrer sur cet objectif au moment présent. Pour mieux comprendre le pouvoir des Principes Hermétiques, l'idée d'imaginer l'existence de quelque chose est de ressentir et d'incarner son Esprit. Puisque tout dans la nature est composé de l'énergie de l'Esprit, en imaginant quelque chose et en induisant vos émotions avec cette image, vous changez l'état de votre perception de la réalité.

La connaissance des Principes du Mentalisme et de la Correspondance réduit tout conditionnement passé à rien de plus qu'une interprétation des événements passés à travers une " lentille ", ou un niveau de perception. Dans une certaine mesure, les événements passés sont le fruit de l'imagination, étant donné que vous avez imaginé que ces événements étaient perçus d'une certaine manière. En réalité, il existe de nombreuses lentilles à travers lesquelles nous pouvons voir la réalité. Nous conditionnons notre Égo de cette manière et, avec le temps, l'Égo devient une intelligence individuelle qui guide notre conscience.

Même l'Égo n'est pas réel, mais existe en raison de l'interprétation de la réalité comme une singularité. Il y a, à tout moment, de nombreuses lentilles différentes disponibles, donnant lieu à d'innombrables réalités potentielles. C'est ici qu'apparaît l'idée de réalités ou d'Univers parallèles. Pour l'expérimentateur, certaines lentilles perçoivent la réalité de manière positive et d'autres de manière négative. Le choix nous appartient à chaque instant. C'est ainsi que nous conditionnons notre Égo, ses goûts et ses dégoûts. En réalisant que l'esprit a le pouvoir de surmonter ces limitations, vous obtiendrez la clé pour manifester la réalité que vous désirez au lieu de celle que vous avez été conditionné à expérimenter jusqu'à présent.

"Ce qui est en Haut est en Bas se manifeste sur tous les Plans d'existence. La nature de la réalité est que nous vivons dans le Mental Vivant Infini - l'Esprit. Cette énergie de l'Esprit se déverse à travers la Sphère de Kether, le Chakra du Sahasrara, et elle entre dans l'Aura sous forme de Lumière, émanant de tous les Plans intérieurs, ou états de conscience, à travers les huit autres Séphiroth de l'Arbre de Vie, avant de culminer sous forme de Matière dans Malkuth.

Ainsi, les Quatre Éléments, qui peuvent être subdivisés en sept énergies Planétaires et Douze énergies Zodiacales, sont tous contenus dans l'énergie de l'Esprit. Ils se manifestent physiquement par notre Système Solaire, avec notre Soleil au centre, et par les constellations Zodiacales dans le ciel nocturne, en tant qu'énergies qui nous influencent. Ces énergies comprennent les pouvoirs des Quatre Éléments, avec le ciment unificateur qu'est l'Esprit. Les Cinq Éléments que sont la Terre, l'Air, l'Eau, le Feu et l'Esprit constituent l'ensemble de la nature, les Plans Cosmiques intérieur et extérieur. Mais c'est l'Esprit qui manifeste les Éléments puisqu'il est leur Source même. Et cette Source de toutes choses est Dieu, le Créateur.

"Comme en Haut, Comme en Bas" est la plus importante des vérités occultes et des axiomes Hermétiques car c'est le moyen par lequel nous pouvons créer des réalités sur un Plan d'existence, qui, à leur tour, affecteront les autres Plans en dessous. Encore une fois, ces différents Plans existent tous dans le même Espace au même moment, bien qu'à des niveaux ou degrés de vibration différents. Ils existent tous dans la Quatrième Dimension de Vibration, autrement appelée la "Dimension de l'Energie".

L'éveil permanent de la Kundalini active pleinement le Corps de Lumière, grace auquel nous pouvons recevoir des vibrations de la Quatrième Dimension et accéder à volonté à tous les Plans intérieurs. Pour cette raison, les individus éveillés par la Kundalini sont les empathes et les télépathes du plus haut niveau. Ils sont en relation avec le monde par le biais de fréquences vibratoires d'énergie. En tant que tels, ils fonctionnent entièrement sur l'intuition. C'est le destin de toute l'humanité de fonctionner de cette manière, c'est pourquoi l'éveil de la Kundalini est la prochaine étape de l'évolution humaine.

Encore une fois, j'insiste sur le fait que la clé de la manifestation des Principes Hermétiques est le pouvoir de la croyance. Si vous arrivez à croire que ce qui est dit est réel, aussi réel que la personne que vous voyez dans le miroir, vous pouvez puiser dans ces Principes et commencer à les utiliser. Mais, d'un autre côté, si vous ne croyez pas en ces Principes, vous ne pourrez rien accomplir avec eux.

L'Égo nous empêche d'exploiter le potentiel pur de l'Esprit en nous faisant croire que nous sommes lui et seulement lui. Pourtant, le pouvoir de la croyance est la clé qui permet de déverrouiller les mystères de l'esprit et de manifester la réalité que vous désirez. En comprenant ces Principes et en accédant au pouvoir de l'esprit, vous serez en mesure de vous reconditionner pour croire ce que vous voulez sur qui vous êtes et ressentir ce que vous voulez sur la vie.

À l'inverse, si vous ne parvenez pas à croire que ces Principes sont réels, ils ne resteront pour vous que de simples mots. Par conséquent, si vous avez du mal à croire en l'authenticité de ces Principes Hermétiques et au pouvoir de votre esprit dans la formation de la réalité, passez plus de temps à essayer de comprendre le tableau d'ensemble et ses différentes parties. En d'autres termes, continuez à lire et relire les composantes intellectuelles du *Magus* jusqu'à ce que vous ayez "compris".

III. PRINCIPE DE LA VIBRATION

Le Principe de Vibration incarne des faits que la science moderne approuve. Régulièrement, de nouvelles découvertes scientifiques viennent vérifier ce Principe. La physique quantique affirme que la Matière n'est rien d'autre que de l'espace vide. Par exemple, lorsqu'il s'agit d'un objet matériel que nous considérons comme "réel", une fois que nous zoomons sur ses molécules, nous découvrons qu'il n'est rien d'autre que des électrons, des protons et des neutrons maintenus en mouvement vibratoire par "quelque chose". "Ce "quelque chose" qui fait vibrer l'Univers entier est le Tout ou l'énergie de Dieu/Esprit.

"Rien ne repose, tout remue, tout vibre." - "Le Kybalion"

Tout vibre et peut donc être induit ou affecté par l'application des Principes Hermétiques. En outre, tout est quantifiable et peut être décomposé en un nombre. Ce nombre varie en fonction du sujet qui le perçoit. La Physique Quantique affirme que rien ne reste tel quel très longtemps, que tout change continuellement et que nous ne pouvons pas regarder une chose sans changer sa structure moléculaire.

Notre esprit modifie constamment la nature de l'Univers qui nous entoure, tout comme d'autres facteurs environnementaux. Une chose importante à retenir de tout cela est que tout est en mouvement vibratoire, et que rien n'est statique. Tout vibre, bouge et affecte tout le reste. Tout dans la nature est essentiellement conscience, et pour l'humanité, nos esprits sont les véhicules de son expérience.

Le Principe de Vibration stipule que la seule différence entre la Matière et l'Esprit est un taux de vibration variable et que plus la vibration d'une chose est élevée, plus elle se situe haut sur l'échelle. La vibration de l'Esprit est d'une intensité et d'une rapidité telles qu'elle est pratiquement au repos; elle est donc invisible pour nos sens. Une analogie à ce concept est une roue en mouvement rapide qui semble immobile, mais en fait, elle ne l'est pas. À l'autre extrémité de l'échelle, il existe des formes grossières de Matière dont les vibrations sont si faibles qu'elles semblent au repos. Mais, entre ces deux pôles, il existe des millions et des millions de degrés de vibration différents.

Pour les humains, ces différents états vibratoires se décomposent en Plans Cosmiques Majeurs et leurs Sous-Plans, qui s'expriment à travers les Chakras. Comme nous l'avons déjà mentionné, il existe six Plans Cosmiques de l'Être : le Plan Physique, l'Astral Inférieur et Supérieur, le Mental Inférieur et Supérieur et le Plan Spirituel. Il existe ensuite des Plans Divins au-delà du Plan Spirituel. Ces Plans s'influencent et s'affectent mutuellement selon le Principe de Correspondance. Ainsi, par exemple, ce qui se manifeste dans le Plan Supérieur filtre et affecte les Plans Inférieurs, et vice versa.

Cependant, les Plans Supérieurs sont moins affectés par les Plans Inférieurs, et cet aspect des Lois Universelles est utilisé pour réaliser "l'Art de la Neutralisation" ou "l'Ascension sur les Plans". Je discuterai davantage de ce concept dans le Principe de Polarité suivant.

Nos états mentaux, y compris notre volonté et nos émotions, se situent à différents degrés de vibration, qui se manifestent dans les Plans Intérieurs. En comprenant comment fonctionne le Principe de Vibration, vous recevez la clé pour contrôler vos vibrations mentales, y compris celles des autres. Cette méthode est la base de l'art de la Transmutation Mentale.

"Pour changer votre état d'esprit ou vos états mentaux, modifiez votre vibration."
- "Le Kybalion"

Vous modifiez vos vibrations en vous polarisant sur une émotion ou une pensée quelconque et en y maintenant votre attention par une volonté et une concentration appliquées. Ce faisant, vous neutralisez l'effet du Principe du Rythme et vous modifiez son mouvement. En conséquence, le pendule commence à revenir dans la direction opposée à toute émotion ou pensée que vous essayez de créer et de recréer en vous. Cela peut sembler difficile au début, mais tout ce que vous devez faire est de concentrer votre attention et de garder à l'esprit, sans interruption, l'émotion ou la pensée opposée à celle que vous essayez de changer.

Par exemple, si vous essayez de transformer l'émotion (ou la pensée) de haine en amour, vous devez vous concentrer sur l'idée d'amour en appliquant votre volonté. La concentration de la volonté déclenche le mouvement de retour du pendule jusqu'à ce que vous remarquiez que l'émotion (ou la pensée) de haine est devenue l'émotion (ou la pensée) d'amour. Pour mieux réussir, avant de commencer ce processus, il serait utile de vous demander pourquoi vous devriez aimer quelqu'un ou quelque chose au lieu de le haïr et de permettre à cette raison d'élever votre pouvoir de croyance afin d'être plus efficace avec cette méthode.

Il est intéressant de noter que l'émotion (ou la pensée) souhaitée influencera toutes les personnes qui vous entourent, de sorte qu'elles la ressentiront ou la penseront également. Cependant, supposez que les gens ont déjà leurs propres émotions ou pensées fortes à propos de quelque chose. Dans ce cas, vous ne pourrez pas changer entièrement les leurs par induction énergétique, mais vous les influencerez dans une large mesure.

Nous communiquons tous par télépathie, car seulement 7 % de la communication entre humains est verbale. Les 93 % restants sont subtils, à travers le langage corporel, qui reflète ce que l'esprit pense et ce que le cœur ressent. Le Principe de Vibration est à l'origine des phénomènes de télépathie, d'influence mentale et d'autres formes de pouvoir de l'esprit sur l'esprit. Je discuterai plus en détail du fonctionnement de ce processus lorsque nous aborderons les autres Principes. Mais, pour l'instant, comprenez que ce pouvoir est réel et qu'avec la connaissance, vous pouvez également l'utiliser.

IV. PRINCIPE DE POLARITÉ

Le Principe de Polarité explique que tout dans la nature est double et possède deux pôles ou extrêmes. Ces pôles extrêmes sont différents en degré, mais leur substance, leur qualité, est la même. Tous les points de vue subjectifs peuvent être conciliés puisque tout est et n'est pas en même temps.

Tout ce que nous percevons visuellement a une structure Archétypale, nous donnant le sujet sur lequel nous appliquons nos esprits conditionnés par le passé. Par exemple, vous pouvez dire qu'une tasse est unc tassc, mais la façon dont deux personnes voient cette tasse sera différente. L'une peut voir une petite tasse, et l'autre une grande tasse. Leurs points de référence seront différents, mais les deux personnes seront d'accord pour dire qu'il s'agit d'une tasse.

Le Principe de Polarité stipule que nous parlerons de la même chose mais que notre perception de cette chose sera différente. En termes Qabalistiques, nous sommes tous d'accord au niveau du Premier Monde d'Atziluth, le Monde du Feu Archétypal. Cependant, une fois que cet Archétype filtre vers le bas, la perception de notre Égo prend le dessus, et nous choisissons naturellement un côté de l'extrême.

"Tout est double ; toute chose possède des pôles; tout a deux extrêmes;semblable et dissemblable; les textrêmes se touchent; toutes les vérités ne sont pas des demi vérités; tous les paradoxes peuvent être conciliés." - "Le Kybalion"

Le célèbre dicton de la société est le suivant: "Il y a deux côtés à tout", ou "Deux faces de la médaille". Ces affirmations sont toutes deux vraies puisque tout dans notre Monde Physique est une question de perspective. Et cette perspective dépend du conditionnement passé de la personne qui fait l'observation. Seuls les enfants non conditionnés voient des choses semblables les unes aux autres, et ce parce que leur Égo n'est pas encore développé. Pour eux, tout est perçu à travers des yeux innocents et émerveillés.

Le fonctionnement du Principe de Polarité se manifeste également dans nos états mentaux et émotionnels. Par exemple, lorsque nous examinons nos émotions les plus fondamentales d'amour et de haine envers les autres, à quel moment l'amour s'arrête-t-il et la haine commence-t-elle? La frontière est-elle ténue ou les choses se fondent-elles l'une dans l’autre? Souvent, nous nous retrouvons à passer de l'amour à la haine et vice-versa plusieurs fois par jour lorsque nous pensons à quelqu'un ou à quelque chose.

Le chaud et le froid sont un autre exemple simple pour expliquer la perception mentale. Pour une personne née en Alaska, le temps Canadien peut être considéré comme très chaud, alors que pour une personne née en Afrique, le temps Canadien est glacial et insupportable. Tout n'est qu'une question de perspective des deux pôles extrêmes. Ces pôles se manifestent dans tout, et la façon dont nous les vivons est toujours une question de perspective. Quelque chose qui est considéré comme une expérience positive pour une personne est une expérience négative pour une autre - perspective.

Le Principe de Polarité est essentiel pour comprendre le fonctionnement des Lois Universelles. Tout ce que nous percevons en tant qu'humains dans le Monde Physique appartient à la dualité. Par conséquent, nous voyons tout en termes duels, et c'est ainsi que nous pouvons avoir des perspectives différentes, ce qui donne lieu à la diversité de l'humanité. Nous sommes d'accord sur certains points de vue, d'autres non. Je mentionne ici les interprétations mentales et émotionnelles de ces extrêmes polaires, mais le même Principe se manifeste sur tous les Plans.

En ce qui concerne le Monde Physique, existe-t-il une ligne fine qui sépare le noir et le blanc, le net et le terne, le dur et le doux, le bruit et le silence, ou le haut et le bas? Toutes les paires de points de vue opposés sont des manifestations d'une même idée avec des degrés de vibration variables entre elles. Et cette perspective nous donne la construction mentale pour faire des interprétations du monde qui nous entoure.

En ce qui concerne les forces mentales, la connaissance du fonctionnement de ce Principe nous donne la capacité de changer les vibrations d'une émotion ou d'une pensée dans notre esprit en une autre, y compris dans l'esprit des autres. Nous accomplissons cela en utilisant une volonté concentrée et en appliquant le Principe de Polarité, qui constitue la base de l'Alchimie Mentale. J'ai discuté de cette méthode dans le précédent Principe de Vibration. Ce principe fonctionne avec le Principe de Polarité mais aussi avec le Principe de Rythme. Transformer des émotions ou des pensées en opposés nécessite d'utiliser les trois Principes. En vous polarisant sur le sentiment (ou la pensée) que vous essayez d'induire en vous (ou en une autre personne), et en concentrant votre volonté et votre attention sur cette idée pendant un court laps de temps, vous commencez à sentir l'ancienne émotion (ou pensée) se transformer en la nouvelle.

Une autre application importante du Principe de Polarité consiste à apprendre à être dans le Maintenant, le moment Présent. Puisque tous les événements de la vie peuvent être perçus comme positifs ou négatifs, la clé pour rester dans le Maintenant est l'application correcte du Principe de Polarité. Nous ne pouvons pas contrôler ce qui nous arrive dans la vie, mais nous pouvons choisir comment nous voulons interpréter cet événement. En contrôlant l'interprétation, nous nous permettons de rester dans le domaine de la non-pensée, qui est le domaine du pur potentiel - le Maintenant. Pour y parvenir, vous devez vous aligner sur le Soi Supérieur et tout interpréter du point de vue de l'apprentissage des leçons de la vie. Si vous pouvez voir tout ce qui arrive dans la vie comme une expérience d'apprentissage pour l'Âme, vous pouvez éviter les interprétations de l'Égo, ce qui vous permettra de rester dans le Maintenant et de ressentir la joie et le ravissement de vivre pleinement votre vie.

D'une certaine manière, tous les Principes Hermétiques de la Création se rejoignent pour former un grand Principe que l'on peut qualifier de simple Loi de la Dualité, mais en réalité, c'est bien plus que cela. Pourtant, en pensant à tout en termes de un et de deux, vous créez une construction mentale qui défait le monde qui vous entoure comme une fleur et vous ouvre à lui d'une manière que vous n'avez jamais imaginée. Penser de cette manière vous permettra d'appliquer des points de vue opposés lorsque cela est nécessaire, afin de ne pas rester bloqué dans un extrême suffisamment longtemps pour qu'il fasse partie de votre conditionnement passé. En procédant ainsi, vous serez dans la "zone", dans le "maintenant", et vous surferez sur toutes les vagues que la vie vous lancera.

Puisque notre essence est constamment en mouvement vibratoire et qu'elle affecte les états mentaux et émotionnels de chacun par le simple fait d'être en présence de l'autre, nous pouvons utiliser ces Principes sur nous-mêmes. À leur tour, les personnes qui nous entourent seront également affectées par nos nouvelles pensées et émotions, car nous projetons nos vibrations et affectons leurs auras. Toute la vie est un jeu, une pièce de théâtre. La base du jeu s'appelle l'énergie, et cette énergie est l'Esprit - l'Esprit vivant infini.

V. LE PRINCIPE DU RYTHME

Ce Principe Hermétique incarne la vérité selon laquelle il existe en toute chose un mouvement mesuré, une oscillation vers l'avant et vers l'arrière (un mouvement de pendule), entre les deux pôles qui existent selon le Principe de Polarité. Toute action est suivie d'une réaction, toute avancée d'un recul et toute montée d'un affaissement.

"Tout s'écoule, au dedans et au dehors; toute chose a sa durée; tout évolue puis dégénère; le balancement du pendule se manifeste dans tout; la mesure de son oscillation à droite est semblable à la mesure de son oscillation à gauche; le rythme est constant" - "Le Kybalion"

Ce Principe opère sur tous les Plans d'existence - du Plan Physique au Plan Astral, Mental et Spirituel. Cette Loi se manifeste dans la Création et la destruction des civilisations et dans la naissance et la mort de tous les êtres vivants. Tout ce qui a deux pôles, ou deux extrêmes, manifestera ce Principe. Tout ce qui a un début aura inévitablement une fin.

Pour les humains vivant sur le Plan Physique du matérialisme, tout ce que nous pouvons expérimenter avec nos cinq sens manifestera ce Principe. Quelqu'un qui a un haut niveau de plaisir a également un haut niveau de souffrance. De la même manière, celui qui ressent une petite quantité de douleur est capable d'éprouver une petite quantité de joie. Ce Principe s'applique également aux vies antérieures. Par conséquent, si vous avez éprouvé une grande douleur dans une vie antérieure, vous pouvez éprouver un grand plaisir dans la vie actuelle ou vice versa.

Les Hermétistes se préoccupaient surtout de l'application de ce Principe dans leurs états mentaux et émotionnels. Ils appliquaient la Loi Mentale de Neutralisation, autrement appelée "Ascension sur les Plans", pour échapper aux effets des états indésirables. Bien que le Principe du Rythme ne puisse être détruit, il peut être surmonté. La clé est d'apprendre à vivre dans le moment Présent. En vivant dans le moment Présent, vous entraînez votre esprit à s'élever continuellement au-dessus du Plan où le Principe du Rythme se manifeste. Voilà la clé.

En ce qui concerne les Plans mental et émotionnel, le Principe du Rythme est étroitement aligné avec les perceptions de l'Égo. L'expérience d'une émotion positive, par exemple, attirera vers l'Égo des émetteurs de pensées négatives (Démons) qui s'empareront de la conscience et transformeront ce sentiment en une émotion négative. Le Principe du Rythme se manifestera toujours, mais sa manifestation dépend du temps. Certaines choses prennent moins de temps, d'autres prennent plus de temps pour transformer leur état. Mais inévitablement, tout se transforme en son contraire.

Pour être clair, la Loi Mentale de Neutralisation consiste à "s'élever sur les Plans" pour neutraliser les effets du Principe de Rythme. Cet art mental est différent du changement volontaire d'un type d'émotion ou de pensée en son opposé par l'application du Principe de Vibration. Ce second art est appelé Transmutation Mentale. Les deux techniques mentales, cependant, utilisent la volonté pour atteindre leur but. Elles utilisent ou surmontent également toutes deux le Principe du Rythme. Les émotions ou les pensées peuvent être volontairement changées en leur contraire, ou le temps peut être le facteur déterminant pour y parvenir naturellement puisque le Principe du Rythme se manifestera toujours, quoi qu'il arrive.

La Transmutation Mentale consiste à utiliser le Principe de Vibration et à transformer un état mental ou émotionnel en un autre par l'application de la volonté. Toutes les pensées et les émotions ont des fréquences vibratoires; par conséquent, nous utilisons la volonté comme un diapason pour changer les vibrations en fréquences opposées. Comme notre conscience ne peut être accordée qu'à la vibration d'un seul des Plans Cosmiques intérieurs à la fois, la Loi de Neutralisation, ou "Élévation sur les Plans", est l'art de l'attention et de la concentration volontaires sur un Plan Supérieur pour élever la conscience à son niveau. L'attention et la concentration focalisées élèvent la vibration de la volonté, qui est alors magnétisée et capable d'accomplir des exploits mentaux.

Comme mentionné précédemment, les perceptions de votre Égo détermineront la façon dont vous interprétez la réalité et laquelle des réalités parallèles et infinies il choisit d'accepter comme une singularité. Si vous entraînez votre esprit à vivre dans le Maintenant, vous neutraliserez naturellement les effets du Pendule du Rythme dans vos états mentaux et émotionnels. Les perceptions et les émotions de l'Égo qu'il déclenche sont involontaires dans la plupart des cas puisque votre conditionnement passé choisit laquelle des réalités infinies il veut accepter comme réelle.

Le conditionnement de votre Égo est étroitement aligné sur votre énergie Karmique. Être dans le Maintenant et ressentir continuellement la beauté et la joie de vivre dans le moment Présent (l'état de pur potentiel illimité) est un moyen de s'élever au-dessus des effets du Karma. Le Karma et l'énergie Karmique peuvent être perçus comme la force motrice du Principe du Rythme dans les états mentaux et émotionnels. Le Karma fonctionne par le biais de l'esprit subconscient; ses effets sont donc involontaires. Néanmoins, l'effort conscient et l'application de la volonté affectent le subconscient, et nous pouvons réussir à élever notre conscience vers des Plans Supérieurs pour échapper aux effets du Karma sur les Plans Inférieurs.

En apprenant à vivre dans le moment Présent, nous permettons à notre conscience d'être dans un état constant de Devenir, où notre conscience est renouvelée à chaque instant. Pour être dans cet état de perpétuel devenir, vous devez vous aligner avec l'Élément Feu sur le Plan Mental Supérieur, la zone du Soi d'où opère votre volonté. En agissant ainsi, vous évitez les effets des plans inférieurs. Mais même le Plan Mental Supérieur est Inférieur au Plan Spirituel et, par conséquent, ceux qui s'y alignent sont la proie de l'orgueil Spirituel.

Pour être véritablement libéré de cette vie, vous devez aligner votre conscience sur le Plan Spirituel. Cela ne peut se faire que par la compassion, en appliquant l'énergie de l'amour inconditionnel. D'après mon expérience, seules les personnes véritablement Spirituelles sont heureuses et ont le cœur léger, et rien ne semble les déranger. Cela est dû au fait qu'elles se trouvent en permanence sur un Plan de Conscience supérieur et qu'elles ne permettent pas aux Plans Inférieurs de les affecter, car elles canalisent et appliquent constamment l'énergie de l'amour inconditionnel, qui les libère Karmiquement.

Cependant, comprenez que le fait de s'élever au-dessus de l'énergie Karmique ne signifie pas que le Karma dans un Plan particulier ne se manifeste pas, car il se manifeste. Je l'ai déjà dit et je le répète: la Roue du Karma est toujours en fonctionnement et la façon dont vous vous comportez détermine si vous recevrez du bon ou du mauvais Karma à votre façon. Mais en utilisant le Principe Hermétique de correspondance, vous pouvez vous élever à un Plan Supérieur à celui où se manifeste cette énergie Karmique particulière, ce qui vous permet d'échapper à ses effets mentaux.

Le Karma se manifeste sur tous les Plans de l'Être, qui correspondent à nos Sept Chakras et aux Cinq Éléments. Par conséquent, une partie importante du travail présenté dans *The Magus* consiste à travailler avec l'énergie Karmique et à la surmonter. Nous le faisons en travaillant avec les Éléments et en les maîtrisant en nous-mêmes par le biais de pratiques de guérison Spirituelle comme la Magie Cérémonielle.

Le Principe de Polarité se manifeste sur tous les Plans d'existence, et il fonctionne avec le Principe de Rythme puisque les deux Principes sont inséparables l'un de l'autre. En raison de leur présence et de la réalité de l'Égo, nous avons la Création d'énergie Karmique. Par conséquent, nous devons aligner notre volonté sur les Plans Spirituels et Divins de l'existence. En faisant cela, nous évitons de créer un Karma négatif puisque toutes nos actions seront influencées par l'amour inconditionnel qui est l'énergie de base de ces Plans Supérieurs.

L'amour inconditionnel est la seule énergie qui ne produit pas de Karma négatif ; en fait, il crée un Karma positif. Cela s'explique par le fait que l'Univers veut que nous partagions l'amour en étant alignés avec notre Moi supérieur plutôt qu'avec l'Égo, le Moi inférieur. L'Égo ne peut jamais être détruit ou éradiqué car il est étroitement lié à la survie du corps physique. Tant que le corps physique est en vie, l'Égo l'est aussi. Mais nous pouvons choisir de ne pas écouter les pensées de l'Égo, afin que nos actions n'aient pas de conséquences Karmiques.

L'un des plus grands défis de l'humanité est de surmonter les effets du Principe du Rythme. Je parle principalement de la façon dont ce Principe se manifeste dans les émotions humaines. Malheureusement, la plupart des gens font preuve de très peu de volonté et laissent leurs émotions changeantes déterminer comment ils doivent se sentir et ce qu'ils doivent penser. En conséquence, leur réalité globale est compromise.

Comme l'influence des structures de contrôle de la société est si puissante, la plupart des gens laissent les autres penser à leur place. Leur volonté reste alors inutilisée pour la journée, ce qui les amène à se fier à leurs émotions pour prendre les décisions de leur vie. Il en résulte un énorme chaos dans leur vie, car les gens n'ont aucun contrôle général sur leur réalité.

Les habitants de la Terre n'ont pas assumé la responsabilité de leur propre vie comme le Créateur l'avait prévu, ce qui maintient la conscience collective de l'humanité à un niveau bas. Au lieu d'être guidés par des Principes Spirituels, les humains sont généralement gouvernés par des impulsions issues de la réalité matérielle, qui affectent leurs émotions et contrôlent leur vie. Les choses resteront inchangées jusqu'à ce que les gens s'éveillent à leur potentiel intérieur et décident consciemment de changer les choses. N'oubliez jamais que nous devons chacun être notre propre Messie, notre Sauveur personnel et prendre le contrôle total de notre réalité.

VI. LE PRINCIPE DE CAUSE À EFFET

Le Principe de Cause à Effet existait bien avant qu'Isaac Newton n'invente sa Troisième Loi du Mouvement, qui stipule que "Pour toute action, il existe une réaction égale et opposée". Selon la Troisième Loi de Newton, tout ce qui est mis en mouvement ou en action aura un effet correspondant sur la chose sur laquelle l'action est effectuée.

"Toute Cause a son Effet; tout Effet a sa Cause; tout arrive conformément à la Loi; la Chance n'est qu'un nom à la Loi méconnue; il y a de nombreux Plans de causalité, mais rien n'échappe à la Loi." - "Le Kybalion"

Le Principe de Cause à Effet, quant à lui, implique que rien ne se produit jamais simplement. Il y a une cause derrière chaque effet. Le hasard n'existe pas puisque le hasard n'est qu'un terme indiquant l'existence d'une cause qui n'est pas reconnue ou perçue. Le Principe de Cause à Effet et la Troisième Loi de Newton impliquent l'interconnexion de toutes les choses qui existent et leur processus de transfert d'énergie.

La compréhension de ce Principe Hermétique fondamental est cruciale si vous essayez de maîtriser votre vie. Vous devez assumer la responsabilité de tout ce qui se passe dans votre vie et réaliser que vous êtes à l'origine des choses, et qu'elles ne vous arrivent pas par hasard. De même, tout ce que vous faites a une incidence sur le monde qui vous entoure, alors n'agissez pas de manière frivole sans tenir compte de vos actes. Faites attention à ce que vous envoyez dans l'Univers, car cela affectera ce que vous recevrez en retour.

Il existe différents Plans de cause et d'effet, et le plus élevé domine toujours le plus bas. Le hasard est un mot qui n'a aucun fondement dans la réalité. C'est un mot que les ignorants utilisent pour avoir une excuse à leur ignorance, rien de plus. Le destin qui résulte du hasard est un concept que le profane a développé pour accepter tout ce qui lui arrive comme faisant partie d'un grand plan que le Créateur a prévu pour lui. Mais en réalité, en tant qu'êtres humains, nous pouvons contrôler notre existence dans une large mesure et manifester nos désirs à un degré inimaginable pour le commun des mortels.

Nous ne pouvons pas contrôler à 100 % notre réalité, car des événements extérieurs à ce que nous pouvons considérer comme des causes et des effets dans nos vies peuvent se produire et se produisent effectivement. Les facteurs environnementaux ont également un impact sur nos vies que nous ne pouvons pas prévoir. Très souvent, cependant, les choses qui nous arrivent sont les causes des effets d'autres personnes et ne sont donc pas le fruit du hasard. Tout ce qui bouge a été mû par quelque chose. Par conséquent, tout ce qui est en mouvement a été actionné par une force quelconque. Être une cause au lieu d'un effet signifie devenir une force qui projette et pas seulement un récepteur aveugle des énergies des autres.

On peut dire que c'est un hasard si un effet nous est parvenu suite à la cause de quelqu'un d'autre, mais rien n'échappe jamais à la Loi et à ce Principe. Par conséquent, il est de notre devoir Spirituel à tous, en tant qu'êtres humains, de devenir des causes plutôt que des effets, au moins dans notre propre vie. Nous le devons à notre Créateur. Car si nous ne le faisons pas, nous devenons la proie de la volonté de ceux qui sont mentalement plus forts que nous. En tant qu'êtres humains, nous pouvons devenir maîtres de notre destin et dominer nos humeurs, nos pouvoirs et l'environnement qui nous entoure.

Nous devons toujours obéir aux Lois Universelles. Cependant, nous avons un tel degré de contrôle que si nous pouvons l'exploiter et respecter les Principes qui régissent les causes et les effets dans nos vies, nous pouvons vraiment devenir tout ce dont nous avons toujours rêvé ou désiré être.

N'oubliez jamais qu'une cause est quelque chose qui commence quelque chose et qu'un effet est le résultat de ce commencement. Par conséquent, soyez la cause d'une action, et non une réaction à la cause de quelqu'un d'autre. Soyez une force de changement, et non une manifestation du changement de quelqu'un d'autre. Soyez le Soleil de votre Système Solaire et pas simplement la Lune du Soleil de quelqu'un d'autre. En d'autres termes, dirigez votre vie, ne laissez pas les autres la diriger. Vous avez ce droit donné par Dieu, mais si vous êtes coincé à suivre les pensées et les croyances des autres, alors vous n'êtes que l'effet de leur cause, rien de plus. Vous devez vous maîtriser et réaliser votre pouvoir personnel au maximum.

Qu'est-ce que cela signifie d'être une cause et non un effet dans votre vie? Comment y parvenir? Pour commencer, vous devez apprendre à utiliser votre volonté pour guider toutes vos actions quotidiennes. Vous devez vous élever au-dessus de vos émotions les plus basses et ne pas les laisser vous guider.

La volonté utilise la logique et la raison pour la guider en grande partie, ce qui signifie que vous vous êtes élevé du Plan Émotionnel ou Astral au Plan Mental. La volonté reçoit également sa motivation du Plan Spirituel, où l'amour inconditionnel est l'impulsion. Lorsqu'elle n'est motivée que par la logique et la raison, sans amour, la volonté sert l'Égo. Lorsqu'elle est motivée par l'amour inconditionnel, elle satisfait le Moi supérieur, l'Esprit.

Les émotions inférieures sont pour la plupart involontaires et changeantes. Dans de nombreux cas, elles ne sont même pas le sous-produit de votre esprit et de vos pensées, mais de ceux des autres. N'oubliez pas que nous communiquons constamment par télépathie. Nos émotions inférieures sont déclenchées par les réponses de l'Égo à des facteurs externes et aux pensées et sentiments d'autres personnes. Lorsque ces déclencheurs provoquent une dysharmonie en nous, ils nous obligent souvent à agir d'une manière négative pour nous-mêmes et pour les autres.

Les émotions inférieures susmentionnées sont généralement motivées par des pensées de peur et de haine, que ce soit pour nous-mêmes ou pour d'autres personnes. En outre, elles déclenchent souvent des réactions émotionnelles liées aux sept péchés capitaux : l'orgueil, la cupidité, la luxure, l'envie, la gourmandise, la colère et la paresse. Si la volonté n'est pas maîtrisée lorsque nous ressentons ces émotions, ce sont elles qui dirigent nos actions, ce qui se traduit à long terme par la misère et le désespoir.

Notre propre Karma négatif est ce qui attache ces émotions inférieures à notre Être. Le défi, lorsqu'elles se produisent, est de s'élever au-dessus du Plan Astral où ces émotions prennent place et de laisser notre volonté prendre le dessus. C'est ce que signifie être une cause plutôt qu'un effet. Être une cause et utiliser sa volonté signifie être un co-créateur avec le Créateur. Vous manifestez ainsi la réalité que vous désirez et vous êtes un catalyseur du changement au lieu d'être un automate aveugle.

En ce qui concerne le Karma négatif, votre volonté doit être motivée par l'amour inconditionnel pour ne pas entraîner de conséquences Karmiques et recevoir un bon Karma à la place. Comme je l'ai déjà dit, l'application de l'amour inconditionnel produit un bon Karma. Cependant, si vous êtes une cause et que vous utilisez votre volonté, mais que les désirs de l'Égo vous motivent, vous pouvez quand même recevoir un Karma négatif.

Comprenez qu'être une cause et non un effet signifie être le Créateur de votre réalité mais n'implique pas que vous êtes nécessairement en train de surmonter le Karma négatif. Nous pouvons avancer l'argument que si l'Égo dirige la volonté au lieu du Soi Supérieur, vous êtes toujours sous l'influence d'une intelligence étrangère et vous êtes un effet et non une cause. Le seul vrai Soi est l'Esprit, le Soi Supérieur, la cause derrière toutes les causes, qui opère par l'amour inconditionnel. Néanmoins, même l'Égo qui dirige la volonté et contrôle vos actions est plus élevé sur l'échelle de la réalité que les émotions inférieures qui dirigent directement les actions.

"Rien n'échappe au Principe de la Cause et d'effet, mais il existe de nombreux Plans de Causalité, et tout individu peut utiliser les lois des Plans Supérieurs pour maîtriser les Lois des Pland Inférieurs." - "Le Kybalion"

N'oubliez jamais qu'à tout moment, vous pouvez vous "Êlever dans les Plans" et élever votre conscience vers un Plan Supérieur. La clé est d'être en contact avec votre volonté, car seule votre volonté peut contrôler et manifester la réalité que vous souhaitez. Cependant, si vous devez choisir l'Esprit plutôt que la matière et l'Égo, cette volonté doit être motivée par l'énergie de l'amour inconditionnel.

VII. LE PRINCIPE DU GENRE

Le Principe du Genre s'applique à tous les Plans d'existence, y compris le Plan Physique, Astral, Mental et Spirituel. Sur le Plan Physique, sa manifestation est le genre des sexes, tandis que sur les Plans supérieurs au Plan Physique, l'expression prend des formes différentes. Aucune création n'est possible sans ce Principe.

"Il y a un Genre en toute chose ; tout a ses Principes Masculin et Féminins; le Genre se manifeste sur tous les Plans." - "Le Kybalion"

Le Principe de Genre fonctionne dans le sens de la génération, de la régénération et de la création. Tout ce qui existe, y compris chaque être humain, contient en lui les énergies masculine et féminine. Chaque homme a une composante féminine, et chaque femme a une partie masculine - le Yin et le Yang, le positif et le négatif.

Le Principe de Genre est présent en toutes choses, et sa clé est l'équilibre - l'équilibre des opposés. Trop d'énergie féminine sans assez d'énergie masculine donnera des résultats indésirables et vice versa. Si vous êtes né de sexe masculin, vous devez vous équilibrer avec votre homologue féminin, car en naissant dans un sexe, vous êtes dominant dans celui-ci et devez travailler sur son opposé pour un bon équilibre. Cette même règle s'applique si vous êtes né de sexe féminin.

Pour générer nos propres destins, nous avons besoin d'une bonne dose de volonté et d'imagination. Ce Principe de genre s'applique à tous les Plans d'existence. Cependant, puisque notre principale préoccupation concerne sa manifestation au sein des forces mentales, nous devons comprendre que nous devons toujours nous équilibrer. Nous devons toujours avoir la volonté à notre disposition, ainsi que l'imagination, pour accomplir nos objectifs et être un Co-Créateur de notre réalité. Être un Co-Créateur avec le Créateur est un processus naturel de la Magie.

Genre Mental

Comme mentionné, les êtres humains ont en eux des énergies masculines et féminines. Sur le Plan Mental, elles se manifestent sous la forme d'un esprit double - les composantes "Je" et "Moi". Le "Je" est masculin, objectif, conscient, volontaire, et est une Force qui projette. Le "Moi" est féminin, subjectif, subconscient, involontaire, et passif car il reçoit la Forme. La volonté de l'Élément Feu de l'Âme se projette dans l'imagination, créant une image visuelle exprimée par l'Élément Eau. L'Élément Air est la pensée, qui est le moyen d'expression de la volonté et de la créativité.

D'un point de vue Qabalistique, les énergies masculine et féminine sont les deux composantes Père/Mère les plus élevées de l'Arbre de Vie - Chokmah et Binah, Sagesse et Compréhension. Dans leur ensemble, elles représentent les Piliers blanc et noir de l'Arbre de Vie - l'un projette, l'autre reçoit. Ils existent tous deux en même temps et sont opposés l'un à l'autre. Ils se nourrissent mutuellement et ne peuvent être compris que l'un par rapport à l'autre. Ces "jumeaux" mentaux diffèrent dans leurs caractéristiques, mais chaque composante existe dans l'autre en tant qu'opposée.

L'aspect "Je" peut se tenir hors du cadre et observer ce que le "Moi" produit. Il reconnaît que cette perception n'est rien de plus qu'un instantané dans le temps, ce qui est à moitié vrai. Cette perception peut être modifiée par l'application de la volonté en se polarisant sur n'importe quel pôle d'un état mental désiré.

La composante "Moi" est une création mentale dans laquelle sont produits des pensées, des idées, des émotions, des sentiments et d'autres états mentaux. C'est comme une "matrice" mentale capable de générer une progéniture mentale. Mais comme il s'agit d'une matrice, elle doit recevoir une forme d'énergie de sa composante "Moi" (ou du "Moi" de quelqu'un d'autre), car elle ne peut pas générer ses propres pensées.

En d'autres termes, pour avoir une pensée ou une idée, vous devez d'abord la vouloir en action. Le "Je" est l'aspect de l'Être, tandis que le "Moi" est l'aspect du Devenir. Le "Je" est immuable, tandis que le "Moi" reçoit continuellement des impressions et les lit. Ces deux aspects de l'esprit vous donnent une Clé Maîtresse qui vous permet de maîtriser vos propres états mentaux et même de les induire dans l'esprit d'autres personnes.

La tendance de l'énergie féminine va toujours dans le sens de la réception des impressions, tandis que l'inclinaison de l'énergie masculine va dans le sens de l'émission ou de l'expression. Cela s'explique par le fait que le féminin effectue le travail de génération de nouvelles pensées et idées, y compris l'imagination, tandis que l'énergie masculine se contente du travail de volonté. Cependant, sans un "Moi" propre, vous êtes susceptible de recevoir des images mentales résultant d'impressions extérieures, y compris celles d'autres personnes.

L'Égo est un sous-produit de votre composante "Moi" puisque vos émotions l'inspirent. L'Âme, par contre, est votre véritable "Moi". L'Égo cherche à vous confondre, car il veut vous convaincre qu'il est votre "Moi" pour prendre le contrôle de la conscience. En réalité, ce n'est pas le cas. L'Égo utilise les émotions inférieures pour porter des jugements, et la plupart de ses pensées et idées sont donc basées sur la peur. Il est très changeant, alors que l'Âme ne l'est pas. Il est donc le résultat de votre aspect "devenir", alors que l'Âme est votre Élément "Être". Si vous laissez votre Égo vous diriger dans la vie, la volonté de l'Âme sera inactive.

Vous devez continuellement alimenter votre imagination avec votre volonté pour manifester la réalité la plus optimale pour vous. Si vous ne créez pas votre réalité par le biais de votre véritable moi, votre Âme, vous n'utilisez pas les pouvoirs que Dieu vous a donnés, ce qui entraîne toujours des situations malheureuses dans votre vie. Si vous n'êtes pas en contact avec votre "Moi", vous perdez votre identité dans ce monde. Il n'y a pas de moyen plus rapide de se perdre que de permettre à d'autres personnes de contrôler votre réalité ou de se fier uniquement à votre Égo pour vous guider.

Pour être vraiment heureux, vous devez laisser votre Âme vous guider dans la vie. Vous devez utiliser votre volonté au maximum et toujours faire appel à votre imagination pour manifester votre réalité optimale. Cela peut être un véritable défi au début, car vous devrez faire face à de nombreuses confrontations avec les gens, ainsi qu'avec votre Égo, mais il est crucial de surmonter ces défis et d'apprendre cette compétence. Votre volonté est comme un muscle, et s'il peut être difficile au début de construire un muscle, avec le temps, cela devient plus facile jusqu'à ce que cela devienne une seconde nature. Si vous voulez mener une vie heureuse et épanouie, pensez toujours par vous-même et permettez à cette pensée de venir d'un endroit plus élevé.

Les phénomènes psychiques de la télépathie, du transfert de pensée, de l'influence mentale, de la suggestion et de l'hypnotisme relèvent tous de la manifestation de ce Principe du Genre. Les acteurs, les politiciens, les orateurs, les prédicateurs, les hommes d'État et autres personnalités publiques ou artistes utilisent tous ce Principe en induisant l'aspect féminin de l'esprit des autres avec leur propre "Moi". C'est le secret du magnétisme personnel.

Apprendre à utiliser le Principe du genre vous rendra également très attirant pour le sexe opposé. Utiliser votre volonté (par opposition à vos émotions) pour manifester votre réalité est le secret pour créer de l'attraction. Les personnes qui utilisent leur volonté au maximum sont des Alphas, tandis que celles qui se fient uniquement à leurs émotions pour les guider sont des Bétas.

Les Alphas sont charismatiques, charmants et ont un grand sens de l'humour. Ils sont calmes et réfléchis, ce qui signifie qu'ils fonctionnent à partir de l'état Alpha de l'activité cérébrale, ce qui les rend plus sereins. Ils ont un but dans la vie et suivent le rythme de leur tambour. Elles ont confiance en leurs convictions et poursuivent leurs rêves. Ce sont toutes des qualités désirables pour le sexe opposé. Tous les humains se reconnaissent dans les Alphas et, au fond d'eux-mêmes, veulent puiser dans leurs propres capacités pour agir de la même manière. Ces personnes spéciales leur permettent de le faire. Nous gravitons tous naturellement vers les personnes qui peuvent nous aider à développer notre pouvoir personnel et à progresser Spirituellement dans la vie.

LE TOUT-SPIRIT

Si vous voulez mieux comprendre les lois mentales, vous devez mieux comprendre la nature du Tout-Esprit. Par exemple, qu'est-ce que c'est, et quel est votre rapport avec lui ? Si vous pouvez comprendre la véritable nature du Tout, vous pourrez alors comprendre qui vous êtes puisque vous êtes sa création. De plus, cette connaissance vous permettra d'élever votre pouvoir de croyance, afin que vous puissiez vous manifester sur les différents plans d'existence par le biais de l'esprit, puisque l'esprit est le lien entre l'Esprit et la Matière.

"Derrière l'Univers du Temps et de l'Espace se cache toujours la Réalité Substantielle, la Vérité Fondamentale." - "Le Kybalion"

Cette Réalité Substantielle est ce que les Anciens ont appelé l'Esprit - le Mental Vivant Infini. Substantiel signifie l'Élément essentiel, le fondement, ce qui existe toujours, en référence au Primum Mobile - la Source. Réalité signifie l'état d'être réel, authentique, durable, fixe, permanent et actuel.

Le Tout est immuable, éternel et inconnaissable. Les Hermétistes ont postulé que le Tout, ou l'Esprit, doit être tout ce qui existe - rien ne peut exister en dehors de lui. Il est Infini, car il n'y a rien d'autre qui puisse le définir, l'enfermer, le lier, le limiter ou le restreindre. Il doit avoir toujours existé et n'a jamais été créé par quoi que ce soit d'extérieur à lui. Il doit être infini dans l'espace et en dehors de toute cause et de tout effet. Il doit être partout en même temps.

Pendant des milliers d'années, de nombreux penseurs de différents pays ont parlé de cette réalité substantielle en raison du sentiment inné de l'existence de quelque chose de plus grand et de plus significatif, ainsi que de la pensée rationnelle selon laquelle, puisque nous avons été créés, cela signifie qu'il existe un Créateur. Ils ont donné à ce Créateur de nombreux noms au fil du temps, y compris, mais sans s'y limiter, celui de Déité, d'Énergie, de Matière, et le plus important et le plus largement utilisé, celui de Dieu.

Les Hermétistes appellent Dieu, Le Tout. Par conséquent, nous parlons de cette Réalité Substantielle lorsque nous utilisons le terme Le Tout ou Dieu. La plupart des gens s'accordent sur la réalisation intuitive de l'existence du Tout et de notre relation avec lui, tout en comprenant qu'il restera à jamais inconnaissable pour nous tant que nous serons dans ces corps physiques.

"Dans son Essence, le Tout est Inconnaissable. Cependant l'exposé de la Raison doit être reçu avec la plus grande hospitalité, et traité avec respect." - "Le Kybalion"

Le Tout doit être Infini en puissance, ou Absolu, car rien ne peut le limiter, le restreindre, le restreindre, l'enfermer, le perturber ou le conditionner. Si nous sommes principalement la création de quelque chose, alors cela doit signifier que le Créateur est tellement au-dessus de nous qu'il serait impossible d'affirmer qu'il est soumis à tout autre pouvoir puisqu'il est tout-puissant.

Le Tout doit être immuable, non sujet à des changements dans sa nature fondamentale, car il n'y a rien qui puisse le modifier, rien en quoi il pourrait se changer ou dont il aurait pu se changer. Il ne peut être ni ajouté ni soustrait, ni augmenté ni diminué, ni devenir plus grand ou plus petit à quelque égard que ce soit. Il a toujours été et restera à jamais ce qu'il est maintenant, c'est-à-dire le Tout.

Depuis des milliers d'années, à travers toutes les religions, philosophies et sectes Spirituelles, tous les humains se sont accordés sur ces attributs primaires du Tout. Le *Kybalion* affirme que le Tout, qui est l'énergie Spirituelle, est l'esprit vivant infini qui manifeste mentalement l'Univers. C'est par notre esprit que nous pouvons accéder à tous ses Plans ou Mondes Cosmiques parallèles et interpénétrés.

L'Esprit contient en lui-même l'ensemble de l'Arbre de Vie qui peut être décomposé en Quatre Éléments : le Feu, l'Eau, l'Air et la Terre. Et notre système Chakrique contient ces tourbillons d'énergie qui fonctionnent à l'unisson pour nous donner les mécanismes internes de l'esprit et du cœur, qui sont tous contenus dans cet esprit vivant infini appelé l'Esprit.

L'Esprit est Lumière, et cette Lumière se déverse à travers le Sahasrara Chakra au niveau de la Couronne et se manifeste à travers les Sept Chakras, qui correspondent aux sept couleurs du spectre visible : violet, indigo, bleu, vert, jaune, orange et rouge. À chacun des Chakras correspond un Plan de l'Être, qui, comme les couches d'un oignon, s'interpénètrent les unes les autres et constituent le champ énergétique global de l'être humain - l'Aura.

L'Esprit se manifeste également sous forme de Lumière dans la réalité physique, en passant par l'étoile de notre Système Solaire, le Soleil. La Lumière visible du Soleil donne la vie à tous les êtres vivants sur Terre, car elle nous fait vivre tous. La lumière est canalisée vers nous à tout moment, y compris lorsque la Terre est éloignée du Soleil. Dans ce cas, notre satellite naturel, la Lune, reflète la Lumière du Soleil vers nous. Les Planètes, qui sont maintenues en orbite par le champ de gravitation du Soleil, font également partie de la Création, et elles émanent des énergies qui alimentent la conscience collective et les Chakras individuels des individus.

Puisque l'Esprit et la Matière sont constitués de la même substance mais aux extrémités opposées du spectre, il faut postuler que tout ce qui se trouve entre les deux est plus élevé que le plus bas, qui est la Matière, la réalité physique. Dans le système Chakrique, le Chakra Muladhara, qui nous relie à la Terre, est suivi de Swadhisthana, Manipura et Anahata. Ces trois Éléments, l'Eau, le Feu et l'Air, sont d'une plus grande qualité pour l'esprit que les Éléments de la Terre et de la Matière. Après Anahata, il y a l'abîme dans le Chakra de la Gorge de Vishuddhi. Il sert de porte à l'Élément Esprit et aux deux Chakras qui le surmontent, Ajna et Sahasrara.

Du point de vue de la Qabalah, c'est la Sphère de Yesod, ou le chemin de Tav, la carte de l'Univers dans le Tarot, qui nous ouvre à la totalité de l'esprit vivant infini, l'Esprit. *Le Kybalion* va de pair avec l'Arbre de Vie Qabalistique et le système Chakrique. Si le Tout est l'Esprit vivant infini, alors la connaissance des différents états de conscience et des Plans Cosmiques entre l'Esprit et la Matière est cruciale pour comprendre comment vous pouvez maîtriser votre esprit et prendre en charge votre réalité.

La philosophie Hermétique est davantage une science, bien que les instruments physiques ne puissent la mesurer. Elle est basée sur la logique et la raison (attributs de Mercure/Hermès), y compris l'examen du fonctionnement du monde naturel en relation avec notre Système Solaire. La philosophie Hermétique réconcilie les enseignements de l'Orient et de l'Occident car elle contient l'essence des deux. Bien que sa philosophie soit théorique, elle examine le monde invisible de l'énergie et présente son fonctionnement d'une manière pratique et utilisable par les êtres humains. Plus important encore, la philosophie Hermétique accorde une grande crédibilité au pouvoir de l'esprit et au Principe du Mentalisme, qui est la Clé Maîtresse qui ouvre tous les autres mondes et Plans intérieurs auxquels nous participons en tant qu'êtres humains.

L'UNIVERS MENTAL

Le Kybalion affirme que le Tout est Esprit - l'Esprit vivant infini. Le Tout crée mentalement l'Univers et imprègne sa création, tout comme nous le faisons tous lorsque nous conceptualisons mentalement une pensée ou une idée. Selon le *livre de la Genèse*, Adam, le premier humain, a été créé à l'image du Tout/Dieu. De même, les êtres humains créent de la même manière que Dieu/Tout, c'est-à-dire par le biais de l'esprit et de son principal moyen d'expression, la pensée.

Comme nous pensons, nous sommes la PENSÉE. Nos pensées sont des êtres vivants dans la mesure où notre réalité mentale est concernée. Notre réalité mentale se transpose ensuite sur la réalité mentale de Dieu, qui est l'Univers physique lui-même. En tant que tels, nous devenons des co-créateurs de la Création du Tout.

Tout comme vous pouvez créer un Univers imaginaire dans votre mentalité, Le Tout crée des Univers dans sa mentalité. Cependant, notre Univers fictif est une construction mentale d'un esprit fini, contrairement aux Univers que Le Tout imagine, qui sont la création d'un Esprit Infini. Les deux sont similaires en nature mais très différents en degré.

"L'univers est mental – il est contenu dans l'Âme DU TOUT." - "Le Kybalion"

Le Principe du Genre se manifeste sur tous les Plans de Vie - matériel, émotionnel, mental et Spirituel. Puisqu'il s'agit d'une Loi Universelle, nous trouvons ce Principe dans tout ce qui est généré ou créé sur tous les Plans. Cette règle s'applique même à la création et à la génération des Univers.

Cependant, le Tout lui-même est au-dessus du genre, ainsi que de toute autre distinction, y compris celles du temps et de l'espace. Le Tout est le Principe Premier d'où découlent les autres Principes et il ne leur est pas soumis. Le Tout n'a pas été créé mais est le Créateur de toutes choses. Par conséquent, seules les choses créées sont soumises aux règles des Principes de la Création.

Par conséquent, le Tout manifeste le Principe de Genre dans ses aspects masculins et féminins en tant que Dieu-Père et Dieu-Mère. Ce sont les deux aspects principaux de toutes ses créations. Le composant Dieu-Père est le "Je" de l'Univers, et le composant "Moi" est la Mère. D'un point de vue Qabalistique, ces deux Éléments sont la dualité Céleste de Chokmah et Binah, la Force et la Forme. L'enseignement Hermétique n'implique cependant pas une dualité fondamentale, puisque le Tout est Un - les deux composantes sont simplement les principaux aspects de la manifestation (la Création).

Pour mieux comprendre ce concept, appliquez le même Principe à votre esprit. Nous avons un "Je", qui se tient à l'écart et qui est le témoin des créations mentales de la composante "Moi" dans notre esprit. Ils sont bien distincts l'un de l'autre puisque le "Je" est le témoin qui peut examiner les pensées, les idées, les images et les formes du "Moi". Le "Je" est la partie masculine et consciente de l'esprit, la volonté, tandis que le "Moi" est la partie féminine et subconsciente, l'imagination. Le "Je" se projette dans le "Moi" et est séparé mais impliqué dans sa création.

Les Hermétistes disent que le Tout crée de la même manière et a créé d'innombrables Univers. Selon les enseignements Hermétiques, des millions et des millions d'Univers existent dans l'esprit infini du Tout, notre propre Système Solaire n'en étant qu'une partie. Et il existe des régions et des Plans bien plus élevés que les nôtres, avec des Êtres supérieurs que nous, les humains, ne pouvons même pas concevoir dans notre imagination. La mort n'est pas réelle, même dans un sens relatif, mais c'est la naissance d'une nouvelle vie, et l'Âme continue et continue vers des Plans de vie encore plus élevés pendant des éons de temps jusqu'à ce qu'elle s'unisse à nouveau avec le Tout.

"La naissance n'est pas le début de la vie - seulement d'une conscience individuelle. Le passage à un autre état n'est pas la mort - seulement la fin de cette conscience." - Hermès Trismégiste; extrait de "Hermetica : Le Corpus Hermeticum grec et l'Asclepius latin".

Dans la tradition Maya, avant la mort, on souhaitait à l'individu un bon voyage vers sa prochaine incarnation. De nombreuses autres cultures ont suivi cet exemple, en particulier celles qui étaient les plus Spirituelles dans leur essence. La croyance en la vie après la mort était très différente dans le passé de ce qu'elle est aujourd'hui. Ils acceptaient l'irréalité, ou l'illusion du Monde de la Matière, accompagnée de la joie et de l'excitation de se réincarner dans la vie suivante. La mort n'était pas crainte mais embrassée, car les idéaux des Anciens, il y a des milliers d'années, étaient d'une qualité bien supérieure.

Nos croyances confuses sur la vie après la mort nous font craindre l'inconnu au lieu de l'embrasser. Le concept d'honneur a été oublié depuis longtemps dans la société moderne, alors que dans l'Antiquité, c'était le mode de vie. Les gens de cette époque mouraient volontiers pour ce en quoi ils croyaient et embrassaient la prochaine vie. C'est à cette époque que vivaient les héros du passé.

Le concept Chrétien selon lequel les bons vont au paradis et les mauvais en enfer est erroné à tous égards. Le Ciel et l'Enfer sont des concepts mentaux et des expressions de la vie pendant que nous vivons, et non quelque chose qui existe dans l'au-delà. Nous sommes nés de l'Esprit, et nous retournerons dans l'Esprit. Seules nos religions et philosophies les plus Anciennes avaient une idée juste de la mort. Malheureusement, leurs points de vue semblent avoir été perdus dans l'antiquité à notre époque.

Nous ne savons pas si nous nous réincarnons sur cette Planète après la mort, et nous ne pouvons pas le dire. Il est possible qu'une fois que vous avez appris les leçons nécessaires et évolué Spirituellement sur la Planète Terre, vous vous réincarniez sur une autre Planète dans un autre Système Solaire. Le déclencheur et le mécanisme de la Kundalini peuvent être le prochain point de l'évolution Spirituelle et une étape nécessaire dans l'expansion de la conscience afin que vous puissiez vous incarner sur une autre Planète et commencer un nouveau processus d'évolution.

Cependant, ces idées sont laissées à la théorie et à la spéculation. Vous ne pouvez pas avoir de réponse exacte tant que vous n'avez pas fait l'expérience de votre prochaine vie. Mais le fait de savoir et d'avoir la foi que la vie après la mort n'est pas une chose sinistre et horrible, mais plutôt la prochaine étape du voyage de votre Âme dans l'Univers, vous permettra d'éliminer la peur inutile de l'inconnu. Et cela ne peut que vous aider à tirer le meilleur parti possible de votre vie sur la Planète Terre.

"Au sein de l'Esprit Paternel et Maternel, les enfants mortels sont chez eux. Il n'existe personne, dans l'Univers qui soit sans Père ni Mère." - "Le Kybalion"

Selon le *Kybalion*, nous n'avons rien à craindre - nous sommes en sécurité et protégés par le pouvoir infini de l'Esprit Père-Mère. Les personnes qui peuvent pleinement comprendre cela auront une paix éternelle dans leur esprit et leur cœur.

LE DIVIN PARADOXE

"Les demi-initiés, reconnaissant la non-réalité relative de l'Univers, s'imaginent qu'ils peuvent défier ses lois - ce sont des sots insensés et présomptueux, qui vont se briser contre les écueils et que les Éléments déchirent à cause de leur folie. Le véritable initié, connaissant la nature de l'Univers, se sert de la Loi contre les lois, du supérieur contre l'inférieur, et par l'Art de l'Alchimie, il transmute les choses viles en des choses précieuses; c'est ainsi qu'il triomphe. La maîtrise ne se manifeste pas des rêves anormaux, des visions, des idées fantastiques, mais par l'utilisation des forces contre les forces inférieures, en évitant les souffrances des plans inférieurs en vibrant sur les plans supérieurs. La Transmutation, non pas une négation présomptueuse, est l'épée du Maître." - "Le Kybalion"

La véritable sagesse se trouve dans cette affirmation. Si nous acceptons l'irréalité et l'illusion de l'Univers, nous devons également accepter sa réalité. Sinon, nous devenons la proie de demi-vérités. Après tout, nous sommes liés à notre corps physique pour cette vie. Nous devons respecter ce fait, même si nous acceptons que l'Univers qui nous entoure est une illusion de l'esprit.

Le Paradoxe Divin stipule que, bien que l'Univers soit "Non", il "Est". Ces deux pôles existent sur notre Plan parce que nous sommes, après tout, une partie de la Création, et ce Principe de Polarité se manifeste dans toutes les choses créées. Ce n'est que dans le Tout lui-même, qui est la totalité de toutes les Lois, qu'il ne se manifeste pas. Par conséquent, tout ce qui est créé à partir de l'essence du Tout contient le Paradoxe Divin en lui-même - les points de vue absolu et relatif, comme Un.

Nous devons tout voir à partir de points de vue opposés en même temps. En faisant cela, nous restons dans le Maintenant. Être capable de tout interpréter et de tout voir à partir de deux points de vue à la fois constitue une forme de "Yoga Mental". Dès que nous acceptons un point de vue, celui-ci devient une partie de notre conditionnement passé et s'attache à notre roue du Karma.

L'Égo pense en termes de singularité. Il est né du fait que la conscience se perçoit comme un composant séparé du reste du monde. Mais avant de se percevoir comme un Élément séparé, Tout était Un - notre conscience s'est immergée dans l'Unité de l'Esprit.

En voyant le corps comme quelque chose de divisé de la réalité extérieure (et notre conscience habitant ce corps), nous avons commencé à nous associer à l'Égo, nous développant en une entité individuelle. Avec cette progression, nous avons perdu de vue l'unité dont nous faisions autrefois partie en tant qu'enfants. Nous avons perdu notre innocence. L'innocence était l'émerveillement et la beauté d'être absorbé par l'Esprit. L'Égo a mûri, et ce n'est qu'après sa maturation que nous avons perdu cette grace qui faisait autrefois partie de nos vies. Ce processus évolutif a éveillé un désir inné de l'Âme pour que la conscience évolue à nouveau vers l'Esprit et se réunisse avec la Source.

Notre Âme est immortelle, car elle est une étincelle de Lumière provenant du Soleil. Elle est en nous, ainsi que l'énergie de l'Esprit, notre substance animatrice. Nous avons toujours eu l'Âme et l'esprit en nous, sinon nous ne saurions pas où chercher. L'Âme est l'Élément "je", la volonté, le Feu Sacré, qui n'est pas de ce Monde Physique et qui contient le souvenir d'avoir fait partie de l'Esprit. C'est notre phare, notre guide dans notre quête pour être à nouveau réunis avec l'Esprit. L'Âme et l'Esprit sont des composants distincts, mais ils travaillent côte à côte. L'Âme est la Lumière qui se manifeste et s'incruste dans le corps humain.

L'Esprit est la substance animatrice de l'Univers, la mer illimitée de la Conscience, la composante Lumière Blanche de tout ce qui est - le Premier Esprit. La Lumière Blanche est partout à la fois et sa taille et sa puissance sont illimitées. L'Univers physique est le second esprit, la manifestation du premier. En réalité, le Premier et le Second Esprit sont Un, les deux pôles extrêmes travaillant ensemble pour manifester le Monde Physique et tous les Plans Cosmiques entre l'Esprit et la Matière. Ils sont la manifestation la plus élevée du Principe de Genre - le Mental Père-Mère.

En reconnaissant l'Univers comme étant à moitié réel, nous pouvons accepter l'autre moitié comme étant la réalité de l'Esprit d'où nous venons et dans lequel nous devons retourner. Grace à cette compréhension à un niveau profond, nous pouvons enlever les chaînes de l'Égo et du corps physique. Bien sûr, nous devons toujours accepter la demi-vérité - nous sommes liés à notre corps physique pour la durée de notre vie ici sur Terre. Cependant, nous ne sommes pas obligés d'être enchaînés à l'Égo, à ses besoins et à ses désirs. Au contraire, nous pouvons nous libérer dans cette vie.

Par essence, l'être humain est une étincelle de conscience individuelle (étincelle de Lumière), localisée dans un corps physique pour la durée de sa vie ici sur la Planète Terre. Nous faisons l'expérience du monde à travers les cinq sens du corps physique et le sixième sens à travers le Chakra de l'Oeil de l'Esprit. En utilisant l'esprit comme récepteur, nous pouvons accéder aux Plans d'Existence Intérieurs et Cosmiques et à divers états de conscience par le biais du Chakra de l'Oeil de l'Esprit. Tout ce processus se déroule à l'intérieur de l'esprit, dans le cerveau humain.

L'Âme se manifeste à la naissance lorsqu'elle pénètre dans le corps physique, à savoir dans la chambre du cœur. À mesure que l'Âme se localise dans le corps, l'Égo se manifeste au fil du temps sous la forme d'une intelligence, d'une entité individuelle dont la fonction première est de préserver et de maintenir le corps. En grandissant, l'Égo prend le contrôle de notre conscience et nous convainc que nous sommes effectivement l'Égo. Dès lors, nous remarquons que quelque chose ne va pas, que quelque chose n'est pas normal, et nous commençons à rechercher à nouveau notre innocence primordiale, car c'est à ce moment-là que nous étions le plus heureux.

Pour surmonter l'Égo et retrouver notre état initial vierge, nous nous tournons vers l'Âme et la Lumière qui nous habitent pour nous guider. Nous cherchons à élever notre conscience jusqu'à son état originel, lorsqu'elle faisait partie de la Conscience Cosmique et de l'énergie de l'Esprit. Nous désirons réintégrer le jardin d'Eden. Voici l'essence du processus d'évolution Spirituelle et le défi et la mission de chaque humain vivant sur la Planète Terre.

Le corps et l'Égo ne sont donc qu'une moitié de la vérité. Tout ce qui a un début et une fin doit, en un sens, être irréel et faux. L'Univers et notre corps physique entrent dans cette catégorie. Du point de vue absolu, rien n'est réel pour le Tout, sauf le Tout lui-même. Mais pour les humains qui vivent dans ce cycle de vie, de mort et de renaissance, l'Univers doit être vu et accepté comme réel puisque nous vivons, bougeons et avons notre être ici.

La Vérité absolue est la façon dont l'esprit de Dieu voit les choses, et nous en faisons partie par l'Esprit. La Vérité relative est définie comme la façon dont la raison la plus élevée de l'humanité peut comprendre les choses. Par conséquent, oui, l'Univers est un Rêve de Dieu, et il est irréel du point de vue de Dieu, mais comme nous habitons nos corps physiques, nous devons respecter ce fait et respecter que l'Univers est encore réel pour nous pendant que nous sommes ici.

Le Monde de la Matière est réel et doit être respecté, tout comme les lois de la physique qui régissent cette réalité. Les choses qui se trouvent dans notre esprit sont également authentiques pour nous - nos pensées, nos émotions et les idées que nous produisons avec notre imagination. La seule façon de connaître l'Univers comme étant plus réel qu'il ne l'est serait de devenir le Tout lui-même, ce qui est impossible en vivant dans le corps physique. Mais plus nous nous élevons sur l'échelle de la vie, en remontant dans nos Chakras et sur l'Arbre de Vie, plus nous reconnaissons l'irréalité de l'Univers. Plus nous nous rapprochons de l'esprit du Créateur, plus nous voyons cet Univers comme une simple illusion du cerveau. Ce n'est que lorsque nous sommes absorbés par le Tout que la vision du monde matériel disparaît.

Toutes les choses contenues dans l'Esprit Infini du Tout sont réelles à un degré qui n'a d'égal que la réalité concernant la vraie nature du Tout. Sachant cela, laissez toutes vos peurs s'évanouir et comprenez l'Égo pour ce qu'il est - juste votre création mentale, qui est construite et conditionnée par les événements passés au fil du temps. Réjouissez-vous d'être en vie, car vous êtes fermement maintenu dans l'Esprit Infini du Tout. En tant que tel, il n'existe aucune puissance extérieure au Tout qui puisse vous affecter.

"Calme et paisible nous dormirons, bercés dans le Berceau des Profondeurs." - *"Le Kybalion"*

Le calme et la sérénité sont présents lorsque vous comprenez la philosophie du *Kybalion*. La compréhension des vérités concernant notre existence engendre la paix intérieure. C'est la véritable cause de la paix intérieure - la réalisation de l'Esprit à l'intérieur de vous.

LE TOUT EN UN

"S'il est vrai que Tout est dans LE TOUT, il est également vrai que LE TOUT est dans Tout. Celui qui comprend parfaitement cette vérité possède déjà un grand savoir." - "Le Kybalion"

L'axiome ci-dessus donne la plus haute vérité, la pierre angulaire de toute religion, philosophie et science. Il donne la relation exacte entre le Tout et sa création mentale, l'Univers. L'enseignement hermétique est que le Tout (Esprit) est inhérent à tout ce qu'il a créé. Pour nous, humains, il s'agit de tout ce que l'œil peut voir, l'oreille peut entendre, le nez peut sentir, la langue peut goûter et le corps peut toucher. Cela inclut les innombrables Galaxies de l'Univers et notre propre Système Solaire dans la Galaxie de la Voie lactée.

Pour comprendre comment le Tout crée, examinons comment nous, les humains, créons, et grace au Principe de correspondance, nous comprendrons mieux le Tout. Pour commencer l'exercice, utilisez votre imagination pour vous faire une image mentale d'une personne, n'importe laquelle, et donnez-lui mentalement une forme, en la manifestant dans votre esprit. Vous voyez que cette personne a maintenant une réalité dans votre esprit, mais c'est aussi votre Esprit, votre énergie, qui imprègne votre création mentale. La vie que vous avez donnée à l'image découle de votre esprit. Quelles que soient les images que vous formez, elles représentent votre pouvoir Spirituel et mental en tant que Créateur de ces images.

Bien que nous puissions postuler que l'image pensée est synonyme du Créateur qui lui a donné vie, l'image n'est pas identique au Créateur. L'Esprit du Créateur est inhérent à l'image mentale, pourtant l'image n'est pas l'Esprit dans son ensemble mais le contient dans son essence. De la même manière, nous ne sommes pas le Tout ou Dieu, mais le Tout est en nous en tant qu'énergie de l'Esprit.

Lorsque les humains réaliseront l'existence de l'Esprit en eux, immanent à leur Être, ils s'élèveront sur l'échelle Spirituelle de la vie. Et le plus beau, c'est que nous pouvons arriver à cette réalisation à tout moment, ce qui nous changera à jamais. La conscience n'est pas seulement le corps. Le corps physique a en lui un corps-double, constitué de l'énergie de l'Esprit, qui occupe le même Espace/Temps. Elle est présente en vous en ce moment même, et c'est elle qui vous anime et vous donne la vie, de la même manière que vous pouvez imaginer une personne dans votre esprit et lui donner la vie.

Cette prise de conscience peut donner lieu à une expérience Spirituelle très profonde. La reconnaissance de l'Esprit en moi, il y a dix-sept ans, a fait de moi le bénéficiaire d'un éveil complet et permanent de la Kundalini. Il est vrai que d'autres facteurs étaient également présents pour induire cette expérience des plus recherchées. Mais le fait de réaliser que l'Esprit est présent en moi a été le catalyseur indispensable pour ouvrir mon esprit et mon cœur à la puissance de tous les Principes de Création *du Kybalion.*

Par une volonté interne de création, le Tout a créé l'Univers. Il a projeté mentalement son aspect d'Être vers son aspect de Devenir. Son Principe masculin, sa volonté, a été projeté dans son Principe féminin, son imagination, pour penser l'existence de l'Univers. Cet acte a déclenché le cycle de la Création. Gardez à l'esprit que la volonté et l'imagination de Dieu sont les mêmes que les vôtres, bien que leur degré soit très différent. Le Principe du genre mental, cependant, est présent dans tous les aspects de la Création.

Une fois qu'il a imaginé l'existence de l'Univers, le Tout s'est tenu à l'écart de sa Création et a assisté à l'abaissement de la vibration alors que l'Esprit pur se manifestait en Matière dense. Après la création de la Matière, le Tout est sorti de l'attention ou de la méditation (le processus d'observation) et a commencé le chemin de l'évolution Spirituelle, le processus de "retour à la maison". Le processus de création de l'Univers est appelé "Involution", parfois aussi appelé "déversement de l'énergie Divine", tout comme le stade d'évolution est appelé "Evolution" ou "soutirage de l'énergie Divine". Scientifiquement, le moment où l'Univers a été pensé en existence est appelé le Big Bang. C'est le moment où tout ce qui se trouve dans l'Univers manifesté a explosé pour devenir une singularité, une Unité.

Les Principes de Rythme et de polarité sont manifestes dans le processus de Création. Une fois la Matière créée (une extrémité de l'extrême), le pendule du Rythme a commencé à se balancer dans la direction opposée, vers l'autre extrémité de l'extrême - l'Esprit. Ce processus a donné naissance au Désir Divin, l'élan pour être réuni avec la Source (l'Esprit).

Le processus d'évolution, le retour à l'énergie de l'Esprit, implique l'élévation des vibrations ; le Principe de Vibration est donc utilisé. L'utilisation de la volonté par l'application de l'Élément Feu élève la vibration. Il existe un lien entre l'Élément Feu et la Source elle-même - le Feu sacré est une manifestation directe de l'énergie de l'Esprit. Le Principe de Cause à effet est également présent dans le processus de création, puisque l'évolution Spirituelle est l'effet immédiat de la cause, qui est la création initiale de l'Univers lui-même.

Vous pouvez voir comment tous les Principes Hermétiques sont présents dans le processus créatif. Si nous appliquons le Principe de Correspondance, nous voyons que ces mêmes Principes s'appliquent à notre processus créatif de la même manière. Pour cette raison, la Philosophie Hermétique est une science plus que toute autre chose. En apprenant sur l'Univers, nous apprenons sur nous-mêmes, et vice versa.

Si vous prenez n'importe quel objet du Monde de la Matière, que vous augmentez sa vibration et que vous continuez à l'augmenter, il sera réabsorbé dans l'Esprit d'où il vient. Des expériences scientifiques ont été réalisées et documentées avec cette idée en tête. Des scientifiques ont augmenté la vibration d'objets à l'aide d'appareils technologiques jusqu'à ce qu'ils voient ces objets disparaître sous leurs yeux. Une fois disparus, ils n'ont jamais été retrouvés, très probablement parce qu'ils ont été réunis à la Source-Esprit.

Notre but en tant qu'êtres humains est d'élever nos vibrations de la même manière, mais en utilisant notre esprit au lieu d'instruments technologiques. En utilisant les méthodes d'élévation des vibrations détaillées dans *The Magus*, vous pouvez élever votre conscience au-dessus du niveau de la Matière et du corps physique et évoluer Spirituellement. À l'avenir, lorsque l'humanité aura rattrapé son retard Spirituel à un niveau collectif, nous serons tous réabsorbés dans le Tout - notre maison.

Vous modifiez et restructurez votre ADN au niveau moléculaire en élevant vos vibrations. Il a été scientifiquement prouvé que l'ADN est directement affecté par la conscience et l'énergie. Les modalités de guérison Spirituelle telles que les exercices rituels et les autres techniques présentées dans ce livre élèvent votre vibration de conscience, optimisant ainsi votre ADN et éveillant votre potentiel latent.

L'éveil de la Kundalini est un processus par lequel vous élevez la vibration de votre conscience et vous vous élevez dans le système Chakrique, au-dessus des Quatre Éléments inférieurs, et dans l'Esprit - les trois Chakras les plus élevés. L'Esprit vibre à une intensité si élevée qu'il est pratiquement au repos. Mais cette vibration élevée est nécessaire pour élever la conscience individuelle et la faire réabsorber par la Conscience Cosmique.

L'éveil de la Kundalini est l'étape suivante de l'évolution de l'humanité, car il libère l'Âme du corps physique et permet de surmonter l'Égo. C'est là que réside la signification du concept Spirituel de "retour à la maison". Aucune méthode Spirituelle ne peut modifier et changer votre ADN plus rapidement qu'un éveil complet de la Kundalini, car c'est la plus grande de toutes les initiations et expériences Spirituelles.

Au début de la Création, les forces créatrices se sont manifestées de manière compacte et comme un tout. Cependant, dès le début de l'étape d'évolution ou d'aspiration, la Loi d'Individualisation existait. Tout ce qui a été créé est devenu des unités de force distinctes dont le but était de retourner à leur Source en tant qu'innombrables unités de vie hautement développées, s'étant élevées de plus en plus haut sur l'échelle de la vie à travers l'évolution physique, émotionnelle, mentale et Spirituelle.

La Loi d'Individualisation est le processus par lequel chaque Être vivant dans l'Univers a reçu une étincelle de conscience individuelle et un corps physique comme véhicule. Je fais ici référence aux Êtres organiques, bien qu'il existe également des Êtres qui n'ont pas de corps physique mais qui existent dans les différents Plans Cosmiques de l'Univers. Le but de la vie pour tout Être vivant (qu'il soit physique ou non) est de se réunir à nouveau avec l'Esprit-Source et d'être réabsorbé en son sein. Le désir Divin de cet objectif final est présent dans tous les êtres vivants. En fait, c'est l'impulsion principale derrière toutes nos actions. Nous sommes tous personnellement responsables de l'achèvement du Grand Œuvre qui a commencé lorsque le Tout a manifesté l'Univers en existence.

L'ensemble de ce processus d'évolution Spirituelle occupe des éons et des éons du temps de l'humanité, chaque éon contenant d'innombrables millions d'années. Les Illuminés, ou Maîtres, Adeptes et Sages éclairés, nous informent que l'ensemble du processus de Création, y compris l'évolution Spirituelle de l'Univers, n'est rien d'autre que le "clin d'œil" du Tout. Le Tout est, après tout, au-delà du Temps et de l'Espace. Notre propre expérience de la vie n'est qu'une manifestation de ses Principes divins. Nous ne pouvons même pas imaginer ce que signifie être le Tout, mais nous devons nous humilier pour avoir ne serait-ce qu'un aperçu de sa puissance Divine.

Si nous utilisons le Principe de Correspondance, nous pouvons comprendre comment notre Evolution Spirituelle est la seule chose qui compte pour nous ici sur la Planète Terre. Ce fait expliquerait pourquoi, depuis des milliers d'années, les personnes Spirituelles et religieuses ont consacré toute leur vie à l'avancement, à l'évolution et à la progression Spirituels. C'est presque comme si nous activions ce Principe de "retour à la maison" lorsque nous réalisons que l'Esprit habite en nous. Il semble naturel de vouloir consacrer toute notre énergie à faire avancer ce processus. Nous nous libérons des chaînes de l'Égo et commençons notre voyage ascendant vers la maison, vers l'Esprit. Cette méthode d'évolution humaine correspond aux Principes Hermétiques et aux croyances concernant le Tout, sa nature, sa naissance et le processus de retour à la maison.

Tout ce qui est autre que la progression Spirituelle semble presque une perte de temps. Demandez-vous combien de personnes que vous connaissez suivent cette logique. Combien quittent la société et la vie mondaine et se rendent dans des temples et des églises pour prier, méditer et vivre en isolement, consacrant leur vie uniquement à Dieu/Tout/Esprit? Et ceux qui le font trouvent un but à leur vie, qui est souvent le seul but réel qui ait jamais compté pour eux.

Les Illuminés rapportent que l'esprit de chaque Âme n'est pas annihilé une fois que ce processus d'évolution est terminé, mais qu'il s'étend à l'infini - le créé et le Créateur fusionnent pour ne faire qu'Un. Pendant des siècles, les Hermétistes ont cherché à expliquer pourquoi le Tout faisait cela: créer des Univers pour ensuite commencer à les retirer en lui-même. Pourtant, il n'y a jamais eu de réponse plausible à cette question. À proprement parler, il ne peut y avoir aucune raison pour que le Tout agisse, car une raison implique une cause, et le Tout est au-dessus des causes et des effets.

Permettez-moi de m'étendre davantage sur l'idée d'Univers multiples, en dehors de l'Univers physique de Matière auquel nous participons. Il existe actuellement de nombreuses théories sur des Univers parallèles, occupant le même Espace/Temps et existant à des fréquences vibratoires différentes dans d'autres dimensions. Cependant, il n'existe aucune preuve réelle de ce fait; ce n'est qu'une théorie. Néanmoins, il n'est pas difficile de croire que c'est vrai, qu'il existe d'innombrables Univers et que nous vivons dans ce que l'on appelle communément un *Multivers*. Après tout, le Tout est d'une puissance illimitée et peut accomplir une telle chose. Quoi qu'il en soit, les Hermétistes croient que les Principes de la Création sont présents dans tout ce qui est manifesté, ce qui inclut également les Univers multiples et parallèles.

***

Chaque être humain est un guerrier Spirituel en formation. Votre mission et votre unique but dans la vie sont de devenir un émissaire de Dieu/Tout. Votre esprit est la fosse, et la Lumière brille dans votre cœur. Cependant, pour sortir de l'obscurité, vous devez affronter vos peurs et atteindre l'autre côté. Vous devez finalement retourner chez vous.

Cependant, une fois que vous avez traversé l'Abîme, vous devez d'abord descendre aux Enfers avant de devenir un Roi ou une Reine au Ciel. Telle est la Loi. Après sa crucifixion, Jésus-Christ a passé trois jours dans la tombe, le puits des ténèbres, symbole de sa descente aux Enfers, où il devait obtenir la domination sur cette région avant de ressusciter dans la Lumière. Ce mythos se reflète dans l'histoire d'Osiris d'Égypte et d'autres dieux de la vie-mort-naissance tels que Tammuz et Dionysos.

Maintenant, c'est à vous de faire ce voyage en héros. Vos épreuves et tribulations existent pour vous préparer aux fruits du Ciel qui viennent ensuite. Par conséquent, appliquez les Principes Hermétiques dans votre vie et avancez sur le chemin de votre évolution Spirituelle. Embrassez votre destin !

PARTIE VI: L' ALCHIMIE HERMÉTIQUE

LA TABLETTE D'ÉMERAUDE

La Tablette d'Émeraude, également connue sous le nom de "Tabula Smaragdina", serait une tablette d'émeraude ou de pierre verte sur laquelle seraient inscrits les secrets de l'Univers, à savoir le processus de la Création. Elle fait partie de l'*Hermetica,* qui contient également le *Corpus Hermeticum* (connu sous le nom de *Divine Pymandre* dans les traductions antérieures de cet ouvrage). *La Tablette d'Émeraude* est un autre grand Pilier de la Philosophie Hermétique, et les trois textes sont censés avoir été écrits par nul autre qu'Hermès Trismégiste.

La Tablette d'Émeraude est généralement considérée comme la base de la philosophie et de la pratique Alchimiques Occidentales, car elle est réputée contenir le secret de la Prima Materia et de sa transmutation. En Alchimie, la Prima Materia est connue sous le nom de "Première Matière", de Principe Divin et d'Absolu. C'est la source d'énergie d'où tout vient - l'Esprit. Elle est également connue sous le nom d'"Anima Mundi", l'Âme du monde, la seule force vitale de l'Univers.

De nombreuses légendes entourent *la Tablette d'Émeraude* comme il existe de nombreux mythes sur Hermès lui-même. Une légende raconte que la Tablette d'Émeraude a été trouvée dans une tombe creusée sous la statue d'Hermès à Tyane, serrée par le cadavre d'Hermès Trismégiste. Une autre histoire raconte que Sarah, la femme d'Abraham, l'a découverte. Une troisième légende dit qu'Alexandre le Grand l'a trouvée, tandis qu'une autre encore dit que c'était Apollonius de Tyane.

Quel que soit le récit exact, nous ne le saurons peut-être jamais. Quoi qu'il en soit, une chose est claire : le contenu de la *Tablette d'Émeraude* contient une perle de la sagesse Antique qui peut aider à libérer le lecteur des liens de l'existence matérielle et à le transformer Spirituellement. Des grands noms comme Isaac Newton, Madame Blavatsky, Fulcanelli, Jabir ibn Hayyan et d'autres ont essayé de traduire le contenu de la *Tablette d'Émeraude,* car ils ont constaté qu'elle seule pouvait illuminer l'esprit comme aucune autre philosophie.

Le contenu de la *Tablette d'Émeraude* est présenté ici, suivi d'une analyse de chaque phrase (ou segment). L'intention est de mettre en Lumière la sagesse que cette tablette cryptique tente de transmettre. Vous constaterez que les connaissances contenues dans la Tablette d'*Émeraude* sont intimement liées au *Kybalion,* ainsi qu'à la Qabale Hermétique, car ces trois branches constituent la base des enseignements Hermétiques et sont les principaux sujets d'étude du *Magus*.

"Il est vrai, sans mensonge, certain, et très véritable: Ce qui est en Haut est comme ce qui est en Bas, et ce qui est en Bas est comme ce qui est en Haut, pour faire les miracles d'une seule Chose.
Et comme toutes les choses ont été, et sont venues d'UN, par la mediation d'UN: ainsi toutes choses on été nées de cette chose Unique, par adaptation.
Le Soleil en est le Père, la Lune est sa Mère, le Vent l'a porté dans son ventre, la Terre est sa nourrice.
Le Père de tout le Télesme de tout le monde est ici. Sa force ou puissance est entière, si elle convertie en Terre.
Tu sépareras la Terre du Feu, le subtil de l'épais délicatement, avec grande ingéniosité.
Il monte de la Terre au Ciel, et derechef il descend en Terre, et il reçoit la force des choses supérieures et inférieures. Tu auras par ce moyen la gloire du monde entier; et pour cela toute obscurité s'enfuira de toi.
C'est la force forte de toute force: car elle vaincra toute chose subtile, et pénétrera toute chose solide. Ainsi le monde a été créé. De ceci seront et sortiront d'admirables adaptations, desquelles le moyen en est ici.
C'est pourquoi j'ai été appelé Hermès Trismégiste, ayant les trois parties de la philosophie du monde entier. Ce que j'ai dit de l'opération du Soleil est accompli, et parchevé." - "La Tablette d'Emeraude"

ANALYSE DE *LA TABLETTE D'ÉMERAUDE*

La Tablette d'Émeraude détient les clés de la compréhension du processus de Création, mais son langage est voilé d'allégories et de métaphores. Chaque phrase de la *Table d'Émeraude* a de nombreuses significations cachées que je vais maintenant analyser de manière linéaire, en abordant une phrase (ou un segment) après l'autre, mais avec une unité sous-jacente dans ce que signifient les idées présentées.

"Il est vrai, sans mensonge, certain, et très véritable: Ce qui est en Haut est comme ce qui est en Bas, et ce qui est en Bas est comme ce qui est en Haut, pour faire les miracles d'une seule Chose." - "La Tablette d'Emeraude"

Dans toutes les religions et philosophies Spirituelles, il existe un concept de Réalité Intérieure et de Réalité Extérieure. La Réalité Extérieure est simple: c'est le Monde Physique dans lequel nous vivons, nous nous déplaçons et nous avons notre Être. Nous la voyons chaque fois que nous ouvrons les yeux, notre corps matériel étant un témoignage de cette réalité. La Réalité Intérieure, en revanche, est une chose sur laquelle nous pouvons tous nous accorder dès lors que nous décidons de faire un peu d'introspection. Nous pensons et ressentons, nous avons des capacités d'imagination, nous nous souvenons, nous sommes inspirés, nous avons des désirs, nous rationalisons et nous voulons que notre corps agisse. Ce ne sont là que quelques exemples de manifestations de la Réalité Intérieure, mais il en existe bien d'autres.

Nous comprenons que pour faire quelque chose d'aussi simple que marcher, nous avons besoin d'une combinaison de fonctions intérieures et qu'elles doivent travailler à l'unisson. Il doit y avoir une pensée ou une intention sous-jacente avant que quelque chose ne se produise dans cette Réalité Extérieure. En d'autres termes, nous devons d'abord penser ou vouloir que quelque chose existe dans la Réalité Intérieure, ce qui se manifeste invariablement dans la Réalité Extérieure sous la forme d'une action.

Le concept du "Haut" et du "Bas" travaillant à l'unisson pour accomplir les "miracles de la Chose Unique" devient plus évident lorsque nous l'examinons plus en détail. Deux réalités travaillent ensemble pour créer la Réalité Unique, et cette Réalité Unique est l'Univers Extérieur dans lequel nous vivons. Vous savez que vous êtes vivant et conscient parce que vous êtes en train de lire ces mots. Et vous utilisez votre Réalité Intérieure pour le faire, ce qui se manifestera par un changement ou une altération de la Réalité Extérieure une fois que vous aurez réalisé et compris les nombreux concepts et idées abordés dans ce livre.

Hermès dit que les deux réalités sont semblables l'une à l'autre, ce qui signifie qu'il y a une correspondance dans leur qualité et leur type. Il existe une Réalité Intérieure de la pensée, qui est au cœur de l'imagination, de la mémoire, de la volonté et d'autres facultés intérieures. Si nous faisons l'expérience de cette Réalité Intérieure par le biais de nos pensées, cela signifie qu'il existe également une composante pensée de la Réalité Extérieure, puisqu'elles sont "semblables" l'une à l'autre. Il doit exister un moyen d'expérimenter cette Réalité Unique qui rend les Réalités Intérieure et Extérieure réelles. Et il existe - c'est l'esprit.

L'esprit interprète la Réalité Extérieure et Intérieure comme étant réelle. Mais si le Monde Intérieur des pensées est réel et que nous utilisons l'esprit pour en faire l'expérience, cela signifie également que le Monde Extérieur doit également avoir une composante pensée, puisque l'esprit est la faculté avec laquelle nous interprétons et expérimentons les pensées.

Et ceci nous amène à un concept essentiel de la Philosophie Hermétique, qui est énoncé dans le *Kybalion* comme suit : "Le Tout est esprit, l'Univers est Mental". S'il en est ainsi, alors la réalité que nous appelons "Matière" a une composante "pensée" qui est intangible et éthérique, que les Anciens appelaient le Monde Astral. Il s'agit d'une composante d'énergie pure, d'un plan exact et d'un double de cette réalité que nous appelons "Matière" - et nous en faisons l'expérience par le biais du mental comme étant réelle.

Dans la Qabalah, le plan du Monde de la Matière est représenté par la Séphirah Yesod. Elle contient le duplicata Astral, une réplique de toutes les formes existantes, faite d'une substance ténue qui occupe le même Espace/Temps. C'est le fondement sur lequel toutes les formes sont construites. Elle est directement associée à Binah, la Mer de la Conscience et l'origine de la Forme, le Grand Concept Féminin de l'Univers.

La partie supérieure comprend alors toutes les Sephiroth entre Binah et Yesod, qui contiennent les diverses fonctions intérieures qui opèrent à travers l'esprit et s'expriment par les pensées. Elles constituent notre Réalité Intérieure et se cristallisent dans Yesod, qui est le fondement Astral, ou "pensée", de toute la Matière.

Pour ajouter au processus de manifestation, toutes les Séphiroth entre Binah et Malkuth sont projetées à partir de Chokmah, la Force - le Grand Principe Masculin de l'Univers. Au-delà de Chokmah, nous avons la première Séphirah Kether, l'Esprit, la Source d'où tout provient, à des degrés et des états de conscience divers.

Les yeux physiques ne peuvent pas voir ce double Astral fait d'énergie de pensée car il n'est vu qu'à travers l'esprit, le lien entre l'Esprit et la Matière. Le cerveau fait l'expérience du double Astral par l'intuition, perçue par le Chakra de l'Oeil de l'Esprit. L'intuition appartient à la Séphirah Binah et constitue le plus haut niveau de perception de l'humanité, car elle lit directement les empreintes énergétiques. Cette énergie filtre vers le bas dans les autres Séphiroth en dessous de Binah, activant nos autres fonctions intérieures. C'est ainsi que notre réalité intérieure se manifeste.

Par conséquent, le Monde Astral (Yesod) est le dessus et le Monde de la Matière (Malkuth) est le dessous. Ensemble, ils accomplissent les miracles de la Chose Unique. Qu'est-ce que la Chose Unique? La phrase suivante de la *Table d'Émeraude* nous donne des indices supplémentaires.

"Et comme toutes les choses ont été, et sont venues d'UN, par la médiation d'UN: ainsi toutes choses on été nées de cette Chose Unique, par adaptation." - "La Tablette d'Emeraude"

Un est le premier nombre, le nombre qui précède tous les autres nombres, et le nombre qui contient tous les autres nombres en lui-même. Dans les religions monothéistes, il y a la notion essentielle de Dieu Unique, et même dans les religions polythéistes, les nombreux dieux ne sont censés représenter que des aspects ou des pouvoirs du Dieu Unique. L'Un, par conséquent, est la Source ainsi que le Créateur lui-même. C'est de l'Unique que proviennent les multiples.

Le Dieu Unique, la source de toute la Création, est l'Esprit. L'Esprit est la Quintessence, la substance dans laquelle tous les autres Éléments trouvent leur existence. C'est la conception la plus élevée de Dieu pour l'humanité, car il est la Source de tout ce qui existe dans le monde. La Chose Unique est donc l'Esprit - ils représentent la même chose. L'Esprit est la Lumière Blanche, la Sphère de Kether dans la Qabalah. Ainsi, de l'Esprit procèdent toutes les autres choses.

Selon la *Table d'Émeraude*, toutes les choses sont issues de la Chose Unique, de l'Esprit. Comme nous l'avons déjà mentionné, l'Esprit est le Principe animateur de toutes les choses qui existent. Par la médiation de l'Esprit, tout ce qui est amené à l'existence s'adapte à la Réalité Extérieure. Ce sont les Sephiroth manifestées entre l'Esprit et la Matière, Kether et Malkuth, qui forment notre Réalité Intérieure et nos facultés ou fonctions cognitives internes. Le Monde Intérieur s'adapte au Monde Extérieur de la Matière.

L'esprit fait l'expérience des Réalités Intérieure et Extérieure comme étant réelles et comme étant Une. Nous vivons tous dans cette réalité de l'Esprit (la Lumière Blanche) en ce moment même dans une autre dimension de l'Espace/Temps, mais parce que nous faisons l'expérience de la réalité à travers notre esprit, nous croyons que l'Univers Extérieur de la Matière est également réel. Nous nous sommes adaptés à cette réalité matérielle au moment où, bébés, nous avons ouvert les yeux et vu le monde pour la première fois.

Cependant, depuis que le cerveau physique traite l'information, de nombreuses personnes sont limitées dans leur compréhension de la réalité dans son ensemble, pensant que le monde matériel est la seule chose qui soit réelle. C'est pourquoi il y a plus d'athées que jamais dans le monde. Le progrès scientifique nous a fait énormément progresser dans de nombreux domaines, mais il nous a collectivement éloignés de notre connexion inhérente à la réalité Spirituelle.

Comme la Lumière Blanche existe ici et maintenant, les personnes ayant vécu une expérience de mort imminente disent l'avoir vue et même s'être unies à elle pour le moment. Elles disent avoir traversé un tunnel pour faire l'expérience de la Lumière Blanche, ce qui correspond au portail ou tunnel de l'Oeil de l'Esprit, largement mentionné par diverses traditions Spirituelles Anciennes. Ce tunnel circulaire dont nous faisons l'expérience les yeux fermés nous relie au Chakra Sahasrara, situé sur la Couronne, qui est la source de la Lumière Blanche dans notre système Chakrique. Vous voyez donc maintenant comment il existe ici et maintenant des réalités parallèles qui s'interpénètrent et qui travaillent ensemble pour accomplir le travail ("les miracles") de la Chose Unique - l'Esprit.

L'Esprit agit également comme un médiateur entre le Haut et le Bas. Le mot "médiation" est défini comme "agissant entre deux ou plusieurs parties de manière à réaliser un accord ou une réconciliation". Il implique un processus de négociation dans une relation pour résoudre les différences. Ainsi, l'Esprit agit comme le Créateur et le médiateur, permettant au Haut et au Bas de coexister en harmonie.

Ce qu'il est intéressant de noter ici, c'est que l'Esprit est omniprésent dans toutes nos vies quotidiennes, car c'est sa présence même qui rend cet Univers possible. Notre conscience participe à la fois de l'Esprit et de la Matière et de tout ce qui se trouve entre les deux. Par notre esprit, nous nous adaptons à cet Univers complexe et à ses modes de fonctionnement.

"Le Soleil en est le Père, la Lune est sa Mère, le Vent l'a porté dans son ventre, la Terre est sa nourrice." - "La Tablette d'Émeraude"

Le Soleil est le distributeur visible de Lumière dans notre Système Solaire. L'Hermétisme ne couvre que notre propre Système Solaire, et non l'Univers dans son ensemble, car nous ne savons pas grand-chose de ce qui se trouve en dehors de notre Système Solaire. Nous savons qu'il existe des trillions d'autres Systèmes Solaires dans l'Univers visible, au sein des milliards de Galaxies qui existent dans l'Espace. Comme le Soleil est le distributeur de Lumière, il est également la source de chaleur pour tous les êtres vivants. Sans notre Soleil, il n'y aurait pas de vie. C'est aussi simple que cela.

Le Soleil est le dispensateur de la Lumière et un moyen de sa transmission. La Lumière est un Feu (le Principe masculin), et le Soleil sert de canal pour sa dispensation dans notre Système Solaire. Pour cette raison, on l'appelle le Père - l'Âme de tous les êtres vivants. Il est le Principe d'animation de toutes les Planètes de notre Système Solaire et de toute la vie sur Terre. En tant que Principe d'animation, il correspond à l'Esprit, la Lumière Blanche, bien qu'il ne soit pas l'Esprit dans sa totalité. Cependant, la Lumière du Soleil est la plus haute manifestation visible du Créateur dans le monde physique. Le Soleil est la force vitale (Prana, chi, mana, Ruach) qui soutient notre conscience et notre corps physique.

La Lune est le réflecteur visible de la Lumière du Soleil. Sans la Lune, nous serions dans l'obscurité la plus totale la nuit. Par conséquent, la Lune est essentielle au maintien de la vie nocturne, car elle nous permet de nous orienter lorsque la Lumière du Soleil ne nous est pas directement accessible. Puisque la Lumière du Soleil est responsable de notre existence (puisqu'elle est notre Principe d'animation), en appliquant le Principe de correspondance, la Lune agit exactement comme le Soleil, mais à un niveau inférieur. La Lumière de la Lune anime nos pensées de la même manière que la Lumière du Soleil donne de la vitalité et de l'énergie vitale à notre conscience et à notre corps physique.

Si nous appliquons le Principe *du Kybalion* "Tout est esprit, l'Univers est Mental", alors nous vivons dans le Rêve de Dieu, et notre existence physique est réelle pour nous, mais pour Dieu (notre Créateur), nous ne sommes qu'une pensée dans son esprit infini. Cette pensée, cependant, se manifeste par la Lumière du Soleil. Et comme la Lune reflète la Lumière du Soleil, son reflet alimente nos pensées dans notre réalité intérieure. En fait, la Lumière de la Lune est responsable du maintien de l'ensemble de notre Réalité Intérieure.

Dans la Qabalah, la Lune correspond à la Séphirah Yesod, le Plan Astral de toute existence. À l'inverse, le Soleil correspond à la Séphirah Tiphareth, la Séphirah du milieu de l'Arbre de Vie. Il agit comme le moyen de transmission des énergies entre toutes les autres Sephiroth, car il est connecté à chacune d'entre elles (à l'exception de Malkuth, la Terre).

Tiphareth a un lien direct avec Kether, la Lumière Blanche. C'est la seule Séphire en dessous des Supernaux qui a un lien direct avec Kether. Dans la Qabalah, Kether est le Père, tandis que Tiphareth est le Fils. C'est pourquoi la Lumière Blanche passe par le Soleil pour nous donner la Lumière visible dans notre Système Solaire. Dans la *Tablette d'Émeraude*, le Soleil joue le rôle du Père car il porte la semence (Force) qui manifeste la réalité physique (Forme).

La Lune régit également toutes les masses d'eau sur la Terre, y compris l'eau de notre corps physique. Comme nous l'avons mentionné, notre corps est composé à 60 % d'eau. Cette eau reflète nos pensées et nos émotions, car ces énergies sont contenues en elle. Les émotions sont passives et involontaires (la nature de l'Élément

Eau), tandis que la volonté est active et volontaire (la qualité de l'Élément Feu). La Lune est donc la partie féminine et réceptive du Soi, tandis que le Soleil est la partie masculine et active. Ensemble, ils sont les composantes "Moi" et "Je" dont il est question dans *Le Kybalion - la conscience* et l'Âme. C'est pourquoi la *Table d'Émeraude* dit que le Soleil et la Lune (le Père et la Mère) travaillent ensemble pour accomplir le miracle de la vie.

Quel rôle joue le vent, et pourquoi la *Tablette d'Émeraude* dit-elle que la Création est portée dans le "ventre" du vent? En termes simples, le vent est l'Élément Air, le Soleil est l'Élément Feu et la Lune est l'Élément Eau. L'Air est une autre manifestation de l'Esprit puisque c'est le souffle qui entretient toute vie sur Terre. La vie est impossible sans air et sans souffle, car tous les êtres vivants sur Terre ont besoin de respirer pour survivre. Nous pouvons survivre sans nourriture ni eau pendant un certain temps, mais quelques minutes ou plus sans respirer nous tueront.

Le vent est donc l'air que nous respirons, et il est contenu dans l'atmosphère de la Terre. L'air est un gaz qui contient de l'oxygène et de l'azote. L'air est présent partout dans l'atmosphère Terrestre, y compris dans le sol et l'eau. Dès que nous sortons de l'atmosphère terrestre, il n'y a plus d'air respirable et, par conséquent, plus de vie. Le ventre, qui est mentionné dans la *Tablette d'Émeraude*, est donc l'air contenu dans l'atmosphère Terrestre. Il soutient toute la vie sur Terre.

L'Air est une autre manifestation de l'Esprit (la Grande Lumière Blanche), bien qu'il s'agisse d'une substance invisible, contrairement à la Lumière du Soleil. L'Air est une forme d'Esprit encore plus élevée que le Feu; par exemple, le Chakra de l'Air (Anahata) est au-dessus du Chakra du Feu (Manipura) dans le système Chakrique. Comme les Éléments Air et Feu sont tous deux une manifestation de l'Esprit, il serait erroné de dire qu'ils constituent l'Esprit dans sa totalité. L'Esprit est l'essence sous-jacente de tout ce qui est. Il est inconnaissable, inamovible et omniprésent. Il existe sur une fréquence vibratoire plus élevée que celle de l'Air et du Feu, qui sont ses dérivés.

L'Élément Eau est également issu de l'Esprit. La manifestation physique de l'eau est la molécule H2O, contenant en son sein de l'oxygène (le composant primaire de l'air) et de l'hydrogène, une molécule hautement volatile et puissante. Les trois Éléments que sont l'Eau, l'Air et le Feu sont reliés à la source (l'Esprit), mais ils sont tous à un niveau de manifestation inférieur à celui de la Lumière Blanche.

La Terre est donc l'infirmière de la Création, et elle l'est en raison du lien qui unit tous les êtres vivants à la Planète Terre. Lorsque nous pensons à l'idée d'une infirmière, nous pensons à la guérison et aux soins. Dans le concept d'une mère qui allaite un enfant, elle soutient la vie de l'enfant avec le lait de ses seins. De même, la Terre est le support de toute vie physique. La nourriture de la Terre est le carburant du corps physique. Sans elle, nous mourrions. L'eau provient également de la Terre, sans laquelle nous mourrions également. Nous avons besoin de nourriture, d'eau et d'air pour maintenir tous les êtres vivants sur la Terre et la Terre est la nourrice puisqu'elle fournit les trois. Les arbres de la Terre nettoient l'air et libèrent de l'oxygène sous l'effet de l'énergie de la Lumière du Soleil.

Sur le plan énergétique également, tous les êtres vivants sont liés à la Terre par la force de gravité. L'être humain contient des lignes énergétiques qui le relient à la Terre, comme les racines d'un arbre. Ces lignes d'énergie nous relient à la Terre par le biais de notre Chakra le plus bas, Muladhara, attribué à l'Élément Terre. Notre conscience est inextricablement liée à la conscience de la Terre pour produire et maintenir la vie sur Terre. La Terre nourrit notre corps, l'entretient et le guérit lorsqu'il est malade.

"Le Père de tout le telesme de tout le monde ici. Sa force ou puissance est entière, si elle convertie en Terre." - "La Tablette d'Emeraude"

La Table d'Émeraude s'intéresse au processus de la Création, y compris la vie sur Terre et tout ce que l'humanité peut voir et percevoir avec ses sens. La Création est, en un sens, parfaite, puisqu'elle existe depuis le début des temps et existera jusqu'à la fin. Encore une fois, nous avons ici un concept du Père, mais pas le Père comme le Soleil dans notre Système Solaire. Il s'agit du Père en tant que Créateur lui-même ou en tant que lui-même, puisque le Père, dans ce cas, est au-delà de la dualité.

Au niveau de la Matière physique, un père s'engendre ou se multiplie en créant une progéniture à partir de sa substance. De la même manière, le Créateur s'engendre en générant des Formes à partir de son essence, qui est l'énergie de l'Esprit. En tant que tel, le Père est le Créateur de toutes choses ainsi que leur Source. Sur l'Arbre de Vie, la Séphire Kether est la plus haute manifestation du Créateur. Elle se forme une fois que la Lumière illimitée de Ain Soph Aur s'est contractée en un point central par le processus de Tzim Tzum. L'essence de cette Lumière Blanche est contenue dans le Kether en tant qu'énergie purement créative.

En ce qui concerne la consommation, voici un concept essentiel à imprégner dans l'esprit - celui d'un Mariage Divin. Le mariage n'est pas complet sans un acte de relation sexuelle, car seule cette relation crée la consommation. L'idée que le Divin a des rapports sexuels avec lui-même est présente dans toutes les religions, philosophies et croyances. Sa manifestation à un niveau inférieur est l'acte sexuel, qui est le moyen pour toute la vie de se procréer. C'est l'idée que les deux deviennent Un dans l'acte d'expérience. Cette "consommation du monde entier" est le Principe du Père et de la Mère travaillant ensemble pour produire toute la Matière de l'Univers. Ce sont les Séphiroth Chokmah et Binah qui travaillent ensemble pour manifester l'Univers physique en tant qu'aspects créateurs de la Force et de la orme.

Une fois que les Principes Père et Mère ont engendré le Système Solaire, la Terre et tous les êtres vivants, le pouvoir de la somme totale de la quantité mesurée a été retenu au sein de la Création. Ce concept est abordé dans le *Kybalion* lorsqu'il est dit que l'Esprit est présent en tout puisqu'il est le Principe animateur de toutes choses. L'acte d'engendrer, ou l'acte sexuel, par le mariage des opposés, produit la somme totale des pouvoirs de tous les aspects et parties de la Création. Ainsi, l'Esprit et la Lumière Blanche sont contenus dans toutes les choses qui existent puisque tout est une émanation de l'Esprit et de la Lumière Blanche. La Terre possède donc toutes ces propriétés en son sein, dans une Réalité Intérieure invisible qui se déroule ici même, en ce moment même, alors que vous lisez ces mots.

"Tu sépareras la Terre du Feu, le subtil de l'épais délicatement, avec grande ingéniosité." - "La Tablette d'Émeraude"

Dans la phrase ci-dessus, Hermès fait référence au concept d'Alchimie, à savoir l'Alchimie Spirituelle. Rappelez-vous toujours que la Table d'Emeraude est la source de l'Alchimie et sa méthode de pratique, séparant le subtil du grossier, l'Élément Terre de l'Élément Feu. Le grossier contient le subtil, c'est-à-dire que la Terre contient l'Élément Feu. Par conséquent, grace à l'Alchimie Spirituelle, nous séparons un Élément d'un autre et, ce faisant, nous nous débarrassons de vieilles parties du Soi dont nous n'avons plus besoin. Ce processus d'évolution Spirituelle implique d'élever la vibration de la conscience au-dessus du niveau de la Matière Physique.

L'éveil de la Kundalini est un processus de séparation du Feu de la Terre, car c'est le Feu intérieur qui, lorsqu'il est libéré, brûle les aspects scabreux de la Terre et élève la conscience individuelle au-dessus du niveau du corps physique. L'Égo est maîtrisé dans ce processus et la Lumière intérieure de l'Âme est exaltée. En surmontant l'Égo et en exaltant l'âme, l'esprit peut descendre dans le soi. Ainsi, l'individu peut obtenir un lien avec son Soi Supérieur.

La notion de séparer le Feu de la Terre "délicatement" signifie le faire d'une manière sophistiquée et gracieuse, comme c'était le cas pour les Alchimistes. L'Alchimie Spirituelle, y compris le travail avec l'énergie des Éléments, est un processus très délicat. Il doit être entrepris avec grace et ingéniosité. Le mot même d'"ingéniosité" implique d'être habile et inventif, car l'Alchimie Spirituelle est réservée aux sages.

"Il monte de la Terre au Ciel, et derechef il descend en Terre, et il reçoit la force des choses supérieures et des inférieures. Tu auras par ce moyen la gloire du monde entier; et pour cela toute obscurité s'enfuira de toi." - "La Tablette d'Emeraude"

Il existe un processus continu d'ascension et de descente entre la Terre et le Ciel (la Matière et l'Esprit) qui se produit instantanément pour manifester la Création. Il se produit de façon constante et continue. Grace à ce processus, la puissance globale du Créateur est préservée. Tout ce qui se trouve entre la Terre et le Ciel est maintenu et intégré en lui-même.

Nous comprenons que tout, au niveau humain, nécessite un certain temps pour se manifester puisque, de notre point de vue, rien ne se passe en un instant. Le processus de la Création, cependant, puisque Dieu-le-Créateur l'exécute, est instantané. Il se manifeste sous la forme du Monde visible et Physique de la Matière dans lequel nous vivons. Le Créateur a mis en branle un processus continu de va-et-vient, de montée et de descente entre les deux pôles extrêmes de la manifestation (la Matière et l'Esprit) pour maintenir sa Création.

La philosophie *Summum* est basée sur le *Kybalion* mais interprétée dans le langage d'aujourd'hui. Ses pages contiennent le Grand Principe de la Création. Une brève mention de ce Principe est nécessaire pour mieux comprendre le processus de création. Ce Principe est lié à ce dont Hermès parle ici.

"Le RIEN et la POSSIBILITÉ entrent et sortent du lien une infinité de fois en un instant fini.... créant ainsi une série d'ÉVÉNEMENTS infinis. Ces ÉVÉNEMENTS infinis, maintenus dans l'instant fini de la singularité, se manifestent comme une énergie conceptualisée infinie qui est ensuite extériorisée par des projections phénoménales, inconcevables et en nombre illimité. Parmi ces innombrables projections, l'une d'entre elles a produit notre Univers par une expansion extrêmement rapide, ce que l'on a appelé le BIG BANG - un ÉVÉNEMENT. Par essence, il y a une infinité de "Big Bangs" créant une infinité d'Univers dont l'origine est un moment éternel et fini d'EVENEMENTS infinis, tous produits par le RIEN et la POSSIBILITE." - "Summum : Scellé sauf pour l'esprit ouvert"

L'Esprit, qui contient en lui toutes les possibilités de la réalité, se projette dans le vide de l'Espace, le pôle négatif de l'existence (No-Thing), pour manifester la Matière comme un événement dans le Temps et l'Espace. Il est sous-entendu que la Matière n'est qu'un événement, et que le Monde Physique n'existerait pas sans l'observateur objectif puisque les êtres vivants sont impliqués dans la Création.

Le lien entre l'infini et le moment fini génère toutes les formes de l'existence. L'infini est présent dans l'énergie de l'Esprit, car il est la plus haute expression du Créateur, qui n'est jamais né et ne mourra jamais. Le moment fini fait partie de la manifestation mentale du Créateur et, en tant que tel, il a un début et une fin inévitable. Cependant, l'énergie de l'Esprit fait partie de son expression, car elle est intégrée dans le processus créatif.

Il y a eu un moment initial où l'Univers a été créé par le processus de manifestation, appelé scientifiquement le Big Bang. Le Big Bang est bien compris par la Philosophie Hermétique si nous appliquons la nature mentale des Lois de l'Univers. Gardez à l'esprit que cela se produit du point de vue de la Conscience Cosmique, l'Esprit de Dieu, comme l'appelle *le Kybalion*. C'est notre Macrocosme.

Puisque les êtres vivants font partie de la Création, notre expérience de la conscience du monde qui nous entoure joue un rôle dans la manifestation de l'Univers. L'Univers pourrait ne pas exister du tout s'il n'y a pas d'êtres vivants en son sein pour en témoigner. Cette idée est liée à ce dont je parlerai ensuite dans le cadre du discours sur la *Tablette d'Émeraude*.

Pour expliquer comment le processus créatif fonctionne au niveau de l'expérience humaine, le Microcosme, nous devons appliquer le Principe Hermétique de la correspondance - Comme en Haut, Comme en Bas. Comme nous avons été créés à l'image de notre Créateur, cela signifie que notre réalité intérieure se manifeste de la même manière que la réalité extérieure, puisqu'elle fait partie intégrante de la Création dans son ensemble.

Comme l'être humain participe à la fois à l'Esprit et à la Matière, la conscience individuelle existe en tant que point localisé dans l'un des divers Plans Cosmiques d'être entre l'Esprit et la Matière. Nous sommes un point unique de conscience oscillant entre l'Esprit indifférencié et la Matière dense. Nous pouvons accéder instantanément à n'importe lequel des Plans Cosmiques intérieurs de l'Être. Tout dépend de ce à quoi nous pensons et de ce sur quoi nous portons notre attention. Et en observant l'Univers extérieur, nous le modifions par la même occasion.

Le Libre Arbitre individuel donne à chacun d'entre nous un contrôle total sur notre réalité et sur la façon dont nous vivons le monde qui nous entoure. À chaque instant, nous avons le choix de l'un des Plans Cosmiques intérieurs avec lequel notre conscience s'aligne. Le lien entre l'Esprit et la Matière produit l'Arbre de Vie Qabalistique comme les Plans Cosmiques et les différents états de conscience que les êtres humains peuvent expérimenter. Ce qui se manifeste à l'extérieur se manifeste à l'intérieur de l'être humain. Les Plans Cosmiques se manifestent à l'intérieur et à l'extérieur de nous. N'oubliez pas que chaque être humain est un mini-Système Solaire.

Si, au fil du temps, notre conscience est trop ancrée dans la matière et les Plans Cosmiques inférieurs, nous ne sommes pas en phase avec les plans supérieurs et la Lumière dans nos Âmes s'affaiblit. Le concept d'évolution Spirituelle implique d'élever la vibration de notre conscience afin de se rapprocher le plus possible de la fréquence de l'Esprit. Ce faisant, la vibration élevée de l'Esprit agit comme un diapason et induit notre conscience, modifiant notre ADN au passage. Le potentiel latent de notre ADN nous transforme en esprit, en corps et en Âme.

Grace à l'évolution Spirituelle, la Lumière dans nos Âmes est exaltée. Une fois que notre conscience vibre au niveau de l'Esprit, l'Égo perd son emprise sur nous. Cette expérience apporte une joie et un bonheur absolus dans nos vies. Notre vie a soudain un nouveau but, et nous pouvons accomplir des choses que nous n'aurions jamais pu faire auparavant.

Ainsi, les êtres humains sont personnellement responsables de l'élévation de la Matière jusqu'au niveau de l'Esprit. Le processus d'intégration au sein de l'Esprit met fin à la génération mentale de l'Univers par le Créateur. Il est théoriquement possible qu'une fois que cela se produit à grande échelle, l'Esprit retire toute sa Création. Les Âmes individuelles cesseraient d'exister telles qu'elles sont, mais se développeraient à l'infini, puisque la multitude deviendrait Une.

La "Gloire du Monde" est un concept mentionné pour la première fois dans la *Tablette d'Émeraude*, mais dont a souvent parlé Jésus-Christ, qui est venu après. En faisant référence à ce concept, Jésus parlait du sentiment d'extase que l'on ressent dans son cœur une fois que l'on a évolué Spirituellement. Il appelait le Royaume des Esprits le Royaume des Cieux (ou de Dieu) et disait que chaque être humain devenait un Roi ou une Reine de son Royaume après avoir été ressuscité Spirituellement et être né de nouveau. Bien entendu, cette seconde naissance est une métaphore pour désigner le fait d'atteindre un niveau élevé d'évolution Spirituelle et de devenir Illuminé.

Une fois que nous sommes éclairés et que notre conscience entre en résonance avec la vibration de l'énergie de l'Esprit, nous recevons les pouvoirs des Plans Cosmiques inférieurs et des Plans supérieurs. Nous Spiritualisons notre Égo et devenons des Co-Créateurs avec le Créateur. Notre conscience s'aligne sur les Lois Universelles.

La Création est un processus merveilleux destiné à conférer à l'individu des richesses Spirituelles, mais c'est à nous d'atteindre notre propre Royaume des Cieux. Une fois que nous aurons accompli cela, nous aurons trouvé la Gloire du Monde, et l'illusion de la Matière disparaîtra. Nous pouvons alors voir le monde pour ce qu'il est - un Pur Esprit.

"C'est la force forte de toute force: car elle vaincra toute chose subtile et pénètrera toute chose solide. Ainsi le monde a été créé. De ceci sortiront d'admirables adaptations, desquelles le moyen en est ici." - "La Tablette d'Emeraude"

Le Kybalion déclare : "Si Tout est dans le TOUT, alors il est également vrai que le TOUT est dans le Tout". Chaque chose tangible existant dans le Monde de la Matière et chaque chose subtile dans le Monde Astral a une contrepartie Spirituelle, un corps-double occupant le même Espace/Temps. Tout ce que nous voyons devant nous avec nos yeux physiques est dit être dans le Tout, l'Esprit vivant infini du Créateur, qui est le monde de l'Esprit.

Selon les enseignements Hermétiques, il est également valable que le Tout-Esprit est en Tout, ce qui signifie que le Monde de la Matière est imprégné d'énergie Spirituelle. Cette force puissante de toutes les forces (l'énergie de l'Esprit) est dans chaque chose vivante ou non vivante que nous voyons ou ne voyons pas puisqu'elle est le Principe d'animation qui a amené cette chose même à l'existence. Ainsi, l'Esprit est attaché à sa Création.

Tout ce qui a été créé dans le Monde de la Matière s'est adapté à ce monde et y est lié. Ce concept est particulièrement vrai pour les humains, mais il s'applique à tout ce qui est vivant ou non vivant. C'est par le biais d'événements survenus dans la Troisième Dimension de l'Espace/Temps que nous sommes devenus liés à ce Monde de la Matière lorsque la conscience au sein de toutes les choses s'est éveillée et a commencé à observer sa création.

La conscience s'apparente à la conscience, étant capable de voir dans sa Création. Toute conscience a besoin d'un véhicule qui lui permette de s'observer. Pour l'humanité, il s'agit du corps physique avec ses cinq sens : la vue, le son, l'odorat, le goût et le toucher. La conscience humaine utilise le sixième sens de l'intuition, qui lui permet de voir à travers l'Oeil de l'Esprit, pour percevoir les plans au-dessus du physique. Tout ce qui existe a une conscience individuelle, avec des points de vue différents qui constituent la Conscience Cosmique dans sa totalité. La conscience est le processus d'expérience de ces différentes réalités au sein de la Création. C'est l'"Événement" dont on parle dans *Summum* lorsqu'on évoque le lien infini entre le Rien et la Possibilité.

Grace aux événements et à l'expérience de la conscience, toutes les choses vivantes et non vivantes du Monde de la Matière se sont adaptées à cette réalité et y ont trouvé leur vie. C'est le processus même de la Création qui a manifesté la conscience en premier lieu.

Pourquoi le Créateur choisit-il de créer ? Cette question primordiale a laissé perplexes les esprits et les cœurs de tous les philosophes, spirites et religieux. Peut-être est-ce pour pouvoir faire son expérience en étant conscient. Le Créateur se manifeste comme un point de conscience individuel au sein de chaque être vivant pour faire l'expérience consciente de sa Création. Cela expliquerait pourquoi toutes les religions et les philosophies Spirituelles affirment qu'au fond de nous-mêmes, de notre fondement, nous sommes tous Dieu, le Créateur. Il n'y a pas de vérité plus élevée que celle-ci. A ceux qui ont des oreilles de compréhension - qu'ils entendent.

"C'est pourquoi je suis appelé Hermès Trismégiste, ayant les trois parties de la philosophie du monde entier. Ce que j'ai dit de l'opération du Soleil est accompli, et parchevé." - "La Tablette d'Emeraude"

Les trois parties de la "philosophie du monde entier" qu'Hermès mentionne dans ce segment sont l'Alchimie, l'Astrologie et la Théurgie. Hermès est considéré comme le père et l'initiateur de chacun de ces domaines. Certains disent qu'on l'appelait Trismégiste, ce qui signifie "Trois-Grand", parce qu'il était le plus grand philosophe, le plus grand prêtre et le plus grand Roi - sa royauté étant bien sûr celle du Ciel. Hermès a donné à l'humanité les clés avec lesquelles elle peut exalter sa nature Divine.

L'Alchimie sans la Théurgie est incomplète, tout comme elle l'est sans l'Astrologie. Il faut étudier les Étoiles car elles sont la Création même, en ce qui concerne le Monde de la Matière. L'Alchimie est la pratique réelle qui consiste à séparer le subtil du grossier, l'Esprit de la Matière et à exalter la conscience individuelle. Mais cela doit être fait avec la compréhension de l'Astrologie car l'esprit doit avoir une carte routière de la façon dont l'énergie fonctionne et nous influence. La Théurgie est la pratique d'exercices rituels, de nature Magique, pour invoquer ou évoquer l'énergie. Toutes trois traitent de l'énergie et de sa compréhension, de son invocation et de sa transformation pour élever la vibration de la conscience.

Pour résumer, Hermès parle de l'ensemble de la Création qui nous concerne en tant qu'êtres humains et l'appelle "l'Opération du Soleil". Il fait ici référence à notre Système Solaire, composé du Soleil et des Planètes qui gravitent autour de lui. Toutes les Planètes de notre Système Solaire font partie de cette Opération, et le Soleil est le Général ou celui qui est chargé de distribuer la Lumière à tout ce qui se trouve dans notre Système Solaire. Cette opération du Soleil est l'ensemble de l'Hermétisme. C'est l'ensemble de la vie des êtres humains vivant sur la Terre. Le Soleil est le Fils, la progéniture du Premier Père - le Mental du Monde de l'Esprit. Le Système Solaire tout entier est à l'intérieur du mental de Dieu en tant que sa Création.

En conclusion, la *Tablette d'Emeraude* est d'une grande importance pour la Philosophie Hermétique et l'évolution Spirituelle de toute l'humanité. La sagesse contenue dans son contenu est sans précédent car elle décrit le processus même de la Création. Cette connaissance va de pair avec le *Kybalion*, car tous deux font partie intégrante de la Philosophie Hermétique. Puisque cet ouvrage a pour but de vous donner les clés pour devenir un Mage (un Adepte des Mystères Occidentaux), il est essentiel de voir comment chaque sujet présenté jusqu'ici fait partie du tableau d'ensemble.

Une fois que vous avez reçu la connaissance des mystères de la Création, vous pouvez utiliser cette connaissance pour aider à poursuivre votre évolution Spirituelle.

Cette voie des mystères Occidentaux vise à tirer le meilleur parti de cette vie et à maximiser votre pouvoir personnel. Il s'agit d'accorder votre conscience avec ce qu'il y a de plus élevé en vous, l'Esprit, et de réaliser votre véritable nature. N'oubliez jamais que vous êtes Dieu, le Créateur, et que vous vivez la vie d'un humain, pour faire l'expérience consciente de votre Création. Voici le grand mystère du monde et la cause même de notre immortalité. Nous sommes tous Dieu, le Créateur.

L'ART DE L'ALCHIMIE

"Pour l'Alchimiste, celui qui a principalement besoin de rédemption n'est pas l'homme, mais la Déité qui est perdue et endormie dans la Matière." - Carl Jung; extrait de "The Collected Works of C.G.Jung : Psychologie et Alchimie"

L'Alchimie est l'une des branches des enseignements Hermétiques. Avec l'Astrologie, elle est l'une des sciences les plus Anciennes et les plus importantes de l'humanité et le précurseur de la chimie moderne. Fondée à la fois sur la multiplication et sur le phénomène de croissance naturelle de la nature, l'Alchimie a pour but de renforcer et d'améliorer la Création elle-même. Bien qu'elle puisse être appliquée à l'ensemble de la Création, son objectif premier a toujours été l'être humain. Depuis des milliers d'années, l'Alchimie est utilisée pour élever les vibrations humaines et évoluer Spirituellement.

L'origine exacte du mot "Alchimie" reste un mystère à ce jour, mais la plupart des spécialistes s'accordent à dire qu'il provient de la racine du mot "khemi", qui provient du nom copte de la grande nation d'Égypte, Khem. Les spécialistes pensent que Khem signifie "noir", l'Égypte étant considérée comme le "pays noir", mais ce mot peut également signifier "sage".

Les deux premières lettres, "Al", sont un article Arabe qui signifie "the" en anglais. Mais "Al" peut aussi se rapporter à Allah (Dieu de l'Islam) ou correspondre à l'Hébreu "El", pour Dieu. Au sens le plus littéral, l'Alchimie signifie "ce qui se rapporte à l'Égypte". La religion Égyptienne était considérée comme la source de nombreuses religions qui ont suivi, et l'Alchimie était l'une de ses pratiques les plus sacrées.

Une autre origine possible du mot "alchimie" est le mot Grec "chemeia", qui signifie "l'art de couler le métal". La troisième origine possible est également Grecque, du mot "chumeia", qui signifie "l'art d'extraire le jus ou les propriétés médicinales des plantes". Bien que les Égyptiens soient considérés comme les fondateurs de l'Alchimie, ce sont les envahisseurs Grecs et Arabes qui ont conservé cet art sacré.

De nombreuses sciences spécialisées telles que la médecine, la chimie, les sciences naturelles et l'herboristerie ont évolué à partir de l'Alchimie. Ces domaines sont les témoins actuels de la contribution scientifique et de l'héritage des Égyptiens.

Selon le folklore, les origines de l'Alchimie sont attribuées à Hermès Trismégiste. Son œuvre la plus importante, *la Tablette d'Émeraude*, contient les enseignements Alchimiques originaux sur lesquels tous les autres sont basés. Les Alchimistes se qualifient souvent de "fils d'Hermès", car sa sagesse est la source de tous les enseignements Hermétiques.

Les chercheurs ne sont pas sûrs de l'identité du premier Alchimiste, bien que l'on pense que le premier groupe à travailler avec l'art de l'Alchimie était des orfèvres. L'Alchimiste le plus notable du passé est Paracelse. Il pensait que le but premier de l'Alchimie était de guérir les maladies. Ses travaux ont révolutionné à la fois la médecine et l'Alchimie et ont jeté les bases de l'homéopathie moderne.

Aujourd'hui, la notion d'Alchimie est souvent naïvement comprise comme étant simplement l'effort de transmutation des métaux de base en or. Ce malentendu est apparu avec le temps, car l'art de l'Alchimie a été voilé aux profanes dès sa création, tout comme la véritable signification des cartes de Tarot. Cette méthode d'enseignement a été appliquée pour protéger les praticiens de ces arts sacrés de la persécution. Et pour distinguer ceux qui étaient dignes de recevoir leurs véritables enseignements. Aujourd'hui encore, la plupart des gens croient que l'Alchimie n'a que des implications matérielles, mais c'est loin d'être le cas. Le véritable potentiel des processus Alchimiques est Magique, mystique et Spirituel.

En réalité, l'idée de transmuter les métaux de base en or sert de métaphore pour le processus Spirituel impliquant la transformation du niveau d'évolution Spirituelle d'un être humain. L'Alchimie est un processus Spirituel par lequel c'est l'Alchimiste qui se transforme en or. Il cherche à transformer sa conscience et à devenir éclairé. La légende qui entoure ce processus s'appelle "la recherche ou la poursuite de la Pierre Philosophale". "

L'idée de l'Alchimie comme moyen de produire de l'or sert de métaphore pour représenter la manifestation en soi des qualités de l'or. Comme les métaux de base sont connus pour être impurs, alors que l'or est considéré comme pur et incapable d'être terni, cette idée de transmutation est la métaphore parfaite pour représenter la transformation d'un Soi impur en Soi Spirituel.

L'or pur représente le but de l'Alchimiste - pureté, illumination, libération et perfection. L'Alchimie Hermétique englobe alors le Grand Œuvre, qui est la base de ce livre. Elle couvre également la maîtrise des forces mentales et la transmutation d'un type de vibrations mentales en d'autres, comme l'explique le *Kybalion.*

L'imagerie Alchimique est extraordinairement riche et remplie de symbolisme. À part le Tarot (qui est issu de la même tradition), il n'existe aucun autre système ésotérique rempli d'autant d'images et de symboles. De plus, comme le but des symboles est d'activer les Archétypes dans notre subconscient, ils sont utiles pour transmettre certaines vérités sur l'Univers et sur nous-mêmes.

Souvent, l'impact d'un symbole ou d'une image peut produire des effets intérieurs subtils qui élèvent la conscience vers des plans d'existence plus élevés. Les symboles de l'Alchimie nous font prendre conscience que nous ne sommes pas séparés de l'Univers, mais que les processus extérieurs de l'Univers correspondent à nos processus intérieurs - Comme en Haut, Comme en Bas.

De nombreux thèmes symboliques de l'Alchimie impliquent les luttes de l'amour et de la séparation, la mort et finalement la résurrection. Ces thèmes se retrouvent dans de nombreuses religions du monde, anciennes et nouvelles. Il s'agit notamment des religions Égyptienne et Hindoue, ainsi que du Christianisme. Le processus de l'Alchimie est universel et s'applique à tous les êtres humains, quelle que soit leur religion ou leur culture d'origine. En ce sens, l'Alchimie transcende toutes les religions et peut être considérée comme le but ultime de toutes ces dernières.

La plupart des philosophies Spirituelles et religieuses proposent certains types de pratiques pour accomplir le Grand Œuvre. Certaines d'entre elles reposent sur la prière et d'autres sur des pratiques de méditation. Certaines proposent même des exercices rituels ayant le même but. L'Alchimie hermétique vous offre une méthode scientifique réelle qui vous permet d'atteindre le plus haut niveau de spiritualité dans cette vie et d'accomplir le Grand Œuvre. Les exercices rituels présentés dans *The Magus* visent tous à atteindre ce but. Leur pratique systématique est l'Art de l'Alchimie, orienté vers l'Evolution Spirituelle.

L'OUROBOROS

Le début et la fin du Grand Œuvre consistent à trouver la Prima Materia. Ce Principe Divin est l'énergie primaire sur laquelle le monde est construit. C'est le Principe Créateur qui opère à partir de la conscience Cosmique de l'Univers. Il découle de l'Absolu - le Tout. Le nom le plus courant dans la société pour cette énergie primaire est l'Esprit, et se réunir avec l'Esprit est l'objectif global de l'Alchimiste.

Dans le symbolisme Alchimique, la représentation du Principe Divin est l'Ouroboros - le serpent qui se mange la queue. C'est le chiffre "I" et le "O", qui signifient le début et la fin du Grand Œuvre. Il est potentiellement à la fois mâle et femelle, mais aussi aucun des deux puisqu'il est au-delà de la dualité.

L'Ouroboros représente la Source. Comme le Moi n'avait aucun moyen de se comprendre lui-même, il avait besoin de se multiplier. Mais pour se multiplier, il a fallu sacrifier son unité indivise. Grace à la méditation, le "je" est devenu le "O", qui n'est pas une "non-chose", mais plutôt une figure qui ne définit pas la quantité.

Comme tous les nombres procèdent du "O", toutes les choses procèdent du ventre de la Création, qu'il représente. Le "O" est donc le Principe féminin, passif, réceptif - la Grande Mère. Le "I" est le Grand Père et le Principe masculin, projectif, de la Création.

Le Tout, ou Dieu-créateur, est représenté dans le symbolisme Alchimique sous la forme d'un œuf autour duquel est enroulé un serpent. Il s'agit d'une seconde forme de l'Ouroboros, également appelé l'Oeuf Orphique (Figure 58). Dans sa représentation visuelle, le "I" (le serpent) est enroulé autour du "O" (l'œuf), comme Dieu la Mère prête à recevoir la Lumière inséminatrice de Dieu le Père. Cette forme de l'Ouroboros est le potentiel de la Création avant sa réalisation. Le rapport sexuel de la Grande Mère et du Grand Père représente le Mariage Divin, qui doit avoir lieu pour manifester l'Univers.

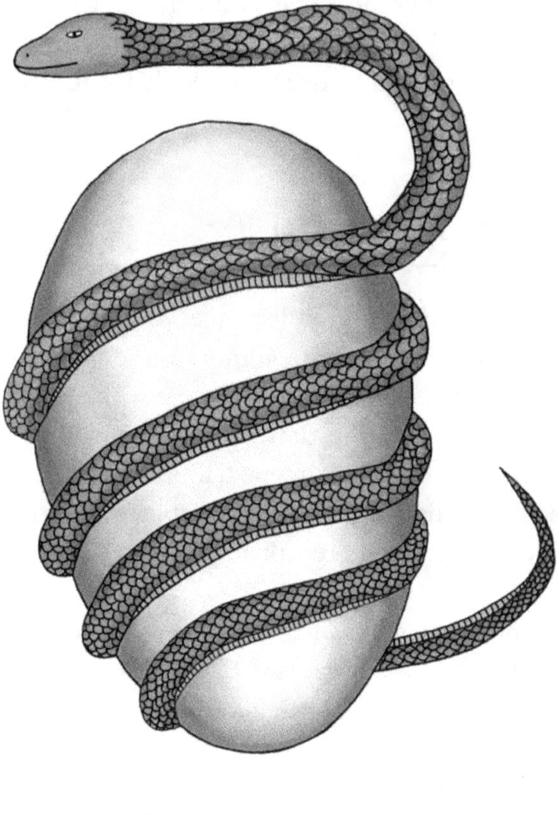

Figure 58: L'Oeuf d'Ouroboros-Orphique

D'un point de vue Qabalistique, Kether se divise en deux pour former Chokmah et Binah; Chokmah est la force derrière toute la Création, et Binah est la mère de la forme. La projection de Chokmah dans Binah est ce qui crée l'Univers. L'Univers se matérialise par un processus graduel de manifestation des Plans Cosmiques. D'un point de vue Qabalistique, ce processus est décrit comme la manifestation des Sephiroth suivant le chemin de l'Épée Flamboyante. La matérialisation devient complète dans Malkuth, le Monde de la Matière, le monde tangible dans lequel nous vivons, nous nous déplaçons et avons notre existence physique.

Le sacrifice Divin initial de l'unité indifférenciée du Créateur a créé la première dualité dans l'Univers manifesté. Par ce sacrifice, le "Je" est devenu le "i", assumant ainsi un pôle de l'extrême dans la dualité, le Principe masculin. C'est le Logos, le Verbe de Dieu, et la graine qui féconde l'œuf. Le Mariage Divin a eu lieu entre Dieu le Père et Dieu la Mère, Chokmah et Binah. L'œuf a été fécondé.

Le Soleil, l'Étoile de notre Système Solaire et la Lumière de Dieu, est né dans le ventre de la Création. Le symbole Alchimique du Soleil est le O avec un point au milieu, le symbole de l'or et de l'état Spirituel le plus élevé que l'humanité puisse atteindre. C'est pourquoi l'Alchimiste cherche l'or en lui (elle), car l'or (la Lumière de Dieu) est l'essence la plus élevée que l'on trouve dans notre Système Solaire. C'est notre lien avec la Prima Materia, l'Esprit - la Source initiale de toute la Création.

LA PIERRE PHILOSOPHALE

La Pierre Philosophale est une substance Alchimique légendaire capable de transformer les métaux de base (comme le mercure) en or ou en argent. Elle est une représentation symbolique de la perfection atteinte par l'Alchimie Spirituelle et de l'Illumination. L'atteinte de l'Illumination est assimilée à la sainteté, la plus haute vocation de toutes les religions. Le concept d'Illumination correspond aux différents termes Alchimiques et Qabalistiques relatifs à l'objectif et au but ultime de toutes les pratiques Spirituelles. Ce but est de réunir le Soi avec l'Esprit et d'accomplir le Grand Œuvre.

La Pierre Philosophale est un autre terme utilisé pour désigner le but le plus recherché de l'Alchimie, la transformation Spirituelle. Lorsqu'on entend dire qu'un Alchimiste a trouvé la Pierre Philosophale, cela signifie qu'il a accompli le Grand Œuvre. Il s'est rajeuni énergétiquement et a atteint l'immortalité. Bien sûr, leur corps physique mourra, car cela ne peut être évité, mais l'Esprit avec lequel leur conscience s'est maintenant alignée vivra éternellement. Pour cette raison, la Pierre Philosophale est souvent appelée "l'Élixir de Vie".

Les Alchimistes croient qu'il existe une essence intérieure en chaque être humain. Nous avons perdu le contact avec cette essence lorsque Adam et Eve ont été expulsés du jardin d'Eden. Cette essence, bien sûr, est la Prima Materia, l'Esprit. Elle est aussi appelée Azoth, dont le symbole est le Caducée. Il n'est pas étonnant que le Caducée (symbole de l'énergie Kundalini en Occident) soit considéré comme la plus haute initiation Spirituelle et la prochaine étape de l'évolution de l'humanité. Le destin de l'humanité est d'élargir sa conscience en atteignant la Pierre Philosophale.

Vous avez déjà vu comment la perspective Qabalistique de l'histoire du Jardin d'Eden est significative en ce qui concerne l'Evolution Spirituelle. En cherchant à réintégrer le Jardin d'Eden, nous recherchons principalement l'Azoth, pour le libérer des liens de la Matière et le purifier. C'est le grand travail de l'Alchimiste. Si vous avez fait l'expérience d'un éveil de la Kundalini, alors vous avez déjà commencé le processus d'Alchimie Spirituelle et votre quête de l'Azoth, l'Esprit.

Il existe une grande corrélation entre les différents termes Alchimiques présentés jusqu'à présent, et ils se rapportent à la même chose dans de nombreux cas. De nombreux mots désignant l'énergie de l'Esprit sont souvent utilisés de manière interchangeable, et ce, afin de semer la confusion dans l'esprit des profanes, car seules les personnes qui recherchent cette connaissance connaissent la vérité. Pendant longtemps dans l'histoire, il était dangereux de se montrer au grand jour avec ces connaissances ésotériques, car les Alchimistes étaient considérés comme des hérétiques par le pouvoir dominant des deux derniers millénaires, l'Église Catholique.

Pour votre compréhension, il est bon de voir comment ces différents termes sont liés, ce qui réconciliera vos points de vue divergents sur la réalité Spirituelle. Tous les humains sont construits de la même façon, et la race, la culture et la religion ne nous rendent pas différents en ce qui concerne le processus d'Alchimie Spirituelle. La quête de la Pierre Philosophale est un voyage que chacun de nous entreprend à un moment donné de sa vie, car c'est le devoir que nous avons envers notre Créateur d'achever le Grand Œuvre.

DUALITÉ ET LA TRINITÉ DANS L'ALCHIMIE

Les Alchimistes étaient conscients de l'origine Divine de l'Univers. Ils savaient que tous les aspects de la Création émanent d'une Source Divine; ainsi, Tout est Un et interconnecté. En outre, ils comprenaient que toute la Création existe en harmonie avec le Principe de Polarité. Le Principe de Polarité explique que chaque aspect de la Création existe en relation avec son opposé. Comme mentionné dans le *Kybalion*, le Principe de Polarité est le Principe le plus crucial qui sous-tend tout dans l'Univers manifesté.

Dans le *livre I* du *Corpus Hermeticum*, Hermès raconte la vision de la Création que lui a donnée Poimandres, le *Nous*, ou Esprit de Dieu. Nous voyons ici la première manifestation du Principe Hermétique de Polarité.

"Tout était devenu Lumière, une lumière douce et joyeuse, et j'étais rempli de désir en la voyant. Peu après, il y eut dans une partie une obscurité descendante, effrayante et répugnante, que j'expérimentai comme un mouvement de torsion et d'enveloppement. C'est ainsi que cela m'est apparu. Je vis la nature des ténèbres se transformer en une substance aqueuse, qui était secouée de façon indescriptible et dégageait une fumée comme celle d'un feu, culminant dans un écho indicible et lugubre. De la substance aqueuse sortit un cri fort et inarticulé; le son, comme je le pensais, était celui de la Lumière." - "Corpus Hermeticum".

Cet extrait décrit le processus de séparation de la Chose Unique dont parle la *Table d'Émeraude.* Le Principe Divin, le Tout, se sépare en deux pour former la Matrice, la Matrice de la Création, qui génère toutes les formes existantes. Le Principe Divin, la Lumière Blanche (l'Esprit), a ainsi donné naissance à l'obscurité de l'Espace. La Lumière et les ténèbres sont donc la première dualité de la Création. Le temps est le facteur d'unification entre les deux car il est linéaire, c'est-à-dire qu'il a un début et une fin inévitable. C'est ainsi que la dualité est apparue, et que les opposés se sont manifestés au sein de tout ce qui existe dans l'Espace/Temps.

La dualité est représentée par le chiffre deux, car il illustre la Loi des Contraires et la tension dynamique de l'Univers créé. Le deux représente le désir, car tout ce qui naît dans la dualité cherche naturellement son compagnon, son autre moitié. Ces couples sont représentés Alchimiquement par le Soufre et le Mercure, le Roi Rouge et la Reine Blanche, symbolisés par le Soleil et la Lune. C'est pourquoi l'Alchimie contient une pléthore de symboles du Soleil et de la Lune. Comme nous l'avons mentionné, le Soleil est la Lumière de Dieu et le Grand Père (Sulfure), tandis que la Lune représente la Grande Mère (Mercure) en Alchimie. Ces composants masculins et féminins, ou Principes, cherchent naturellement à s'unir l'un à l'autre comme tous les opposés de la nature cherchent l'unité.

Le Soufre est également appelé le Roi Rouge, tandis que le Mercure est appelé la Reine Blanche. Une fois que le Mariage Divin entre le Roi Rouge et la Reine Blanche a eu lieu, une troisième substance est créée : le Sel. Le Soufre, le Mercure et le Sel forment la Trinité en Alchimie, qui correspond à la Sainte Trinité du Christianisme - Dieu le Père, Dieu la Mère et Dieu le Fils - telle qu'on la trouve dans toute la Création.

Le Soufre est l'Âme présente dans tous les êtres vivants de l'Univers. Il vient du Soleil comme la Lumière de Dieu et est le Principe masculin, le Grand Père. Mercure est l'Esprit, la Prima Materia; bien que concernant la Trinité, il en est un sous-mode. Se trouvant dans la polarité avec le Soufre, le Mercure est lié à lui et est défini et spécifié. Il assume le rôle du féminin comme la Grande Mère, le Principe de la conscience. Le Sel est le Corps, la Forme manifestée de tout ce qui existe. Le Sel est la Matière elle-même.

N'oubliez pas que le Soufre, le Mercure et le Sel sont des Principes philosophiques en Alchimie, à ne pas confondre avec les substances physiques du même nom. Ces trois Principes sont présents dans tout ce qui est manifesté dans l'Univers. Le Sel est le véhicule de la manifestation matérielle et la Troisième Dimension du Temps et de l'Espace. Les deux autres Principes sont subtils, opèrent à un niveau intérieur et sont contenus dans le Sel. Ainsi, nous pouvons trouver du Soufre et du Mercure dans notre corps physique.

Le Mercure réunit les Principes du Soufre et du Sel, qui sont contrôlés par une chaleur naturelle créée par notre énergie Pranique. Le Prana est la Force Vitale que nous obtenons principalement par l'ingestion de nourriture. La nourriture est essentielle à notre survie. La consommation d'eau modère le Principe de Mercure car l'eau soutient la conscience. La dynamique entre les trois Principes de Soufre, de Mercure et de Sel permet à l'Univers manifesté d'exister. Ces trois Principes sont également à l'origine de la désignation d'Hermès comme "Trois-Grand", car il est le maître du triple mystère de la Création. Il est le messager de cette connaissance Divine, car c'est lui qui l'a apportée à l'humanité.

L'Alchimie a beaucoup en commun avec la pratique Hindoue du Yoga. Le concept Yogique de la Kundalini et des différents canaux, ou Nadis, par lesquels l'énergie de la Kundalini circule, correspond aux Principes Alchimiques. Pingala, le canal rouge masculin dans le système Hindou, est souvent appelé le canal du Soleil, en relation avec le Soufre. Ida, le canal bleu féminin, est appelé le canal de la Lune, correspondant au Mercure. Sushumna, le canal central qui traverse la moelle épinière et se connecte au cerveau, est le canal Brahma. Il correspond au "Feu Secret" de l'Alchimie - ce que les Alchimistes cherchent à localiser en eux et à travailler avec.

Le Feu Secret est équivalent à la lettre Hébraïque Shin, le réconciliateur entre les Quatre Eléments, comme l'Esprit Saint. Par conséquent, l'éveil de l'énergie de la Kundalini est essentiellement le but de l'Alchimie puisqu'il représente la libération du Feu Secret, l'Esprit Saint, dont le but est d'élargir la conscience et d'unir l'individu avec le Tout-Dieu.

ÉTAPES ET PROCESSUS ALCHIMIQUES

L'art de l'Alchimie comporte plusieurs étapes et processus. En observant les processus Alchimiques de la nature, comme le phénomène de transmutation des graines en plantes adultes, les premiers Alchimistes considéraient la nature comme le maître originel de l'Alchimie. En étudiant la nature, les Alchimistes ont constaté que tout ce qu'elle contient évolue continuellement vers un état de perfection prédéterminé. Inspirés, ils ont cherché à reproduire ces phénomènes naturels dans le laboratoire scientifique. Cependant, ils voulaient obtenir des résultats similaires en beaucoup moins de temps. Pour y parvenir, ils ont accéléré les processus qu'ils ont copiés de la nature dans leurs expériences.

Toute entreprise Alchimique, qu'elle soit Spirituelle ou pratique, doit comporter trois processus fondamentaux : la séparation, la purification et la cohabitation (recombinaison). Ces trois processus essentiels sont également toujours présents dans les phénomènes Alchimiques de la nature elle-même. Dans la science de l'Alchimie, toutes les manifestations physiques de la Création peuvent être classées en trois catégories : minérale, animale ou végétale. Ces trois catégories sont connues sous le nom des Trois Royaumes. De plus, chaque manifestation physique au sein des Trois Royaumes est composée de l'Esprit, du Corps et de l'Âme. Ensemble, ces trois composantes forment les Principes Alchimiques.

L'une des intentions de l'Alchimie est d'éliminer les impuretés et les blocages énergétiques de l'Aura du praticien. Cela permet de révéler la vérité de Soi et notre connexion avec la Source Divine. Ce livre ne concerne que l'Alchimie Spirituelle et non un art purement chimique. Les processus Alchimiques peuvent théoriquement être appliqués pour transformer le métal en or, mais cela n'a jamais été véritablement accompli par quiconque. Au cours de l'histoire, beaucoup ont essayé, mais il n'y a aucune preuve réelle que quelqu'un ait réussi.

Au sein du *Magus*, l'initiation à l'Alchimie Spirituelle commence par le Petit Rituel de Bannissement du Pentagramme (LBRP), dont le but est l'élimination de toutes les énergies négatives et positives de l'Élément Terre. Ainsi, le processus de séparation et de purification commence par le LBRP et le BRH. L'invocation des Éléments lui succède dans l'ordre successif où ils sont donnés. Le Middle Pillar est présenté comme un exercice induisant la Lumière dont le but Alchimique est de stabiliser le Soufre - l'Âme.

L'Élément Terre sert de stabilisateur de la Trinité Alchimique. Dans le cadre des processus alchimiques, il est le sel de l'entreprise. Cependant, dans l'Élément Air, le processus de séparation se produit, ce qui vous permet de discerner les impuretés du corps, de l'esprit et de l'Âme qui influencent vos pensées et vos émotions, lesquelles affectent à leur tour votre comportement. À l'inverse, l'Élément Eau contient le processus de purification. Au cours de ce processus, vous devez sublimer les aspects du Soi qui sont en contact avec l'amour inconditionnel de l'Âme. L'Élément Eau est fluide, tout comme le Principe de Mercure.

L'Élément Feu sert à purifier davantage le système de ses négativités tout en élevant votre volonté au-delà des émotions. Avec l'Air, le Feu est l'étape du Soufre du processus Alchimique, bien que cette étape ait commencé avec l'introduction du Middle Pillar. L'Air et le Feu sont tous deux de la Lumière Blanche à différents degrés de manifestation; ils ont donc tous deux un lien avec le Soleil, le représentant du Principe Alchimique du Soufre.

L'invocation du Cinquième Élément, l'Esprit, est le processus de cohobation ou de recombinaison au cours duquel les différents composants Élémentaires du système énergétique de l'Alchimiste sont réunis dans un état raffiné de plénitude. Avec l'Eau, l'Esprit est la phase Mercurielle du processus Alchimique. Dans le symbolisme Alchimique, la Lune représente l'Élément Eau et l'Élément Esprit, car ils sont tous deux liés à la conscience.

Le processus en trois parties de l'Alchimie n'est cependant pas une entreprise ponctuelle. Une fois le processus compris, l'Alchimiste doit s'entraîner à l'incorporer dans sa vie quotidienne pour transmuter ses impuretés en or Spirituel de façon continue.

Une couleur est attribuée à chacune des quatre étapes du processus Alchimique. Le noir représente l'Âme dans sa condition initiale, originelle, avant tout travail Alchimique. Au début de la pratique Alchimique, après que la première transmutation ait eu lieu, le blanc, ou vif-argent, est attribué à cette étape suivante. Après cette étape vient une période de passion, représentée par le Soufre. La couleur rouge symbolise cette étape passionnelle. Enfin, le dernier stade de la pureté Spirituelle est représenté par l'or.

LES TROIS PRINCIPES DANS LA NATURE

Les trois Principes Alchimiques du Soufre, du Mercure et du Sel sont les trois substances fondamentales qui existent dans toutes les manifestations physiques de la Création (Figure 59). Ils sont analogues à l'Âme, l'esprit et le corps, et ensemble, ils sont compris comme un tout indivisible.

L'état d'union entre ces trois substances n'est présent qu'avant le début du processus d'Alchimie. Par conséquent, votre devoir en tant qu'Alchimiste est de vous entraîner à discerner les trois substances dans votre système énergétique tout en subissant le processus de transformation de l'Alchimie Spirituelle. Grace à ce processus, le Soufre, le Mercure et le Sel sont recombinés en une forme plus exaltée et plus précieuse, le Feu Secret ou Mercure Philosophique. Cette substance est nécessaire pour fabriquer la Pierre Philosophale.

Principe du Sel

Faisant partie de l'essence de tous les métaux et en raison de sa lourdeur et de sa torpeur, le Sel est le Principe qui signifie la substance et la Forme. Il est le corps physique. Le Soufre et le Mercure sont ancrés et fixés dans le Sel, qui leur sert de véhicule ou de corps. Le Sel représente la cristallisation et le durcissement de l'ensemble des trois Principes. L'étape du Sel du processus d'Alchimie Spirituelle est la première invocation Élémentaire de la Terre par le biais du LIRP de la Terre.

Vous devez consacrer le temps nécessaire à l'invocation de cette énergie, car il faut que les trois autres Éléments présents en vous soient ancrés. Cette mise à la terre est donc la première étape du processus d'Alchimie. Les Éléments vont se solidifier en un tout cristallisé. Une fois cette étape terminée, vous pouvez commencer à ajouter et à soustraire le Soufre et le Mercure.

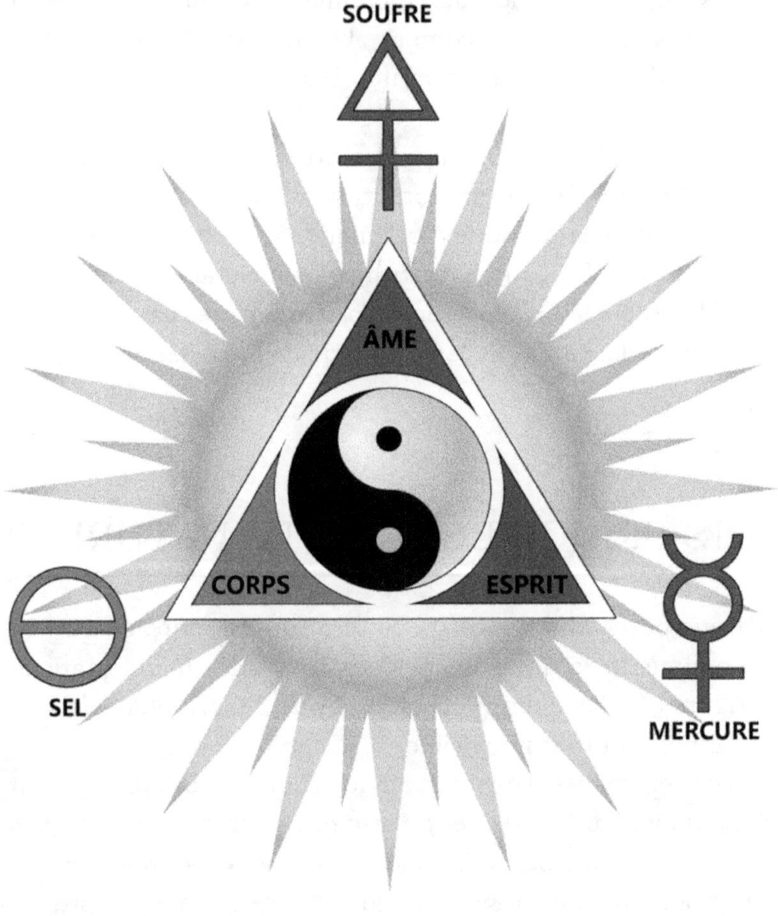

Figure 59: Les Trois Principes Alchimiques : Le Soufre, le Mercure et le Sel

Principe du Soufre

Le processus complet de transmutation Alchimique dépend du Principe du Soufre et de sa bonne application. Présent dans l'Élément Feu, le Soufre est le Principe masculin, vibrant, acide, actif, dynamique - l'aspect Âme de tous les êtres vivants. Comme il représente notre désir d'évoluer et de croître Spirituellement, il sert de moteur émotionnel et de passion qui déplace et anime toute la vie. Le Soufre sert à stabiliser le Mercure, dont il est extrait et dans lequel il retourne. Le Soufre est également la manifestation physique de l'inspiration invoquée par Mercure.

Le Soufre représente l'Âme et le Feu du Soleil. Dans la Magie Cérémonielle, le Soufre est représenté par l'invocation de l'Élément Feu à travers le Petit Rituel d'Invocation du Pentagramme (LIRP) du Feu. Cependant, l'étape du Soufre commence par le LIRP de l'Air, car l'Élément Air est la Lumière à une fréquence différente de celle de l'Élément Feu. Les deux Éléments Feu et Air représentent alors l'étape Soufre du processus d'Alchimie Spirituelle.

Principe du Mercure

Dans le processus Alchimique, le Mercure lui-même est la substance transformatrice. Il est donc le plus essentiel des trois Principes. Son rôle est d'apporter l'équilibre et l'harmonie entre les deux autres, le Soufre et le Sel. Le Principe de Mercure est le Principe créateur qui symbolise l'ensemble du processus de l'acte Alchimique de transmutation. Imprégnant toutes les formes vivantes, Mercure est la Force vitale, l'Esprit, bien que sous une forme plus basse que l'Esprit en tant que Prima Materia. Sous cette forme, Mercure prend le Principe fluide et féminin qui est symbolique de la notion de conscience. Nous travaillons avec Mercure à cette première étape en effectuant le LIRP de l'Eau.

Dans l'Alchimie pratique liée à la chimie, le Mercure existe sous deux états, tous deux liquides. Le premier état est volatil avant que le Soufre ne soit éliminé. Il est désigné sous le nom de vif-argent. Le second état est fixe, c'est-à-dire après que le Soufre ait été réintroduit. Ce dernier état est connu sous le nom de Mercure philosophique ou "préparé", également connu sous le nom de Feu Secret - le but de l'Alchimiste. Nous travaillons avec le Principe de Mercure à la deuxième étape lorsque nous réalisons le Rituel d'Invocation Suprême du Pentagramme (SIRP).

***

"*Solve Et Coagula*" est un axiome Alchimique qui signifie "dissoudre le corps et coaguler l'Esprit". Il se rapporte au processus entier de l'Alchimie, qui est la séparation, la purification et la cohobation (ou recombinaison). Le volatile doit devenir fixe, et le fixe doit devenir volatile. L'Esprit ou le Mercure philosophique n'habitera pas le corps tant que celui-ci ne sera pas rendu aussi subtil et "fin" que l'Esprit. Alchimiquement, les choses doivent être décomposées et reconstruites, ce qui n'est pas un effort unique mais un processus cyclique qui doit être répété maintes et maintes fois.

Tout au long de notre vie, nous avons construit notre monde intérieur grace à nos facultés intérieures et nous avons créé des blocages dans notre Aura de sorte que l'Esprit, qui faisait partie de nous, ne circule plus à travers nous. Au contraire, il est présent en nous, mais nous devons d'abord décomposer nos Éléments, puis les recombiner en un tout plus grand. Ce n'est qu'à ce moment-là que le Mercure philosophique pourra à nouveau nous habiter et que notre conscience pourra fonctionner à son plus haut potentiel.

LES QUATRE ÉLÉMENTS ET LA QUINTESSENCE

Les Quatre Éléments philosophiques constituent tous les aspects physiques de la création. Ce sont le Feu, l'Eau, l'Air et la Terre. Ces Quatre Éléments sont issus de la Trinité des trois Principes philosophiques du Soufre, du Mercure et du Sel (Âme, esprit et corps). La Trinité est responsable de l'animation de tous les aspects du monde matériel, à commencer par les Quatre Éléments. Cette Trinité, d'autre part, naît de la dualité de la Lumière et des Ténèbres. Et enfin, la dualité naît de l'unité du Tout-Dieu.

Dans ce contexte, les Quatre Éléments ne correspondent pas aux Éléments décrits dans le domaine scientifique de la chimie. Par exemple, l'Élément Feu n'est pas seulement une flamme, et l'Élément Eau n'est pas seulement H2O. Au contraire, ces Quatre Éléments, dans des combinaisons variables, se retrouvent dans tous les aspects de la Création manifestée.

Les Quatre Éléments possèdent le potentiel de se transformer dans toutes les formes matérielles. Ce dynamisme dépend du fait que chaque Élément partage ses qualités avec un autre. Par exemple, le Feu et l'Air sont les deux Éléments masculins, tandis que la Terre et l'Eau sont les Éléments féminins. Le Feu (chaud et sec) est l'Élément le plus volatile, tandis que la Terre (froide et sèche) est le plus stable. De même, l'Eau est froide et humide, tandis que l'Air est chaud et humide.

Chacun des Éléments peut être transformé dans sa manifestation matérielle. Par exemple, un solide de type Terre peut être fondu en un liquide de type Eau. Ensuite, il peut être transformé en un gaz inflammable qui peut à nouveau être condensé sous forme liquide ou brûlé sous forme de flamme.

Dans les trois Principes de l'Alchimie, on trouve la notion du cinquième Élément, l'Élément de l'Esprit. L'Élément Esprit est également appelé Mercure Philosophique, Feu Secret ou Quintessence. La Quintessence se trouve au sein même des Quatre Éléments philosophiques. La Quintessence n'est pas un produit des Quatre Éléments, car elle n'est pas un aspect de la Création matérielle. Au contraire, la Quintessence précède les Quatre Éléments. Elle est la Trinité des trois Principes philosophiques comme le Principe Divin et la Prima Materia. L'Esprit est la substance utilisée pour créer la Pierre Philosophale. Le symbole de l'Esprit, ou de la Quintessence, est le

Pentagramme lui-même, d'où son utilisation dans la Magie Cérémonielle. Dans *The Magus,* on peut faire l'expérience de la Quintessence grace à l'exercice SIRP.

COMME EN HAUT, COMME EN BAS

Le Principe Hermétique de correspondance met en évidence une relation entre les Étoiles et les Planètes de notre Galaxie et toutes les manifestations physiques sur la Planète Terre. En comprenant la carte des Cieux, nous savons comment ces composants se reflètent sur Terre, en particulier dans la constitution des êtres humains. Avec cette notion vient le lien entre l'Astrologie et l'Alchimie. Toutes les pratiques Alchimiques partagent leurs aspects d'une manière ou d'une autre avec les compréhensions Astrologiques.

Nous obtenons de vastes connaissances en comprenant les pouvoirs des différentes Planètes de notre Système Solaire. Selon les Alchimistes, les mouvements et les qualités des corps célestes de notre Système Solaire représentent le déroulement de la vie sur Terre. Cette connaissance est associée à la compréhension des énergies des Étoiles qui forment les différentes constellations. Ces énergies constituent des parties de la psyché humaine qui influencent et façonnent notre caractère et notre personnalité. Elles doivent être purifiées et leurs défis surmontés à mesure que nous avançons dans nos voyages Spirituels.

Notre Système Solaire peut être comparé à un seul corps. D'un point de vue Qabalistique, il s'agit d'Adam Kadmon. Tout comme le corps humain, le Système Solaire contient des composants vitaux. Ces composants sont en corrélation avec les organes du corps humain et les aspects Archétypaux de la psyché. De la même manière, le Système Solaire et le corps humain contiennent des énergies masculines et féminines. Dans notre Système Solaire, le Soleil représente le Principe masculin (soufre) tandis que la Lune représente le Principe féminin (Mercure).

De la même manière que chaque personne possède en elle un équilibre unique des Quatre Éléments, chaque personne possède également un équilibre particulier des différentes qualités Planétaires. Le grand Alchimiste Paracelse a compris comment ces qualités Planétaires correspondaient à diverses maladies du corps humain, ainsi que leurs remèdes. Par exemple, si une personne souffre de douleurs articulaires, cela reflète un déséquilibre de l'énergie de Saturne dans son corps. Tous les problèmes de santé liés aux os sont dus à une faiblesse de l'énergie de Saturne. Pour d'autres correspondances Planétaires avec les maladies du corps, reportez-vous au chapitre "Les Planètes dans notre Système Solaire".

Paracelse soulignait l'importance de travailler avec des connaissances Astrologiques. Il a souligné que ceux qui pratiquent l'Alchimie doivent comprendre la nature des différents corps célestes et leurs qualités, tout comme un médecin doit comprendre les différents organes et composants du corps physique.

Grace aux connaissances présentées jusqu'à présent dans *The Magus*, y compris les correspondances Planétaires, vous pouvez utiliser la Magie Planétaire pour aider à soigner les maux physiques mais aussi émotionnels et mentaux. Pour acquérir une véritable maîtrise du Soi et exploiter votre potentiel le plus élevé, vous devez travailler avec les Planètes pour intégrer vos pouvoirs et vos aspirations supérieures. Si vous avez terminé le programme d'Alchimie Spirituelle prescrit avec les Cinq Éléments, l'étape suivante consiste à travailler avec la Magie Planétaire à des fins d'évolution Spirituelle ou pour guérir des maladies physiques.

LES MÉTAUX ALCHIMIQUES

Les pratiquants de l'Alchimie comprennent que les métaux appartiennent à l'un des trois règnes, à savoir le règne minéral. Dans cette perspective, ils considèrent les métaux comme des substances vivantes comparables aux animaux et aux végétaux. C'est un point de vue unique par rapport au géologue ou au métallurgiste d'aujourd'hui. Comme les plantes et les animaux, les métaux portent en eux l'équivalent d'une graine destinée à favoriser leur croissance.

L'Alchimiste comprend que les métaux, comme tous les autres aspects de la nature, doivent être soumis à la naissance, à la croissance et à l'augmentation. Lorsque les conditions naturelles sont réunies, les métaux peuvent être transformés. Toutefois, cela ne se produit que dans les conditions naturelles appropriées et non sous l'influence des efforts de l'Alchimiste. C'est pourquoi il est recommandé de laisser le processus se dérouler à son propre rythme, sans interférence.

Chaque corps céleste est reconnu pour être associé à un métal particulier en raison de la forme et des qualités de chaque Planète. La Lune est associée à l'argent. Jupiter est associé à l'étain. Le cuivre, ou laiton, est attribué à Vénus. Le fer est attribué à Mars. Le plomb est le métal de Saturne et le vif-argent est le métal de Mercure. Enfin, l'or est le métal associé au Soleil. Les métaux sont la manifestation physique des Planètes sur la Terre.

LES ÉTAPES DE L'ALCHIMIE

Dans le Grand Œuvre, l'Échelle des Sages, également connue sous le nom d'"Échelle de Jacob", est utilisée pour représenter les différentes étapes Alchimiques sur le chemin de la perfection Spirituelle. Par l'imagerie, l'Échelle de Jacob est souvent représentée comme un escabeau ou un escalier menant d'un temple terrestre (représentant le Bas) à un endroit dans les nuages (représentant le Haut). Ainsi, l'Échelle est le lien entre le Ciel et la Terre, le Haut et le Bas.

L'échelle des Sages mène au temple intérieur, dont Jésus-Christ a souvent parlé dans ses enseignements. Pour l'atteindre, vous devez purifier et consacrer les Principes Alchimiques en vous. Le phénix qui renaît de ses cendres est le symbole du nouveau Moi qui émerge de l'ancien Moi. Le renouvellement, la régénération et la transformation sont au cœur de tous les processus Alchimiques.

Le Grand Œuvre comporte sept étapes, qui sont en corrélation avec les sept Chakras, bien qu'une étape puisse englober plus d'un Chakra. Les étapes correspondent également aux sept Planètes Anciennes ; cependant, certaines étapes peuvent aussi être attribuées à plus d'une Planète. Étant donné que la *Tablette d'Émeraude* d'Hermès Trismégiste traite du processus de l'Alchimie, les sept étapes correspondent également à différentes parties, ou phrases, de la *Tablette d'Émeraude*, comme nous allons le voir.

Dans la littérature Alchimique, ces sept étapes sont présentées comme des processus de laboratoire, principalement par le biais de l'imagerie. Le but de cette méthode est de voiler le sens réel du profane. Elle permet également de mieux comprendre les processus en donnant une représentation symbolique de chaque étape. Après tout, la plupart des gens croyaient que la légende de la Pierre Philosophale concernait la transformation du plomb physique en or.

Selon les Alchimistes, l'ordre des étapes de l'Échelle des Sages varie pour chaque personne. Après tout, nous sommes tous à des niveaux différents dans notre processus d'évolution Spirituelle et nous avons besoin d'un travail intérieur spécifique sur notre chemin vers l'Illumination. En outre, pour certaines personnes, certaines étapes Alchimiques peuvent même ne pas être nécessaires pour que le Grand Œuvre soit achevé et que la perfection Spirituelle soit atteinte.

Il est important de reconnaître ici que l'ordre des étapes et des processus du Grand Œuvre n'a jamais été exposé explicitement par les grands Alchimistes. Les détails exacts de la séquence n'ont jamais été partagés par écrit. Cette méthode visait à apporter la confusion à ceux qui sont simplement curieux de ce travail et qui ne sont pas sincères.

N'oubliez pas que l'Alchimie était principalement pratiquée avant l'avènement de l'Aube Dorée. La méthode d'Alchimie Spirituelle présentée par les initiateurs de l'Aube Dorée s'est avérée résister à l'épreuve du temps. J'ai inclus leur procédure dans le discours sur les étapes Alchimiques pour une compréhension optimale de ce sujet. Aussi, les descriptions suivantes des étapes Alchimiques sont présentées dans l'ordre qui ressemble le plus à la méthode d'Alchimie Spirituelle de l'Aube Dorée. Ceci étant dit, voici les sept étapes de l'Echelle des Sages.

CALCINATION

"Toutes nos purifications se font dans le Feu, par le Feu et avec le Feu", disait l'Alchimiste du vingtième siècle, Fulcanelli, dans *Le Mystère des Cathédrales*. Le processus de calcination représente la purification de l'Égo et la destruction de toutes les parties de la fausse personnalité. Symboliquement, ce processus implique de brûler ce que nous avons l'intention de transformer avec du Soufre par l'intermédiaire de l'Élément Feu. Les Alchimistes tenaient le Feu en haute estime, estimant qu'il était l'agent de transformation le plus puissant et nécessaire à leur travail. Pour cette raison, ils étaient souvent appelés les "Philosophes du Feu".

Symboliquement, le processus de Calcination était représenté visuellement comme un lion dévorant un serpent. Ici, le lion représente le Feu puissant de l'Âme (le Soufre) ainsi que le courage et le désir nécessaires pour surmonter les ténèbres. Le serpent représente le Mercure non traité de la fausse personnalité - l'Égo.

La Calcination implique l'application de la chaleur et de l'Élément Feu, qui correspond au Manipura Chakra. Ce processus commence dans le Chakra Racine, Muladhara, puisqu'il s'agit d'un feu doux et régulier que l'on obtient une fois que les énergies de l'Aura sont ancrées grace au LIRP de la Terre. L'étape de la Calcination est associée à la puissance de Saturne, car il existe un lien mystique solide entre Saturne et la Terre. Saturne représente le Temps et l'Espace, à travers lesquels l'Égo s'est formé.

La Calcination commence le processus de décomposition de l'ancien Soi. La phrase *de la Tablette d'Émeraude* correspondant à l'étape de la Calcination est : "Le Soleil est son Père". Elle fait référence au Principe masculin, le Soufre, l'Élément Feu de la transformation.

Au fur et à mesure que le processus de Calcination se déroule, la destruction systématique de l'Égo est en cours, consumant les attachements de chacun au monde matériel. Après avoir été mis au défi par les difficultés de la vie, le processus de Calcination est une leçon d'humilité pour le chercheur qui subit cette purification.

La Calcination se poursuit à travers le PIR du feu et de l'Élément Feu car, par la purification, le vieux Soi se consume, ne laissant derrière lui que des cendres. Le "Sel de la Pierre", l'Âme éternelle, se trouve dans les cendres. Gardez également à l'esprit que lorsque vous travaillez avec le PRII du Feu, les Quatre Chakras inférieurs sont impliqués dans le processus, car le Feu purifie également les Éléments Terre, Air et Eau.

Lors de l'éveil de la Kundalini, une fois que le Feu intérieur a été libéré, la Calcination est la première étape du processus de transformation. Une fois cette étape commencée, il faut parfois des années pour que la combustion progressive des aspects négatifs de l'Égo se produise avant que le Soi Supérieur puisse être exalté. Cette première étape avec l'application du Feu vise à libérer l'Égo de l'asservissement au monde matériel. Le processus se déroule de cette manière puisque l'Égo est la forme la plus basse du Soi. Par conséquent, alors que nous nous élevons du bas vers le haut, le processus de transformation doit commencer par l'aspect le plus bas de la manifestation - le fondement physique.

DISSOLUTION

Dans le contexte de "Solve Et Coagula", la dissolution est la partie "Solve" de cet axiome Alchimique. La Dissolution du corps est nécessaire pour que l'Esprit puisse ensuite l'imprégner. Après la Calcination, la Dissolution est la deuxième étape du processus de transformation Alchimique.

Symboliquement, un lion vert, signifiant la composante de Mercure en nous qui doit encore être perfectionnée, représente la Dissolution. Ce lion vert est aussi le symbole de l'initié, qui a traversé la première étape, éprouvé par le Feu de la Terre, et qui est maintenant prêt à être illuminé par la Lumière éclatante de la conscience Solaire.

Après avoir traversé la chaleur intense de la phase de Calcination, l'initié doit être refroidi. Ce refroidissement apporte un temps de réflexion et de féminité. Avant que l'Âme puisse être transformée, elle doit d'abord devenir un récipiendaire de la grace. C'est à ce moment que l'initié fait l'expérience de l'Élément Eau à travers le LIRP de l'Eau. Le lion vert est représenté comme se dirigeant vers une source d'eau, prêt à la boire. Après avoir travaillé avec le Feu dans l'étape précédente, il veut se rafraîchir et se régénérer.

En passant dans le système, l'Eau poursuit le processus de purification. Cette étape, attribuée à Jupiter, le porteur d'Eau, devient un processus de sanglots et de larmes pour l'initié. Dans la *Table d'Émeraude*, la phrase "La lune est sa mère" se rapporte à l'étape de la dissolution. Il s'agit d'une référence au Principe féminin de la Création - Mercure, l'Élément Eau.

En ce qui concerne le système énergétique Chakrique, cette étape correspond au deuxième Chakra, Swadhisthana - le Chakra Sacré. Swadhisthana est le Chakra de l'Eau, étroitement lié au subconscient, la partie enfouie et souvent rejetée de la psyché. Au cours de ce processus de dissolution, l'esprit conscient est ouvert pour permettre au matériel et à l'énergie du subconscient, précédemment réprimés, de faire surface et d'être dissous.

SÉPARATION

Au cours de l'étape précédente de la Dissolution, il y a un profond abandon de l'Âme. Ce processus peut créer un déséquilibre, amenant l'Esprit à se sentir menacé et en conflit avec la volonté. Pendant la période de Calcination, les aspects indésirables de la psyché ont été brûlés, mais leurs vestiges peuvent encore subsister. Au cours de la phase de Séparation, ils doivent être éliminés pour de bon afin d'apporter l'harmonie entre l'Esprit et l'Âme.

Après le Feu de l'étape de la Calcination et l'Eau de l'étape de la dissolution, vient l'Élément de l'Air dans l'étape de la séparation. Nous subissons le processus de séparation en travaillant avec le LIRP de l'Air. Dans la *Tablette d'Émeraude*, la phrase "Le vent le porte dans son ventre" se rapporte à l'étape de la séparation.

L'imagerie utilisée pour représenter cette étape est plutôt intéressante. On y voit un homme et une femme qui se disputent, et un jeune Hermès qui s'interpose entre eux pour les réconcilier. Le Soleil est du côté de l'homme, et la Lune du côté de la femme - représentant les énergies masculine et féminine opposées. Hermès tient un caducée dans chaque main pour indiquer à l'homme et à la femme qu'ils doivent être leur conciliateur des opposés. Cette image représente le but de cette étape Alchimique - la réconciliation de toutes les dualités au sein de l'initié.

En avançant ici, nous pouvons commencer à récolter les fruits du processus Alchimique. Comme il y a une augmentation de la quantité de l'Élément Air qui circule dans le système, l'intellect (que l'esprit utilise pour comprendre le monde) s'aiguise. Bien que tous ces processus puissent être difficiles, cette étape, en particulier, peut être assez douloureuse. Cependant, il est essentiel de rester patient, calme et imaginatif pour trouver de nouvelles perspectives qui nous permettront d'aller de l'avant.

La séparation est un processus conscient par lequel nous passons en revue tous les aspects cachés du Soi et décidons de ce qu'il faut écarter et de ce qu'il faut réintégrer dans notre personnalité raffinée. C'est le lâcher-prise des restrictions auto-infligées à notre vraie nature, afin que la Lumière de l'Âme puisse briller à travers. Cela implique de briser les pensées et les émotions, y compris les croyances, les préjugés, les névroses et les phobies.

Bien que l'Élément Air soit associé au Chakra du Cœur, Anahata, le processus de séparation est Alchimiquement attribué à la Planète Mars et au Chakra du Feu, Manipura. Dans le contexte du système Chakrique, il s'agit du troisième Chakra vers le haut, à partir de Muladhara. Mars est l'ultime destructeur et transformateur de l'Égo et des anciens modes de fonctionnement. C'est par la Séparation que nous nous débarrassons une fois pour toutes des griffes de l'Égo.

L'Élément Air alimente les Chakras Eau et Feu, attribués aux Principes Mercure et Soufre. Les dernières traces de l'Égo doivent être extraites de l'Esprit et de l'Âme, les deux opposés. L'Élément Air est également le réconciliateur entre ces deux Principes Alchimiques, représentés par les Éléments Eau et Feu. En tant que tel, le processus de séparation englobe les trois Chakras de Swadsthihaha, Manipura et Anahata.

CONJONCTION

L'étape de la Conjonction achève le processus de réconciliation entamé lors de l'étape précédente de la Séparation. Ici, l'Âme et l'Esprit peuvent enfin fusionner en une union harmonieuse. De même, les composantes masculine et féminine de l'initié, les énergies du Soleil et de la Lune, s'harmonisent et s'équilibrent.

Symboliquement, l'homme et la femme qui se sont disputés lors de l'étape précédente sont maintenant unis par les liens sacrés du mariage par un Hermès plus mûr. Il est représenté avec un sourire en coin car il sait que leur union marquera leur mort inévitable, représentée par l'étape Alchimique suivante. La Terre et le Ciel avec un arc-en-ciel s'étendant au-dessus d'eux sont également représentés dans l'imagerie de cette étape. Les sept couleurs de l'arc-en-ciel représentent les sept Planètes Anciennes et les sept Chakras en équilibre.

Le processus de Conjonction utilise l'énergie sexuelle du corps pour alimenter cette étape de la transformation Alchimique. Le véritable équilibre entre les énergies masculine (Soleil) et féminine (Lune) est découvert dans le Chakra du Cœur. Rappelez-vous que les Éléments Eau et Feu se trouvent sous le Chakra du Cœur (attribué à l'Élément Air). Lorsque la conscience de l'initié s'aligne progressivement avec le Chakra

Anahata, les Éléments Eau et Feu s'équilibrent grace à l'Élément Air. Un équilibre entre l'inspiration et l'expiration est obtenu, apportant une cohérence au corps.

La phrase *de la Tablette d'Émeraude,* "La Terre est sa nourrisse", se rapporte au stade de la Conjonction. La Planète attribuée à l'étape de la Conjonction est Vénus, la Planète de l'amour. Cette attribution est appropriée puisque l'amour est le véritable conciliateur de tous les opposés et leur énergie unificatrice - l'amour est le transformateur ultime. L'amour inconditionnel est attribué au Chakra du Cœur, Anahata, bien que la Conjonction soit atteinte lorsque les Quatre Chakras inférieurs ont été équilibrés et sont en harmonie. Après tout, les énergies du Soleil et de la Lune s'expriment à travers tous les Chakras.

L'étape de la Conjonction commence lorsque l'initié a suffisamment purifié toutes les parties de son Soi à travers le PIRL du Feu. Cependant, cette étape est embrassée lorsque l'initié se lance dans le travail avec l'Élément Esprit par le biais du SIRP. L'étape de la Conjonction est le début du processus d'intégration qui se produit lorsque l'initié commence à faire intervenir la colle unificatrice des Éléments - l'Esprit. Cette étape ne dure pas longtemps, cependant, et la Conjonction est le précurseur de quelque chose de Magique qui se produit dans l'étape Alchimique suivante.

Le processus de Conjonction apporte le pouvoir de son vrai Soi car les Principes masculin et féminin (Soufre et Mercure) trouvent l'harmonie. En conséquence, un nouveau mode d'opération commence, se concentrant sur la capacité intuitive plutôt que sur l'intellect. Maintenant, un degré significatif de la conscience de l'initié a été élargi, donnant une quantité de pouvoir plus considérable que jamais auparavant. Cependant, la perfection Spirituelle n'a pas encore été atteinte. C'est pour cette raison que les Alchimistes décrivaient ceux qui atteignaient ce stade comme ayant atteint la "Petite Pierre Philosophale".

FERMENTATION

L'étape de la Fermentation, également connue sous le nom de Putréfaction, marque le début de la descente de l'initié dans les ténèbres, pour finalement subir une mort Alchimique. Cette étape est connue sous le nom de "Nuit noire de l'Âme". Le Soleil et la Lune, après avoir trouvé l'harmonie dans l'étape de la Conjonction, sont maintenant éclipsés alors que leur passion initie le processus suivant, celui de la Fermentation, de la mort et de la décomposition. Ce processus de fermentation produira le Mercure Philosophique, l'essence Spirituelle qui transformera le corps, qui contient les énergies du Soleil et de la Lune. En tant que qualités individuelles, elles seront toutes deux modifiées avant de fusionner complètement, donnant naissance à une essence plus élevée en vibration et plus transcendante que jamais auparavant.

Le processus de fermentation, la nuit noire de l'Âme, est synonyme des trois jours que Jésus-Christ a passés en enfer avant sa résurrection. Il est également équivalent à la période d'Osiris dans les Enfers avant sa Résurrection. Toutes les mythologies de vie-mort-résurrection du passé impliquent ce même processus. Dans la nature, le processus de fermentation consiste à décomposer les sucres en alcool éthylique, produisant ce que nous appelons des "Esprits". Toutes les opérations Spirituelles trouvent leur reflet dans les processus de la nature - Comme en Haut, Comme en Bas.

Symboliquement, l'étape de la Fermentation est représentée visuellement par l'image d'un squelette se tenant au-dessus du Soleil et de la Lune éclipsés tandis qu'une résurrection, ou transformation, se produit. Il ne s'agit pas d'une mort physique, mais d'une mort métaphysique qui donne naissance à une nouvelle vie, car le Mercure philosophique transforme l'initié.

La Nuit noire de l'Âme peut être une expérience incroyablement douloureuse et horrifiante pour l'initié, et seuls ceux qui sont équilibrés pourront surmonter cette étape. Si l'initié manque d'équilibre à ce stade, il est susceptible d'être victime d'une série de problèmes mentaux, car l'esprit devient agité et incontrôlable lorsqu'il subit ce processus de mort. Cependant, les personnes de forte volonté qui persévèrent à travers cette étape seront récompensées par l'immortalité de leur Âme et une résurrection dans l'Esprit. Ainsi, la nuit noire de l'Âme sera surmontée.

Pour ceux qui vivent un éveil de la Kundalini, la nuit noire de l'A3me commence généralement par la libération du Feu intérieur, qui commence à brûler les aspects négatifs de la personnalité et de l'Égo qui empêchent l'Âme d'atteindre la libération. Le Feu intérieur, également appelé Feu secret par les Alchimistes, correspond à la Sushumna Nadi. Après de nombreuses années, le Feu Secret se transforme en une énergie Spirituelle liquide et rafraîchissante qui alimente l'ensemble du système Kundalini de l'initié éveillé. L'intégration de cette énergie transcendantale semblable à celle de Dieu signale l'obtention de l'Élixir de Vie. Une fois qu'il est obtenu, le stade Alchimique final de la coagulation est atteint.

Le Chakra de la Gorge, Vishuddhi, est attribué à l'étape de la Fermentation. Vishuddhi est le premier des Chakras Spirituels, le gouffre représentant la division entre l'Esprit et la Matière. La Fermentation exigeant la bonne qualité de chaleur ou de Feu, ce n'est pas le Feu volatil de Mars qui est nécessaire ici, mais plutôt le Feu calme de Mercure. Pour cette raison, Mercure est la Planète attribuée à ce processus. Dans la *Tablette d'Émeraude*, la ligne "Tu sépareras la Terre du Feu, le subtil de l'épais délicatement, et avec grande ingéniosité" se rapporte à l'étape de la Fermentation.

La Fermentation est réalisée par le biais de diverses activités qui apportent l'inspiration des Royaumes Supérieurs et nous connectent à l'Esprit qui est en nous. Ces activités comprennent, sans s'y limiter, les exercices rituels invoquant l'Élément Esprit, la prière dévotionnelle, la thérapie transpersonnelle, la méditation transcendantale et les drogues psychédéliques. S'ils sont effectués correctement, on assistera à un brillant déploiement de couleurs et à des visions significatives vécues par l'Oeil de l'Esprit. Cette phase du processus Alchimique est appelée "Queue de Paon".

Avec les exercices rituels présentés dans ce livre, le SIRP (invocation de l'Élément Esprit) est le processus qui commence le processus de Fermentation. Comme mentionné, la première étape du travail avec le SIRP sera la Conjonction, qui sera suivie par la Fermentation peu après. L'initié doit passer au moins neuf mois à travailler avec le SIRP dans le cadre du programme d'Alchimie Spirituelle, car cette période est égale au temps nécessaire pour donner naissance à un nouveau-né. Cette période et cette pratique symbolisent la résurrection de l'Âme et sa renaissance dans l'Esprit. Cette fois, cependant, pour l'initié, la résurgence est plus significative que jamais, ayant appris les leçons de vie des étapes Alchimiques précédentes.

DISTILLATION

Le processus de Distillation, également appelé Sublimation, est l'étape au cours de laquelle le stable devient instable, et l'instable devient stable. C'est le processus de purification qui consiste à libérer les essences volatiles de leurs liens matériels, puis à les recondenser. En ajoutant du Feu, ces essences volatiles liquides se transforment en Air. Ensuite, par condensation, elles se sont liquéfiées en Eau une fois de plus, mais maintenant elles sont purifiées. Chimiquement, ce processus implique l'ébullition et la condensation de la solution fermentée afin d'en augmenter la pureté.

L'imagerie utilisée pour représenter cette étape comprend un train de distillation, généralement en forme de Caducée d'Hermès, destiné à distiller l'Aqua Vitae, l'"Eau de Vie". Par la distillation, l'initié purifie l'Âme et l'Esprit. La Distillation exige une circulation constante et la nécessité de répéter le processus à maintes reprises. Grace à la Distillation, le pouvoir du Haut et du Bas est intégré dans un tout cohérent au sein de l'initié. La ligne de la *Table d'Êmeraude* faisant référence à la Distillation est la suivante : "Il monte de la Terre au Ciel et redescend sur la Terre, et reçoit le pouvoir des supérieurs et des inférieurs."

Avant l'étape suivante et finale de l'Alchimie, la psyché de l'initié doit être distillée pour éliminer encore plus les impuretés de l'Égo et de la fausse personnalité. Gardez à l'esprit que les résidus Karmiques de l'Égo nécessiteront que l'initié répète le processus d'Alchimie Spirituelle de nombreuses fois en revisitant les Eléments inférieurs et en travaillant avec eux.

La Distillation est un temps d'introspection pour élever la psyché au plus haut niveau possible, en se coupant complètement des émotions et de tout ce qui est lié à son sentiment d'identité personnelle. En raison de la réflexion intérieure nécessaire pour mener à bien ce processus, la Planète Lune est attribuée à l'étape de la Distillation. Puisqu'elle est destinée à faire naître le Soi transpersonnel, la Distillation culminerait dans le Chakra de l'Œil de l'Esprit, au niveau des Glandes Pituitaire et Pinéale. À travers le Chakra de l'Oeil de l'Esprit, la Lumière du Chakra Sahasrara est apportée à l'initié.

COAGULATION

La Coagulation est l'étape finale du Grand Œuvre, accomplie lorsque la transformation Alchimique complète s'est produite à l'intérieur de l'initié. C'est à ce moment que la Pierre Philosophale est perfectionnée, étant immuable et incorruptible, ce que l'initié a maintenant atteint. Une fois le Grand Œuvre achevé, l'Esprit et la Matière sont unis et ne font plus qu'un. La Terre et le Ciel sont désormais identiques pour l'initié. Il connaît directement la vérité du dicton Alchimique "Comme en Haut, Comme en Bas". Le serpent et le lion ne font qu'un.

Grace à cette expérience, l'initié est maintenant l'Adepte, immortel, illuminé et au-delà de la dualité. Visuellement, cette étape est symbolisée par l'Arbre de Vie, dont les fruits produisent l'élixir de vie. La gloire du Macrocosme du Ciel se reflète dans le Paradis terrestre du Microcosme. Malkuth a été élevé en Daath, et la Matière est devenue Esprit. L'initié fonctionne maintenant à travers les Supernaux où la sagesse et la compréhension sont obtenues par l'intuition perpétuelle, la plus haute des facultés intérieures.

Dans le processus d'éveil de la Kundalini, la phase de Coagulation commence lorsque le Feu intérieur atteint le Chakra de la Couronne, Sahasrara, activant pleinement le Corps de Lumière. Ensuite, il faut de nombreuses années pour que la conscience s'aligne sur le corps Spirituel et que le Soi Supérieur, le Saint-Ange Gardien, se manifeste comme une présence vivante. Avec le temps, l'initié éveillé par la Kundalini atteint son but et devient illuminé. Atteindre ce but est la destinée ultime de tout individu qui fait l'expérience d'un éveil complet et permanent de la Kundalini.

La Coagulation est attribuée au Sahasrara Chakra, le plus élevé des Chakras personnels. La Coagulation s'accompagne d'une confiance inébranlable et d'un état de conscience élevé permanent qui s'exprime par les aspirations et les états d'esprit les plus élevés.

Le Corps de Lumière, synonyme de la Pierre Philosophale, est maintenant atteint et pleinement activé, permettant à l'Adepte d'être présent et conscient sur tous les niveaux et dimensions de la réalité simultanément. Grace à un éveil complet de la Kundalini, l'Ambroisie dans le cerveau se sécrète au fil du temps, servant de nourriture céleste pour le corps, nourrissant et rajeunissant les cellules. Cette

Ambroisie est l'Élixir de Vie. On l'obtient lorsque le Feu Secret de la Prima Materia a été libéré de ses liens matériels et purifié dans le corps physique, l'Alambic. La Coagulation apporte finalement le Nirvana, une émotion entièrement ravie et extatique ressentie dans le Chakra du Cœur, Anahata. L'initié devient capable de pratiquer le *Samadhi* à volonté.

Dans *La Tablette d'Émeraude*, la ligne relative à la Coagulation est la suivante : "Ainsi, tu auras la gloire du monde entier ; c'est pourquoi toute obscurité s'enfuira de toi. C'est la force forte de toute force, qui vaincra toute chose subtile, et pénètrera toute chose solide."

Le stade de la Coagulation est attribué au Soleil, ce qui est approprié étant donné qu'à ce stade, l'Alchimiste a trouvé son or et a obtenu la "Grande Pierre Philosophale". La Coagulation signifie le retour au jardin d'Eden ; seulement maintenant, l'Adepte est en phase avec la conscience cosmique et fait partie des Lois Universelles.

LA FORMULE D'ALCHIMIE SPIRITUELLE DU *MAGUS*

La formule en trois parties de séparation, de purification et de recombinaison est celle que nous devons suivre lorsque nous nous lançons dans notre voyage intérieur d'Alchimie Spirituelle avec les Cinq Éléments. Le processus Alchimique commence avec l'Élément Terre, où nous devons stabiliser et ancrer notre énergie. Nous y parvenons en travaillant avec le LIRP de la Terre pendant un certain temps. L'invocation de l'Élément Terre marque d'abord le début de l'étape de Calcination, où l'on obtient une chaleur douce et régulière qui commence à décomposer le vieux Soi. L'étape de Calcination se poursuit avec l'Élément Feu, car le Feu est l'Élément de purification et de transformation.

Étant donné que l'Air est la Lumière et que la Lumière est le guérisseur ultime de l'esprit, du corps et de l'Âme, l'Élément Air est l'étape suivante après la Terre, où nous devons insuffler de nouvelles façons de penser et d'imaginer. Là encore, nous devons travailler avec l'Air pendant un certain temps, cette fois plus longtemps qu'avec l'Élément Terre. Ici, nous travaillons sur l'Égo et transformons tout émetteur de pensées négatives présent dans le subconscient, car l'Élément Air nous permet d'aller en profondeur et d'examiner le contenu de nos pensées les plus intimes. Ce processus entame l'étape de la Séparation qui nous dévoilera notre Âme. L'étape de la Dissolution commence à la fin du travail avec l'Élément Air et se poursuit dans la phase suivante du travail avec l'Élément Eau.

L'arrivée de l'Élément Eau marque la poursuite de l'étape de Dissolution, où l'Âme est exaltée et l'Égo subjugué. Cette partie du processus implique l'application de l'énergie de l'amour inconditionnel à travers les "Eaux de la Création". Ici, l'Esprit et l'Âme sont séparés, pour être réunis à l'étape suivante de la Conjonction.

Avant la Conjonction, cependant, une purification par l'Élément Feu est nécessaire. Le Feu ardent de Manipura Chakra brûle les pensées, émotions et croyances improductives concernant le Soi et le monde extérieur, renouvelant et transformant ainsi le Soi à de nombreux niveaux.

La Conjonction se produit une fois qu'un travail suffisant a été accompli avec l'Élément Feu et que le Soi a été renouvelé. Comme l'Élément Feu opère à travers les Éléments Terre, Eau et Air, une unification de ces parties du Soi se produit une fois que les énergies sont ancrées et qu'aucune purification supplémentaire n'est nécessaire à ce stade du Grand Œuvre. La conjonction se poursuit lorsque l'initié recombine les composantes masculine et féminine par des invocations de l'Élément Esprit, l'âme et l'esprit étant à nouveau réunis. Elle est cependant de courte durée, car l'étape suivante de Fermentation est provoquée par la poursuite de l'invocation de l'Élément Esprit.

Toutes ces étapes de l'Alchimie Spirituelle prennent un temps spécifique. Il faut donc respecter le temps imparti à chaque étape pour réussir. Pour y parvenir correctement, vous devez travailler avec le Feu pendant beaucoup plus longtemps que les trois autres Éléments qui le précèdent, car en invoquant le Feu, vous purifiez également les trois Éléments précédents.

La Fermentation suit la Conjonction et résulte de la réunion de l'Âme et de l'Esprit par l'énergie de l'amour inconditionnel. La Fermentation marque le début de la nuit noire de l'Âme, où nous devons renaître, métaphoriquement parlant. C'est l'étape de recombinaison où les Quatre Éléments purifiés sont réunis en un tout encore plus grand, désormais sous la présidence de l'Esprit et du Soi Supérieur. Comme il s'agit d'un processus de recombinaison, qui prend du temps à s'accomplir, l'Esprit est censé être invoqué pendant un temps encore plus long que l'Élément Feu.

L'étape suivante de la distillation consiste à travailler la formule alchimique à plusieurs reprises afin de "perfectionner la Pierre", comme le conseillaient les Alchimistes. Il ne suffit pas de travailler une seule fois avec les Éléments en ordre successif, car ce cycle doit être répété encore et encore. Vous pouvez passer toute une vie à travailler avec cette formule Alchimique, et chaque fois, vous avancerez plus loin sur le chemin de votre évolution Spirituelle.

La dernière étape de la Coagulation est l'obtention de la Pierre Philosophale, lorsque plus aucun travail ne peut être effectué et que la conscience individuelle s'est unie à la Conscience Cosmique. Ils ont trouvé l'Élixir de Vie. Cette étape marque l'achèvement du Grand Œuvre et l'atteinte de l'Illumination. C'est le Royaume de Dieu qui se manifeste dans cette vie. La Coagulation est difficile à atteindre, et beaucoup passeront leur vie à travailler avec la formule de l'Alchimie Spirituelle pour y parvenir.

Figure 60: Magie Cérémonielle de l'Aube Dorée

Gardez à l'esprit que les auteurs Alchimistes ont délibérément mélangé les processus exacts de l'Alchimie Spirituelle car l'ordre des étapes à suivre n'est pas toujours séquentiel. Néanmoins, la formule d'Alchimie Spirituelle que nous suivons dans *The Magus* (avec les cinq invocations Élémentaires de la Terre, de l'Air, de l'Eau, du Feu et de l'Esprit) a fait ses preuves depuis plus d'un siècle dans les Ordres de Magie Cérémonielle tels que l'Aube Dorée et l'Ordo Templi Orientis. J'ai vu ces rituels fonctionner dans ma vie et dans celle d'innombrables personnes que j'ai rencontrées au cours de mon voyage Spirituel. C'est pour cette raison que j'ai présenté le programme d'Alchimie Spirituelle avec les Cinq Eléments qui doivent être suivis dans l'ordre exact donné pour des résultats optimaux.

PART VII: MAGICK ÉNOCHIEN

LE SYSTÈME DE MAGIE ÉNOCHIENNE

La Magie Énochienne est la forme la plus élevée de Magie Cérémonielle qui existe aujourd'hui, dont le pouvoir et l'efficacité pour faire avancer l'évolution Spirituelle d'un individu est immense. Puisqu'une grande partie de tout système Magique consiste à éliminer les blocages Karmiques dans les Chakras, considérez l'analogie suivante concernant le pouvoir de la Magie Énochienne. Imaginez que les blocages Karmiques sont un rocher géant au bord de la mer. Les exercices rituels présentés dans la section "Magie Cérémonielle" peuvent être comparés à l'eau d'une marée qui travaille continuellement sur ce rocher et l'érode au fil du temps. La Magie Énochienne serait comparée à une boule de démolition s'écrasant sur le rocher.

Maintenant, vous pensez peut-être que ce doit être une bonne chose de supprimer les blocages Karmiques de la manière la plus rapide possible, mais ce n'est pas toujours le cas. L'esprit doit être prêt à recevoir ces nouveaux influx d'énergie dont la Magie Énochienne ouvre les portes, car une fois qu'elles sont ouvertes, on ne peut plus les fermer. L'esprit doit travailler à travers ces nouveaux états de conscience et les intégrer de manière sûre et efficace dans la psyché.

Dans la tradition juive, il est d'usage que la Qabalah ne soit pas présentée aux rabbins avant l'âge de quarante ans, en raison de son pouvoir d'ouvrir les portes de l'esprit. Que pensez-vous que l'on puisse dire de la Magie alors, en particulier de la Magie Énochienne? Ces Clés Énochiennes sont très puissantes, et il faut être prudent sur ce chemin.

En raison de sa puissance, la Magie Énochienne ne doit être pratiquée qu'après avoir terminé le programme d'Alchimie Spirituelle avec les Cinq Eléments. La Magie Énochienne offre aux aspirants Mages un nouveau niveau d'Alchimie Spirituelle. Elle permet d'aller encore plus loin dans l'esprit, le corps et l'Âme, ainsi que dans les Chakras. La Magie Énochienne est considérée comme un "Travail de l'Ombre" parce qu'à travers son utilisation, vous travaillez avec les aspects les plus sombres du Soi et les transformez. Pour cette raison, vous devez avoir une base solide dans les Cinq Éléments de votre être.

La Magie Énochienne est un vaste système avec de nombreuses parties complexes. Le domaine de la Magie Énochienne qui nous intéresse dans cet ouvrage est celui des dix-neuf Clés Énochiennes, ou Appels, souvent appelées Clés Angéliques. Chaque clé sert de *Mantra* qui doit être prononcé à haute voix et vibré pour obtenir l'effet désiré. Ces dix-neuf clés se décomposent en deux clés Spirituelles (active et passive), quatre clés Élémentaires et trois clés sous-Élémentaires pour chacun des Quatre Éléments. La dix-neuvième et dernière Clé, appelée Clé Aethyr, est une opération en Soi. Cette Clef contient les Trente Aethyrs. Elle se rapporte aux couches de l'Aura qui sont comme les couches d'un oignon.

Avant de procéder à l'invocation des Clés, il est essentiel de vous donner quelques informations sur la Magie Énochienne, y compris son histoire, ses différentes composantes, ses objectifs, et tout ce que vous pouvez avoir besoin de savoir pour vous aider à comprendre ce sujet.

JOHN DEE ET EDWARD KELLEY

John Dee a servi la Reine Elizabeth I comme Astrologue de la cour. Il n'était pas seulement un Astrologue renommé, mais aussi un Mage qui a consacré une grande partie de sa vie à l'étude de l'Alchimie, de la Divination et de la Philosophie Hermétique. Edward Kelley était l'associé et le partenaire psychique de Dee à l'époque. Ensemble, Dee et Kelley sont à l'origine de la Magie Énochienne.

Le système de la Magie Énochienne a été transmis à Dee et Kelley par un groupe d'Anges qu'ils ont contacté par la méthode de la scrutation. Ces communications Angéliques ont duré de 1582 à 1589. Les Anges que Dee et Kelley ont contactés se sont révélés être des habitants des Royaumes Subtils, appelés les Tours de Garde et les Aethyrs. Dee et Kelley croyaient que leurs visions leur donnaient accès aux secrets contenus dans le texte apocryphe et Biblique appelé le *Livre d'Enoch*.

Canaliser signifie recevoir des informations d'entités d'un autre monde, comme les Archanges, les Anges, les Démons ou d'autres Êtres non physiques qui existent dans les Plans Divins de la réalité. Scruter signifie regarder dans un support particulier (tel qu'un cristal ou un miroir noir) pour obtenir des messages significatifs, des aperçus ou des visions des Plans Cosmiques.

Kelley était chargé d'effectuer les recherches et de recevoir les messages canalisés, tandis que Dee était chargée d'enregistrer les informations. La méthode de scrutation et de canalisation de Kelley consistait à utiliser une shewstone. Cette pierre était un cristal noir, de la taille d'un œuf, également connu sous le nom de Boule de Cristal.

LANGUE ÉNOCHIENNE (ANGÉLIQUE)

John Dee et Edward Kelley ont été capables de canaliser une série de Tablettes provenant des Anges avec lesquels ils étaient en communication. Ces Tablettes énigmatiques sont appelées les Quatre Tours de Garde et la Tablette de l'Union. Elles constituent la base du système Énochien. Chaque Tablette est divisée en carrés, chaque carré contenant une rune (symbole) unique. Les runes constituent l'Alphabet Énochien. Dee et Kelley ont également créé un ensemble de sceaux et de Talismans Magiques représentant les lettres Énochiennes. Le travail Magique avec ces objets est réservé aux étudiants avancés de la Magie Énochienne.

La langue Énochienne est unique en son genre. Chaque lettre correspond à une signification Magique spécifique et à un nombre Gematrique. En utilisant le pouvoir des Noms Divins, on peut évoquer des Déités spécifiques des Tours de Garde. Les Noms Divins, dans ce cas, sont différents ensembles de lettres Énochiennes qui sont assemblés en fonction de la signification de chaque lettre.

L'Alphabet Énochien contient toute une richesse de connaissances. Il n'est cependant pas nécessaire de l'apprendre dans le cadre de ce travail, puisque nous travaillerons uniquement avec la prononciation phonétique des Clés Énochiennes. L'utilisation de la prononciation phonétique évoquera l'énergie de chaque Clé. Il est essentiel de prononcer chaque mot de la manière correcte dont il est écrit pour obtenir l'effet désiré d'évocation de l'énergie de la Clé.

Selon les journaux de Dee, la langue Énochienne était décrite comme "Angélique", souvent appelée "langue des Anges" ou "première langue de Dieu-Christ". Il a même appelé la langue Énochienne "Adamique" puisque, selon les Anges qui l'ont canalisée, cette langue était utilisée par Adam dans le jardin d'Eden. Le nom "Énochien" fut finalement donné à cette langue puisque, selon l'affirmation de Dee, Enoch (le patriarche Biblique) fut le dernier humain avant Dee et Kelley à la connaître et à la parler.

LES QUATRE TOURS DE GUET ET LA TABLETTE DE L'UNION

Les Quatre Tours de Guet représentent chacune un des Quatre Éléments de la Terre, de l'Air, de l'Eau et du Feu, tandis que la Tablette de l'Union représente le cinquième Élément, la Quintessence-Esprit (Figure 61). Chacune des Quatre Tours de Guet est attribuée à l'une des quatre directions cardinales et, avec la Tablette de l'Union, elles englobent notre Planète Terre.

"Indépendamment de leur origine, ces Tablettes et l'ensemble du système Énochien représentent des réalités des Plans Intérieurs. Leur valeur est incontestable, comme le prouvent seulement un peu d'étude et d'application." Israël Regardie, extrait de "L'Aube Dorée".

Chaque carré des Tables de la Tour de Garde représente une zone particulière des Mondes Cosmiques intérieurs. Chaque Tour de Garde est sous le contrôle d'une hiérarchie d'Êtres Divins. Ces Êtres Divins varient en nature, certains sont des Anges, d'autres des Démons, d'autres encore sont associés aux Divinités du panthéon Égyptien. Ensemble, ces divers Êtres Divins appartiennent aux Plans Intérieurs et sont une représentation du Principe Hermétique de correspondance.

Pour des raisons de simplicité, nous ne travaillerons pas directement avec les Tablettes Énochiennes. Au lieu de cela, nous travaillerons uniquement avec les Clés Énochiennes. Néanmoins, il se peut que vous rencontriez certaines de ces Déités en utilisant les Clés.

Grace aux quatre Tables de la Tour de Garde et à la Tablette de l'Union (ainsi qu'à l'aide des Anges eux-mêmes), Dee et Kelley ont pu présenter les quarante-neuf Clés Énochiennes. Ces Clés ont été écrites dans la langue Énochienne pour être prononcées à haute voix, phonétiquement. Comme indiqué, cela signifie qu'elles doivent être lues comme elles sont écrites.

Pour puiser dans l'énergie d'une Clé Énochienne, il suffit de la réciter phonétiquement. Pour clarifier, les Clés Énochiennes sont des évocations (et non des invocations), ce qui signifie que les états de conscience énergétiques dans lesquels elles nous permettent d'entrer font partie de nous. Dans une évocation, l'énergie ne se déverse pas dans l'Aura depuis l'Univers extérieur. Au lieu de cela, nous accédons à une porte vers un état de conscience particulier en nous. Une fois que nous entrons dans cet état, nous puisons dans l'énergie Angélique et (ou) Démoniaque présente. C'est pourquoi la Magie Énochienne est considérée comme un "Travail de l'Ombre", puisque vous accédez à une partie de vous-même (bonne et mauvaise) et que vous apprenez et évoluez à partir de celle-ci.

De la même manière qu'avec les rituels d'invocation du Pentagramme et de l'Hexagramme, l'énergie que nous évoquons à travers les Clés Énochiennes reste dans l'Aura pendant toute la journée jusqu'à ce que nous allions dormir et que nous permettions à notre conscience de se projeter hors de l'état dans lequel elle se trouvait après la récitation de la Clé Énochienne. Avant que cela ne se produise, cependant, une série de visions ou de rêves inondent la conscience.

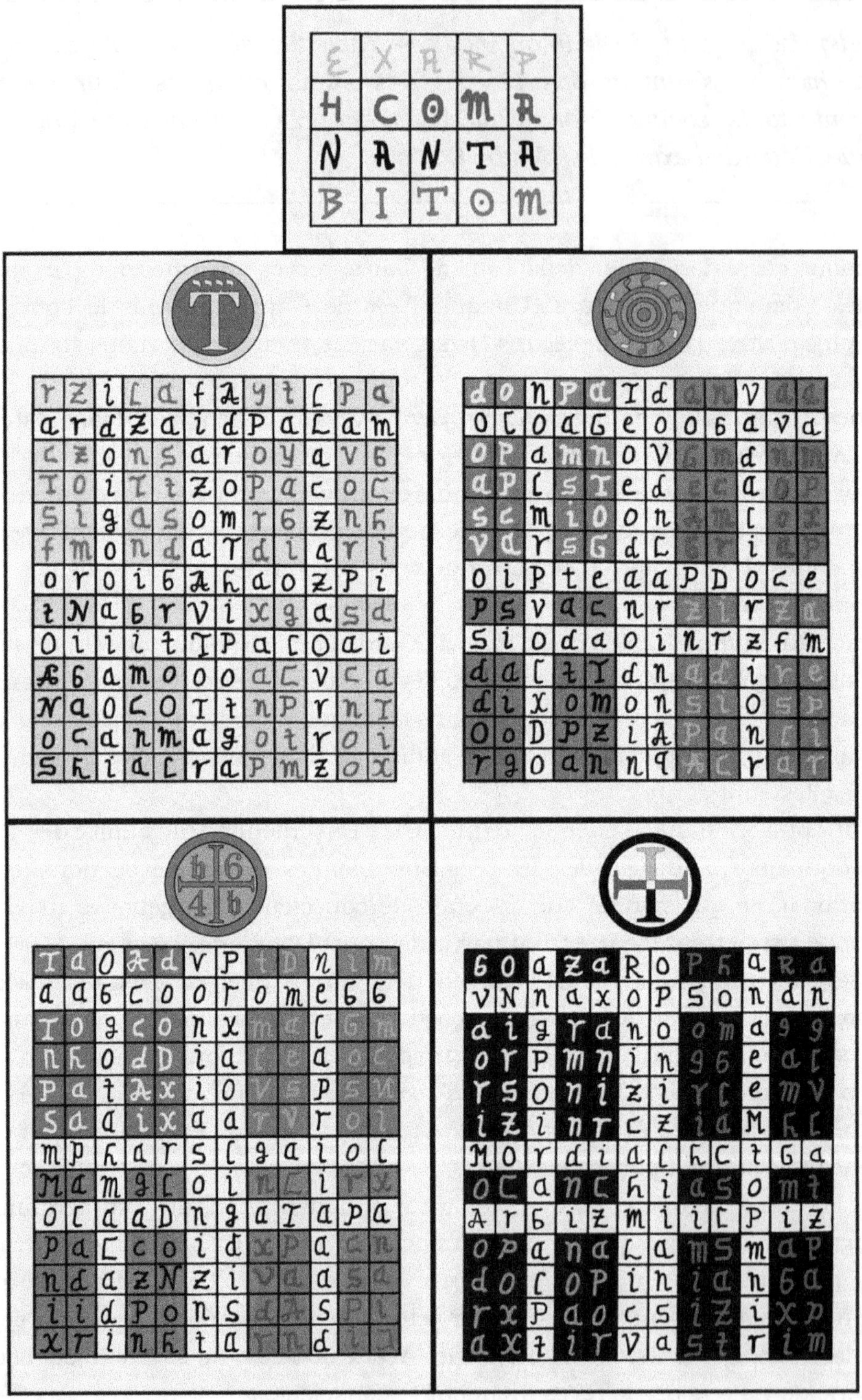

Figure 61: Les Quatre Tours de Guet et la Tablette de l'Union

L'AUBE DORÉE ET LA MAGIE ÉNOCHIENNE

Après la mort de Dee et Kelley, la Magie Énochienne est tombée dans l'obscurité. Puis, leur travail a été redécouvert à la fin du XIXe siècle par une confrérie ésotérique d'Adeptes, connue sous le nom d'Ordre Hermétique de l'Aube Dorée. C'était la première fois que la Magie Énochienne recevait de l'attention depuis des centaines d'années.

S.L. MacGrÉgor Mathers, W. Wynn Westcott et le Dr W. Robert Woodman de l'Aube Dorée sont à l'origine de cette renaissance de la Magie Énochienne. Voyant son pouvoir d'aider à l'évolution Spirituelle, ils l'ont incluse dans leur système de Magie Cérémonielle. Ces hommes ont poursuivi le développement de la Magie Énochienne en la mettant en corrélation avec la Qabalah et le Tarot. Grace à cette relation, ils ont pu placer le système de Magie Énochienne sur l'Arbre de Vie.

Dans le système d'avancement Spirituel des différents Ordres de l'Aube Dorée d'aujourd'hui, la Magie Énochienne est incluse dans le travail une fois que l'initié a atteint le niveau d'Adeptus Minor et a complété l'Ordre Extérieur. L'initié est d'abord introduit aux énergies de la MagiE Énochienne par le SIRP (Grade de Portail), qui utilise la Tablette Énochienne d'Union pour invoquer l'Elément Esprit. Depuis la création de l'Ordre Hermétique de l'Aube Dorée jusqu'à aujourd'hui, la Magie Énochienne est considérée comme le joyau de la couronne de l'Ordre Intérieur dans les nombreuses écoles de Mystère de l'Aube Dorée qui existent aujourd'hui.

Israël Regardie a d'abord présenté la Magie Énochienne au grand public dans son ouvrage le plus influent, *L'Aube Dorée.* Des années plus tard, un autre membre de l'Ordre Hermétique de l'Aube Dorée, Aleister Crowley, a exploré chacun des Trente Aethyrs et a publié ses expériences dans son livre, *The Vision and the Voice*, exposant ainsi davantage le grand public à la Magie Énochienne. Après avoir quitté l'Aube Dorée, Crowley a rejoint l'Ordo Templi Orientis, le réorganisant et faisant de la Magie Énochienne une partie de leur système.

LE BUT DE LA MAGIE ÉNOCHIENNE

L'enseignement essentiel de la Magie Énochienne est que l'expression de la Divinité est systématique. Toutes les manifestations de la Création commencent dans le Monde Spirituel et s'expriment à travers les Plans Cosmiques jusqu'à ce qu'elles atteignent la dimension de l'Espace et du Temps, affectant ainsi le Monde Physique. Les Plans et Sous-Plans situés entre le Monde Spirituel et le Monde Physique ne peuvent être expérimentés par les cinq sens physiques. On ne peut y accéder que par le Chakra de l'Oeil de l'Esprit.

Les cinq Plans majeurs du système de Magie Énochienne correspondent aux Cinq Éléments. Chacun est représenté par l'une des quatre tables de veille et la table d'union. Les Trente Aethyrs traversent ces Plans. Ils sont considérés comme les expériences Spirituelles et les leçons de l'Âme des Cinq Éléments et des Plans Cosmiques auxquels ils se rapportent. En pratiquant les évocations des Clés Énochiennes, on peut accéder à chacun de ces Plans via le Corps de Lumière dans l'Aura. Grace à ces pratiques, l'initié a accès à des leçons et des connaissances inestimables sur l'Univers et sur lui-même. Il peut ainsi poursuivre son voyage d'expansion de conscience et d'évolution Spirituelle.

L'intention de la Magie Énochienne et de ces pratiques est que l'initié fusionne son Microcosme avec le Macrocosme - en d'autres termes, qu'il unisse son Soi subjectif avec l'Univers objectif dans son ensemble. C'est le grand objectif final de la Magie Énochienne. Cependant, un objectif plus immédiat et plus accessible est de gagner le contrôle de sa vie.

Grace à la pratique progressive et à l'expérience des Trente Aethyrs, les objectifs de la Magie Énochienne peuvent être atteints. En cours de route, l'initié aura accès à son Saint-Ange Gardien, son Soi Supérieur, afin de poursuivre son évolution Spirituelle. Grace à ce travail, nous nous purifions, nous nous débarrassons de ce qui ne nous sert plus tout en renforçant nos précieuses qualités. Ainsi, le but de l'Énochienne Magie est le développement Spirituel avec l'Illumination comme objectif final, comme c'est le but de toutes les pratiques Spirituelles bénéfiques.

Les Trente Aethyrs sont séquencés progressivement, et ceux qui les traversent, un par un, peuvent progresser davantage dans leur voyage Spirituel, pour finalement atteindre la vérité et l'essence de la réalité. Le chemin lui-même est un voyage à travers les Cinq Éléments et au-delà. C'est un voyage vers la Source de toute la Création - Dieu.

Notez que votre travail avec les exercices rituels Élémentaires invoqués par le LIRP et le SIRP vous préparera mentalement et émotionnellement à ce voyage de Magie Énochienne. Comme nous l'avons mentionné, le SIRP est une introduction aux énergies de la Magie Énochienne puisque les noms des dieux de la Tablette de l'Union sont utilisés dans chaque direction cardinale.

Avec de la pratique, en faisant le voyage progressif à travers les Aethyrs, vous cultiverez le discernement et serez capable de voir à travers l'illusion. Par ce processus, vous vous alignerez sur votre volonté véritable et laisserez derrière vous les parties du Soi qui ne vous servent plus. Puisque vous travaillez avec votre Moi de l'ombre, vous devrez affronter directement les aspects sombres de votre Être et apprendre à les surmonter.

Il est essentiel de comprendre que la Magie Énochienne est basée sur la loi du Karma. Par conséquent, ceux qui cherchent à pratiquer cette Magie pour des raisons autres que le développement Spirituel doivent reconsidérer leurs motivations, sinon ils seront sujets à la souffrance. La Magie Énochienne développe les objectifs des exercices rituels précédents présentés dans cet ouvrage. Ces objectifs comprennent le contrôle conscient de vos pensées, de vos émotions et de vos actions. Vos circonstances extérieures (à l'état de veille et de rêve) reflètent votre état intérieur. En tant que telles, vos conditions peuvent être consciemment contrôlées par votre volonté intérieure. De telles leçons de vie sont continuellement enseignées sur le chemin de la Magie.

LES PLANS COSMIQUES

Le modèle des Plans Cosmiques est présent dans le système de la Magie Énochienne, ce qui atteste de sa validité en tant que système complet contenant toute la Création. Le Plan Physique est le plus bas d'une série progressive de Plans Cosmiques qui constituent toute l'existence. Il est le plus dense de tous les Plans. Il existe de multiples mondes invisibles autour de la Planète Terre, des réalités parallèles qui existent simultanément avec notre réalité physique. Comme le dit Hermès dans la *Table d'Émeraude*, ces mondes fonctionnent à l'unisson pour "accomplir les miracles de la Chose Unique".

Après le Plan Physique, vient le Plan Astral Inférieur. Comme il est très proche du Plan Physique, il correspond à l'Élément Terre, bien qu'il s'agisse, en fait, d'un royaume plus éthéré. En tant que tel, il est souvent appelé le Plan Éthérique. L'Élément Terre correspond au Chakra Racine, Muladhara, et contient quatre sous-Éléments en son sein. Ces sous-Éléments sont la Terre de la Terre, l'Eau de la Terre, l'Air de la Terre et le Feu de la Terre. Dans le système Énochien, les Clés qui correspondent à l'Élément Terre sont la cinquième, la treizième, la quatorzième et la quinzième. Gardez à l'esprit que l'Élément Terre exprime le Plan Astral Inférieur, mais aussi le Plan Physique, les deux Plans se fondant l'un dans l'autre.

Après le Plan Astral Inférieur se trouve le Plan Astral Supérieur, qui est associé à l'Élément Eau. On l'appelle souvent le Plan Émotionnel. L'Élément Eau correspond au Chakra Sacré, Swadhisthana, et contient les sous-Éléments Eau d'Eau, Terre d'Eau, Air d'Eau et Feu d'Eau. Les Clés Énochiennes qui correspondent à l'Élément Eau sont la quatrième, la dixième, la onzième et la douzième.

Après le Plan Astral supérieur vient le Plan Mental Inférieur, qui est associé à l'Élément Air. Il correspond au Chakra du Cœur, Anahata, et contient en son sein les sous-Éléments Air de l'Air, Terre de l'Air, Eau de l'Air et Feu de l'Air. Les Clés

Énochiennes qui correspondent à l'Élément Air sont la troisième, la septième, la huitième et la neuvième.

Le Plan Mental Supérieur est le suivant dans l'ordre. La correspondance Élémentaire est ici le Feu, associé au Chakra du Plexus Solaire, Manipura. Au sein de l'Élément Feu se trouvent les sous-Éléments Feu du Feu, Terre du Feu, Eau du Feu et Air du Feu. Les Clés Énochiennes liées à l'Elément Feu sont les Sixième, Seizième, Dix-septième et Dix-huitième Clés.

En progressant davantage, nous arrivons sur le Plan Spirituel qui correspond naturellement à l'Élément Esprit. Trois Chakras sont associés à l'Élément Esprit. Ce sont la Gorge (Vishuddhi), l'Oeil de l'Esprit (Ajna) et la Couronne (Sahasrara). Les Clés Énochiennes qui correspondent à l'Élément esprit sont la première et la deuxième Clé.

Au-delà du Plan Spirituel se trouvent des Plans insondables pour l'esprit humain, dépassant toute description. Ce sont les Plans Divins. Ces Plans sont associés aux Chakras Transpersonnels qui existent au-delà du Sahasrara. Dans le système Énochien, l'Aethyr de LIL a le potentiel d'offrir un petit aperçu de ces Plans, mais pas plus que cela. Il est essentiel de mentionner l'existence des Plans Divins car ils sont bel et bien authentiques, mais comme nous ne pouvons pas les définir, nous les regrouperons tous en un seul Plan Divin pour plus de clarté et de compréhension.

Il existe sept Plans d'existence au total, dont le Plan Physique et le Plan Divin. Les cinq premiers ont été décrits, tandis que le Plan Divin est au-delà de toute description. Et n'oubliez pas que le Plan Divin est pluriel, car il y en a plusieurs. Les cinq Plans intérieurs situés sous le Plan Divin sont accessibles aux êtres humains. Cependant, la plupart des gens ne reconnaissent que le Plan Physique le plus dense et le plus bas, le Plan de la Matière.

Les six Plans Cosmiques englobent notre Monde Physique. Comme les couches d'un oignon, ces Plans sont concentriques, chaque Plan contenant les Plans inférieurs. Les limites de chaque Plan sont infranchissables par un Élément lié au Plan qui le précède.

LE CORPS DE LUMIÈRE ET LES CORPS SUBTILS

Tout comme chaque humain a un corps physique, nous avons tous un corps de Lumière ou Corps de Lumière. Nous sommes nés avec, et il fait partie de nous tant que notre corps physique est vivant. Sur le corps physique, une corde argentée non physique part du sommet de la tête et est reliée au Corps de Lumière. Tout au long de notre vie, cette connexion demeure, jusqu'au moment de la mort où elle est coupée. Après la mort, notre corps physique retourne sur la Terre d'où il est venu, tandis que le Corps de Lumière poursuit son voyage vers la prochaine incarnation.

Au cours de nos premières années d'enfance, nos âmes étaient libres et, grace à cette liberté, notre conscience pouvait faire l'expérience du Corps de Lumière. Lorsque notre corps physique a commencé à grandir, l'Égo a commencé à se développer en tant que protecteur du corps physique. Le véhicule de l'Âme est le Corps de Lumière, tandis que le véhicule de l'Égo est le corps physique. Grace au développement de l'Égo, notre conscience individuelle a naturellement commencé à s'aligner sur le corps physique et ses besoins. Ce processus a coupé notre connexion avec l'Âme et le Corps de Lumière.

C'est pour cette raison que de nombreuses personnes déclarent avoir eu des expériences extracorporelles dans leur enfance, mais avoir ensuite perdu cette capacité au début de leur adolescence et à l'âge adulte. L'un des objectifs de l'éveil complet et permanent de la Kundalini est d'activer pleinement le Corps de Lumière, éveillant ainsi tous ses potentiels latents. En éveillant la Kundalini et en l'élevant jusqu'à la Couronne, la conscience individuelle est libérée de l'emprise de l'Égo et du corps physique, ce qui lui permet de se réaligner avec l'Âme et le Corps de Lumière nouvellement activé.

Comme mentionné dans un chapitre précédent, le Corps de Lumière est synonyme de corps arc-en-ciel. Les différentes fréquences de la Lumière constituent les différentes couleurs de l'arc-en-ciel. Ces couleurs s'expriment à travers le système Chakrique, qui fait partie intégrante du Corps de Lumière. Lorsque le Feu de la Kundalini revigore le Corps de Lumière au cours du processus d'éveil, les Chakras commencent à fonctionner à leur niveau optimal. La conscience peut alors faire l'expérience de la totalité de tous les Chakras au lieu de rester bloquée dans un Chakra ou un autre.

Le Corps de Lumière sert de vaisseau, de véhicule par lequel l'Âme peut traverser et explorer les différents Plans d'existence au-delà du Plan Physique. Grace aux Clés Énochiennes, ainsi qu'à une volonté et une imagination concentrées, l'Âme peut voyager à travers ces différents Plans et Sous-Plans Cosmiques avec le Corps de Lumière. Ce type de voyage est appelé Voyage Astral ou "Voyage dans la Vision de l'Esprit". Il s'agit d'une expérience Extracorporelle induite consciemment, par opposition aux Rêves Lucides, qui sont des expériences Extracorporelles involontaires.

Il est essentiel de comprendre que vous n'avez pas besoin d'éveiller l'énergie de la Kundalini pour utiliser votre Corps de Lumière. Rappelez-vous que vous en avez reçu un à la naissance et qu'il vous accompagnera toute votre vie. L'énergie Kundalini active tous les potentiels latents du Corps de Lumière et y aligne votre conscience. Cependant, même sans cette activation complète, vous pouvez toujours utiliser le Corps de Lumière à un haut degré.

La Lumière étant une substance ténue, sa forme n'est pas fixe, ce qui signifie que le Corps de Lumière peut être transformé grace à votre volonté et à votre imagination.

Tout exercice de visualisation où vous imaginez ce que c'est que d'incarner l'Esprit d'un objet animé ou inanimé est un exercice d'utilisation du Corps de Lumière.

Un autre exercice fréquent dans les ordres Magiques est la capacité d'assumer la forme des différents Dieux ou Déesses de divers panthéons Spirituels. Pour ce faire, vous devez imaginer le Dieu ou la Déesse de votre choix et appliquer votre volonté pour prendre cette forme. En restant concentré et en maintenant la vision dans votre imagination pendant une courte période, vous adopterez la forme Divine. Vous ressentirez la forme Divine et aurez un aperçu de ce que c'est que d'être ce Dieu ou cette Déesse.

Alors que l'Aura humaine est le Microcosme, le monde extérieur (notamment notre Système Solaire) est le Macrocosme. À l'intérieur de l'Aura, le Corps de Lumière peut se transformer en l'un des Corps Subtils, qui servent de véhicules à l'Âme pour faire l'expérience des Plans Cosmiques Intérieurs correspondants (chaque Corps Subtil correspond à un Plan Cosmique Intérieur). L'Aura est donc un miroir, qui reflète et contient les différentes énergies de tout le Système Solaire dans le système humain.

Par essence, l'être humain est un point de conscience localisé dans un corps physique, avec un centre qui n'est nulle part et une circonférence qui est partout. Notre centre est notre Microcosme, tandis que la totalité de notre conscience est le Macrocosme - l'un reflète et contient la puissance de l'autre. L'Univers connu est une manifestation des Plans Cosmiques qui le composent, et nous pouvons explorer l'Univers en faisant en sorte que notre conscience habite l'un des Corps Subtils de l'un des Plans Cosmiques (ou Sous-Plans).

Il est crucial de comprendre que ces Plans Cosmiques occupent tous le même Temps et le même Espace que le corps physique. Ils ont des taux ou des fréquences de vibration variables avec lesquels la conscience s'aligne pour en faire l'expérience. Ils n'existent pas à l'extérieur de vous, mais à l'intérieur. Les Clés Magiques Énochiennes servent de Fourchettes d'Accord qui nous accordent à ces différentes fréquences de vibration, qui sont les Plans Cosmiques et leurs Sous-Plans.

Puisque le Corps de Lumière prend une forme différente pour chacun des Plans Cosmiques d'existence, par l'évocation d'une Clé Énochienne, nous pouvons nous concentrer sur le Plan Cosmique intérieur que nous voulons visiter et faire l'expérience de ce Plan avec le Corps Subtil qui lui correspond. Le système de la Magie Énochienne est un système complet qui englobe la totalité de tous les Plans Cosmiques, et chaque Clé Énochienne ouvre la porte à un Plan Cosmique (ou un Sous-Plan) que vous pouvez explorer avec son Corps Subtil.

Pour explorer un Plan (ou Sous-Plan) Cosmique, il n'est pas nécessaire d'avoir un éveil de Kundalini pour activer pleinement votre Corps de Lumière mais de faire l'évocation d'une Clé Énochienne correspondante. Ce faisant, vous ferez passer votre conscience dans le Corps Subtil de ce Plan Cosmique. Ce déplacement se produit lorsque votre Aura est imprégnée de l'énergie évoquée de la Clé Énochienne choisie.

Une fois l'évocation terminée, ce processus se produit naturellement, avec ou sans votre participation consciente. Notez qu'un Corps Subtil correspond à un Plan Cosmique et à ses multiples Sous-Plans.

Le Corps Astral Inférieur est le Corps Subtil initial, qui se trouve juste au-dessus de la réalité physique et du Corps Physique. On l'appelle souvent le Corps Éthérique (et même le Corps Astral dans certains cercles Spirituels). Tout ce qui se trouve dans la Création manifeste possède un Corps Subtil, le Corps Éthérique. La forme éthérique ou Astrale fait partie du réseau vibrant et interconnecté d'énergie qui constitue l'empreinte énergétique d'une personne ou d'un objet. Comme la vibration du Plan de l'Astral Inférieur est plus élevée que celle du Plan Physique dense, ce Plan est au-delà des cinq sens. Le Corps de l'Astral Inférieur est relié au Chakra Muladhara et à l'Élément Terre.

Le Corps Subtil suivant est le Corps Astral Supérieur, qui est utilisé pour voyager dans le Plan Astral. C'est dans le Corps Astral Supérieur que sont stockés nos sentiments et nos émotions, y compris les problèmes non résolus de notre passé et même de nos incarnations précédentes. Ces émotions, sous forme de souvenirs et de schémas de pensée, sont rassemblées dans notre Corps Astral Supérieur, où elles peuvent être involontairement déclenchées à la surface en réponse à des événements que nous pouvons vivre dans notre vie quotidienne. Swadhisthana est le Chakra associé au Corps Astral Supérieur (Corps Émotionnel), dont l'Élément est l'Eau.

Ensuite, le Corps Mental Inférieur est utilisé pour traverser le Plan Mental Inférieur. C'est ici que tous les schémas de pensée et les processus psychologiques sont conservés et transmis. C'est aussi le domaine de l'imagination et de la créativité. Ce corps subtil est de l'Élément Air, correspondant au Chakra Anahata.

Le Corps Mental Supérieur suit le Corps Mental Inférieur, utilisé pour voyager dans le Plan Mental Supérieur. Ce Corps Subtil est associé à notre volonté. Il se situe donc un niveau plus élevé que le Corps Émotionnel et le Corps Mental Inférieur précédents, car la volonté peut surmonter les émotions et les pensées et se situe plus haut sur l'échelle des vibrations. Le Corps Mental Supérieur est associé à l'Élément Feu et au Chakra Manipura.

Le dernier Corps Subtil est le Corps Spirituel de l'Élément Esprit et des trois Chakras Spirituels supérieurs, Vishuddhi, Ajna et Sahasrara. Pour voyager dans le Plan Spirituel, le Corps de Lumière prend la forme du Corps Spirituel. Chacune des différentes expressions du Corps de Lumière (Corps subtils), de l'Éthérique au Spirituel, est unique et nécessaire à notre conscience pour faire l'expérience des différents Plans Cosmiques d'existence.

LES ÉLÉMENTS COSMIQUES

Dans le système de la Magie Énochienne, les Cinq Eléments indiquent la densité des différents aspects de la réalité, à savoir les Plans et les Corps Subtils. La Matière physique étant la plus dense, sa vibration étant proche du repos, nous pouvons la percevoir avec nos sens. Les Éléments Cosmiques Supérieurs, en revanche, sont invisibles à nos sens, bien qu'ils puissent être perçus par Ajna, le Chakra de l'Oeil de l'Esprit. Cela s'explique par le fait que les énergies des Éléments correspondent aux Plans d'existence Cosmiques intérieurs.

Les émotions sont vécues et ressenties avec nos Corps Astraux (Inférieur et Supérieur) dans le Plan Astral. Les sentiments, étant composés de l'Élément Eau, sont tangibles. De même, les pensées sont également tangibles, car elles sont composées de l'Élément Air. Nous pouvons faire l'expérience de nos pensées par le biais des Corps Mentaux (Inférieur et Supérieur) dans les Plans Mentaux de l'existence. C'est par le biais de notre Corps Spirituel et de l'Élément Esprit que nous pouvons faire l'expérience du Plan Spirituel. Les expériences du Plan Spirituel sont Archétypales, présentées sous forme d'images tangibles que l'on peut ressentir ou voir, souvent de manière intuitive.

Quel que soit le Plan Cosmique sur lequel une expérience se produit, les émotions et les pensées sont toujours affectées. Si, par exemple, une expérience se produit sur le Plan Mental, elle influencera le Plan Astral et vice versa. Lorsque quelque chose se produit sur un Plan, cela affecte les autres Plans dans une certaine mesure puisque le Principe de Correspondance est en plein effet à tout moment.

Gardez cependant à l'esprit que, comme l'indique le *Kybalion*, la tendance de l'impulsion créatrice est que les Plans Supérieurs dominent les Plans Inférieurs. Ainsi, les Plans Supérieurs sont moins touchés par les Plans Inférieurs. C'est pourquoi le changement réel et durable de la conscience se produit lorsque vous travaillez principalement avec les Plans Supérieurs.

En pratiquant la Magie Énochienne, vous aurez votre propre expérience unique avec les Clés. Chaque Clé Énochienne et son évocation puiseront dans un seul Plan d'existence relatif à une Tour de Guet, à la Tablette de l'Union ou à un Aethyr individuel. Vous ne pouvez pas faire l'expérience de plusieurs Plans simultanément. De plus, il n'y a pas deux Mages qui expérimentent les Plans subtils de la même manière. Certains panneaux indicateurs dans chaque Plan sont cohérents, comme le sont les symboles eux-mêmes, et tout le monde peut en faire l'expérience. Cependant, au-delà de cela, chacun fera l'expérience de l'énergie de chaque évocation de manière unique. La façon dont votre expérience se déroule varie en fonction de votre conditionnement passé et de votre Karma.

Quelle que soit la Clé Énochienne, le Plan ou le Corps Subtil que vous rencontrez dans votre pratique, vous commencerez à saisir, par expérience directe, que l'Univers qui vous entoure est un miroir qui reflète les pensées et les émotions qui sont en vous. De plus, vous apprendrez que vos pensées et vos sentiments résultent de votre conditionnement, affecté par les personnes qui vous entourent. Vous verrez précisément comment vous êtes influencé et motivé par votre environnement extérieur et comment vous pouvez atteindre le pouvoir personnel en contrôlant activement l'interprétation de vos circonstances. Grace à ces méthodes, vous serez en mesure d'exploiter le pouvoir qui réside en vous et qui est souvent négligé. Cette compréhension viendra au fur et à mesure que vous travaillerez directement avec les Clés Énochiennes.

La Magie Énochienne est l'une des plus excellentes pratiques ou outils d'exploration intérieure que j'ai jamais rencontrés, si ce n'est la plus grande. De plus, le niveau de contrôle que vous pouvez atteindre sur votre propre vie est extraordinaire. En travaillant avec les Clés Énochiennes, vous suivez le véritable chemin du Mage. Vous devez maîtriser les Éléments en vous et obtenir un contrôle total sur votre vie en exerçant votre volonté au maximum. Tant que vous n'aurez pas fait cela, vous ne pourrez pas exploiter votre potentiel le plus élevé en tant qu'être humain Spirituel.

MAGIE ÉNOCHIENNE ET RÊVES

Grace aux évocations des Clés Énochiennes, votre expérience des Tours de Garde et des Aethyrs sera similaire à l'expérience de regarder un film, avec des symboles, des métaphores, des personnages uniques et des événements. Cependant, plus que de regarder un film, vous vous sentirez aussi comme le réalisateur et la vedette du film. Les expériences seront toutes une manifestation du Plan Cosmique que vous visitez. Ces expériences, comme tout bon film, peuvent être à la fois intenses et révélatrices. Attendez-vous à ce qu'une gnose approfondie sur vous-même et votre réalité vous soit accordée.

Habituellement, après la récitation d'une Clé, vous sentirez une vague de son énergie imprégner votre Aura. Cette vague d'énergie restera présente jusqu'à ce qu'elle trouve un moyen de filtrer à travers les Quatre Mondes et de se manifester sous la forme d'une pensée ou d'une émotion afin que vous puissiez en faire l'expérience, en tirer des leçons et évoluer au-delà. Par conséquent, vous remarquerez que tout au long de la journée, vous serez envahi par des pensées et des émotions qui vous semblent parfois étrangères, bien qu'elles soient des projections de votre conscience intérieure.

Ces émotions ou pensées vont construire et influencer la façon dont vous pensez, ressentez et vous rapportez au monde qui vous entoure. Elles affectent vos actions et vos réactions face aux personnes et aux événements que vous vivez tout au long de la journée. À la fin de la journée, vous vous sentirez souvent fatigué et vous aurez besoin d'une bonne nuit de sommeil. C'est ici que vous pouvez être le plus en contact avec vos pensées et vos émotions et voyager dans ces différents Plans en utilisant l'un de vos divers Corps Subtils. Rappelez-vous toujours que l'énergie que vous invoquez (ou évoquez) doit trouver un moyen de filtrer à travers les Quatre Mondes à l'intérieur de votre Aura, et jusqu'à ce qu'elle y parvienne, elle y sera présente.

En comprenant les qualités de vos rêves, vous pouvez mieux connaître votre conscience et savoir où elle va pendant le sommeil. Lorsque nous dormons, notre conscience quitte le corps physique et entre dans l'un des Corps Subtils.

Si un rêve a une qualité très émotionnelle, votre conscience est probablement entrée dans votre Corps de Lumière, qui a pris la forme du Corps Astral Supérieur, dans le Plan Astral Supérieur, où l'Élément Eau est dominant. De la même façon, si un rêve est dépourvu d'émotion mais présente une expérience de type très intellectuel, vous faites probablement l'expérience du Corps Mental Inférieur dans le Plan Mental Inférieur, au sein de l'Élément Air.

Si vous êtes dans un sommeil profond, sans rêve, votre Corps de Lumière a probablement pris la forme du Corps Mental Supérieur dans le Plan Mental Supérieur, où l'Élément Feu est dominant. Si vous faites l'expérience d'un Rêve Lucide, au cours duquel vous êtes consciemment capable de contrôler et d'influencer son contenu, vous êtes probablement dans le plan Spirituel et avez pris la forme du corps Spirituel. Si la qualité de vos rêves est Divine, avec peut-être la présence d'Êtres Divins dans des endroits magnifiques et inédits (que ce soit dans un Rêve Lucide ou non), vous avez probablement eu la chance de faire l'expérience des Plans Divins. Quelle que soit la qualité de votre sommeil et de vos rêves, y compris le sommeil sans rêve, votre conscience retournera dans votre corps physique lorsque vous vous réveillerez.

Avec la même méthode que pour les autres exercices rituels présentés dans *The Magus*, il est recommandé d'avoir un journal de Magie où vous pourrez noter vos rêves et vos expériences pendant que vous travaillez avec ces évocations Énochiennes. Si vous travaillez avec la Magie Énochienne, vous ferez des rêves plus vifs que jamais, avec des thèmes qui semblent sortir d'un film hollywoodien. La Magie Énochienne est très théâtrale. En ce sens, elle est également agréable et divertissante et laissera une impression durable sur votre conscience.

VOYAGE ASTRAL

Une fois que vous avez récité l'une des Clés Énochiennes en phonétique, vous pouvez également effectuer la technique du Voyage Astral. Comme mentionné, l'énergie évoquée doit filtrer à travers les Quatre Mondes avant de quitter définitivement votre Aura. Vous pouvez lui permettre de rester avec vous tout au long de la journée et de filtrer à travers vous pendant le sommeil alors que vous êtes dans un état de rêve. Vous pouvez aussi essayer délibérément d'accéder à l'un de ces Plans Cosmiques en entrant consciemment dans le Plan (ou le Sous-Plan) auquel la Clé évoquée se rapporte. Le mécanisme est le même que celui qui consiste à entrer dans ce Plan pendant le sommeil; seulement, dans ce cas, vous le faites délibérément.

Il vous faut d'une certaine manière déplacer votre conscience vers le Plan Cosmique souhaité. Pour ce faire, vous devez être en état de méditation. L'esprit doit passer d'une conscience éveillée normale avec activité mentale (dans l'*état bêta* de l'activité cérébrale) à un état plus profond appelé état alpha. Lorsque cela se produit, votre conscience quitte votre corps et entre dans le Plan Cosmique auquel se rapporte l'énergie évoquée.

Pour induire un état méditatif, effectuez la Respiration Carrée en vous allongeant ou en vous asseyant dans la position du lotus. Votre corps physique doit être dans son état le plus détendu si vous envisagez de transférer votre conscience dans l'un des Plans Cosmiques. En parvenant à un état de confort dans votre corps physique et en utilisant le souffle quadruple pour entrer dans un état méditatif Alpha, vous devriez être capable de projeter votre conscience vers l'intérieur en permettant simplement à cette expérience de se produire.

Il existe un Voile entre la conscience éveillée et les Plans Cosmiques intérieurs. Le passage de votre conscience de l'un à l'autre et la traversée de ce voile se font presque instantanément. Comme nous l'avons mentionné, il s'agit du même mécanisme que celui qui consiste à entrer dans un état de rêve pendant le sommeil, sauf que, dans ce cas, vous le faites consciemment et avec intention.

Une fois que vous aurez accompli cela, vous pourrez faire l'expérience consciente de l'un des Plans Cosmiques en utilisant son Corps Subtil correspondant et apprendre les leçons de ce Plan particulier. Parce que tu puises directement dans cette énergie, tu en libéreras une partie de ton Aura. Cependant, une partie de l'énergie restera présente en vous pendant la journée jusqu'à ce que vous ayez une nuit complète de sommeil, et qu'elle quitte entièrement votre Aura.

HÉNOCH ET HERMÈS

Hénoch est l'un des patriarches Bibliques et le sujet de nombreux écrits juifs et Chrétiens. Il est l'arrière-grand-père de Noé et est considéré comme l'auteur du *livre d'Hénoch*. La première partie de ce livre décrit les Veilleurs, tandis que la seconde partie décrit les visites d'Hénoch au Ciel sous forme de voyages, de visions, de rêves et de révélations.

La Sainte Bible dit qu'Hénoc a vécu pendant 365 ans avant d'être "pris" par Dieu. Genèse 5:24 dit, "Hénoc marcha avec Dieu; et il ne fut pas, car Dieu le prit". "De nombreux Chrétiens interprètent cela comme si Hénoc entrait vivant au paradis et cessait d'exister sous forme physique, ce qui est impossible puisque cela ne peut se faire qu'après la mort du corps physique.

Les théoriciens des Astronautes Antiques qui croient que les Veilleurs étaient des extraterrestres pensent qu'Enoch a été emmené hors de la Planète par eux. Quelle que soit l'interprétation la plus proche de la vérité, le débat est ouvert. Néanmoins, si Hénok a réellement vécu 365 ans comme le disent les Écritures (et que nous prenons ce sens au pied de la lettre), il est fort probable qu'il était lui-même d'origine Extraterrestre. Ces théories ne sont pas orthodoxes, mais elles méritent d'être examinées car Hénoc est entouré de plus de mystère et d'interprétation que n'importe quel autre personnage important de *la Sainte Bible.* De plus, beaucoup d'érudits crédibles font des associations extraterrestres avec son histoire.

La théorie la plus plausible, cependant (si vous êtes contre l'existence des Extraterrestres), est qu'Enoch et Hermès/Thoth ont pu être le même Être (ou la réincarnation de l'un d'eux). Tous trois étaient des personnages vénérés associés à l'invention de l'écriture et à la promulgation de livres sacrés et d'inscriptions. Tous trois avaient également des liens Astrologiques, puisque Hermès aurait écrit 36 525 livres. Si l'on considère qu'Hénoch est antérieur à Hermès/Thoth et qu'il est Antidéluvien (avant le Grand Déluge), cela signifie que l'Esprit d'Hénoch se réincarne sans cesse en tant qu'Instructeur du Monde pour enseigner à l'humanité qui elle est et quelles sont ses origines.

Selon John Dee, Enoch fut la dernière personne à parler la langue Énochienne avant que cette langue ne soit oubliée depuis longtemps. Les Clés Énochiennes présentées ici sont donc de l'Esprit de l'Instructeur du Monde puisque leur but est de faire progresser l'évolution Spirituelle de l'humanité (comme c'était le but du travail d'Enoch et de celui d'Hermès/Thoth). La langue Énochienne peut très bien être de la plus haute authenticité et autorité. Après tout, Hénoch était considéré comme la plus haute source de sagesse et de connaissance Spirituelles, rivalisant seulement avec son successeur, Hermès Trismégiste.

Il est même possible que la langue Énochienne soit la langue des Êtres extraterrestres, les Veilleurs, du *Livre d'Enoch.* Ce ne peut être une coïncidence si les Éléments de la Magie Énochienne sont représentés par les Tours de Guet, présidées par des esprits Angéliques et Démoniaques. Certains Mages des Cérémonies croient que les Esprits de la Magie Énochienne sont les Veilleurs (Anges) et les Nephilim, les Anges Déchus (Démons) du *Livre d'Enoch.* Au fur et à mesure que vous pratiquerez les Clés Énochiennes, vous découvrirez leur puissance et réaliserez que vous avez affaire à quelque chose d'exceptionnel.

LES ARMÉES ÉNOCHIENNES DES ANGES

Lorsque j'ai commencé à travailler avec la Magie Énochienne il y a de nombreuses années, j'ai reçu la vision d'une armée d'Anges à cheval la toute première nuit. Ce n'était pas une armée moderne avec des fusils et des tanks, mais une armée qui rappelait l'époque médiévale. Peut-être est-ce dû à l'époque à laquelle Dee et Kelley ont canalisé la Magie Énochienne. Cette armée portait des épées, des arcs et d'autres armes médiévales, traversant avec force une terre aride. Avant d'avoir cette vision, j'avais fait l'évocation de la Première et de la Deuxième Clé (Esprit Actif et Passif) plus tôt dans la journée. Bien que j'aie ressenti un refroidissement de l'énergie de l'Esprit à l'intérieur de mon Chakra du Cœur immédiatement après l'évocation, c'est pendant la nuit, alors que je m'endormais, que cette énergie s'est personnifiée sous forme visuelle.

La partie la plus marquante de cette vision était le général de l'armée, un homme à la tête de lapin blanc, exigeant et féroce. Il avait une plaque de métal sur le visage, comme Kano dans Mortal Kombat, et portait la faux de Saturne dans une forme et un design futuristes. Conduite par le général, l'armée est tombée sur une forme Divine d'Horus, qui personnifiait ma personnalité Égo à l'époque. En voyant Horus, le général descendit de son cheval et le tua avec sa faux. Après l'avoir tailladé avec la faux, il a dit : "J'ai toujours détesté ce type."

Il est intéressant de noter que je n'aimais pas du tout qui j'étais et étais devenu avant d'avoir cette vision. Je crois que le général était une manifestation de mon Soi Supérieur puisque le lapin blanc était un animal de compagnie que je possédais et auquel j'étais lié à l'époque. Un autre lien important avec le lapin était la première rue où j'ai vécu au Canada, appelée avenue Lappin, "lapin" signifiant "lapin" en français, la deuxième langue du Canada.

La faux de Saturne que portait le général est un outil utilisé par la Faucheuse pour apporter la mort et la transformation à tout ce qu'elle coupe. Des semaines ont passé après cette expérience, et les armées d'Anges se sont manifestées presque chaque nuit dans mes rêves. Finalement, j'ai compris que leur but était de détruire tout ce qui était vieux en Moi et qui ne servait pas mon Soi Supérieur. De cette façon, les armées d'Anges cherchaient à me refaire entièrement.

Ces armées sont puissantes, et j'ai continué à les voir dans mes rêves et mes visions pendant la période où je pratiquais les Clés Élémentaires et sous-Élémentaires. De plus, j'ai découvert que les Clés Élémentaires et sous-Élémentaires (numérotées de un à dix-huit) véhiculent une énergie de combattant, de guerrier. Pour cette raison, j'ai souvent vu des armées d'Anges.

La façon dont l'énergie des Clés Énochiennes des Éléments et sous-Éléments se manifestera à vous dépend de la personnification de votre *Énergie Ancestrale.* Par exemple, il se peut que vous ne voyiez pas du tout des armées d'Anges mais quelque chose d'entièrement différent. Mais de nombreuses personnes à qui j'ai enseigné la Magie Énochienne dans le passé ont rapporté des visions fascinantes avec des thèmes de conquête et de guerre. Soyez donc à l'affût de leur manifestation dans vos rêves lorsque vous commencerez à travailler avec les Clés.

Il est intéressant de noter que j'ai constaté que la façon dont les Clés se manifestaient restait généralement uniforme lorsque je travaillais avec les Clés énochiennes Élémentaires et sous-Élémentaires. Les énergies des Trente Aethyrs, par contre, se manifestaient différemment. N'oubliez pas que l'énergie des Clés Énochiennes cherche à vous transformer et à vous débarrasser des vieilles parties de vous-même qui ne vous servent plus. N'ayez donc pas peur de vos expériences lorsque vous travaillez avec la Magie Énochienne.

ANGES ET DÉMONS DANS LA MAGIE ÉNOCHIENNE

De nombreux praticiens de la Magie Énochienne ont déclaré que les entités Spirituelles qu'ils rencontraient dans leurs rêves et leurs visions étaient Démoniaques. Pour clarifier, la Magie Énochienne contient à la fois des Esprits Angéliques et Démoniaques puisqu'il nous appartient d'apprendre à commander les deux parties du Soi. En tant que tels, ces esprits Angéliques ou Démoniaques sont des personnifications des forces qui nous habitent. Vous comprenez maintenant pourquoi il était crucial de terminer le programme d'Alchimie Spirituelle avec les Cinq Eléments avant de se lancer dans la Magie Énochienne. Si vous vous lancez dans cette activité sans avoir une bonne base, les énergies Démoniaques pourraient facilement vous déchirer mentalement et émotionnellement.

Les parties Démoniaques du Soi sont les Anges déchus. C'est à nous de leur rendre leurs ailes, métaphoriquement parlant. Nous devons apprendre à commander et à utiliser nos Démons pour le bien au lieu d'être utilisés et abusés par eux. Grace à la Magie Énochienne, vous apprenez à contrôler votre aspect Geburah, le Feu intérieur du Soi, qui contient également la partie de vous que l'on appelle souvent Démoniaque. Mais Démoniaque ne signifie pas nécessairement mauvais, puisque nous avons le

Libre Arbitre. C'est à nous de discerner entre les actions positives et aimantes de la vie et les actions négatives et mauvaises.

En raison de cette dichotomie entre Anges et Démons, la Magie Énochienne atteint les parties les plus profondes du Soi, où elle puise dans les deux. L'expérience des exercices rituels précédents présentés dans *The Magus*, à savoir les LIRP des Éléments et le SIRP, vous donnera la maîtrise nécessaire de vos Éléments, de sorte que lorsque vos Démons personnels vous affronteront, vous saurez comment les aborder.

Que cela ne vous perturbe pas et ne vous dissuade pas de travailler avec la Magie Énochienne, cependant. Après avoir terminé le programme d'Alchimie Spirituelle avec les Cinq Eléments, il s'agit de l'étape suivante dans votre évolution de Magick Rituelle. Cette méthode est pratiquée depuis plus de 120 ans au sein de différents ordres de l'Aube Dorée. Apprendre à maîtriser la dichotomie entre l'énergie Angélique et l'énergie Démoniaque fait partie de l'être humain puisque nous vivons dans un monde de dualité. La Force de l'esprit et du cœur ne peut être atteinte que lorsque vous apprenez à maîtriser les deux aspects, car c'est le chemin vers la véritable maîtrise de Soi.

VAINCRE LES DÉMONS DANS VOS RÊVES

Comme vous rencontrez des esprits Angéliques et Démoniaques dans vos rêves et vos visions, il se peut que vous deviez parfois vaincre un Démon pour progresser dans votre voyage Spirituel. Souvent, les esprits Démoniaques vous barrent la route vers un Plan Élémentaire ou SubÉlémentaire ou un Aethyr. Une fois que vous en avez vaincu un, votre conscience peut s'élever naturellement vers un Plan Supérieur. Ne vous inquiétez pas car, dans vos rêves, vous recevrez des conseils sur la manière d'y parvenir. Très souvent, vous obtiendrez la connaissance de la façon de vaincre un Démon instantanément au moment où vous y serez confronté.

D'après mon expérience personnelle, vaincre les Démons consiste généralement à utiliser la Lumière et l'amour et à projeter cette énergie sur le Démon jusqu'à ce qu'il soit détruit (ou, pour être plus précis, transformé). Parfois, la technique consiste à le "tuer" avec une épée ou une autre arme symbolique. D'autres méthodes incluent des outils et des instruments tels qu'une croix, une Bible, le nom de Jésus-Christ, un Pentagramme, un Hexagramme, ou tout autre objet ou symbole représentant le pouvoir de la Lumière et de l'amour. Les méthodes de réalisation d'un exorcisme qui prévalent dans les films hollywoodiens fonctionnent dans la vie réelle. La bannière de l'Ouest est également souvent utilisée par les Mages de cérémonie pour commander les Démons, car son image représente la domination sur les ténèbres.

Vos rêves peuvent même personnifier le Démon en un Vampire; ainsi, pour le piéger, vous devrez peut-être utiliser de l'ail, tandis que pour le vaincre, vous devrez lui planter un pieu dans le cœur. Cette représentation du Démon n'est pas rare. Votre imagination personnifiera la façon dont le Démon vous apparaît et la méthode pour le vaincre. L'image personnifiée sera basée sur votre conditionnement passé et sur ce avec quoi votre Âme est à l'aise. Rappelez-vous que votre âme ne sera jamais testée au-delà de ce qu'elle peut supporter.

Soyez à l'affût dans vos rêves et vos visions, et la première chose que vous devez faire lorsque vous rencontrez un Démon est de ne pas le craindre. Cette partie est cruciale. En les craignant, vous les alimentez en énergie puisque c'est votre peur qu'ils essaient d'utiliser contre vous, car c'est ce qui leur donne du pouvoir sur vous. N'oubliez pas que les Démons personnels ne sont qu'une projection de votre esprit et de vos peurs intérieures. Ainsi, les vaincre est un événement symbolique de la maîtrise de cette partie de vous-même.

Souvent, il suffit d'affronter le démon au lieu de le fuir. Faire preuve de courage en l'affrontant vous permettra d'intégrer son énergie dans votre Chakra du Cœur et de le dissoudre en amour et en Lumière. Ainsi, son état changera définitivement. Désormais, quel que soit le pouvoir qu'ils avaient sur vous dans le passé, vous l'aurez sur eux.

Accueillez ces expériences comme positives dans votre vie, car en vainquant un Démon, vous renforcez votre pouvoir personnel. Vaincre un Démon signifie surmonter quelque chose en vous qui vous fait craindre la vie. Rappelez-vous toujours que la Lumière est amour et que chaque Être dans les Plans Cosmiques intérieurs s'incline devant l'amour. Ainsi, lorsque vous vous embarquez dans ce voyage de Magie Énochienne, votre foi dans le Divin et le pouvoir de l'amour est un outil essentiel à votre disposition.

LES CLÉS ÉLÉMENTAIRES ET SOUS-ÉLÉMENTAIRES ÉNOCHIENNES

Le chapitre suivant présente les dix-huit premières Clés Énochiennes. Ces Clés ressemblent à l'énergie du LIRP avec laquelle vous avez travaillé jusqu'à présent, mais avec un Élément plus théâtral dans vos visions, ce qui est typique de la Magie Énochienne. Vous aurez l'impression que cette énergie a davantage imprégné votre Être que la LIRP. La Magie Énochienne atteint les niveaux les plus profonds du subconscient, activant les parties Démoniaques du Soi. Ces parties Démoniaques du Soi reposent dans votre subconscient comme des parties du Soi que vous avez rejetées parce que vous ne pouviez pas les commander. La peur que vous avez d'elles est une peur de ne pas avoir la capacité de les contrôler.

L'utilisation de ces Clés vous permettra de faire des rêves très inhabituels et stimulants. L'énergie qu'elles évoquent mettra votre Âme à l'épreuve en faisant ressortir vos désirs les plus secrets - le bon, le mauvais et le laid. Vous verrez toutes les facettes de vous-même et devrez les affronter. Les énergies Énochiennes communiqueront avec vous par le biais de symboles. Elles essaieront d'utiliser vos faiblesses contre vous. N'ayez crainte, car elles ne font que faire remonter à la surface ce qui est enfoui dans votre subconscient. Toutes vos peurs et tous vos secrets vous seront révélés par ce travail.

Ces parties du Soi sont activées par l'énergie Énochienne, qui se sentira parfois chaude et ardente, même s'il s'agit d'une énergie qui est son contraire. Les évocations des Clés Énochiennes puiseront dans l'un des Mondes des Quatre Tours de Guet des Éléments ou dans la Tablette de l'Union. Ainsi, vous utiliserez le Corps Subtil lié à l'Élément ou au Sous-Élément que vous invoquez pour "surfer" sur le Plan intérieur correspondant.

Les Sous-Éléments ont l'énergie sous-jacente de l'Élément primaire auquel ils se rapportent, avec l'ajout d'un autre Élément à un degré d'énergie inférieur. Ces sous-Éléments et Éléments correspondent, dans une certaine mesure, aux énergies Planétaires et Zodiacales.

Le cadre de chaque Élément et Sous-Élément sera une personnification de son énergie globale. L'Air de la Clé de l'Air peut être le sommet d'une haute montagne, ou un endroit surélevé par rapport au sol où vous pouvez sentir la brise fraîche de l'air qui vous entoure. La Clé de l'Eau peut se trouver sur ou près d'un lac, d'un océan ou d'un plan d'eau où vous pouvez sentir la présence de l'eau. Le Feu de la Clé de la Terre peut être un volcan en éruption, où vous pouvez sentir le Feu agir sur la Terre. L'Eau de la Clé de l'Air peut se manifester sous la forme d'une brume, où vous pouvez sentir l'Élément Eau dans l'Élément Air.

Ce ne sont que quelques exemples, mais il est important de noter que ces manifestations dans vos visions peuvent être entièrement différentes pour chacun. Selon la nature de votre énergie Ancestrale, elle sera alimentée par les Anges et les Démons Énochiens. La Magie Énochienne est destinée à vous rendre fort, à la fois mentalement et émotionnellement. Par conséquent, considérez tout ce que vous voyez et expérimentez comme un test. Si vous persévérez et affrontez ce test sans crainte dans votre cœur, vous réussirez.

LES DIX-HUIT CLÉS ÉNOCHIENNES

SI VOUS N'AVEZ PAS TERMINÉ LE PROGRAMME PRESCRIT D'ALCHIMIE SPIRITUELLE AVEC LES CINQ ÉLÉMENTS, N'UTILISEZ PAS LES CLÉS ÉNOCHIENNES ! SI VOUS LE FAITES SANS LES BONNES BASES, VOUS RISQUEZ DE NUIRE À VOTRE BIEN-ÊTRE SPIRITUEL, MENTAL ET ÉMOTIONNEL.

Même si vous ne comprenez pas pourquoi je vous mets en garde pour le moment, vous devez tenir compte de mon avertissement. Il y a une raison pour laquelle j'ai placé la Magie Énochienne à la toute dernière section de ce livre. Par conséquent, ne regardez pas et ne lisez pas les Clés Énochiennes présentées ci-dessous, mais sautez plutôt cette section entièrement si vous souhaitez continuer à lire la Magie Énochienne. C'est mon dernier mot d'avertissement sur ce sujet. Vous devez être préparé à ce travail dans votre esprit, votre corps et votre Âme avant de l'entreprendre.

Pour ceux qui sont prêts à commencer ce travail, vous travaillerez avec les traductions phonétiques Énochiennes, que vous devez réciter individuellement avec le plus grand soin et la plus grande solennité. Quiconque se moque de ces Clés avec un esprit et un cœur impurs sera susceptible de s'attirer de graves dommages physiques et Spirituels. Rappelez-vous que la traduction phonétique doit être prononcée comme elle est écrite et vibrée avec vos cordes vocales sur un ton projectif et énergisant.

Ces Dix-huit Clés sont attribuées à la Tablette de l'Union et aux Quatre Tables de la Tour de Garde. Les Première et Deuxième Clés sont attribuées à la Tablette de l'Union et concernent le Plan Spirituel.

Les Troisième, Septième, Huitième et Neuvième Clés sont attribuées aux quatre quadrants de la Tour de Guet de l'Air dans le Plan Mental Inférieur. La troisième Clef peut être utilisée pour la Tour de Guet de la Tablette de l'Air dans son ensemble et est représentative de l'Élément Air.

Les Quatrième, Dixième, Onzième et Douzième Clés sont attribuées aux quatre quadrants de la Tour de Guet de l'Eau dans le Plan Astral Supérieur. La quatrième Clef peut également être utilisée pour la Tablette de la Tour de Guet de l'Eau dans son ensemble et est représentative de l'Élément Eau.

Les Cinquième, Treizième, Quatorzième et Quinzième Clés sont attribuées aux quatre quadrants de la Tour de Garde de la Terre dans le Plan Astral Inférieur. La cinquième Clef est destinée à la Tablette de la Tour de Guet de la Terre dans son ensemble et représente l'Élément Terre.

Les Sixième, Seizième, Dix-septième et Dix-huitième Clés sont attribuées aux quatre quadrants de la Tour de Guet du Feu dans le Plan Mental Supérieur. La sixième Clef peut être utilisée pour la Tablette de la Tour de Guet du Feu dans son ensemble et elle représente l'Élément Feu.

De nombreux praticiens de la Magie Énochienne pensent qu'il existe également une Clé Zéro, qui appartient à la divinité et ne peut donc pas être exprimée. Cependant, une fois que vous avez accompli l'opération complète des Dix-huit Clés Énochiennes, ainsi que l'opération des Trente Aethyrs, la Clé Zéro peut se révéler à vous comme une source d'énergie tangible. De nombreux praticiens chevronnés de la Magie Énochienne pensent que c'est vrai, et certains disent en avoir fait l'expérience. Par conséquent, si vous avez le privilège de faire l'expérience de la Clé Zéro en travaillant avec le système Énochien, considérez cela comme la plus haute des bénédictions du Divin.

S.L. MacGrÉgor Mathers et Aleister Crowley ont étudié les documents laissés par John Dee et Edward Kelley sur la Magick Énochienne. Chacun d'eux a élaboré des traductions des Clés Énochiennes, y compris la prononciation phonétique de chaque Clé. Les deux versions sont légèrement différentes l'une de l'autre. Les interprétations de Crowley sont plus en accord avec le courant énergétique Thélémique, tandis que celles de Mathers s'inscrivent dans la lignée de l'Aube Dorée. J'ai trouvé que la version de Crowley évoque la même énergie mais d'une manière plus ancrée, moins éthérée, ce qui rend plus difficile la navigation dans l'énergie de chaque Clef.

Après avoir travaillé avec les deux traductions à de nombreuses reprises, et puisque *The Magus* s'en tient aux enseignements de l'Aube Dorée, j'ai décidé d'utiliser les Clés Énochiennes de Mathers dans le cadre de ce travail. Il s'agit de la version complète de son manuscrit intitulé *The 48 Angelical Keys of Calls* par G.H. Frater D.D.C.F. (S.L. MacGrÉgor Mathers).

J'inclus les versions Énochienne, française et Énochienne (phonétique) de chaque Clé, éditées par mes soins afin que les trois parties correspondent. La version énochienne est la Clé réelle telle qu'elle a été canalisée vers Dee et Kelley par les Anges. La version française présente la signification de chaque Clé, tandis que la version

Énochienne (phonétique) est l'exercice rituel d'évocation, les Mantras, qui évoque l'énergie de chaque Clé.

Dans le diagramme qui suit les Clés Énochiennes (Figure 62), je vous ai également donné les associations générales des énergies Zodiacales et Planétaires aux énergies des Eléments et Sous-Eléments des Clés. Vous constaterez qu'il s'agit d'une représentation très précise de l'énergie de chaque Zodiaque, et elle est présentée ici pour approfondir votre compréhension de ce sujet. En outre, ces associations se recouperont avec toutes les autres expériences que vous avez pu avoir avec les énergies Zodiacales et Planétaires par le biais d'autres techniques Magiques d'invocation et d'évocation rituelles.

1st Clé-Esprit (Active)

Énochian:

Ol Sonf Vorsag Goho lad Bait, Lonsh Calz Vonpho Sobra Z-OL.
Ror I Ta Nazps, Od Graa Ta Maiprg :
Ds Hol-Q Qaa Nothoa Zimz Od Commah Ta Nobioh Zien ;
Soba Thu Gnonp Prge Aldi Ds Vrbs Oboleh G Rsam ;
Casarm Ohorela Taba Pir ; Ds Zonrensg Cab Erm Iadnah.
Pilah Farzm Znrza Adna Gono Iadpil Ds Hom Od To h ;
Soba Ipam Lu Ipamis ;
Ds Loholo Vep Zomd Poamal, Od Bogpa Aai Ta Piap Piamol Od Vaoan.
Zacare Eca Od Zamran. Odo Cicle Qaa! Zorge Lap Zirdo Noco Mad, Hoath Iaida.

Français:

Je règne sur vous, dit le Dieu de la Justice. En puissance exaltée au-dessus du firmament de la Colère.

Dans les mains duquel le Soleil est comme une épée et la Lune comme un feu qui traverse:

Qui a mesuré vos vêtements au milieu de mes vestons et vous a attachés ensemble comme les paumes de mes mains:

Dont j'ai garni les sièges avec le feu du rassemblement:

Qui a embelli vos vêtements avec admiration:

A qui j'ai donné une loi pour gouverner les Saints: Qui vous a livré un bâton avec l'Arche de la Connaissance.

De plus, vous avez élevé la voix et juré obéissance et foi à Celui qui vit et triomphe:

Dont le commencement n'est pas et la fin ne peut être, qui brille comme une flamme au milieu de vos Palais et qui règne parmi vous comme la balance de la justice et de la vérité.

Bougez donc et montrez-vous. Ouvrez les mystères de votre création! Soyez amicaux envers moi. Car je suis le serviteur du même votre Dieu, le véritable adorateur du Très-Haut.

Énochian (Phonétique):

Oh-el Soh-noof Vay-oh-air-sahjee Goh-hoh Ee-ah-dah Bahl-tah, Elon-shee Kahi-zoad Von-pay-hoh:

Soh-bay-rah Zoad-oh-lah.

Roh-ray Ee Tah Nan-zoad-pay-ess, Oh-dah Jee-rah-ah Tah Mahi- peer-jee:

Dah-ess Hoh-el-koh Kah-ah No-thoh-ah Zoad-ee mah-zoad Oh-dah Koh-mah-mahhay Tah Noh-bloh-hay Zoad-ee-aynoo ;

So-bah Tah-heelah Jee-noh-noo-pay Peer-jee Ahi-dee; Dah-ess Ur-bass Oh-boh-lay Jee Rah-sah-may;

Cahs-armay Oh-hor-raylah Tah-bah Peer; Dah-es Zoad-oh-noo-ray-noo-sah-jee Kahbah Air-may Ee-ad-nah.

Peelah-hay Far-zoad-mee Zoad-noo-ray-zoad-ah Ahd-nah Goh-noh Ee-ah-dah-pee-ayl Dah-ess Hoh-may Oh-dah Toh hay.

Soh-bay Ee-pah-may Loo Ee-pah-mees; Dah-ess Loh-hoh-loh Vay-pay Zoad-oh-Maydah Po-ah-may-ell, Oh-dah Boh-jee-pay Ah-ah-ee Tay-ah Pee-ah-pay Pee-ah-moh-ayl Oh-dah Vay-oh-ah-noo.

Zoad-a-kah-ray Ay-kah Oh-dah Zoad-a-mer-ahnoo. Oh-dah Kee-klay kah-ah! Zoadorjee Lah-pay Zoad-eer-raydoh Noh-koh Mahdah, Hoh-ah-tah-hay Ee-ah-ee-dah.

2nd Esprit-Clé (Passif)

Énochian:

Adgt Vpaah Zong Om Faaip Sald, Vi-I-V L, Sobam Ial-Prg I-Za-Zaz Pi-Adph ;

Casarma Abrang Ta Talho Paracleda, Q Ta Lorslq Turbs Ooge Baltoh.

Givi Chis Lusd Orri Od Micaip Chis Bia Ozongon.

Lap Noan Trof Cors Ta Ge O Q Manin la-Idon.

Torzu Gohe L. Zacar Eca C Noqod. Zamran Micaizo Od Ozazm Vrelp, Lap Zir Io-Iad.

Français:

Les Ailes des Vents peuvent-elles comprendre vos voix d'émerveillement. Ô toi, le second du premier, que les flammes brûlantes ont encadré au fond de mes mâchoires:

Je les ai préparés comme des coupes pour un mariage ou comme des fleurs dans leur beauté pour la Chambre des justes.

Vos pieds sont plus forts que la pierre stérile et vos voix plus puissantes que les vents multiples.

Car vous êtes devenus un édifice tel qu'il n'en existe pas dans l'esprit du Tout-Puissant.

Lève-toi, dit le Premier. Avance donc vers tes serviteurs. Montrez-vous puissants et faites de moi un voyant puissant des choses, car je suis de Celui qui vit éternellement.

Énochian (Phonétique):

Ahd-gee-tay Oo-pah-hay Zoad-oh-noo-jee Oh-mah Fah-ah-ee-pay Saldah, Vee-ee-vee Ayl, S oh-bah-may Ee-ahl-peer-jee Ee-zoad-ah-zoad-ah-zoad Pee-ahd-pay-hay ;

Cah-sarmah Ah-brahn-jee Tah-hoh Paraclaydah, Koh Tah Lor-es-sel-koh Toor-bay-ess Oh-oh-jee Bahi-toha.

Jee-vee Kah-hee-sah Loos-dah Ohr-ree Oh-dah Mee-cal-pah Kah-hees-ah Bee-ah Oh-zoad-oh-noo-goh-noo.

Lah-pay Noh-ah-noo Troh-eff Corsay Tah Jee Oh Koh Mah-nee-no Ee-ah-ee-doh-noo.

Tohr-zoad-oo Goh-hay Ayl. Zoad-a-kar-ray Ay-Kah Kah Noh-Kwoh-dah. Zoad-amerah-noo. Me-kah-el-zoad-oh Oh-dah Oh-zoad-ah-zoad-may Oo-rel-pay, Lah-pay Zoadee-ray Ee-oh Ee-ah-dah.

3rd Clé - Air de l'Air

Énochian:

Micma! Goho Mad. Zir Comselha Zien Biah Os Londoh. Norz Chis Othil Gigipah, Vnd-L Chis ta Pu-Im Q Mospleh Teloch, Qui-I-N Toltorg Chis I Chis-Ge In Ozien, Ds T Brgdo Od Torzul.

I Li E Ol Balzarg Od Aala, Thiln Os Netaab, Dluga Vonsarg Lonsa Cap-Mi Ali Vors CLA, Homil Cocasb; Fafen Izizop Od Miinoag De Gnetaab Vaun Na-Na-E-El; Panpir Malpirg Pild Caosg.

Noan Vnaiah Bait Od Vaoan.

Do-O-I-A p Mad; Goholor Gohus Amiran. Micma Iehusoz Ca-Cacom Od Do-O-A-In Noar Mica-Olz A-Ai-Om, Casarmg Gohia; Zacar Vnigiag Od Im-Va-Mar Pugo, Piapii Ananael Qa-A-An.

Français:

Voici ce que dit votre Dieu. Je suis un Cercle sur les mains duquel se dressent Douze Royaumes. Six sont les sièges du Souffle Vivant, les autres sont comme des faucilles tranchantes ou les cornes de la Mort, où les créatures de la Terre sont et ne sont pas, sauf Mes propres mains qui dorment et se lèveront.

Au début, Je vous ai fait intendants et vous ai placés dans les sièges Douze du Gouvernement, donnant à chacun d'entre vous le pouvoir successivement sur Quatre, Cinq et Six, les véritables Ages du Temps: dans l'intention que depuis les plus hauts

Vaisseaux et les coins de vos gouvernements vous puissiez travailler Mon pouvoir: déversant continuellement sur la Terre les Feux de la Vie et de l'accroissement.

Ainsi vous êtes devenus les Jupes de la Justice et de la Vérité.

Au nom du même votre Dieu, élevez, je dis vous-mêmes. Voici que Ses miséricordes s'épanouissent et que Son Nom est devenu puissant parmi nous, en qui nous disons: Bougez, descendez et appliquez-vous à nous, comme aux participants de la sagesse secrète de votre création.

Énochian (Phonétique):

Meek-mah! Goh-hoh Mah dah. Zoad ccray Kohm-sayl-hah Zoad-ee-ay-noo Be-ahhay Oh-ess Lon-doh-hah. Nohr -zoad Kah-heesah Otheeiah Jee-jee-pay-hay, Oon-dah-iah Kah-heesah Tah Poo-eem Kwo-Mohs-piay Tayiohk-hay, kwee-eenoo Tohl-torjee, Kahees Ee Kah-hees-jee Ee-noo Oh-zoad-ee-ay-noo, Day-ess Tay Bray-jee-dah Oh-dah Tor-zoad-oo-lah.

Ee-Lee Ay Oh-Lah Bahl-zoad-ahr-jee Oh-dah Ah-ah-iah, Tay-heeinoo Oh-ess Nay-tahah-bay, Dah-loo-gahr Vohn-sahrjee Lohn-sah Cahpeemee-ahiee Vor-sah Cah Ayl Ah, Hoh-meei Koh-kahs-bay; Fah-faynoo Ee-zoad-ee-zoad-oh-pay Oh Dah Mee-ee-noh-ahjee Day Jee-nay-tah-ah-bah Vah-oo-noo Nah-nah-ay-ayl ; Pahn-peer Mahi-peerjee Pee-el-dah Kah-ohs-gah.

Noh-ah-noo Oo-nah-iah Baitah Oh-dah Vay-oh-ah-noo.

Doo-oh-ee-ah-pay Mah-dah, Goh-hoh-ior Goh-hoos Ah-mee-rah-noo. Meek-mah Yehhoo-soh-zoad Kah-Kah-komah Oh-dah Doh-oh-ah-ee-noo Noh-ahr Mee-kah-ohl-zoad Ah-ah-ee-oh-mah, Kah-sarmjee Goh-hee-ah;

Zoadah-kah-ray Oo-nee-giah-jee Oh-dah Eem-vah-mar Poojoh, Plahplee Ah-nah-nahayl Kah-ah-noo.

4th Clé - Eau de l'Eau

Énochian:

Othil Lusdi Babage Od Dorpha Gohol:

G-Chis-Gee Avavago Cormp P D Ds Sonf Vi-vi-Iv Casarmi Oali MAPM Soham Ag Cormpo Crp L:

Casarmg Cro-Od-Zi Chis Od Vgeg, Ds T Capmiali Chis Capimaon, Od Lonshin Chis Ta L-O CLA.

Torzu Nor-Quasahi, Od F Caosga; Bagle Zire Mad Ds I Od Apila.

Do-O-A-Ip Qaal, Zacar Od Zamran Obelisong, Rest-El-Aaf Nor-Molap.

Français:

J'ai posé mes pieds dans le Sud et j'ai regardé autour de moi en disant:

Les Tonnerres de l'Augmentation ne sont-ils pas au nombre de trente-trois qui règnent dans le Second Angle?

Sous lequel j'ai placé Neuf Six Trois Neuf, que Personne n'a encore dénombré qu'un Seul:

En qui le Second Commencement des choses est et se renforce, qui sont aussi successivement les nombres du Temps, et leurs pouvoirs sont comme les premiers.

Levez-vous, Fils du Plaisir, et visitez la Terre: Car je suis le Seigneur votre Dieu, qui est et qui vit pour toujours.

Au nom du Créateur, bougez et montrez-vous comme d'agréables libérateurs afin de pouvoir Le louer parmi les Fils des Hommes.

Énochian (Phonétique):

Oh-thee-iah Loos-dee Bah-bah-jee Oh-dah Dor-pay-hah Goh-hoh-lah :

Jee-kah-hees-jee Ah-vah-vah-goh Kohr-em-pay Pay-Dah Dah-ess Sohnoof Vee-vee-eevah Kas-ahrm-ee Oh-ah-lee Em-Ah-Pay-Em Soh-bah-mah Ah-gee Kohr-em-poh Kah-arpay Ayl:

Kah-sahrmjee Kroh-oh-dah-zoadee Kah-heesah Ohdah Vah-jeejee, Dah-ess Tay Kahpee-mah-lee Kah-heesah Kapee-mah-ohnoo, Oh-dah Lon-sheenoo Kah-heesah Tay-ah Aylo-oh Kay-El-Ah.

Tor-zoad-oo Nohr-kwah-sahee, Oh-dah Eff Kah-ohs-gah ; Bah-glay Zoad-eeray Mahdah Dah-ess Ee Ohdah Ahpeelah.

Doo-ah-ee-pay Kah-ah-lah, Zoad-a karah Oh-dah Zoadamerahnoo Oh-bayleesonjee, Raystellah Ah-ah-eff Nohr-moh-lahpay.

5th Clé - Terre de la Terre

Énochian:

Sapah Zimii DUIY od noas ta quanis Adroch, Dorphal Caosg od faonts Piripsol Ta blior.

Casarm am-ipzi nazarth AF od dlugar zizop zlida Caosgi toltorgi:

Od z chis e siasch L ta Vi-u od Iaod thild ds Hubar PEOAL,

Sobo-Cormfa chis Ta LA, Vls od Q Cocasb. Eca niis, od darbs.

Qaas F etharzi od bliora. Ia-Ial ednas cicles. Bagle? Ge-Iad I L.

Français:

Les sons puissants sont entrés dans le troisième Angle et sont devenus comme des Oliviers sur le Mont des Oliviers, regardant avec joie la Terre et habitant dans la clarté des cieux comme des consolateurs continus.

A qui j'ai fixé 19 Piliers de Joie et leur ai donné des Vases pour arroser la Terre avec toutes ses créatures:

Et ils sont les frères du Premier et du Second, et le début de leurs propres Sièges qui sont garnis de 69636 Lampes Brûlantes Continues, dont les nombres sont comme le Premier, les Fins, et le Contenu du Temps.

Venez donc et obéissez à votre création. Visitez-nous dans la paix et le confort.

Concluez-nous Receveurs de vos Mystères, Car pourquoi? Notre Seigneur et Maître est l'Unique.

Énochian (Phonétique):

Sah-pah-hay Zoad-ee-mee-ee Doo-ee-vay, Oh-dah Noh-ahs Tay-ah Kah-nees Ah-drohkay, Dohr-pay-hal Kah-ohs-gah Oh-dah Fah-ohn-tay-ess Pee-reep-sohl Tay-ah Blee-ohr.

Kah-sarmay Ah-mee-eep-zoad-ee Nah-zoad-arth Ah-eff Oh-dah Dahloo-gahr Zoad-eezoad-oh-pay Zoad-leedah Kah-ohs-jee Tohi -torjee;

Oh-dah Zoad Kah-heesah Ay-See-ahs-kay Ayl Tah vee-oo-Oh-dah Ee-ah-ohdah Tayheeldah Dah-ess Hoobar Pay Ay Oh Ah Ayl.

Soh-bah Kohr-em-fah Kah-heesah Tay-ah El-ah Vah-less Oh-dah Koh-Koh-Kahs-bay. Ag-kah Nee-ee-sah Oh-dah Dahr-bay-ess.

Kah-ah-sah Eff Aythar-zoadee Oh-dah Blee-ohr-ah. Ee-ah-ee -ah-ayl. Ayd-nahss Keeklay-sah. Bah-glay? Jee-Ee-Ahdah Ee-el!

6th Key-Fire of Fire

Énochian:

Gah S diu chis Em, micalzo pilzin; Sobam El harg mir Babalon od obloc Samvelg:

Dlugar malprg Ar Caosgi, Od ACAM Canal sobol zar fbliard Caosgi, od chisa Netaab od Miam ta VIV od D.

Darsar Solpeth bi-en. Brita od zacam g-micalza sobol ath trian lu-Ia he od ecrin Mad Qaaon.

Français:

Les Esprits du Quatrième Angle sont Neuf, puissants dans le firmament des eaux:

Le Premier a planté un tourment pour les méchants et une guirlande pour les justes:

En leur donnant des dards enflammés pour vider la Terre, et 7699 Ouvriers continus dont les cours visitent avec réconfort la Terre, et sont dans le gouvernement et la continuité comme le Deuxième et le Troisième.

C'est pourquoi, écoutez ma voix. J'ai parlé de toi et je te déplace en puissance et en présence, dont les œuvres seront un chant d'honneur et la louange de ton Dieu dans ta création.

Énochian (Phonétique):

Gah-hay Ess Dee-oo Kah-heesah AY-Em, Mee-kahl-zoadoh Peel-zoadeenoo; Soh-bah may Ayl Harjee Meer Bah-bah-lohnoo Oh-dah Oh-bloh-kah Sahm-vay-lanjee :

Dah-loogar Mah-lah-peerjee Ahray Kah-ohsjee, Oh-dah Ah Kah Ah Em Kah-nahl So-bolah Zoad-ah-ray Eff Blee-ahr-dah Kah-ohs-jee, Oh-dah Kah-heesay Naytah-ah-bay Oh-dah Mee-ah may Tay-ah Vee-ee-vah Oh-dah Dah.

Dahr-sahr Sohi-pet-hay Bee-aynoo. Bay-reetah Oh-dah Zoad-ah-kahmay Jee-meekahel-zoadah So-boh-lah Aht-hay Tre-ah-noo Loo -EE-ah Hay Oh-dah Aykreenoo Mahdah Kah-ah-ohnoo.

7th Clé - Eau de l'Air

Énochian:

Raas i salman paradiz, oecrimi aao Ialpirgah, quiin Enay Butmon od I Noas NI Paradial casarmg vgear chirlan od zonac Luciftian cors ta vaul zirn tolhami.

Sobol londoh od miam chis ta I od ES vmadea od pibliar, Othil Rit od miam.

C noqol rit, Zacar zamran oecrimi Qaada! od O micaolz aaiom! Bagle papnor i dlugam lonshi od vmplif vgegi Bigl IAD!

Français:

L'Est est une Maison de Vierges chantant des louanges parmi les Flammes de la Première Gloire, où le Seigneur a ouvert Sa bouche et elles sont devenues 28 Habitations Vivantes dans lesquelles la force de l'homme se réjouit, et elles sont habillées d'Ornements d'une brillance telle qu'elles font des merveilles sur toutes les Créatures.

Dont les royaumes et la continuité sont comme le Troisième et le Quatrième, des tours fortes et des lieux de réconfort, le Siège de la Miséricorde et de la continuité.

O vous, serviteurs de la Miséricorde, Bougez, Apparaissez, Chantez les louanges du Créateur! Et soyez puissants parmi nous! Car c'est à ce souvenir qu'est donnée la puissance, et notre force s'affermit dans notre Consolateur!

Énochian (Phonétique):

Rah-ahs Ee Salmahnoo Pahr-ahdeezoad, Oh-ay Kah-reemee Ah-ah-oh Ee-ahl-peergah, Kwee-ee-ee-noo Ayn-ah-yee Boot-mohnah Oh-dah Ee Noh-ah-sah Nee Pahr-ah-deeahlah Kah-sahr-emjee Vay-jee-ahr Kah-heer-lahnoo Oh-dah Zoad-oh-nah-kah Loo-keeftee-ahnoo Kohr-say Tay-ah Vah-oo-lah Zoad-ee-raynoo Tohl-hahmee.

Soh-boh-lah Lohn-d-do-hah Oh-dah Mee-ahmay Kah-heesah Tay-ah Dah-Oh-dah Ay-ess, Oomah-day-ah Oh-dah Pee-blee-ahray Otheelah, Reetah Oh-dah Mee-ahmay.

Kah-noh-kolah Reetah, Zoadakahray Mee-kah-ohl-zoad Ah -ah-ee-ohm! Bahglay Pahp-nohr ee Day-loo-gahm Lon-shee On-dah Oomplee-fah Oo-gay-jee Beeglah Eeah-dah.

8th Clé - Terre de l'Air

Énochian:

Bazm ELO, i ta Piripson oln Nazavabh OX, casarmg vran chis vgeg, ds abramg baltoha goho Iad,

Soba mian trian ta lolcis Abaivovin od Aziagiar nor.

Irgil chis da ds paaox busd caosgo, ds chis, od ipuran teloch cacrg oi salman loncho od voviva carbaf.

Niiso! Bagle avavago gohon!

Niiso! Bagle momao siaion od mabza IAD OI as Momar Poilp.

Niis! Zamran ciaofi caosgo od bliors, od corsi ta abramig.

Français:

Le milieu du jour, le Premier, est comme le Troisième Ciel fait de Piliers hyacinthins 26, dans lequel les Anciens se sont fortifiés, que j'ai préparé pour ma propre Justice, Dit le Seigneur.

Dont la longue durée de vie sera comme des boucles pour le Dragon Voûté et comme la Récolte d'une Veuve.

Combien sont ceux qui restent dans la gloire de la Terre, qui Sont, et ne Verront pas la Mort jusqu'à ce que cette maison tombe, et que le Dragon coule?

Partez! Car les Tonnerres ont parlé!

Partez! Car la couronne du Temple et la robe de Celui qui Est, Était et Sera Couronné sont divisées.

Viens! Apparais pour la terreur de la terre et pour notre confort et celui de ceux qui sont préparés.

Énochian (Phonétique):

Bah-zoad-em Ayloh, Eetah Peeripsohnoo Ohlnoo Noh-zoad-ah-vah-bay-hay Oh-Ex, Cah-sarm-jee Oo-rahnoo Kah-heesah Vah-jeejee, Dah-ess Ah-brahmjee Bahi-toha Goho Ee-ah-dah, Soh-bah Mee-ahnoo Tree-ahnoo Tay-ah Lohl-kees Ah-bah-ee-voh-veenoo Oh-dah Ah-zoadee-ahjee-ahr Ree-ohray.

Eer-jeelah Kah-heesah Day-ah Dah-ess Pa-ah-Oh-Ex Boos-dah Kah-ohs-goh, Dah-ess Kah-heesah, Oh-dah Ee-poor-ahnoo Tay-lohk-ah Kah-karjee Oh-ee Sahl-mahnoo Lohnkah-hoh Oh-dah Voh-vee-nah Kar-bahfay.

Nee-eesoh! Bahglay Ah-vah-vah-goh Goh-hoh-noo.

Nee-ee-soh! Bahglay Moh-mah-oh See-ah-see-ohnoo Oh-dah Mahb zoad-ah Ee-ah-dah Oh Ee Ahsah Moh-maray Poh eelahpay.

Nee-ee-sah, zoadamerahnoo Kee-ah-oh-fee Kah-ohs-goh Oh-dah Blee-ohr-sah, Oh-dab Kor-see Tay-ah Ah-brah-meejee.

9th Clé - Feu d'Air

Énochian:

Micaolz bransg prgel napea lalpor, ds brin P Efafage Vonpho olani od obza, sobol vpeah chis tatan od tranan balie, alar lusda soboin od chis holq c Noquodi CIAL.

Unal alson Mom Caosgo ta las ollor gnay limlal.

Amma chis sobca madrid z chis. Ooanoan chis aviny drilpi caosgin, od butmoni parm zumvi cnila.

Dazis ethamza childao, od mire ozol.

Chis pidiai collal.

Vicinina sobam vcim. Bagle? IAD Baltoh chirlan.

Par. Niiso! Od ip efafafe bagle a cocasb i cors ta vnig blior.

Français:

Une puissante garde de feu, aux épées enflammées à deux tranchants, qui a huit Fioles de colère pour deux fois et demie, dont les ailes sont d'absinthe et de moelle de Sel, a posé ses pieds en Occident et est mesurée avec ses 9996 Ministres.

Ils ramassent la mousse de la terre comme le riche ses trésors.

Maudits soient ceux dont c'est l'iniquité. Dans leurs yeux, il y a des meules plus grandes que la Terre, et de leurs bouches coulent des mers de sang.

Leurs têtes sont couvertes de diamants et leurs mains sont recouvertes de manches en marbre.

Heureux celui qu'on ne renie pas! Pourquoi? Le Dieu de la Justice se réjouit en eux. Partez! Et pas vos fioles, car le temps est tel qu'il faut du réconfort.

Énochian (Phonétique):

Mee-kah-ohl-zoad Brahn-sahjee Peer-jee-lah Nah-pay-tah Ee-ahl-poh-ray, Dah-ess Bree-noo Pay Ay-fah-fah-fay Vohn-pay-ho Oh-lah-nee Oh-dab Ohb-zoad-ah, Soh-bohlah Oopah-ah Kah-heesah Tah-tahnoo Oh-dah Trah-nah-noo Bah-lee-ay, Ah-laray Loosdah Soh -bohlnoo Od-dah Kah-heesah Hohi-kew Kah Noh-koh-dee Kah-ee -ah-lah.

Oo-nahl Ahl-dohnoo Moh-mah Kah-ohs-goh Tay-ah Lah-sah Ohi-loray Jee-nayoh Lee-may-lah-lah.

Ahm-mah Kah-heesah Soh-bay-kah Mah-dreedah Zoad Kah-heesah. Oo-ah-nohahnoo Kah-heesah Ah-veenee Dree-lahpee Kah-ohs-jeenoo, Oh-dab Boot-mohnee Parmay Zoad-oomvee Kah-neelah.

Dah-zoad-eesah Ayt-hahm-zoadah Kah-hil-dah-oh Oh-dah Meer-kah Oh-zoad-ohlah

Kah-hees-ah Pee-dee-ah-ee Kohl-lah-lah.

Vahl-kee-neenah Soh-bahmay Ookeemay. Bahglay? Ee-ah-dah Bahi-toha Kar-heerlahnoo.

Pahray. Nee-ee-soh! Oh-dah Ee-pay Ay-fah-fah-fay Bahglay Ah Koh-Kahs-bay Ee Korsay Tay-ah Oo-neegay Blee-ohrah.

10th Clé-Air de l'Eau

Énochian:

Coraxo chis cormp od blans lucal aziazor paeb sobol ilonon chis OP virq eophan od raclir, maasi bagle caosgi, di ialpon dosig od basgim.

Od oxex dazis siatris od saibrox, cinxir faboan.

Unal chis const ds DAOX cocasg ol oanio yorb voh m gizyax, od math cocasg plosi molvi ds page ip, larag om dron matorb cocasb emna.

L Patralx yolci matb, nomig monons olora gnay angelard.

Ohio! Ohio! Ohio! Ohio! Ohio! Ohio! Noib Ohio! Casgon, bagle madrid i zir, od chiso drilpa.

Niiso! Crip ip Nidali.

Français:

Les tonnerres du Jugement et de la Colère sont comptés, et sont hébergés au Nord sous la forme d'un chêne dont les branches sont 22 nids de Lamentation et de Pleurs déposés pour la Terre, qui brûlent nuit et jour.

Et ils vomissent des têtes de scorpions et du soufre vivant, mêlé de poison. Tels sont les tonnerres qui, 5678 fois (dans la vingt-quatrième partie d'un instant), grondent avec cent puissants tremblements de terre et mille fois plus d'ondes, qui ne se reposent pas et ne connaissent aucun temps d'écho.

Un rocher en produit mille, comme le cœur de l'homme fait naître ses pensées.

Woe! Woe! Woe! Woe! Woe! Woe! Oui, malheur! Soit la terre, car son iniquité est, était et sera grande.

Partez! Mais pas vos sons puissants.

Énochian (Phonétique):

Koh-rahx-oh Kah-heesah Kohr-em-pay Oh-dah Blah-noos Loo-kahlah Ah-zoad-ee-ahzoad-ohra Pah-ay-bah Soh-bohlah Eeloh-nohnoo Kah-heesah Oh-pay Veer-kwoh Ay-ohfahnoo Oh-dah Rah-cleerah, Mah-ahsee Bahglay Kah-ohs-jee, Dah-ess Ee-ah-la-pohnoo Doh-seejee Oh-dah Bahs-jeemee.

Oh-dah Oh Ex-Ex Dah-zoadeesah See-ah-treesah Oh-dah Sahlbrox, Keenoo-tseerah Fah-boh-ahnoo.

Oo-nah-lah Kah-heesah Koh-noo-stah Dah-ess Dah-Ox Koh-kasjee Oh-eli Oh-ah-nee oh Yohr-bay Voh-heemah Jee-zoad-ee-ax, Oh-day Ay-orsah Koh-kasjee Pay-loh-see Mohi-vee Dah-ess Pah-jay Ee-pay, Lah-rah-gee Oh-em Dah-rohl-noo Mah-tor-bay Kohkasjee Em-nah.

Eli Pah-trah-laxa Yohi-kee Maht-bay, Noh-meegee Moh-noh-noos Oh-loh-rah Jeenah-yee Ahn-jee-lar-dah.

Oh-hee-oh! Oh-hee-oh! Oh-hee-oh! Oh-hee-oh! Oh-hee-oh! Oh-hee-oh! Noh-eebay Ohhee-oh! Kah-ohs-gohnoo, Bah-glay Mah-dree-dah Ee, Zoadeerah, Oh-dah Kah-heesoh Dah-reel-pah.

Nee-eesoh! Kah-ahr-pay Ee-pay Nee-dah-lee.

11th Clé - Terre d'Eau

Énochian:

Oxyiayal holdo, od zirom O coraxo dis zildar Raasy, od Vabzir camliax, od bahal.

Niiso! Salman teloch, casarman hoiq, od t i ta Z soba cormf I GA.

Niiso! Il n'y a pas de problème.

Zacar ece od zamran. Odo cicle qaa ! Zorge lap zirdo noco Mad, hoath Iaida.

Français:

Le siège puissant gémit à haute voix, et il y eut cinq tonnerres qui volèrent versEl'Orient, et l'Aigle parla et cria d'une voix forte.

Partez! Et ils s'assemblèrent et devinrent la Maison de la Mort, dont on mesure l'importance, et c'est 31.

Viens! Car je t'ai préparé une place.

Bougez donc et montrez-vous. Ouvrez les mystères de votre création! Soyez amicaux envers moi, car je suis le serviteur du même votre Dieu, le véritable adorateur du Très-Haut.

Énochian (Phonétique):

Ohx-ee-ah-yah-iah Hol-doh, Oh-dah Zoad-eer-oh-mah Oy Kohr-ahxo Dah-ess Zoad-eeldar Rah-ahs-ee, Oh-dah Vahb-zoad-eer Kahm -lee-ahx Oh-Dah Bah-hahi.

Nee-ee-soh! Sahi-mah-noo Tay-ioh-kah, Kah-sahr-mahnoo Hohei-koh, Oh-dah Tay Ee Tay-ah Zoad Soh-bah Kohr-em-fah Ee Gee-ah.

Nee-ee-soh! Bah-glay Ah-brahn-jee noh-noo-kah-pay.

Zoad-akarah Ay-kah Oh-dah Zoadamerahnoo. Oh-doh Kee-klay Kah-ah! Zoad-orjee Lah-pay Zoadeereedoh Noh-koh Mahdah, Hoh-ah-tah-hay Ee-ah-ee dah.

12th Clé-Feu d'Eau

Énochian:

Nonci ds sonf babage, od chis OB Hubardo tibibp, allar atraah od ef!

Drix fafen MIAN, ar Enay ovof, sobol ooain vonph.

Zacar gohus od zamran. Odo cicle qaa!

Zorge lap zirdo noco Mad, hoath Iaida.

Français:

Ô vous qui régnez dans le Sud, et qui êtes les 28 Lanternes de la Douleur, liez vos ceintures et visitez-nous.

Fais descendre ton train 3663, afin que soit magnifié le Seigneur, dont le nom parmi vous est la Colère.

Bougez, je vous dis, et montrez-vous. Ouvrez les mystères de votre création!

Soyez amicaux envers moi! Car je suis le serviteur du même votre Dieu, le véritable adorateur du Très-Haut.

Énochian (Phonétique):

Noh-noo-kee Dah-ess Soh-noof Bah-bah-jee, Oh-dah Kah-heesah Oh-bay Hoo-bardoh fee-bee-bee-pay, Ah-lah-lahr Ah-trah-ah-hay Oh-day Ay-eff!

Dah-reex Fah-fah-aynoo Meeah-noo, Ah-ray Ay-nah-ee Oh-voh-fah, Soh-oh-lah Doo-ah-ee-noo Ah-ah Von-payhoh.

Zoad-ah-kahray Goh-hoo-sah Oh-dah Zoad-ah-mer-ahnoo. Oh-doh Kee-klay Kahah!

Zoadorjee Lahpay Zoadeereedoh Noh-koh Mah-dah, Hoh-ah-tah-hay Ee-ah-ee-dah.

13th Clé-Air de la Terre

Énochian:

Napeai babage ds brin VX ooaona iring vonph doalim: eolis ollog orsba, ds chis affa.

Micma Isro Mad od Lonshi Tox, ds i vmd aai Grosb!

Zacar od zamran. Odo cicle qaa!

Zorge lap zirdo noco Mad, hoath Iaida.

Français:

Ô vous, épées du Sud, qui avez 42 yeux pour exciter la Colère du Péché: rendre les hommes ivres, qui sont vides.

Voyez la promesse de Dieu et sa puissance, qui est appelée parmi vous un aiguillon amer!

Bougez et montrez-vous. Ouvrez les mystères de votre création!

Soyez amicaux envers moi! Car je suis le serviteur du même votre Dieu, le vrai adorateur du plus haut.

Énochian (Phonétique):

Nah-pay-ah-ee Bah-bah-jee Dah-ess Bay-ree-noo Vee Ex Oo-ah-oh-nah Lah-reen-gee Vohn-pay-hay Doh-ah-Ieem: Ay-oh-leesah Oh-loh-jee Ohrs-bah, Dah-ess Kah-heesah Ahf-fah.

Meek-mah Ees-roh Mahdah Oh-dah Lohn-shee Toh-tza, Dah-ess Ee-Vah-mee-dah Ah-ah-ee Grohs-bay!

Zoad-a-kah-rah Oh-dah Zoad-a-mer-ahnoo. Oh-doh Kee-klay Kah-ah!

Zoad-orjee Lah-pay Zoad-eer-eedoh Noh-koh Mah-dah, Hoh-ah-tah-hay Ee-aa-ee-dah.

14th Clé - Eau de la Terre

Énochian:

Noromi baghie, pashs O Iad, ds trint mirc OL thil, dods tol hami caosgi homin, ds brin oroch QUAR.

Micma bialo Iad! Isro tox ds I vmd aai Baltim.

Zacar od zamran. Odo cicle qaa!

Zorge lap zirdo noco Mad, hoath Iaida.

Français:

O vous, Fils de la Fureur, l'Enfant du Juste, qui êtes assis sur 24 sièges, vexant toutes les créatures de la terre avec l'âge, qui avez sous vous 1636.

Voyez la voix de Dieu! La promesse de Celui qui est appelé parmi vous Fureur ou Justice extrême.

Bougez donc et montrez-vous. Ouvrez les mystères de votre création! Soyez amicaux envers moi, car je suis le serviteur du même votre Dieu, le véritable adorateur du Très-Haut.

Énochian (Phonétique):

Noh-roh-mee Bahg-hee-ay, Pahs-hay-sah Oh-ee-ah-dah, Dah-ess Tree-ndo-tay Meerkay Oh-el Tah-heelah, Doh-dah-sah Tol-hah-mee Kah-ohs-jee Hoh-mee-noo, Dah-ess Bay-ree-noo Oh-roh-chah Kwah-ah-ray.

Meek-mah Bee-ah-loh Ee-ah-dah! Ees-roh Tohx Dah-ess Ee Va-mee-dah Ah-ah-ee Bahl-tee-mah.

Zoad-a-kah-rah Oh-dah Zoad-a-mer-ahnoo. Oh-doh Kee-klay Kah-ah!

Zoad-orjee Lah-pay Zoad-eer-eedoh Noh-koh Mah-dah, Hoh-ah-tah-hay Ee-aa-ee-dah.

15th Clé - Feu de la Terre

Énochian:

Ils tabaan L Ialpirt, casarman vpaachi chis DARG ds oado caosgi orscor:

Ds oman baeouib od emetgis Iaiadix!

Zacar od zamran. Odo cicle qaa!

Zorge lap zirdo noco Mad, hoath laida.

Français:

Ô Toi, le Gouverneur de la Première Flamme sous les ailes duquel se trouvent 6739 qui tissent la terre avec la sécheresse.

Qui connaît le grand nom de la justice et le Sceau de l'Honneur!

Bougez et montrez-vous. Ouvrez les mystères de votre Création!

Soyez amicaux envers moi, car je suis le serviteur du même votre Dieu, le vrai adorateur du Très-Haut.

Énochian (Phonétique):

Ee-lah- sah Tah-bah-ah-noo Ayl Ee-ahl-peer-tah, Kas-ahr-mah-noo Oo-pah-ah-chee Kah-heesah Dahr-jee Dah-ess Oh-ah-doh Kah-ohs-jee Ohrs-koh-ray:

Dah-ess Oh-Mahnu Bah-ay-oh-oo-ee-bay Oh-dah Ay-mayt-gees Ee-ah-ee-ah-dix!

Zoad-a-kah-rah Oh-dah Zoad-a-mer-ahnoo. Oh-doh Kee-klay Kah-ah!

Zoad-orjee Lah-pay Zoad-eer-eedoh Noh-koh Mah-dah, H oh-ah-tah-hay Ee-aa-ee-dah.

16th Clé - Air de Feu

Énochian:

Ils vivent Iaiprt, Salman Bait, ds a croodzi busd, od bliorax Balit, ds insi caosgi iusdan EMOD, ds om od tiiob.

Drilpa geh us Mad Zilodarp.

Zacar od zamran. Odo cicle qaa!

Zorge lap zirdo noco Mad, hoath Iaida.

Français:

O Toi de la deuxième flamme, la maison de la justice, qui a son commencement dans la gloire, et qui consolera les justes, qui marche sur la terre avec 8763 pieds, qui comprennent et séparent les créatures.

Tu es grand dans le Dieu de la conquête.

Bougez donc et montrez-vous. Ouvrez les mystères de votre création! Soyez amicaux envers moi, car je suis le serviteur du même votre Dieu, le véritable adorateur du Très-Haut.

Énochian (Phonétique):

Ee-lah-sah Vee-ee-vee Ee-ahl-peert, Sahi-mahn-oo Bal-toh, Dah-ess Ah Cro-oh-dahzoad-ee Boosdah, Oh-Dah Blee-ohr-ahx Bah-lee-tah, Dah-ess Ee-noo-see Kah-ohs-jee Loos-dah-noo Ah-Em-Oh-Day, Dah-ess Oh-Em Oh-dah Tah-lee-oh-bah.

Dah-reei-pah Gay-hah Ee-lah-sah Mah-dah Zoad-ee-loh dahr-pay.

Zoad-a-kah-rah Oh-dah Zoad-a-mer-ahnoo. Oh-doh Kee-klay Kah-ah!

Zoad-orjee Lah-pay Zoad-eer-eedoh Noh-koh Mah-dah, Hoh-ah-tah-hay Ee-aa-ee-dah.

17th Key-Water of Fire

Énochian:

Ils D Ialpirt, soba vpaah chis nanba zixiay dodseh, od ds brint TAXS Hubardo tastax ilsi.

Soba Iad i vonpho vonph.

Aldon dax il od toatar.

Zacar od zamran. Odo cicle qaa!

Zorge lap zirdo noco Mad, hoath Iaida.

Français:

Ô Toi, Troisième Flamme dont les ailes sont des Épines pour attiser la vexation.

Et qui a 7336 lampes vivantes qui vont devant Toi.

Dont le Dieu est le Courroux dans la Colère.

Ceins tes Reins et écoute.

Bougez donc et montrez-vous. Ouvrez les mystères de votre création! Soyez amicaux envers moi, car je suis le serviteur du même votre Dieu, le véritable adorateur du Très-Haut.

Énochian (Phonétique):

Ee-loh-sah Dah Ee-ahl-peer-tah, Soh-boh Oo-pah-ah-hay Kah- Heesah Nah-noo-bah Zoad-eex-lah-yoh Dohd-say-hah, Oh-dah Dah-ess Bay-reen-tah Tah-ah-ex-sah Hoo-bahr-doh Tahs-tax Ee-lah-see.

Soh-bah Es-ah-dah Ee Von-pay-hoh Oon-pay-hoh.

Ahl-doh-noo Dahx Eelah Oh-dah Toh-ah-tahray.

Zoad-a-kah-rah Oh-dah Zoad-a-mer-ahnoo. Oh-doh Kee-klay Kah-ah!

Zoad-orjee Lah-pay Zoad-eer-eedoh Noh-koh Mah-dah, Hoh-ah-tah-hay Ee-aa-ee-dah.

18th Clé - Terre de Feu

Énochian:

Ils micaolz Olprt od Ialprt, bliors ds odo Busdir O Iad ovoars caosgo, casarmg ERAN la Iad brints cafafam, ds I vmd Aglo Adohi Moz od Maoffas.

Bolp como bliort pambt.

Zacar od zamran. Odo cicle qaa!

Zorge Iap zirdo noco Mad, hoath Iaida.

Français:

Ô toi, puissante Lumière et Flamme ardente du réconfort, qui ouvre la Gloire de Dieu jusqu'au centre de la terre.

En qui les 6332 secrets de la vérité ont leur demeure, ce qui est appelé dans Ton Royaume Joie, et qui ne peut être mesuré.

Sois pour moi une fenêtre de réconfort.

Bougez donc et montrez-vous. Ouvrez les mystères de votre création ! Soyez amicaux envers moi, car je suis le serviteur du même votre Dieu, le véritable adorateur du Plus Haut.

Énochian (Phonétique):

Ee-loh-sah Mee-kah-ohl-zoad Ohl-peertah Oh-dah Ee-ahl-peertah, Blee-ohr-sah Dah-ess Oh-doh Boos-dee-rah Oh-ee-ah-day Oh-voh-ahrsah Kah-ohs-goh, Kass-armjee Ay-rahnoo Lah ee-andah Breen-tas Kah-fah-fay-may, Dah-ess EE Ooo-may-day Ahk-loh Ah-doh-hee Moh-zoad Oh-dah Mah-oh-fah-fah-sah.

Boh-lah-pay Koh-moh Blee-ohrta Pahm-bay-tay.

Zoad-a-kah-rah Oh-dah Zoad-a-mer-ahnoo. Oh-doh Kee-klay Kah-ah!

Zoad-orjee Lah-pay Zoad-eer-eedoh Noh-koh Mah-dah, Hoh-ah-tah-hay Ee-aa-ee-dah.

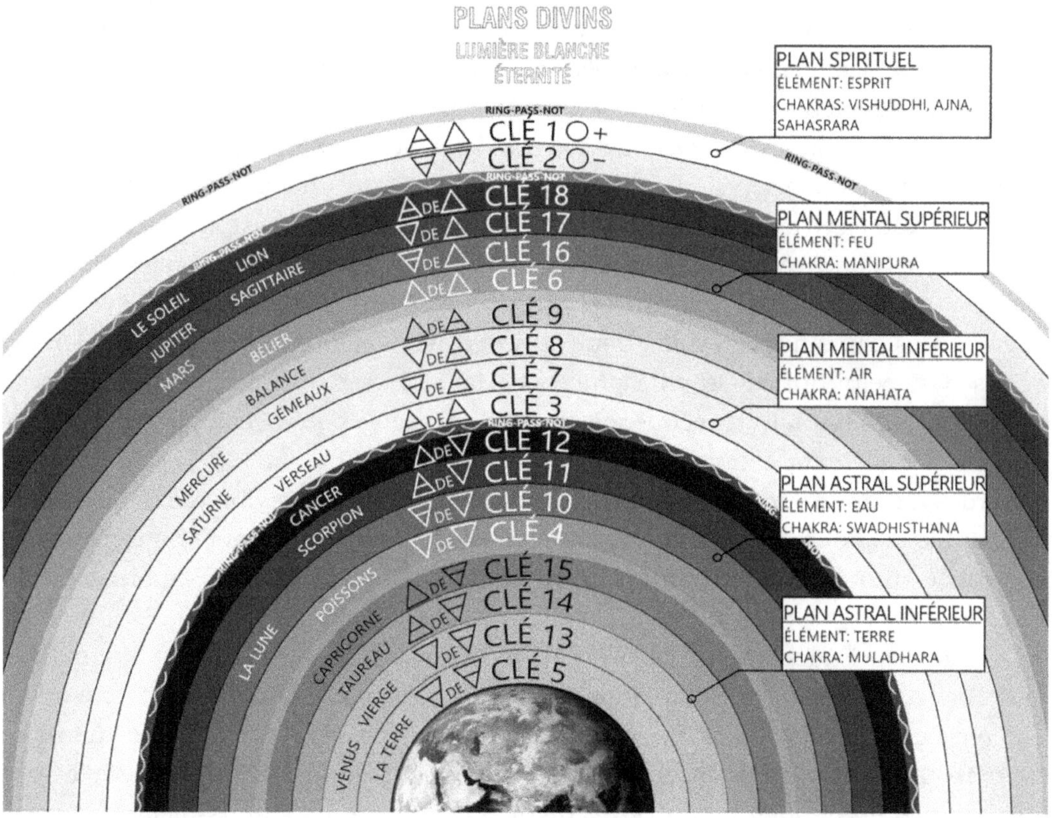

Figure 62: Les Dix-Huit Clés Énochiennes

LES TRENTE AETHYRS (19TH CLÉ ÉNOCHIENNE)

Également connus sous le nom de " Aires ", les trente Aethyrs constituent les couches de l'Aura. Les Aethyrs sont différents des Éléments dans les Plans Élémentaires, mais ils en font simultanément partie. La meilleure façon de décrire les Aethyrs est de les comparer aux expériences Spirituelles et aux leçons de l'Âme des Éléments et des Sous-Éléments dans les Tours de Garde Énochiennes. La plus basse des couches Éthériques est celle de la Terre. Les autres Aethyrs existent dans une progression vers l'extérieur, en commençant par la Terre, chacun étant plus faible en densité et plus élevé en expérience Spirituelle que celui qui lui est inférieur.

Comme les couches d'un oignon, les Aethyrs forment des cercles concentriques qui se chevauchent les uns les autres. Ainsi, les Aethyrs doivent être évoqués et expérimentés de manière systématique et progressive. Il faut commencer par l'Aethyr le plus bas, celui qui est le plus proche de la Terre, et remonter un à un jusqu'à atteindre le plus haut. Cette séquence doit être respectée pour accomplir correctement l'opération des Trente Aethyrs.

Gardez à l'esprit que ces Aethyrs existent à des fréquences vibratoires différentes, occupant le même espace et le même temps que votre corps physique. En élevant votre conscience au taux de vibration souhaité, vous vous accordez à ce plan ou sous-plan de réalité.

Les Aethyrs Énochiens et l'Arbre de Vie Qabalistique représentent la structure systématique des Plans et Sous-Plans Cosmiques d'existence qui sont au-delà de nos sens physiques. Ils sont subtils mais bien réels. Chaque Aethyr représente l'un de ces différents Plans, avec des qualités et une énergie uniques. Certains Aethyrs sont intelligents et existent en tant qu'êtres distincts et extérieurs à nous-mêmes. D'autres n'existent qu'en tant que projection du Soi. Tous les Aethyrs, cependant, peuvent être captés et expérimentés par notre conscience.

Les Aethyrs sont comparables aux Sephiroth de l'Arbre de Vie et aux voies du Tarot, sans être totalement identiques. On pourrait dire que les Aethyrs sont les expériences subjectives des Sephiroth de l'Arbre de Vie, mais pas les Sephiroth en elles-mêmes. La seule corrélation complète entre les Aethyrs et l'Arbre de Vie est le dixième Aethyr, ZAX, qui représente l'Abîme de la onzième Séphirah, Daath.

Les Aethyrs correspondent pleinement aux Chakras et aux Plans Cosmiques. Les Sephiroth, par contre, ont une fonction plus complexe puisque, dans la plupart des cas, une Séphirah opère à travers plusieurs Chakras. Quoi qu'il en soit, il existe une grande similitude entre les Aethyrs et l'Arbre de Vie, car chaque Aethyr incarne un état de conscience qui s'apparente à l'expérience Spirituelle d'une Séphirah ou d'un chemin de Tarot particulier.

L'expérience de l'opération "Trente Aethyr" est similaire à celle de l'ascension de l'Arbre de Vie en suivant la voie de l'Épée Flamboyante à l'envers. Les Séphiroth intermédiaires et supérieures représentent des états de conscience plus avancés que les Séphiroth inférieures. Elles exigent donc que nous fassions l'expérience de plusieurs Aethyrs pour apprendre les leçons qui leur sont destinées et vivre leurs initiations.

Comme mentionné dans un chapitre précédent, les Aethyrs entourent notre Planète physique, la Terre. Le plus dense et le plus matériel est l'Aethyr de TEX, tandis que le plus élevé et le plus Spirituel est LIL. L'ordre séquentiel des Aethyrs doit être respecté car chacun d'entre eux sert d'initiation au suivant. Tout comme les exercices rituels que vous avez rencontrés jusqu'à présent ont servi à vous initier à ces énergies particulières, les Aethyrs servent également d'initiations à ces différents aspects et niveaux du Soi.

En travaillant avec des Aethyrs particuliers, vous êtes susceptible de rencontrer des entités Spirituelles. Ces entités sont des manifestations des différentes parties du Soi. Elles peuvent être Angéliques, mais aussi Démoniaques. Dans ce dernier cas, elles peuvent vous mettre au défi, bloquant le chemin vers l'Aethyr suivant jusqu'à ce que vous les surmontiez. En surmontant ces défis, vous êtes initié à l'Aethyr suivant. En même temps, vous pouvez aussi affronter les aspects de vous-même qui sont souvent négligés. Après avoir découvert ces aspects et les avoir surmontés, vous pouvez exploiter davantage votre pouvoir personnel.

En parcourant progressivement et systématiquement les Aethyrs, votre expérience deviendra de moins en moins dense tout en étant de plus en plus joyeuse. Naturellement, le bonheur et la joie véritables sont une conséquence de l'évolution Spirituelle. Dans le dernier et plus haut Aethyr, LIL, on fusionne avec la Non-dualité de Dieu, le Créateur. Cette expérience est une expérience de pure félicité. C'est le but ultime du Nirvana, de la libération de l'Âme. À ce stade, le Grand Œuvre est achevé.

Lorsque vous êtes sous l'influence de l'énergie d'un Aethyr, vous pouvez fréquemment télécharger des informations sur l'Univers et la vie pendant que vous êtes dans un état de rêve ou pendant une vision. Le plus souvent, cela se passe en arrière-plan pendant que vous êtes en train de vivre un rêve ou une vision. Vous pouvez même remarquer que votre voix intérieure vous parle et d'autres voix inconnues. Comme ce travail est destiné à vous accorder avec votre Saint-Ange Gardien, il permet également à d'autres entités Spirituelles supérieures de vous transmettre des informations. Ce travail aboutit à la Gnose pure et élargit votre capacité à comprendre et à percevoir la sagesse supérieure de notre Cosmos. Il s'agit d'un véritable cadeau du Divin.

L'opération des Trente Aethyrs est un aspect très Chamanique de la Magie Énochienne, car chaque Aethyr offrira des visions uniques et des expériences mystiques. Vous ferez également l'expérience de parties cachées du Soi qui se révèleront à vous tandis que les Chakras correspondants seront pleinement revigorés. Vous pourrez ressentir des mouvements de différentes énergies à l'intérieur de vous, et certains d'entre vous pourront même avoir un éveil complet de la Kundalini grace au travail avec les Aethyrs.

COURANTS D'ÉNERGIE SEXUELLE DANS LES AETHYRS

Chacun des Trente Aethyrs est porteur d'un courant énergétique sexuel particulier. Certains Aethyrs contiennent une combinaison de courants sexuels masculins (+) et féminins (-), tandis que d'autres n'en contiennent qu'un seul, à des degrés et intensités variables. La qualité dominante du courant sexuel masculin est la conscience, sans émotion ni sentiment, avec un accent sur la volonté. La composante masculine de l'Être est axée sur l'action et la puissance de l'intellect.

La qualité dominante du courant sexuel féminin, par contre, est l'émotion aveugle accompagnée de félicité, dépourvue d'intelligence. La partie féminine de l'Être est principalement axée sur le sentiment et l'émotion. Alors que le masculin peut être considéré comme insensible, purement logique et intellectuel, le féminin peut parfois sembler irrationnel et trop émotif.

Les qualités des courants d'énergie sexuelle masculine et féminine changeront au fur et à mesure que vous progresserez dans les Aethyrs, en faisant l'expérience directe de chacun d'eux et en évoluant au cours du processus. Lorsqu'il s'agit de faire l'expérience des Aethyrs qui sont uniquement masculins ou féminins, le but est d'utiliser l'énergie sexuelle opposée, de l'évoquer en vous et d'équilibrer l'expérience. En retour, cette méthode apportera l'harmonie à votre Moi intérieur.

Les différentes combinaisons des énergies masculine et féminine rencontrées dans les Aethyrs sont une conséquence de la division de la *Monade*. La Monade est l'aspect de nous-mêmes qui est Non-Duel. Ce domaine de la Non-Dualité est synonyme de l'énergie que vous pouvez expérimenter à travers le premier Aethyr, LIL. L'expérience directe du LIL est comparable à l'expérience des Chakras Transpersonnels qui existent au-delà du Sahasrara. Le LIL et ces Chakras sont tous deux non duels.

Les courants d'énergie sexuelle masculine et féminine de la Magie Énochienne sont également liés aux Nadis Ida et Pingala du système de la Kundalini. Si votre Kundalini est éveillée, vous connaîtrez des progressions dans les Nadis Ida et Pingala lorsque vous travaillerez avec les Aethyrs. Certains Aethyrs libèrent une énorme énergie sexuelle une fois évoqués. Comme il existe une corrélation directe entre l'énergie sexuelle et la Kundalini, les personnes éveillées vivront de nombreuses expériences liées à la Kundalini en travaillant avec les Aethyrs.

Au fur et à mesure de votre progression dans les Aethyrs, vous remarquerez que vous êtes de plus en plus inspiré. Cette inspiration est en corrélation avec le niveau d'énergie sexuelle et de courant que porte chaque Aethyr. Les Aethyrs les plus élevés sont si inspirants que vous pourriez débloquer des capacités cachées en vous, des aptitudes telles que l'expression créative, ou une sagesse accrue dont vous ne soupçonniez peut-être pas l'existence en vous.

Après la description de chaque Aethyr, je vous donnerai la prononciation des Aethyrs individuels et la dix-neuvième Clé Énochienne - l'Appel des Trente Aethyrs. Vous devez prononcer et vibrer phonétiquement l'Appel tel qu'il est écrit tout en y insérant l'Aethyr individuel que vous souhaitez visiter.

BABALON DANS LA MAGIE ÉNOCHIENNE

Babalon est une déesse de la philosophie mystique de *Thelema*. Aleister Crowley a fondé Thelema, dont les croyances et Principes fondamentaux sont basés sur *Le Livre de la Loi*. Babalon est la Grande Mère de Thelema, également connue sous le nom de la Femme Ecarlate. Elle représente la femme libérée et l'impulsion sexuelle féminine. Elle est identifiée à la Terre Mère et à la Séphirah Binah, car elle représente la Matière et la Mer de la Conscience.

Babalon est la Déesse principale de la Magie Énochienne. Dee et Kelley l'ont canalisée dans leurs communications avec les Anges Énochiens. Plusieurs de ses formes se trouvent dans les Aethyrs Énochiens. Comme nous l'avons mentionné, les Aethyrs Énochiens contiennent de forts courants sexuels. Babalon sera rencontrée dans certains Aethyrs, alors que son pouvoir vous sera progressivement révélé.

Le symbole principal de Babalon est le Calice ou le Graal, également connu sous le nom de "Sangraal" ou de *Saint Graal*. En tant qu'initiés de la Lumière, nous devons verser notre sang (métaphoriquement parlant) dans sa coupe, comme une forme de sacrifice et de sacrement, pour évoluer Spirituellement et obtenir la vie éternelle. Ce faisant, nous obtiendrons la compassion et l'amour inconditionnel.

L'époux de Babalon est Chaos, le Père de la Vie et l'aspect masculin du Principe Créateur. Babalon elle-même est le Cosmos. Alors que Chaos représente la Force, Cosmos représente la Forme. Babalon est souvent décrit comme chevauchant la Bête, à laquelle Aleister Crowley s'est personnellement identifié toute sa vie.

En travaillant avec les Trente Aethyrs, Babalon est le symbole de la libération de votre énergie sexuelle. Cette énergie sexuelle se déplace à travers différentes parties de votre Être. D'autre part, la Bête est votre Moi inférieur et votre conscience indomptée, dépourvue d'Esprit. L'idée est d'infuser l'Esprit dans votre Soi inférieur et de l'exalter, élevant ainsi la vibration de votre conscience. Ainsi, vous devenez un conduit pour l'énergie du Soi Supérieur ou du Saint-Ange Gardien. De cette manière, une transfiguration se produit, et votre conscience se transforme définitivement.

L'énergie sexuelle est une énergie transformatrice de la conscience, comme le savent tous les individus éveillés par la Kundalini. Les visions de Babalon dans les descriptions des Aethyrs sont destinées à vous aider à comprendre comment votre énergie sexuelle se révèle à vous et comment elle influence certaines parties de vous et de votre conscience.

Si votre conscience est alignée avec une religion ou un panthéon Spirituel, il est possible de rencontrer des visions de Babalon personnifié par une déesse de votre foi. Babalon est, après tout, une représentation de la Déesse, et la Déesse a de nombreuses formes. Quelle que soit la façon dont elle se présente à vous, il est essentiel de comprendre l'idée qui sous-tend la vision que vous rencontrez et la qualité du courant sexuel propre à l'Aethyr avec lequel vous travaillez. Une compréhension correcte de l'expérience de Babalon vous aidera à atteindre le but de l'opération elle-même, qui est la transformation de la conscience individuelle et l'évolution Spirituelle.

DESCRIPTIONS DES AETHYRS ÉNOCHIENS

Puisque la Magie utilise des nombres et des symboles pour vous communiquer (idées Archétypales), ils se manifesteront à travers vos pensées et émotions subconscientes. Soyez attentif aux images dans vos visions qui sont des personnifications de ces idées pour essayer de comprendre ce que l'énergie tente de vous communiquer. Les idées Archétypales sont le résultat de l'énergie de l'Aethyr, qui sera la même pour tous ceux qui visitent cet Aethyr. Votre conditionnement passé et les connaissances acquises au cours de votre vie personnifieront ces forces à travers des images qui vous sont propres et qui ne concernent que vous. Ainsi, nous pouvons avoir des visions différentes du même Aethyr, mais le message sera le même pour tous.

J'incorpore mes expériences personnelles avec les Trente Aethyres à partir de la troisième fois que j'ai fait l'opération de trente jours. J'inclus la troisième opération parce que c'est à ce moment-là que j'ai officiellement traversé l'Abîme. En raison de mon éveil de la Kundalini avant de me lancer dans la Magie, ma conscience était déjà à un niveau élevé. Cependant, je devais d'abord aligner et purifier mes Corps Subtils des Éléments inférieurs avant de réussir à traverser l'Abîme. Mes expériences avec les Aethyrs m'ont alors offert des transformations énergétiques où l'énergie de la Kundalini s'alignait dans mon Corps de Lumière, pour finalement amener ma conscience à traverser l'Abîme et à s'aligner avec la Conscience Cosmique. Ces transformations énergétiques se produisaient à travers les Sept Chakras et les trois Nadis primaires Ida, Pingala et Sushumna.

Comme nous l'avons mentionné, chaque Aethyr est porteur d'une énergie Archétypale, mais les visions que chaque personne obtient seront différentes. Quoi qu'il en soit, il est utile de connaître les idées symboliques et l'énergie qui se cachent derrière chaque Aethyr lorsque vous le visitez. Ces informations vous donneront une feuille de route pour assimiler les connaissances et les leçons qu'un Aethyr est censé vous transmettre.

Mes expériences avec les énergies des Aethyrs se sont faites avec un sentiment intuitif direct qui m'a permis de ressentir l'énergie comme une essence quantifiable dans mon Chakra du Cœur et, par intuition et logique, de la mettre en mots. Selon le courant sexuel et sa puissance à l'intérieur de chaque Aethyr, il a pu ou non m'offrir des expériences transformationnelles avec l'énergie Kundalini, car ces transformations dépendaient du Plan auquel l'Aethyr se rapportait et si j'avais besoin d'alignements énergétiques dans cette zone.

Dans les descriptions de chaque Aethyr ci-dessous, je n'ai pas cherché à décrire de façon détaillée les visions, car celles-ci, comme nous l'avons dit, sont différentes pour chacun. Je me suis plutôt attaché à décrire les sensations générées par l'énergie de chaque Aethyr et l'impact qu'elles ont eu sur mon esprit, mon corps et mon Âme.

Je serais négligent si je ne mentionnais pas les deux grands Adeptes de la Magie Énochienne, Gerald et Betty Schueler, dont le travail a grandement influencé mon travail dans le même domaine. Malheureusement, étant donné que la Magie Énochienne n'est pas largement pratiquée en dehors des Ordres Magiques, il n'y a pas beaucoup de livres ou d'informations à son sujet, surtout lorsqu'il s'agit de travailler avec les Clés Énochiennes.

Le travail des Shueler, notamment sur l'opération des Trente Aethyrs, avait servi à éclairer mon chemin il y a de nombreuses années lorsque j'explorais ces Clés

Énochiennes. Ainsi, mes visions et mes expériences des Aethyrs sont influencées par leurs descriptions. Comme mon objectif premier, lorsque je travaillais avec les Trente Aethyrs, était de faire avancer mon processus d'éveil de la Kundalini, j'ai ajouté la composante consistant à ressentir l'énergie intuitivement et à lui permettre de travailler avec mon système de Kundalini.

30th Aethyr-TEX

La traduction française de TEX est "l'Aethyr qui est en quatre parties". En tant que plus bas des Aethyrs, il se trouve sur la partie inférieure du Plan Astral Inférieur dans l'Élément de la Terre, correspondant au Chakra Racine, Muladhara. TEX est l'Aethyr le plus proche de notre propre Terre physique. Cet Aethyr oscille naturellement entre le Monde Physique de la Matière et le Plan de l'Astral Inférieur. Les deux sont inextricablement liés et entrelacés.

J'ai ressenti dans cet Aethyr un puissant sentiment Karmique lié aux limitations de la façon dont je me percevais. J'ai ressenti ces limitations dans mes actions toute la journée, et mon désir d'être un Co-Créateur dans ma réalité a diminué. J'ai également ressenti un sentiment de silence dans mon esprit et une restriction de mes capacités cognitives. Comme l'énergie évoquée était relativement dense, j'ai ressenti un manque de capacité à m'exprimer pleinement dans cet Aethyr et un sentiment de purgatoire ou de limbes du Soi. TEX est porteur des deux courants d'énergie sexuelle et est assimilé à l'expérience de Malkuth sur l'Arbre de Vie. En raison de l'énergie dense et du léger courant sexuel, je n'ai pas eu d'expérience transformatrice significative dans cet Aethyr.

29th Aethyr-RII

La traduction française de RII est "the Aethyr of the mercy of Heaven". Il se trouve dans la partie la plus élevée du Plan du Bas Astral, au sein de l'Élément Terre. Comme dans le TEX, nous utilisons notre Corps Astral inférieur pour voyager dans le RII. De plus, RII est lié au Chakra Muladhara, tout comme TEX, puisqu'ils sont tous deux de l'Élément Terre. RII et TEX sont étroitement liés mais séparés. RII est la région qui contient les Cieux et les Enfers des religions du monde, et en tant que telle, c'est la zone des Plans Intérieurs qui est fabriquée et basée sur une pensée erronée.

Il y avait un sentiment de jugement Karmique dans cet Aethyr. Comme dans le cas de TEX, j'ai senti que mes capacités cognitives étaient diminuées. Cet Aethyr donne une impression de rêverie intense. J'ai eu l'impression d'être dans l'air par moments, bien que mes pensées semblaient plus en mode passif. J'ai réalisé que j'entrais parfois inconsciemment en RII au cours de la journée lorsque j'avais besoin d'une pause mentale dans ce que je faisais. Les courants d'énergie sexuelle masculins et féminins sont présents dans RII. On peut comparer cet Aethyr à l'expérience de la partie la plus élevée de Malkuth sur l'Arbre de Vie, à la limite de l'entrée dans Yesod. Encore une fois, comme dans TEX, je n'ai pas expérimenté de transformation significative avec l'énergie Kundalini. Je crois que cela est dû à la densité de l'énergie de l'Aethyr et au courant sexuel relativement faible.

28th Aethyr-BAG

La traduction française de BAG est "l'Aethyr du doute". Cet Aethyr est situé dans le Sous-Plan le plus bas du Plan Astral Supérieur, au sein de l'Élément Eau, en relation avec le Chakra Sacré, Swadhisthana. Le Corps Astral supérieur est souvent appelé le Corps Émotionnel. Nous utilisons notre Corps Astral Supérieur pour voyager dans ce Plan. Comme l'eau physique représente 60 % de notre corps, elle porte en elle des souvenirs et des émotions.

L'Égo existe à cause de la façon dont nous avons traité ces événements passés dans nos vies. En tant que tel, il a la peur, le doute et la culpabilité attachés à ce qu'il pense être, car son existence est basée sur une pensée erronée. Ici, vous devez affronter cette partie de l'Égo qui projette la peur dans le monde.

Le courant sexuel présent dans BAG était strictement masculin. Chez une personne éveillée par la Kundalini, cet Aethyr travaille avec le Pingala Nadi. Il est similaire à l'entrée dans la Sphère de Yesod sur l'Arbre de Vie.

J'ai ressenti ici un sentiment de souffrance purgative. L'émotivité de cet Aethyr était puissante. J'ai dû affronter les complexes de mon subconscient tels qu'ils se présentaient à moi tout au long de la journée. La partie de l'Égo présente ici est le miroir de l'Âme (Figure 63). Elle en est le reflet, mais pas l'Âme en Soi. C'est ainsi qu'a été créée cette partie émotionnelle de l'Égo, puisque c'est moi qui lui ai donné vie et l'ai manifestée dans ce Royaume. Dans BAG, j'ai dû faire face à cette partie de moi-même et la surmonter.

Je sentais que mon doute sur moi-même et mes souvenirs négatifs m'empêchaient de maximiser mon pouvoir personnel. Cette limitation s'accompagnait de tristesse car identifier une partie de moi-même avec l'Égo signifiait que je ne m'identifiais pas avec l'Âme. Cette action restreignait mon Âme et lui ôtait sa joie, empêchant sa Lumière de rayonner à sa pleine capacité.

Lorsque j'ai rencontré cette partie de l'Égo, j'ai pu la voir pour ce qu'elle est - une illusion de l'esprit. Elle ne s'est pas montrée à moi dans une vision mais plutôt comme une sensation intuitive à l'intérieur de mon Chakra du Cœur. J'ai immédiatement remarqué comment je me voyais et j'ai su à quoi j'avais affaire. Mon Égo a utilisé des tactiques de peur pour essayer de m'effrayer, mais je suis resté ferme dans le silence intérieur que j'ai généré en Moi. Il n'y a pas eu de transformations avec l'énergie Kundalini ce soir-là. Cependant, j'ai appris à calmer mon esprit tout en ressentant l'émotion de la peur comme une méthode pour neutraliser la peur et la surmonter.

Figure 63: L'Égo Comme Reflet de l'Âme dans BAG

27th Aethyr-ZAA

La traduction française de ZAA est "l'Aethyr de la solitude". Il y avait un sentiment omniprésent de solitude dans cet Aethyr. ZAA se trouve dans la partie inférieure du Plan Astral Supérieur, dans l'Élément Eau, correspondant au Chakra Sacré,

Swadhisthana. Ici, j'ai eu le sentiment d'être seul avec moi-même, dépourvu d'émotions et de sentiments. Ce sentiment est naturel, accompagné par le développement de l'Égo.

Parce que nous sommes chacun une entité individuelle existant dans l'Univers, nous sommes à jamais seuls avec notre réalité mentale et nous-mêmes. L'idée d'être une entité séparée de l'Univers apporte ce sentiment de solitude. C'est une illusion, mais dans cet Aethyr, toutes les autres parties du Soi seront dépouillées pour faire face à cette réalité. J'ai dû cultiver mentalement la compassion et rationaliser ce qui m'arrivait avec toutes les capacités cognitives disponibles.

Cet Aethyr a une nature lunaire, et j'ai senti que mes composants mentaux s'ouvraient légèrement tandis que ma capacité émotionnelle était entièrement atténuée. ZAA a un aspect très lunaire, semblable à l'invocation de l'Élément Air ou de la Planète Lune, mais sans aucune capacité cognitive tangible à utiliser. La conscience de ZAA peut être comparée à Yesod sur l'Arbre de Vie car elle est la continuation du dépassement de l'Égo qui a pris naissance dans BAG. Dans ce cas, le sens de l'identité de l'Égo a créé ce sentiment de solitude avec lui-même.

ZAA isole le sentiment d'être seul avec soi-même et à l'écart de l'Univers afin que vous puissiez traiter cette idée et la surmonter. Nous avons tous ressenti cette émotion de solitude à un moment donné de notre vie. En l'expérimentant continuellement tout au long de notre vie, cette émotion a grandi et est devenue plus puissante. Dans ZAA, cette émotion doit être confrontée directement.

Le sentiment de solitude dans ZAA résulte d'une pensée déformée parce que nous sommes des individus; cependant, nous ne sommes pas seuls mais faisons partie de l'Univers. Le vide des émotions et la solitude dans la ZAA font également apparaître le sentiment d'abondance de l'Espace. Je pouvais ressentir l'espace autour de moi comme une forme d'obscurité sans limites. Dans ce sens, je pouvais ressentir la connexion de Yesod à Binah, l'initiateur de l'Espace et de la Forme.

Le courant d'énergie sexuelle dans le ZAA est féminin. Chez une personne éveillée à la Kundalini, cet Aethyr travaille avec l'Ida Nadi. En raison du faible courant sexuel, il n'y a pas eu de transformation de la Kundalini. Les deux fois précédentes où j'ai effectué l'opération des Trente Aethyrs, j'ai remarqué que la force du courant d'énergie sexuelle affecte mon niveau d'inspiration, qui à son tour affecte la puissance de l'énergie Kundalini. Ces Aethyrs inférieurs véhiculent peu de joie, et la Kundalini a besoin du bonheur intérieur pour être pleinement active afin d'opérer à sa pleine capacité.

26th Aethyr-DES

La traduction française de DES est "l'Aethyr qui accepte ce qui est". Après la solitude de ZAA, j'étais prêt à comprendre les limites de l'esprit et de ses capacités cognitives. Cet Aethyr est axé sur la logique et la raison mais est dépourvu d'intuition.

Il est situé dans la région supérieure du Plan Astral Supérieur, dans l'Élément Eau, correspondant au Chakra Sacré, Swadhisthana. L'Égo est présent ici, comme il l'est dans tous les travaux du Plan Astral.

La dualité est présente dans cet Aethyr en raison de sa nature logique. L'Égo existe à cause de l'interprétation des événements de la vie à travers la lentille de la dualité. Toutes les expériences de la vie sont classées en composantes bonnes ou mauvaises et rangées dans le classeur qu'est l'esprit humain. L'intelligence, l'Égo, a un contrôle total sur les Aethyrs inférieurs mais n'atteint pas les Aethyrs supérieurs.

La vérité ne peut être perçue par la seule logique et la seule raison, et ici j'ai pu reconnaître et ressentir ces limites. Il y a beaucoup de discrimination dans cet Aethyr, et à cause de la composante intellectuelle, la vie est prise très au sérieux. Sur l'Arbre de Vie, cet Aethyr est similaire à l'entrée dans la Sphère de Hod. Il est donc très Mercurien. J'ai dû apprendre à dépasser la logique et la raison et à m'élever au-dessus d'elles afin d'essayer de percevoir par l'intuition. C'était le principal défi de cet Aethyr.

L'intuition est ce que le Soi Supérieur utilise pour communiquer. Elle est notre lien avec le Soi Supérieur. Le désir inné généré au sein du Soi de percevoir par l'intuition vous permet de surmonter cet Aethyr. La vie humaine n'est qu'un jeu Divin et l'esprit peut s'élever au-dessus de la logique et de la raison pour fonctionner uniquement par l'intuition.

Le courant d'énergie sexuelle dans cet Aethyr est masculin. Chez une personne éveillée à la Kundalini, cet Aethyr travaille avec le Pingala Nadi. En DES, je n'ai pas expérimenté de transformations énergétiques de la Kundalini.

Ces Aethyrs inférieurs sont la préparation nécessaire aux Aethyrs supérieurs car ils mettent l'esprit dans un état où les limitations cognitives sont expérimentées. Une fois ces limitations supprimées, il peut en résulter une expérience Spirituelle puissante dans les Aethyrs supérieurs. Au fur et à mesure que vous progressez dans les Aethyrs, la joie et l'inspiration augmentent, ainsi qu'un courant d'énergie sexuelle plus fort, ce qui permet de déplacer et d'alimenter l'énergie Kundalini.

25th Aethyr-VTI

La traduction française de VTI est "l'Aethyr du changement". Il se trouve dans la région supérieure du Plan Astral Supérieur, au sein de l'Élément Eau, correspondant au Chakra Sacré, Swadhisthana. Le VTI se caractérise par la sensation de changement dans les capacités cognitives. Un nouveau sens de l'intuition a remplacé la logique et la raison de l'intellect. C'était la première fois depuis le début de l'opération des Trente Aethyrs que j'avais accès à mon intuition, que j'utilisais pour déduire la réalité qui m'entourait. Nous pouvons percevoir la vérité directement, mais l'intuition présente dans le VTI est assez indisciplinée et indisciplinée car elle représente un état de conscience juste au-dessus de l'Égo.

Cette région est le premier stade de ce que Crowley appelait la "Bête". L'orgueil Spirituel est présent dans cet Aethyr car la conscience à ce niveau est encore liée à la personnalité inférieure et au corps physique. Le travail des Aethyrs supérieurs consiste à purifier cet état de conscience et à exalter le Soi Supérieur. Dans ce sens, la Bête qui est en nous va grandir et mûrir. Dans les Aethyrs inférieurs, nous devons affiner notre nature inférieure et acquérir de l'expérience pour accomplir cette tâche.

Le VTI peut également être considéré comme un reflet de mon Saint-Ange Gardien, bien que je ne devais le rencontrer que dans les Aethyrs supérieurs. Le courant d'énergie sexuelle dans cet Aethyr est féminin. Une personne éveillée par la Kundalini travaille avec l'Ida Nadi dans cet Aethyr. L'état de conscience du VTI est comparé à l'entrée dans le Netzach de l'Arbre de Vie, l'intellect de Hod étant abandonné et remplacé par l'intuition.

L'atmosphère de cet Aethyr se situe toujours dans le Plan Astral mais commence maintenant à dépasser le seul Élément Eau. Ici, l'intuition avait une qualité aérienne persistante. Je n'ai pas expérimenté de transformations Kundalini dans le VTI, car l'énergie ici est encore trop dense. Tous les courants d'énergie sexuelle jusqu'à présent ont été très légers.

24th Aethyr-NIA

La traduction française de NIA est "l'Aethyr du voyage". Sa localisation se situe à l'apex du Plan Astral Supérieur, en bordure du Plan Mental Inférieur. C'est une région d'initiation au voyage dans le Corps de Lumière. Le NIA contient l'influence du Plan Mental Supérieur, et comme les émotions et les pensées de l'Égo ne pèsent pas sur le Corps de Lumière, il est en mode de vol. Cet Aethyr est la préparation aux Aethyrs situés au-dessus de lui et dont la fréquence vibratoire est plus élevée que celle des Aethyrs inférieurs.

J'ai ressenti une libération émotionnelle complète dans cet Aethyr. J'ai senti que ma conscience était libérée pour expérimenter l'illimité de l'Espace. Avec ce sentiment, je me suis sentie entièrement déconnectée de l'Égo. Il y a un sentiment de joie dans l'Aethyr NIA, qui est une composante essentielle de l'évolution Spirituelle.

Dans le NIA, j'ai rencontré le premier Anneau-Passe-Pas, qui établit une division claire entre les Aethyrs situés en dessous et ceux situés au-dessus. Le Ring-Pass-Not est un terme inventé par Madame Blavatsky dans *La Doctrine Secrète* et se rapporte à des phases ou des états de conscience. Il est synonyme du terme Qabalistique "Voile", en relation avec les différents Voiles que l'on trouve sur l'Arbre de Vie. Il s'agit d'une ligne de division entre un état de conscience et un autre. Elle signifie que ce qui se trouve dans un état de conscience inférieur ne peut pas passer dans un état de conscience supérieur. L'Anneau Passe-Pas est la frontière qui sépare des états de conscience particuliers. L'Anneau sans Passe-Partout de NIA correspond au Voile de Paroketh sur l'Arbre de Vie.

Dans la Magie Énochienne, l'Anneau-Passe-Pas sépare les différents Plans d'Être les uns des autres. En ce qui concerne les Plans Astraux inférieur et supérieur, ils sont indivisibles et considérés comme un seul plan. Il en va de même pour les Plans Mentaux Inférieur et Supérieur.

En un sens, le NIA est un résumé des Aethyrs qui lui sont inférieurs, combinant les meilleures caractéristiques de chacun. Il porte en lui des courants d'énergie sexuelle à la fois masculins et féminins. Du point de vue de la Qabalah, il est semblable à la région supérieure de Netzach sur l'Arbre de Vie, à la limite du Voile de Paroketh.

Les Aethyrs au-delà de NIA se sentent comme un cadeau du Divin, avec un niveau de joie Spirituelle sensiblement plus élevé présent dans chacun d'eux. Le poids des émotions de l'Égo n'imprègne pas les Aethyrs au-dessus de NIA, car ils sont limités à l'Élément Eau.

La nuit du travail avec NIA, j'ai fait des Rêves Lucides dans lesquels je volais. Je n'ai cependant pas vécu d'expérience transformatrice à cet endroit. Ayant déjà effectué les opérations des Trente Aethyrs deux fois auparavant, je savais que les expériences de transformation commençaient dans les Aethyrs moyens, vers lesquels je me dirigeais maintenant.

23rd Aethyr-TOR

La traduction française de TOR est "l'Aethyr qui soutient l'Univers". C'est le premier Aethyr du Plan Mental Inférieur de l'Élément Air, qui correspond au Chakra du Cœur, Anahata. L'Anneau-Passe-Pas dans la région séparant TOR et NIA est là pour empêcher le Corps Astral de passer dans le Plan Mental. Dans le RPT, j'ai endossé mon Corps Mental pour la première fois. Une énergie terrestre active est présente dans TOR, et l'ensemble de l'Aethyr a un thème de travail ou de travail physique. J'ai ressenti que le travail (à différents niveaux) est la chose même qui soutient l'Univers.

L'atmosphère de TOR était lourde et sombre. C'est le travail qui crée la stabilité, qui à son tour influence le changement. L'homme et l'Univers sont les effets du travail d'un nombre infini de composants, qui travaillent tous ensemble pour créer le changement et évoluer. Lorsque la Matière évolue à partir de l'esprit, elle ne s'arrête pas là mais poursuit le processus d'involution. Le processus de mouvement et de changement est présent ici et sans fin.

Le courant d'énergie sexuelle est masculin car le concept de Force est omniprésent dans cet Aethyr. La conscience de TOR est similaire à un aspect terrien de Tiphareth. J'ai fait l'expérience d'un influx de différentes forces qui convergent à Tiphareth sur l'Arbre de Vie.

L'énergie de l'Aethyr m'a rappelé l'énergie Zodiacale du Taureau, qui est le Sous-Élément Air de la Terre. En incarnant l'énergie du TOR, j'ai réussi à atteindre tous les objectifs que je m'étais fixés ce jour-là. Comme je me trouvais maintenant dans le Plan Mental Inférieur, j'ai pu utiliser mon intellect, ainsi que mon intuition, dans une large mesure. Je n'ai pas ressenti d'attraction significative dans le courant d'énergie sexuelle que j'ai rencontré, et l'accumulation d'énergie sexuelle était relativement légère. Cependant, j'ai senti une plus grande partie de mes facultés Spirituelles et mentales s'ouvrir lentement et devenir disponibles pour moi, ce qui était rafraîchissant.

22nd Aethyr-LIN

La traduction française de LIN est "l'Aethyr du Vide". C'est le deuxième Aethyr du Plan Mental Inférieur, au sein de l'Élément Air, correspondant au Chakra du Cœur, Anahata. Cet Aethyr est la première expérience directe de Spiritualité, car ma conscience s'est élevée en visitant les Aethyrs. J'ai eu ici un aperçu du Samadhi, la conscience mystique et méditative.

Dans LIN, la forme rencontre le sans-forme. L'idée de l'absence de forme devient plus apparente dans les Aethyrs au-dessus de LIN. L'absence de Forme est le début de la Non-Dualité. C'est un Vide sans fin, d'où le nom de l'Aethyr. D'autre part, la forme peut être considérée comme une extension de l'espace dans le vide sans fin. En tant que tel, le Plan Mental est sans limites.

LIN a mis ma conscience dans un état naturellement méditatif. Écouter de la musique me semblait plus transcendant que jamais dans cet Aethyr. Par moments, je me perdais complètement dans le Temps et l'Espace et j'étais absorbé par n'importe quelle activité. L'immense étendue du Vide semblait s'étendre à l'infini dans toutes les directions.

Le courant d'énergie sexuelle qui imprègne cet Aethyr est féminin. Pour les personnes éveillées à la Kundalini, LIN vous permet de faire l'expérience de l'Ida Nadi dans son état naturel passif et réceptif. Cet Aethyr apporte une sensation de refroidissement et une connexion avec la composante Spirituelle de l'Élément Air.

L'énergie de LIN m'a rappelé le signe Zodiacal du Verseau ou la voie des Étoiles du Tarot. La conscience de LIN était similaire à un aspect aérien de Tiphareth. Comme je suis un Verseau, cet Aethyr s'est senti comme chez moi. Je pouvais sentir l'air froid sur ma peau tout au long de la journée. J'ai senti un alignement énergétique dans le système Kundalini se produire ce soir-là alors que j'entrais dans un état de rêve. Le courant d'énergie sexuelle devenait sensiblement plus puissant par rapport aux Aethyrs inférieurs.

21st Aethyr-ASP

La traduction française de ASP est "the Aethyr of causation". C'est le troisième Aethyr du Plan Mental Inférieur, dans l'Élément Air, qui correspond au Chakra du Cœur, Anahata.

ASP est l'Aethyr de l'Égo Réincarnant. C'est la partie de nous qui se manifeste dans les royaumes inférieurs de l'existence pour s'exprimer à travers le Temps, l'Espace et la Forme. Il se réincarne d'une vie à l'autre et tire les leçons d'une longue série d'expériences de vie. Alors que l'Égo personnel est une expression du Soi, liée au corps physique dans cette vie, l'Égo réincarné est l'Égo Supérieur, le sens impersonnel du Moi au niveau de l'Âme.

J'ai eu des aperçus de ce qui aurait pu être mes vies antérieures dans mes visions de cet Aethyr. J'étais dans des endroits du monde où je n'étais jamais allée et je faisais des activités que je ne me souviens pas avoir faites dans cette vie.

L'Égo réincarné ne peut pas voir dans les Aethyrs au-dessus de l'ASP mais se manifeste uniquement à travers les Aethyrs en dessous de lui. Il est le reflet du Soi Supérieur et de la Conscience Universelle présents en nous. L'Égo réincarnant est la version déformée de notre véritable nature Spirituelle projetée à travers le Plan Mental. C'est ce qui anime le corps physique qui donne naissance à l'Égo personnel au fil du temps.

Il y a très peu de joie dans cet Aethyr, car il y a un sentiment omniprésent de désolation, qui ressemble à la continuation de la solitude dans ZAA. C'est le résultat de l'identification à notre Égo personnel. Le défi ici est de déplacer votre identité de l'Égo personnel vers l'Égo de réincarnation, qui a de nombreuses vies. En faisant cela, vous ressentirez un sentiment de libération et de liberté, sachant qu'après votre mort, votre Âme continuera son voyage dans la prochaine vie.

L'ASP est un Aethyr dense comparé aux Aethyrs supérieurs du Plan Mental. Le courant d'énergie sexuelle est masculin. Pour les individus éveillés par la Kundalini, cet Aethyr correspond au courant Pingala. La conscience de l'ASP est semblable à un aspect ardent de Tiphareth, car l'Égo réincarnant est lié à l'identité de l'Âme à travers les incarnations. L'Égo Réincarnant descend de Kether dans Tiphareth, s'exprimant comme le Principe masculin de cette Sphère. Ce soir-là, j'ai ressenti un alignement énergétique dans mon Chakra du Cœur, alors que j'étais allongé dans mon lit, essayant de m'endormir. J'ai ressenti une énergie dense et de qualité Solaire, tout comme la sensation générale de l'Aethyr.

20th Aethyr-KHR

La traduction française de KHR est "the Aethyr of the wheel". C'est le quatrième Aethyr du Plan Mental Inférieur, au sein de l'Élément Air, correspondant au Chakra du Cœur, Anahata. Cet Aethyr est l'expression des cycles qui font partie de la vie. En tant que tel, il est étroitement associé à la Roue de la Fortune du Tarot.

Dans mes visions, j'ai toujours vu le symbole d'une roue présent. Cette roue est liée aux cycles du temps, ainsi qu'au Karma. Le KHR est lié à la Séphire Chesed, car l'énergie masculine de Jupiter est tempérée par l'énergie féminine de Junon (épouse de Jupiter).

Toutes les traditions religieuses et Spirituelles intègrent l'idée de la roue et des cycles dans leur philosophie générale. Cette roue qui tourne est notre Univers. Elle nous enseigne des leçons de vie alors que nous traversons de nombreuses périodes, en particulier les cycles Solaires et Lunaires. Un surplus de l'Élément Eau est présent dans cet Aethyr, ce que j'ai remarqué immédiatement en y entrant. Cependant, l'énergie était équilibrée puisque les Quatre Éléments sont présents dans le KHR et font partie de la roue. Avec un influx d'énergie provenant de Chesed, la conscience de KHR est semblable à un aspect aqueux de Tiphareth.

L'idée de destin est présente dans KHR, l'atmosphère est à la fois joyeuse et mélancolique, il y a une dualité. Le courant d'énergie sexuelle est à la fois masculin et féminin. J'ai ressenti une connexion puissante avec l'infinité de la conscience. L'énergie était assez lourde sur le Plan Émotionnel et Mental; je n'ai donc pas vécu de transformations énergétiques ce soir-là.

19th Aethyr-POP

La traduction française de POP est "l'Aethyr de la division". Il se trouve au milieu du Plan Mental Inférieur, dans l'Élément Air, correspondant au Chakra du Cœur, Anahata. L'énergie de cet Aethyr est similaire en qualité et en type à la voie de la Grande Prêtresse du Tarot. POP canalise la Lumière Blanche de Kether du Chakra de la Couronne vers le Chakra du Cœur. D'un point de vue Qabalistique, votre conscience est comme si vous étiez encore à Tiphareth, travaillant à travers les nombreuses leçons et initiations entourant cette Sphère.

POP incarne l'expression de la "Prêtresse de l'Étoile d'Argent". Elle est appelée Isis par les Égyptiens et Marie par les Chrétiens. Elle est aussi la Shekinah de la tradition Hébraïque. Elle personnifie l'élan Spirituel dans son aspect féminin. En tant que telle, POP est un Aethyr d'initiation au courant Spirituel féminin provenant directement de la Divinité. Si vous êtes un homme pratiquant la Magie, l'initiation dans POP sera majeure, comme ce fut le cas pour moi. Les trois Éléments Eau, Air et Esprit sont présents dans cet Aethyr.

POP transmet à l'esprit que la dualité du bien et du mal fait partie de l'existence humaine. Il y a une lutte entre la vie et la mort dans le POP. La Spiritualité est un moyen de s'élever au-dessus de cette dualité et d'expérimenter l'Unité de l'Esprit. Cet Aethyr est du courant sexuel féminin et pour les éveillés de la Kundalini, il sert à purifier l'Ida Nadi et à éliminer les blocages qui entravent son flux. Il y a un calme dans les pensées et les émotions dans cet Aethyr car l'esprit devient totalement passif et prêt à recevoir l'initiation du courant Spirituel féminin.

Alors que j'étais allongé dans mon lit le soir de l'évocation, j'ai ressenti des remous d'énergie dans ma tête et mon cœur. Cela a conduit à l'expérience de transformation de la Kundalini la plus profonde que j'ai eue jusqu'à présent avec les Aethyrs. La même chose s'est produite dans le POP les deux premières fois où j'ai effectué l'opération complète des Trente Aethyrs.

Cet Aethyr s'est avéré être profondément transformateur pour moi. Dans les trois cas, j'ai senti le canal Ida saturé d'énergie Pranique et finalement aligné avec son point de sortie au sommet de la tête. Par conséquent, la connexion entre mon cœur et ma tête était alignée, et une énergie Spirituelle rafraîchissante a imprégné le côté gauche de mon corps et est entrée dans mon cœur physique. C'était ravissant et m'a mis dans un état d'esprit tranquille comme jamais auparavant.

L'initiation de cet Aethyr représente l'acte d'accepter et de recevoir le courant Spirituel féminin. Chaque fois que j'ai rencontré POP dans le futur, cet alignement a élargi davantage ma conscience.

18th Aethyr-ZEN

La traduction française de ZEN est "l'Aethyr du sacrifice". Cet Aethyr se trouve dans la seconde moitié du Plan Mental Inférieur, dans l'Élément Air, correspondant au Chakra du Cœur, Anahata. Comme POP était l'initiation au courant Spirituel féminin, ZEN est l'initiation au courant Spirituel masculin. Il détient la signification ésotérique de l'"Initiation de la Crucifixion".

Lorsque j'ai pénétré dans cet Aethyr, j'ai remarqué que mes facultés de réflexion et d'émotion étaient entièrement neutralisées. Il y avait en moi un calme qui me donnait l'impression de sacrifier mon Âme. Pendant la majeure partie de la journée, j'ai passé du temps seule dans un état méditatif et j'ai apaisé mon intérieur. Les pensées que j'ai choisi de contempler étaient des pensées de compassion, indicatives du sacrifice personnel nécessaire pour m'initier au courant Spirituel masculin de ZEN. J'ai laissé partir le passé, y compris les regrets et les attachements, et j'étais prêt à recevoir cette initiation si importante.

Les initiations de ZEN et POP sont nécessaires pour comprendre et assimiler les Aethyrs qui les surmontent, car ils deviennent de plus en plus Spirituels au fur et à mesure que l'on s'élève. La vision de cet Aethyr est une crucifixion, qui est un processus en deux étapes. La première étape est le sacrifice de Jésus sur la croix des Quatre Éléments, symbolisé par la carte du Pendu du Tarot. Elle intègre la compassion intérieure et l'amour inconditionnel que vous devez contempler pour laisser partir toutes les parties du Soi qui ne vous servent plus.

La deuxième étape est la tombe sacrificielle de la Chambre du Roi (en référence à la Grande Pyramide d'Égypte) et le silence de l'esprit qui doit être induit par cette expérience (Figure 64). Ces deux étapes ont pour but de libérer la conscience du corps et de l'unir à la Conscience Cosmique.

L'idée est de sacrifier le vieux Moi pour renaître dans le nouveau Moi Spirituel. La croix est l'action volontaire de sacrifier le Moi au nom de l'Esprit. Le tombeau est le temps dans l'obscurité et le silence qui sert à retirer les sens corporels et à libérer la conscience. Ces deux méthodes induisent une transmutation et une transformation des parties inférieures du Soi en parties Spirituelles supérieures.

Figure 64: La Chambre de L'Initiation du Roi au ZEN

Le nouveau Soi Spirituel, issu de cette expérience, embrasse la souffrance de l'humanité et s'efforce de l'aider à tout prix. L'amour inconditionnel au sein du Soi s'éveille finalement une fois ce processus achevé.

Le ZEN fait comprendre à l'Âme et à l'esprit que la vie est une série de sacrifices. L'ancien doit toujours être prêt à mourir pour qu'il y ait une évolution dans les pensées et les émotions. Grace au sacrifice de Soi et à l'application de l'énergie de l'amour inconditionnel, le changement est toujours présent, ainsi qu'une transformation en quelque chose de meilleur et de plus élevé sur l'échelle de la vie.

Au sein de l'Ordre de l'Aube Dorée, le ZEN est représentatif de la *Voûte de l'Adepte,* dans laquelle l'initié doit reposer pendant trois jours et trois nuits, symbolisant la mort de Jésus-Christ, qui est resté dans une tombe pendant le même laps de temps avant d'être ressuscité. Vous devez passer du temps dans le cocon avant de vous transformer en un magnifique papillon, métaphoriquement parlant.

Vous devriez embrasser l'énergie de cet Aethyr au lieu de la fuir. Naturellement, vos anciennes facultés cognitives vont tomber, ce qui peut sembler effrayant au début. Néanmoins, si vous restez patient, vous intégrerez le courant Spirituel masculin et transcenderez cet Aethyr.

Sur le Plan Qabalistique, l'Aethyr de ZEN est directement lié à la carte du Pendu du Tarot qui mène de Hod à Geburah. Ainsi, lorsque vous aurez intégré avec succès les initiations de POP et de ZEN, vous aurez finalement dépassé l'état de conscience de Tiphareth et serez prêt à explorer la Sphère suivante, Geburah.

POP m'a initié davantage au courant énergétique Ida Nadi (Eau), tandis que ZEN a été l'initiation au courant énergétique Pingala Nadi (Feu). Comme POP était l'énergie sexuelle féminine, ZEN était l'énergie masculine. J'ai senti Ida actif et s'alignant le long du côté gauche de mon corps, près de mon cœur physique, tandis que Pingala s'alignait sur le côté droit. Le résultat a été une nouvelle activation du *Cœur Spirituel*, du côté opposé au cœur physique, à côté du sein droit. Après les initiations de ces deux Aethyrs, POP et TAN, je me suis sentie renouvelée à tous égards, et ma Kundalini fonctionnait à un niveau beaucoup plus élevé.

17th Aethyr-TAN

La traduction française de TAN est "the Aethyr of one's equilibrium". Il est situé sur le Sous-Plan le plus élevé du Plan Mental Inférieur, dans l'Élément Air, correspondant au Chakra du Cœur, Anahata. Le TAN représente les forces harmonisantes du Karma qui travaillent toujours à préserver la justice dans le monde. La vision de cet Aethyr sera un symbole représentant l'équilibre et la dualité. En tant que tel, cet Aethyr est lié à la voie de la Justice du Tarot, reliant Tiphareth et Geburah.

Le symbole principal de la carte de la Justice est la balance, faisant allusion au Zodiaque Balance, l'énergie représentative de cette voie. Avant que vous puissiez faire l'expérience de la Sphère de Geburah, votre fardeau Karmique doit être pesé et vous être pleinement connu. Vous pouvez même voir la balance Égyptienne dans la salle de Maat, également connue sous le nom de "salle des deux vérités". Cet objet symbolique pesait le cœur de l'initié contre la plume de Maat. Anubis actionnait la balance tandis que Thot enregistrait les résultats, après quoi Horus amenait l'initié devant Osiris pour qu'il soit jugé.

Les concepts de moralité et d'éthique sont importants dans la TAN, car en incarnant les vertus supérieures, on gagne un bon Karma et on évite un mauvais Karma. Le Karma est une Loi ou un Principe naturel qui agit sur tous les Plans Cosmiques. Toutes les forces opposées de la dualité sous la LIL d'Aethyr contiennent du Karma en elles, puisque le Karma est, par essence, le sous-produit de la dualité. Toute pensée en termes d'opposés crée du Karma. Accepter toute idée duale sans considérer son opposé produit du Karma, selon la perception de cet événement. Seule l'unité en toutes choses crée des événements non Karmiques.

Pendant mon séjour à la TAN, j'ai réfléchi aux concepts de bien et de mal, de bien et de mal. J'ai compris que je dois toujours être contrôlé par une perspective morale et éthique, où toutes mes actions sont pour le bien de l'ensemble et pas seulement de moi. Sinon, je serai jugée et un Karma négatif sera attaché à ma roue du Karma qui fonctionne en permanence puisque je vis dans un monde de dualité. C'est par le mental que nous interprétons ces événements dans un sens relatif. Les choses ne sont réelles que pour la conscience qui les vit. Par conséquent, tous les déséquilibres dans cet Aethyr sont considérés comme mauvais, et les balances de la justice cherchent à les égaliser.

La Troisième Loi de Newton stipule: "Pour chaque action (Force) dans la nature, il y a une réaction égale et opposée." Le Karma est le sous-produit de cette Loi lorsqu'elle est appliquée au contexte des actions humaines. Nous devons redresser chaque tort quand nous le voyons, sinon nous devenons les complices du mal. En tant qu'êtres humains, nous devons apprendre à utiliser notre Miséricorde et notre Sévérité, les deux Piliers opposés de l'Arbre de Vie. S'ils ne sont pas utilisés correctement, ils créent un Karma néfaste ou mauvais. S'il est utilisé avec succès, un Karma positif ou bon est créé, ce qui apporte plus de positivité dans nos vies puisque l'Univers récompense les actions éthiques et morales.

Le mauvais Karma s'attache à notre roue du Karma, pour se répéter à l'avenir jusqu'à ce que l'action soit corrigée et que l'équilibre soit atteint. Comme il y a une quantité égale de double énergie dans cet Aethyr, les courants d'énergie sexuelle masculine et féminine sont présents. Le TAN est censé créer un équilibre dans le Plan Mental Inférieur avant de poursuivre, car c'est le dernier Aethyr de l'Élément Air. Je n'ai pas expérimenté de transformations énergétiques Kundalini dans cet Aethyr.

16th Aethyr-LEA

La traduction française de LEA est "le premier Aethyr du Soi Supérieur". LEA est le premier Aethyr du Plan Mental Supérieur correspondant à l'Élément Feu. En tant que tel, j'ai pris mon Corps Mental Supérieur pour faire l'expérience de cet Aethyr. Le Chakra correspondant est le Chakra du Plexus Solaire, Manipura.

En LEA, j'ai commencé à m'identifier comme un être humain Spirituel. L'Élément Feu est le plus élevé que j'ai expérimenté jusqu'à présent dans l'opération des Trente Aethyrs, car il est le plus proche de l'Esprit. Je pouvais ressentir l'énergie du Feu dans mon cœur comme une substance tangible. LEA résulte des initiations en POP et ZEN des courants Spirituels masculins et féminins. Dans cet Aethyr, vous vous connectez au Feu de votre Âme, ce qui est l'étape suivante une fois que les deux courants énergétiques opposés ont été intégrés.

Une énergie séduisante imprègne cet Aethyr, et je pouvais sentir ma conscience tirée dans toutes les directions, comme un animal indiscipliné qui a besoin de discipline. Ainsi, le thème de cet Aethyr est "Babalon et la Bête". La conscience de LEA est apparentée à la Sphère de Geburah, bien qu'en raison du fort influx d'énergie sexuelle, elle m'ait rappelé la carte de la Force du Tarot. L'interprétation de Crowley de cette voie est appelée "Lust" à cause de l'intense courant sexuel. Il décrit l'énergie de l'Aethyr comme celle de la Grande Déesse Babalon, chevauchant une Bête (animal), qui est fréquemment représentée comme un lion ou un taureau.

La dualité ici est la nature objective et subjective de l'Univers et la force d'attraction entre eux. Babalon représente l'objectivité, qui est l'Univers réel qui nous entoure. La Bête est la conscience qui est subjective à celui qui perçoit l'Univers. Parce que l'Univers est séduisant et beau, la conscience se déplace dans toutes les directions, essayant de saisir et d'embrasser tout ce que l'Univers a à offrir, comme un enfant qui regarde le monde avec émerveillement pour la première fois. L'Âme est celle qui doit prendre le contrôle de la conscience, la soumettre et l'aligner sur sa véritable volonté - c'est le défi de cet Aethyr.

LEA propose également une initiation, qui est l'initiation du Feu de l'Âme. Puisque vous êtes maintenant dans le Plan Mental Supérieur de l'Élément Feu, vous devez embrasser l'énergie de Geburah et l'intégrer en vous.

Le thème de la vie et de la mort est apparent dans LEA, et son énergie m'a souvent rappelé le chemin de la Tour dans le Tarot. Après tout, Mars est assigné à la carte de la Tour, correspondant à Geburah. Il y a un afflux de Feu dans LEA, accompagné de la destruction des vieilles croyances et des modes de pensée. Le changement est la seule constante de l'Univers, et il nécessite la mort de l'ancien Moi pour que le nouveau Moi puisse renaître à chaque instant. La vie est une série de petites morts et de changements qui se manifestent sur tous les Plans de vie.

L'environnement de LEA est très séduisant. La luxure que l'on ressent résulte de la force du courant sexuel présent, qui est féminin. De plus, comme nous avons maintenant affaire à la volonté, un aspect de Geburah et de l'Élément Feu, il s'agit d'une étape supérieure aux autres Plans d'Émotions et de Pensées.

LEA est le premier Aethyr du Soi Supérieur; y pénétrer a offert une puissante expérience de transformation. Un courant d'énergie Kundalini s'est élevé de Muladhara vers mon Chakra du Plexus Solaire, Manipura. Ensuite, ma connexion avec l'Élément Feu s'est renforcée, ce que j'ai pu ressentir à travers mon Chakra du Cœur, Anahata.

LEA m'a fait comprendre que l'énergie sexuelle sert à unir les mondes intérieur et extérieur en un tout cohérent. C'est l'énergie sexuelle qui nous rend enthousiastes à l'idée de vivre dans le monde et nous amène à le considérer comme séduisant et beau. Dans LEA, les personnes non éveillées à la Kundalini peuvent faire l'expérience d'un éveil de la Kundalini du Feu intérieur à travers la Sushumna dans le Chakra Manipura en raison de la puissance du courant sexuel présent.

15th Aethyr-OXO

La traduction française d'OXO est "l'Aethyr de la danse". Il se trouve dans la région inférieure du Plan Mental Supérieur, dans l'Élément Feu, et correspond au Chakra du Plexus Solaire, Manipura. La vision partagée dans cet Aethyr est celle de la danse comme expression de la joie extatique de l'obtention de la conscience Spirituelle. Le but de la vie est de vivre, et cela est en soi une activité joyeuse.

La proportion des mouvements des Planètes a été appelée la "Musique des Sphères" par les Anciens. Il y a de la beauté dans le mécanisme du Système Solaire, et la joie et la félicité présentes dans OXO sont l'expression créative de cette idée.

Dans cet Aethyr, j'ai ressenti l'intégration des initiations inférieures de POP, ZEN et LEA. Comme j'ai atteint un état de conscience supérieur grace à ces initiations, mon Âme était ravie. Maintenant, dans OXO, je pouvais participer à l'harmonie de l'Univers dans son expression créative. En obtenant un sens plus élevé de la conscience Spirituelle dans LEA, j'ai ressenti la félicité dans OXO. Devenir Spirituel et s'élever dans la vibration de la conscience est un moyen d'atteindre un bonheur réel et durable dans votre vie.

Dans cet Aethyr, la vie est vue comme une danse Divine, le "Lila" de l'Hindouisme. Vivre sur la Planète Terre est un jeu joyeux, car la Matière coule de l'Esprit et revient grace à sa nature créative Divine. La vie est une expression cyclique sans fin dans le temps et l'espace, où le but ultime est d'être en vie et d'en faire partie. L'énergie de cet Aethyr m'a mis en contact avec la beauté de la musique, et j'ai passé la majeure partie de la journée à écouter toutes les chansons qui m'ont ému. Elles sonnaient encore plus épiques lorsque je surfais sur l'énergie de cet Aethyr.

Une expérience réussie d'OXO peut aboutir à une autre initiation, qui est l'unité des courants Spirituels masculins et féminins en tant qu'Un. Au sein de l'Aube Dorée, cette expérience est symbolisée par la Rose Croix. Elle est liée au Chakra du Cœur, où les courants Spirituels opposés fusionnent et s'unissent. Ce symbole représente l'union des opposés et le dualisme de la nature.

Comme LEA était une initiation du Feu de l'Âme, le courant masculin est encore présent dans OXO. La félicité d'OXO, cependant, est le résultat du courant sexuel féminin qui caractérise l'énergie de base de cet Aethyr. Si l'Égo est soumis et ne se rebelle pas contre la félicité expérimentée grace à l'obtention de la conscience Spirituelle dans LEA, vous pouvez réaliser cette initiation d'OXO. La conscience Spirituelle transcende le temps et est au-dessus de la logique et de la raison, les modes d'expression de l'Égo.

La conscience d'OXO est apparentée à Geburah, avec un influx puissant du courant sexuel féminin. Les prochains Aethyrs vous préparent à entrer dans le Chesed en infusant les énergies nécessaires dans votre Âme. L'Égo a été dépouillé à ce stade, bien que vous deviez encore abolir tout désir et inculquer les perspectives éthiques et morales essentielles à l'exaltation complète de votre Soi Supérieur. Alors que Geburah traite de votre volonté, Chesed traite de l'amour inconditionnel et de la compassion.

Ce soir-là, dans l'état de béatitude où je me trouvais, j'ai embrassé le courant sexuel féminin d'OXO. J'ai eu une autre expérience transformatrice avec l'énergie Kundalini, où la joie et la félicité ont imprégné mon cœur physique. J'étais en train de nettoyer mon Chakra du Cœur et d'éliminer tous les restes de désirs de l'Égo qui me prépareraient finalement à intégrer l'énergie de la compassion et de l'amour inconditionnel.

14th Aethyr-VTA

La traduction française de VTA est "the Aethyr of semblances". Cet Aethyr se trouve dans la région inférieure du Plan Mental Supérieur, dans l'Élément Feu, correspondant au Chakra du Plexus Solaire, Manipura. Il y a un sentiment d'obscurité dans cet Aethyr, y compris une réflexion sévère et une solennité. L'Élément Feu est abondant dans le VTA et peut être ressenti fortement dès que l'on y entre. L'obscurité omniprésente, qui ressemble à un océan, est due au fait que VTA se trouve à proximité de Binah.

Dans cet Aethyr, aucun désir n'est présent, et le courant d'énergie sexuelle est entièrement masculin. Les personnes éveillées par la Kundalini travaillent avec les aspects supérieurs du Pingala Nadi dans le VTA. La volonté est renforcée, tout comme la capacité à suivre la logique et la raison, sans émotions ni sentiments.

La vision que vous pourriez avoir ici est celle de la "Cité des Pyramides", qui contient des Adeptes qui ont aboli le désir et la soif de vivre pour atteindre la solennité. Les Pyramides étaient considérées comme des chambres d'initiation dans lesquelles l'initié pénètre pour éteindre toutes ses inclinations personnelles et évoluer Spirituellement.

Il y a un fort sentiment de mort dans l'obscurité qui imprègne VTA. La conscience de VTA s'apparente au Feu de Geburah, bien que l'on puisse également ressentir les ténèbres de Binah et Daath. En raison de sa nature sombre, il est préférable de visiter cet Aethyr la nuit. Il a un lien avec l'Aethyr ZEN et son énergie, mais avec une plus grande présence de l'Élément Feu, qui brûle tous les désirs et les sentiments/émotions. Ainsi, l'initiation au VTA est celle de l'abolition du désir. Cependant, puisque cet Aethyr est dépourvu de sentiments, il est également dépourvu de compassion, qui est l'aspect nécessaire à acquérir pour s'élever en conscience au-dessus du VTA. Et comme cet Aethyr est dépourvu d'empathie, l'Égo est toujours présent. Ce n'est que par la compassion et l'empathie que l'Égo peut être entièrement vaincu.

En raison du sentiment incroyablement mystique présent dans le VTA, j'ai apprécié d'être dans cet Aethyr, bien qu'il n'offre aucune transformation de l'énergie Kundalini. Il n'y a pas de joie de vivre; au contraire, la solennité de la mort et l'obscurité sont omniprésentes. Pourtant, l'Élément mystique était si fort que j'ai revisité cet Aethyr souvent à l'avenir.

13th Aethyr-ZIM

La traduction française de ZIM est "l'Aethyr de l'application ou de la pratique". Cet Aethyr se trouve dans la région moyenne du Plan Mental Supérieur, au sein de l'Élément Feu, correspondant au Chakra du Plexus Solaire, Manipura. La vision ici peut être celle d'un Maître Ascensionné, un Observateur silencieux de l'humanité. Le but du Maître Ascensionné est d'aider les autres à réaliser leur potentiel Spirituel. Ce sont des Adeptes qui ont subi une série d'initiations et qui servent Dieu en maintenant vivant l'esprit d'amour, de bonne volonté et de compassion envers tous les êtres vivants.

ZIM suit naturellement VTA car les Adeptes en VTA ont renoncé à tous les désirs mais manquent de compassion, l'ingrédient principal pour accéder à tous les Aethyrs supérieurs. Ici, dans ZIM, la compassion est présente, ainsi que tous les autres attributs acquis et appris dans les Aethyrs inférieurs. Cette compassion pèse lourdement sur le cœur, car l'énergie d'amour inconditionnel est augmentée dans cet Aethyr pour nous transmettre certaines vérités Spirituelles supérieures. En tant que telle, la conscience de ZIM s'apparente à une entrée dans la Sphère du Chesed. L'énergie m'a permis de voir qu'aider les autres est un devoir sacré puisque nous avons tous besoin d'évoluer Spirituellement et d'élargir notre conscience. Tant que nous ne le ferons pas tous, la conscience collective de l'humanité restera telle qu'elle est.

La leçon de cet Aethyr est le service aux autres comme un devoir sacré envers notre Créateur. Nous sommes tous personnellement responsables de notre évolution Spirituelle mais aussi de l'évolution collective de toute l'humanité. Par conséquent, une fois que vous avez atteint le sommet de la montagne, il devient de votre devoir d'éclairer le chemin pour tous ceux qui gravissent eux-mêmes la montagne - l'élève doit devenir le maître, telle est la Loi.

Le courant d'énergie sexuelle dans cet Aethyr est à la fois masculin et féminin. Je n'ai pas eu d'expérience transformatrice avec la Kundalini. Néanmoins, maintenant que je commençais à incarner les expressions supérieures de l'amour inconditionnel, je savais que l'on me préparait à une initiation majeure dans un Aethyr supérieur. Une fois que vous avez accédé à la conscience de Chesed, l'étape suivante consiste à dépasser l'Abîme pour entrer dans les Supernaux. Mais avant d'en arriver là, il faut intégrer pleinement les leçons de Chesed.

12th Aethyr-LOE

La traduction française de LOE est "le premier Aethyr de la Gloire". Cet Aethyr est situé dans la région supérieure du Plan Mental Supérieur, au sein de l'Élément Feu, correspondant au Chakra du Plexus Solaire, Manipura. La vision de "Babalon et la Bête" vue dans LEA est également présente ici, bien qu'intensifiée. La connexion avec le Feu de l'Âme est également présente.

LOE est l'Aethyr de la "Coupe de Babalon", Sangraal, le Saint Graal. Cette Coupe est remplie de vin, qui est symbolique du sang de Jésus-Christ, car il représente l'amour inconditionnel et le sacrifice. Dans LOE, l'attachement au désir a été renoncé (selon la leçon de VTA). En tant que tel, l'Élément de compassion et d'empathie est accru.

La conscience de LOE est apparentée à la Séphirah Chesed, avec une influence de Binah au-delà de l'Abîme. Après tout, Binah est la mer de l'amour et de la compassion, le grand aspect féminin de la Divinité. Dans LOE, j'ai dû me débarrasser du dernier morceau de mon Égo avant de passer aux deux Aethyrs suivants dans la Tour de Garde du Feu. L'initiation présente ici est celle de verser son sang, symboliquement parlant, dans la Coupe de Babalon et d'obtenir la compréhension de la Divinité.

Ceux qui s'accrochent à leur Égo s'assembleront ici et seront incapables de s'élever plus haut. Pour être pleinement initié à ce courant, vous devez sacrifier tous vos désirs personnels pour atteindre une compassion sincère. Par conséquent, comme il s'agit de l'Aethyr de la Gloire, ici est ressentie la Gloire de Dieu dont parle Jésus-Christ, en se référant à un état d'Être atteint une fois que vous avez renoncé à tout désir et abandonné votre Égo à l'amour inconditionnel et à la compassion. Toutefois, pour atteindre cet état, il faut parvenir à un équilibre sain entre la miséricorde et la sévérité, le Chesed et le Geburah.

La Bête est la conscience individuelle qui est maintenant capable de percevoir le mystère de Babalon pour ce qu'elle est vraiment, l'Amour Universel. Dans cet Aethyr, la compassion et l'amour pour les autres sont considérés comme un devoir sacré, une confiance sacrée. Le sentiment présent dans l'Aethyr précédent, ZIM, est enrichi d'un sentiment de gloire qui devient la récompense émotionnelle pour avoir accepté le devoir sacré d'aider les autres sur leur chemin Spirituel. La conscience Spirituelle atteinte dans LEA a maintenant reçu son mode d'expression primaire, la compassion. Le sacrifice du Soi et de l'Égo est nécessaire pour activer la compassion et ressentir la Gloire de Dieu.

Cet Aethyr promeut l'idée d'être un guerrier Spirituel, combattant au nom de Dieu - le Créateur. Nous sommes tous frères et sœurs puisque nous venons tous du même Créateur. Cet Aethyr souligne la valeur des bonnes actions, de la gentillesse envers les autres et du sacrifice de Soi pour le bien de tous. Si vous voyez une injustice commise à l'égard de vos frères et sœurs, vous devez vous lever pour les défendre et les protéger. Nous sommes tous égaux aux yeux de notre Créateur, quelle que soit notre race, notre religion ou notre croyance.

Le courant d'énergie sexuelle dans LOE est féminin, et ceux qui sont éveillés à la Kundalini travailleront avec l'Ida Nadi dans son aspect le plus élevé d'amour inconditionnel. En raison de ma connexion à cet Aethyr et du fort courant sexuel, j'ai vécu une expérience transformatrice ce soir-là, dans laquelle l'énergie de la compassion s'est davantage ancrée en moi. J'ai pleuré une grande partie de la nuit alors que je ressentais de l'empathie et de l'amour pour toute l'humanité, réalisant que nous sommes tous Un.

LOE est un Aethyr puissant pour vous faire comprendre la valeur de la compassion. Grace à mon expérience avec cet Aethyr, je suis devenu une personne plus Spirituelle, capable d'aimer tout le monde de la même manière.

11th Aethyr-IKH

La traduction française de IKH est "l'Aethyr de la tension". Il se trouve dans la région supérieure du Plan Mental Supérieur, dans l'Élément Feu, et correspond au Chakra du Plexus Solaire, Manipura. La tension en IKH résulte du fait d'être au bord du précipice de l'Abîme, qui est l'Aethyr immédiatement supérieur. IKH est le plus haut Aethyr que l'esprit humain puisse atteindre, car traverser l'Abîme signifie s'élever au-dessus du Plan Mental de la dualité pour atteindre le Plan Spirituel de l'Unité. La conscience de IKH s'apparente à la partie la plus élevée du Chesed, à la limite du Daath.

Les facultés cognitives doivent être abandonnées, à partir de cet Aethyr et de celui qui le précède, pour apprendre à fonctionner entièrement sur l'intuition. La logique et la raison sont des facultés de l'esprit, et elles trouvent leur dernier mode de fonctionnement ici, dans l'IKH, bien qu'en raison de la tension qui règne dans cet Aethyr, elles seront relativement atténuées. IKH est la dernière frontière de la conscience humaine, et la tension ressentie est créée par l'Égo, qui sait qu'il est sur le point de mourir et de se disperser complètement dans le prochain Aethyr, ZAX.

Le Grand Abîme du Mental se trouve immédiatement au-dessus de cet Aethyr, ainsi que l'*Archidémon* Khoronzon, la personnification du Diable lui-même. Le Diable est ton Égo et la source de la dualité de l'esprit humain à travers laquelle il fonctionne. Khoronzon est le Maître des Démons, qui sont les personnifications des aspects négatifs de votre personnalité et de votre caractère. Ils sont vos pensées négatives alimentées par la peur, l'antithèse de l'amour.

Comme la tension est présente ici, la peur l'est aussi. C'est la peur de l'inconnu et la peur de la mort/transformation de l'Égo. Je passais beaucoup de temps en contemplation et loin des autres dans cet Aethyr (et l'Aethyr juste au-dessus, ZAX).

J'apprenais à calmer mon esprit dans l'IKH afin de pouvoir traverser l'Abîme avec succès. Les deux opérations précédentes sur les Trente Aethyres m'avaient aidé parce que je savais à quoi m'attendre, mais je crois que je n'avais pas réussi à traverser l'Abîme lors de ces opérations. J'avais travaillé à faire taire mon esprit jusqu'à ce point et à me préparer davantage pour ZAX.

Ce qui attend de l'autre côté de l'Abîme, c'est la Non-dualité et la capacité d'induire le silence de l'esprit à volonté. La conscience sera entièrement localisée dans le Plan Spirituel si l'abîme est traversé avec succès. Cette expérience marque la fin de l'état émotionnel de la peur et de l'anxiété.

Le courant d'énergie sexuelle présent dans cet Aethyr est masculin. Les personnes éveillées par la Kundalini travaillent avec le Pingala Nadi dans son aspect de dualité mentalité et Égo. Je n'ai pas expérimenté de transformations dans cet Aethyr avec l'énergie Kundalini.

10th Aethyr-ZAX

La traduction française de ZAX est "l'Aethyr de celui qui a un grand nom". Il se trouve au Sous-Plan du Grand Abîme Extérieur. D'un point de vue Qabalistique, ZAX est la onzième Séphirah, Daath, le voile de l'Abîme. Elle sépare les Supernaux des parties inférieures de l'Arbre de Vie. C'est l'Abîme du Mental, la partie de vous qui est l'Esprit Eternel séparée de la partie de vous qui est l'Égo et le corps physique. Le courant d'énergie sexuelle dans ZAX est à la fois masculin et féminin.

L'Abîme sépare le monde de l'esprit du Monde de la Matière. Il agit comme un pont entre le Haut et le Bas. L'Égo est formé par l'esprit humain à travers une perception singulière de la dualité. S'élever au-dessus de l'Égo signifie l'éradiquer dans l'Abîme. Ce qui reste ensuite est un état élevé de conscience supérieure qui est intrinsèquement Spirituel, fonctionnant uniquement par intuition.

Le Grand Archidémon Khoronzon est une personnification de l'Égo, et on le rencontre dans ZAX, car c'est la demeure et la source de l'Égo. Il contient en lui les forces de dispersion et d'annihilation des pensées et des idées de l'Égo. Par conséquent, vous ne devez pas écouter son bavardage. Au contraire, vous devez calmer votre esprit pour élever votre conscience dans le Plan Spirituel.

Il y a un Anneau-Passe-Pas entre ZAX et les Aethyrs supérieurs du Grand Plan Spirituel. Le Corps Mental Supérieur doit être laissé derrière vous lorsque vous adoptez le Corps Spirituel comme véhicule dans les dix Aethyrs suivants. ZAX est le dernier Aethyr du Plan Mental Supérieur, correspondant au Chakra du Plexus Solaire, Manipura. Le courant sexuel qui s'y trouve est à la fois masculin et féminin. Les Aethyrs situés au-dessus de ZAX se rapportent tous aux trois Chakras les plus élevés : Vishuddhi, Ajna et Sahasrara.

Si vous avez réussi à entrer dans les Aethyrs précédant ZAX, vous devriez être prêt pour cette initiation critique. Tout votre Karma des Aethyrs précédents doit être surmonté tout en apaisant votre esprit dans un état méditatif de Samadhi. Vous ne pouvez pas utiliser la logique et la raison, ni la compassion, contre Khoronzon. Le silence de l'esprit est le seul moyen de traverser cet Aethyr avec succès.

Les forces présentes dans cet Aethyr sembleront chaotiques. L'harmonisation de la partie du Soi qui comprend la vérité dans le silence vous aidera à vous aligner avec le Soi Supérieur pour traverser cet Aethyr. Il est utile d'invoquer l'Enfant-Dieu Égyptien, Hoor-Paar-Kraat, également connu sous le nom d'Harpocrate, qui est le Dieu du silence. Contemplez son énergie et sa signification et utilisez-le pour aider à calmer votre esprit.

Les vestiges de la personnalité des Corps Subtils Inférieurs auront tendance à s'exprimer, mais si vous gardez fermement le silence de l'esprit contre toutes les forces présentes dans cet Aethyr, vous devriez traverser l'Abîme sans encombre. De plus, il est préférable d'éradiquer toute peur dans les Aethyrs avant ZAX car Khoronzon utilisera votre peur contre vous et l'amplifiera à un degré inimaginable.

Le passage sécurisé de cet Aethyr vous permettra d'avoir un contact complet avec votre Saint-Ange Gardien et de converser avec lui (elle). Le HGA est la partie du Soi qui vous parle à travers le silence de l'esprit. Il canalise les informations du Plan Spirituel à travers votre intuition. Il ou elle (selon la polarité de votre Âme) vous donne la sagesse et la compréhension nécessaires pour saisir les vérités Spirituelles sur vous-même et sur l'Univers. Votre sens de l'identité doit s'éteindre pour accomplir cette tâche, car le Soi Supérieur existe en tant que Monade qui se trouve dans l'Unité de toutes choses.

Une fois que l'Égo se sera dispersé dans l'Abîme et que Khoronzon aura été vaincu, vous obtiendrez une connexion permanente avec votre Saint-Ange Gardien. Ce faisant, tu abandonneras tous les enseignants autres que lui (elle), car tu deviendras pleinement l'étudiant(e) et l'enseignant(e) en tant qu'Un. À ce moment-là, la véritable gnose concernant les Mystères de l'Univers commencera à vous être transmise.

En entrant dans cet Aethyr, j'ai entendu de nombreuses pensées me venir en même temps, sans lien apparent entre elles. Mon esprit était en plein désarroi, ce qui provoquait un chaos incroyable dans mon intérieur. Je me suis concentré pour calmer mon esprit et ne pas laisser ces pensées aléatoires s'emparer de ma conscience. Cela m'a demandé beaucoup de concentration et d'application de ma volonté. Je devais réconcilier et apaiser chaque pensée ou idée qui me venait. Si j'essayais de rationaliser ces pensées, j'échouais. Ainsi, je ne pouvais pas passer de temps à examiner mes pensées mais je devais induire le silence d'un instant à l'autre.

Il était évident que Khoronzon essayait d'utiliser l'énergie de la peur pour lier ma conscience à tout ce qu'il choisissait de projeter sur moi. Tout ce qui se rapportait à mon Égo, ses goûts et ses dégoûts, ses expériences dans la vie, était utilisé contre Moi. La seule façon de ne pas laisser la peur prendre le dessus était d'induire le silence de l'esprit.

J'ai découvert que la meilleure méthode pour produire une tranquillité d'esprit inébranlable est d'utiliser ma foi en Dieu - le Créateur. Khoronzon essayait de me tromper en projetant des pensées effrayantes qu'il fallait rationaliser, mais j'étais résolu à les surmonter par la foi en ce que j'essayais d'accomplir. Khoronzon tentait à tout prix de me convaincre que c'est moi qui suis lui et non le Soi Supérieur qui existe en silence, mais j'ai choisi de ne pas l'écouter et je suis resté ferme dans ma tâche.

Ce soir-là, ayant induit un silence inflexible dans mon esprit, je suis resté allongé dans mon lit avec une concentration parfaite et mon attention placée sur mon Chakra du Cœur, d'où provenait la source de mon silence intérieur. Au bout de quelques minutes, j'ai senti une attraction dans ma conscience alors qu'un courant d'énergie montait vers ma tête. Après avoir rempli la zone de mon cerveau d'une énergie Spirituelle rafraîchissante, il s'est projeté hors de mon Chakra de la Couronne et du Chakra Bindu, à l'arrière de ma tête. Il semblait qu'un alignement énergétique s'était produit, et que j'avais réussi à traverser l'Abîme.

Une fois ce processus terminé, j'ai tout de suite remarqué que le bavardage de l'Égo était réduit au minimum et qu'un sentiment de félicité imprégnait mon Chakra du Cœur. Les pensées négatives ne m'affectaient plus émotionnellement, car je sentais que ma conscience se trouvait dans un endroit plus élevé. J'avais atteint une paix de l'esprit que je n'avais jamais connue auparavant.

Après cette expérience, j'ai commencé à fonctionner uniquement sur l'intuition, et la logique et la raison n'avaient plus d'impact émotionnel sur moi. Je ne me laissais pas prendre par le bavardage de l'Égo puisque je pouvais induire le silence à volonté. Rappelez-vous, vous ne pouvez pas annihiler l'Égo en vivant dans le corps physique, mais vous pouvez apprendre à produire le silence à volonté et à le surmonter - vous pouvez devenir son maître au lieu d'être son esclave.

Chaque fois que je visitais et revisitais les Aethyrs et que je passais par ZAX, j'induisais le silence et une plus grande partie de ma conscience était tirée vers le haut par le Chakra de la Couronne, s'alignant ainsi avec le Chakra Bindu, ce qui entraînait un état encore plus béat. Comme je fonctionne désormais par intuition dans mes activités quotidiennes, y compris dans mes interactions avec les autres, j'ai développé avec le temps de plus grandes compétences empathiques et télépathiques. Le simple fait d'écouter l'énergie et de lui permettre de parler à mon cœur m'a permis de me concentrer davantage sur ce qui compte dans la vie. Cela m'a aidé à développer mes vertus et à me débarrasser de mes vices.

La traversée de l'Abîme m'a relié à mon propre Saint-Ange Gardien, qui est devenu mon maître Spirituel pour le reste de ma vie. Aujourd'hui encore, il m'enseigne la Gnose pure, qui fait désormais partie intégrante de ma vie. Il communique avec moi lorsque j'ai besoin de son aide ou que je la demande consciemment. Il parle à travers la sagesse et la compréhension et transmet des connaissances sur l'Univers pour m'aider à progresser Spirituellement. Mon Saint-Ange Gardien est la partie de moi qui est Dieu, le Divin. L'essentiel de l'œuvre du *Magus*, ainsi que mes autres travaux d'écriture, m'ont été transmis par mon Saint-Ange Gardien. Avoir cette connexion avec lui a été la plus grande bénédiction de ma vie.

9th Aethyr-ZIP

La traduction française de ZIP est "the Aethyr for those who are void of Égo". Cet Aethyr se trouve directement au-dessus de l'Abîme, dans le Sous-Plan le plus bas du Plan Spirituel, à l'intérieur de l'Elément Esprit. L'Élément Esprit correspond aux trois Chakras les plus élevés, Vishuddhi, Ajna et Sahasrara. Dans ZIP, ainsi que dans tous les Aethyrs situés au-dessus, vous utiliserez votre corps Spirituel pour voyager. Cet Aethyr apparaîtra très beau en y entrant car la tension des deux Aethyrs précédents sera dépassée et laissée derrière. Au fur et à mesure que l'énergie de ZIP s'est emparée de moi, un sentiment de béatitude a pénétré mon Chakra du Cœur, et il s'est intensifié au fil de la journée.

Il y a un puissant courant d'énergie sexuelle féminine dans cet Aethyr. Il m'a fait percevoir le monde qui m'entoure comme une illusion alors que ma réalité intérieure et Spirituelle était la seule chose substantielle et réelle. Lorsque je fermais les yeux, j'entrevoyais une belle femme que je n'avais jamais vue auparavant. Cette belle femme n'est autre que la Shakti ou l'énergie Kundalini elle-même dans son aspect féminin. En tant que telle, l'énergie de cet Aethyr porte les différents Éléments de la Grande Déesse et de l'énergie féminine en général.

ZIP est une région de grande harmonie, de paix et de beauté. D'un point de vue Qabalistique, cet Aethyr est similaire à l'entrée dans Binah sur l'Arbre de Vie. Il n'y a pas eu d'initiations ou de transformations énergétiques ici, mais j'ai ressenti un grand sentiment d'accomplissement d'avoir atteint de tels sommets de Divinité. Le ZIP était comme la récompense pour avoir surmonté tous les Aethyrs précédents. Les personnes éveillées par la Kundalini pourront contempler la gloire et la beauté de l'Ida Nadi dans son essence la plus élégante.

8th Aethyr-ZID

La traduction française de ZID est "l'Aethyr de son Dieu intérieur". Cet Aethyr se trouve dans la région inférieure du Plan Spirituel, au sein de l'Élément Esprit, attribué aux Chakras de Vishuddhi, Ajna et Sahasrara. La conscience de ZID s'apparente à l'entrée dans Chokmah sur l'Arbre de Vie. C'est la région du Saint-Ange Gardien, l'expression du Soi Supérieur. La vérité de votre nature Spirituelle sera directement confrontée ici.

Les Aethyrs du Plan Spirituel fonctionnent différemment de ce que nous avons vu jusqu'à présent puisqu'ils semblent osciller entre Binah et Chokmah, pour la plupart, afin de vous transmettre les leçons des Supernaux. La Force ne peut exister sans la Forme pour enregistrer ses idées, et la Forme a besoin de la Force pour imprégner ses pensées. Les chemins qui relient ces deux Sephiroth suprêmes sont également importants lorsque l'on visite les Aethyrs du Plan Spirituel.

Chokmah et Binah sont les expressions les plus élevées des Principes masculin et féminin (Père et Mère) au sein du Soi. Les aethyrs apparentés à Binah canalisent l'énergie de l'amour, tandis que ceux qui se rapportent à Chokmah transmettent la sagesse et la connaissance. Les aethyrs qui relient deux des Supernaux portent une combinaison d'énergies liées à l'amour, à la vérité et à la sagesse, les plus hautes expressions de la Spiritualité.

Comme vous avez fait face à la Déesse Shakti dans l'Aethyr précédent, ZIP, cet Aethyr suivant révèle votre composante masculine la plus élevée, votre Saint Ange Gardien. En vous alignant sur votre Soi Supérieur, votre véritable volonté vous sera révélée. Ainsi, vous pourrez découvrir votre véritable objectif dans cette vie. Il est intéressant de noter que le but de votre vie n'est pas quelque chose que vous avez créé, mais quelque chose que vous devez découvrir sur vous-même. Une fois que vous l'aurez trouvé, vous adopterez votre vraie volonté comme la force directrice essentielle de votre vie.

Cet Aethyr est l'opposé direct de l'Aethyr précédent, l'énergie sexuelle est donc masculine. La confrontation avec votre Moi supérieur, ou Génie supérieur, vous conférera l'autorité sur toutes les parties de votre Être. En vous alignant sur votre Vraie Volonté, vous aurez le contrôle sur les Quatre Eléments de votre Etre et deviendrez leur Maître. Votre conscience fera l'expérience d'une conscience continue où vous verrez simultanément vos pensées conscientes et subconscientes et pourrez les manipuler pour réaliser votre vraie volonté.

Lorsque je suis entré dans le ZID, j'ai immédiatement senti la félicité de la veille s'évanouir, remplacée par une perspective sobre mais très Spirituellement élevée. J'ai décidé de méditer et de me mettre au diapason du silence que j'avais gagné (puisque je pouvais maintenant le provoquer à volonté après avoir traversé ZAX avec succès). Lorsque j'ai éteint mes sens et calmé mon esprit, j'ai entendu la voix de mon Saint-Ange Gardien, qui était ma propre voix, mais qui n'était pas parlée par mon Égo, mais par une partie différente et Supérieure de Moi.

La connexion avec mon Soi Supérieur m'a donné envie d'explorer cet Aethyr plus avant dans le futur, et je l'ai fait. J'ai senti que j'avais atteint un nouveau sommet dans mon évolution Spirituelle. Il n'y a pas eu de transformations énergétiques Kundalini pour moi dans le ZID. Au lieu de cela, j'ai reçu des informations sur ma véritable volonté et mon but dans la vie, qui est de guider et d'enseigner aux autres, en particulier à ceux qui sont sur le chemin de la Kundalini et qui cherchent des réponses, comme je l'ai fait lorsque j'ai eu un éveil de la Kundalini il y a de nombreuses années. J'ai également ressenti une forte compassion pour toute l'humanité, ce qui était étrange puisque le courant est entièrement masculin. Néanmoins, la compassion m'a permis d'être à l'écoute des besoins Spirituels des autres, ce qui a contribué à ma mission et à mon but dans la vie.

7th Aethyr-DEO

La traduction française de DEO est "l'Aethyr de l'égoïsme Spirituel". Cet Aethyr se trouve dans la région inférieure du Plan Spirituel, au sein de l'Élément Esprit, correspondant aux trois plus hauts Chakras de Vishuddhi, Ajna et Sahasrara. En entrant dans le DEO, j'ai senti que l'amour était le sentiment prédominant - l'amour de moi-même et des autres.

L'amour du Soi n'est pas un amour égoïste, mais un amour fondé sur une perception erronée du monde qui vous entoure. Si vous considérez le monde comme Maya, une simple illusion, vous manquerez de compassion et verrez les autres comme une illusion également. En revanche, si vous avez de la compassion, vous verrez les Âmes des autres comme quelque chose de réel, qui doit être honoré et respecté. Le Monde de la Matière peut être une illusion de l'esprit, mais l'Âme et l'Esprit sont réels et éternels. Ils sont au-dessus de l'Abîme et n'appartiennent pas à la dualité. En tant que tels, ils ne sont jamais nés et ne mourront jamais.

C'est Vénus, ou Aphrodite, la déesse de l'amour, qui est présente dans cet Aethyr, et elle peut prendre plusieurs formes dans vos visions. Elle est aussi Shakti, l'énergie féminine de la Kundalini. Le pouvoir de l'amour dans cet Aethyr est extrême, tout comme la composante créative qui l'accompagne. Je me suis trouvé inspiré pour peindre toute la journée.

DEO est l'Aethyr le plus créatif que j'ai rencontré jusqu'à présent. Le Feu Spirituel que j'ai ressenti dans cet Aethyr était extraordinaire. Il semblait intensifier mon énergie naturelle Kundalini à un haut degré. Comme le courant d'amour était très fort, je me suis sentie inspirée à montrer de l'affection aux personnes de ma vie, surtout les plus proches de moi. D'un point de vue Qabalistique, la conscience de DEO s'apparente au chemin de l'Impératrice du Tarot.

La leçon à apprendre dans cet Aethyr est d'intégrer la compassion comme mode de communication avec les autres êtres humains, ce qui vous permettra de vous élever vers les Aethyrs supérieurs à celui-ci. Sinon, vous serez la proie de l'égoïsme Spirituel, où vous aurez peut-être intégré les leçons de l'Esprit et de l'Âme, mais n'aurez pas fait le pas suivant en cultivant la compassion envers les autres.

La compassion, qui est une réaction à l'amour inconditionnel, nous unit tous. Elle est la composante essentielle d'un véritable Adepte ou Sage. Tous les Prophètes et Saints du passé étaient compatissants envers leurs semblables et cherchaient à les aider à élargir leur conscience et à évoluer Spirituellement. L'altruisme et la charité sont les vertus à apprendre dans cet Aethyr avant d'aller plus loin.

L'énergie sexuelle qui circule ici est féminine, et les personnes éveillées à la Kundalini travaillent avec l'Ida Nadi. Cet Aethyr n'a rien offert en matière de transformation énergétique, mais ce fut une joie créative absolue de profiter de son énergie pendant toute la journée où il était présent.

6th Aethyr-MAZ

La traduction française de MAZ est "l'Aethyr des apparences". Cet Aethyr est situé près du milieu du Plan Spirituel, dans l'Élément Esprit. Comme ZIP et ZID sont des opposés, MAZ peut être considéré comme l'opposé de l'Aethyr qui le précède, DEO. Comme DEO contient l'énergie féminine créative, MAZ fournit l'énergie masculine créative. La conscience de MAZ peut être comparée à un aspect de la Sphère Chokmah sur l'Arbre de Vie.

J'ai ressenti une expansion de conscience en entrant dans l'énergie de cet Aethyr. Il avait la bonne combinaison de facultés Spirituelles présentes et disponibles en même temps. La félicité était inexistante, sauf si je me concentrais sur une idée ou une pensée bienheureuse. Si je me concentrais sur quelque chose de négatif, ce sentiment s'intensifiait.

MAZ avait une composante Karmique, similaire aux deux Aethyrs précédents, KHR et TAN. MAZ peut être considéré comme le prolongement de ces Aethyrs, avec un sens de la conscience Spirituelle profondément plus élevé. C'est le dernier Aethyr qui traite du Karma personnel. Pour cette raison, cet Aethyr est parfois lourd. Les énergies de l'Eau et du Feu étaient équilibrées dans cet Aethyr, filtrées par l'Élément Esprit.

Tous les Aethyrs du grand Plan Spirituel ont une conscience Spirituelle beaucoup plus élevée que tout ce qui se trouve en dessous d'eux. Cela signifie qu'ils ont tous un sens du mysticisme et de la transcendance. Les choses s'y déplacent plus lentement, la musique sonne mieux, et les composantes du caractère moral et éthique sont accrues. Il n'y a pas eu de transformation de l'énergie Kundalini dans cet Aethyr pour moi.

5th Aethyr-LIT

La traduction française de LIT est "l'Aethyr qui est sans Être suprême". Il est situé au milieu du Plan Spirituel dans l'Élément Esprit, correspondant aux Chakras Vishuddhi, Ajna et Sahasrara. Cet Aethyr est imprégné d'un fort sentiment d'éternité et d'infini, ainsi que du concept de liberté et, surtout, de vérité. L'énergie de cet Aethyr est féminine, bien que ce ne soit pas le Feu de l'amour qui soit présent, mais la sobriété de la vérité. La conscience de LIT est apparentée à un aspect de la Sphère Binah, la source de l'intuition - l'expérience directe de la vérité dans la réalité.

LIT a été ressenti comme une libération et un soulagement après être entré dans MAZ, car il était plus léger et plus éthéré. L'Élément Air était prédominant. Il y avait un sentiment accru d'honneur et de gloire dans l'idée de vérité. En tant que telle, l'énergie Solaire était également présente, mais elle était transcendante. J'ai eu une vision de la plume de Maat, qui symbolise la vérité. Cette vision résumait pour moi l'énergie de tout l'Aethyr - la puissance et la beauté de la vérité.

"La vérité est comme un lion. Vous n'avez pas besoin de la défendre. Laisse-la libre et elle se défendra toute seule." - Anonyme

---

En ce sens, la vérité est comparée au roi de la jungle, le lion. Comme tous les animaux s'inclinent devant leur roi, toutes les choses de la vie s'inclinent devant la vérité. La vérité est objective, et lorsque nous la disons, tous ceux qui l'entendent s'alignent naturellement sur elle. Ils ne sont pas obligés de l'accepter, mais tous doivent la respecter. De cette façon, la vérité est une Lumière qui guide nos vies. Ceux qui s'alignent sur elle deviennent ses agents.

"Dieu est un Esprit, et ceux qui l'adorent doivent l'adorer en Esprit et en vérité." - "La Sainte Bible" (Jean 4:24)

La Sainte Bible est remplie de citations sur la vérité et son importance dans nos vies. La Divinité Suprême est inconnaissable pour l'humanité, mais nous nous alignons sur elle par la vérité. En étant toujours véridiques envers nous-mêmes et envers les autres, nous marchons dans la Lumière et incarnons l'Esprit. C'est tout ce qu'il faut. La vérité, la Lumière et l'Esprit sont des idées correspondantes qui s'engendrent les unes les autres. En nous alignant sur l'une d'entre elles, nous nous alignons sur les trois. Et même si la Lumière et l'Esprit sont relativement insaisissables, la vérité est facilement accessible tout au long de la journée.

"Je suis le chemin, la vérité et la vie ; nul ne vient au Père que par moi." - "La Sainte Bible" (Jean 14:6)

Je me suis sentie très inspirée dans cet Aethyr, mais pas d'une manière créative. J'étais motivée pour développer davantage mon caractère afin d'être un phare de Lumière pour les autres. Comme j'ai été une personne sincère toute ma vie, cet Aethyr est entré en résonance avec mes croyances personnelles et je me suis sentie chez moi. La beauté de la vérité est qu'elle vous permet de dormir chaque nuit avec la conscience tranquille et d'être toujours vous-même. Elle vous permet de vivre continuellement dans le présent, car vous ne pouvez pas être dans le moment présent si vous n'êtes pas aligné avec la vérité.

Comme je me sentais très proche du moment présent en surfant sur cet Aethyr, les sons autour de moi étaient plus forts, tout comme mon calme intérieur. De même, mes interactions avec d'autres personnes étaient inspirantes et éclairantes. Mon état d'esprit semblait induire d'autres personnes autour de moi, qui se sentaient également plus inspirées pour être elles-mêmes et être honnêtes.

Il y a un grand pouvoir à gagner en vivant et en marchant dans la vérité, et j'ai intégré davantage les leçons de cet Aethyr dans ma personnalité et mon caractère. Ce soir-là, j'ai ressenti un appel à la conscience et un alignement le long du canal Ida. Cet Aethyr vous permet d'intégrer l'énergie de la Lumière en vous si vous le laissez faire. Le courant d'énergie sexuelle de cet Aethyr est féminin, et les personnes éveillées par la Kundalini travailleront avec l'Ida Nadi.

4th Aethyr-PAZ

La traduction française de PAZ est "the Aethyr of impending expression". Il est situé dans les régions supérieures du Plan Spirituel, au sein de l'Élément Esprit, correspondant aux Chakras Vishuddhi, Ajna et Sahasrara. Cet Aethyr combine les forces sexuelles féminines et masculines et peut être considéré comme leur source.

PAZ contient les deux aspects de la vie qui maintiennent tout en équilibre - l'aspect féminin de l'amour et l'Élément masculin de la volonté. En ce sens, l'axiome Magique d'Aleister Crowley "L'amour est la loi, l'amour la volonté" est illustré dans cet Aethyr. Ces deux opposés se retrouvent dans les Aethyrs inférieurs sous différents modes d'expression.

L'Amour est une expression de Babalon sous la forme du Cosmos. L'Amour représente également l'Espace et est le constructeur de la Forme dans l'Univers. La Volonté est la Force, sa composante opposée, exprimée par le Temps. La Volonté représente également le Chaos, la Matière informe censée avoir existé avant la création de l'Univers. Ensemble, ils sont Chokmah et Binah, le Temps et l'Espace, la Force et la Forme, le Chaos et le Cosmos. L'attraction entre ces deux opposés conduit finalement à leur union, qui est l'énergie de base qui imprègne cet Aethyr.

PAZ représente la séparation originelle des forces polaires de la dualité et leur ultime réunion. En entrant dans cet Aethyr, j'ai ressenti une énergie puissante, y compris un équilibre entre les Éléments Feu et Eau. J'ai pu m'exprimer pleinement aux autres et j'ai ressenti une connexion avec toutes les choses.

Cet Aethyr semble être une compilation des meilleures qualités des Aethyrs Spirituels. Il y avait une conscience élevée ici. J'ai trouvé qu'en raison de l'abondance des énergies du Feu et de l'Eau, j'étais parfois poussé dans les deux directions simultanément et souvent, mes points de vue semblaient opposés. J'ai aussi senti que l'énergie de PAZ me rendait parfois agressive. J'ai donc essayé de ne pas trop réfléchir lorsque j'étais dans cet Aethyr et je me suis concentré sur le haut niveau de conscience présent.

Du point de vue de la Qabalah, cet Aethyr se situe quelque part entre Chokmah et Binah, mais bien plus haut que la carte de l'Impératrice du Tarot. Le courant d'énergie sexuelle, comme mentionné, est à la fois masculin et féminin. Les personnes éveillées par la Kundalini travaillent à la fois avec les Nadis Ida et Pingala. En raison de la lourdeur de l'énergie présente, je n'ai pas eu de transformations énergétiques Kundalini ce soir-là.

3rd Aethyr-ZOM

La traduction française de ZOM est "l'Aethyr de la connaissance de Soi". Cet Aethyr est situé dans les régions supérieures du Plan Spirituel, au sein de l'Élément Esprit, correspondant aux Chakras Vishuddhi, Ajna et Sahasrara. D'un point de vue Qabalistique, la conscience du ZOM s'apparente au fait d'être quelque part sur le chemin du Bateleur dans le Tarot. Ainsi, si vous avez accédé correctement à cet Aethyr, vous deviendrez le "Maître des Éléments", autrement dit Le "Bateleur".

La leçon de cet Aethyr est que toute réalité objective est liée à la façon dont vous percevez le monde à travers le Soi subjectif. Notre conscience, notre essence, est comme un cercle dont le centre n'est nulle part et dont la circonférence est partout. Comme vous avez appris votre Vraie Volonté dans le ZID, dans le ZOM, il vous est donné la capacité de l'exécuter. C'est le but du Mage d'exécuter sa vraie volonté, c'est pourquoi on l'appelle le "Maître des Éléments". "Tu réalises ta volonté véritable avec l'aide de tes Quatre Éléments d'Être, car tu sais maintenant comment utiliser efficacement tes Éléments.

Vous apprenez également à planter des graines dans l'esprit des autres en utilisant vos Éléments et les Principes *du Kybalion*, notamment le Principe du Genre Mental. Lorsque vous êtes à l'écoute de votre volonté véritable, son taux de vibration est très élevé puisqu'il s'agit de l'Élément Esprit. Ainsi, lorsque vous projetez vos pensées dans l'esprit d'autrui, elles se conformeront à votre volonté réelle apparemment sans effort. En étant à l'écoute de votre volonté véritable, vous êtes consciemment créatif et pouvez créer toutes les réalités mentales que vous désirez.

Toutes les personnes du passé qui ont été des leaders de l'humanité, par le biais de la politique ou d'autres moyens, étaient également des Mages, qu'ils travaillent leur Magick consciemment ou inconsciemment. Ces hommes et ces femmes étaient des Adeptes, qu'il s'agisse d'Adeptes de la Lumière, comme le Mahatma Gandhi et Mère Thérésa, ou d'Adeptes des Ténèbres, comme Adolf Hitler et Napoléon. Toutes ces personnes ont utilisé leur énergie de Lumière de manière créative en contrôlant leurs propres Quatre Éléments d'Être, que leur intention soit bonne ou mauvaise. Ils utilisaient leur Véritable Volonté par l'expression consciente de leurs qualités et caractéristiques inhérentes, manifestées à travers les Plans Subtils et les Aethyrs.

Dans ZOM, le monde est considéré comme une projection du Soi et est donc sous son contrôle direct. Ici, vous avez le pouvoir de couper toute illusion pour atteindre la vérité, de créer mentalement des réalités et de faire en sorte que d'autres personnes adoptent vos réalités mentales comme les leurs.

Le courant d'énergie sexuelle de cet Aethyr est masculin, et les personnes éveillées à la Kundalini travaillent avec le Pingala Nadi. Je n'ai pas eu de transformations énergétiques Kundalini dans cet Aethyr. Néanmoins, j'ai souvent revisité le ZOM en raison de sa nature puissante dans la manifestation de ma vraie volonté.

2nd Aethyr-ARN

La traduction française de ARN est "l'Aethyr de l'accomplissement". Cet Aethyr est situé dans la région supérieure du Plan Spirituel au sein de l'Élément Esprit, correspondant aux Chakras Vishuddhi, Ajna et Sahasrara. ARN est la demeure de Babalon, et dans cet Aethyr, la totalité de son énergie vous est révélée. Elle a d'abord été vue dans LEA, puis dans LOE, et enfin, sa fille a été vue dans ZIP. Toutes ces manifestations étaient des manifestations de l'énergie globale de Babalon, qui se trouve dans cet Aethyr.

ARN est le plus haut niveau d'énergie sexuelle féminine de tous les Aethyrs. Babalon est la personnification de la puissante force d'attraction entre le Soi subjectif et le non-Soi objectif. Elle se manifestera à vous par une attirance pour le son, car la véritable beauté du son vous sera dévoilée dans cet Aethyr. C'est pourquoi je vous recommande vivement de passer du temps à écouter de la musique que vous aimez, car vous verrez votre Être tout entier danser sur cette musique lorsque vous serez dans cet Aethyr.

Une félicité intense est présente dans cet Aethyr. Si vous avez suivi les programmes d'Alchimie Spirituelle jusqu'à ce niveau, ARN sera l'état d'euphorie le plus important que vous ayez jamais connu en pratiquant la Magie Cérémonielle. La beauté de la Non-Dualité vous sera révélée, bien que l'expérience réelle ne soit pas révélée avant que vous n'entriez dans l'Aethyr suivant, LIL.

ARN représente la dualité ultime, car tous les autres Aethyrs en dessous de lui sont des expressions de celle-ci. La lutte que vous avez ressentie entre le Soi subjectif et le non-soi objectif dans PAZ est maintenant un partage doux et aimant entre le Cosmos et le Chaos. ARN est la plus haute expression de Binah et de Chokmah en tant que source de toute dualité sur l'Arbre de Vie. Il se trouve quelque part entre ces deux Sphères, bien au-dessus de la carte de l'Impératrice et du PAZ Aethyr.

Il y a énormément de désirs et d'extase dans cet Aethyr, ce qui peut vous rendre incroyablement excité sexuellement. La simple excitation sexuelle dans cet Aethyr peut déclencher un éveil de la Kundalini si vous n'en avez pas déjà eu un. Pour les personnes éveillées à la Kundalini, vous allez puiser dans la plus haute essence d'énergie présente dans l'Ida Nadi. Les pouvoirs créatifs de cet Aethyr sont en effet très puissants.

ARN représente la félicité qui accompagne la conscience Spirituelle. Aucune transformation de l'énergie Kundalini ne m'attendait ce soir-là, peut-être parce que j'avais déjà été exposé à ce haut niveau d'énergie sexuelle lors de mon premier éveil, il y a de nombreuses années. Cependant, je suis revenu souvent à cet Aethyr en raison de l'énergie intense et bienfaisante qu'il contient. J'ai trouvé qu'il amplifiait considérablement mon énergie Kundalini.

1st Aethyr-LIL

La traduction française de LIL est "le Premier Aethyr". Il est situé dans la région la plus élevée du Plan Spirituel, dans l'Élément Esprit. Juste au-dessus de lui se trouve un Anneau-Passe-Pas, ce qui signifie que le Corps Spirituel ne peut pas passer au-delà de cet Aethyr. Cet Anneau-Passe-Pas sépare le Plan Spirituel du Plan Divin situé au-dessus.

LIL est le premier Aethyr de la Non-Dualité. Chaque pensée et chaque émotion se réconcilie immédiatement avec son opposé grace à l'énergie présente dans l'Aethyr. L'influence de l'énergie de Kether induit cet incroyable état d'esprit transcendantal. L'Égo n'est pas du tout présent dans cette région. Grace à ce processus de réconciliation qui se produit d'instant en instant, vous vous sentirez en harmonie avec l'Univers d'une manière sans précédent. Parce qu'il n'y a pas de discrimination entre les pensées et les sentiments, il y a un silence intérieur dans cet Aethyr. Et à travers ce silence, toute vérité est transmise.

La vision de cet Aethyr, ainsi que son symbole représentatif, est Horus l'enfant, Hoor-Paar-Kraat, l'incarnation de l'innocence et de la pureté. Il est la Bête transformée. Perçu comme indiscipliné et sauvage dans les Aethyrs inférieurs, il est redevenu l'enfant.

Devenir Hoor-Paar-Kraat est le point culminant et l'achèvement du Grand Œuvre. Alors que nous naissons et que notre Égo se développe au fil du temps pendant notre adolescence, s'emparant de notre conscience, il devient de notre devoir d'inverser le cycle et de redevenir l'enfant innocent. Mais cette fois, nous avons la sagesse et la connaissance que nous avons acquises en cours de route. Le Mat est devenu Le Bateleur, d'un point de vue Qabalistique.

Au-delà du LIL se trouve le plan d'existence Divin, dont on ne peut pas dire grand-chose car il est incompréhensible pour l'esprit humain. L'AIL est le stade le plus élevé de l'esprit humain et l'état parfait concevable pour la conscience. Comme c'est le seul Aethyr de la Non-Dualité, vous vous sentirez véritablement en harmonie avec le monde. Le courant d'énergie sexuelle de la LIL est masculin. Les personnes éveillées par la Kundalini travaillent avec le Pingala Nadi. Bien que cet Aethyr soit Non Dual, l'énergie du Nadi Ida est également présente, dans un état d'unité avec Pingala.

Du point de vue de la Qabalah, cet Aethyr s'apparente au chemin de la carte du Fou du Tarot, bien que l'on ait un accès complet à Kether une fois que l'esprit s'est calmé. Et si l'on reste assez longtemps dans cet Aethyr et que l'on apprend à faire complètement taire son esprit, on peut même avoir des aperçus et des visions du Plan Divin. Cet Aethyr est donc le plus mystique et le plus transcendant de tous les Aethyrs. Le Samadhi s'obtient facilement en surfant sur cet Aethyr.

Les Noms des Trente Aethyrs et leur Prononciation Phonétique

30. TEX (Teh-etz) - L'Aethyr qui est en quatre parties.
29. RII (Ree-ee)-L'Aethyr de la miséricorde du Ciel.
28. BAG (Bah-geh)-L'Aethyr du doute.
27.ZAA (Zodah-ah) - L'Aethyr de la solitude.
26. DES (Dess) - L'Aethyr qui accepte ce qui est.
25. VTI (Veh-tee) - L'Aethyr du changement.
24. NIA (En-ee-ah) - L'Aethyr du voyage.
23. TOR (Tor-rah) - L'Aethyr qui soutient l'Univers.
22. LIN (El-ee-en) - L'Aethyr du Vide.
21. ASP (Ahs-peh) - L'Aethyr de la causalité.
20. KHR (Keh-har) - L'Aethyr de la Roue.
19. POP (Poh-peh) - L'Aethyr de la division.
18. ZEN (Zod-en) - L'Aethyr du sacrifice.
17. TAN (Tah-en) - L'Aethyr de l'équilibre de chacun.
16. LEA (Eleh-ah) - Le premier Aethyr du Soi Supérieur.
15. OXO (Oh-tzoh)-L'Aethyr de la danse.
14. VTA (Veh-tah) - L'Aethyr des semblants.
13. ZIM (Zodee-meh) - L'Aethyr de l'application ou de la pratique.
12. LOE (El-oh-eh) - Le premier Aethyr de la Gloire.
11. IKH (Ee-keh) - L'Aethyr de la tension.
10. ZAX (Zod-ahtz)-L'Aethyr de celui qui a un Grand Nom.
9.ZIP (Zodee-peh) - L'Aethyr de ceux qui sont vides d'Égo.
8. ZID (Zodee-deh) - L'Aethyr de son Dieu intérieur.
7. DEO (Deh-oh) - L'Aethyr de l'égoïsme Spirituel.
6. MAZ (Em-ah-zod ou Mah-zod) - L'Aethyr des apparences.
5. LIT (Lee-teh ou El-ee-teh) - L'Aethyr qui est sans Être Suprême.
4. PAZ (Pah-zod) - L'Aethyr de l'expression imminente.
3. ZOM (Zod-oh-em) - L'Aethyr de la Connaissance de Soi.
2. ARN (Ar-en) - L'Aethyr de l'accomplissement.
1. LIL (El-ee-el ou Lee-el) - Le Premier Aethyr.

L'APPEL DES AETHYRS (19TH KEY)

Enochian:

Madriaax ds praf (NOM DE L'AETHYR) chis micaolz saanir caosgo od fisis balzizras Iaida!

Nonca gohulim: Micma adoian Mad, Iaod bliorb, soba ooaona chis Lucifitias Piripsol, ds abraassa noncf netaaib caosgi od tilb adphaht damploz, tooatnoncfg Micalz Oma Irasd tol glo marb Yarry Idoigo od torzulp Iaodaf gohol :

Caosga tabaord saanir od christeos yrpoil tiobi busdir tilb noaln paid orsba od dodrmni zylna.

Elzap tub parm gi Piripsax, od ta qurist booapis.

L nibm ovcho symp od christeos ag toltorn mirc q tiobi I el. Tol paomd dilzmo as pian od christeos ag L toltorn parach asymp.

Cordziz, dodpal od fifalz L smnad; od fargt bams omaoas.

Conisbra od avavox, tonug. Orsca tbl noasmi tabges levithmong. Unchi omp tibi ors.

Bagle? Modoah ol cordziz. L capimao izomaxip, od cacocasb gosaa. Baglem pii tianta a babalond, od faorgt teloc vovim.

Madriiax, torzu! Oadriax orocho aboapri! Tabaori priaz ar tabas. Adrpan cors ta dobix. lolcam priazi ar coazior, od Quasb Qting.

Ripir paoxt sa la cor. Vml od prdzar cacrg aoiveae cormpt.

Torzu ! Zacar ! Od zamran aspt sibsi butmona, ds surzas tia balta.

Odo cicle qaa, Od ozozma plapli Iadnamad.

Français:

Les cieux qui habitent le (NOM D'AETHYR), sont puissants dans les parties de la Terre, et exécutent le jugement du Très-Haut!

C'est à vous qu'il est dit: Voyez la face de votre Dieu, le commencement du réconfort, dont les yeux sont la Clarté des Cieux, qui vous a pourvu du Gouvernement de la Terre et de son Indicible Variété, en vous fournissant un Pouvoir d'Intelligence pour disposer de toutes choses selon la Providence de Celui qui est assis sur le Trône Saint, et qui s'est levé au commencement en disant :

La Terre, qu'elle soit gouvernée par ses parties et qu'il y ait en elle des divisions, afin que sa gloire soit toujours enivrée et vexée en elle-même.

Son parcours, qu'elle tourne (ou court) avec les cieux, et comme une servante qu'elle les serve.

Une saison, qu'elle en confonde une autre, et qu'il n'y ait aucune créature sur elle ou en elle qui soit la même. Tous ses membres, qu'ils diffèrent par leurs qualités, et qu'aucune créature ne soit égale à une autre.

Les créatures raisonnables de la Terre, ou de l'Homme, qu'elles se vexent et s'éliminent les unes les autres; et leurs lieux d'habitation, qu'elles oublient leurs noms.

L'Oeuvre de l'Homme et son faste, qu'ils soient défigurés. Ses bâtiments, qu'ils deviennent des grottes pour les bêtes des champs! Confondre son intelligence avec les Ténèbres.

Pourquoi? Je me repens d'avoir fait l'Homme.

Un temps qu'elle est connue, un autre temps qu'elle est étrangère. Car elle est le lit d'une prostituée, et la demeure de Celui qui est Tombé.

Ô Cieux, levez-vous! Les Cieux inférieurs sous vos pieds, qu'ils vous servent ! Gouvernez ceux qui gouvernent. Abattez ceux qui tombent. Faites croître ceux qui croissent, et détruisez les pourris.

Pas de place, qu'il reste en un seul nombre. Ajoutez et diminuez jusqu'à ce que les Étoiles soient numérotées.

Levez-vous! Bougez! Et apparaissez devant l'Alliance de Sa Bouche qu'il nous a jurée dans Sa justice. Ouvre les Mystères de ta création, et fais-nous participer à la Connaissance Immaculée.

Enochian (Phonétique):

Mah-dree-ahx dah-ess pay-rah-fay (NOM AETHYR) Kah-hees mee-kah-ohl-zoad sah-ah-neer kah-ohs-goh oh-dah fee-see-sah bahl-zoad-ee-zoad-rah-sah Ee-ah-ee-dah!

Noh-nooh-kah goh-hoo-leem : mee-kah-mah ah-doh-ee-ah-noo Mah-dah, Ee-ah-oh-dah blee-ohr-bay, soh-bah oo-ah-oh-nah kah-hees Loo-kif-tee-ahs Pee-rip-sohlah, dah-ess ah-brah-ahs-sah noh-noo-kah-fay nay-tah-ah-ee-bay kah-ohs-jee oh-dah teelah-bay ahd-phah-hay-tah dah-mah-ploh-zoad, too-ah-tah noh-noo-kah-fay jee meekahl-zoad oh-mah ayl-rah-sahd toh-lah jee-loh-hah em-ah-bay yah-ree Ee-doh-ee-goh oh-dah tor-zoad-ool-pay Ee-ah-oh-dah-eff goh-hol :

Kah-ohs-gah tah-bah-ohr-dah sah-ah-neer oh-dah krees-tee-ohs eer-poh-eelah tee-ohbe boos-deer teel-bay noh-ahl-noo pah-ee-dah ohrs-bah oh-dah doh-dahr-mee-nee zoad-ee-lah-nah.

Ayl-zoad-ah-pay teel-bay pahr-mayjee Pee-reep-sax, oh-dah tah kew-rel-saht boo-ah-pees.

Ayl nee-bah-may oh-vah-choh see-mah-pay oh-dah krees-tee-ohs ah-jee tohl-tor-noo mee-rah-kah goh tee-oh-bel Ayl ay-lah. Toh-ah pah-ohm-dah deel-zoad-moh Ah-ess peeah-noo oh-dah krees-tee-ohs ab-jee Ayl tol-tornoo pah-rah-chah ah-seem-pah.

Kohr-dah-zoad-ee-zoad, doh-dah-pah-lay oh-dah fee-fahl-zoad Ayl ess-mah-noo-ahd; oh-dah fahr-gee-tah bah-em-sah ohm-ah -oh-ah-sah.

Koh-nees-brah oh-dah ah-vah-vah-ohtza, toh-noo-gee. Ohrs-kah tee-bay-ayl noh-ahsmee tah-bay-jee-sah lev-ee-thah-moh-noo-jee. Oo-noo-chee oh-may-pay tee-bay-ayl ohr-sah.

Bah-glay? Moh-doh-ah oh-el kohr-dah-zoad. Ayl kah-pee-mah-oh ee-zoad-ee mahx-eepay, oh-dah kah-koh-kahs-bay goh-sah-ah. Bah-glay-noo pee-ee tee-ahnoo-tah ah bahbah-loh-noo-dah, oh-dah fah-ohr-jee-tay tay-lohk-voh-veem.

Mah-dree-ahx, tor-zoad-oo! Oh-ah-dree-ahx ohr-ochoh ah-boh-ah-pree! Tah-bahohree pree-ah-zoad ah-ray tah-bah-sah. Ahd-ray-pahnoo Kohr-sah tay-ah doh-beex. Eeohl-kah-mah pree-ah-zoad-ee-ah-ray koh-ah-zoad-ee-ohr-ray, oh-dah kew-ahs-bah kewtee -noo-gah.

Ree-pee-rah pah-ohx-tay essah ayl-ahkohr. Oo-may-lah pray-dah-zoad-ah-ray kahkahr-jee ah-oh-ee-vay-ah-ay koh-em-pay-toh.

Tohr-zoad-oo! Zoad-ah-kah-ray! Oh-dah zoad-ah-mer-ah-noo ahs-pay-tah see-bay-see boot-moh-nah, dah-ess soo-ray-zoad-ahs tee-ah bahl-toh-noo.

Oh-doh kee-klay kah-ah, Oh-dah Oh-zoad-oh-zoad-mah plah-plee Ee-ahd-nah-mah-dah.

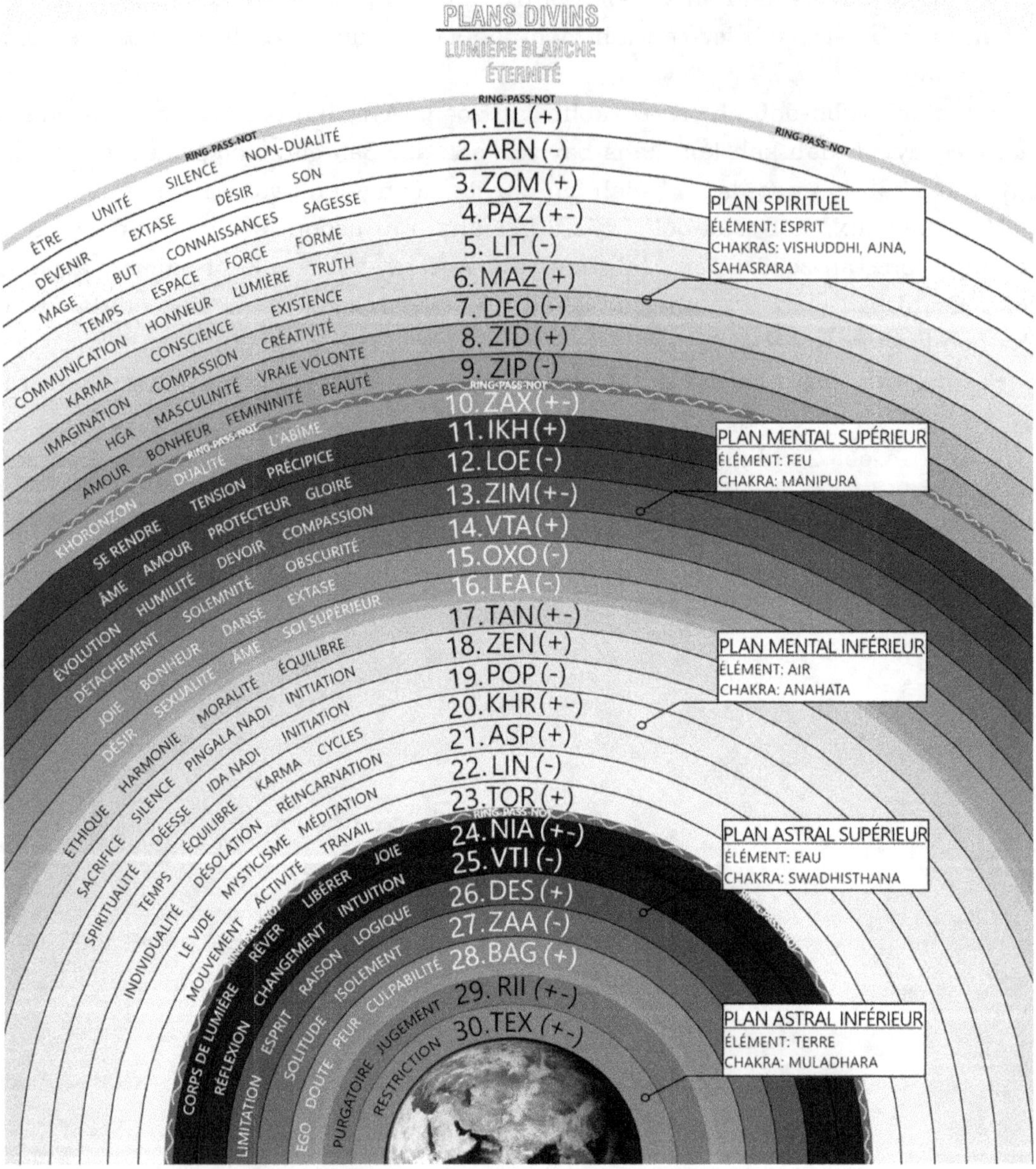

Figure 65: Les Trente Aethyrs Énochiens

TRAVAILLER AVEC LES CLÉS ÉNOCHIENNES

La formule d'Alchimie Spirituelle pour travailler avec les Clés Énochiennes suit la même progression systématique à travers les Éléments que celle que vous avez utilisée précédemment avec les LIRP et SIRP. Vous devez commencer par l'Élément Terre et travailler avec ses Sous-Éléments, puis l'Eau, l'Air, le Feu et l'Esprit. Une fois les deux Clés de l'Esprit terminées, vous devez commencer les Aethyrs Énochiens en sens inverse, en commençant par le trentième, TEX, et en remontant jusqu'au premier Aethyr, LIL.

Vous remarquerez que vous ne travaillez pas avec l'Élément Air après la Terre, mais avec l'Eau. Le Plan Astral Supérieur de l'Eau suit le Plan Astral Inférieur de la Terre dans l'ordre. Le Plan Mental Inférieur et le Plan Mental Supérieur des Éléments Air et Feu sont les suivants. Le cours de la progression dans la Magie Énochienne est donc un peu différent de celui que nous suivons lorsque nous travaillons avec l'Arbre de Vie Qabalistique à travers les LIRP et SIRP.

Dans la Magie Énochienne, nous travaillons progressivement avec les Chakras, correspondant aux couches de l'Aura. Cependant, lorsque nous travaillons avec le LIRPS et le SIRP, nous remontons l'Arbre de Vie en suivant la séquence du Sentier de l'Épée Flamboyante en sens inverse.

Comme nous l'avons mentionné, les états de conscience des Sephiroth sont liés aux Chakras. Cependant, leur fonctionnement est plus sophistiqué, car une Séphirah, dans de nombreux cas, s'exprime à travers plusieurs Chakras. Les systèmes Oriental et Occidental correspondent pleinement aux Éléments, ce qui constitue le facteur d'unification entre les deux. Si vous ne comprenez toujours pas comment cela fonctionne, je vous recommande vivement de revoir certaines conférences précédentes du *Magus*.

L'ensemble de l'opération Énochienne se déroule sur quarante-huit jours. Elle comprend les deux Clés de l'Esprit, les seize Clés des Éléments et de leurs Sous-Éléments, et les trente Aethyrs. Pendant le travail avec les Clés, il est recommandé de passer plus de temps en méditation. Travailler sur certaines techniques de scrutation pour recevoir des visions serait également bénéfique. La Magie Énochienne est très mystique, et chaque Clé aura sa vision du Monde ou du Plan d'Être dans lequel vous entrez. Par conséquent, il est vital d'être en état Alpha, où vous êtes suffisamment lucide pour recevoir et voir des images dans votre Chakra de l'Oeil de l'Esprit.

SCRUTATION DES CLÉS ET DES AETHYRS

La meilleure façon d'accéder à l'état Alpha est d'utiliser des techniques de respiration méditative (Pranayamas) tout en relaxant votre corps physique. Pour ce faire, vous devez être assis en position de lotus ou allongé sur le dos. La Respiration Carrée est conçue pour vous mettre dans le bon état d'esprit pour les exercices rituels ; vous devez donc également l'utiliser ici.

Un Cristal de scrutation est le plus efficace pour vous aider à recevoir des visions des Plans, Sous-Plans et Aethyrs d'Enoch. Un miroir noir fonctionne également dans ce but. Ces deux objets sont conçus pour attirer votre conscience afin que vous puissiez voir des visions sur leur surface. Sans leur utilisation, ces visions se produiraient quelque part à l'arrière de votre tête. Il est donc difficile de les voir, à moins d'avoir reçu une formation adéquate.

Avec une pierre naturelle (Cristal), il faut qu'elle soit suffisamment grande pour attirer votre énergie. Les Cristaux de Quartz sont le plus souvent utilisés à cette fin, mais de nombreux autres Cristaux fonctionnent également. Une pierre d'un diamètre de 1,5 à 2 pouces au minimum convient parfaitement. Certaines personnes optent pour des Cristaux plus grands, autrement appelés Boules de Cristal. Je suis sûr que vous en avez vu un exemple dans des films ou si vous avez déjà reçu une lecture d'un médium Spirituel.

Vous devez tenir le Cristal dans votre main, ou vous pouvez le placer devant vous sur une table. Si vous le tenez dans votre main, vous en tirerez directement de l'énergie, ce qui amplifiera votre énergie naturelle. Pour recevoir des visions, il est utile que vous regardiez légèrement le Cristal vers le bas. Mais pas au point de devoir trop incliner la tête vers le bas.

Fixez le Cristal tout en effectuant la Respiration Carrée pour vous maintenir dans un état méditatif. Tout en regardant, déconcentrez vos yeux de manière à ne pas regarder directement le Cristal mais quelque part juste derrière lui. De cette façon, le cristal est attiré dans votre conscience. Après une minute ou deux, vous devriez commencer à voir des visions ou des images à la surface du Cristal. Cette méthode de scrutation des Cristaux est optimale et donne les meilleurs résultats.

Un Miroir Noir a une surface noire réfléchissante sur laquelle vous pouvez vaguement vous voir. Une fois que vous avez défocalisé vos yeux et que vous avez vu juste derrière lui avec la même méthode qu'avec un Cristal, votre conscience sera attirée dans le miroir, et vous commencerez à recevoir des visions et à voir des images dans le miroir.

Le miroir noir fonctionne mieux si vous êtes naturellement enclin aux visions. Cependant, comme la Boule de Cristal émet une grande quantité d'énergie, elle peut être un support plus recherché, car cette énergie servira à modifier votre vibration et à vous mettre dans un état de conscience altéré. Certaines personnes ont besoin de cette poussée d'énergie supplémentaire pour sortir de leur état de conscience normal et aller à l'intérieur d'elles-mêmes.

Un Miroir Noir fonctionne bien si vous avez déjà beaucoup d'énergie accumulée, faisant osciller votre conscience naturellement entre le conscient et le subconscient. Comme moi, les personnes éveillées par la Kundalini peuvent même obtenir un meilleur résultat avec un Miroir Noir qu'avec un Cristal. Comme il y a déjà beaucoup d'énergie accumulée par la Kundalini, il n'est peut-être pas nécessaire d'en avoir plus pour aller à l'intérieur et voir des visions.

PROGRAMME D'ALCHIMIE SPIRITUELLE III - LES CLÉS ÉNOCHIENNES

Une fois que vous avez terminé le travail nécessaire avec le SIRP ou terminé de travailler avec la Magie Planétaire et que vous vous sentez prêt pour la Magie Énochienne, vous devez suivre le programme prescrit ici. Cependant, rappelez-vous que vous n'avez pas besoin de commencer la Magie Énochienne immédiatement après avoir terminé le programme avec les LIRP et SIRP. Vous pouvez plutôt choisir l'une des trois autres options présentées dans le chapitre "L'étape suivante du Grand Œuvre" de la section "Magie Cérémonielle".

Le travail avec les deux autres options de revisiter les LIRP et SIRP peut être répété aussi souvent que vous le souhaitez dans votre vie, et vous apprendrez toujours quelque chose de nouveau et évoluerez davantage Spirituellement. Ou supposez que vous ayez choisi de travailler d'abord avec la Magie Planétaire. Dans ce cas, vous renforcerez encore plus votre base mentale et émotionnelle, ce qui vous aidera à contrôler les puissantes forces énergétiques Énochiennes.

Comme pour tous les travaux Magiques, vous devez commencer la séquence rituelle en effectuant la Respiration Carrée pendant quelques minutes pour vous mettre dans un état méditatif. L'étape suivante consiste à nettoyer votre espace, votre cercle magique, avec le LBRP suivi du BRH. Ensuite, vous avez la possibilité de faire ou non l'exercice du Middle Pillar. Si vous le faites, vous invoquez la Lumière dans votre Aura, ce qui peut être bénéfique car cela rendra le processus de scrutation suivant meilleur et plus facile. Rappelez-vous, cependant, que vous n'êtes pas obligé d'effectuer la méthode de scrutation, mais que c'est une option qui vous aidera à entrer en contact avec vos visions plus clairement.

Une fois que vous avez fait l'exercice du Middle Pillar (ou si vous avez décidé de le sauter), vous êtes prêt pour l'évocation, l'oraison d'une des Clés Énochiennes en phonétique. Chaque Clé doit être lue une seule fois, pas plus. Une seule lecture suffit à évoquer une énergie suffisante. La lire plus d'une fois peut entraîner une trop grande quantité d'énergie évoquée et est fortement déconseillée. La Magie Énochienne étant de niveau Adepte, vous devez terminer la séquence rituelle en effectuant l'Analyse du Mot Clé. Lorsque vous travaillez avec les Clés Énochiennes, la séquence des évocations doit être strictement respectée. Cette partie est essentielle.

Clés Énochiennes: 1 à 18

Plan Astral Inférieur - Terre/Muladhara:
Jour 1 - Clé 5 (Terre de la Terre)
Jour 2 - Clé 14 (Eau de la Terre)
Jour 3 - Clé 13 (Air de la Terre)
Jour 4 - Clé 15 (Feu de la Terre)

Plan Astral Supérieur - Eau/Swadhisthana:
Jour 5 - Clé 4 (Eau de l'Eau)
Jour 6 - Clé 11 (Terre d'Eau)
Jour 7 - Clé 10 (Air de l'Eau)
Jour 8 - Clé 12 (Feu d'Eau)

Plan Mental Inférieur - Air/Anahata:
Jour 9 - Clé 3 (Air de l'Air)
Jour 10 - Clé 8 (Terre de l'Air)
Jour 11 - Clé 7 (Eau de l'Air)
Jour 12 - Clé 9 (Feu de l'Air)

Plan Mental Supérieur - Feu/Manipura:
Jour 13 - Clé 6 (le Feu du Feu)
Jour 14 - Clé 18 (Terre de Feu)
Jour 15 - Clé 17 (L'Eau du Feu)
Jour 16 - Clé 16 (Air de Feu)

Plan Spirituel - Esprit/Vishuddhi, Ajna, Sahasrara:
Jour 17 - Clé 2 (Esprit-Passif)
Jour 18 - Clé 1 (Esprit Actif)

Une fois que vous avez terminé le programme avec les Clés Énochiennes des Eléments et des Sous-Eléments, vous devez commencer les Aethyrs Énochiens (la Dix-neuvième Clé). Pour évoquer un Aethyr, insérez sa prononciation phonétique dans la Clef 19, qui doit également être récitée en phonétique. Les Aethyrs sont à nouveau visités avec la formule qui consiste à entrer dans les couches de l'Aura, de l'Astral inférieur à l'Astral supérieur, puis au Mental inférieur, au Mental supérieur, et enfin au Plan Spirituel. Vous remarquerez que les Aethyrs offrent beaucoup plus de possibilités de travailler sur le plan Spirituel. En raison des puissants courants d'énergie sexuelle et du pouvoir de transformation, les Trente Aethyrs sont l'une des meilleures formes de Magie pour l'évolution Spirituelle. Les personnes éveillées par la Kundalini apprécieront particulièrement les Trente Aethyres et trouveront leur utilisation très bénéfique dans leur processus de transformation.

Clé Énochienne 19 (Trente Aethyrs)

Plan Astral Inférieur - Terre/Muladhara:
Jour 19-TEX (30th Aethyr)
Jour 20-RII (29th Aethyr)

Plan Astral Supérieur - Eau/Swadhisthana:
Jour 21-BAG (28th Aethyr)
Jour 22-ZAA (27th Aethyr)
Jour 23-DES (26th Aethyr)
Jour 24-VTI (25th Aethyr)
Jour 25-NIA (24th Aethyr)

Plan Mental Inférieur - Air/Anahata:
Jour 26-TOR (23rd Aethyr)
Jour 27-LIN (22nd Aethyr)
Jour 28-ASP (21st Aethyr)
Jour 29-KHR (20th Aethyr)
Jour 30-POP (19th Aethyr)
Jour 31-ZEN (18th Aethyr)
Jour 32-TAN (17th Aethyr)

Plan Mental Supérieur - Feu/ (Manipura :
Jour 33-LEA (16th Aethyr)

Jour 34-OXO (15th Aethyr)
Jour 35-VTA (14th Aethyr)
Jour 36-ZIM (13th Aethyr)
Jour 37-LOE (12th Aethyr)
Jour 38-IKH (11th Aethyr)
Jour 39-ZAX (10th Aethyr)

Plan Spirituel - Esprit/Vishuddhi, Ajna, Sahasrara:
Jour 40-ZIP (9th Aethyr)
Jour 41-ZID (8th Aethyr)
Jour 42-DEO (7th Aethyr)
Jour 43-MAZ (6th Aethyr)
Jour 44-LIT (5th Aethyr)
Jour 45-PAZ (4th Aethyr)
Jour 46-ZOM (3rd Aethyr)
Jour 47-ARN (2nd Aethyr)
Jour 48-LIL (1st Aethyr)

Une fois que vous aurez achevé le quarante-huitième jour, vous aurez créé une ligne directe de communication avec les Royaumes situés au-delà du Plan Spirituel, à savoir les Royaumes Divins. Il est possible, et cela a été rapporté par de nombreux praticiens de la Magie Énochienne, que vous receviez une entrée dans les Plans Divins et que vous ayez des visions et des expériences de ceux-ci.

Le premier Aethyr, LIL, est le seul véritable Aethyr de la Non-Dualité et des états de conscience qui rappellent les Plans Divins d'existence. En créant un lien avec la Divinité par une évocation systématique des Aethyrs, vous pouvez faire l'expérience d'un flux d'énergie provenant d'un Plan Divin qui entre dans votre Être. Si cela se produit, accueillez cet événement car il peut s'agir de l'expérience Spirituelle la plus exceptionnelle de votre vie.

Pour les personnes éveillées à la Kundalini, le fait de traverser systématiquement les Clés Énochiennes à partir de la base optimisera les canaux (Nadis) et les voies de la Lumière de la Kundalini en éliminant tous les blocages qui peuvent causer la stagnation de la Lumière. Une fois le Jour 48 terminé, vous pouvez décider de visiter et de revisiter les Clés Énochiennes, y compris les Éléments et les Sous-Éléments, ainsi que les Aethyrs. Je vous recommande de le faire.

D'après mon expérience, j'ai trouvé que les Trente Aethyrs étaient très mystiques et transcendantaux, et leur utilisation m'a aidé à évoluer immensément sur le plan Spirituel. Leur utilisation m'a aidé à évoluer immensément sur le Plan Spirituel. De plus, ils étaient inspirants et amusants à travailler. J'ai passé de nombreux mois à visiter et revisiter les Aethyrs, parfois systématiquement du plus bas au plus haut, et périodiquement en visitant seulement ceux que je sentais que je voulais expérimenter davantage. À ce jour, je n'ai jamais rencontré de rituels de Magie (sous quelque forme que ce soit) qui soient plus puissants, plus amusants et plus excitants que les Trente Aethyrs.

EPILOGUE

Le but de cet ouvrage est de vous donner les clés pour maximiser votre véritable potentiel en tant qu'être humain Spirituel. Nous avons tous en nous une étincelle de lumière divine, mais beaucoup d'entre nous perdent le contact avec cette lumière intérieure à mesure que l'Égo se développe. Et nous ne pouvons pas éviter d'avoir un Égo puisqu'il évolue au fur et à mesure que nous grandissons et que notre conscience s'acclimate à notre corps physique nouvellement formé.

Le but de l'Égo est de protéger le corps physique et de nous aider à éviter les dangers. Mais il s'agit d'une intelligence distincte de l'Âme, qui devient son adversaire au fil des ans. En effet, en s'occupant trop de son corps physique, la conscience s'aligne sur lui et perd le contact avec l'Âme.

Lorsque l'Égo prend le dessus sur la conscience individuelle, il permet également à la peur de pénétrer dans votre système énergétique. L'innocence et l'émerveillement enfantins avec lesquels nous sommes nés se perdent. La tristesse s'installe rapidement, tout comme la confusion sur ce que nous sommes devenus au fil des ans.

Mais même lorsque l'Égo a complètement pris pied dans la conscience d'une personne, la Lumière intérieure ne peut jamais être totalement éteinte. Au contraire, elle commence à nous communiquer en silence pour nous faire savoir qu'elle est notre maison et qui nous sommes. Ainsi, il est inévitable que chaque être humain désire réunir sa conscience avec sa Lumière intérieure. Le défi pour chacun d'entre nous est de surmonter notre Égo et l'obscurité que nous avons accumulée en grandissant. L'Égo et l'Âme font partie de nous aussi longtemps que nous vivons sur Terre, mais nous ne pouvons véritablement aligner notre conscience qu'avec l'un d'entre eux.

Nous sommes nés en tant qu'êtres de Lumière, et c'est notre destin, notre devoir sacré, de retrouver notre innocence. Si nous voulons tirer de l'énergie de l'Esprit, nous devons d'abord entrer en contact avec l'Âme. Une fois que nous avons retrouvé le contact avec l'Âme, nous pouvons permettre à l'énergie de l'Esprit de descendre en nous et de nous transformer définitivement. Grace à ce processus, nous pouvons trouver le bonheur éternel que nous recherchons tous.

En substance, c'est le processus du Grand Œuvre et le moyen de devenir Éclairé. Pour y parvenir, cependant, nous devons nous baigner dans les énergies Élémentaires, en commençant par la plus basse, la Terre, et en progressant de plus en plus haut dans les Plans Cosmiques intérieurs. Le processus de l'Alchimie Spirituelle est systématique. L'objectif du travail présenté dans *The Magus* est de vous rapprocher de ce but. Chaque leçon et exercice rituel est une pièce du puzzle dont vous avez besoin pour achever le Grand Œuvre.

J'espère que vous avez pris les clés que je vous ai données dans *The Magus* et que vous les avez appliquées à votre propre vie. Cet ouvrage se veut un manuel pour les Mystères Occidentaux, avec un Élément supplémentaire de référence croisée avec le système Chakrique Oriental. Il s'agit d'un manuel de Magie Cérémonielle, de purification et de nettoyage des Chakras, tout en enflammant votre Aura de Lumière. En effet, si vous voulez maximiser votre pouvoir personnel, vous devez éliminer l'énergie Karmique qui vous empêche de fonctionner à votre niveau optimal. Ce faisant, vous surmonterez les impulsions de votre Égo et alignerez votre conscience avec votre Âme et votre esprit.

Cet ouvrage n'est pas destiné à être lu une seule fois et rangé ensuite pour toujours. Il s'agit plutôt d'un manuel de "travail" destiné à être utilisé comme référence pour les différents sujets abordés. J'ai voulu faire de vous un chercheur de la Lumière et des Mystères de l'Univers afin que vous puissiez continuer à explorer ces sujets par vous-même en cherchant à en savoir plus. Et en vous alignant avec votre Saint-Ange Gardien à travers ce travail, vous obtiendrez un accès direct aux conseils et à la sagesse dont vous avez besoin pour toujours rester sur le chemin de la Lumière.

Si vous avez commencé le programme d'Alchimie Spirituelle avec les cinq Éléments, vous êtes en bonne voie pour achever le Grand Œuvre. Cependant, une fois que vous avez terminé ce programme, ne vous arrêtez pas là mais continuez à aller plus loin. Il y a beaucoup à gagner en travaillant avec les Planètes Anciennes et surtout avec les Clés Énochiennes. Et en tant qu'Adepte des Mystères Occidentaux, n'oubliez pas d'utiliser le matériel supplémentaire de l'Annexe, y compris le travail pertinent avec les Esprits Planétaires Olympiques.

Si vous avez lu jusqu'ici mais que vous n'avez pas encore essayé l'un des exercices rituels, je vous implore de les essayer. Vous ne serez pas déçu des résultats. Les connaissances intellectuelles contenues dans cet ouvrage sont éclairantes, mais l'essentiel réside dans les exercices rituels. Après tout, l'intellect n'est que la troisième Séphire (Hod) de l'Arbre de Vie, et il y a encore sept Sphères supérieures auxquelles vous devez accéder en vous.

Merci de m'accorder votre temps pour partager la sagesse, la connaissance et l'expérience que j'ai acquises au cours de mon voyage Spirituel dans la tradition du Mystère Occidental. Si vous êtes un individu éveillé par la Kundalini, j'espère que la

Magie Cérémonielle vous servira bien dans votre voyage, comme elle l'a fait pour moi dans le mien.

En conclusion, nous sommes tous des Mages en devenir. Le but de notre vie est d'évoluer Spirituellement et de puiser dans notre potentiel le plus profond. Notre destin est d'acquérir le contrôle des Éléments de notre Être et de devenir maîtres de nos réalités. Ce faisant, nous servons Dieu - le Créateur - puisque nous sommes censés être les Co-Créateurs de nos réalités. Nous sommes destinés à retourner dans le jardin d'Eden; c'est notre droit de naissance inhérent. Ainsi, gardez les pieds sur terre à tout moment, mais ayez la tête dans les nuages. Travaillez dur pour vous améliorer chaque jour. Recherchez la croissance et la sagesse à tout moment. Et surtout, restez toujours inspiré. Et avec le temps, vous deviendrez, vous aussi, le Mage.

APPENDICE

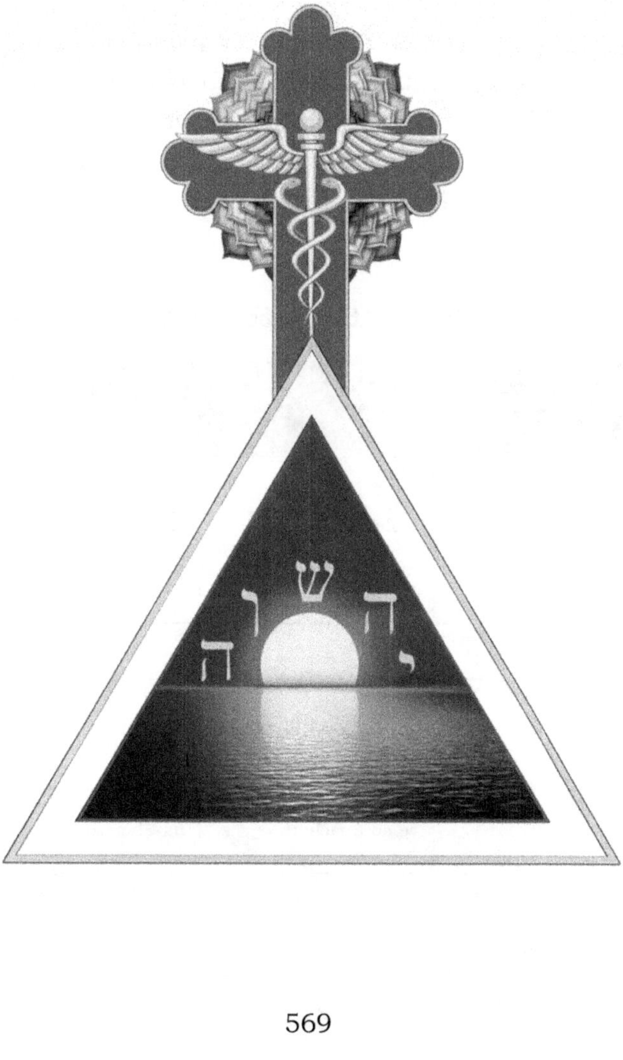

MATÉRIEL SUPPLÉMENTAIRE POUR LES ADEPTES

TABLEAUX SUPPLÉMENTAIRES

Note : Les Tableaux suivants sont inclus à titre d'information générale ou pour être utilisés dans des travaux Magiques. Chacun des Noms Divins représente des Déités ou des pouvoirs particuliers qui peuvent être invoqués ou évoqués en faisant vibrer leurs noms. Le travail Magic avec ces Tables est de niveau Adepte ; il ne devrait pas être entrepris avant d'avoir terminé le programme d'Alchimie Spirituelle avec les Cinq Eléments.

TABLEAU 7: Noms Divins Attribués aux Sept Anciennes Planètes

Nom de la Planète	Nom de la Planète (en Hébreu)	Angel	Intelligence	Spiritueux	Esprits Planétaires Olympiques *
Saturne	Shabbathai	Cassiel	Agiel	Zazel	Arathor
Jupiter	Tzedek	Sachiel	Iophiel	Hismael	Bethor
Mars	Madim	Zamael	Graphiel	Bartzabel	Phalegh
Soleil (Sol)	Shemesh	Michael	Nakhiel	Sorath	Och
Vénus	Nogah	Hanael	Hagiel	Kedemel	Hagith
Mercure	Kokab	Raphael	Tiriel	Taphthartharath	Ophiel
Lune (Luna)	Levanah	Gabriel	Malkah be Tarshisim ve-ad Ruachoth Schechalim	Schad Barshemoth ha-Shartathan	Phul

* Les Esprits Planétaires Olympiques exigent l'utilisation de leurs sigles.

TABLEAU 8: Noms Divins Attribués aux Sephiroth

Séphirah	Nom Divin (Atziluth)	Signification du Nom Divine	Nom Archangélique (Briah)	Signification du Nom d'Archange	Chœur des Anges (Yetzirah)	Choir of Angels Signification
Kether	Eheieh	Je suis	Métatron	Ange de la Présence	Chayoth ha-Qadesh	Créatures Vivantes Sacrées
Chokmah	Yah	Lord	Raziel	Le Secret de Dieu	Auphanim	Les Roues
Binah	YHVH Elohim	Le Seigneur Dieu	Tzaphqiel	La Contemplation de Dieu	Aralim	Les Trônes, ou les Puissants
Chesed	El	Dieu	Tzadqiel	Justice ou Droiture de Dieu	Chashmalim	Shining Ones
Geburah	Elohim Gibor	Dieu du Pouvoir	Kamael	La sévérité de Dieu	Séraphin	Les flammes
Tiphareth	YHVH Eloah ve-Daath	Seigneur Dieu de la Connaissance	Raphael	Guérisseur de Dieu	Melekim	Les Rois
Netzach	YHVH Tzabaoth	Seigneur des Armées	Haniel	La grace ou l'Amour de Dieu	Elohim	Les Dieux
Hod	Elohim Tzabaoth	Dieu des Armées	Michael	Celui qui est Comme Dieu	Beni Elohim	Les fils des Dieux
Yesod	Shaddai El Chai	Dieu Vivant Tout-Puissant	Gabriel	La Force de Dieu	Kerubim	Les Anges, ou les Forts
Malkuth	Adonai ha-Aretz	Seigneur de la Terre	Sandalphon	Co-frère (en Référence à Son Frère Jumeau Metatron)	Ashim	Les Flammes, ou les Âmes de Feu

TABLEAU 9: Invocation des Forces des Signes du Zodiaque

Signe du Zodiaque	Permutation de YHVH	Tribu d'Israël	Angel	Couleur (Atziluth)
Bélier	YHVH	Gad	Melchidael	Ecarlate (Rouge)
Taurus	YHHV	Ephraim	Commemodèle	Rouge-Orange
Gemini	YVHH	Manasseh	Ambriel	Orange
Cancer	HVHY	Issachar	Muriel	Amber
Leo	HVYH	Judah	Verchiel	Jaune Verdâtre
Vierge	HHVY	Naphtali	Hamaliel	Vert Jaunâtre
Balance	VHYH	Asshur	Zuriel	Émeraude
Scorpion	VHHY	Dan	Barchiel	Vert-Bleu
Sagittaire	VYHH	Benjamin	Advachiel	Bleu
Capricorne	HYHV	Zebulun	Hanael	Indigo
Verseau	HYVH	Reuben	Cambriel	Violet
Poissons	HHYV	Simeon	Amnitziel	Crimson

ESPRITS PLANÉTAIRES OLYMPIQUES

Les Esprits Planétaires Olympiques ont été mentionnés pour la première fois dans l'*Arbatel of Magic, un* grimoire latin de Magie Cérémonielle de la Renaissance publié en 1575 en Suisse par un auteur anonyme. L'*Arbatel de la Magie* est de nature Chrétienne et se concentre sur la relation entre l'humanité et les hiérarchies célestes. Cet ouvrage a eu une grande influence sur la communauté occulte de l'époque, et de nombreuses personnalités inspirées, dont John Dee, l'ont mentionné dans leurs travaux.

Les Esprits Planétaires Olympiques ont trouvé leur place dans le système de Magie de l'Ordre Hermétique de l'Aube Dorée. Bien que les étudiants de l'Aube Dorée aient été initiés à eux très tôt, le travail réel avec les Esprits Olympiques était réservé aux Adeptes, comme tout travail avec les énergies Planétaires ou les Intelligences Spirituelles.

Il existe sept Esprits Planétaires Olympiques, un pour chacune des Sept Planètes Anciennes. À première vue, vous remarquerez une corrélation dans leur nom avec les Dieux Olympiens du panthéon Grec. Bien qu'il n'existe pas de correspondance claire entre les deux, certains Mages pensent que les sept Esprits Olympiques sont les Sept principaux Dieux Grecs qui règnent sur les Sept Anciennes Planètes. Il s'agit de Chronos, Zeus, Arès, Apollon, Aphrodite, Hermès et Séléné. Il ne s'agit bien sûr que d'une théorie, puisqu'il n'existe aucune preuve réelle de cette hypothèse.

Les Esprits Planétaires Olympiques sont traditionnellement considérés comme des forces aveugles qui sont volatiles et peuvent se manifester négativement si le praticien n'est pas préparé à leur puissance. Ainsi, vous devez contrôler les Éléments de votre Être afin de rester ferme dans votre intention et utiliser votre volonté pour guider ces forces puissantes. Expérimenter au hasard avec les Esprits Olympiques peut causer des ravages dans votre conscience ; par conséquent, je vous le déconseille fortement. Respectez plutôt la formule d'évocation présentée ici.

Comme les Esprits Olympiques sont des forces aveugles, leurs énergies sont respectives à la nature positive ou négative de la Planète particulière concernée. Pour cette raison, vous devriez terminer le programme d'Alchimie Spirituelle avec les Sept Planètes Anciennes avant d'entreprendre le travail avec les Esprits Olympiques. Cela vous permettra de vous familiariser avec les énergies Planétaires individuelles, ce qui vous sera utile si vous rencontrez des pièges dans ce travail.

Traditionnellement, il est conseillé au praticien d'évoquer la hiérarchie des Noms Divins des Séphirah associées à l'Esprit Olympique, y compris l'Intelligence de la Planète. Cela permet d'exercer un contrôle plus important sur l'énergie de l'Esprit Olympique. Les tableaux 7 et 8 contiennent toutes les informations nécessaires à cette tâche. Les Intelligences Planétaires sont considérées comme bonnes (selon la tradition), tandis que les Esprits Olympiques sont considérés comme mauvais. Ce point de vue, à mon avis, est subjectif, mais je veux que vous fassiez quand même preuve de prudence.

Dans mon expérience, je n'ai rien trouvé de négatif dans l'utilisation des Esprits Olympiques et j'ai apprécié les états de conscience mystiques qu'ils procurent. J'ai trouvé l'énergie planétaire beaucoup plus transcendantale que lorsqu'elle est invoquée avec les Hexagrammes Planétaires. De nombreuses visions éclairantes ont découlé de ce travail, semblables à celles des Clés Énochiennes, bien que plus lucides. Comme pour tous les exercices rituels présentés dans *The Magus*, l'énergie évoquée est restée avec moi pendant toute la journée. Elle s'est dissipée de mon Aura pendant le sommeil, généralement accompagnée de rêves passionnants et révélateurs.

Les Esprits Olympiques sont faciles à utiliser et offrent quelque chose de nouveau pour les Mages en herbe, car c'est la première fois que vous travaillez directement avec des entités Spirituelles. Leur utilisation renforcera votre connaissance des énergies Planétaires mais aussi de l'Alchimie. Comme il n'y a pas de programme officiel d'Alchimie Spirituelle à suivre lorsque vous travaillez avec les Esprits Planétaires Olympiques, c'est une excellente opportunité de permettre à votre Soi Supérieur de prendre le contrôle et de vous guider dans ce travail. Après tout, une grande partie du processus pour devenir un Mage consiste à se mettre à l'écoute de son Soi Supérieur, son Saint Ange Gardien, et à lui permettre de "diriger le spectacle".

Evoquer les Esprits Planétaires Olympiques est simple et facile. Tout ce dont vous avez besoin pour cette tâche se trouve dans l'annexe. Chaque Esprit Olympique possède son sigle (Figure 66), qui sert de porte d'entrée ou de portail vers son énergie. Lorsque vous travaillez avec un Esprit Olympique, vous devez avoir son sigle à portée de main, car vous allez le scruter pour accéder à ses énergies.

A ce stade, vous devriez déjà être familiarisé avec le système des Heures Planétaires. De la même manière que pour les invocations de l'Hexagramme Planétaire, vous devez évoquer un Esprit Olympique particulier pendant l'Heure Planétaire qui lui est associée, de préférence la première de la journée, bien qu'il puisse aussi être appelé la nuit. Reportez-vous aux tableaux 5 et 6 pour cette information. Pour de meilleurs résultats, il est également utile d'évoquer un Esprit Olympique le jour qui correspond à sa Planète.

Comme pour toutes les invocations ou évocations majeures, ne travaillez qu'avec un seul Esprit Olympique par jour afin de pouvoir vous concentrer sur lui et apprendre de son énergie. Pour commencer l'évocation, effectuez le LBRP et le BRH pour vous équilibrer et nettoyer votre Aura des énergies déséquilibrées. Si vous souhaitez faire un Middle Pillar, vous pouvez le faire. Ensuite, asseyez-vous confortablement ou tenez-vous debout derrière votre autel central (face à l'Est) et effectuez la Respiration Carrée pour faire passer votre esprit à l'état Alpha.

Une fois prêt, vibrez les Noms Divins de la Séphire et de la Planète associée à l'Esprit Olympique que vous avez choisi d'évoquer. Par exemple, si vous travaillez avec Och, vous devez vibrer les Noms Divins correspondant à Tiphareth et à la Planète Soleil. L'ordre à suivre est le Nom Divin (Dieu), l'Archange, le Chœur des Anges et l'Intelligence Planétaire. Vous devez vibrer chacun de ces noms une seule fois. L'Ange et l'Esprit Planétaires ne sont pas nécessaires puisque l'Esprit Olympique se substitue à leurs fonctions.

Prenez un moment maintenant et lisez à haute voix la prière suivante, tirée de l'*Arbatel de la Magie*. La prière est légèrement modifiée pour s'adapter au mieux au contexte de *The Magus*. Vibrez une fois le nom de l'Esprit en l'insérant dans la prière.

"O Dieu éternel et Tout-Puissant, qui avez ordonné la Création entière pour Votre louange et Votre gloire, et pour le salut de l'homme, je Vous prie d'envoyer Votre Esprit (NOM DE L'ESPRIT) de l'Ordre Solaire, qui m'informera et m'enseignera les choses que je lui demanderai. Toutefois, que ma volonté ne soit pas faite, mais la Tienne, par Jésus-Christ. Amen. "

Prenez le sigil de l'Esprit Olympique et tenez-le devant vous, à peu près à la même distance que pour la recherche d'un Cristal. Fixez le sigil en vous immergeant dans l'image. Pendant que vous faites cela, commencez à vibrer le nom de l'Esprit de manière répétée. N'oubliez pas d'effectuer les vibrations de manière solennelle et de garder l'esprit clair pendant que vous le faites. L'effet de cette pratique est quantitatif, ce qui signifie que plus vous fixez le sigil tout en faisant vibrer le nom de l'Esprit, plus l'énergie sera évoquée dans votre Aura. En général, il ne faut pas plus d'une minute ou deux pour générer la bonne quantité d'énergie. Procédez à votre guise.

Une fois que l'énergie a imprégné votre Aura, vous devez effectuer la méditation de l'Oeil de l'Esprit de la section "Exercices rituels de Magie Cérémonielle". Il est utile d'être assis ou allongé pendant cette opération. Faites taire votre esprit et permettez à l'énergie évoquée de communiquer avec vous, soit par des visions, soit en vous parlant directement. Ne soyez pas surpris si vous entendez le son de votre propre voix dans votre tête, vous révélant de nouvelles connaissances sur un ton inspiré. Après tout, l'Esprit Olympique est une énergie aveugle que votre esprit personnifie lorsque vous l'appelez.

Le plus souvent, l'Esprit Olympique vous informera de ce que votre Âme a besoin de savoir pour progresser Spirituellement. Ainsi, il n'est pas pertinent de poser directement des questions, mais seulement de se mettre à l'écoute de l'énergie de l'Esprit avec un esprit et un cœur ouverts. Bien que vous puissiez poser des questions si vous le souhaitez, le simple fait de faire taire votre esprit permettra à l'Esprit Olympique de parler à votre Âme.

Les Esprits Olympiques nous parlent à travers le Monde d'Atsiluth, ainsi, tout ce qui vient de votre Âme et de votre Vraie Volonté, l'Esprit Olympique y répondra, tandis que ce qui vient de votre Égo sera généralement ignoré. Rappelez-vous également que la nature des Esprits Olympiques est particulière à l'essence des Planètes qui leur sont associées, tout comme le sont les connaissances et la sagesse acquises en travaillant avec eux.

Si vous sentez que vous ne recevez aucune communication de l'Esprit Olympique, vous devriez essayer de travailler sur les techniques de scrutation en utilisant un Cristal de scrutation ou un miroir noir. Ces techniques vous aideront à faire émerger la communication de votre subconscient vers votre esprit conscient. Vous pouvez trouver les techniques de scrutation dans la section Magie Énochienne. Une fois que vous avez terminé la conversation avec l'Esprit Olympique et que vous êtes satisfait des résultats, vous devez effectuer la prière suivante : la licence de départ.

"Dans la mesure où tu es venu en paix et en silence, et où tu as répondu à mes requêtes, je rends grace à Dieu, au nom duquel tu es venu. Et maintenant, tu peux partir en paix vers tes ordres, et revenir vers moi quand je t'appellerai par ton nom, ou par ton ordre, ou par ta fonction, qui est accordée par le Créateur. Amen"

Terminez votre séance par un LBRP et un BRH. Même si vous avez officiellement mis fin à votre communication avec l'Esprit, une partie de son énergie persiste dans votre Aura. Si vous avez des difficultés à gérer cette énergie à un moment quelconque de la journée, vous pouvez effectuer le LBRP et le BRH. Vous ne pouvez pas bannir l'énergie d'un Esprit olympique une fois que vous l'avez évoqué, vous devez donc utiliser les Noms Divins des Tableaux 7 et 8 pour vous aider à le guider.

L'*Arbatel de la Magie* énumère les Esprits Planétaires Olympiques, y compris leurs pouvoirs. Selon cet ouvrage, les Cieux étaient autrefois divisés en un total de 196 provinces ou districts sur lesquels régnaient les sept Anges Planétaires. Les Sept Anges Planétaires sont, en fait, les Esprits Planétaires Olympiques. Chaque Esprit Olympique avait un sceau ou un signe que les Anciens Mages inscrivaient sur les talismans ou les amulettes qu'ils utilisaient dans leurs opérations Magiques.

L'*Arbatel de la Magie* nous informe également que les Esprits Planétaires Olympiques sont responsables d'époques entières de l'histoire puisque chaque Esprit règne pendant 490 ans à la fois. Bethor a régné de 60 av. J.-C. à 430 ap. J.-C., Phaleg a régné jusqu'en 920, suivi de Och jusqu'en 1410, puis de Hagith jusqu'en 1900. Le souverain actuel est donc Ophiel, ce qui est logique si l'on considère l'énorme progrès technologique réalisé au cours du siècle dernier.

De plus, chaque Esprit Olympique commande des légions d'Esprits inférieurs dans un système hiérarchique de la nature de la Planète qu'ils gouvernent. Les sigils et les pouvoirs associés des Esprits Planétaires Olympiques sont donnés ci-dessous. Gardez à l'esprit que certains des pouvoirs obscurs des Esprits Olympiques sont des stores Alchimiques évidents.

Arathor

L'Esprit Olympique de Saturne, qui règne sur 49 provinces. Les pouvoirs d'Arathor comprennent la transformation de tout organisme vivant en pierre, la transmission du secret de l'invisibilité, l'octroi d'une longue vie et la fécondation des êtres stériles. Arathor est le professeur d'Alchimie, de Magie et de médecine. Il peut également changer le charbon en trésor et le trésor en charbon, conférer des familiers et réconcilier les Esprits souterrains avec les hommes.

Bethor

L'Esprit Olympique de Jupiter qui règne sur 42 provinces. Les pouvoirs de Bethor comprennent la réconciliation des Esprits de l'Air avec l'homme afin qu'ils soient véridiques, le transport de Pierres Précieuses d'un endroit à l'autre, et la composition de médicaments aux effets miraculeux. Bethor peut prolonger la vie jusqu'à 700 ans (sous réserve de la Volonté de Dieu) et donner des familiers du firmament. Il peut également accorder des richesses et des amitiés aux rois et aux personnes influentes.

Phalegh

Gouverne toutes les choses qui sont attribuées à Mars et gouverne 35 provinces. Également connu sous le nom de "Prince de la Paix", Phalegh peut donner un grand honneur dans les affaires militaires. Il peut également donner la domination sur les autres et la victoire à la guerre.

Och

L'Esprit Olympique du Soleil qui règne sur 28 provinces. Les pouvoirs d'Och comprennent la transmission d'une grande sagesse et la transformation de tout en or et en pierres précieuses. Il confère également d'excellents Esprits familiers, enseigne des médecines parfaites et offre 600 ans de santé parfaite. Quiconque possède son caractère sera vénéré comme un Dieu par les rois du monde entier.

Hagith

Gouverne toutes les affaires attribuées à Vénus et régit 21 provinces. Ses pouvoirs incluent la transformation du cuivre en or et de l'or en cuivre en un instant. Hagith donne des Esprits fidèles. Ceux qui possèdent son caractère seront parés de beauté. Ils seront abondants en amour et en amitiés.

Ophiel

L'Esprit Olympique de Mercure qui règne sur 14 provinces. Les pouvoirs d'Ophiel comprennent l'enseignement de tous les arts et le don des Esprits familiers. Il permet au possesseur de son personnage de transformer immédiatement le vif-argent en Pierre Philosophale.

Phul

Dirige 7 provinces et tout ce qui est gouverné par la Lune. Les pouvoirs de Phul incluent la transmutation de tous les métaux en argent et la guérison de l'hydropisie. Il confère les Esprits de l'Eau, qui servent les hommes sous une forme corporelle et visible. Il détruit les mauvais Esprits de l'Eau et prolonge la vie jusqu'à 300 ans.

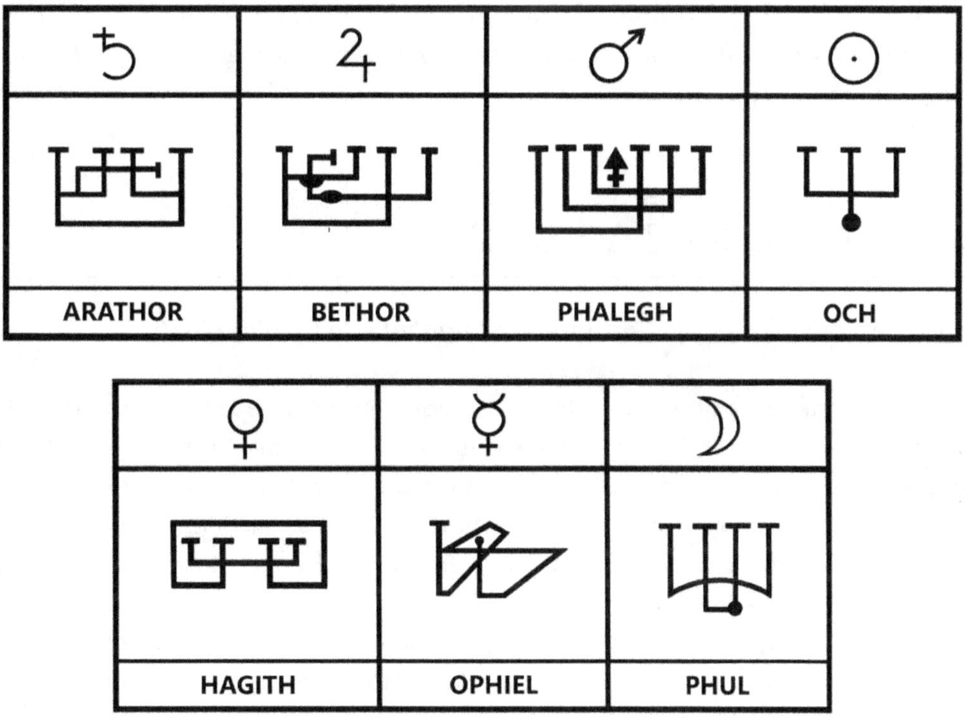

Figure 66: Les Esprits Planétaires Olympiques

ARTICLES SUR L'ÉVEIL DE LA KUNDALINI PAR L'AUTEUR

Note : Les articles suivants vous donneront un aperçu des changements intérieurs importants que j'ai subis après l'éveil de la Kundalini et des dons Spirituels qui se sont révélés au cours de ma longue transformation. Si vous souhaitez en savoir plus, procurez-vous un exemplaire de mon deuxième livre, "Serpent Rising : The Kundalini Compendium. "

LA NATURE DE LA KUNDALINI

Publié à l'Origine par le Consortium Kundalini - 26 Octobre 2016.

Nous vivons dans un Univers Holographique qui occupe le même temps et le même espace que d'autres Univers parallèles infinis. C'est l'Âme humaine qui décide de la direction à donner à notre réalité d'un moment à l'autre. Cependant, pour s'aligner avec l'Âme, il faut apprendre à vivre dans le Maintenant, le moment présent, en contournant son Égo. Cet état d'Être sera naturel pour nous tous lorsque nous évoluerons Spirituellement.

Comme l'énergie est montée le long de ma colonne vertébrale lors de mon éveil initial de la Kundalini, j'ai vu le monde Holographique autour de moi avec mes yeux physiques une fois que l'énergie de la Kundalini est entrée dans mon cerveau. Une fois là, elle a continué à monter jusqu'à ce qu'elle fasse exploser le Sahasrara Chakra, éveillant le Lotus aux mille pétales. Cependant, l'expérience n'était pas terminée.

Ensuite, la Kundalini a fendu l'Oeuf Cosmique au sommet de la tête, libérant une Ambroisie liquide qui s'est répandue sur mon corps de haut en bas, activant les 72 000 Nadis de mon Corps de Lumière (Figure 67). En raison de l'intensité de cette expérience, j'ai sursauté dans mon lit et ouvert les yeux. À mon grand étonnement, j'ai vu la pièce autour de moi comme un plan Holographique de la même pièce où je me trouvais quelques minutes auparavant.

Pour clarifier, ce n'était pas une vision intérieure de mon Oeil de l'Esprit, mais je l'ai vu avec mes deux yeux physiques. Après avoir vu le tableau au-dessus de mon lit suspendu dans les airs, j'ai baissé les yeux et j'ai vu mes mains et mes bras comme une Lumière pure et dorée. À ce moment-là, j'ai su que la nature de l'Univers qui nous entoure est simplement un espace vide, rien de plus. Et j'ai réalisé notre forme pure d'êtres de Lumière.

L'homme moyen, de tous les jours, ne peut pas percevoir l'Univers Holographique avec ses yeux physiques. Après tout, le monde matériel vibre à une fréquence beaucoup plus basse que notre énergie Spirituelle et notre cerveau biologique est constitué de Matière. Néanmoins, notre conscience cristallise notre expérience de la réalité, et en tant que telle, nous l'acceptons comme réelle.

En tant qu'enfants, jusqu'à ce que notre Égo et notre mémoire commencent à se former (ce qui a un impact sur notre conscience et nous localise dans le Temps et l'Espace), nous voyions le monde pour ce qu'il est - un Hologramme. Cette théorie expliquerait la nature d'un enfant, qui regarde le monde avec des yeux innocents et impartiaux, et dont l'émerveillement et l'imagination purs affluent perpétuellement dans sa conscience. Mais malheureusement, nous ne pouvons pas demander à un enfant ce qu'il voit et vit, et en grandissant, il oublie naturellement les premières années de sa vie.

L'Égo a évolué comme un mécanisme de défense du corps dont le but est de nous protéger des Éléments de la nature. Le cerveau reptilien a donné naissance à l'Égo. Une fois l'Égo formé comme une intelligence du corps, nous avons perdu notre innocence et notre conscience entièrement localisée dans le corps physique. La renaissance Spirituelle vise à inverser le processus et à nous ramener à l'état d'innocence dans lequel nous étions lorsque nous étions enfants. Seulement, cette fois, nous aurons toutes nos facultés cognitives à notre disposition.

Le dépouillement de l'Égo déclenche une élévation de la conscience vers l'Esprit et l'éloignement du corps physique. L'Égo et l'Esprit sont tous deux des points de conscience dans le spectre de la conscience, mais ils fonctionnent à deux niveaux opposés de vibration.

La conscience est la conscience dans le Maintenant du processus interne. Une fois libérée du corps par l'éveil de la Kundalini, la conscience voyage en tant que conscience dans l'Esprit. Cette élévation de la conscience est provoquée par la Lumière Astrale accumulée à l'intérieur du Corps de Lumière de l'individu éveillé par la Kundalini. L'énergie Pranique provenant de la nourriture et de l'eau et notre énergie sexuelle se subliment/se transforment en Lumière Astrale qui nourrit le Corps de Lumière. Au fur et à mesure que la Lumière "grandit" à l'intérieur du Corps de

Lumière, et que la conscience s'accorde au Corps Spirituel avec le temps, nous commençons à "nous perdre en nous-mêmes", transcendant le Temps et l'Espace pour faire l'expérience du royaume de l'Eternité - le Royaume Spirituel.

Cet état mystique est le but et l'inspiration de tout Yogi, Sage, Mage, Adepte, Chaman et Spiritualiste. La synthèse de la Lumière dans le Corps de Lumière se produit continuellement lorsque l'individu éveillé par la Kundalini mange des aliments nutritifs tout en conservant sa semence en s'abstenant d'éjaculer afin que l'énergie sexuelle se développe. C'est pourquoi, même après l'éveil initial, il faut environ deux à trois mois pour que la personne commence à avoir des expériences métaphysiques et transcendantales. Celles-ci se produisent lorsque la lumière astrale s'accumule dans le système énergétique, alimentant les Chakras et élargissant la conscience.

Dans ce processus de transformation de la Kundalini, l'Égo commence à se perdre, ce qui fait naître des peurs dans le subconscient puisque c'est le domaine de l'Égo. L'Égo sait qu'il est en train de mourir, il craint donc cette métamorphose, cherchant n'importe quel moyen d'amener la conscience à se ranger de son côté et à se détourner de l'Âme et de l'Esprit. N'oubliez pas que l'Égo est lié au corps physique. Ainsi, tout type de pratique Spirituelle qui purifie l'Égo éloigne également la conscience du corps physique.

Le voile entre l'esprit conscient et l'esprit subconscient commence à se dissiper avec le temps, et une personne devient en accord avec l'unité de toute existence et les Lois Universelles. L'une de ces Lois est la Loi de la manifestation, car les êtres humains ont la capacité innée de manifester toute réalité qu'ils veulent ou désirent, à condition qu'elle soit en accord avec leur volonté véritable. La volonté véritable est différente de l'Égo (la volonté inférieure) car elle cherche à satisfaire l'esprit dans le domaine de l'éternité au lieu de s'occuper uniquement des besoins du corps physique.

Au fur et à mesure que la Lumière Astrale se développe et s'étend, les individus éveillés deviennent plus attentifs à l'air qui les entoure car cela crée un vide dans lequel l'Égo ne peut plus opérer. Les 72 000 Nadis, qui sont comparés à des branches d'arbre car ils transportent l'Ambroisie liquide à l'intérieur du Corps de Lumière, s'optimisent et deviennent des antennes pour les vibrations extérieures. Ces vibrations utilisent l'air qui nous entoure comme moyen de transmission, que la conscience capte par le psychisme. Elles sont reçues de la même manière que les signaux radio, mais nous captons les pensées, les émotions et les impulsions de volonté des êtres vivants qui nous entourent.

Cependant, avant de pouvoir atteindre cet état, il faut d'abord nettoyer ses Chakras de toute énergie sombre et Karmique qui obscurcit sa Lumière intérieure. Lorsque la Lumière peut briller avec éclat, la conscience individuelle peut pleinement s'intégrer et s'aligner avec le Corps de Lumière. Dans la plupart des cas, il faut de nombreuses années pour y parvenir après l'éveil de la Kundalini.

Lors d'un éveil complet et permanent de la Kundalini, l'énergie remonte le canal de la Sushumna, éveillant tous les Chakras en cours de route, y compris le Sahasrara, la Couronne. Selon l'intensité de son ascension, la Kundalini ne s'arrête pas là. Au contraire, elle continue à s'élever vers les cieux. Cet événement fait perdre à l'individu la pleine conscience de son corps physique, ce qui lui donne l'impression d'être temporairement uni à la Lumière Blanche. Faire l'expérience de la Lumière Blanche dans une expérience Extracorporelle revient à ne faire qu'un avec l'Esprit de Dieu. Toutefois, comme cette expérience Spirituelle ne peut être maintenue en vie, la conscience individuelle réintègre le corps physique peu après.

L'éveil complet et permanent de la Kundalini présente deux symptômes distincts qui deviennent permanents une fois que l'énergie s'est localisée dans le cerveau : le bourdonnement constant des oreilles et la présence constante de la Lumière Astrale dans la tête (Figure 67). Cette dernière se transpose sur la réalité physique, de sorte que la personne voit la Lumière en toute chose avec ses yeux physiques. D'autre part, la vibration ou le bourdonnement intérieur dans la tête résulte de l'énergie de la Kundalini qui réside en permanence dans le cerveau.

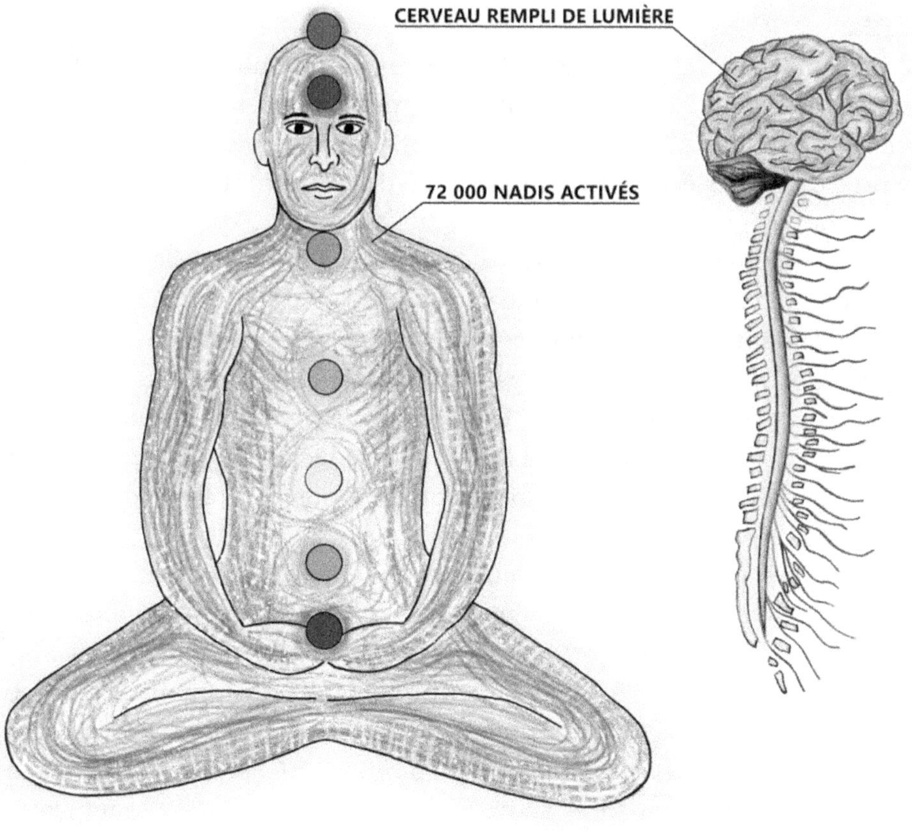

Figure 67: Un Éveil Permanent de la Kundalini

Dans un éveil partiel, la Kundalini remonte le long de la colonne vertébrale mais n'atteint pas le sommet de la tête. Dans la plupart des cas, elle essaie d'ouvrir le Chakra Ajna mais, en raison de blocages ou de mauvaises méthodes de méditation employées, elle n'y parvient pas. Comme il ne peut atteindre entièrement le cerveau, il redescend pour s'enrouler trois fois et demie comme un serpent autour du Chakra Muladhara. Souvent, il redescend vers le centre du cœur, Anahata Chakra, ce qui permet à la personne d'expérimenter des expansions du cœur et de ressentir la nature d'une empathie authentique envers tous les êtres vivants du monde.

En se frayant un chemin jusqu'au Chakra du Cœur, la Kundalini augmente la capacité de l'individu à faire l'expérience de l'amour inconditionnel, ce qui désengage progressivement la conscience individuelle de l'Égo. Cependant, la Kundalini vise toujours à achever le processus d'éveil en s'élevant jusqu'au Sahasrara Chakra, représenté dans le système Tantrique comme le Principe féminin Shakti s'élevant pour rencontrer le Principe masculin Shiva au niveau de la Couronne, éveillant ainsi l'individu à la Conscience Cosmique. Une fois atteinte, la Kundalini pénètre dans la zone du troisième ventricule du cerveau, appelée "Grotte de Brahma", facilitant l'optimisation des Glandes Pinéale et Pituitaire ainsi que du Thalamus et de l'Hypothalamus.

Une ascension partielle de la Kundalini peut se produire si l'Égo s'accroche trop fermement, induisant la peur, qui tire l'énergie vers le bas, l'empêchant de faire exploser l'Ajna Chakra. Au lieu de cela, l'énergie de la Kundalini pénètre dans le Chakra du Cœur pour élargir la connaissance du Soi véritable et diffuser l'Égo au fil du temps.

Tous les soulèvements de la Kundalini transportent de l'énergie Pranique et sexuelle sublimée le long de la colonne vertébrale, représentant sa forme initiale, non raffinée. Cependant, la Kundalini se transforme avec le temps en une énergie Spirituelle fine qui est à l'origine de la transcendance atteinte via le Plan Spirituel, correspondant au Sahasrara Chakra. Lorsque la Kundalini redescend dans le Chakra du Cœur, elle laisse un effet persistant qui plonge souvent l'individu dans une expérience inspirée ou hors du corps jusqu'à ce que le Prana sublimé se dissipe complètement.

Certains initiés à la Kundalini exécutent des Kriyas, parlent en langues, écrivent ou peignent de manière inspirée. Cependant, ces états durent généralement dix à quinze minutes, jusqu'à ce que l'énergie créative de la personne s'épuise. Chez un individu pleinement éveillé, l'énergie de la Kundalini est opérationnelle 24 heures sur 24, 7 jours sur 7, et est à sa disposition. Cette personne canalise sa créativité sans arrêt, exprimant continuellement l'état d'inspiration. Elle se perd littéralement dans l'Espace et le Temps, car des activités telles que l'écoute de musique ou la contemplation d'un beau paysage la transportent dans une réalité totalement transcendante ou métaphysique. Cette réalité supérieure est incompréhensible pour quelqu'un qui n'en a pas l'expérience, tout comme on ne peut pas vraiment expliquer la Lumière à un aveugle de naissance.

Une fois que la Kundalini est active en permanence dans le système énergétique, elle modifie également la façon dont nous rêvons. Comme les ondes cérébrales oscillent continuellement à la fréquence Alpha, la conscience est toujours relativement lucide, c'est-à-dire qu'elle est éveillée, même pendant le sommeil. Cette conscience accrue donne lieu à des Rêves Lucides, caractérisés par le fait que le rêve semble réel et que l'on contrôle l'expérience.

Les Rêves Lucides ressemblent à l'expérience de la réalité physique, bien qu'à un degré moindre. C'est peut-être parce que la conscience est plus habituée au corps physique qu'au Corps de Lumière, bien que l'individu soit pleinement éveillé et conscient dans les deux expériences. Quoi qu'il en soit, grace à notre corps de Lumière, nous pouvons voir, toucher et sentir comme nous le faisons avec le corps physique, mais nous ne sommes pas liés par les lois de la physique puisque les objets des Plans Cosmiques intérieurs ne sont pas denses - tout est fait de Lumière, qui est une substance ténue. Par conséquent, nous pouvons voler, traverser des murs, faire léviter des objets par la pensée et, de manière générale, nous téléporter à n'importe quel endroit simplement en le voulant.

Le Corps de Lumière est le véhicule de voyage de l'Âme lorsqu'elle navigue sur les Plans Cosmiques intérieurs. Les Plans Divins de la conscience sont souvent décrits comme des terres étranges et magnifiques, au-delà de toute description, et inégalées dans leur émerveillement et leur crainte. Les expérimenter a confirmé que j'ai quitté notre Planète par la conscience. Le simple fait de pouvoir atteindre et partager l'énergie de ces autres mondes a été l'un des plus grands cadeaux de l'éveil de la Kundalini.

TRANSFORMATION DE LA KUNDALINI - PARTIE I

Publié à l'Origine par le Consortium Kundalini - 28 Mars 2017.

Depuis mon éveil à la Kundalini en 2004, de nombreux changements se sont produits dans mon esprit, mon corps et mon Âme. Cependant, le changement le plus notable s'est produit lorsque j'ai optimisé mon circuit Kundalini au cours de la septième année. En conséquence, ma conscience a commencé à "s'écouler" à travers le Chakra Bindu, situé en haut et à l'arrière de ma tête.

La clé n'est pas simplement d'éveiller la Kundalini ; il s'agit d'évoluer au-delà du Karma des Chakras, mentalement et émotionnellement, jusqu'au point où la conscience n'est pas obstruée et n'est pas entachée par la peur. Ce n'est qu'à ce moment-là que le circuit de la Kundalini devient complet, permettant à l'énergie de s'écouler en entonnoir du point Bindu, situé au sommet de l'arrière de la tête, et de circuler dans tout le corps sans interruption. J'utilise le mot "entonnoir" car il représente le processus de déplacement d'une substance à travers une petite ouverture. Dans ce cas, ce mouvement est continu, facilitant la circulation de l'énergie Kundalini sublimée dans le corps.

La clé de ce processus est le Chakra Bindu, car c'est le point de Non-Dualité, où les pensées et les émotions de l'esprit sont siphonnées, ce qui coupe la connexion avec l'énergie de la peur. En étant coupé de la peur, l'Égo perd son emprise sur la conscience puisque l'énergie de la peur est ce qui le soutient.

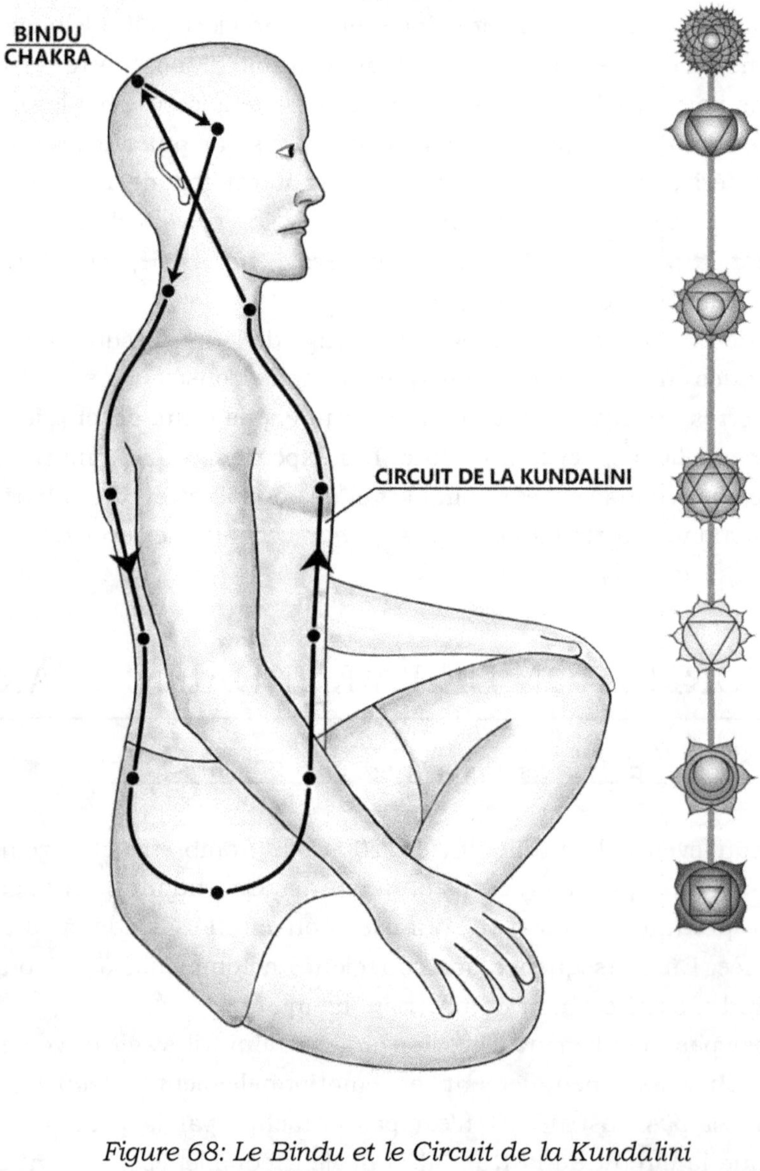

Figure 68: Le Bindu et le Circuit de la Kundalini

À ce stade, le circuit de la Kundalini devient complet (Figure 68) et existe dans un mode d'auto-entretien. Le mental est contourné car c'est par lui que nous faisons l'expérience de la dualité, ce qui a pour effet d'élever la vibration de la conscience. Désormais, les aliments nutritifs sont transformés en carburant Pranique, alimentant l'ensemble du système d'une nouvelle manière qui permet de faire l'expérience du Plan Spirituel à chaque seconde de chaque jour.

Le Plan Spirituel représente l'état de ravissement le plus élevé et le sentiment ultime d'être heureux et vivant. Le concept du Royaume des cieux de Jésus-Christ devient manifeste, un état bien plus heureux que de posséder des millions de dollars. L'argent ne peut acheter le ravissement émotionnel que cette expérience Spirituelle déclenche.

Mon expérience de l'amour et de la joie éternels est inimaginable pour la plupart des gens qui ne sont pas dans cet état. Le simple fait d'écouter de la musique est un événement transcendantal, comme si je prenais de la cocaïne, de l'ecstasy ou d'autres drogues améliorant la sensation de bien-être, ce qui provoque souvent un tel ravissement dans mon cœur que je serre les dents à cause de l'euphorie que je ressens.

Une fois que tout le circuit de la Kundalini a été optimisé, j'ai commencé à perdre conscience de mon corps physique. C'était comme si mon corps entier avait reçu une injection de novocaïne, un agent anesthésiant. Je me suis essentiellement élevé au-dessus du corps physique tout en étant dedans, un peu comme une expérience Extracorporelle, mais permanente. Si je me coupe ou me fais un bleu, je ne ressens pas consciemment la douleur. Au contraire, je l'ai transcendée. Comme ma conscience est quelque part à l'extérieur de moi tout en étant présente simultanément, je ne ressens plus la douleur d'être un être humain comme avant l'éveil. C'est ainsi que je vis maintenant, et cette aventure de toute une vie a commencé pendant la septième année de mon éveil de la Kundalini.

Au niveau mental, je fonctionne uniquement sur l'intuition. Je peux encore utiliser toutes mes fonctions intérieures, comme la logique et la raison, mais je le fais d'une manière détachée où je vais vers l'intérieur quand j'en ai besoin, mais ensuite je sors directement pour continuer à faire l'expérience du moment présent perpétuel, le Maintenant. J'entre en relation avec le monde par le biais de l'intuition puisque je suis directement connecté à la Quatrième Dimension de la Vibration/Energie. Cependant, pour arriver à ce point de ma transformation Kundalini, il m'a fallu de nombreuses années de purge et de préparation de ma conscience. C'était mentalement et émotionnellement atroce, car je devais me perdre entièrement pour trouver mon véritable Soi. Maintenant, je suis dans un état où les événements passés n'ont plus d'emprise sur moi, et je peux rejeter les souvenirs négatifs comme si ce n'était pas à moi qu'ils étaient arrivés. Le nouveau moi comprend l'irréalité du monde et ne prend pas les choses trop au sérieux.

J'ai appris que si je m'accroche à une attente de ce qui pourrait arriver dans le futur, le passé m'empêche d'être dans le Maintenant. Mais cela ne se produit que lorsque je pense en termes de passé et de futur, ce qui était mon ancien mode de fonctionnement avant que la transformation Kundalini ne m'amène à ce haut niveau de conscience. Grace au Bindu Chakra, le concept de passé et de futur se dissout dans le Néant. Dans le Néant, on trouve son opposé - la pure possibilité, représentée par Maintenant, le moment présent.

Au fil des ans, j'ai également connu des changements massifs dans mon caractère. D'abord, je suis obligé de toujours dire la vérité. Le mensonge est devenu un concept étranger, qui maintient ma conscience claire et sans entrave, bien que les personnes qui m'entourent me considèrent souvent comme naïve, comme si je révélais trop de choses. Les personnes qui ne marchent pas dans mes chaussures ont l'impression que le mensonge fait partie de la vie et qu'il n'y a pas d'autre façon de vivre que de trafiquer la vérité pour obtenir ce que l'on veut. Mais c'est faux à bien des égards. Vivre dans la vérité me permet d'aborder chaque situation de la vie au mieux de mes capacités, au moment où elle se présente. Je n'ai plus besoin de la mémoire à long terme comme avant. Mon esprit me donne ce dont j'ai besoin au moment où j'en ai besoin.

Ce sont les expressions naturelles du niveau de progression de la Kundalini auquel je me trouve actuellement. Cela a duré dix-sept ans, apportant de nouveaux changements chaque année. Après un certain temps, j'ai remarqué que ma mémoire a commencé à s'éradiquer et à se défaire. Lorsque je ferme les yeux, je vois encore les événements passés comme des souvenirs fugaces qui n'ont plus d'emprise sur moi. Leur douleur émotionnelle et mentale a été dissoute, car je fonctionne à partir d'un état d'inspiration permanent.

Ce processus a affaibli l'emprise de l'Égo sur moi, car l'Égo a survécu grace aux souvenirs qui le lient au corps physique. Si les souvenirs n'ont pas d'emprise sur la conscience, l'Égo n'a rien à quoi s'accrocher, et la personne peut être dans le Maintenant 24 heures sur 24 et 7 jours sur 7 pour expérimenter pleinement la vie. Par conséquent, je ne regrette pas les choses qui passent et je prends la vie comme une expérience transitoire, qui existe pour le moment et rien de plus. Un être humain Spirituel est destiné à être dans le Maintenant.

Cependant, je ne dis pas que je ne suis pas la proie de l'Égo ; je le suis. Je ne suis pas un saint, et l'Égo ne peut être annihilé de son vivant puisqu'il faut mourir physiquement pour le détruire. Je profite des mêmes choses dans la vie que tout le monde, mais mon concept d'amour inconditionnel, d'éthique et de morale est plus élevé. Et surtout, je suis en permanence dans la "zone", dans le "Maintenant".

Il faut de nombreuses années pour que l'Égo soit maîtrisé, que le Soi Supérieur soit exalté et que l'esprit, le corps et l'Âme s'adaptent à la vie dans un monde d'énergie pure. Ce n'est pas un processus à court terme, loin s'en faut. Pour la plupart des individus éveillés par la Kundalini, il faut jusqu'à deux douzaines d'années pour s'adapter à leur nouveau Moi. Même alors, le processus de transformation n'est pas terminé car la conscience continue de s'étendre de manière exponentielle, ce qui signifie que de nouvelles leçons doivent être intégrées en permanence.

Grace à cette transformation, ma vision a également été modifiée, car je vois maintenant la Lumière en toutes choses. Elle apparaît comme une lueur argentée dans tous les objets que je perçois avec mes yeux physiques. Mon expérience visuelle du monde actuel peut être comparée au passage d'une console de jeu PlayStation 2, mon ancien Moi, à la PlayStation 5, qui est mon nouveau Moi. Il y a eu un saut et un progrès considérables dans les graphiques et le moteur global qui alimente le système de jeu, une analogie pour ma conscience nouvellement élargie. Si mon champ bioénergétique, ou Aura, était comme une batterie qui fonctionnait à 100 volts avant le réveil, au sens figuré, sa capacité a été augmentée à 100 000 volts.

La Kundalini en tant que domaine d'étude scientifique est relativement nouvelle. Néanmoins, on peut conclure sans risque que l'augmentation des éveils de la Kundalini pourrait signifier un tournant dramatique dans l'évolution humaine. Bien sûr, je parle principalement à partir de mon expérience personnelle et de mes observations basées sur mon voyage Kundalini. Néanmoins, l'intérêt actuel pour la Kundalini semble être motivé par ce que Gopi Krishna appelle "l'impulsion évolutionnaire". "

De nombreuses personnes éveillées par la Kundalini ne comprendront pas ce dont je parle car elles n'ont pas encore vécu les mêmes changements. Cependant, d'autres sauront exactement ce que je décris. Les éveils de la Kundalini varient en termes de niveau d'intensité, de processus de transformation global et de la manière dont l'évolution de la conscience est affectée. Comme je l'ai dit, il faut de nombreuses années pour y parvenir. L'éveil de la Kundalini n'est que le point de départ du voyage de transfiguration.

La Planète Terre est destinée à être expérimentée avec une Kundalini éveillée, car il est un fait que le monde matériel est vivant et qu'il est de l'Énergie Pure. Même la science le corrobore, mais nos Anciens Ancêtres le savaient depuis toujours. Et dans mon cas, je peux le voir à chaque instant de ma vie avec mes yeux physiques, ce qui m'étonne encore aujourd'hui.

De la même manière que quelqu'un peut voir le monde sous LSD ou champignons magiques, je le vois sans aucune drogue dans mon organisme. C'est une partie permanente de ma vie maintenant. Comme je l'ai décrit à de nombreuses reprises, il existe un plan holographique, d'énergie pure, un double du monde matériel, existant simultanément et occupant le même espace. Cependant, comme notre cerveau est composé de Matière, l'être humain ne peut pas percevoir au-delà de la réalité physique sans que la vibration de sa conscience ne soit élevée d'une manière ou d'une autre.

La transformation de ma façon de percevoir la réalité physique est en partie due à l'infusion de Lumière dans ma tête qui est toujours présente. Cette Lumière se transpose sur toutes les choses que je regarde, d'où l'apparition de la lueur argentée en toute chose. Elle dématérialise les objets sous mes yeux lorsque je porte mon attention sur eux pendant un petit moment.

Une autre raison pour laquelle je vois les choses comme je les vois est l'expansion de mon Oeil de l'Esprit qui me permet de voir la réalité extérieure depuis une source beaucoup plus élevée. Par exemple, si je suis en ville et que je regarde les bâtiments qui m'entourent, ma vision me permettra de voir ce même centre-ville comme un modèle architectural, comme si je me tenais dans les nuages au-dessus de lui. Il s'agit d'un phénomène difficile à décrire avec précision, car vous devez en faire l'expérience pour vraiment comprendre ce que je veux dire.

Chaque fois que je porte mon attention sur un objet extérieur, je suis tellement absorbé par celui-ci que je quitte mon corps au moment où il se produit. L'unicité de toute existence dont les anciens sages ont parlé est bien plus qu'un simple concept pour moi maintenant. Je peux la vivre tous les jours, et il ne me faut aucun effort pour qu'elle se manifeste.

Je peux englober tout ce que je vois avec mes yeux physiques comme si je le regardais à partir d'un œil d'oiseau à la troisième personne. Je crois que cela est possible parce que mon œil de l'esprit s'est élargi de façon exponentielle lorsque l'énergie de la Kundalini l'a transpercé avec une force intense lors de mon éveil initial de la Kundalini. En conséquence, le portail typique de l'Œil de l'Esprit, en forme et en taille de beignet, a été élargi à la taille d'un pneu de voiture, au sens figuré.

Cette transformation me permet de sortir de moi-même dès que je vois quelque chose d'extérieur à mon corps physique. Et lorsque je sors de moi-même, je peux me voir à la troisième personne - je vois mon visage et mon corps par l'intermédiaire de mon Oeil de l'Esprit, et je peux contrôler les vibrations que j'envoie aux autres par mon langage corporel. Je compare cela au fait d'être un metteur en scène et un acteur en même temps et de créer le jeu de la vie elle-même.

Vous pouvez imaginer le plaisir que j'ai à visiter de nouvelles villes. Voir New York Times Square la nuit pour la première fois, c'était comme si Alice entrait au pays des merveilles. Voyager dans des villes Anciennes et modernes est devenu l'une de mes activités préférées car cela m'apporte de nombreuses expériences métaphysiques. Je me sens tellement privilégiée de vivre ces changements intérieurs que j'en ai souvent les larmes aux yeux et je donnerais tout pour partager cette expérience de vie personnelle avec d'autres.

C'est la nuit qu'elle est la plus merveilleuse, car toutes les Lumières sont mises en valeur, notamment les enseignes LED, les feux de circulation et de voiture, ainsi que l'éclairage des maisons et des bâtiments. La nuit transforme également la surface de nombreux objets, qui commencent à briller comme du velours, et leurs bords semblent plus nets et plus définis. Toute cette vision est accompagnée d'un sentiment d'émerveillement, le même que celui que vous ressentiriez si vous étiez transporté sur une autre Planète dans une autre Galaxie et que vous voyiez ce monde pour la première fois. La meilleure façon de décrire la façon dont je vois le monde extérieur maintenant est le mot "Intergalactique", car il est entièrement hors de ce monde, mais il existe aussi ici et maintenant, au moment même où vous, le lecteur, lisez ces mots.

TRANSFORMATION DE LA KUNDALINI - PARTIE II

Publié à l'Origine par le Consortium Kundalini - 26 Avril 2017.

Au cours de mes dix-sept années de transformation Kundalini, ma connexion au son s'est élargie. Lorsque je calme l'activité de mon esprit, les différents sons que je capte dans mon environnement sont accompagnés d'images dans mon Oeil de l'Esprit qui traversent ma conscience de manière ondulante, comme les vagues de l'océan.

Chaque son a une pensée derrière lui, et une fois que vous avez ralenti votre bavardage intérieur et induit un silence absolu, vous pouvez vous connecter à cette pensée et la voir comme une image visuelle. Le son se déplace en vagues que les sens psychiques peuvent percevoir lorsqu'on est suffisamment évolué Spirituellement.

Après cette transformation de ma façon de traiter les vibrations sonores, j'ai l'impression d'être simultanément au Ciel et sur Terre. Le calme qui règne en moi me permet de capter les vibrations autour de moi, comme un récepteur radio. Je me sens éthéré, comme si je marchais sur des nuages. Ce n'est pas pour rien que les films hollywoodiens décrivent le Ciel comme un endroit situé dans les nuages. Cet état d'être s'accompagne d'un silence intérieur complet, car ce n'est que lorsque l'esprit est immobile que la conscience peut atteindre un niveau suffisamment élevé pour faire l'expérience de l'éternité.

Je me souviens de l'expérience que j'avais du monde avant la transformation Kundalini, et je peux dire sans me tromper que c'est la Planète Terre 2.0. En combinant ces phénomènes avec mon nouveau sens de la vue, c'est presque comme si on m'avait donné un casque de réalité virtuelle permanent à porter 24 heures sur 24, 7 jours sur 7. Je vis dans le même monde que tout le monde, mais je le vois et le vis de manière très différente.

L'expansion de ma vue physique s'est produite cinq mois après mon éveil en 2004. C'était l'un des premiers cadeaux de l'éveil de la Kundalini. Aujourd'hui, j'y suis tout à fait habituée, mais je me rappelle souvent à quel point c'est génial lorsque je regarde de nouveaux paysages ou que je visite de nouvelles villes. La première chose que je fais toujours est de me promener dans le centre-ville pour découvrir les Lumières et l'architecture de la ville.

Il y a des moments où je suis tellement immergé dans mon expérience visuelle et hors de mon corps que je commence à voir le monde extérieur comme un faisceau de

Lumière bidimensionnel provenant du Soleil. Je peux chercher à l'intérieur de cette vision et voir des Univers parallèles qui existent ici et maintenant mais qui sont invisibles à la vue humaine ordinaire. Toute cette expérience est une forme de ravissement, car ma conscience s'envole pour avoir cette vision. Elle m'envahit comme une vague, et je deviens une pure conscience qui l'embrasse. Pour une raison quelconque, ces visions me transportent souvent à l'époque médiévale, mais à une échelle beaucoup plus petite que le monde moderne. Je crois que des mondes parallèles existent ici et maintenant à l'intérieur de la Lumière, et qu'une fois que vous êtes capable de modifier votre vibration, vous pouvez les percevoir.

Grace à l'expansion de mon Oeil de l'Esprit, si je me concentre sur un être humain pendant une dizaine de secondes, je commence à sortir de moi-même et à voir les couleurs de l'énergie de cette personne. Si je poursuis cette vision, je commence à changer d'état de conscience et à voir la personne du point de vue d'une petite créature, comme une fourmi, ou d'une plus grande, comme une girafe. Plus longtemps je les garde en vue, plus ma vision continue de changer. Je peux même voir des animaux et différents Êtres superposés sur le visage des gens. Souvent, ces Êtres ont l'air humanoïdes, mais pas tout à fait humains.

Chaque être vivant dans le Cosmos est composé de Lumière et de pure conscience. Puisque l'éveil de la Kundalini est l'évolution de la conscience et de la Lumière, il me permet de voir plus de l'Univers que ce à quoi je suis limité par mes sens physiques.

Peu après l'éveil initial, j'ai fait une fois l'expérience d'une modification de ma fréquence vibratoire, qui a changé l'état de l'Univers physique juste sous mes yeux. Habituellement, j'entends la Kundalini dans mes oreilles comme le bourdonnement continu d'un essaim d'abeilles ou le son d'une radiation (bruit électromagnétique), qui change de tonalité lorsque j'absorbe de la nourriture. Une fois, j'ai été capable de puiser à la source de la vibration et de changer sa hauteur en un grondement grave, comme le moteur d'une Mustang. Lorsque cela s'est produit, j'ai vu le monde devant moi comme un Hologramme, avec des murs transparents et des objets suspendus dans l'espace. Cette vision a duré environ dix secondes, jusqu'à ce que mon Égo prenne le dessus et que la vibration redevienne son son familier, ramenant ma conscience au niveau de la Matière.

Encore une fois, ces visions et expériences que je décris ne sont pas vues dans ma tête lorsque je ferme les yeux. Cela ne serait pas unique puisque je ne ferais qu'utiliser mon imagination. Au contraire, ces visions se produisent par la vue physique. Et elles se produisent souvent lorsqu'un objet extérieur attire mon attention et que je suis absorbé par lui. Immédiatement, un processus de ravissement interne se déroule, permettant à un phénomène visuel de se produire.

Une autre transformation essentielle de la vie que j'ai décrite dans un article précédent a été le Rêve Lucide, une version nocturne du voyage Astral. Une fois que l'énergie Lumineuse s'est accumulée en moi au fil du temps, j'ai commencé à faire des

Rêves Lucides régulièrement. La gravité n'étant pas un facteur dans le Monde Astral, la conscience pure est la Loi qui le régit. Comme nous l'avons mentionné, vous pouvez voler, traverser les murs, vous transporter instantanément à n'importe quel endroit de la Terre, faire de la télékinésie et réaliser tous les désirs que vous ne pouvez habituellement pas réaliser dans la vie réelle.

La meilleure partie est que dans un Rêve Lucide, la conscience est complètement éveillée et consciente de la même manière que dans la vie physique éveillée. La différence n'est qu'une question de degré, mais le concept et l'expérience sont les mêmes. C'est de l'imagination pure et du désir qui se nourrissent de leurs expériences. La source de nos Âmes est l'imagination et la Lumière.

En ce qui concerne le voyage Astral, qui a lieu pendant les Rêves Lucides, j'ai visité des mondes complexes et à couper le souffle, magnifiques à voir. J'ai voyagé dans différentes Galaxies, parlé à des Êtres Extraterrestres et reçu des informations sur moi-même, le monde et notre avenir en tant que race humaine. Souvent, mon Rêve Lucide était si puissant que je ne pouvais pas m'en réveiller. Je devais dormir jusqu'à douze ou seize heures d'affilée dans un état de "paralysie du sommeil" jusqu'à ce que ma conscience en ait assez. Si j'essayais de me réveiller pendant ce temps, la puissance du rêve était parfois si intense qu'elle me rejetait sur l'oreiller.

J'ai passé des heures à télécharger des informations d'êtres d'un autre monde, de Maîtres Ascensionnés et de Déités, un peu comme Neo téléchargeait des programmes informatiques dans Matrix. En une heure, j'ai eu le privilège de télécharger l'équivalent de vingt livres d'informations. Grace à ces téléchargements, j'ai reçu certaines vérités sur l'humanité et le monde dans lequel nous vivons que je n'aurais pas pu obtenir autrement.

Avec le temps, j'ai également développé la capacité d'utiliser le portail de mon Oeil de l'Esprit comme un objectif de caméra dans un Rêve Lucide. Je peux changer l'ouverture pour passer dans une réalité que je nomme hyper-conscience, un état élevé au-delà du domaine de la conscience humaine, y compris les états de rêve. Cet état est similaire à un trip au DMT ou au Peyotl, mais différent parce qu'il y a un côté futuriste, steampunk.

Ce sont quelques-uns des cadeaux qui se dévoilent après l'éveil de la Kundalini. Nous vivons véritablement dans la Matrice, où votre potentiel d'expérience de vie est si incroyable que vous ne pouvez même pas l'imaginer avant qu'il ne vous arrive. Tout ce qui nous entoure est conscience et Lumière. Une fois que vous avez éveillé la Kundalini, qui est Lumière et amour, vous commencez à contempler l'Univers qui vous entoure tel qu'il est vraiment.

La Lumière intérieure contient de nombreux états de conscience différents avec des degrés d'expérience variables. Ce ravissement est destiné à tout le monde dès lors que nous pouvons nous perdre et aller au-delà de l'Égo. Il peut parfois arriver aux personnes non éveillées pendant la méditation, qui dans mon cas, est devenue un état permanent puisque chaque acte de focalisation de mon attention sur quelque chose est devenu une forme de méditation.

Beaucoup de gens ont eu des éveils de la Kundalini, mais peu ont rapporté des expériences comme celles que j'ai eues dans leur transformation globale. Ce qui distingue le type d'éveil de la Kundalini que j'ai eu d'un éveil spontané ou d'un Shaktipat (une transmission d'énergie Spirituelle sur une personne par une autre) est que vous devez élever suffisamment de Prana pendant l'éveil initial pour ouvrir et élargir l'Oeil de l'Esprit comme je l'ai fait. L'énergie sexuelle qu'une méditation de visualisation peut générer est la clé pour y parvenir. C'est pourquoi la plupart des personnes éveillées ne font pas l'expérience du monde de la même manière que moi ou Gopi Krishna.

Gopi Krishna est l'une des rares personnes que j'ai lues qui a vécu dans le même nouveau monde que moi après son éveil. La lecture de son œuvre m'a vraiment aidé aux moments les plus forts de mon processus de transformation. J'ai fait des recherches approfondies sur la Kundalini pendant dix-sept ans, j'ai parlé à plus de deux cents personnes sur les médias sociaux ou en personne, et je n'ai trouvé qu'une poignée de personnes qui rapportent les mêmes témoignages que moi. Je ne dis pas cela pour me vanter, car je n'ai jamais rien demandé de tout cela, mais je le mentionne pour expliquer les diverses expériences de la Kundalini. Je crois qu'à travers mon récit, vous pouvez vous faire une bonne idée de l'objectif global de la Kundalini, ce qui peut dissiper toute information erronée que vous avez reçue précédemment sur ce sujet.

La rupture de l'Oeuf Cosmique au sommet du Chakra de la Couronne par la Kundalini entraîne l'effet d'"électrocution", car les 72 000 Nadis deviennent infusés d'énergie Lumineuse, activant pleinement le Corps de Lumière. En outre, l'infusion de la Lumière dans les Chakras élargit et optimise le champ énergétique toroïdal (tore) de l'individu, dont la représentation géométrique est la Merkaba (Figure 69). Il se compose de deux tétraèdres contrarotatifs dont la vitesse de rotation rapide forme une Sphère de Lumière autour du corps physique, permettant à l'Âme (également de forme sphérique) de quitter le corps à volonté. La Merkaba est un complément au Corps de Lumière, car chacun d'entre eux joue un rôle essentiel en fournissant à l'Âme un véhicule pour voyager à travers l'Univers et les autres dimensions de l'Espace/Temps par la conscience. (Pour un discours complet sur le tore et la Merkaba, consultez *Serpent Rising: The Kundalini Compendium*).

La rupture de l'Œuf Cosmique peut se produire si vous essayez intentionnellement d'éveiller la Kundalini, lors d'un éveil spontané, ou par Shaktipat. Cependant, pour éveiller l'Œil de l'Esprit et l'étendre lors de la montée initiale de la Kundalini, vous devez effectuer une technique éprouvée de culture de l'énergie pour générer suffisamment de Prana couplée à une méditation de visualisation pour ouvrir le Chakra Ajna.

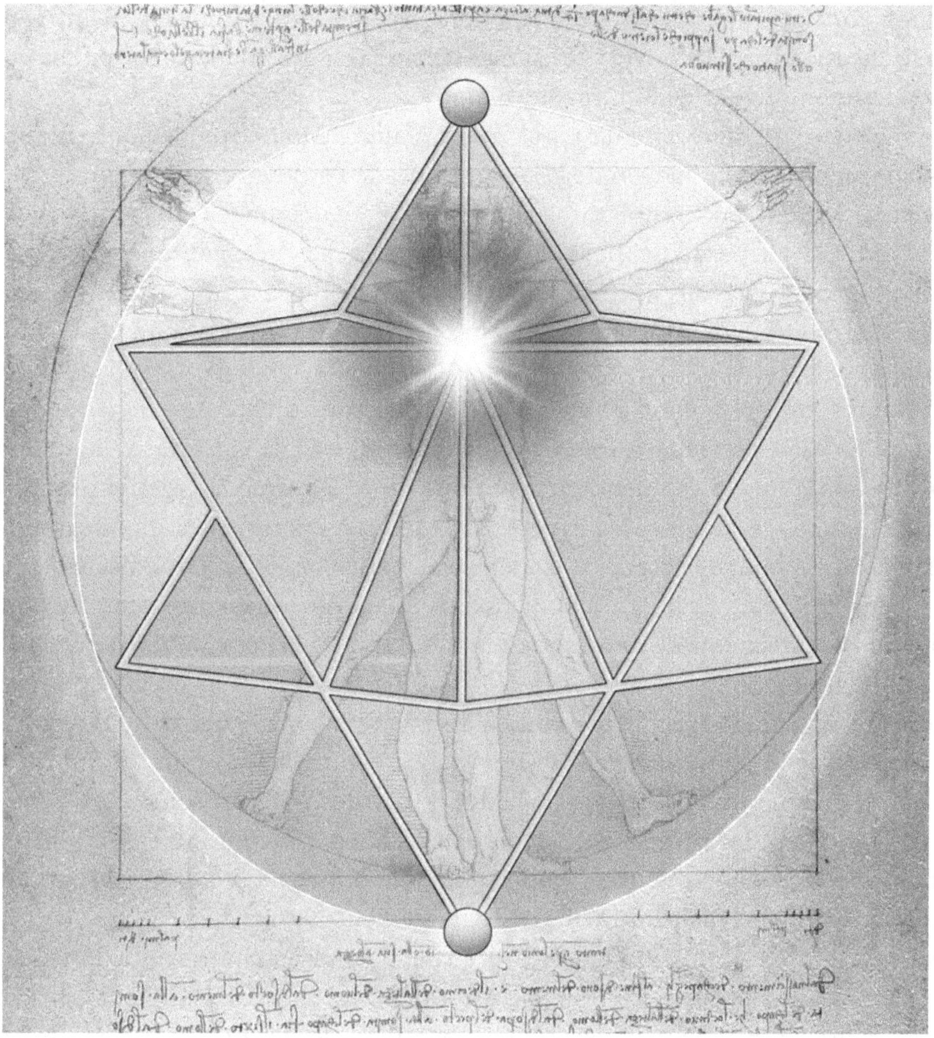

Figure 69: La Merkaba - Torus Optimisé

Bien que nous recevions l'énergie Pranique du Soleil, nous la recevons également par l'apport d'oxygène. C'est pourquoi tous les êtres vivants respirent de l'air pour survivre. L'air est une manifestation de l'Esprit, bien qu'à un niveau inférieur à celui de la Lumière Blanche qui sous-tend toute existence. Le Prana peut être stimulé de nombreuses façons, y compris par la pratique Yogique du Pranayama (contrôle de la respiration) et ainsi être augmenté à un quantum plus important.

Les méditations de visualisation avec une composante sexuelle peuvent générer consciemment du Prana, et si cela aboutit à un éveil de la Kundalini, cela peut être puissant. Dans mon cas, je faisais une forme de pratique sexuelle Tantrique en imaginant une expérience sexuelle si puissante qu'elle déclenchait des orgasmes internes continus dont l'extase d'émotion éveillait ma Kundalini. L'intensité avec laquelle la Kundalini a ouvert tous mes Chakras était incroyable, culminant dans l'union momentanée avec la Lumière Blanche.

La science de la Kundalini est une réalité. Malheureusement, les sciences physiques n'ont aucun moyen de la mesurer ou de l'étudier autrement qu'en écoutant et éventuellement en compilant les nombreux témoignages anecdotiques dans le monde entier. Le point de basculement pour la science est toujours une masse critique. Il doit y avoir suffisamment de témoignages qui partagent les mêmes déclencheurs et effets. Malheureusement, il y a trop de variations et de variables à l'heure actuelle.

Certaines variables sont les mêmes, d'autres sont différentes. Par exemple, notre composition biologique et les voies de la Kundalini, les Nadis (canaux), sont les mêmes pour tous les humains. Cependant, bien que notre système énergétique soit le même, les déclencheurs, les effets, les expériences des élévations et les manifestations ne le sont pas. Mais comme le cœur de toutes les expériences de la Kundalini est l'évolution de la conscience et la libération complète du corps physique, plus le nombre de personnes éclairées par ce processus augmente, plus la compréhension de la science de la Kundalini s'unifie.

Une fois que davantage de personnes auront pris conscience de tout le potentiel de la Kundalini, elle pourra obtenir le respect qu'elle mérite et faire partie du courant dominant, ce qui nous permettra de l'étudier par des moyens scientifiques de mesure de l'intensité et du niveau de l'expérience. Mais malheureusement, même si la Kundalini est la chose la plus importante sur notre Planète, la plupart des gens l'ignorent encore ou pensent qu'il s'agit simplement d'un type de Yoga.

Au contraire, la Kundalini est la source de la conscience individuelle et la clé pour nous éveiller à la Conscience Cosmique. Comme l'ont prédit les Anciens, nous sommes peut-être au bord du précipice dans l'histoire de l'humanité, lorsque les gens s'éveilleront en masse, faisant entrer la planète dans l'âge d'or tant attendu. Si cela se produit, nous aurons les réponses à la question de savoir qui nous sommes et quel est le but de notre vie sur cette Planète, grace à ce mécanisme de la Kundalini intégré, mais actuellement dormant. Nous sommes encore à l'aube de notre destinée en tant qu'êtres humains Spirituels dans le Cosmos. Et c'est vraiment très excitant.

TÉMOIGNAGES SUR LA MAGIE CÉRÉMONIELLE

Note : Les témoignages suivants proviennent de cinq personnes que j'ai encadrées dans le passé. Toutes ont bénéficié de manière significative de la Magie Cérémonielle, et plus particulièrement du travail avec les Cinq Eléments ; je leur ai donc demandé de décrire leurs expériences.

"Lorsque j'ai été initié pour la première fois à l'Ordre de l'Aube Dorée, j'étais principalement intéressé par l'apprentissage de tous les secrets mystiques et par le développement de mes capacités extra-sensorielles. Ce que j'ai découvert, cependant, c'est que c'est le travail de Magie Elementale que nous avons fait qui a profondément changé ma perception, et j'irais même jusqu'à dire qu'il a changé la direction de ma vie. Je recommande ce travail à toute personne qui souhaite sincèrement travailler à vivre de manière plus authentique. Les exercices rituels donnent du pouvoir, et lorsqu'ils sont utilisés en conjonction avec le travail de méditation, il n'y a pas de limites à ce que l'on peut accomplir avec cet ouvrage."

VH Soror LIA (Adepte HOGD)

"Le système de l'Aube Dorée est un chemin d'exploration sûr, éprouvé et vrai, conçu pour développer vos connaissances théoriques et pratiques de la Magie. Il est organisé de manière à permettre au pratiquant de progresser à travers les différents grades Élémentaires, améliorant ainsi les aspects associés de la personnalité par l'intégration de pratiques et d'expériences Spirituelles. Les exercices de bannissement, d'invocation et de méditation présentés systématiquement aux différents niveaux de réalisation sont transformateurs et fournissent une base solide pour des pratiques Magiques plus avancées, comme la Magie Énochienne. Je recommande le système de l'Aube Dorée à tout étudiant ou praticien sérieux de l'ésotérisme Occidental."

Angela Seraphim / VH Soror VLM (Adepte HOGD)

"La vie vous donne de nombreuses opportunités de croissance, mais c'est à vous de reconnaître quand ces opportunités se présentent et d'en profiter pleinement. Après avoir terminé le travail préliminaire de préparation mentale et émotionnelle (avec l'utilisation des LIRP et SIRP), j'ai commencé à travailler sérieusement avec les Clés Énochiennes. Je me suis isolé pendant deux mois dans la campagne de l'île de Grenade dans les Caraïbes pour cette tâche.

Mon expérience de la Magie Énochienne a commencé par des rêves et des visions, qui étaient des tests pour mon esprit, mon corps et mon Âme. On m'a révélé de nombreux aperçus sur ma nature intérieure ainsi que sur les Mystères Universels, ce qui m'a rendu humble chaque jour. Mon évolution Spirituelle a été immédiate et prononcée. Cependant, comme pour tout ce qui a une réelle valeur, elle a eu un prix. Mon Égo a été déchiré alors que je perdais quotidiennement ma peau, se renouvelant davantage à chaque Clé Énochienne. Ce processus était souvent terrifiant mais aussi éclairant en même temps.

La Magie Énochienne teste votre Âme et votre esprit à l'extrême. Je me suis retrouvé à lutter contre des Démons internes et externes pour maîtriser toutes les parties du Soi. Après m'être consacré de tout cœur à terminer le programme d'Alchimie Spirituelle avec les Clés Énochiennes, je peux dire sans me tromper que je suis sorti de l'autre côté comme une personne beaucoup plus évoluée Spirituellement. Je recommande vivement la Magie Énochienne à tous les individus qui sont prêts à tout sacrifier au nom de leur développement et de leur évolution Spirituels."

Prométhée

"Depuis que j'ai commencé à utiliser le LBRP et le BRH, ma vie s'est améliorée de façon spectaculaire. Avez-vous déjà eu l'impression qu'une force négative vous empêchait de vivre une vie pleine et satisfaisante ? Eh bien, c'est ce que je ressentais avant de pratiquer ces exercices rituels. Une fois que j'ai commencé à les pratiquer, les choses ont commencé à changer pour moi dans un sens très positif.

La force négative et l'inertie ont commencé à se dissiper. Cela comprenait également les pensées confuses et obsessionnelles. Souvent, je pouvais sentir l'énergie négative se diffuser et se disperser. Cela me donnait la paix de l'esprit et la possibilité de progresser dans tous les domaines de ma vie.

Je pratique ces exercices depuis plus d'une décennie, et laissez-moi vous dire que c'est un outil indispensable que j'ai intégré dans une routine de lutte contre ces forces négatives. J'utilise également ces exercices rituels pour nettoyer l'espace autour de moi, y compris mon Aura, de toutes les entités Spirituelles négatives ainsi que de l'énergie. Cela crée un espace sacré où je peux faire mon travail Spirituel. Je ne peux pas imaginer ma vie sans faire ces exercices.

Quant au Middle Pillar, cet exercice insuffle à mon Aura beaucoup d'énergie bénéfique. Il me donne la bonne base pour travailler sur les autres exercices rituels afin de tirer le meilleur parti de ma journée.

Nous sommes tous gravement affectés par les énergies des autres, qui interpénètrent constamment nos Auras. Ces rituels Magiques bannissent toutes ces énergies négatives et indésirables. Cela évite le burn out et nous aide à vivre une vie heureuse et constructive.

Quant aux exercices rituels des Éléments du LIRP, ils ont infusé mon Aura avec l'Élément avec lequel je travaillais, de manière sûre et efficace. J'ai connu quelques changements et fluctuations dans ma vie mentale et émotionnelle, probablement parce que j'équilibrais et intégrais cet Élément en moi. Il faut s'adapter, mais ne vous inquiétez pas, vous en sortirez victorieux, comme je l'ai fait."

Sam Benchimol/ Frater AC (Initiateur de l'EOGD)

"Après avoir lu des ouvrages sur la Magie Cérémonielle et l'Aube Dorée, j'ai décidé de commencer à pratiquer moi-même les exercices rituels. Avec l'aide et les conseils de Neven, accompagnés du programme d'Alchimie Spirituelle qu'il m'a donné, j'ai commencé à faire les bannissements quotidiens (LBRP et BRH), ainsi que l'exercice du Middle Pillar. J'ai remarqué que les bannissements et le Middle Pillar m'ont immédiatement placé dans un état d'esprit équilibré, ce qui m'a aidé à mieux me concentrer sur mon travail scolaire.

J'ai tout de suite compris qu'il y avait quelque chose dans toute cette Magie, et j'ai eu envie de commencer à travailler avec les Éléments. J'ai commencé à travailler avec le LIRP de la Terre, et comme une horloge, les manifestations ont commencé à se produire. La première semaine de travail avec l'énergie de la Terre, j'ai eu une nouvelle petite amie et un nouveau travail.

Après avoir terminé le programme prescrit avec la Terre, j'ai commencé à travailler avec les LIRP de l'Air. Après le deuxième jour d'invocation de l'Air, je me suis sentie très créative et inspirée, et j'ai commencé à écrire. Je me suis enfermée dans ma chambre et j'ai écrit jour et nuit pendant deux semaines, de façon obsessionnelle. J'étais stupéfait de la quantité de créativité qui sortait de moi, et je voulais l'exploiter au maximum. La connexion que j'avais avec mes pensées était irréelle. Pendant ces deux semaines, j'ai aussi fait mon tout premier Rêve Lucide. C'était l'une des expériences les plus étonnantes et que je n'oublierai jamais. Cette expérience de Rêve Lucide s'est répétée 3 ou 4 fois au cours des mois suivants.

J'ai terminé le programme prescrit avec l'Élément Air, puis j'ai commencé à invoquer l'Eau. La première fois que je l'ai invoqué avec le LIRP, j'ai senti une intense poussée d'énergie d'eau remplir mon cœur. C'était comme une vague qui s'est emparée de moi. J'ai été envahie par un sentiment d'amour et de félicité si fort que je suis tombée à genoux. Je n'arrivais pas à croire que je me sentais si bien à la suite d'un exercice de Magie. Cette nuit-là, ainsi que de nombreuses autres nuits où j'ai invoqué l'Élément Eau, je me suis allongée dans mon lit, les larmes aux yeux, en pensant à tout l'amour que je ressentais pour les personnes de ma vie. J'ai réalisé que les larmes étaient un processus de purge de mes émotions et de purification de celles-ci.

Alors que l'Élément Air m'a permis de mieux m'exprimer auprès des personnes de ma vie, l'Élément Eau a renforcé mes relations avec elles puisqu'il m'a permis de me connecter à mes émotions, en particulier au sentiment de compassion. J'ai continué à invoquer l'Élément Eau jusqu'à ce que je termine le programme prescrit avec lui, après quoi je suis passé à l'Élément Feu.

Dès que j'ai commencé à travailler avec le LIRP du Feu, j'ai ressenti un changement immédiat dans mon énergie. La ruée vers l'Eau a disparu, remplacée par un fort courant d'énergie Feu ressenti dans mon cœur. Cette énergie du Feu m'a immédiatement donné plus de vitalité et de puissance brute pour accomplir toutes mes tâches quotidiennes. Mon ambition et mon dynamisme ont été décuplés. Alors que je travaillais à développer ma volonté, j'ai également été mis au défi par ma colère. J'ai réalisé que ma colère était le résultat du fait que je n'utilisais pas pleinement ma volonté. J'ai donc essayé de me concentrer sur l'affirmation de soi, ce qui a permis de réduire ma colère en grande partie.

J'ai passé de nombreux mois à invoquer le Feu, et j'ai appris de nombreuses leçons sur la façon de m'exprimer au mieux de mes capacités. Les manifestations de l'Élément Feu me rappelaient beaucoup l'Air, mais en beaucoup plus intense. Après avoir terminé le programme prescrit avec le Feu, j'étais prêt à commencer à invoquer l'Élément Esprit.

La première nuit d'utilisation du SIRP, j'ai senti une énergie paisible, mais transcendantale, de l'Esprit s'emparer de moi. C'était mystique et très puissant. Cela m'a incité à méditer sur mon Chakra de l'Oeil de l'Esprit pendant quelques heures, ce que j'ai répété chaque jour par la suite.

Après environ une semaine d'invocation de l'Élément Esprit et de méditation quotidienne, j'ai eu une percée. L'énergie de la Kundalini s'est élevée du bas de ma colonne vertébrale jusqu'à mon Chakra du Cœur, où j'ai senti une expansion se produire. J'ai été envahie par un sentiment de félicité si puissant que j'ai perdu conscience pendant environ cinq minutes. Pendant ces cinq minutes, alors que j'étais immergée dans l'océan de la conscience, j'ai ressenti l'unité avec toutes les choses de l'existence. Une fois cette expérience terminée, je n'ai plus jamais été le même, et la félicité est devenue une partie permanente de mon existence. J'ai travaillé avec le SIRP pendant la période prescrite et j'ai appris à intégrer dans ma vie les différentes leçons des Éléments précédents.

Je suis très reconnaissant à Neven de m'avoir incité à commencer et à terminer le programme d'alchimie Spirituelle avec les cinq Éléments. Ce fut une expérience transformatrice à tous les niveaux, que je chérirai pour le reste de ma vie. Je n'avais lu que des choses sur la Kundalini avant de commencer à travailler avec les Éléments, et je me sens très chanceuse d'avoir eu un lever de Kundalini et un éveil de mon Chakra du Cœur. Je recommande vivement ce programme d'Alchimie Spirituelle à tous ceux qui veulent évoluer et trouver le bonheur éternel dans leur vie comme je l'ai fait. "

Lucias

GLOSSAIRE DES TERMES SÉLECTIONNÉS

Note : Ce qui suit est une sélection de termes qui ne sont pas définis dans le corps du texte original ou qui nécessitent une définition plus précise. Utilisez cette section pour vous aider à approfondir vos connaissances sur les sujets donnés.

Aethyr, le : En physique, l'Aethyr est un milieu ou une substance invisible et sans forme, qui imprègne le Cosmos. Il s'agit d'un moyen de transmission de l'information. Dans le contexte du *Magus, l'*Aethyr est synonyme de l'Élément Esprit. Dans le système Énochien, les Trente Aethyrs sont des cercles interpénétrés ou des couches de l'Aura qui se rapportent aux expériences Spirituelles des Plans Cosmiques.

Adepte, un : Un individu Spirituellement évolué qui est un maître des Éléments de son Être. Un Adepte est compétent dans sa connaissance des Mystères Sacrés de la Création. Sa conscience opère à partir des trois Chakras supérieurs de Vishuddhi, Ajna et Sahasrara, de l'Élément Esprit. Un Adepte reçoit la gnose des Royaumes Divins et sert Dieu, le Créateur. Ils sont en communication directe avec leur Saint-Ange Gardien. Les Adeptes de l'histoire incluent, sans s'y limiter, Jésus-Christ et le Bouddha.

État Alpha : Un état d'esprit détendu qui vous permet d'être plus ouvert, plus réceptif et plus créatif. Cet état est atteint lorsque les ondes cérébrales ralentissent entre 8 et 12 Hz, ce qui se produit le plus souvent lors de la rêverie et pendant le sommeil. L'État Alpha peut être induit consciemment par la médiation. En étant dans cet état, vous augmenterez votre mémoire et votre intuition tout en réduisant votre anxiété. L'État Alpha de l'activité cérébrale se situe entre l'état d'éveil avec activité mentale (État Bêta) et le sommeil (État Thêta). C'est au cours des derniers stades du sommeil, lorsque le corps et le cerveau sont reposés, que l'état Alpha est atteint. Cette expérience entraîne le phénomène involontaire du Rêve Lucide. L'État Alpha est le point de contact entre le praticien de la Magie et les Plans Cosmiques intérieurs. Le fait d'être dans un État Alpha pendant la conscience normale de veille vous permet de contrôler votre réalité puisque votre connexion avec votre Soi Supérieur est plus grande. Ainsi, vous pouvez utiliser les Lois Universelles consciemment et avec intention.

L'Énergie Ancestrale: Un Ancêtre est toute personne dont un individu descend. Chaque personne est liée à ses Ancêtres par son ADN. Selon la race et l'ethnie de vos Ancêtres, vous serez prédisposé à certains traits de caractère qui affecteront votre personnalité et le développement de votre caractère. Cependant, le Libre Arbitre supplante toutes les prédispositions de l'ADN de l'Énergie Ancestrale d'une personne.

Ankh, le : Symbole hiéroglyphique de l'Égypte Ancienne qui ressemble à une croix mais dont le bras supérieur est remplacé par une boucle. Les Égyptiens l'utilisaient dans l'écriture et l'art pour représenter le mot "vie" ou "souffle de vie". Comme les Égyptiens croyaient que l'existence terrestre d'une personne n'était qu'une partie de la vie éternelle de l'Âme et de l'esprit, l'Ankh symbolise à la fois la vie mortelle et l'au-delà. Après la chute de la religion polythéiste Égyptienne, l'Église copte Chrétienne a adopté le symbole de l'Ankh comme forme de la croix, l'appelant la "crux ansata", qui se traduit par "croix avec une poignée".

Archange, un : Ce mot est dérivé du Grec "Arkhangelos", qui signifie "chef des Anges". Un Archange est une entité Spirituelle de haut rang dans la hiérarchie céleste. Les Archanges les plus courants dans le Judaïsme et le Christianisme sont Raphaël, Gabriel et Michel. Avec Auriel, ces quatre Archanges gardent les quatre directions cardinales dans le cadre des exercices rituels de la Magie Cérémonielle. Chacun représente l'énergie de l'un des Quatre Éléments que sont la Terre, l'Air, le Feu et l'Eau. À ces quatre s'ajoute l'Archange Métatron, qui est souvent appelé le "plus haut des Anges" car il est l'Archange de la Séphire Kether et de l'Élément Esprit.

Archidémon, un : Une entité Spirituelle de haut rang dans la hiérarchie infernale. Un Archidémon est considéré comme une figure de proue par les autres entités Démoniaques. Par essence, les ArchiDémons sont les homologues Maléfiques des Archanges. Tout comme les Démons, ils sont considérés comme des Anges déchus, ou des Anges qui ont perdu la grace de Dieu. Les ArchiDémons les plus populaires dans le Judaïsme et le Christianisme sont Lucifer, Beelzebub et Satan. Cet ouvrage mentionne l'Archidémon Khoronzon, qui est la personnification du Diable en tant qu'Égo de l'individu.

Bannières de l'Est et de l'Ouest : Deux bannières accrochées sur les côtés opposés (Est et Ouest) d'un temple traditionnel de l'Aube Dorée. La bannière de l'Est représente la Lumière et le lever du Soleil, et est placée dans l'angle sud-est du temple. La bannière de l'Ouest représente l'obscurité et le coucher du Soleil et est placée dans le coin Nord-Ouest. Ces deux bannières représentent la dualité, tout comme les Piliers de Lumière et d'obscurité (Jachin et Boaz), également utilisés dans un temple traditionnel de l'Aube Dorée.

Devenir : Le concept de "Devenir" trouve son origine dans la Grèce Antique avec le philosophe Héraclite d'Éphèse, qui affirmait que rien n'est constant dans ce monde, si ce n'est le changement et le processus de "Devenir". Le Devenir est lié à l'évolution, individuelle et collective. Il implique qu'à chaque instant, l'individu, ou l'état collectif de l'humanité, est plus évolué que l'instant précédent. L'évolution ne concerne pas seulement les êtres vivants, mais aussi les Planètes, les Systèmes Solaires et les Galaxies. L'antithèse du Devenir est "l'Être". L'acte d'Être est une expression de l'Élément Feu puisqu'il est Éternel et fixe dans ses voies. D'autre part, le processus de devenir est une expression de l'Élément Eau, car il est changeant et se transforme continuellement. L'un est l'Âme, et l'autre la conscience.

État Bêta : État d'esprit associé à une conscience éveillée normale et à un état de vigilance accru, au raisonnement critique et à la pensée logique. Cet état est atteint lorsque les ondes cérébrales se situent entre 12,5 et 30 Hz. L'Égo utilise l'État Bêta pour rationaliser son existence. Lorsque l'activité cérébrale est dans l'État Bêta, la conscience individuelle est susceptible d'être perturbée par des troubles émotionnels et mentaux. Par conséquent, pour atténuer l'anxiété, il est impératif que l'individu ralentisse l'activité cérébrale et atteigne l'État Alpha.

Corps de Lumière, le : Synonyme de Corps de Lumière et de Corps Arc-En-Ciel. C'est un véhicule par lequel nous pouvons faire l'expérience des Plans Cosmiques intérieurs. En élevant l'énergie de la Kundalini jusqu'à la Couronne, on brise l'Oeuf Cosmique et on active pleinement le Corps de Lumière, en éveillant tout son potentiel latent. L'objectif de chaque être humain est d'élever sa Kundalini au cours de sa vie. Cela permettra de libérer l'Âme du corps physique et d'unir la conscience individuelle à la Conscience Cosmique.

Conscience Cosmique : Synonyme de la Conscience de Dieu en ce qui concerne notre Système Solaire. C'est l'état de conscience le plus élevé qui puisse être atteint par les êtres humains, puisqu'il s'agit de la conscience collective de la race humaine. Elle nous fait faire Un avec l'Univers. La Conscience Cosmique est décrite comme un niveau supérieur de conscience qui peut percevoir toutes les choses à la fois grace à l'unité. La Clairvoyance et d'autres capacités psychiques deviennent possibles grace à elle. Selon la Qabalah, la Conscience Cosmique appartient à la Séphire Kether et au Chakra Sahasrara. La question de savoir si la Conscience Cosmique s'étend au-delà de notre Système Solaire ou si elle s'y limite est un sujet de débat. Tous les initiés de la Lumière visent à unifier leur conscience individuelle avec la Conscience Cosmique. Cette unification permet d'atteindre l'Illumination.

Œuf Cosmique, l' : Un récipient d'énergie qui se trouve au sommet de la tête, au centre. Lorsqu'il est percé par l'énergie de la Kundalini lors de son ascension à travers la colonne vertébrale et le cerveau, il libère de l'Ambroisie liquide qui active pleinement le Corps de Lumière, infusant ainsi les Soixante-Douze Mille Nadis d'énergie Lumineuse. Lorsque ce processus se produit, vous avez d'abord l'impression que quelqu'un a cassé un œuf géant sur votre tête, puis la sensation d'être légèrement électrocuté lorsque l'Ambroisie se déverse vers le bas à partir du sommet et du centre de la tête.

Cherubim, a: Un mot Hébreu de l'Ancien Testament qui désigne un Être Angélique qui assiste directement Dieu. Les Chérubins ont de nombreux rôles, bien que leur devoir premier soit de protéger le jardin d'Eden. Dans *The Magus*, les Chérubins représentent les Quatre Éléments: l'homme (Air), l'aigle (Eau), le taureau (Terre) et le lion (Feu). Ils sont les protecteurs vigilants et les représentants de ces Éléments dans la carte du Tarot de l'Univers.

La Conscience du Christ : Le mot "Christ" est basé sur la traduction Grecque du mot "Messie". "Les personnages messianiques de l'histoire sont considérés comme des divinités vivantes et des incarnations de l'énergie de l'Esprit Divin. En tant que tel, Jésus de Nazareth a reçu le titre de "Christ" pour indiquer sa Divinité. La conscience du Christ représente un état de conscience de notre vraie nature en tant que Fils ou Filles de Dieu - le Créateur. Cet état implique l'intégration de l'Esprit dans la Matière et l'équilibre entre les deux. Dans la Qabalah, la conscience du Christ représente l'état de conscience de la Séphirah Tiphareth. L'énergie de l'Esprit est apportée par le chemin de la Grande Prêtresse dans le Tarot, car elle est notre lien avec la Séphire Kether. La conscience Christique est l'état de conscience de l'individu une fois qu'il a établi une relation avec la Conscience Cosmique. Elle implique l'influx d'amour inconditionnel dans Anahata, le Chakra du Cœur, puisque c'est à partir de là que l'individu opère lorsqu'il est dans cet état.

Création : Le processus ou l'action d'amener quelque chose à l'existence. Dans le contexte du *Magus*, ce terme fait référence au processus par lequel Dieu - la Source - manifeste l'Univers physique en le faisant exister. Comme cet ouvrage est Hermétique, ce terme fait souvent référence à l'Arbre de Vie, qui est le plan de toute la Création.

Nuit Noire de l'Âme, la : Une période de désolation qu'un individu subit lorsqu'il évolue rapidement sur le Plan Spirituel. Pendant la Nuit Noire de l'Âme, tout sentiment de consolation est supprimé, ce qui crée une sorte de crise existentielle pour le moment. L'individu est censé affronter le côté obscur de plein fouet et accepter la tourmente mentale et émotionnelle avant de se transformer Spirituellement. Il n'est pas rare que l'individu s'isole des autres pendant cette période et verse de nombreuses larmes en purgeant ses vieilles émotions. Une fois cette période terminée, les griffes du Soi inférieur auront diminué, et l'individu sera plus en phase avec son Soi Supérieur. La Nuit Noire de l'Âme est une phase nécessaire de souffrance sur le chemin de l'Illumination. Il ne s'agit cependant pas d'un processus unique, mais d'un processus que l'on peut rencontrer de nombreuses fois sur le chemin de l'évolution Spirituelle.

Dimension de la Vibration, la : La Quatrième Dimension, ou Dimension de l'Energie. Puisque tout ce qui existe est maintenu en mouvement vibratoire, cette dimension est le domaine où chaque objet, pensée ou émotion a une essence quantifiable (énergie). Elle peut être perçue par l'Oeil de l'Esprit et la faculté intuitive de l'être humain.

Noms Divins du Pouvoir, les : Dans cet ouvrage, ce terme s'applique aux nombreux noms Divins de Dieu, des Archanges, des Anges et autres noms sacrés utilisés pour invoquer ou évoquer l'énergie Divine. En faisant vibrer un Nom Divin, le praticien se connecte à son pouvoir par la fréquence du son, ce qui lui donne un contrôle total sur ce courant énergétique par synergie. Ainsi, l'énergie d'un Nom Divin imprègne l'Aura du praticien, et plus un Nom Divin est vibré, plus l'énergie est apportée. Les vibrations ont un effet cumulatif sur la quantité d'énergie apportée. Dans *The Magus,* nous nous intéressons principalement aux Noms Divins Hébraïques et énochiens. Les Noms Divins Hébraïques sont dérivés du système Qabalistique, tandis que John Dee et Edward Kelley ont directement canalisé les Noms Divins Énochiens. Le pouvoir des Noms Divins s'étend aux entités Démoniaques, telles que la Goetia. En faisant vibrer les noms de l'une de ces entités, le praticien obtient une autorité sur elles et peut leur ordonner d'exécuter ses ordres.

Ordre Ésotérique de l'Aube Dorée, l' : Une école de Mystère Occidentale basée sur les enseignements de l'Ordre Hermétique original de l'Aube Dorée. Récemment renommée "*Golden Dawn Ancient Mystery School*". L'imperator général est G.H. Frater P.D.R. (Robert Zink).

Anges Déchus, les : Synonyme de Démons. Les spécialistes de la religion pensent que ce sont des Êtres Angéliques qui ont été chassés du ciel pour avoir péché contre Dieu. Satan est considéré comme leur chef, qui est l'antithèse de Dieu. L'idée derrière le terme "Anges Déchus" provient du *livre* apocryphe *d'Enoch.* Il mentionne comment les descendants des nges Déchus, les Nephilim, ou "géants", ont été noyés lors du grand déluge pour avoir mis en danger la survie de la race humaine. Certains spécialistes de la religion pensent que les esprits désincarnés des Nephilim errent toujours sur la Terre. Ces esprits "Maléfiques" recherchent des humains dont ils peuvent dominer le Libre Arbitre et les amener à faire ce qu'ils veulent. Pour ces spécialistes, c'est la cause de la dichotomie actuelle entre Anges et Démons dans le monde moderne. Leur guerre se déroule dans les Plans Cosmiques intérieurs, par lesquels ils ont le pouvoir d'influencer la pensée et les actions humaines. Le progrès Spirituel de l'ensemble de l'humanité est un résultat direct de leur guerre. Son issue déterminera si nous nous enfonçons davantage dans le matérialisme ou si nous nous élevons collectivement sur le Plan Spirituel, nous faisant ainsi entrer dans l'âge d'or tant attendu.

Gaia : Correspond à la Séphirah Malkuth en tant que personnification de la Planète Terre. Gaia est la déesse primitive de la Terre-Mère, la Mère Ancestrale de tous les êtres vivants. Dans la mythologie Grecque, Gaia est l'une des Divinités primordiales Grecques dont l'union sexuelle avec Uranus (le ciel) a donné naissance aux Titans et aux Géants (à ne pas confondre avec les Nephilim). Les Dieux primordiaux de la mer sont nés de l'union sexuelle de Gaïa avec le Pont (la mer).

Géomancie : Pratique de la Divination par la lecture des signes de la Terre, ou plus exactement par une méthode de mise en relation de seize figures composées d'un certain nombre de points. Ces seize chiffres ont des significations diverses et sont associés aux signes du Zodiaque, aux Planètes, aux Éléments, etc. Grace à ces significations, une Divination peut être extraite par le Devin.

Gloire de Dieu, la : Le mot "gloire" vient du latin "Gloria", qui signifie "gloire, renommée". Selon les Hébreux et les Chrétiens, ce mot est utilisé pour décrire la manifestation de la présence de Dieu au sein de l'humanité. Puisque les humains sont créés à l'image de Dieu, selon le *livre de la Genèse*, nous pouvons faire l'expérience de la Gloire de Dieu comme un état de conscience accessible tout en vivant dans le corps physique. La Gloire de Dieu est un sentiment extatique dans notre cœur qui transcende la douleur et la souffrance de la vie dans ce monde de dualité. En faire l'expérience signifie que nous nous sommes alignés avec notre Soi Supérieur et que nous avons transcendé l'Égo. La Gloire de Dieu est le fruit du Royaume de Dieu (Royaume des Cieux), et tous ceux qui incarnent les Principes de vie enseignés par Jésus-Christ peuvent en faire l'expérience. Ces Principes comprennent le fait de vivre dans la vérité, d'être juste, de maintenir une attitude morale et éthique et de faire preuve de compassion envers tous les êtres vivants.

Divinité, la: Synonyme de Dieu, en tant que source de toute la Création. Toutes les religions et philosophies considèrent que Dieu est omniprésent et omniscient. L'énergie Spirituelle est le moyen d'expression de Dieu. La Divinité est l'unité indivise de Dieu qui est l'Ain Soph Aur - la Lumière illimitée. C'est l'être impersonnel substantiel de Dieu qui est la totalité de la Trinité Chrétienne (Surnaturelle) du Père (Kether), du Fils (Chokhmah) et du Saint-Esprit (Binah). La Conscience Cosmique est de la Divinité.

La **Faucheuse**, la: Un personnage squelettique, vêtu d'une robe noire à capuche, portant une faux. Cette figure est la personnification de la mort. La Faucheuse est apparue en Europe au XIVe siècle, lorsqu'un tiers de la population a péri à cause de la peste noire. Le squelette symbolise la mort, et la robe noire rappelle les vêtements que portaient les religieux de l'époque lors des services funéraires. La faux fait allusion à la faux de Saturne, qui est utilisée dans ce cas pour récolter les Âmes humaines.

Le Ciel: Le Royaume Spirituel où les Archanges et les Anges sont censés résider. Traditionnellement, ce lieu est représenté comme étant dans le ciel, dans les nuages. Le ciel est accessible non seulement comme un état d'être après la mort, mais aussi pendant la vie. Il représente l'état transcendantal d'expansion de la conscience et d'union de l'Esprit et de la Matière. Lorsque cela se produit, l'être humain a atteint l'Illumination, et sa tête est dans les nuages tandis que ses pieds sont sur la terre ferme. Les peuples Anciens utilisaient le terme "Ciel" ou "Heavens" pour désigner la voûte céleste. Elle comprend les Étoiles, le Soleil, la Lune et les Planètes. C'est l'utilisation originale et la plus Ancienne du terme.

L'Enfer: Le Royaume Démoniaque où les ArchiDémons et les Démons sont censés résider. Dans les traditions religieuses et le folklore, l'Enfer est un lieu de vie après la mort, représentant souvent un lieu de punition et de tourment. Certaines religions décrivent l'Enfer comme une destination éternelle, tandis que d'autres ne le considèrent que comme une période intermédiaire entre deux incarnations. Dans la théologie Chrétienne, l'Enfer est synonyme de monde souterrain. Ainsi, les idées et les significations associées à ces deux mots sont les mêmes. Dans le contexte du *Magus*, l'Enfer est un état d'esprit. En dehors du cerveau, l'Enfer n'existe pas.

Hermétisme: Une tradition philosophique, religieuse et ésotérique basée principalement sur les œuvres d'Hermès Trismégiste. L'Hermétisme est une science invisible qui englobe les énergies de notre Système Solaire et leur relation avec les êtres humains. Les écrits Hermétiques ont grandement influencé la tradition ésotérique Occidentale, notamment l'ordre de l'Aube Dorée.

Soi Supérieur, le: Votre Soi-Dieu qui est de l'Élément Esprit. Le Soi Supérieur est souvent confondu avec le Saint Ange Gardien, bien que ce dernier soit l'expression du premier. Le Soi Supérieur se trouve dans la Séphire Kether, qui correspond au Sahasrara Chakra. En termes Qabalistiques, le Soi Supérieur est la Yechidah. Son opposé est le Soi inférieur - le Nephesh et l'Égo.

Le **Saint Graal**, le: Autrement appelé Sangraal. Le mot "graal" vient du vieux français, qui signifie "une coupe ou un bol de terre, de bois ou de métal". Le Saint Graal est un trésor qui sert de motif essentiel aux légendes Arthuriennes et au Christianisme. Les légendes Arthuriennes décrivent le Saint Graal comme une coupe, un plat ou une pierre aux pouvoirs miraculeux qui procurent la vie éternelle, le bonheur et l'abondance infinie. Les Chrétiens croient que le Saint Graal est le récipient que Jésus-Christ a utilisé lors de la dernière Cène pour servir le vin. Ainsi, le fait de le boire signifie que l'on ne fait plus qu'un avec Jésus-Christ puisqu'il a fait référence au vin comme étant son sang pendant la Cène. Le Saint Graal a acquis une signification symbolique au fil du temps, comme un but insaisissable recherché parce qu'il peut donner la vie éternelle. Le fait qu'il soit "Saint" signifie qu'il a une source Divine. Par conséquent, boire du Saint Graal signifie participer à la générosité et à la magnificence de l'énergie Éternelle et Divine de Dieu. Nous sommes tous, par essence, à la recherche du Saint Graal, ce qui signifie que nous essayons tous d'évoluer Spirituellement et de nous aligner sur notre Moi supérieur (qui n'est jamais né et ne mourra jamais, puisqu'il est de l'Esprit). En faisant cela, nous aurons bu le Saint Graal et gagné la vie éternelle, symboliquement parlant.

Le **Saint Ange Gardien**, le: Il est l'expression du Soi Supérieur ou du Soi-Dieu. De nature masculine, le Saint-Ange Gardien est lié à la Séphire Chokmah car il est l'aspect Force du Principe de Lumière Blanche, qui est la Divinité-Kether. Le Saint-

Ange Gardien communique avec nous par le biais de la Gnose, qui est la transmission directe de connaissances qui nous sont autrement inconnues; il est donc notre professeur intérieur. C'est pourquoi il est souvent appelé le Génie supérieur. Chaque être humain a un Ange Gardien et son objectif est d'établir un lien avec lui, afin d'apprendre sa véritable volonté et son but dans la vie.

Le **Saint-Esprit:** Dans le Judaïsme, le Saint-Esprit est synonyme de l'"Esprit de Dieu", ce qui implique l'unicité de Dieu. Dans le Christianisme, cependant, le Saint-Esprit est une personnalité de Dieu dans la Trinité. On l'appelle "l'Esprit du Christ" et il est représenté par une colombe. Dans le Stoïcisme, le Saint-Esprit est l'Anima Mundi (Âme du monde) qui unit tous les hommes. Dans la Qabalah, le Saint-Esprit se manifeste comme le Grand Principe Féminin à travers la Séphire Binah. Et enfin, dans l'Alchimie, le Saint-Esprit est le Feu Secret - l'énergie de la Kundalini éveillée et montée au Chakra de la Couronne.

Royaume de Dieu, le: Synonyme de Royaume des Cieux. Le Royaume de Dieu est l'un des Éléments essentiels de l'enseignement de Jésus-Christ. Il s'agit d'un état d'esprit apparenté à la Conscience du Christ, où l'Esprit est descendu dans la Matière et où ils ne font plus qu'Un. Dans les enseignements Chrétiens, il faut être ressuscité, métaphoriquement parlant, pour entrer dans le Royaume de Dieu. Le Royaume de Dieu implique que l'on est Roi ou Reine de sa propre réalité, et que l'on a la pleine souveraineté sur les Éléments de son Être. Les "fruits" du Royaume de Dieu sont la transcendance extatique et la joie ressentie dans le Chakra du Cœur une fois cet état atteint. Dans ce livre, le terme "Royaume de Dieu" est utilisé pour décrire l'état élevé de conscience supérieure atteint une fois que l'énergie de la Kundalini s'est élevée jusqu'à la Couronne et que le Corps de Lumière a été pleinement activé à l'intérieur du Soi. Dans ce cas, l'individu a la tête au Ciel et les pieds sur la Terre. Il a aligné sa conscience avec son Soi Supérieur.

Porteur de Lumière, le: Toute Divinité ou être humain qui aide l'humanité en lui apportant la connaissance, la sagesse et la technologie sacrées pour l'aider à évoluer. Parmi les personnages porteurs de Lumière de différentes traditions figurent Lucifer, Prométhée, Enki, Enoch, Hermès, Jésus-Christ et le Bouddha. Dans le Tarot, l'Hermite est le Porteur de Lumière, car il représente la "Parole de Dieu", le message du Soi Supérieur.

Logos, le: Mot Grec signifiant "parole", "raison", "plan". Le mot anglais "logic" est dérivé de "logos". Le Logos est la raison Divine implicite dans le Cosmos, exprimée par la vérité de sa nature. Il est l'expression des Lois Universelles qui régissent le Cosmos. Le Logos se trouve également dans l'humanité, dans son intellect, exprimé par la logique et la raison. Dans la *Sainte Bible*, Logos est la "Parole de Dieu". Jésus-Christ est venu prêcher la "Parole de Dieu" aux humains et était, par essence, l'incarnation de la Parole.

Soi inférieur, le: En termes Qabalistiques, le Soi inférieur est le Soi animal, appelé le Nephesh. Il s'agit de l'esprit subconscient, du "Moi de l'Ombre" et du côté obscur de la personnalité. L'Égo est souvent appelé le Soi inférieur dans *The Magus*, car s'occuper du Nephesh est l'une de ses fonctions principales. L'adversaire de l'Égo est l'Ame, car l'objectif premier de l'Ame est d'unifier la conscience individuelle avec le Soi Supérieur.

Rêves Lucides: État de rêve intensifié dans lequel l'individu utilise son Corps de Lumière pour voyager dans les Plans Cosmiques supérieurs et intérieurs. Un Rêve Lucide est une expérience Hors du Corps (OBE). Il est comparable au voyage Astral, bien qu'il ne soit pas consciemment induit, puisque l'individu entre le plus souvent dans un Rêve Lucide apparemment par hasard. Il est conscient qu'il rêve et a un haut degré de contrôle sur la réalité de son monde onirique. Comme le corps semble en apesanteur dans un Rêve Lucide, on peut voler sans effort.

Macroprosopus, le: Aussi connu sous le nom de "Vast Countenance", ou "Arik Anpin". C'est le Dieu du Ciel, par opposition au Microprosopus, qui est le Dieu de la Terre. Le Macroprosopus est la Séphire Kether, le Grand Architecte de l'Univers. Elle contient souvent les deux Séphires suivantes, Chokmah et Binah, bien que la Macroprosopus soit au-delà de la dualité.

Mantra, a: Un mot Sanskrit qui signifie "un outil de l'esprit" ou "un instrument de pensée". Ce mot est utilisé pour décrire toutes les pensées, chants, énoncés ou autres séquences de mots ou de sons qui ont un effet Spirituel sur l'état d'Être émotionnel ou mental d'un individu. Un Mantra est un "outil" d'exercice rituel qui peut évoquer (et invoquer) l'énergie dans l'Aura, tout comme les exercices rituels du Pentagramme et de l'Hexagramme. Les Mantras ne sont pas spécifiques à une religion ou à une tradition Spirituelle.

Matière: Une substance physique qui occupe l'espace et possède une masse, distincte du mental, de l'Esprit et de l'énergie. Dans le contexte du *Magus*, la Matière est liée au Monde Physique, y compris tout ce que nous percevons avec nos sens physiques. La physique quantique affirme que la nature de la Matière au niveau moléculaire est un espace vide. Dans la Qabalah, le Monde de la Matière est lié à la Séphirah Malkuth.

Maya: un mot de la culture Hindoue qui signifie littéralement "illusion". C'est un concept Spirituel qui désigne ce qui existe mais qui change continuellement et qui est donc irréel au sens Spirituel du terme. Maya implique le principe ou le pouvoir qui dissimule le véritable caractère de la réalité Spirituelle qui est le fondement sur lequel le Monde de la Matière est construit.

Microprosopus, le: Également connu sous le nom de "Petit visage", "Zeir Anpin" ou "Petit visage". Il s'agit de Dieu sur Terre, par opposition au Macroprosopus, qui est Dieu au Ciel. Le Microprosopus est composé des Séphiroth Chesed, Geburah,

Tiphareth, Netzach et Hod. Il se rapporte aux fonctions intérieures qui constituent l'être humain.

Monade, la: Du Grec "monas", qui signifie "singularité" ou "seul". En cosmogonie, ce terme désigne l'Être suprême de Dieu, le Créateur. Les Pythagoriciens ont inventé ce terme, qui désigne une Source unique, la cause première derrière toutes les causes et tous les effets. La Monade est également liée au soi Non Dual. C'est la partie de chaque être humain qui fait partie de la Divinité.

Multivers: Aussi connu sous le nom d'Omnivers, Manivers, Megaverse, Metaverse et Meta-Univers. Il s'agit d'un concept théorique impliquant que dans l'Univers connu de la Matière, il existe de multiples Univers parallèles sur des fréquences vibratoires différentes dans d'autres dimensions mais occupant le même Espace/Temps. Le Multivers est une notion philosophique plutôt qu'une hypothèse scientifique, car il ne peut être ni vérifié ni falsifié empiriquement.

Nadi, a: Singulier pour Nadis. Le mot racine Sanskrit est "et", ce qui signifie "canal", "courant" ou "flux". Les Nadis sont des voies de distribution de l'énergie Pranique. Lorsqu'ils sont appliqués au modèle du système Kundalini, les Nadis se rapportent le plus souvent à trois Nadis primaires : Ida, Pingala et Sushumna.

Nirvana: Terme Oriental communément associé au Jaïnisme et au Bouddhisme. Le Nirvana est un état transcendant de l'Être dans lequel il n'y a ni souffrance, ni désir, ni sentiment d'être à part du reste du monde. Il s'agit de la libération des effets du Karma et du cycle de la mort et de la renaissance. En tant que but ultime du Bouddhisme, le Nirvana signifie l'alignement de la conscience individuelle sur la Conscience Cosmique. Si une personne a atteint l'état de Nirvana, elle s'est élevée et a atteint la pleine activation de son Corps de Lumière. Elle s'est unie à son Soi Supérieur et a réintégré l'énergie de l'Esprit. Le Nirvana implique que l'on a atteint l'Illumination. En tant que tel, il est comparable à deux autres termes Orientaux - Satori et Samadhi.

Non-Dualité: Un état d'être caractéristique de Dieu le Créateur et de l'énergie Spirituelle. Puisque Dieu le Créateur est défini comme étant omniprésent et omniscient, la Non-Dualité implique que tout ce qui se trouve dans cet état d'être vit dans une unité indifférenciée. Dans *The Magus*, ce terme est souvent utilisé pour désigner des états mentaux et émotionnels qui acceptent les deux points de vue duels opposés comme étant réels simultanément. Dans l'état d'esprit Non-Duel, chaque pensée ou émotion est réconciliée par son opposé à tout moment. Ainsi, l'état de Non-Dualité est un état de transcendance de l'esprit. Une fois l'esprit transcendé, on peut accéder au Royaume Spirituel de l'Unité.

Nous: Nous est synonyme de l'Esprit de Dieu, qui engendre le Logos, ou la Parole de Dieu. La Parole de Dieu est la Raison. Nous et la Raison sont Un, et leur union est la Vie. Nous est le Père du Verbe qui donne naissance à la Pensée de Dieu, synonyme de Thot, le Dieu égyptien de la Sagesse et de la Connaissance. Dans le Livre I du

Corpus Hermeticum, Nous est un autre nom pour Poimander, le Grand Dragon, ou Maître Eternel, qui a enseigné à Hermès Trismégiste les mystères et les secrets de la Création de Dieu. Nous est la cause de toute existence et est synonyme de Bien suprême. Selon l'Hermétisme, tous les hommes et toutes les femmes naissent avec le Nous, mais tous ne meurent pas avec, car le Nous ne vient qu'aux hommes pieux et religieux. Les créatures de la Terre qui sont inférieures à l'humanité ne possèdent pas le Nous, selon les enseignements Hermétiques.

Maintenant, le: Le moment présent. Le champ du potentiel pur au sein de la Conscience Cosmique. Cet état d'esprit est réalisable une fois que vous avez apaisé le bavardage mental de l'Égo et que vous avez transcendé la perception à travers la dualité. En entrant dans le Maintenant, vous entrez dans la fréquence de l'énergie de l'Esprit. Par conséquent, être dans le Maintenant procure la plus grande joie et l'excitation brute d'être en vie.

Osiris Onnofris: Dieu des enfers dans la tradition Égyptienne, ainsi que l'un de ses Pharaons. Il est également connu comme le Dieu de la vie, de la mort et de la renaissance. Ainsi, son mythe est similaire à l'histoire de Jésus-Christ. Dans le cas d'Osiris, c'est sa femme et sœur Isis qui l'a ressuscité après que son frère Maléfique Seth l'ait tué pour prendre sa place de Pharaon d'Égypte. Son titre d'"Onnofris" est dérivé de "Onnofri", qui signifie "l'être parfait ou complet". Ce titre a une signification similaire à celle du titre de "Christ".

Corps Arc-En-Ciel, le: Dans le Bouddhisme Tibétain, le Corps Arc-En-Ciel est un niveau de réalisation. Il est synonyme de l'activation complète du Corps de Lumière, ou Corps de Lumière. Le phénomène du Corps d'Arc-En-Ciel est rapporté comme étant la transfiguration réelle du corps physique en un Corps d'Arc-En-Ciel.

Reiki: Une technique japonaise populaire de guérison par l'énergie. Le mot "rei" signifie "Âme", "Esprit", tandis que le mot "ki" signifie "énergie vitale". Le Reiki est une technique de guérison par les mains, par laquelle l'énergie Universelle (Force Vitale) est transférée au patient par les paumes du praticien. Avec cette méthode de guérison, le praticien peut cibler le corps physique du patient ou ses Chakras pour encourager la guérison mentale, émotionnelle et Spirituelle. La version Qabalistique de la guérison par les mains, comparable au Reiki, est appelée "Ruach Healing". La principale différence entre les deux est que dans la guérison par le Ruach, le praticien n'entre jamais en contact physique avec le patient.

Samadhi: Terme Oriental communément associé au Bouddhisme, à l'Hindouisme, au Jaïnisme et au Sikhisme. Le Samadhi fait référence à un état de conscience méditative où le sujet et l'objet deviennent Un. Il s'agit de la fusion de la conscience individuelle avec la Conscience Cosmique non duelle. Le bavardage de l'Égo est transcendé alors que l'individu entre dans le champ de pure potentialité de l'énergie de l'Esprit. Le Samadhi crée un sentiment extatique dans le Chakra du Cœur grace à l'énergie de félicité qu'il attire dans le Soi. Le Samadhi est le précurseur de l'atteinte du Nirvana. Il accompagne l'expansion de la conscience après l'éveil de la Kundalini et son élévation vers la Couronne. Dans cet état élevé, l'individu ne doit accorder son attention à un objet extérieur que pendant un bref moment avant de s'y absorber et d'entrer en Samadhi.

Satori: terme Bouddhiste japonais signifiant " éveil ", " compréhension " et " entendement ". Dans le Bouddhisme Zen, Satori fait référence à l'expérience du "Kensho", qui consiste à voir sa vraie nature. Les termes "Kensho" et Satori sont généralement traduits par le terme "Illumination", qui désigne la réalisation du Soi Spirituel. Le Satori peut cependant être de courte durée, car la réalisation implique quelque chose qui se produit en un instant. Le Nirvana est le même concept, mais il représente un état permanent de conscience ou d'Être.

Soixante-Douze Mille Nadis, les: Canaux d'énergie ou méridiens dans le Corps de Lumière qui transportent le Prana, ou Énergie Vitale. Le Corps de Lumière contient un réseau de canaux énergétiques dont l'apparence est semblable à celle d'un arbre. Les Soixante-Douze Mille Nadis sont comme des branches qui émanent du tronc central de l'arbre (la colonne Chakrique), en particulier des régions du cœur et du nombril. Les Sept Chakras, à leur tour, sont alimentés par les Nadis Ida, Pingala et Sushumna, qui sont les principaux distributeurs de Prana dans le Corps de Lumière.

La **Faux de Saturne**, la: Un outil symbolique utilisé par le Dieu Romain Saturne (grec Chronos), qui représente la nature des cycles du temps. Elle symbolise également l'impermanence de tous les êtres vivants et leur cycle vie-mort-renaissance. La mort est une nécessité pour le renouvellement de la vie et fait partie intégrante du passage du temps. La Faux de Saturne représente également la récolte, car cet outil est utilisé pour couper les plantes, qui nourrissent les animaux et les humains. Le glyphe qui représente la Planète Saturne en Astrologie ressemble à une faux. Il comporte une croix sur le dessus et un demi-cercle sur le dessous.

Shakti: La compagne du Seigneur Shiva. Shakti est considérée comme l'énergie féminine et Divine de Shiva. Dans l'Hindouisme, la Shakti de Shiva est la Déesse Parvati. Dans le contexte de la Kundalini, la Shakti est appelée Kundalini Shakti, et elle s'élève le long du Sushumna Nadi pour rencontrer Shiva au sommet de la tête. Leur union est un Mariage Divin qui représente l'union de la conscience individuelle avec la Conscience Cosmique. Leur union signale également la libération de l'Âme du corps physique. Elle est suivie par l'activation complète du Corps de Lumière.

Shemhamphorash, le: Les soixante-douze noms de Dieu liés au Tétragramme (YHVH). Chacun des soixante-douze noms est un Ange doté de certains pouvoirs. Selon les légendes de la Qabalah, les Anges Shemhamphorash peuvent chasser les Démons, guérir les malades, prévenir les catastrophes naturelles et même tuer les ennemis. Moïse aurait utilisé les Shemhamphorash pour traverser la mer Rouge. Ils représentent les forces d'équilibre et de contrepoids aux soixante-douze Démons de la Goetia. Les Shemhamphorash ont également été utilisés par S. L. MacGrÉgor Mathers dans ses travaux pour l'Ordre Hermétique de l'Aube Dorée et sont devenus une partie du système global.

Shiva: Autrement connu sous le nom de Lord Shiva, c'est un dieu du Panthéon Hindou. Shiva est l'époux de Parvati, l'énergie féminine de Shiva, ou Shakti. Dans le contexte de la Kundalini, Shiva représente la Conscience Divine ultime, appelée Conscience Cosmique. Il représente également l'Unité et l'énergie de l'Esprit.

Cœur Spirituel, le: Alors que l'Ida Nadi traverse le cœur physique du côté gauche du corps, le Pingala Nadi traverse le Cœur Spirituel du côté droit du corps. Le cœur Spirituel ressemble à une poche d'énergie, directement opposée au cœur physique, à côté du sein droit. Il contient une flamme apaisante puisque le Pingala Nadi est lié à l'Élément Feu de l'Âme. Tout comme le cœur physique régule la circulation du sang dans le corps physique, le cœur Spirituel régit le flux d'énergie Pranique dans le Corps de Lumière. Le cœur Spirituel est transcendant et il régit les pensées et les émotions qui sont de qualité Non Duelle. Il ne s'éveille pleinement que lorsque l'individu a intégré l'énergie Spirituelle en lui. Le cœur Spirituel est relié au Chakra Bindu, à l'arrière de la tête.

Thelema: Une nouvelle philosophie/mouvement religieux développé au début des années 1900 par Aleister Crowley. Il fait partie des Mystères Ésotériques Occidentaux. Le Thelema est le résultat d'un contact présumé de Crowley avec un être non corporel au Caire, en Égypte, en 1904, qui lui a dicté *le Livre de la Loi*, qui décrit les Principes du Thelema. Le principe fondamental de Thélème est appelé la "Loi de Thélème", qui dit : "Fais ce que tu veux, c'est toute la Loi". Le mot "Thelema" est une translittération française du nom Grec Koine pour "volonté". La croyance principale des Thélémites est qu'ils doivent suivre leur vraie volonté dans la vie et trouver leur but. La Magie rituelle est considérée comme un moyen d'atteindre ce but. La carrière Magique de Crowley ayant débuté avec l'Ordre Hermétique de l'Aube Dorée, il a réformé leurs pratiques Magiques et les a intégrées à la Théléma. Il a également inclus différentes méthodes Orientales dans son programme. Comme l'Aube dorée, les principaux Dieux et Déesses de Thelema sont issus de l'Ancienne religion Égyptienne. Thelema a été intégré à l'Ordo Templi Orientis par Crowley, où il est encore pratiqué aujourd'hui.

Tour de Babel, la: L'une des histoires, ou mythes, du *livre de la Genèse* qui est censée expliquer pourquoi les gens dans le monde parlent différentes langues. Selon cette histoire, après le grand déluge, les êtres humains vivaient dans une zone centralisée et parlaient tous la même langue. Ils ont construit une ville et une haute tour au milieu d'elle pour atteindre le Ciel. Le Seigneur Dieu a observé ce que les humains faisaient et a considéré la construction de la tour comme un acte de défi. Il a détruit la tour pour que les gens quittent cette zone centralisée et se dispersent dans le monde entier, permettant ainsi à la langue unique de muter au fil du temps et de devenir multiple. C'est pourquoi, selon l'histoire, les peuples du monde parlent de nombreuses langues différentes.

Soi Transpersonnel, le: Synonyme du Soi Supérieur de l'énergie de l'Esprit. Cette partie du Soi s'étend au-delà de l'Égo et de tout sentiment personnel d'identité ou d'individualité et englobe des aspects plus larges de l'humanité, de la vie et du Cosmos. Le Soi Transpersonnel est notre connexion à la Source Divine de toute la Création. Il est expérimenté à travers le Sahasrara Chakra mais s'étend au-delà de celui-ci jusqu'aux Chakras Transpersonnels au-dessus de la tête. C'est notre Dieu-Soi.

Le **Monde Souterrain:** Le monde des morts dans diverses traditions religieuses. Le monde souterrain est représenté comme un lieu situé sous le monde des vivants. C'est pourquoi il est souvent représenté comme étant sous la Terre. Dans la théologie Chrétienne, on l'appelle l'Enfer, qui est aussi le Royaume ou le Domaine Démoniaque. Après sa mort lors de la crucifixion, Jésus-Christ est descendu en Enfer pour apporter le salut à tous les justes qui ont péri depuis la Création du monde. Dans la théologie Chrétienne, cet événement s'appelle "le Hersage de l'Enfer" ou "la descente du Christ en Enfer". En passant trois jours en Enfer (symbolisé par le fait d'être dans le tombeau pendant trois jours), Jésus devait établir sa domination sur le Royaume Démoniaque et y devenir un Roi avant d'être ressuscité et de devenir un Roi au Ciel. Dans la tradition Égyptienne, Osiris a suivi un processus similaire après sa mort. Il a dû descendre aux Enfers avant d'être ressuscité par son épouse Isis.

Lois Universelles, les: Les Lois Spirituelles qui régissent et maintiennent le Cosmos (Univers). Dans le contexte où il s'agit d'un terme singulier (la Loi), il fait référence à la Loi Spirituelle qui maintient toutes les choses ensemble en harmonie. On peut dire que cette Loi est la Loi de l'Unicité Divine, ce qui implique que toutes les choses proviennent de la même Source - Dieu - et sont régies par l'énergie de l'Esprit. Les Principes de Création du *Kybalion* sont des Lois Universelles, tout comme la Loi de l'Unité Divine, la Loi du Karma, la Loi de la Lumière et de l'amour et la Loi de l'Attraction, pour n'en citer que quelques-unes. Il serait impossible de comprendre toutes les Lois Spirituelles qui régissent l'Univers, car pour ce faire, il faudrait devenir Dieu - le Créateur lui-même, ce qui n'est pas possible lorsqu'on existe sous une forme physique.

Voûte des Adeptes, la: Une pièce à sept côtés utilisée pour l'initiation à l'Ordre Intérieur dans le système de l'Aube Dorée. Elle fait partie du rituel de l'Adeptus Minor, au cours duquel le candidat est initié à la Séphirah Tiphareth du Second Ordre. Tous les meubles de la pièce sont symboliques et contiennent des images et des glyphes symboliques sur les surfaces des meubles, du sol, du plafond et des murs.

Voile, a: Une frontière qui sépare les différents états de conscience les uns des autres. Synonyme de l'Anneau-Passe-Pas du modèle de Magie Énochienne. Puisque l'Arbre de Vie représente différents états de conscience, des états particuliers sont séparés les uns des autres par un Voile. Tout d'abord, il y a les Trois Voiles de l'Existence Négative: l'Ain, l'Ain Soph, et l'Ain Soph Aur. Ces trois Voiles existent à l'extérieur de l'Arbre de Vie, juste au-dessus de la Séphire Kether. Vient ensuite le

Voile de l'Abîme, qui sépare les Supernaux des parties inférieures de l'Arbre de Vie. Vient ensuite le Voile de Paroketh, qui sépare le Triangle éthique et tout ce qui se trouve au-dessus de lui des parties inférieures de l'Arbre de Vie.

Mystères Ésotériques Occidentaux, les: Un terme qui englobe un large éventail d'idées connexes au sein de mouvements qui se sont développés dans la société Occidentale, en particulier en Europe. Le terme "ésotérique" fait référence aux connaissances concernant les mystères du Cosmos qui ont été rejetées par la science et la religion. Les premières traditions ésotériques sont apparues à la fin de l'Antiquité, notamment l'Hermétisme, le Gnosticisme et le Néoplatonisme. Le Mysticisme Juif et la Théosophie Chrétienne ont connu un essor pendant la Renaissance en Europe. Le Rosicrucianisme et la Franc-Maçonnerie au XVIIe siècle ont suivi, et de nouvelles formes de pensée ésotérique sont apparues au XVIIIe siècle. Le dix-neuvième siècle a vu l'émergence de nouvelles tendances que l'on a appelé "occultisme". Des groupes importants tels que la Société Théosophique et l'Ordre Hermétique de l'Aube Dorée relèvent de l'occultisme. Des mouvements religieux se sont développés au sein de l'occultisme, dont Wicca et Thelema. Enfin, le phénomène du New Age est apparu dans les années 1970.

Lumière Blanche, la: L'énergie de l'Esprit pur qui imprègne tout l'Univers manifesté. La Lumière Blanche est le premier principe manifesté provenant de Dieu le Créateur. Elle est le fondement de toutes les choses qui existent et leur Principe d'animation. D'un point de vue Qabalistique, la Lumière Blanche fait référence à la Séphirah Kether et à la Lumière apportée depuis l'Ain Soph Aur par le processus de Tzim Tzum. Dans le système Chakrique, elle se rapporte à la Lumière apportée par le Sahasrara Chakra.

Yang: Dans la philosophie chinoise, le Yang est le Principe masculin et actif de l'Univers. C'est le tourbillon de Lumière dans le symbole Yin-Yang. En outre, il contient un point de la couleur opposée, symbolisant le fait qu'en chaque masculin se trouve le Principe féminin et vice versa.

Yin: Dans la philosophie chinoise, le Yin est le Principe féminin et passif de l'Univers. C'est le tourbillon sombre du symbole Yin-Yang. En outre, il contient un point de la couleur opposée, ce qui symbolise le fait qu'en chaque féminin se trouve le Principe masculin et vice versa.

BIBLIOGRAPHIE

Note: Voici une liste de livres de ma bibliothèque personnelle qui ont servi de ressources et d'inspiration pour le présent ouvrage. Tous les efforts ont été faits pour retrouver les détenteurs des droits d'auteur de tout matériel inclus dans cette édition, qu'il s'agisse de sociétés ou de particuliers. Toute omission est involontaire, et je serai heureux de corriger toute erreur dans les futures éditions de ce livre.

L'AUBE DORÉE

Cicero, Chic et Sandra Tabatha (2019). La *magie de l'Aube Dorée: un Guide Complet des Arts de la Haute Magie.* Woodbury, Minnesota: Llewellyn Publications

Cicero, Chic et Sandra Tabatha (2012). L'*Auto-initiation à la tradition de l'Aube Dorée.* Woodbury, Minnesota: Llewellyn Publications

Cicero, Chic et Sandra Tabatha (2004). *The Essential de l'Aube Dorée: An Introduction to High Magic.* Paul, Minnesota: Llewellyn Publications

Cicero, Chic et Sandra Tabatha (1998). *Les Panthéons Magiques: L'Aube Dorée Journal- Book IV.* Paul, Minnesota: Llewellyn Publications

Cicero, Chic et Sandra Tabatha (1999). *The Magician's Craft: Creating Magical Tools.* Paul, Minnesota: Llewellyn Publications

Cicero, Chic et Sandra Tabatha (2000). L'*Art du Magicien: Ritual Use of Magical Tools.* Paul, Minnesota: Llewellyn Publications

King, Francis (1997). La *Magie Rituelle de l'Aube Dorée.* Travaux de S.L. MacGrÉgor Mathers et autres. Rochester, Vermont: Destiny Books

Mead, George Robert (2011). *The Chaldean Oracles.* Londres, Grande-Bretagne: Aziloth Books

Regardie, Israël (1971). *L'Aube Dorée.* Paul, Minnesota: Llewellyn Publications

Inconnu (2003). *Ordre Ésotérique de l'Aube Dorée: 0=0 Néophyte à 4=7 Philosophus.* Manuels de grade. Ajouté par G.H. Frater P.D.R. Los Angeles, Californie : H.O.M.S.I.

Inconnu (Inconnu). *Roseae Rubeae Et Aureae Crucis: 5=6 Zelator Adeptus Minor.* PDF en ligne gratuit. Posté par G.H. Frater P.C.A.

Zalewski, Pat (2006). *Enseignements de l'Ordre Intérieur de l'Aube Dorée.* Loughborough, Leicestershire: Thoth Publications

Zalewski, Pat (2002). *Talismans et Evocations de l'Aube Dorée.* Loughborough, Leicestershire: Thoth Publications

Zink, Robert (2006). *Libérer l'Adepte Qui est En Vous.* Audio. Robert A. Zink (G.H. Frater P.D.R.)

LA QABALAH

Ashcroft-Nowicki, Dolores (1997). *Les Chemins Lumineux: Un voyage expérimental à travers l'Arbre de Vie.* Loughborough, Leicestershire: Thoth Publications

Bardon, Franz (2002). *La Clé de la Vraie Qabalah.* Salt Lake City, Utah: Merkur Publishing, Inc.

Bonner, John (2002). *Qabalah: A Magical Primer.* Boston, Massachusetts: Red Wheel/Weiser, LLC

Fortune, Dion (2000). *La Qabalah Mystique.* Boston, Massachusetts: Red Wheel/ Weiser, LLC

Grant, Kenneth (1995). *Nightside of Eden.* Londres, Angleterre. Skoob Books Pub Ltd.

Hall, Manly P. (2018). *La Qabalah, la Doctrine Secrète d'Israël.* Plateforme d'édition indépendante CreateSpace

Levi, Eliphas (2000). Les *Mystères de la Qabalah: Ou les Accords Occultes des Deux Testaments.* York Beach, Maine: Samuel Weiser, Inc.

Mathers, S.L. MacGrÉgor (2002). *The Kabbalah Unveiled.* Boston, Massachusetts: Red Wheel/ Weiser, LLC

Matt, Daniel C. (1983). *The Essential Kabbalah: Le Cœur du Mysticisme Juif.* New York, New York: Harper-Collins Publishers.

Regardie, Israël (1980). *L'Arbre de Vie: A Study in Magic.* New York, New York: Samuel Weiser, Inc.

Regardie, Israël (2004). *Un Jardin de Grenades: Un Jardin de Grenades: l'Arbre de Vie.* Édité et annoté avec du nouveau matériel par Chic Cicero et Sandra Tabatha Cicero. Paul, Minnesota: Llewellyn Publications

Seidman, Richard (2001). *L'Oracle de la Qabalah: Enseignements Mystiques des Lettres Hébraïques.* New York, New York: Thomas Dunne Books

Zink, Robert (2006). *Power of Q.* Série audio. Robert A. Zink

LA MAGICK ET L'OCCULTE

Agrippa, Henry Cornelius (1992). *Trois Livres de Philosophie Occulte.* St. Paul, Minnesota: Llewellyn Publications

Alvarado, Luis (1991). *Psychologie, Astrologie et Magie Occidentale.* Paul, Minnesota: Llewellyn Publications

Barret, Francis (2013). *The Magus, ou les Intelligences Célestes: Livres 1&2 réunis.* Plateforme d'édition indépendante CreateSpace

Craig, Donald Michael (2010). *Modern Magick : Douze Leçons sur les Arts de la Haute Magie.* Woodbury, Minnesota: Llewellyn Publications

Crowley, Aleister (1986). *777 et Autres Écrits Qabalistiques d'Aleister Crowley.* Publié avec une introduction d'Israël Regardie. Boston, Massachusetts: Red Wheel/ Weiser, LLC

Crowley, Aleister (2004). La *Goétie Illustrée d'Aleister Crowley.* Tempe, Arizona: New Falcon Publications

Crowley, Aleister (1995). *Magick in Theory and Practice.* New York, New York: Castle Books

Crowley, Aleister (2000). *Moonchild.* York Beach, Maine: Samuel Weister, Inc.

Crowley, Aleister (1981). *Le livre des Mensonges.* San Francisco, Californie : Red Wheel/ Weiser, LLC

Crowley, Aleister (1976). *Le Livre de la Loi.* Boston, Massachusetts: Red Wheel/ Weiser, LLC

Crowley, Aleister (2003). *Le Livre de la Sagesse et de la Folie.* Boston, Massachusetts: Red Wheel/ Weiser, LLC

DuQuette, Lon Milo (2003). *La Magick d'Aleister Crowley: A Handbook of Rituals of Thelema.* San Francisco, Californie : Red Wheel/ Weiser, LLC

Fortune, Dion (2000). *Applied Magic.* York Beach, Maine: Samuel Weister Inc.

Fortune, Dion (1955). *La Formation et le Travail d'un Initié.* Londres, Angleterre : The Aquarian Press

Grant, Kenneth (2010). *The Magical Revival.* Londres, Angleterre: Starfire Publishing

Hulse, David Allen (2004). *The Eastern Mysteries: The Key of it All, Book I.* St. Paul, Minnesota: Llewellyn Publications

Hulse, David Allen (2000). *Les Mystères de l'Ouest: The Key of it All, Book II.* Paul, Minnesota: Llewellyn Publications

Klein, Victor C. (1997). *Hermès et le Christ: The Occult Unveiled.* Metairie, Louisiane : Lycanthrope Press

Kynes, Sandra (2013). Le *Livre Complet des Correspondances de Llewellyn.* Woodbury, Minnesota: Llewellyn Publications

Levi, Eliphas (2018). *La Philosophie Kabbalistique et Occulte d'Eliphas Lévi-Volume 1: Lettres aux Étudiants.* Imprimé aux États-Unis: Daath Gnostic Publishing

Levi, Eliphas (1990). La *Magie Transcendantale: Sa Doctrine et Son Rituel.* York Beach, Maine: Samuel Weiser, Inc.

Mathers, S. L. MacGrÉgor (1975). *Le Livre de la Magie Sacrée d'Abramelin The Magus.* Mineola, New York: Dover Publications

Mathers, S.L. MacGrÉgor (1997). *The Goetia : The Lesser Key of Solomon the King.* San Francisco, Californie: Red Wheel/ Weiser, LLC

Mathers, S.L. MacGrÉgor (2000*). La Clé du Roi Salomon (Clavicula Solomonis).* Boston, Massachusetts: Red Wheel/ Weiser, LLC

Peterson, Joseph (2001). *Arbatel : Concerning the Magic of Ancients.* Une réimpression de l'Arbatel original de la magie. Lake Worth, Floride : Ibid Press

Regardie, Israël (2013). *Le Middle Pillar: L'Équilibre entre l'Esprit et la Magie.* Édité et annoté avec de nouveaux matériaux par Chic Cicero et Sandra Tabatha Cicero. Paul, Minnesota: Llewellyn Publications

Regardie, Israël (2013). *La Pierre Philosophale : Alchimie Spirituelle, Psychologie et Magie Rituelle.* Édité et annoté avec du nouveau matériel par Chic Cicero et Sandra Tabatha Cicero. Woodbury, Minnesota: Llewellyn Publications

Waite, A.E. (2011). *Le Livre de la Magie Cérémonielle.* Eastford, Connecticut: Martino Fine Books

Zink, Robert (2005). La *Magie Personnelle.* Série audio. Robert A. Zink (G.H. Frater P.D.R.)

PHILOSOPHIE HERMÉTIQUE

Amen Ra, Summum Bonum (1975). *Summum: Scellé Sauf pour l'Esprit Ouvert.* Salt Lake City, Utah: Summum

Anonyme (1997). Le *Triomphe Hermétique et l'Ancienne Guerre des Chevaliers.* Whitefish, Montana: Kessinger Publishing

Anonyme (2005) *La Tablette d'Émeraude d'Hermès.* Avec de multiples traductions. Whitefish, Montana: Kessinger Publishing

Bardon, Franz (1971). *Initiation à l'Hermétisme.* Wuppertal, Allemagne de l'Ouest : Dieter Ruggeberg

Benoist, Luc (2003). *La Voie Ésotérique.* Hillsdale, New York: Sophia Perennis

Chandler, Wayne B. (1999). *Ancient Future: The Teachings and Prophetic Wisdom of the Seven Hermetic Laws of Ancient Egypt.* Atlanta, Géorgie: Black Classic Press

Copenhaver, Brian P. (2000) *Hermetica: Le Corpus Hermeticum Grec et l'Asclepius Latin dans une Nouvelle Traduction Française, avec notes et introduction.* New York, New York: Cambridge University Press

Deslippe, Philip (2011). *Le Kybalion: The Definitive Edition.* Attribué à William Walker Atkinson écrivant sous le nom de Trois Initiés. New York, New York: Jeremy P. Tarcher/Penguin

Doreal, M. (Inconnu). *Les Tablettes d'Émeraude de Thot l'Antlante.* Nashville, Tennessee: Source Books

Everard, John (2019). *Le Divin Pymandre.* Whithorn, Écosse: Anodos Books

Faivre, Antoine (1995). *L'Éternel Hermès: Du Dieu Grec au Magus Alchimique.* Grand Rapids, Michigan: Phanes Press

Hall, Manly P. (2007). *The Secret Teachings of All Ages*. Texte source pour "Poimandres, la vision d'Hermès". Radford, Virginie: Wilder Publications

Kingsford, Anna B., et Edward Maitland (2005). *Vierge du Monde d'Hermès Mercurius Trismégiste*. Whitefish, Montana: Kessinger Publishing

Jung, Carl Gustav (1968). *The Collected Works of C. G. Jung: Psychologie et Alchimie*. Princeton, New Jersey: Princeton University Press

Levi, Eliphas (2013). *La Clé des Mystères*. Eastford, Connecticut: Martino Fine Books

Melville, Francis (2002). *Le Livre de l'Alchimie*. Hauppauge, New York: Barron's Educational Series, Inc.

Newcomb, Jason Augustus (2004). *The New Hermetics*. Boston, Massachusetts: Red Wheel/ Weiser, LLC

Paracelse (1983). *Astronomie hermétique*. Imprimé aux États-Unis: Holmes Pub Group Llc

Raleigh, A. S. (2005). *Hermetic Fundamentals Revealed*. Whitefish, Montana: Kessinger Publishing

Roob, Alexander (2015). *Le Musée Hermétique: Alchimie et Mysticisme*. Hohenzollernring, Koln, Allemagne: Taschen

Salaman, Clément (2004). *La Voie d'Hermès: Nouvelles Traductions du Corpus Hermeticum et des Définitions d'Hermès Trismégiste à Asclépios*. Les autres traducteurs sont Dorine Van Oyen, William D. Wharton et Jean-Pierre Mahe. Rochester, Vermont: Inner Traditions International

Trois initiés (1940). *Le Kybalion : Hermetic Philosophy*. Chicago, Illinois: Yogi Publication Society

Walter, William W. (2005). *Hermetic Philosophy Vol. II*. Whitefish, Montana: Kessinger Publishing

LA TAROT

Anonyme (2002). *Méditations sur le Tarot*. Traduit par Robert Powell. New York, New York: Jeremy P. Tarcher/ Putnam

Cicero, Sandra Tabatha et Chic (2001). *Tarot Magique de l'Aube Dorée*. Tarot Cards. Paul, Minnesota: Llewellyn Publications

Cicero, Chic et Sandra Tabatha (1996). *Le Nouveau Tarot rituel de l'Aube Dorée: Keys to the Rituals, Symbolism, Magic & Divination*. Paul, Minnesota: Llewellyn Publications

Cicero, Chic et Sandra Tabatha (1994). *Le Journal de l'Aube Dorée: Book I-Divination*. Paul, Minnesota: Llewellyn Publications

Crowley, Aleister, et Lady Frieda Harris (2006). *Le Jeu de Tarot Thoth d'Aleister Crowley*. Tarot Cards. Stamford, Connecticut: U.S. Games Systems, Inc.

Crowley, Aleister (1986). *Le Livre de Thot: Un court essai sur le Tarot des Egyptiens.* York Beach, Maine: Samuel Weiser, Inc.

Duquette, Lon Milo (1995). *Tarot of Ceremonial Magick.* York Beach, Maine: Samuel Weiser, Inc.

Louis, Anthony (2016). *Le Livre Complet du Tarot: Un guide Complet.* Woodbury, Minnesota: Llewellyn Publications

Martinie, Louis, et Sallie Ann Glassman (1992). The *New Orleans Voodoo Tarot.* Cartes de Tarot et livre. Rochester, Vermont: Destiny Books

Schueler, Gerald et Betty, et Sallie Ann Glassman (2000). *Le Tarot Énochien.* Tarot Cards. Paul, Minnesota: Llewellyn Publications

Schueler, Gerald et Betty (1992). *Le Tarot Énochien.* Paul, Minnesota: Llewellyn Publications

Wang, Robert (1989). *Une Introduction au Tarot de l'Aube Dorée.* York Beach, Maine: Samuel Weiser, Inc.

Wang, Robert (1978). *Le Tarot de l'Aube Dorée.* Cartes de Tarot. Illustré sous la direction d'Israël Regardie. Stamford, Connecticut: U.S. Games Systems, Inc.

Waite, Arthur Edward (1911). *La Clé Picturale du Tarot.* Illustrations de Pamela Colman Smith. Londres, Angleterre: W. Rider

MAGICK ÉNOCHIEN

Crowley, Aleister (1972). *La Vision et la Voix.* Boston, Massachusetts: Red Wheel/Weiser, LLC

Laycock, Donald C. (1994). *The Complete Enochian Dictionary.* York Beach, Maine: Samuel Weiser, Inc.

Schueler, Gerald J. (1988). *Un Guide Avancé de la Magick Énochienne.* Paul, Minnesota: Llewellyn Publications

Schueler, Gerald J. (1987). *Enochian Magic: A Practical Manual.* Paul, Minnesota: Llewellyn Publications

Schueler, Gerald J. (1988). *Enochian Physics: The Structure of the Magical Universe.* Paul, Minnesota: Llewellyn Publications

Schueler, Gerald et Betty (1990). *Enochian Yoga: Uniting Humanity with Divinity.* Paul, Minnesota: Llewellyn Publications

Schueler, Gerald and Betty (1996) *The Angels' Message to Humanity: Ascension vers l'Union Divine.* Paul, Minnesota: Llewellyn Publications

Tyson, Donald (1997). *Enochian Magic for Beginners: Le Système Original de la Magie des Anges.* Paul, Minnesota: Llewellyn Publications

Zalewski, Pat (1990). de l'Aube Dorée *Enochian Magic.* Paul, Minnesota: Llewellyn Publications

KUNDALINI ET ÉNERGIE

Butler, W.E. (1987). *Comment Lire l'Aura, Pratiquer la Psychométrie, la Télépathie et la Clairvoyance.* Rochester, Vermont: Destiny Books

Jung, Carl Gustav (1996). *The Psychology of Kundalini Yoga: Notes of the Seminar Given in 1932 by C. G. Jung.* Princeton, New Jersey: Princeton University Press

Leadbeater, Charles W. (1987). *The Chakras.* Wheaton, Illinois: The Theosophical Publishing House

Lembo, Margaret Ann (2017). *Le Guide Essentiel des Cristaux, Minéraux et Pierres.* Woodbury, Minnesota: Llewellyn Publications

Ostrom, Joseph (2000). *Auras: Vous et Votre Aura:* Hammersmith, Londres : Thorsons

Paulson, Genevieve Lewis (2003). *Kundalini et les Chakras.* Paul, Minnesota: Llewellyn Publications

Saraswati, Swami Satyananda (2007). *Kundalini Tantra.* Munger, Bihar, Inde : Yoga Publications Trust

McKusick, Eileen Day (2014). *Accorder le Biochamp Humain : Guérir avec la Thérapie par le Son Vibratoire.* Rochester, Vermont: Healing Arts Press

Permutt, Philip (2016). *Le Guérisseur de Cristal: Les Prescriptions de Cristaux qui Changeront Votre Vie à Jamais.* Londres, Angleterre: Cico Books

Powell, Arthur E. (1987). *Le Double Éthérique: And Allied Phenomena.* Londres, Angleterre: Theosophical Publishing House

SCIENCE ET PHILOSOPHIE DU NOUVEL ÂGE

Atkinson, William Walker (2016). L'*Esprit et le Corps.* San Bernardino, Californie : Collection Sagesse intemporelle d'Amazon.

Atkinson, William Walker (2010). *Mind-Power: Le Secret de la Magie Mentale.* Hollister, Missouri: Yogebooks par Roger L. Cole

Atkinson, William Walker (2016). Le *Christianisme Mystique.* San Bernardino, Californie: Collection Sagesse intemporelle d'Amazon.

Atkinson, William Walker (2016). La *Réincarnation et la Loi du Karma.* San Bernardino, Californie: Collection Sagesse intemporelle d'Amazon.

Atkinson, William Walker (2016). *Les Formules Arcanes : Ou l'Alchimie Mentale.* San Bernardino, Californie: Amazon's Timeless Wisdom Collection

Atkinson, William Walker (2016). *Le Monde Astral.* San Bernardino, Californie: Collection Sagesse intemporelle d'Amazon.

Atkinson, William Walker (2010). *Le Secret du Succès.* Hollister, Missouri: Yogebooks par Roger L. Cole

Atkinson, William Walker (1996). *La Vibration de la Pensée ou la Loi de l'Attraction dans le Monde de la Pensée.* Whitefish, Montana: Kessinger Publishing

Bucke, Richard Maurice (1991). *Conscience Cosmique : Une Étude de l'Évolution de l'Esprit Humain.* New York, New York: Penguin Books

Da Vinci, Leondardo (2008). *Cahiers de Léonard de Vinci.* Publié sous la direction de Thereza Wells. New York, New York: Oxford University Press

Levi (2001). *L'Évangile du Verseau de Jésus le Christ.* Marina del Rey, Californie: DeVorss & Company

Narby, Jeremy (1999). *Le Serpent Cosmique : DNA and the Origins of Knowledge.* New York, New York: Jeremy P. Tarcher/Putnam

Ramacharaka, Yogi (1907). *Une Série de Leçons de Gnani Yoga (le Yoga de la Sagesse).* Londres, Grande-Bretagne: Yogi Publication Society.

Tolle, Eckhart (2016). *Une Nouvelle Terre: S'éveiller au but de votre vie.* New York, New York: Penguin Books

Zukav, Gary (1980). *Les Maîtres Wu Li dansants.* New York, New York: Bantam Books, Inc.

ÉSOTÉRISME OCCIDENTAL

Achad, Frater (1971). L'*Ancienne Fraternité Mystique Blanche.* Lakemont, Géorgie : CSA Press

Aivanhov, Omraam Mikhael (1982). L'*Homme, Maître de son Destin.* Collection Izvor numéro 202. Laval, Québec: Prosveta Inc.

Aivanhov, Omraam Mikhael (1982). *La Force Sexuelle ou le Dragon Ailé.* Collection Izvor numéro 205. Laval, Québec: Prosveta Inc.

Aivanhov, Omraam Mikhael (1992). *Les Graines du Bonheur.* Collection Izvor numéro 231. Laval, Québec: Prosveta Inc.

Aivanhov, Omraam Mikhael (1985). *La Véritable Signification des Enseignements du Christ.* Collection Izvor numéro 215. Laval, Québec: Prosveta Inc.

Aivanhov, Omraam Mikhael (1986). *Vers une Civilisation Solaire.* Collection Izvor numéro 201. Laval, Québec: Prosveta Inc.

Blavatsky, H. P. (1972). *La clé de la théosophie.* Wheaton, Illinois: Theosophical Publishing House

Blavatsky, H. P. (1999). *La Doctrine Secrète: The Synthesis of Science, Religion, and Philosophy*, California : Theosophical University Press

TEXTES RELIGIEUX

Ashlag, Rav Yehuda (2007). *Le Zohar.* Commentaire du Rav Michael Laitman PhD. Toronto, Ontario: Laitman Kabbalah Publishers

Berg, Philip S. (1974). *An Entrance to the Zohar.* Attribué à Rabbi Yehuda Ashlag. La vieille ville, Jérusalem: Centre de recherche sur la Qabalah

Charles, R.H. (2018). *Le Livre des Jubilés.* Caroline du Sud, États-Unis: Les meilleures éditions de livres.

Faulkner, R. O. (1985). *The Ancient Egyptian Book of the Dead.* Austin, Texas: University of Texas Press

Lawrence, Richard (1995). *Le Livre d'Enoch le Prophète.* San DiÉgo, Californie: Wizards Bookshelf

Moïse (1967). *La Torah: Les Cinq Livres de Moïse* (autrement connu comme l'Ancien Testament*).* Philadelphie, Pennsylvanie: The Jewish Publication Society of America.

Rosenroth, Knorr Von (2005). *L'Aesch Mezareph: Ou le Feu Purificateur.* Publié par W. Wynn Westcott. Whitefish, Montana: Kessinger Pub Co.

Westcott, W. Wynn (1893). *Sepher Yetzirah: le Livre de la Formation, et les Trente-Deux Chemins de la Sagesse.* Londres, Angleterre: The Theosophical Publishing Society

Saint Jean de la Croix (2003). La *Nuit Noire de l'Âme.* Rédacteur en chef Paul Negri. Mineola, New York: Dover Publications, Inc.

Divers (2002). *La Sainte Bible: King James Version* (comprend l'Ancien et le Nouveau Testament*).* Grand Rapids, Michigan: Zondervan

ASTROLOGIE

Anrias, David (1980). L'*Homme et le Zodiaque.* New York, New York: Samuel Weiser, Inc.

Burgoyne, Thomas H. (2013). *La Lumière de l'Égypte : La Science de l'Âme et des Étoiles.* Mansfield Centre, Connecticut: Martino Publishing

Butler, Hiram E (1943). *Solar Biology.* Applegate, Californie : Esoteric Fraternity Publishers

Crowley, Aleister (1974). *The Complete Astrological Writings.* Londres, Angleterre : Gerald Duckworth & Co. Ltd.

Howell, Alice O. (1991). La *Symbologie Jungienne dans l'Astrologie.* Wheaton, Illinois: The Theosophical Publishing House

Kent, April Elliot (2011). Le *Guide Essentiel de l'Astrologie Pratique.* San DiÉgo, Californie: Two Moons Publishing

Lewis, James R. (1994). *L'Encyclopédie de l'Astrologie.* Détroit, Michigan: Visible Ink Press

Phillips, Osborne et Denning, Melita (1989). *Planetary Magick: Le Cœur de la Magick Occidentale.* Paul, Minnesota: Llewellyn Publications

Riske, Kris Brandt (2007). *Le Livre Complet d'Astrologie de Llewellyn: The Easy Way to Learn Astrology.* Woodbury, Minnesota: Llewellyn Publications

Riske, Kris Brandt (2011). *Llewellyn's Complete Book of Predictive Astrology: The Easy Way to Predict Your Future.* Woodbury, Minnesota: Llewellyn Publications

Spiller, Jan (1997). *Astrologie pour l'Âme.* New York, New York: Bantam Books

Woolfolk, Joanna Martine (2008). *Le Seul Livre d'Astrologie dont Vous Aurez Jamais Besoin.* Plymouth, Royaume-Uni: Taylor Trade Publishing

RESSOURCES EN LIGNE

Astrolabe - Horoscope gratuit et rapport d'Astrologie (www.alabe.com)

Biddy Tarot - Page de référence pour les cartes de Tarot (www.biddyTarot.com)

Chakra Anatomy - Page de référence pour les Chakras, les Auras et le reiki. (www.Chakra-anatomy.com)

Encyclopédie Britannica - Page de référence et compendium pour toutes les branches du savoir (www.britannica.com)

Ordre Ésotérique de l'Aube Dorée - Le site officiel de l'Ordre Ésotérique de l'Aube Dorée (www.goldendawnancientmysteryschool.com)

Ordre Hermétique de l'Aube Dorée - Le site Web officiel de l'Ordre Hermétique de l'Aube Dorée (maison des auteurs Chic et Sandra Tabatha Cicero) (www.hermeticgoldendawn.org)

Hermetics Resource Site - Une bibliothèque de livres en ligne sur l'Ésotérisme Occidental. (www.hermetics.org/library.html)

Internet Sacred Texts Archive - Une collection de livres sur la religion, la mythologie, le folklore et les arts ésotériques (www.sacred-texts.com)

Raven's Tarot Site - Page de référence pour le Tarot et d'autres enseignements Hermétiques. (www.corax.com/Tarot)

The Kundalini Consortium - Articles sur la Kundalini et le potentiel énergétique humain (www.kundaliniconsortium.org)

Wikipedia-The Free Encyclopedia - Page de référence et recueil de toutes les branches du savoir (www.wikipedia.org)

Médecine Énergétique Vibrationnelle - Page de référence pour les Chakras, l'Aura et les Thérapies Énergétiques (www.energyandvibration.com)

www.ingramcontent.com/pod-product-compliance
Lightning Source LLC
Chambersburg PA
CBHW060501300426
44112CB00017B/2520
* 9 7 8 1 7 3 8 8 1 7 0 8 5 *